世界和谐的通途

太湖文化论坛首届年会
"加强文明对话与合作，促进世界和谐与发展"
论文集

PATH TO WORLD HARMONY

Collection of Papers
of the First Conference of
World Cultural Forum (Taihu, China)
*"Dialogue and Cooperation for World Harmony and
Common Development"*

太湖文化论坛 编

新 华 出 版 社

图书在版编目（CIP）数据

世界和谐的通途：太湖文化论坛首届年会"加强文明对话与合作，促进世界和谐与发展"论文集／太湖文化论坛编 . —北京：新华出版社，2012.12

ISBN 978 - 7 - 5166 - 0232 - 4

Ⅰ . ①世…　Ⅱ . ①太…　Ⅲ . ①文化交流 - 文集　Ⅳ . ①G115 - 53

中国版本图书馆 CIP 数据核字（2012）第 288551 号

世界和谐的通途：太湖文化论坛首届年会"加强文明对话与合作，促进世界和谐与发展"论文集

主　　编：太湖文化论坛

出 版 人：张百新　　　　　　　　　　　封面设计：李尘工作室

责任编辑：王晓娜

出版发行：新华出版社

地　　址：北京石景山区京原路 8 号　　　邮　　编：100040

网　　址：http：// www. xinhuapub. com　　http：// press. xinhuanet. com

经　　销：新华书店

购书热线：010 - 63077122　　　　　中国新闻书店购书热线：010 - 63072012

印　　刷：河北高碑店市鑫宏源印刷包装有限责任公司

成品尺寸：170mm × 240mm

印　　张：30　　　　　　　　　　　字　　数：539 千字

版　　次：2013 年 1 月第一版　　　　　印　　次：2013 年 1 月第一次印刷

书　　号：ISBN 978 - 7 - 5166 - 0232 - 4

定　　价：58. 00 元

图书如有印装问题请与出版社联系调换：010 - 63077101

出版说明

太湖文化论坛是我国第一个自主创立的以论坛为组织名称的全国性民间社团组织，旨在弘扬中华民族优秀文化、促进东西方文化交流与合作。2008年3月12日，太湖文化论坛获得国家民政部正式批准成立，论坛常务理事会设在北京。太湖文化论坛的成立将为世界文明的对话以及区域文明的合作搭建一个永久、开放、多元、包容的高层对话平台。

论坛每两年举办一届年会。经国务院批准，太湖文化论坛首届年会"加强文明对话与合作，促进世界和谐与发展"于2011年5月18—19日在苏州成功举行。来自世界31个国家和地区的政要、学者、企业领军人物、国际非政府组织代表及媒体代表等约500人出席了会议。中共中央政治局委员、国务委员刘延东在首届年会开幕式上发表了重要致辞。太湖文化论坛执行主席、秘书长严昭柱，在首届年会全体大会上发表了主旨演讲。巴基斯坦总理优素福·拉扎·吉拉尼，印度尼西亚前总统梅加瓦蒂·苏加诺普特丽，全国政协副主席张梅颖、孙家正，全国人大常委会原副委员长许嘉璐，摩洛哥国王穆罕默德六世顾问安德烈·阿祖莱，故宫博物院院长郑欣淼，文化部副部长赵少华，布达佩斯俱乐部主席拉兹洛，诺贝尔经济学奖获得者、"欧元之父"罗伯特·蒙代尔，台湾佛光山开山宗长星云大师，北京大学光华管理学院名誉院长厉以宁等，在首届年会上发表了重要演讲。

首届年会设置了四场分会场会议、两场专题会议和一场全体专场会议。全国党建研究会顾问郑科扬，中国国际战略基金会名誉会长熊光楷，全国人大财经委副主任赵可铭，中华文化学院副院长叶小文，国务院新闻办公室副主任王仲伟等领导同志，以及来自中国社会科学院的4名学部委员、3名荣誉学部委员，国内著名院校和中央媒体有关负责同志和国际知名学者等35位嘉宾，参与主持了"不同文明的历史启示和现实价值"，"中华文明与世界文明"，"文化多样性与人类文明进步"，"共建世界和谐：政府与民间力量的作用"四场分会场会议以及"关于全球金融危机的文化思考"和"生态文明建设"两场专题会议。

诺贝尔经济学奖获得者、美国哥伦比亚大学教授、"欧元之父"罗伯特·蒙代尔和北京大学光华管理学院名誉院长厉以宁在"文化与经济的对话"全体专场会议上发表了重要演讲，中国社会科学院学部委员张卓元对两位嘉宾的演讲进行了精彩评论。来自国内外的 4 名参会嘉宾就道德力量与市场调节、政府调节，文化建设与软实力提升，社会和谐与社会经济发展，文化发展与世界经济变革等问题与演讲嘉宾进行了热烈互动。

首届年会赢得广泛国际声誉和社会影响。国内外嘉宾一致认为，新世界第一个十年大量的客观事实充分表明，求和平、谋发展、促合作是世界各国人民共同的强烈意愿。加强不同文明的对话与合作，从来没有像今天这样迫在眉睫，而太湖文化论坛就是为人类文明对话搭建一个交流平台。

中共中央政治局委员、国务委员刘延东在开幕式致辞中指出，太湖文化论坛首届年会以"加强文明对话与合作，促进世界和谐与发展"为主题，很有现实意义。她指出，推动文明的对话与交流，以增进了解、加深理解、避免误解、化解隔阂与对立，是建设持久和平共同繁荣和谐世界的重要途径，也是人类共同的使命。为推进多样文明的对话交流、促进和谐世界建设，她提出相互尊重、平等相待，相互学习、取长补短，与时俱进、传承创新，人人参与、人人共享等四点倡议。

巴基斯坦总理吉拉尼表示，太湖文化论坛首届年会体现了世界各国人民之间的友谊与和谐，很高兴巴基斯坦可以参与这种对人类文明发展具有重要意义的会议。

印度尼西亚前总统梅加瓦蒂认为，太湖文化论坛首届年会坚持正义与和平等时代主题，积极开展文明对话，必将为建设更加美好的世界作出积极贡献，首届年会必将会在印尼和中国的友谊中结出丰硕果实。

摩洛哥国王穆罕默德六世顾问安德烈·阿祖莱认为，太湖文化论坛首届年会的召开将极大地改变为建立一个有包容性的、尊重不同文化的社会而战斗的人们与那些仇恨和排斥其他文化的人们之间的力量对比。

韩国首尔庆熙大学教授、韩国教科文组织负责人金丽寿表示，在当前国际形势下，太湖文化论坛首届年会的举办恰逢其时。为实现通过跨文化对话解决全球共同问题，他希望在太湖文化论坛首届年会的基础上搭建一个内在架构，开启西方文明衰退之后新的文明对话和发展。

台湾佛光山开山宗长星云大师表示，参加完太湖文化论坛首届年会之后，他将更加努力地倡导和谐，弘扬和谐理念，促进和谐社会建设，也希望所有参会人士能够把年会中的好理念、好内容、好文化等有意义的和谐内容带回家，终身受用并广泛传播。

《求是》杂志社原副总编辑刘润为表示，太湖文化论坛首届年会建起了民间形式的中外文化交流平台；传达了中国人民平等进行文化交流的真诚愿望，从民间角度展示了中国致力于推动构建和谐世界的负责任大国形象；宣传了中华民族博大精深的文明，展现了中国文化界（包括台港澳）的强大阵容；获取了有益的外来文化成果，为我国文化建设注入了新的文化营养。

与会学者认为，太湖文化论坛提供了一个很好的民间学术平台，非常有助于增进文明交流与理解，推进不同文明间对话与合作。布达佩斯俱乐部创立人、主席欧文·拉兹洛表示，太湖文化论坛首届年会一定会成为一个历史性事件。尽管太湖文化论坛只是世界上许多积极致力于促进人类和平与合作组织中的一部分，但是这样的活动可以形成蝴蝶效应，推进人类持久和平、繁荣发展。通过太湖文化论坛，人们可以打破旧有传统，不断创新想法，走向相互对话和理解，实现文化上的根本变革。

太湖文化论坛首届年会自筹备以来就得到来自世界各国和地区的政要、学者、企业领军人物、国际非政府组织代表及媒体代表的热烈响应和广泛支持。许多专家学者围绕年会主题，就不同文明的历史启示和现实价值，中华文明与世界文明，应对共同挑战、增进世界和谐，政府与民间在共建世界和谐中的作用等重要议题，认真撰写了会议论文，倡导和而不同、求同存异，共同面对全球性挑战；倡导不同文明平等相待，加强对话与合作，促进世界和谐与发展。年会后，太湖文化论坛决定将这些论文编辑成册，对首届年会的学术成果进行系统地梳理和总结。

本论文集按首届年会各分会场的先后顺序进行编辑，共收录了56位中外学者的论文，其中，2名外国学者和7名中国学者因时间冲突未能参会，为表示对其支持年会工作的感谢，论坛决定将这些文章编入论文集出版。

太湖文化论坛

2012 年 9 月 12 日

代前言

合力创建人类文明的新局面

——在太湖文化论坛首届年会全体大会上的主旨演讲

严昭柱

太湖文化论坛执行主席、秘书长

尊敬的各位嘉宾、各位代表：

首先，请允许我代表太湖文化论坛，向不辞辛劳、前来参加首届年会的中外嘉宾、各位代表，表示热烈地欢迎！向积极支持和热情参与首届年会的国际友人、政府机关、文化学术团体、企事业单位和各界朋友，表示诚挚地感谢！

上世纪 90 年代，美国著名学者亨廷顿教授提出"文明冲突论"，在国际学术界激起强烈反响和激烈争论。这场争论持续达十余年，引起人们的广泛关注和诸多思考。世界秩序的未来前景，究竟是不同文明的冲突，还是不同文明的对话与合作？这是一个重大的时代课题。如何回答这个课题，不仅会深刻影响人们对不同文明的态度，而且可能深刻影响国家领导集团和政治家的战略思维，从而影响世界未来的政治经济格局，影响各国人民的前途命运。

这场争论的进程发人深思。争论双方最初各执一词，莫衷一是；而进入新世纪以后，共识不断增多，意见渐趋一致，加强不同文明的对话与合作，越来越成为国际学术界的共同呼声。亨廷顿教授在进入新世纪以后也明确声明："我所期望的是，我唤起人们对文明冲突的危险性的注意，将有助于促进整个世界上'文明的对话'。"

历史的发展变化，是人们思想发展变化最深厚的根源。推动这场激烈的国际性争论趋向意见一致的，主要不是雄辩的言辞，而是现实的历史进程。回顾新世纪刚刚过去的第一个十年，世界究竟发生着什么样的新变化、新发展、新挑战？

这十年，国际形势总体上趋于和平和稳定。但是，世界并不安宁，地区战乱和冲突不断、核武器及大规模杀伤性武器扩散、恐怖主义袭击频繁发生，给人民带来了沉重的苦难。同时，客观事实也表明，对别国进行武力干涉，不可能赢得长治久安，还会造成更大的悲剧；把自以为优越的价值观强加于人，终究没有一个取得成功的范例。处理不同国家不同民族的分歧和矛盾，对话协商比对抗动武好，互利合作比彼此遏制好，增加互信比相互猜忌好，化解矛盾比激化矛盾好。

这十年，世界发生着深刻的变革和变动。发达国家在经济、科技、军事等方面在世界继续占据优势地位。同时，广大发展中国家团结奋进、改革图强，新兴经济体快速发展、欣欣向荣，成为全球经济新的强劲推动力。经济、社会发展的世界格局正朝着更加平衡、更具活力的方向演进，不同国家平等相待、加强对话协商与国际合作、促进共同发展，已成为当务之急。

这十年，人类共同面对的全球性严峻挑战越来越突出。尽管社会生产力在迅猛发展，社会财富在急剧增加，但是，南北差距仍在扩大，世界尚有8亿人口处于饥饿状态，世界性贫困问题的挑战有增无减。2008年爆发于发达国家的国际金融危机，影响波及全球，至今没有完全消除。同时，人类对自然的破坏愈演愈烈，资源、能源、环境等成为可持续发展的瓶颈，也成为国际争端以至战争的重要根源；全球气候变化、自然灾害、环境污染、粮食安全、核能安全、疾病传染等等，日益成为世界各国共同的重大关切。面对全球性共同挑战和共同关切，各国人民的生存、发展和前途命运，从来没有像今天这样紧密相连，加强不同文明的对话与合作，从来没有像今天这样迫在眉睫。

新世纪第一个十年大量的客观事实充分表明，求和平、谋发展、促合作，是世界各国人民共同的强烈意愿，也是当今人类文明发展的基本趋向。

今天，在迈进新世纪第二个十年之际，我们诚恳邀请中外人士共聚一堂，平等交流、对话协商，就是要总结历史经验、顺应时代潮流、维护人民福祉，高举和平、发展、合作的旗帜，共商加强文明对话与合作、促进世界和谐与发展之大计，发挥文化的力量，共同应对时代挑战，努力推动人类文明不断取得新进步，促进世界持久和平和普遍繁荣。

一、面对多方面的全球性挑战，让我们平等相待、各展其长、形成合力、共克时艰

要高度重视和充分估计全球性挑战的严峻性和复杂性。在全球性挑战面前，没有哪个国家能够置身事外，也没有哪个国家或国家集团能够独自支撑，只能由世界各国合作应对。世界各国要真正成为共同应对全球性挑战的合作伙伴，必须相互尊重、平等相待。相互尊重，当前尤其要尊重各国人民根据国情自主选择发展道路、创新发展模式的权利，尊重各国人民应对全球性挑

战取得的独特成就和经验。平等相待，就要真心诚意地承认各国人民都是世界大家庭平等的一员，不应有所歧视。承认各个国家的发展都是对世界繁荣的贡献，不应视为威胁。不能因为社会制度、发展道路和价值标准不同，对不同国家实行双重标准。

文明多样性是人类社会的基本特征。不同国家不同民族相互尊重、平等相待，就是对文明多样性的尊重。事实表明，各种文明都有自己的长处和优点，历史上都对人类文明进步作出过独特贡献，现实中都为应对全球性挑战发挥着不可替代的作用。尊重文明多样性，才能凝聚起人类多元文化的力量，各展其长、互助互补。同时，又要珍惜和发展文明共同性，加强不同文明的对话与交流，扩大国际合作，使不同国家不同民族既各尽所能、又形成合力。这是当前成功应对共同挑战、实现共同发展的关键。

二、面对不断变化的世界，让我们加强对话、增进互信、互利合作、和谐相处

世界万物，变动不居。在科技进步日新月异和世界多极化、经济全球化深入发展的推动下，世界正在发生巨大变化。这是文化更新、文明进步的历史性契机。面对全球性共同挑战，各国竞相变革图存、发展图强，不断取得可喜的成果。旧的国际秩序在深刻调整，旧的国际机制在逐渐失效；旧的文明理念，无论是单极世界还是冷战思维，无论是文化优越感还是零和游戏论，都越来越脱离今天的客观现实，对国际合作和共同发展有着明显的消极影响。各种文明都应与时俱进，倡导和而不同的文明观和文化观，追求不同国家不同民族求同存异、和谐相处。注重文化的丰富性和包容性，发挥文化沟通人民心灵的桥梁作用，加强国际文化交流，增进相互理解和信任，为国际合作和共同发展奠定牢固的基础。

要登高望远，以长远的战略眼光看待和处理原有国际格局和利益结构的变化调整。尽管国际竞争激烈，但各国的共同点及利益交叉点在增多，相互依存度在增高，相互合作的基础在扩大。要充分珍惜和发展这些有利条件，在尊重差异、平等对话的基础上，努力扩大共识、增进互信，推进国际秩序朝着更加公正、合理、共赢的方向发展。

三、面对大发展的新前景，让我们坚持和平发展、和谐发展、可持续发展

持久和平、普遍繁荣，是世界各国人民的共同愿望。没有和平、安宁的

国际国内环境，什么事情都做不了。和平保障发展、促进发展，发展了才有力量维护和平。要顺应人民的意愿，发挥文化的凝聚力、感染力，团结本国人民，一心一意谋发展；加强国际文化交流与合作，营造有利于和平发展的国际环境。

要坚持和谐发展。贫困是和谐发展的障碍，是当前地区冲突不断、恐怖主义蔓延、生态环境恶化的重要根源。要依靠发展来解决贫困问题，同时在国际社会大力营造扶弱济困、助人为乐，一方有难、八方支援的风气。发展中国家要团结自强、加快发展，富国有责任帮助穷国摆脱贫困，各国人民共同奋斗，逐步缩小贫富差距。全面吸取2008年国际金融危机的深刻教训包括其文化教训，在市场经济条件下坚守和维护人类道德准则，反对见利忘义、诚信缺失，抑制超前消费、肆意挥霍的生活方式。

要坚持可持续发展，尊重自然、爱护自然，共同呵护人类赖以生存、发展的地球家园。发达国家和发展中国家要担负起共同而有区别的责任，为遏制环境恶化积极作出贡献。大力建设生态文明，以新的生态文明观推动各国努力实现绿色发展和可持续发展，重构人与自然的和谐。

各位嘉宾、各位代表，让我们以强烈的责任感，发挥文化在人类应对时代挑战中不可替代的重要作用，加强文明对话和文化交流，凝聚共识、密切合作，感召和团结各国人民，合力创建不同国家不同民族政治上平等互信、经济上合作共赢、文化上交流互鉴的人类文明新局面，开辟人类和谐发展的新境界。

谢谢！

目　录

◎ 第三章　文化多样性与人类文明进步

◎ 第四章　共建世界和谐：政府与民间力量的作用

◎ 专题一　关于全球金融危机的文化思考

◎ 专题二　生态文明建设

Contents

Chapter I: Historical Revelation and the Practical Values of Different Civilizations

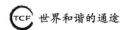

Chapter II: Chinese Civilization and World Civilizations

Chapter III: Diversity of Cultures and Improvement of Human Civilization

Chapter IV: Building a Harmonious
World Together — the Role of Governments and NGOs

Special Report I:Reflections on the Global
Financial Crisis from the Visual Angle of Culture

Special Report II:The Construction of Ecological Civilization

太湖文化论坛
WORLD CULTURAL FORUM
TAIHU · CHINA

第一章
不同文明的历史启示和现实价值

多元文化论、移情作用和杰里米·里夫金的著作

Brian L. Evans（布莱恩·埃文斯）

加拿大阿尔伯特大学荣誉教授

这篇论文针对本次会议的议题所提出的两个问题，即：文明社会是如何正确处理传统文化和现代化之间的关系？如何在保持自己独有的文化特点的同时在新时代中取得发展？

世界在不同方面面临着许多挑战，如政府、教育、健康、环境、人口、经济、公民社会以及人际关系。在 10 到 20 年前，"全球化"这个词作为一个万能药出现。迄今为止，全球化已成功地在国际上推广了企业的力量，运用高速的通信系统把全球各个国家和富裕人群联系起来。但在我看来，全球化并没有传播和加深全球不同文化之间的了解。在这里我所指的是对其他国家的语言、历史和文化真正的了解。作为一个北美洲人，我强烈地感受到这一点，因为我看起来生活在一个自我满足的、因虚伪和怀疑而不会破裂的泡沫中。在北美洲，人们从美国文化的角度来看世界并且看全球的其他地方是如何模仿美国文化。在北美洲的我们应该被谴责，因为我们错误地理解了 You-Tube 是全世界的成果这个事情。Face Book，Twitter，文字通讯的使用看起来是为了获得真正的理解，但实际上它不过始于我们的自恋心理。这个趋势会阻碍我们取得真正意义上的国际和文化之间的理解。

许多北美洲人意识到了这个困境，并且有人渴望为此做点什么。其中最著名的人士是巴拉克·奥巴马总统，他已经开始普及"移情作用"这个概念，也就是：努力去理解与你的背景不同的人的情况和想法。移情作用的概念被杰里米·里夫金提升到一个新的高度。杰里米·里夫金博士是一位经济学家，同时也是华盛顿特区经济趋势基金会的总裁以及宾夕法尼亚大学沃顿商学院的高级讲师。他既是一名畅销书作者同时也是专栏作家，他的作品反映了他对和平共处有着根深蒂固的想法。在杰里米·里夫金博士最近的作品《移情文明：在世界危机下的全球意识的急速发展》中，他对一个观点进行检验，这个观点是："新出现的一个激进的在生物学和认知科学中有关人类本性的看法，这个看法在知识界、商界和政府阶层引发了一场争论。最近有关大脑科

学与儿童发育的发现迫使我们重新考虑我们一直认定的观念，那就是：人天生是好斗的，物质至上的，功利的和自私的。当我们认识到我们从根本上是感情移入的物种，这个认识对社会来说意义重大及深远。"当然，这也是以美国人为中心的观点，这个观点虽然源于欧洲，但是在美国发展起来的。这个观点没必要反应世界其他地方文明的观点，但至少里夫金认为，像亚洲文化就有许多不同的价值观，这些价值观更具有移情作用。

他在本书中指出："举例来说，美国传统文化一直崇尚个人主义和独立自主，父母在教育子女的时候可能会着重如何提高孩子的自尊心。但在亚洲文化中，尤其是在中国、韩国和日本，传统的对孩子的抚养更看重如何把年轻一代培养成社会复杂人际关系中和睦的一员，而不是培养孩子独立自主的能力。他们可能更着重鼓励自我批评，而不是鼓励成熟的移情感产生的自我尊重。"

里夫金认为，"纵观历史，新的能源机制都是伴随着新的传播革命，创造出更复杂的社会。相反，技术越先进的文明使得越多的不同的人们聚在一起，增加移情作用的敏感度，提高人类的意识。但越来越复杂的环境需要大量的能源消费，加速能源消耗。"里夫金假设我们正面临第三次工业革命，而他在结论中提出的主要问题是："我们是否能够及时做到全球化感情移入，避免文明的瓦解，从而拯救地球呢？"

在上一句话中，我认为"我们"这个词是有问题的。在美国人的观点里，这个词是说得通的，尤其美国人愈发认为他们未来将会是统治世界的主力军。但它没有考虑其他传统文化中移情作用的现象。像印度的佛教，中国的道教和儒家思想都反映了移情作用的现代概念，也就是认同和理解别人的情况、感受和动机。同样，像在南美洲、北美洲、澳大利亚、非洲的土著居民，他们在过去和现在的社会都有非常明显的移情作用现象。移情作用最少的文化是那些只崇拜一种宗教的文化，这种宗教文化强烈要求他们的追随者改变全世界，使其他人的看法与他们的看法一致。如今的全球危机中，屡屡可见基督教和伊斯兰教的激进分子相冲突，这难道不是其中一个原因吗？

目前，要改进各种文化之间的关系，移情作用必不可少。从国际趋势来看，最需要理解移情作用的国家和地区是欧洲、美国（墨西哥北部）、新西兰和澳大利亚。这些国家和地区的人民要么是帝国主义者，要么是帝国主义者所占领的殖民地的后代。从他们对待移民人士的态度可以看出他们同情之心的缺乏。法国违反欧盟条例驱逐罗姆人出境；意大利和西班牙试图无视非洲移民骇人听闻的困境；荷兰的反移民政党一直表现出强硬的态度，而近期瑞典也一样；澳大利亚的困扰不仅仅是流离失所的亚洲难民的到来，还有南亚移民与澳大利亚的白人社会的种族关系问题；在美国，来自中美洲尤其是墨西哥的移民问题一直没有解决。今年的早些时候，美国的亚利桑那州通过一部毫无同情之感的移民法，这部法案现在被白宫提出质疑暂时搁置下来。英国与南亚、中东的移民和公民问题不断，并且与欧洲同伴如波兰人也相处不好。加拿大一直以自身良好的种族关系引以为豪，在面对难民船的时候却频频爆发仇外现象，像对待最近一艘载满泰米尔人的难民船发生的情况。甚至日本这个通常不会是移民者考虑的目的地的国家与因人口老龄化以及经济发展需要劳动力而引进的第一波移民之间也有问题。里夫金博士所提倡的全球移情文化只能在遥远的未来才会响应起来，即便将来有可能做到，但现在想要取得移情文化的希望看起来还是很渺小。举例来说，印度现在还遗留阶级制度；巴基斯坦的权贵无视他们遭受洪灾的农民的困境；美国持续残留着种族隔离制度；加拿大人对加拿大的土著居民和无家可归者缺乏同情；华尔街的银行家公然对那些房屋贷款者表示出漠然，这些房屋贷款者为了房子苦苦奋斗，可却由于银行业危机，他们承担的贷款远远超过房子的价值。移情作用似乎只出现在处于同样经济水平的人们之间。

目前来说，全球移民和人口转移给很多国家提出了问题，比如来自完全不同的文化、种族、宗教和历史背景的新公民的同化和融合的问题。如何在没有暴力、民众骚乱或主要冲突的情况下和平处理这些差异，是 21 世纪的政府要面对的问题。由于每个国家的不同环境因素，这个问题没有一个统一的解决方案。如果要解决这个问题，那么主方社会必须要准备好放弃什么呢？对新公民应该有什么期望呢？

我认为要最终实现里夫金的理想，一个基本的、实际的步骤是提倡多元文化主义。多元文化论在某种程度上是用立法规定的移情。我承认作为一个加拿大人，尤其是作为西部的加拿大人，我非常热衷于多元文化论，欣赏它可以海纳百川，求同存异。在像加拿大的国家中，多元文化主义鼓励人们对全球不同文化发扬移情作用。这些文化包括了里夫金研究领域的文化，还包括其他的文化。近年来，由于英国、法国、荷兰、加拿大和美国等国家发生恐怖袭击，多元文化论这个概念一直受到批评和抨击。许多评论家发表意见，认为恐怖主义行为明确表示了多元文化主义政策的失败，尤其是一些恐怖袭击中，指挥者还是在该国出生和接受教育的。讽刺的是，在一些实行多元文化主义的国家，人们把恐怖主义行为归咎于多元文化的存在；而在那些不实行多元文化主义的国家，人们把恐怖主义行为归咎于忽略了多元文化。包括我在内的许多多元文化支持者，对这些辩论感到非常疑惑，并且想方设法去弄清楚这些说法的理由。多元文化论在不同的国家定义不一样。没有任何两个国家所运用的概念是相同的。很明显，那是因为没有任何两个国家是一模一样的。加拿大在很大程度上是依靠移民来增加人口，在近 40 年以来多元文化主义成为了官方政策（我们甚至定 6 月 27 日为国家多元文化节）。在英国、荷兰、法国、德国等欧洲国家中，多元文化主义更多地被视为一种社会政策，这个社会政策是为了把移民群体融入传统的、根深蒂固的民族文化中。另外一方面，一些国家像日本几乎不接受外来移民，多元文化主义对于他们来说就是一个抽象的概念。即便如此，教育工作者已经开始对这个概念表示兴趣，因为他们需要克服与不同文化的移民人士相处所产生的问题①。

谈及多元文化主义，有必要把它与多民族主义区分开来。呈现出多元文化的多民族国家确实是由根深蒂固的多种民族组成的。这些民族因其民族历史、独特的语言和文化，而有他们自己的民族理想。其中的例子包括：前苏联和南斯拉夫都分裂成多个国家；捷克斯洛伐克分裂成捷克共和国和斯洛伐克共和国；伊拉克现在实际上分裂成三部分；还有争论的是加拿大的魁北克省。魁北克省的许多市民都怀有雄心想要独立，因为他们讲法语，有截然不同的社会与文化。到目前为止，魁北克的独立主义分子还没有达成所愿，所以加拿大还是一个拥有多民族特性的多元文化国家。

尽管多元文化主义在加拿大是作为官方的国家政策，我必须说明，加拿大是一个联邦国家，各省和领地对于如何运用这个政策有着不同的看法。像早前已经提过的魁北克省，它运用的政策是使移民者在语言和社交方面融入到多数人的法国文化当中。它认为多元文化主义很危险，试图把魁北克省融入以盎格鲁人为主的加拿大中②。在加拿大更东部的滨海诸省，对多元文化主义有着不一样的解释。这些省份没有大量的新移民，居民大部分都说英语，他们对于积极主动的多元文化政策不太感兴趣。

位于加拿大中部的安大略省因其巨大的人口和经济实力，一直被视为英国或英格兰的文化和传统之地。安大略省用多元文化论鼓励和欢迎世界各地的大量移民，但它坚持认为自己是英语文化的倡导者。讽刺的是，安大略省用多元文化主义来融合迁入移民的不同的文化；而魁北克却拒绝把多元文化主义作为一种手段来融合公民，原因是这样做意味着魁北克的法国文化要面临加拿大其他大部分以英语为母语的人。贯穿整个加拿大，各地多元文化主

---

① 可以看《日本多元文化教育的挑战》，该文于 2003 年 3 月发表于《新视野》学习栏目，作者：斯蒂芬·默菲。

② 至少有一个魁北克的学者提出争议，认为多元文化主义在魁北克是用来同化移民者到讲法语的文化当中。

义的政策与加拿大的土著居民的关系依然复杂。

从上文中可以得出结论，那就是尽管多元文化主义是国家的政策，加拿大的两个人口大省并没有热情地支持和响应。但在加拿大的西部省份情况就不一样了。因为多元文化主义的政策正是在这些省中诞生的。加拿大的西部省份在近代才加入加拿大，这些省份占据广阔的地域，在 19 世纪末 20 世纪初数千名来自欧洲和美国的移民来到加拿大在这里定居下来。这些移民者被要求学习英语，服从盎格鲁－撒克逊人的习俗。但即使他们这么做了，他们发现自己还是很难得到接纳，也经常被视做二等公民，甚至他们在加拿大出生的小孩也是这样的遭遇。这种情况一直持续到二战结束和《加拿大公民法》通过后，他们才可以声称或感觉到平等。公民身份和投票权给予了移民群体最基本的权利，这也是政治家所关注的。

1962 年，加拿大废除了已经实行了 50 年的只允许白人移民的政策，鼓励更多来自不同国家的移民定居加拿大。更多的民族生活在加拿大，加拿大的文化也变得更多元化，但是却没有特别的政策承认这个改变。相反，加拿大已经对说法语和说英语的人之间的历史冲突和紧张关系有了先入为主的思想，首当其冲的便是魁北克和安大略省之间的历史对抗。为了解决讲法语和讲英语的人的问题，特别政府委员会提议加拿大采用英语和法语两种官方语言，加拿大所有的联邦政府的服务都必须使用两种语言。然而这看起来并没有对缓解紧张局势有所帮助，它却揭露了更深层次的问题，尤其是加拿大西部与安大略、魁北克省之间的关系。许多西部的人痛恨提倡讲法语的这个建议，因为在加拿大的西部有比讲法语的人更多的人讲别的语言。讲乌克兰语的社团引发了骚乱，他们要求重视其他的语言。1971 年，加拿大公布了一个国家多元文化政策，1988 年公布了多元文化法案。这个政策规定，不同的民族可以教授和发扬自己的语言，但不是作为官方语言，而是为了交流。另外，文化的差异应该受到尊重。之前所有的种族所面临的被迫废弃自己的传统而采用英语为母语的民族的文化标准的压力也由于这个政策而画上了句点。这是一个政治上非常精明的政策，但从一开始评论家就认为这只会导致形成多个民族聚居区，而不利于建设一个和谐的社会。

为了反驳这些评论，加拿大政府建立了一个传统部，并有专门的预算来帮助推广非英语和非法语族群的语言和文化。1982 年的加拿大宪法增加了《权利与自由宪章》，极大地增强了多元文化的概念。该宪章确保所有的加拿大人享有平等的权利。如果发生冲突，例如个人自由与宗教行为之间有冲突，案件可以最终送达加拿大高等法院处理。人权立法进一步支持了《权利与自由宪章》和那些禁止仇恨宣传的法律。

我一直从事加拿大多元文化主义的研究，因为它作为一个官方的国策被司法权所采用。它是由于种族歧视和不平等的历史问题而产生的，这些问题是1950年前的加拿大社会的标志。它的产生是政治与社会的需要，为了避免潜在的种族冲突并使得加拿大的个别经济上已经逐渐变得举足轻重的地区保持稳定。迄今为止，多元文化政策并没有在加拿大所有省份和领地得到完全的支持。尽管加拿大的年轻一代已经接受了"加拿大一直以来是一个对种族宽容的、支持多元文化的国家"这一说法，但事实远非如此。多元文化意味着加拿大社会在承认差异的前提下，抛弃过去的不良做法，期待一个更好的、更宽容的社会。

　　加拿大人通常认为多元文化是生活中的一个现象，但不是所有人都意识到这个政策代表的所有分支。最理想的是，每个人包括常住居民和新移民应该认识到，接受自己的传统意味着要尊重别人的传统。而且，政策的目标不是重新塑造加拿大的历史和文化遗产，而是鼓励所有加拿大人一起共同建造一个现代化的多种族的和谐社会、一个21世纪的模范。但是一些对多元文化提出苛刻的批评的人们是那些担心会失去他们先前的主导地位并面临着与别人分享政治权利的公民。另外，许多加拿大人对族群成员把加拿大公民身份当做一个幌子表示忧虑。在拿到加拿大公民身份后，他们回到他们原先的国家从事商业和其他利益活动，回到加拿大只为了获得医疗系统的好处，但是他们却能用在外国定居这样的方式来逃避交税。不止一个种族群体的人这么做。

　　另外值得注意的一点是，一些公民利用加拿大和他们的加拿大公民身份作为基础，在原籍国家实现自己的政治抱负。在加拿大境内参与原籍国的党派冲突不是一种良好公民的行为表现。加拿大政府监控加拿大境内的种族组织向其他国家的资金转移情况。以人道主义为目的比如因洪水、地震、海啸等或供养家庭成员而提供救济资金是一回事；但是为持不同政见团体提供武器、援助和其他帮助就是另外一回事了，这些会影响加拿大的国际关系和一般外交政策。

　　多元文化虽然允许教授和使用其他的语言、文化和宗教，但加拿大只有两种官方语言。加拿大社会是建立在个人自由、言论自由、宗教自由、男女平等的法律基础上。换言之，在多元文化下尊重某个家族的文化传统和根源的自由需要与整个加拿大社会做个平衡。这就给文化保守主义者提出了问题，因为他们所坚持的文化习俗中就包括对女性的压制。

　　坦白地说，实行多元文化主义是在测试公民个人的承受力与包容力。我的意思是说其他人的行为可能冒犯了你，但是只要这些行为是合法的、尊重个人自由的、没有伤害到其他人的，你就得去容忍。有时候会出现一些争议的话题，这些话题几乎冒犯了所有的种族和宗教人士，比如同性婚姻。在加拿大同性婚姻是合法的，但是那些觉得被严重冒犯的人士正在要求重新讨论这件事情。不管结果如何，结果不会让所有加拿大人都开心。一些人也不得不被冒犯。

多元文化适用于所有的加拿大人，也给所有英语和法语为母语的多数人群一个特别的责任，他们得愿意分享权力、地位和特权。当然，他们也有自己的优势，那就是能够流利使用加拿大的一种或两种官方语言，了解政治和社会制度的知识。但对于那些学习其中一种官方语言和学习加拿大政府和历史的人，这些优势同样存在。

表面看来，加拿大和中国有很多共同点。这两个国家同样地域辽阔，人口包括许多少数民族。然而，两个国家的少数民族在本质上非常不同。两个国家都有土生土长的少数民族，但加拿大拥有的 200 多个少数民族中的一大半都是近期从全球各地来到加拿大的，这点与中国非常不一样。在 20 世纪，加拿大吸收的移民超过 1300 万，这极大地促进了加拿大的人口增长，使得加拿大现在的人口达到约 3400 万，不到中国人口的 1/30。目前，每年平均有 20 万人口移民到加拿大，每五个加拿大人中，就有一个是在其他地方出生；每六个人中就有一个人是少数民族的成员。加拿大的文化发展综合了这些外来的和本地的影响因素。加拿大的哲学家、作家约翰·罗尔斯顿·索尔说过，加拿大的土著居民与多元文化联系最少，但却对加拿大文化作出了最好的贡献：公平、妥协与包容——这些加拿大的特色都是源自加拿大的土著居民文化。加拿大的原住民（相当于汉语的少数民族）被称为第一国族，人们普遍称之为印第安人、梅蒂斯人和因纽特人。这些原住民的根源可以追溯到几千年前，他们现在居住在白人定居点的领土边缘地区，或像越来越多的印第安人一样逐渐移到城市中心居住。但他们却发现他们在市中心的生活很难融入主流社会。而新加入的移民族群却更能融入英法语言的大群体中，尤其是在大城市。

中国的主体民族和少数民族的关系无论是在性质上还是历史上都有别于加拿大。中国的汉族与少数民族关系历史悠久，某种意义上，他们共同成长。在加拿大，这种悠久的历史是不存在的。英法语言民族与因纽特人、第一国族人民的交往历史不超过 500 年。而与其他少数民族交流的历史就更短了。但他们也有一段受欧洲各国之间关系影响的历史以及欧洲和英国帝国主义在全世界扩张的历史。

加拿大人经常为加拿大多元文化主义风格感到自豪，并宣称加拿大的多样性是与众不同的。加拿大的领导人时常把加拿大的文化优势归因于其多样性。多元文化主义与多样性的区别更多在字面上而不是现实中。在现实中，加拿大社会至少有三个阶层：一个是土著居民和第一国族人民；另外一个是定居在此的英法语言族群和早期移民者；还有一个是正在学习如何适应加拿大的情况的新近的移民。多元文化的最大受益者是早期和新近的移民。以英语、法语为母语的人不怎么得益，因为他们的统治地位已经被削弱。土著居民和第一国族的人民得益最少，毕竟他们受不同的法律约束。

多元文化主义同时揭开过去的历史，这引发了加拿大联邦政府最近其中一个最著名的政策，那就是"官方公开道歉"。加拿大曾有过种族歧视的历史。在过去，一些少数民族甚至包括一些白人曾被虐待。他们的忠诚常常被质疑，在战争时期，甚至许多人被驱逐出境，送进监牢或者囚犯劳动营。这些受到不公平对待的少数种族的代表对连续几届的政府施加压力，要求承认他们之前遭受的苦难和无理的对待，并要求政府道歉与赔偿。加拿大政府为了治愈旧的创伤和给加拿大人一个新的开始，已经开始给予正式道歉和一定的补偿。最近的一个例子是 2006 年政府为人头税的事情对加拿大籍华人道歉。加拿大曾对 1885 年到 1923 年入境的中国劳工征收人头税，也曾在 1923 年到 1947 年的 24 年间，拒绝中国人入境。然而加拿大作出的最衷心的道歉应该是对第一国族也就是加拿大的最早居民的道歉，这些受害者曾受到寄宿学校的传教士以及前任政府虐待。这个道歉是议会的联合决议，得到所有政党的支持。看起来是真诚地想要治愈旧的创伤。政府还成立了一个"真相与和解委员会"。

多元文化主义使得个人的家庭文化得到尊重，但同时，加拿大的文化和社会非常现代化，有着北美洲的特色。一个家庭中的祖父母通常都是文化守旧派，而年轻一代在学校和工作的地方会学到新的文化。当文化守旧派被新的文化挑战时，摩擦与冲突就会在两代人之间出现。这是许多小说、电影、电视剧的素材和情节，也是所有加拿大人的生活中永恒不变的特点，尤其是生活在城市地区的加拿大人。加拿大人的生活一直是通过多元文化来处理其多样性的。当今的加拿大社会存在这些现象：街头帮派、种族聚居增长、家庭暴力导致谋杀、警察的种族偏见、为维护名誉而杀人以及在监狱里的非白人人数不成比例地增加。这些现象都是没有处理好多样性的表现。

在加拿大，尽管实现多元文化主义是一项正在进展中的工作，它确实为如何处理一开始提出来的两个问题提供了一些见解。这两个问题是：文明社会是如何正确处理传统文化和现代化之间的关系？如何在保持自己独有的文化特点的同时在新时代中取得发展？

19 世纪和 20 世纪的大部分时候被烙下了恐惧、无知和统治的标志。漫长而痛苦地等待中，终于有迹象显示移情感会驱逐恐惧，理解会替换无知，包容会取代统治。我同意里夫金的观点，要完成这个过渡，是 21 世纪的一大挑战。

作者简介

布莱恩·埃文斯，1932 年生，阿尔伯特大学荣誉教授。著有《金山的另一面：中国拓荒者大草原生活一瞥》《加拿大研究在中国》等。

现代化进程中的传统文化

陈筠泉

中国社会科学院哲学研究所原所长、研究员

【内容提要】如何使民族的传统文化有效地参与到当代经济社会发展的进程之中，如何在现代化进程中保存和发展我们各自的优良传统，已成为当今世界各国特别是发展中国家共同关心的问题。

中华文化源远流长，富有深厚的传统。这种文化传统至今仍然影响着中国人民的现实生活。如何正确地看待我们民族的文化及其传统，促进传统文化的现代转型，解决好传统文化与现代化的关系问题，这是当前我们文化研究中的一个重要课题。

【关键词】传统文化 现代转型 现代化

一

有一种观点认为，在许多发展中国家，传统文化已成为现代化的主要障碍。世界各国必然逐步进入与今天西方相同的"现代"文明，否则就不可能实现现代化。并认为，现代化就是西方化。因此，"现代化作为同质化，会使文化多样性即使不是变得毫无意义，也会起不了什么作用。"①

那么，一个发展中国家要实现现代化，是否必须抛弃自己的传统文化？

---

① 塞缪尔·亨廷顿，劳伦斯·哈里森.文化的重要作用——价值观如何影响人类进步［M］.程克雄，译.北京：新华出版社，2002：374.

根据我们中国和一些东亚国家的实际经验，在一个国家的现代化过程中，没有必要也不可能抛弃自己的传统文化。我们认为，问题的关键是，如何正确地来理解和对待各国的文化及其传统。

传统是历史和现实之间的联系。传统文化是历史上积累和传递下来、通过社会生活的各种媒介而转化为现代人本身存在的东西。维护一个国家的传统文化，并不是原封不动予以保留和继承。每一代人作为文化创造的主体，都是从已有的传统文化出发，也就是将传统文化转化为自己现实活动的要素，并通过这种现实活动使传统文化得到改造而提到更高的水平。

事实证明，现代化道路在各个国家、各个民族和各个地区都不一样。各个国家、各个民族和各个地区都要根据自己的现实情况和历史文化传统选择自己的发展道路。我们中国也在探索一条符合自己国情的社会主义现代化道路。美国社会学家约翰·奈斯比特说得很好，亚洲的现代化是当今世界正在发生的最重要的事情，它并不是像某些人所认为的亚洲的西方化，亚洲在现代化中保留和发扬了自己的传统价值。

20世纪60年代后期，东亚出现了高速的经济增长。到了90年代，该地区已成为世界上特别具有活力的地区。尽管后来东亚地区曾一度遭受过金融危机，但也很快就得到了恢复，经济社会发展又呈现出良好的态势。数十年来，东亚利用自己独特的历史文化，在吸纳西方现代文明成果的基础上，创造了有别于西方的现代化发展模式。东亚各国在世界上的重新崛起，改变了西方学术界长期以来固有的看法，引起了他们对东方文明的重新认识和评价。

因此，发展中国家在实现现代化的过程中，不是必须抛弃自己的传统文化；相反，经过改造的传统文化，可以作为一种积极的因素，影响现代化的各种特殊的实现形式。毫无疑问，各个发展中国家所选择的社会发展模式，是同它们的文化特殊性分不开的。譬如说，东亚各国的工业化，不论是资本主义工业化还是社会主义工业化，都具有十分明显的不同于西方工业化发展的特色。这些都是由特殊的历史和文化背景所决定的。

近年来，有些西方学者认为传统文化是影响社会、政治和经济行为的一个重要因素，并用它解释各国的现代化。例如，美国学者劳伦斯·哈里森（Lawrence E.Harrison）撰写了一部题为《不发达是一种心态——拉丁美洲事例》的书。他在该书中宣称，在多数的拉美国家，传统文化已成为现代化发展的主要障碍。这些国家不发达的主要原因在于它们的社会制度和文化传统不利于现代化发展。显然，这种观点是值得商榷的。

正如杜维明教授所指出："虽然现代化起源于西方，但东亚的现代化已具有大大不同于西欧和北美的文化形式。"因此，我们也"没有理由怀疑拉丁美洲、中亚、非洲以及世界各地固有的传统都有转变的潜力，发展出自己的不同于西方的现代性。"①

在一个具有悠久历史传统的文化系统中，总是存在着传统与现代性的矛盾。传统体现着文化发展中的连续性，而现代性则体现着文化发展中的时代精神。不容怀疑的是，非洲传统文明必须在非洲人民的实践中经过改造和革新，才能适应现代非洲国家的经济社会发展。但在此过程中，非洲传统文明仍将保存其自身的基本特征，并在此基础上发展成为现代非洲文明。它既体现当今时代精神，又能保持自己的特色。

我国已故的著名历史学家罗荣渠曾经说过："背弃了传统的现代化是殖民地和半殖民化"。"成功的现代化运动不但善于克服传统因素对革新的阻力，而尤其在善于利用传统因素作为革新的动力。"塞内加尔学者姆博也认为，"肯定和捍卫文化特性，不等于退到一成不变、闭关自守的过去，恰恰相反，而是要培育出一个生动的、具有创造性、不断更新的综合体。"②

费尔南·布罗代尔在《文明史纲》中有一句话说得很好："非洲正在把一个具有数千年历史的文明抛在后面，但它并不会因此失去它的文明。"但是，他在充分地肯定了非洲不会失去自己独特的文明之后，却又提出了一个很有意思的问题："非洲将保留其自身文明中的什么东西呢？"③我们认为，布罗代尔提出的这一问题，不能仅仅依靠理论研究，还必须通过非洲人民的长期实践才能逐步得到解决。

二

任何传统文化都必须经过发掘、整理、改造，才能为现代社会所用。因此，新中国成立以后的 60 多年来，中国学术界从未放弃过对传统文化的发掘、整理、改造，并将重点放在阐释传统文化与现代化的关系问题上，即如何实现传统文化的现代转型，使其与社会发展相适应，为现代化建设服务。

有一个值得注意的现象：一方面是社会现代化进程的不断加速，另一方面则是传统文化某种程度的"复苏"。有一种观点认为，只有中国古代的文化，才是纯粹民族的文化，近代以来，特别是"五四"以来中国文化的新发展，都是外来的东西，与中华民族的传统是不相干的。因此，他们声称要

---

① 塞缪尔·亨廷顿，劳伦斯·哈里森. 文化的重要作用——价值观如何影响人类进步 [M]. 程克雄，译. 北京：新华出版社：2002：382 - 383.

② 张宏明. 非洲发展问题的文化反思——兼论文化与发展的关系 [J]. 西亚非洲，2001(5).

③ 费尔南·布罗代尔. 文明史纲 [M]. 南宁：广西师范大学出版社，2003：159，161.

"告别现代，回归古典"，去寻找和恢复"中国五千年一以贯之的文化之道"。

其实，文化上要求"回归古典"，这种观点并不新奇。翻看西方文化史，立刻可以发现，早在12世纪就有古典主义，从那时起一直到现在，不断产生各种古典主义。这些古典主义虽然形式各不相同，但其目的都是想恢复古希腊的文化传统、甚至想恢复中世纪的传统，而不承认文化传统是历史地发展的，不同时代有不同的文化传统。

传统作为世代相传的东西，把前辈们的创作保存下来，传给我们。但正如德国著名解释学家加达默尔所说："传统的含义并不是原封不动地保持某种东西，而是学会重新表达和掌握过去的事物。"

黑格尔也早已形象地说过："这种传统并不仅仅是一个管家婆，只是把她接受过来的忠实的保存者，然后毫不改变地保持着并传给后代。"它"不是一尊石像，而是生命洋溢的，有如一道洪流，离开它的源头愈远，它就膨胀得愈大。"传统之所以如此，是因为文化的生命是现实的活动，并通过活动使传统得到改造而提到更高的水平。

有学者认为，民族文化传统一旦形成，其本义就永恒不变了。随着时代的变化，对我们民族的文化及其传统可以作"不断地了解"，"不断地疏导"，"然而决不可失其本义"（虽然谁也说不出这种文化传统的"本义"究竟是什么）。在他们看来，文化传统的"本义"是永恒不变的，人们只能随着时代的变化，对其"本义"作不断了解、不断解释。这便使我们想起了汉代董仲舒所持的那种形而上学的历史观。

董仲舒在《天人三策》中说："道之大原出于天，天不变，道亦不变。"（《汉书·董仲舒传》）诚然，"新王必改制"，以表示自己是新受天命，这样才合乎"天志"。但他认为，所改的只是"徙居处，更称号，改正朔，易服色"等一些表面上的事情。而社会的最高原则"道"的"本义"则是万万不能改的，因为这涉及大本大原的问题了。

董仲舒说："若夫大纲、人伦、道理、政治、教化、习俗、文义尽如故，亦何改哉？故王者有改制之名，无易道之实。"（《楚庄王》）在他看来，"道"是"不易者"，它是一以贯之的。他认为："春秋之于世事也，善复古，讥易常"。因此，他在历史观上强调"法古"。而"法古"，也就是"奉天"。这便是董仲舒所谓的"奉天而法古"的历史观。

按照董仲舒这种历史观来看问题，势必把文化传统看成是凝固不变的。即便承认，随时代的变化，文化传统形式上有所改变，然而也"决不可失其本义"。既然"道"是永恒不变的，那么所谓的道统就必须传承和继续。事实证明，这种历史观是经不起检验的。

传统是一种只有在发展中才能流传和保持的东西，既然是发展就不是原有规定性的重复和扩大，而是不断地产生新的规定性。每一代人作为文化创造的主体都是从已有的传统出发，也就是将传统转化为自己现实的活动的要素。但是，当人们接受和吸收传统，并使它成为自己所有时，就使传统有了某种不同于从前的特点，也就是说已形成了新的传统。

从严格的意义来说，"文艺复兴"这个名词是不确切的。它的原意是再生，通常是指 14 世纪人们突然对希腊、罗马的古典文化重新发生兴趣。事实上，文艺复兴的意义远不只是希腊、罗马的古典文化的复兴。它首先是包括艺术、文学、科学、哲学、教育和宗教诸方面新成就的产生，而且，绘画、科学和政治学等方面的许多成就和古典遗产关系不大。

任何一种文化都不是与世隔绝、孤立自在和自我封闭的实体，它们都需要与外部交往，通过与其他文化的接触、对话和交流，从外界不断获得营养，吸取新的活力，才能发展壮大。

某些人所理解的那种"纯而又纯"的民族的文化及其传统，实际上是不存在的。一部《本草纲目》，无疑是传统的东西，但那里面所记的，"不独是中国的，还有阿拉伯人的经验，有印度人的经验。"（鲁迅语）再比方说，宋明理学作为儒学的成熟形态，也吸收了佛学这种外来文化的成果。历史证明，中华文化有消化和吸纳外来文化的优点，正因为如此，它才丰富多彩、不断地向前发展。

这就是说，每个民族的文化及其传统，都是在同其他民族的相互作用之中发展起来的。今天，经济全球化大大加强了不同文化之间的交流，它不仅没有消除各种文化之间的差异，反而使它们获得新的活力而日益朝着更加丰富多样的方向发展。

三

在文化的发展中，继承和创新，二者不可或缺。没有继承，文化就会断裂；没有创新，文化就会枯竭。现代人们的活动，虽然受着既有文化及其传统的支配，但绝不是简单的复制和不断的解释、了解已有的东西，相反，是指向未来的一种创造。其根本的特点就在于，反思我们民族文化及其传统中所没有的东西，从而创造出一种新的文化形态。

有学者专门研究和探讨了中国古代文化发展模式的问题。他们认为，"述作"乃是中国古代文化发展的一种模式。这种"述作"型文化发展模式，其最大特点在于保持文化发展的连续性和同质性，使中华文明能够以渐进积累的方式，持续不断地向前发展。但是，这种文化发展模式也存在明显的缺陷。

它将一个民族的文化发展完全归之于圣贤，而且只有圣人才拥有创作权。它重"述"胜于"作"，重传统胜于重创新，而难于超越已有的文化传统，实现质的飞跃。

张岱年教授生前也赞同这种看法，他说："儒家孔子自称'述而不作'，特别尊重传统，这对于保持历史文献，起了巨大的积极作用，但忽视了创新的重要，社会上更以'标新立异'为诟病，挫伤了人们的创造性。"他认为，"在一些问题上，可以'温故而知新'，在另一些问题上，则须'破旧而立新'。不断创造，不断更新，同时不要放弃前人已经取得的成绩，这是人类文化学术发展进步的道路。"①

必须实事求是地对待我们民族的文化及其传统。多年前，蔡尚思先生早已指出："中国文化的传统，不只是一个，而是两个。"一为优良传统，二为非优良传统。"有人把'传统'和'优良'等同起来，以为一切传统都是优良的，未免太荒谬了。"我们十分赞赏他这种对中国传统文化作具体分析的科学态度。

中国长期的封建社会中，创造了灿烂的古代文化。我们今天清理古代文化的发展过程，"是发展新文化提高民族自信心的必要条件；但是决不能无批判地兼收并蓄。"如果我们把自己民族的文化及其传统看成是完美无缺的，那就没有什么创造可言了。这不是一种实事求是的科学态度。

应当承认，五四时期确实产生了许多新的文化现象，其性质上与古代的文化传统迥然有别，它们成为中国近代文化传统的一部分。但是，五四新文化运动所反对的是"别尊卑、明贵贱"的封建主义旧文化，它并没有"全盘反传统"。在吸收外来文化时，总的来说也是有某种选择的，是根据自身的需要，吸收外来文化的长处以补自己的不足。历史事实再次证明，扬弃传统意味着传统的真正发扬光大、意味着民族精神的真正得到解放。

因为传统作为历史与现实的一种联系，不仅仅是肯定性价值的积累，而是以否定性为媒介的。这种否定性是辩证法意义上的，不是简单的抛弃，是以扬弃的形式保持了肯定因素的否定性，是构成传统中发展环节、联系环节的积极因素。像五四新文化运动对封建主义旧传统的批判，尽管不能没有某种历史局限性，但从本质和主流上看，不但不会造成传统的断裂，反而是构成中华民族文化及其传统走向现代的不可缺少的重要环节；没有这种否定性因素，就不会有新民主主义和社会主义的新文化。

因此，我们要继承和发扬五四新文化运动的优良传统，既要充分挖掘与

---

① 张岱年. 文化与哲学 [M]. 北京：中国人民大学出版社，2008：106，324.

改造我们民族的传统文化，又要充分吸收与消化外来文化，使二者熔铸在一起，综合创造一个新型的现代中国文化。

经济全球化与各国现代化是紧密交织在一起的。在当今世界，许多发展中国家之所以积极主动地参与经济全球化过程，目的是为了加快自己国家的现代化过程。因为今天各国的现代化都是在经济全球化背景下进行的现代化过程。我国进行社会主义现代化建设，也不可能回避由西方发达国家主导的经济全球化。但是，我们要从经济全球化的视角来思考现代化问题，探索一条不同于西方发达国家所走过的现代化道路。

20 世纪 80 年代以来，随着经济全球化和各个民族国家现代化的迅猛发展，各种文明的交流、碰撞与融合达到了前所未有的程度，文明在国家发展战略中的作用日益突出。现在世界上要求文明化的呼声也更加高涨。因此，在这样一个经济全球化迅猛发展的时代，要建设一个社会主义现代化的中国，特别需要我们中国人具有文化上的自觉和文明发展的战略眼光。

作者简介

陈筠泉，1935 年生，中国社会科学院荣誉学部委员、哲学研究所原所长。代表作有《文明发展战略》《哲学与文化》《新世纪文化的走向——论市场经济与文化、伦理建设》等。

线性文明理论与文明多样性思想的形成

陈启能

中国社会科学院荣誉学部委员，世界历史研究所研究员

一

人类从原始状态过渡到文明有一个漫长的过程。大约从公元前 4000—公元前 3000 年开始，人类从原始状态逐渐向文明过渡。埃及文明、巴比伦文明、印度文明、中华文明等古代文明主要是自身发展起来的，因而各自有许多不同的特点，但是也有相似的共同点。

"文明理论"是文明过程在人们意识形态上的反映。它有一个漫长的不断深化的过程。由于历史的原因，近（现）代意义上的文明理论大致形成于 18世纪中叶的西欧。这时的西欧正值"启蒙运动时期"。近（现）代文明具有

一种不断地在时间和空间上扩展的动力。由"启蒙运动时期"孕育的文明样板在异文化世界的扩展具有两重性：既有精神上的唤醒作用，又使精神受到伤害；既是鼓励又是束缚。有一点可以肯定：西欧诞生的近（现）代文明并不是唯一的标准和榜样，世界以后的发展并不只是它的复制和普及。文明过程的统一性，并不排除文明的多样性。多样性的统一不是以西方为标准，而是差异性的统一原则。

在 18 世纪，各种类型的文明理论都已出现，包括线性的、循环的、全球的、地域的；其中，发展最快的是线性文明理论，到 18 世纪末已达到其顶峰。在西方的文明理论的发展中，长期以来占统治地位的是线性的文明理论。这种线性的文明理论源于基督教的历史观。基督教史学最早把历史理解为一个由固定的起点（上帝创世）到终点（末日审判）的直线运动，指出历史是一种向着既定目标前进的运动。启蒙思想家从内容上进行了更新：以理性取代神性，以科学取代迷信，以线性取代轮回，以进步破除天定。这样的线性历史观对欧洲史学和文明理论产生了很大的影响。历史和文明的发展过程一直被看成是一种由低向高，直至理想世界的直线运动。这种线性的文明观在政治和理论上具有两重性：既推崇"进步"和"理性"，又以西欧为中心向外扩张，带有殖民性。在文明观念的发展上，因其长期占有统治地位，妨碍了其他理论，特别是文明多样性思想的发展。

从线性文明理论的发展看，许多欧洲的思想家都为此作出了贡献。法国的孟德斯鸠（Charles Louis Montesquieu，1689—1755）最早区分出未开化的荒野性和野蛮状态，但是还没有形成历史的线性发展概念。伏尔泰（Voltaire，1694—1778）在他的著作里虽然还未使用"文明"一词，但是他的《风俗论》被认为是"第一部真正的文明史"①。伏尔泰已把"文明过程"划分为"几大时期"，大体为：马其顿亚历山大统治时期、罗马皇帝奥古斯都统治时期、佛罗伦萨美第奇家族统治时期和法王路易十四统治时期。这是线性发展观的重要前提，虽然伏尔泰还未提出明确的线性发展理论。

杜尔哥（Anne Turgot，1729—1781）最早明确阐明"进步"的思想，认为进步是由于人类活动的经济形式的发展。他提出文明三阶段论：神话的阶段、思辨的阶段和科学的阶段。杜尔哥的线性文明理论强调的是理性自身的运动，强调历史进步，但是，"进步"思想尚未成为杜尔哥的最核心、最有价值的思想。苏格兰启蒙思想家弗格森（A. Ferguson，1723—1816）也阐述了

---

① 乔治·皮博迪·古奇. 十九世纪历史学与历史学家［M］. 耿淡如，译. 北京：商务印书馆，1989：859.

线性文明理论。他的方法是自然的、历史的方法，突出公民社会思想和文明思想，但是忽视文化在社会结构上的作用。更严重的是，他只把当代欧洲的"商业社会"看做真正的、"精细的"文明社会，甚至否认印度和中国是"文明社会"。孔多塞（Jean Condorcet，1743—1794）发展了线性文明理论，把历史进程划分为 10 个时期，其中每个时期都是一种独特的"文明状态"①。孔多塞的缺点是忽视了历史形式的多样性和地域特色。

总的来说，18 世纪，尤其是它的下半叶，是欧洲文明理论发展的重要阶段。"文明"这个术语正是在这一世纪产生的。如果说，伏尔泰和百科全书派说的"文明"还是一种行为方面的理想的话，那么到世纪末的孔多塞，"文明"已首先指的是社会发展的理想。

18 世纪时"文明"概念的价值内容迅速扩大。在欧洲启蒙运动时期和新兴起的自由主义思想的影响下，这一概念被赋予了一系列价值观念，包括人性、理智、安全、自由、所有制、容忍等等，从而成为一种理想。"文明"思想的发展也有其另一面的作用。它自己在发展中逐渐变成了意识形态的工具，帮助欧洲中心主义思想进行论证。18 世纪时已出现了欧洲是全世界社会发展最佳模型的观念，而且这种欧洲中心主义已进一步演变出"西欧中心主义"。也就是说，在欧洲内部还要画线："中心"（英、法）和边缘。在"中心"，现代化过程实现得最为成功，已建立了线性的历史概念和"进步"理论；而在边缘则不同。

19 世纪上半叶，在欧洲文明理论的发展中，出现了不少变化。奥古斯特·孔德（Auguste Comte，1798—1842）是实证主义文明理论和社会学的创立者。他发展了线性文明理论，强调"文明"是历史进程的中心现象，是他的实证主义哲学所说的"普遍现象"。他准备从"文明"这个"普遍现象"中演绎出有关社会历史其他所有现象的实证知识。他把文明发展划分为三个阶段：神学阶段、形而上学阶段和实证阶段。他的线性文明理论具有欧洲中心主义的色彩。如他划分多神教阶段，不是依据文化的特点，而是依据种族或人种的特点。

黑格尔（Georg Wilhelm Friedrich Hegel，1770—1831）的文明理论是与他的历史哲学体系密切地结合在一起的，而他的体系是严格的线性的，不过他也承认多样性和调和的作用。这与他的辩证法有关。黑格尔的历史哲学达到了理性主义历史理论的顶峰，并提供了线性历史观的经典范例。黑格尔为大

---

① 何兆武．历史理论与史学理论——近现代西方史学著作选［M］．北京：商务印书馆，1999：176 – 177.

规模的历史综合铺平了道路。然而他的欧洲中心主义思想也很突出，这使他往往丧失了客观性。如他用"世界历史性民族"概念指称现代"文明"时，却把中国和印度排除在外，只承认波斯、叙利亚、犹太人、埃及、希腊和罗马世界。又如他把人类发展的历史与人的成长作了类比：东方的历史是人类的童年，属于"非历史性的历史"；希腊世界的历史是人类的青年；罗马国家是人类的成年；日耳曼国家是人类的老年。然而，精神的老年与自然界的老年是不同的，不是衰弱不振的，而是成熟和充满能量的①。

在 19 世纪上半叶的欧洲，线性文明理论最终形成。

二

在 18 世纪，即在近（现）代意义上的"文明"概念和"文明"理论在欧洲诞生的时期，虽然线性文明理论的发展最为明显，占据重要地位，但是差不多在同时，文明多样性的思想就已萌生，并逐渐发展起来。孟德斯鸠在走向线性文明理论的同时，也向代表文明多样性思想的"地域文明"理论的方向迈出了一步。他认为，一个民族的本性是由气候、宗教、法律、管理原则、历史范例、风俗习惯等决定的，而地理因素对不同民族的影响是不一样的。它的影响主要是对不发达的民族，而岛上的居民比起大陆的居民来要更加向往自由。这种区分是迈向"地域文明"概念的一步。伏尔泰不仅关注西方文明，而且也关注非西方文化。他尊重阿拉伯人的文化，强调印度人和中国人热爱和平的精神。他还特别关注中国，称中国是最古老和最文明的帝国，是开明君主国，是理性的王国。但是他对非西方国家文化和历史的许多具体论述却是根据不足和缺乏史料的。而且他更强调的是人类本性的一致，认为这点远高于不同民族习俗中的差异。

世界文化多样性的思想在德国较易接受，这或许与 17 世纪德国哲学家莱布尼茨（G. W. Leibniz）的思想有关。莱布尼茨的"单子说"（monad）强调现实世界是由无数先定的封闭实体（单子）组成的。莱布尼茨的哲学要求关注地方文化的个别性，要求研究独特的历史整体。出生于德国最东部的赫尔德（Johann Gottfried von Herder）在其文明理论中主张文化多样性。他自觉把确定地球上不同民族的生活的多样性看做主要任务。他的文明理论的中心概念是"民族精神"和"时代精神"。"民族精神"只能在自身的文化价值中被揭示出来，很难用其他文化的语言来表达。他强调，只有深入一个民族的精神，才能与它具有一种同样的思想和行为。

---

① 黑格尔. 历史哲学 [M]. 王造时，译. 北京：生活·读书·新知三联书店，1956：154.

随着时间的推移，文明多样性的思想逐渐得到承认。如表现在 19 世纪中叶以前，占统治地位的是"文明"一词的单数形式（civilization），但到 1919 年"文明"一词的复数形式（civilizations）已经出现。

19 世纪下半叶的一个重要突破是地域文明理论的诞生。第一位建立地域文明理论的是德国的学者吕凯尔特（H. Rückert）。他提出了一个重要的概念"文化类型"。这是指世界文化在地域上的断片。他坚决否定有存在"唯一的、统一的文化类型"（普遍文明）的可能性。"文化类型"在时间上是同时存在的，是完全独立的。这一概念的提出开创了地域文明理论的先河。在俄国学者达尼列夫斯基（N. Ia. Danilevsky）稍后提出的"文化—历史类型"概念和奥地利哲学家斯宾格勒（Oswald Spengler）、美国社会学家索罗金（P. A. Sorokin）、英国历史学家汤因比（Arnold Toynbee）的"文化形态学说"中都可以看到它的影子。

德国的历史学家兰普莱希特（Karl Lamprecht）强调研究历史过程的文化和心理的层面。与当时西方流行的实证主义观点把"理性的进步"公式看成是意识的动力不同，兰普莱希特把民族观念的发展形式看成是意识的动力。也就是说，要表明的不是发展的普遍形式，而是地域形式。这种地域形式是该特定的社会共同体的自我意识的文化形式。兰普莱希特看重民族性和文化形式，与单纯的线性文明理论是不同的，虽然他并不否定普遍的线性发展模式。不过，在文化史的方法论上迈出一大步的是哲学家狄尔泰（Wilhelm Dilthey）。他努力探求文化研究的认识论基础。在对文明的思考中，狄尔泰最注意的是地域文明的精神核心问题，即世界观问题。他认为，世界观不是思想的产物，而是文化的产物，并受到经济、人们交流方式、国家与法和劳动分工的制约。

对地域文明理论作出重要贡献的是瑞士的历史学家布克哈特（Jacob Christopher Burckhardt）。他强调，研究过去绝不能在线性历史发展模式的框架内。他在方法论上的创新是：把历史的方法和逻辑的方法分割开来，重视历史中间断的东西甚于线性的东西，强调历史学中认识主体的作用，所有这些把地域文明的研究提到了更高的高度。

在法国，文化史学派的创始人丹纳（Hippolyte Adolphe Taine）进一步论证了独立的地域文明的存在。他在早期著作《艺术哲学》（Philosophy of Art）中强调了文化与一定的地域的关系，如希腊的地理特征培育了古希腊派文化。在《英国文学史》（History of Literature of England）中，丹纳指出：文化和艺术的发展取决于种族、环境和时代三大要素。其中，环境要素不仅是指自然环境，而且包括社会环境①。这三大要素在不同的地域是各不相同的，因而受它们制约的文化也就不可能相同。这就为地域文明理论作了铺垫。然而，丹纳的文明理论是不成熟的，他把实证主义方法绝对化了。

地域文明理论至此有了相当的发展，然而任何一种理论的成熟和发展还需要理论上的提炼。地域文明理论的发展同样如此。而法国社会学家杜克海姆（Emile Durkheim）恰恰弥补了这一点。他把文明概念与满足需求的方式联系起来，指出：由于不同国家的人们的需求不同，因而就为不同文明之间的差异奠定了基础。在他看来，文明是居民增长、人民的稠密度加大和劳动分工发展的直接结果。杜克海姆还把对劳动分工的研究扩展到对文化价值起源的分析。他认为，从劳动分工的特点出发，可以看到在此过程中产生的道德原则在不同的社会里的差异。杜克海姆激烈地批评了线性文明理论。

如果说在德国这个刚开始摆脱欧洲文明边缘地位的国家，地域文明的思想已开始发展为理论的话，那么在英国这个殖民大国，欧洲中心主义的观点也已经日益动摇。地域文明思想已然兴起。不过，英国人的步子在这方面要落后于德国人和法国人。

在英国，要提到的是历史学家博克尔（Henry Thomas Buckle）。博克尔也深受实证主义的影响。他也以探寻历史中实现普遍真理的"唯一原则"为目的，但是他没有简单地去构筑一个新的线性历史发展图式。当时的时局给了他很深的影响。印度雇佣兵的起义尖锐地提出了欧洲人与非欧洲人的关系问题，未来的不列颠帝国与殖民地的关系问题。他研究了东西方民族之间、宗主国与殖民地之间在心态上的差异问题。这些都已突破了线性发展图式的框架。博克尔提出了"双线"的文明概念，即两种基本的文明类型：欧洲的和非欧洲的。虽然他强调只有欧洲文明才是正常的文明②，然而他终究提出了两类文明类型和非欧洲文明问题。这在理论上是前进了一步。

英国哲学家和社会学家斯宾塞（Herbert Spencer）又向前走了一步。斯宾塞是实证论的创始人之一。他的历史发展观第一次提出了文明发展的完整周期，即包括进步的发展阶段（分化）、稳定阶段（适应）和衰退阶段。这就为研究历史发展中的不连续的进程创造了条件，而这些不连续的进程是与地域文明的演进有关的。斯宾塞还区分了文明民族和非文明民族，认为非文明民族往往是那些居住在易于获得食物的地区，因而缺乏劳动积极性的人们。

---

① 伍蠡甫. 西方文论选（下卷第 4 分册）[C]. 北京：商务印书馆，1963：237.
② 谭英华. 试论博克尔的史学 [J]. 历史研究，1980(6).

在文明理论的发展中，斯宾塞有一个贡献：他最早尝试用符号，用对事实的想象，用与人的感官和文化有关的形象描述来构建事物，而不是只依靠对实际历史过程的反映。斯宾塞在社会知识方法论上的探索帮助他在一定程度上摆脱了目的论和决定论的影响，从而帮助人们看到线性文明理论和地域文明理论之间存在着趋同性。

回首19世纪，可以看到，文明理论在不少欧洲国家思想家的学说中已经有了很大的发展。从文明理论本身的发展看，线性文明理论从一开始就处于占主导的地位。这一理论带有明显的欧洲中心主义思想痕迹。以文明多样性为特色的地域文明理论后来居上，到19世纪下半叶已有逐渐取而代之之意。然而，总体看来，在19世纪，文明理论的发展还处于逐渐完善、成熟的阶段，还缺乏较多的完整的体系和流派。这个任务要进到下一个世纪时才能解决。到20世纪，文明理论的发展进入了一个流派纷呈、争奇斗艳的时期，但这已超出本文的范围了。

作者简介

陈启能，1934年生，中国社会科学院荣誉学部委员、加拿大研究中心原主任、世界历史研究所原副所长。代表作有《西方近代社会思潮史》《西方史学的东方回响》等。

试论传统文化在现代化进程中的作用

董学文

北京大学校务委员

传统，简单地说应该是历史演化中能够传播延续下来的精神、道德、风俗、制度、思想和文化。已经失传或者没有延续下来的东西，叫做"传统"就比较困难。而传统之所以能够延续下来，不是因为它是"传统"，而是因为它能满足其后——现代、当代、未来——的某种需要。"传统"被新的时代激发出了新的活力和新的生命力，适应了社会文化的发展，满足了新阶段人民群众的需求。所以，传统往往不是其旧形态的原汁原味的重演，而是在延续中增加了许多新的内容和内涵，呈现出其自身的变异的新的形态。一切传统，本质上都是当代的传统。因为传统本身不是静态的，它是一个不断更新的过程。人类总是要追求进步，总是要获取新知，总是要发展自身，所以，任何传统尤其是文化传统本质上都是变化的，它不会永远停留在一个水平上。

当然，传统，注定是在历史上具有某种存在合理性东西的延伸。如果没有存在的合理性，那它就不可能具有世代相传的特点。因之，把不具备现实存在合理性的东西当成"传统"，其实是在召唤已经死亡了的文化。那种已经"死亡"了的文化的当代"复活"，可能会在某种程度上导致现代人们思想观念的倒退，从而对社会历史发展起到阻碍或抑制的作用。所以，不是所有的文化都能够拿来为新的时代所用的，即便是在历史上起过某种值得肯定的积极意义的文化，如果随着那个与之相关的历史语境的消失，其生命力走到了尽头，那么，这种文化的当代泛起，可能会导致不良的后果。

可以说，文化的更新过程，从来不是抛弃旧的从头开始，另起炉灶，而是一个扬弃的过程。旧的文化在后来看不管有多么荒谬，都包含某种合理的成分，这些成分就有可能成为再进步的基础，成为一种文化的传承因素。文化的发展就是旧文化中所包孕的这些合理因素或积极成分在新的时代文化语境中的展开。传统文化中的许多价值目标，如仁德、和谐等，其基本精神对人类社会文化发展具有长久的牵引力，至今仍是人类社会发展所应追求的。在现代化进程的人文关怀维度中，它们理应具有较大的影响。

现代化的由来，不是一个断裂的产物。现代化追求的本身也可作一种文化传统来理解。现代化不过是把人类的实证精神和理性精神在生产力和生产关系、经济基础和上层建筑方面发展到了更高阶段而已。所以，现代化既有器物、制度方面的现代化，更有文化精神、思想观念的现代化。从更广义的文化的角度看，似可说，现代化就是文化的现代化，就是现代化的文化过程。现代化，首先是人的、人的思想和观念的现代化，而文化发展在这方面无疑发挥着不可替代的作用和功能。譬如欧洲的文艺复兴对于其社会进程的影响就是如此，欧美的现代文化思想的演进对于其社会进程的推动，同样体现了文化的强劲力量。

比起器物方面和制度方面，文化更关注人们的精神方面，实际上，它也是人们精神状态的一种显现与呈示。文化要素作为推动社会发展的一种力量，是通过形成、凝集和发挥人们的精神力量来完成和实现的。学界已经认识到：当发展着的物质科技生产力忽略或脱离开民众的精神力的时候，就会丧失它应受人控制并为人服务的真正本质，而变成与人对立的异己的力量。这种违背规律的状况，发展到一定程度时，就会出现危机和停滞变异的倾向，就会由推动社会和民族进步的生产力，而变成一种"破坏力"和"毁灭力"。一个国家如果没有凝聚起强旺的民族精神，没有科学理性、积极健康、蓬勃有序的民众精神力，来对社会生产力及其外部生存环境进行协调和主动性地把握，那么就会让社会与生产力的有机联系发生断裂、脱节、错位，迷失在自我紊乱的发展途中。一个时代的精神力的建构，显然离不开民族优良传统文化的精神传承和活力再生。

从世界范围看，由于各民族文化包涵着多姿多样的实体，在传统的延续中起着彼此理解、彼此交流的功能，因此它使得陷入比较单一的现代世界的模式有了显示文化个性的机会。传统文化尤其是人文文化，成了现代化和现代世界丰富多彩的催化剂。现代化的多样化模式，主要表现在精神文化方面。随着现代化的全球蔓延，文化的个性化、文化的传统差异，越来越受到人们的尊重和关注。那些想在全球化进程中保持自己个性的国家或民族，将不得不倚重自己的传统文化，来与全球化进程中平面化、一体化、标准化的倾向相抗衡。越是民族的，就越是世界的。这句话的分量如今显得格外深刻与沉重。

传统文化的价值，体现在现代生活的方方面面。在作为文化的一个细节的艺术方面，体现得尤其明显和典型。例如，现代艺术更重视技巧，画面被"冷调"或"欲望"覆盖，这与其说是出于对人生的深刻思考，不如说是在仿效刺激而挑战的"大众文化"，在这个时候，我们只要接触一下古人（谢赫）"气韵生动"的传统，即不单要有笔墨技巧，还要将主体的精神和自然的生命力融为一体并表达出来，就能看到传统艺术经验的现代价值。这个个案表明，在现代生活中，或者说在现代化进程中，传统的因素无时无刻不在相伴相随，其存在常常处于非自觉的状态，而我们今天对这个话题的探讨，只是想经过我们的努力，使这一存在由非自觉状态走向自觉状态，以使传统因素能够更好地发挥其恰切而正确的影响力。

现代化应是物质文化和精神文化的双轨进程。在这个进程中，民族的优秀的灿烂的传统，将可能是该民族"文化软实力"的重要支撑。因为，"文化软实力"是一种需要被别人认同和接受的文化力量，而不是一个自我确认、自我命名的文化存在。这种力量，很多是储存在传统文化之中的。这种文化传统，在现代国家的认同感培养方面发挥着越来越重要的作用。它突出地表现为生活方式和价值观的认同，是民族凝聚力、向心力之所在。对于中华文化而言，无论华人身处天南海北、异国他乡，只要心中保有这种文化认同，他们就能自然生发出一种亲和力，把他们凝聚起来。现代化的进程中，"文化软实力"的建设是一个重要维度，它更是直接与传统文化相关的现代化建设的重要方面。在各种现代化中，文化的现代化将越来越被人们所认识和重视。

就实际状况看，传统文化，往往不是单一的文化构成，而是多传统、多向度的综合与整合。中外各种传统文化，在现代化的进程中都发挥着多样化、润滑化、风格化、人文化和调剂化的突出作用。在中国的传统文化血脉中，就既有古代传统文化的传承，又有近现代革命传统文化的传承。中国的现代化建设，尤其要注重发挥近代和现代革命传统文化的影响与功能，使之融入生活方式和价值观培育的具体过程。这将为中国的现代化建设培育出更多更好更优秀的人才，将更能够适应社会主义中国的现代化进程。

不难发现，人类社会在拥有巨大的物质财富和物质能量的同时，往往忽视具有先导作用的文化力和精神智慧的建设。世界闪烁着科技文明的光辉，而道德信仰的灯塔却比较暗淡。这是一种失衡的现象，这是一种时代的病症。辉煌耀眼的现代化，如果没有文化的或精神的巨人与之匹配，那么，这个现代化就将是冰冷的、片面的、不健全的、有缺陷的。因此，在现代化进程中，必须重视传统文化的吸纳、生发和展开，并在此基础上创造出新的、生动的时代文化，以推动现代化朝向最终有益于人的方向、科学的方向健康推进和良性发展。

我认为，文化，说穿了就是人类对于真善美追求的结晶；反过来讲，文化就是"以文化之"，它使社会上的各种东西都具有了真善美的含义。人类创造的一切真善美的东西，无论物质的还是精神的，以及一切向这个方向发展的思路，都可称之为"文化"。这个看法如果能够成立，那么文化的传统性就显得更为重要了。因为人类美好的愿望从来就没有失去过，人类对于美好的追求从来也没有停止过，人类文化的结晶从来也都是越来越充实、越来越丰富的。优秀的传统文化对于现代性的相辅相成作用，无论如何强调都是不过分的。向着美好前进，这既是传统文化的向往，也是现代化的向往，二者在这个维度上是统一的，而非割裂的。优秀的传统文化在现代化的美好向往中已经发挥、正在发挥并将继续发挥其积极的促进和推动作用。

作者简介

董学文，1945 年生，教授，北京大学校务委员，教育部哲学社会科学发展研究中心研究员。代表作有《马克思与美学问题》《毛泽东和中国文学》等。

关于儒家思想的黄金准则

Hans Lenk（汉斯·兰克）

德国卡尔斯鲁厄大学名誉教授

【摘要】道德、社会价值观、行为规范的社会角色是显而易见的。这些概念应该被理解为"标准化的诠释构想"应用于规范的或叙述性的认知的方式。它们都具有"有效性"，并与特定的文化相关，虽然有些价值观实际上确实是跨文化的，例如所谓的黄金准则。儒家思想中天人合一的思想（恕）是一个中心思想，非常具有普遍性，也是一个具有元层次的准则，与其他准则及价值观（仁、忠）密切相关。

一、什么是价值观？什么是社会准则？

人类不仅有能力利用同时也必须利用价值概念和价值判断来进行评估、评价、分类。然而，人类也具备思考能力，即他们可以通过思考后作出判断，也就是元判断力，从而得出对其自身行为甚至对其自身的评估及评价。人类甚至在更高的元理论层次来评估、判断内部价值观以及价值体系，从而形成特定的优势观点或见解。有时，这些观点或见解也是高水平的。

价值观在某种意义上来讲是一种判断、性情、习惯、惯例或者决定，各种评估、评定、资格、偏好、比较、鉴定或不同的负面判断都通过或者遵循这样的价值观得到贯彻。我们也总是从一个特定的观点甚至总是评价或者评估我们周围的人或是非人类生物。如果对象是人，我们甚至可以说："如果我知道他/她的价值观，我就可以判断他/她是怎样一个男人/女人"。

价值观和评估对人们本身、对他们作出行动决定及行动策略，以及对社会，特别是对于各自的文化、教育、政治和经济都是至关重要、不可缺少的。价值观在本质上是阐释性的：他们可以，甚至必须被解释为，可以而且应该被理解为（社会或个人标准化的）一种特殊种类阐释构想，以及根据不同的类型，在一个等级类型体系中进行区别和分类。在价值观和行为之间有一种特殊联系，这个联系确实被包含，体现于解释。

事实上，任何一个价值的概念或判定其归属都取决于规范的以及部分偶尔传统和意向叙述方案的结构及层次，在某种程度上甚至图式激活的遗传程序被称做计划解释或者规范性部署和图形，根据基本的神经元，部分生物学或生理学，最重要的是行为和行动的建构、文化学习、社会偏好等的主要文化适应过程（在过去的30年里，现在的作者通过图式的解释和图式激活开发了解释性的构想的完整方法论；这种方法不仅包括任何形式的描述性的解释，还包括规范的解释性的构想和图式的解释）。当然，一方面能清楚区分描述性或解释性的分析诠释构想，另一方面，能清楚地区分规范的构想，这是很重要的。

人们通常将规范理解为按照惯例制定、支持、制裁的戒律、禁令、许可、准则等等，前提是这些规范为社会或社会中的一些群体，机构、文化和传统所普遍承认。汉斯凯尔森认为，"价值观的有效性（'Geltung'）是规范的有效性。"这意味着从分析和逻辑的角度来看，价值观是受规范束缚的，即社会规范和文化规范。这个观点在多大程度上适用于主观的、纯粹个人的价值观，将是一个引人深思的哲学问题。

某项规范（如法律条例）一定是通过一个过程和/或"制定"（"Setzung"）行为或介绍而得以制定或颁布的。它被某个机构、消极的（处罚）或积极的（赞美的或令人愉悦的）约束力所支持，并使之成为义不容辞的义务并赋予其"有效性"。社会学家也明白这个道理，准则如同制度化的行为准则，由所谓的"社会控制"和各自的约束力保证实施。规范也是明确标准化的"阐释构想"，虽然，与价值观相比之下，具有相当程序化和操作化的特征。在某种意义上，他们是不同价值的操作化或应用程序规则。

价值观的存在无疑是一种居于次要地位且更为抽象的存在，事实上是"群体"的、文化的或社会的"存在"的诠释方式。在某个社会、文化环境下，或一些分支团体中，某个价值观被视为正当的、义务性的或值得推崇的，也就是说这个价值观要"被"人们接受，所以其存在并不是第一性的。

大陆哲学传统上习惯谈到"Geltung"（有效性），即有效的状态，或者说是被不同社会、文化或者甚至许多文化中的成员分享并接受。因此，在存在论观念中，价值观似乎并不是独立存在的；他们依赖于文化、社会、对人类的解读以及他们对价值观和价值体系的本质的预测。甚至于我们的国家宪法都包含基本价值观，如包括众多基本价值观的人权。这些基本价值观通常被人们广泛接受并了解——甚至在相当大的程度上跨越不同的文化。有些可能被看做普遍的，即在所有文化中都具有有效性。

价值观的社会"现实"，在某种意义上绝对依赖于人与人之间的超主观有效性，这种有效性与某个社会以及制度化的普遍要求有关。价值观获得，比如社会世界"Lebenswelt"（"生活世界"或"生活形式"）的"现实"，被支持、制度化、控制和制裁（积极的和消极的），为该社会中许许多多的成员所赞同、内在化、惯例化，他们将这些价值观尊崇为"真实的"、"确实有效的"，甚至是"义不容辞的"。他们绝对地赞同、接受并认可这些价值观。因此，价值观是社会共享的或社会相关的、依赖于社会规范的、建立在接受基础上的各种各样的"构念"，这些价值观在社会规范中产生，也依赖社会规范保持彼此间的紧密联系。

我的基本论点是：价值观以及规范（他们本身即是"被实施的"价值观）是对评估的假设性和诠释性的构想，被阐释为"构想"或诠释性"构想"（从一个更广的层面但通常是更为狭窄的层面而言①），以一种规范性的和认知描述性的方式被运用。更具体地说，我提议：价值观是将行为导向的标准化或者是规范化的构想（基于基本的设定或文化传统之上）理想地解读为社会文化作用下的规范性描述性诠释，它们在决策、抉择中发挥作用，并为判断和论证提供合理的规则。它们似乎是（某种程度上，通常是受社会规范化的）用来建立和运用偏好的建设性实体，至少经常是这样的。有一个简短易记的标语是这样说的：价值观是标准化的解释性的概念，以一种规范的或描述认知性（解释性）的方式被运用，它允许与其他价值观或规范在结构上相关联，在等级上分级排序。

首先，价值观概念是规范化的（或规范地使用）属性概念，同时，是用于解释和描述的理论性概念，也是为行事者的合法化目标予以辩护的概念。总的来说，他们经常履行所有的这些职能。他们在某种意义上是为描述、解释、引导和激励以及使行动合法化（包括低层面的评估）的典型性阐释性构想。价值构想或概念的确是解释性的构想。价值观是评价，判断或评估过程的抽象的提取物②。评价某一东西或归因一个价值观于某事将会是归属一个典

---

① 广义上的"构建"并不一定会由价值观的信奉者有意识地建立或意识到，但是会在一种行为或行动中体现出来，甚至能从一个观察者的外部角度判断出来。狭义上的"构建"是清楚明了的或有意识的被价值观信奉者建立起来，无论是构建还是重建。

② 诚然，关于价值观的讨论并不一定要看是否存在特定的实体，但是这些讨论的首要功能是虚构的，与一种社会特征的常规相联系，这就是我们通常所说的在次要层面上或间接意义上的"真实"。他们是从一道道实际的评估程序中抽象而来或构建起来的。他们"存在"的特点是个人意义或一种牢固的社会规则（似乎它就是一种社会合理性）。另外，反过来看这一事实与大量既定社会规范相关联，这些社会规约在社会上受到普遍认可，也具有一般的甚至是普遍的合理性。当然，我们仍旧可以有这种说法，即价值的存在、象征和实现。但是在原则上我们不应该也不能将价值观和价值评估相分离，而是必须要将他们与其各自功能相联系，也就是他们的综合的个人或社会功能，保障和确定人们行为、生活和决策等等的特定方向。关于价值观的议论的魅力不应该也不必引导人们将价值观具体化为客观存在的实体甚至是其自身带有绝对成分或特征的理想的客观存在物，他们都有自我身份。这种身份是可构建的，也就是可被人们所理解的。

型的工作——有时含蓄地①履行或者提及，如果价值观被隐藏在各自的评价过程，并再度恢复活力。价值观通过判断和评价人（价值中介）或通过归属评价表面判断"观察员"来实现归属。

如果价值观持有者履行了一个被声明了的或被尊为规范的要求，那么这个价值观可被称为"物化的"或"实现的"价值观；这个甚至可以通过一个声明表达出来。价值判断明确地或含蓄地构成规范惯例或条例；他们在许多方面受制于规范性的现象。因此，方法论地讲，他们在某种意义上是多功能的解释性构想，履行伦理中上述多功能主义的类似职能，如合理或理性的奠基，描述，解释，猜测，批准，恶意的、颐指气使的、赞美的或认同的评价，推荐、激励、挫伤，威慑，证明以及宣称为一般的有效，等等。那意味着，评价和价值观归属不仅在对行为和他人的价值归属上而且尤其通过自我归属的方式发挥着多种功能的作用。属性的和可归属的概念本质上是解释性的构想。

一般来说，我们可以提出这一论点：解释性构想的模型可以应用于价值观的概念和使用上。而且，哲学中存在着许多关于价值观存在理据的那些臭名昭著的模棱两可和纠结之处，因为基本的"理解"或构建、直观感觉价值观和评价可以通过解释计划和解释性构想的方法加以避免。尤其对社会价值观来说这也是真的。

作为解释性构想，价值观的概念在强调建设性、模型化或者是设计上和被设计中以及价值概念等方面具有优势，尽管一些基于机构化的价值取向甚至会受到外部的和"真正"有效的社会性制裁性的影响。"阐释构想"就是强调对解释或解读模型的依赖，对理论、过程、章程事实和概念化的解释的依赖。当社会价值观被狭隘的讲，所有这些当然可以轻而易举地转移到特别的社会章程上，如团结、关怀、培养、沟通、相互依存来维生，亲情，爱情等（仅提及一些积极的社会价值，不谈那些现有的负面例子）。

运用解释性构想的想法和方法能够将价值判断和价值取向在日常行动中所扮演的角色纳入考虑之内，尤其是在描述和解释上，同时可以掌握和涵盖价值观以及自我辩解和基础规范，包括规范特有的价值观本身的社会嵌入。

在这种意义上，社会价值观是源于社会、受制于制度的社会角色的标准

---

① 内部化进程也许不会进行得久远，动作实施者根据价值观以一种规约化的仪式化的方式行动，遵循各价值理念或者并未有意的按照价值观的方向遵守了价值规则。常规形式或者那些已经规约化的行为甚至会受价值观的引导或控制，即使这并不是动作实施者的自身意愿。有时候，人们的行为会由价值观控制，或者在没特意选择特定价值观的情况下，无意识的使自己按照价值观的方向行事，这过程中行事者也许也没有作出任何的关于选择一种新方式的价值观决定。有太多的关于如何将价值观融入日常生活实践中的方法性或方法论方面的问题，本文难以一一将其解答。

化解释构想，尤其是对社会行为和行动的统一、期待和预期中使用并建立偏好进行社会对比。这些偏好也许确实可以通过"行动和行为的制度化期望"（如社会学家将会定义社会"规范"）能够通过内化受青睐的期待来规划社会行为，这种内化主要是以理性的见解的方式，通过遵守或服从制裁，社会控制的方式。

有人将价值观完全视为个人的内在化，这一误解可以被避免，正如社会科学家和/或观察员将价值概念仅仅视为描述与解释的手段和工具一样，那是以科学为中心的认识上的误解。

从某种意义上说，任何"理性"的讨论和行动的正当性将不可避免地导致辩护的或价值观论述，以至于对行动的正当阐释依靠重组行动导引和言语性或符号象征性价值观控制之间的关系。通常，涉及一个所谓的"实践推理"（或亚里士多德①以后的"实践推论"）。实践推理存在于图画或者是对结论进行的一个口头表达或（如亚里士多德）开始恰当的选择一个替换物或对合理行为的选择或相关的动作模式。因此，对行动辩论理由的实际论述在口头的和概念性论证的一个象征性的元层次上得以反映和体现。

决定，偏好争论以及实用的论述可能或通常必会通过"我该做什么"或者"我为什么要那样做或者我要在危险中的行动是什么"被预期到。评估的特定参考、积极的评价目标状态，或者应当避免的各自的消极状态都被涉及。然而，这样的评价也可以用于反省，"为什么我那样做了"也表明了辩护的一个典型性争论。

谈到社会价值观，诚然，他人的需要与需求是相关的，也必须纳入考虑内，特别是制度上的要求。在回顾中，我们还可以通过陈述或者甚至提到价值观来对行为作出某种解释。在这种情况下，我没有直接采用或参考正面的价值观，我没有积极"使用"它去证明一个决策是正当的（如在大多数情况下有系统的预期），但有可能是我说服自己，那个决定是在这个价值观指导下进行的。我可能会保持一个描述性的观察者的角色，甚至会参照自己的过去行为有可能通过叙述地调用价值观甚至从自己的观点出发来解释行为（然而，通常是从他人的观点来阐释的）。

诚然，这个典型案例正是我们通过参考或者与特殊的价值观相关的或标

---

① 亚里士多德在他的书中举出了一个实践三段论的例子：1）我想喝水；2）这是饮料；3）开始喝水的动作（也就是，动作实施者自己付诸喝水这一动作）。有时，也叫价值或价值句（……很漂亮），或者是描述性的句子（……应该被完成），或者是制度准则，或者类似相反的陈述、数据作为实践三段论的主要假设条件。

准抑或是一般的甚至是正式的原则来解释其他人的行为。

读到这，你可能想起一些非常正式或发挥着功能的道德准则，就像康德的"绝对命令"（以我创造的最短的形式阅读，"以一个具有代表性的方式行事！"）——即根据被普遍接受的规律，或者如果你肯服从一些这样类似法律的准则或者我们可以奉行一条规则就像著名的黄金准则①。

二、古代儒家思想中的黄金准则

现在让我们转到一个著名的具体规范和相关的价值观，即这一古老的传统的黄金准则。所谓的黄金准则在东西方道德和伦理观的任何古老的传统中都是众所周知的，从而成为一个真正的跨文化国际准则。这个准则的地位和作用是什么？它仅仅是一种如何处理社会交通以及如何处理自己利益和他人利益的实用策略的解释吗？它是一个建立在这样一些价值观之上的真正的普世的道德概念，并且可能源自价值观和准则的一般概念吗？它是伦理学家解释的一个元规范吗？

当然，我们通常不会注意具有讽刺意义的战略性的美国版本的黄金准则，正如我在西部科罗拉多州的一间小屋里见到的：刻在城堡墙壁上的木板上的"黄金法则"："仔细琢磨一下黄金法则：有黄金的人，制定了法则"！

通过对比区分，通常由黄金准则也有点普世道德的味道或声称这似乎是对社会和社会全面生活进行任何社会和交际的道德性规范所必要的一个普遍的却又抽象的或者是正式的条件。这样看来，它似乎是儒家传统的一种发明，可能由孔子独创（尤其以《论语》闻名）。然而，后来孟子似乎将积极的和情绪化的情感以及仁慈情怀的期待视为黄金准则的主要内容，孔子主要是与行为人的交流、和他人交流的动机以及他们潜在的动机和兴趣进行了高度正式的抽象性概括。

每个人都知道黄金准则的公式，如"别用自己不愿意接受的方式来对待他人"等。我们在《论语》中发现黄金准则的这种消极形式的众多引用（例如，5:12，12:2，15:24 等等）。这种消极的版本似乎是原本：当一个学生问他的老师孔子是否存在"一个词，一个人能够而且应该将之奉为一生的行为准则"，孔子回答道："当然是恕（相互性、共同性）：己所不欲，勿施于人。"

---

① 黄金准则的著名的负面准则写道："己所不欲，勿施于人"。这可以追溯到孔子（公元前 6 世纪，《论语》12:2）；它后来在泰利斯，伊索克拉底（4 世纪），柏拉图（3 世纪），印度教（3 世纪），犹太教的拉比希勒尔（1 世纪）以及基督教"福音"托比亚斯（4:16）中被发现。积极的版本在基督教圣经中最突出："对待别人像你希望别人怎么对待你，"（马太福音，7:12）和"对待别人，就像你希望被如何对待你"（路加福音，6:31）。

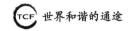

（《论语》15，24）

有趣的是，在儒家思想中黄金准则最明确的用语竟然是否定的：己所不欲，勿施于人，而在基督教圣经中我们也有各自的积极的变体（马太福音7:12，路加福音6:31）。然而，罗斯也注意到《论语》中有篇幅包括或者至少可以说含沙射影到黄金准则在事实上是积极的形式，例如罗斯提到的《论语》（6:30）。在《论语》中这是或多或少明确积极的构想唯一的一个例子：有道德的人（特别是君子）想以价值观和人性（仁）的观点来指导自己：他希望通过自己的努力取得成功，同时他人也会成功（他甚至将主动"帮助"其他人）："以明显的行动（或接近推荐的行动）为例，这可以被视为'人性'的一种方法。"（《论语》，6:30）但是，也有其他的场合和地点，间接的互惠（恕），如忠诚和善举一样，被视为必需的（《论语》，4:15）。在这里，根据孔子的信条，伦理取向的核心线条被提出来了：忠诚、仁慈以及永远公平正义："忠和恕是孔子的道（dao），其他的什么也不是"（出处同上）。在处理职责和渴望高贵的例子里，社会比较被以积极的方式运用了，至少暗示了黄金准则的一个积极版本(《论语》，4: 16 f)。的确，忠和恕大多表现为价值观和受推崇的规范。"恕"甚至被罗斯翻译为"公平"。

尽管忠（仁爱和忠诚作为一种价值）源自"仁慈"（仁）或者本身解释"仁慈"（仁）的价值是真的，无可争议的，但恕更是一个从更高层次上正式的、抽象的关系概念和规定。它甚至可能被视为一种元层次规范或元规范，即更高层次的解释性、规范性构想。在我看来，互惠、能为他人着想的能力，甚至是交际双方交流的方法性原则，就是这样的一个高级规范或者是元规范，当然，如果你想达到，仅凭实用和务实策略是无法办到的。至少根据孔子的断言，道德和伦理的统一或"红线"预设着一种一定标准下一般的和相当抽象的取向，即一个通过概念性的洞察以及参照所推广的看法的平等以及"人类"或"做人"（对孔子来说，甚至包括野蛮人和其他民族的人）这一普遍思想和观念而概括出的人人平等。因此，我们有必要在普世伦理的普遍观念中对黄金准则进行定位（虽然相当抽象和正式：互惠及可交换性）以对仁慈这一概念的参考，仁慈本身扮演一个在各相关的规范明确规范的核心价值，就如同尊重对于人类一样（就关注的伦理的本质而言，没有任何歧视或本质的差异）。

因此黄金准则是评价或评估道德行为和判断的一个更高水平的标准或测量棒，远远超越了自我为中心的战略性取向。格雷戈尔保罗和罗哲海同意彼此的看法，从互惠角度上的认知和概念上的定位以及仁慈想法的来历和含义是儒家伦理学主要和领先的规范。

顺便说一句，站在他人的位置思考和对别人的恰当判断和评定的能力不仅仅是处理行为及利益或实际用途而且涉及情感、感觉以及内心的意愿。因此，我认为我们必须区分黄金准则作为一个元层次法则或高层次的规范解释性构想所能提供的正式的方法论式的功能和作为一个低层次的行为准则的差异以提供各自情况下恰当的建议。假定规范和看法的一个一般的互惠是一个更高层次的解释、一个规范的元规范，打个比方，是方法论起源的一个更高水平的规范性解释性构想。因此，作为一种方法论的元规范的黄金准则，对道德来说肯定是远远不够的，即使它有时表达为定义或至少是仁慈概念（仁＝忠恕）的必要内涵，不过总是普世道德准则和价值观念等的一个必要条件。因此，它从谨慎的策略行为的规范上转移出来，上升为一个真正的结合了仁和义（正义）以及正确考虑三者相结合的道德规范。

　　谈及道德内容，孔子甚至将人道（仁）定义为"热爱人类"（爱人），顺便说一句，这使我们想到墨子将伦理观视为对人类和仁慈的爱。从方法论上来说，我们不得不接受这一思想（仁慈和人类的爱、慈悲）以及根据黄金准则（根据恕）对道德行为的解释，以便真正地实现道德规范的普世流传："忠恕是一切，其他的什么也没有了。"（《论语》）

　　然而，儒家伦理通常表现为某一种自我修养或自省、评价道德行为的准则（例如黄金准则及价值和人道观念上的取向）。就自己的行为标准或"测量杆"的角色是取决于黄金准则然后推广到社会情景中的。事实上，首先金科玉律当然与社会沟通和社会互动相关，因此它（黄金准则）需要是一个相当概括的和"人类，德行以及非战略的（不仅仅是务实）道德意志和动机的抽象概念。"

　　首先，黄金准则被规定为一个"横向的互惠"或者"自我与改变自我"的互惠元规则，以从实权差异与阶层等之间分离的方式实现。看起来比社会所关注的儒家哲学的一般传统更加平等主义，甚至是更为民主。的确，传统的儒家思想没有讲清楚真正的"制度条款下的平等主义胚芽"。然而，我们需要超越传统的分等级的中国社会礼仪环境。荀子对人类的人性给予了更为全面的概括。

　　荀子和墨子已经超越了老子所推崇的"用善良来回报仇恨——这将是那种使自己的品格变得宽阔的仁慈"。有趣的是，孔子本人要求以公正偿还"不公平"（只有）善良偿还善良。

　　因此孔子似乎是到目前为止对人类和社会情景以及战略务实和道德思想的相互作用更为现实的人，而像孟子等更乐观的思想家相比于孔子来说，将更多的提倡黄金法则的积极的构想。孔子对黄金规则的解释的横向互惠性主要体现并依赖于自重和自我培养。

此外，在乐观主义和积极的哲学家中，会尝试孙子而不仅仅只像孟子维持并发展内在德行与美善，而且也给出一个实际的规范性理念，即通过人类的培养，形成认知机制：内在美不是生来就有，而是有人工培养的：道德是人类的工艺品，因此道德成为黄金法则的一个解释性结果。

我认为一个可行的概括应该是这样的：通过把黄金法则解释为一种元层次准则，一种规范性解释性构思，是人为的，文化归属的解释道德及标准的大众表述。儒家这样做成功了，尽管没有在精确的方法论水平区分目标语言规范和元层次规范。方法论阐释学在处理规范和规范的阐释概念上，给出了这些水平分支中渲染分化的深刻见解。的确，昂格尔是对的，他说儒家思想确实发现①了黄金法则并将之发展为人与人之间的和谐行为的一个准则：（它的确）分析了它的含义和影响，昂格尔看到儒家道德教条的黄金法则的特殊意义和含义，事实上黄金法则伦理将人类自身定位在人人平等的原则之上。这一道德不需要一个"形而上学的"舞台或"保护"好人和坏人的"实例"（直觉地）。总之，如昂格尔所言，"没有黄金规则就没有儒家思想"。

作者简介

汉斯·兰克，1935年生，德国卡尔斯鲁厄大学名誉教授，国际哲学研究所原所长，原国际哲学团体联合会指导委员会成员。2005年由德国总统授予联邦十字勋章。

走向和谐：欧洲现代艺术、文学与政治对和谐的表达

Knut Brynhildsvoll（库纳特·布吕恩希尔德斯瓦尔）
挪威奥斯陆大学教授

和谐是一个整体中两个或多个组成元素之间对称的关系。我们可能将对称的比例看做某个物体或社会群体的特征。接下来我将主要谈论和谐这个主

---

① 儒家思想诞生以前，黄金准则甚至是"恕"这一个词似乎都没受到认可。但是我们也可以在一些非儒学文本中发现负面的黄金准则，如光子和墨子。

题并将其视为美学原则，但我首先要谈论一些平常观察到的日常现象。联合国发展项目在过去四年中对各国国民收入状况、教育水平、人均寿命、文化整合等方面进行了综合评估，而挪威被评选为世界上适合居住的国家。为了保持这种国际地位，挪威政府意识到在全球化的时代必须改善人口的社会状况，并且要缓解社会民族群体之间的冲突。这是建立一个和谐社会，以使其能够提供解决潜在冲突的可持续性方法所必须经历的步骤。为了保证社会所有成员之间的平衡，政府必须采取措施，以保障社会各层面在民主决策上拥有平等的发言权。接下来我将讨论一下西方关于和谐的美学观点，个体内部、个体与社会之间、自然和超自然系统之间的和谐。

和谐的人类

作为一种物理实体，当完整的人体根据其内在规律运作并保持其原本的比例和对称时，我们说此时它就是和谐的。但是人体各部分之间的这种肉体平衡却不能实现整体上的和谐。为了实现和谐，必须要在肉体与精神之间建立一种符合古拉丁谚语所说的关系：有健全的身体才有健全的精神。这种肉体与精神之间的和谐也体现在欧洲一些文艺复兴到浪漫主义文学时期的肖像艺术作品及雕刻作品中。斯堪的纳维亚艺术黄金时代的艺术作品也能诠释肉体鬼魅与精神态度之间的艺术性互动。

人与自然间的和谐关系

在挪威艺术界浪漫主义绘画的主要作品名称是"在哈丹格举行的婚礼"，这是泰德曼（Tidemand）与负责描绘风景的作者之一古德（Gude）的作品，后者还负责描绘另一幅画的人物。画布表现了一场在游船内举行的婚礼，小船四面环山，正要穿过一个进入挪威境内的峡湾。这幅画为婚礼仪式构建了极其浪漫的自然风光，表达出人们在整个婚礼过程中的喜悦心情，从而实现了人物的内心与外界自然之间的和谐平衡。

人与家庭成员之间的和谐关系

社会生活的最小元素是家庭。家庭和谐关系的原型主要体现在田园诗以及由所谓的彼德迈时期的作家和艺术家创作的绘画作品中，这一时期处于浪漫主义时期和现实主义时期之间，这些作品的创作灵感来自古典和浪漫主义运动，也有来自对安定纯朴的中产阶级田园生活的赞颂（《普林斯顿诗歌诗学百科全书》，普林斯顿大学出版社 1974 年出版）。挪威诗人比约恩斯彻纳·比约恩松将家庭生活歌颂为社会最基本的支柱。他在作品《我的同伴》中赞美

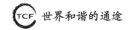

了一直陪伴他的家人，并将自己比喻为将家背在背上的蜗牛。

人类与社会环境的和谐关系

北欧国家社会和谐的最明显的表现是：社会上不存在严重的政治和意识形态领域的冲突，并且斯堪的纳维亚民族和非该民族之间的冲突矛盾并不尖锐。在挪威政治领域，和谐这个词意味着人们要努力协调欧盟国家间达成的协议和规章制度，并使之融入国家法律和制度中。在现实中，和谐化过程意味着不断调整法律结构以适应持续进行的欧洲一体化进程。和谐化进程旨在实现公民间的权利平等，它倡导一种平息政策。实际上和谐很类似于和平这一概念。挪威政治界素有缔造和平的传统，我们奥斯陆大学的约翰·加尔东教授声称自己是在现代社会学领域内进行和平研究的先驱者。他时常提醒公众要注意使用正确的言辞来处理和平问题。如果你不喜欢谈论军事问题而更喜欢谈论和平问题，这一点很重要，因为这标志着你思想态度的变化。挪威诺贝尔委员会颁发的诺贝尔和平奖的早期得奖者之一是澳大利亚作家贝尔塔·冯·苏特纳。他的小说《Die Waffen nieder!》（《放下你的武器!》）是历史上关于和平的最成功的作品之一。

宗教和玄学背景的和谐

西方哲学和文学界有大量宇宙神话和故事讲述世界的起源以及人类的黄金时代。他们的描述有着相似之处，因此在历史上的人类生活都是和平共存，和谐共栖的。《圣经》中亚当和夏娃因为违背了规则而被驱逐出伊甸园。一个人的堕落是由于他沉迷于物质，对物质的沉迷污染了灵魂，并使得他不能重返昔日的乐土。但是诗歌和艺术让我们有机会重温失乐园最初的和谐并建立对这片热土的愿景。瑞典的卜·丹尼尔·阿特波从与和谐宇宙的对比中理解艺术作品并将创作者视为神圣的精神创作者的象征。阿特波是瑞典浪漫主义时期柏拉图哲学派的最重要的代表之一。他作品中最具柏拉图哲学特色的一些元素如下：

— 概念世界与现实世界之间的不相符

— 概念世界堕落成现实

— 对人类早期美好生活图景的感官表达

阿特波在他的重要代表作——Lycksalighetens ö（《欢乐岛》）中描述了浪漫主义时期人们对黄金时代的渴望。这部神话剧的主角，国王阿斯托夫逃离了他的世俗王国，到达了一个遥远的星球，在那他陪伴菲利希亚一起度过了三个世纪的无尽的青春欢乐岁月。期间，阿斯托夫放弃了他对美的追求、不再受时间和青春不再的压力。这种充满爱的生活是宇宙万物生存的基本原则，并且与宇宙和谐旋律永远相唱和，从以下的文字当中可以体会到这一点："灵魂之间、我内心的和谐都转变成了身外的和谐。"

但是从唯美主义的角度来看，主人公要经历一场严峻的危机。放弃时间就暗示着他永远生活在当下，没有过去，也没有未来。同样的事物不断重复，那么人们试图修复黄金时代的辛苦和努力就将陷入永恒不变、停滞不前的状态。阿斯托夫意识到，岛上的生活仅仅给自己带来了一种静止的幸福却不能满足他对变化对行动的需求。最终他放弃了这种被动的生活和消极的生活态度，转而回到以前的王国投身于政治活动中。但是，他从欢乐岛回到尘世并不意味着从一种理想的状态堕落成身心污浊的俗物。相反，他的回归是自愿的，因为他坚信一个国王的最重要的职责是悉心保护他的子民，并且合理安排所有的事情，同时减少社会冲突摩擦，创造一个和平的社会生存环境。

静止与动态之间的和谐

阿特波作品中的阿斯托夫的例子清楚地表明，永恒的和谐是枯燥无味的，不能长期忍受，因为它是一个难以超越的终点。如果和谐是值得人们为之奋斗的理想，它似乎是一种诱人的选择。《浮士德》的主人公浮士德抵制了梅菲斯特的诱惑，宣称他只有在他"在那一刻说：别动，你好美！"时才会受他诱惑。之所以拒绝这样和谐至极的时刻是因为这种和谐缺乏能激发转变和诱人的持续力。另外一部德国经典著作《哥特霍尔德·埃弗莱姆·莱辛》表达了主人公对坚持不懈的欣赏，作品以这样的句子结尾："如果上帝右手握住真理，左手抓牢为真理而做出的努力，那么我将毫不犹豫地选择他的左手。"这句话中的"真理"可以理解为"和谐"。

和谐的衰落

在现代事物中，关于和谐的美学观念即将丧失。艺术从 17 世纪末诞生以来，古典主义和现代主义之间在创新概念上一直存在争论。因为文章篇幅有限，我只能谈论 19 世纪末爆发的可视性和模仿危机以及存在主义哲学兴起的重要性。一件艺术作品一旦抓住了所描绘主体的本质并实现各细节之间的整体和谐，而不会让人感觉出内部和外部元素之间的相互作用，那么它就具有极高的感染力。很明显，和谐的表达必须首先同表面现象相联系，如外表的相似性和辨认度。由于摄影技术的发展和改善，艺术表达的模仿和和谐形式面临着挑战，而且作为调节项的模仿的原则也受到强烈的质疑。在这种情况下，艺术家们被迫寻找能够传达艺术信息和内容的新途径。19 世纪 90 年代美

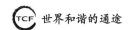

学标准的改变不仅是因为与众多艺术调节技术之间的竞争，更多的是因为自然科学和人文科学尤其是社会学和哲学领域的进步。

哲学家克尔凯郭尔和"焦虑"（恐惧）

克尔凯郭尔被公认为存在主义哲学的创始人。他的两部主要作品论述了"焦虑"和"恐惧"以及"颤抖"三个概念，并指出了"焦虑"和"恐惧"两者之间的区别，马丁·海德格尔在晚期存在哲学中对这两个概念作了进一步的探讨。克尔凯郭尔认为"恐惧"是指害怕具体的某物，如某种野生动物，而"焦虑"表明的是一种精神状态，因为人类被"流放"至世俗世界而不是因为世间的某物而产生的。这种漫无目的的焦虑感体现在一系列北欧艺术和文学作品中。托尔瓦德森所描述的个体和谐印证了爱德华·蒙克的绘画作品《呐喊》，这是类似克尔凯郭尔的"焦虑"概念的绘画作品。而托尔瓦德森作品中宁静与高雅的结合更接近于理想状态的和谐，正如德国考古学家温克尔曼所说，"和谐是一种贵族式的纯朴"和"宁静的伟大"，蒙克的人物处于一种和谐逆向发展的状态。《呐喊》正是对"恐惧"和"焦虑"状态的回应。蒙克为了营造一种恐惧感，他加入了肢体语言并使人物的焦虑感体现在外表上。他采用了解剖误读方法表现了这种精神上的焦虑问题。观众能从画中人物扭曲的身躯、手势以及整个身形中强烈感受到他的痛楚。蒙克在《呐喊》中描绘的完整人体给观众造成一种视觉扭曲，手法尖锐。有人会将这种声音的视觉表达与诗歌中的通感相比较。诗歌中倾听颜色与蒙克的看声音并没有区别。

现代艺术与文学中和谐的违背

现代历史经历了世界战争与内战、驱逐、迫害、压迫、自然灾难、饥饿、失业等等。很明显，古典的和谐思想不能再成为解决这些问题的美学框架。回顾人类文明的野蛮历史，德国哲学家西奥多·阿多诺曾经指出，德国的奥斯维辛集中营的存在使我们不可能再创作出一首诗，因为它意味着面对如此之多的恐怖事件，我们只能保持沉默。浪漫主义哲学家亚历山大·鲍姆加登（1714 — 1761 年）调整了调节形式使之适应新形势，他的思想体现了新的时事性话题。鲍姆加登首创"美学"这一术语，但是他认为美学理解应该是感官的，因此要符合低层次的评估。

约翰·卡尔·弗里德里希·罗斯克兰兹（1805—1879 年）首次在《丑陋的美学》中提出了艺术理论，这一论题的相关专著于1853年出版。罗斯克兰兹把丑陋的美学看做与美这一概念负相关。从令人赞叹的美到绝对的美的对美的展示，同样出现在从令人作呕的丑陋到滑稽的丑陋的对丑陋的展示里。同样，在对罗斯克兰兹的非美学风格的分析中，他主要讨论了正式变型的各种类型，并将其分类为无形状、不对称、畸形或变形即不和谐的状态。专著的最后一章解答了一系列问题，如各艺术流派、文化圈以及试图结合这些分类原则并建立一个系统的文明中"畸形"的外在表现形式，这就使得人们能通过自然界、人类生活和艺术中的具体例子来辩证地理解丑陋。

不和谐的本质：泰德曼和古德的《在哈丹格的婚礼》与哈丹格的巨大的电线杆。

为了确保卑尔根市的城区供电充足，挪威政府最近决定利用一套横穿风景优美的挪威西部峡湾的空中电缆来输电，这一部分峡湾地区第二次被《国家地理》杂志和"可持续目的地中心"评选为世界上最美丽的旅游景点。这项决定引发了当地居民的强烈抗议，他们要求保护这片壮丽的自然景观完整无损。针对破坏自然和谐行为的示威游行迫使政府重新考虑该决议并想方设法提出其他的输电方式，可能会采用在人们看不到的地方如海底来铺设管道。

挪威民主政权时期，公民一直都服从于政府。首次爆发的反对破坏瀑布生态环境的抗议行动是由自然环境保护组织和群体发起的"马多拉运动"。抗议者的首要目标是防止当局进一步破坏自然风景，并吸引更多的人把非暴力不合作方式作为一种政治表达方式。这些和平的示威者阻断交通直到政府出面来干涉。示威者中有来自社会各界的杰出代表者，如著名哲学家艾恩·纳斯，他深受甘地及其非暴力不合作思想的影响，当合法选举出的政府以危害生态为代价来谋取利益时，就要采取非暴力不合作的方式来抵制它。

岌岌可危的家庭关系：比约恩松轻便的家与易卜生笔下的娜拉离开玩偶之家（对家的排斥）

1871年，著名的丹麦文学评论家格奥尔格·勃兰兑斯在哥本哈根大学作了一次关于欧洲文学的演讲。他声称，现代文学应该探讨个人和社会问题。这些演讲标志着北欧文学界的一次现实主义和自然主义的转折。在挪威和许多其他欧洲国家，几乎所有举足轻重的作家都开始讨论社会问题，尤其是婚姻和家庭生活。亨利克·易卜生的作品《玩偶之家》在戏剧界引起了强烈反响。在作品的末尾，女主角娜拉为了实现自己作为个体的自由，离开了她的丈夫和孩子。当然，易卜生的这部戏剧并不是第一部讲述女性在家庭和社会中的角色的文学作品，但是他在社会上引起了一股讨论热潮，也有人认为这部作品象征着挪威女性解放运动的开端。但是它也使人们关注大量婚姻关系的现状，并支持人们解除没有希望可言的婚姻，这一点与挪威伟大的古典主义诗人亨利克·维格兰的一首诗相吻合，诗中作者坚持要断绝两匹向相反方向拉的马之间的关系。

19 世纪的后 30 年及 20 世纪的前 20 年，女性地位获得了极大提高，并于 1913 年通过普选获得了投票权。这种进步在 1986 年 5 月第二届布伦特兰政府组阁时达到顶峰，政府人员男女比例平等，实现了性别之间的平等。然而，这种数量上的平等也体现出一种不可靠的和谐。与这种比例组成的政府成立的同时，离婚率急剧提高。一组新数据显示，挪威的平均离婚率高达 44%，也就是说几乎每两对夫妇中就会有一对离婚。为配偶双方提供共同和平生活规则的婚姻制度已面临严峻的挑战，许多年轻的夫妇倾向于未婚同居，试图以此来发现共同生活的新方式。当然，还有其他因素造成了这场危机，个人生活是社会危机的反映，而社会危机也强烈反映出西方社会的人们缺乏和谐选择。

娜拉和中国娜拉现象的兴起

亨利克·易卜生被认为是中国现代戏剧之父。他笔下的娜拉和作品《玩偶之家》在中国影响深远。毋庸置疑，这部戏剧有助于改变女性观众的观点、戏剧的繁荣、公众舆论，受易卜生鼓舞的中国本土戏剧引起了一场名为"娜拉主义"的思想运动。其效果是显而易见的，易卜生的戏剧使人们开始关注如笼中之鸟被婚姻所束缚的女性，她们没有任何公民权利，只能屈从于丈夫的意愿。虽然娜拉不缺乏任何物质享受，但她开始意识到自己是受害者。于是她反抗丈夫的霸权，她认识到自己其实在某种意义上同一个"陌生人"建立了婚姻关系。

易卜生所处的时代大多数的婚姻关系都是为了保障女性的经济基础而被父母安排的。在这种情况下，很难得到和谐与幸福。也有人会断定，娜拉作出的离开家庭的决定也就象征着挪威女性迈出解放自我的第一步。如今买办婚姻不复存在，也必将受到法律的制裁。反抗传统规范的运动出现在中国这个由封建家长制和儒家思想占统治地位的国度，因而这种反抗运动更具有危险性和挑战性。茱莉亚·克里斯蒂娃著作里关于中国女性的作品中写到，从末代皇帝退位到五四运动这段时间，数以万计的备受买办婚姻压迫的女性选择自杀。然而，娜拉的决定又是何其勇敢决绝；这一步对她而言是未知的未来，但又是一种新思想的萌生，它给了女性在爱情中的选择权，婚姻应以自愿而不是强迫为前提。婚姻是一种建立在自由选择配偶而共同生活在一起的制度，婚姻危机也体现了独立并不能保证婚姻关系的美满。

戏剧是一种不和谐的文学类型吗？

瑞典的文学历史学家马丁拉姆曾经说过，亨利克·易卜生的戏剧就好比现代戏剧的罗马帝国，随处生根随处生长发芽。因为易卜生的作品中利用了大量的怀旧技巧，作品中的人物总是回顾反省过去发生的事。正因为如此，他的作品才具有批判性，人物动作较少，更倾向于一种史诗戏剧。尽管有这种史诗戏剧的写作方式，易卜生还是未提出解决戏剧情节的和谐的办法，以符合一个事实即所有的文学戏剧的经典类型似乎都与和谐这一概念大相径庭。原因当然是希腊悲剧中的戏剧还是易卜生的哲学性的戏剧都是以多方冲突为基础的，都拒绝与这些敌对的话题达成妥协。

《皇帝和加利利人》—— 一个失败的伟大结合体

亨利克·易卜生反复声明，作为一个剧作家他的任务不是提供答案，而是提出质疑。但是，在他的不太出名的作品当中，有一部名为《皇帝和加利利人》的历史哲学戏剧。作品共分为十幕，易卜生自己一直声称这部作品是他的主要成就。在剧中，他尝试寻找调节世界上各观点之间的矛盾以实现合成。在他的前两部作品《布兰德》和《培尔·金特》中，易卜生讲述了两个展现自我的事例，其一是一种安逸的同质的人物个性，这与他最基本的信念不同却从不向其妥协，另一个事例的主人公一直在改变他的性格以适应目前所处的环境，于是他给自己设定了一项自我理解原则，这样自我就能固定在替换"我"的过程当中。下面两段引用也许能让读者更清楚这两个相互矛盾的自我展示。

《布兰德》：
但是不是今天，是明天，
一年过去又有新的一年；
全心全意等待吧，
而不是部分地片段式的祈祷祝福。

《培尔·金特》（正在削洋葱）：
如此多层包裹的外皮！
真理不是又会在光芒的照耀下来临吗？
如果真是这样就好了，我在内心最深处，
这只不过是绷带——每一部分都越来越小。

易卜生在其两部哲学作品中越来越感受到必须将这两种相互冲突的自我概念结合起来，并将其表达为他认为的矛盾和谐互动的系统。很明显易卜生试图结合一种存在主义方法和一种辩证法以解决人类身份问题。但是他在《布兰德》和《培尔·金特》中融入了来源于克尔凯郭尔式的存在哲学观点，即生活的道德和美学层面，并将其创作成一部发人深省的戏剧，而在《皇帝和加利利人》中尝试融合两种相对称的选择并将其发展成一种符合黑格尔式哲学观点的辩证调节系统。

《皇帝和加利利人》是一部讲述发生在公元 4 世纪罗马帝国皇帝经历的历史事件，皇帝试图脱教并修复一种现代形式的异教，以一种折中的方式融合他所处时代的不同的神学思想。但是，剧情和三合一的调节系统之间依然存在巨大的差距。朱利安想重新确立一种建立在异教基础上的一元文化生活方式，并接受古代的风俗习惯，他的精神领域充满了建立一个从德意志第一和第二帝国同化而来的新社会：第一帝国是以知识之树为建国基础，是一个崇尚希腊古典文化和犹太教义的、耽于声色的欢乐国度。第二帝国信奉耶稣基督，忠实的信徒们反对朱利安企图颠倒历史发展以满足其自身对早期文化的仪式和习俗的美学享受。第三帝国是第一和第二帝国的合成体。教授保罗史文德森于 487 年提出了"平衡的和谐时代"这一观点，也或者是因为神秘的标准的出现："皇帝和加利利人都会失败，但是都不会消亡。难道青涩感不是慢慢在年轻人身上消退了吗？长大成人的年轻人不是更成熟了吗？但是小孩和成人都并未消失。"易卜生早期的两部大作《布兰德》和《培尔·金特》就好比论点与反论点。在意大利期间，易卜生搜集了大量关于朱利安的材料，似乎一切都暗示着《皇帝和加利利人》会成为这个双话题作品中的合成部分。两部早期戏剧相互矛盾的主题的和谐化概念不能实施，而且他们只出现在《皇帝和加利利人》的一些片段中，反映出作者意愿的形而上学的问题，这可能是受到了尼采、叔本华尤其是黑格尔思想的影响。

易卜生的《索尔维格之歌》和保罗·亨德米特的《和谐的世界》

在第三幕结尾时，培尔·金特离开了索尔维格，通过无限的创造力开始了他的"奥德赛之旅"。当索尔维格在小屋内等待培尔的归来时，培尔慢慢看不到她了。索尔维格在歌中表达了她的忠诚，这首歌不逊色于爱德华格里格的作曲，广受欢迎：

《索尔维格之歌》
冬天和春天都将过去，
夏天也即将过去，一年就这么消逝；
但是终有一天，深知我心的你会回来，
我会一直等你，因为我向你承诺过。

易卜生创造了一个女性，她的宁静与现实生活中的女性似乎不太相似，她具有一种平衡、和谐的理想的气质，在戏剧末尾挽救了培尔使之不因为惩罚超自然力量而受害，因为从培尔被造物主创造开始，她一直将他记在心中。

培尔在索尔维格心中一直是保持不变，他最终也感受了索尔维格的超自然系统的好处。

90 多年之后，这种普世的象征性臆想的系统也被保罗·亨德米特运用在他的歌剧《和谐的世界》，以其为参考。亨德米特创作了歌剧脚本，谱写了剧中的曲目，讲述了行星运动规律与欧洲"30 年战争"期间人类的野蛮和残暴行为之间的冲突与对抗。亨德米特联系莱布尼兹的普遍和预先稳定的和谐观点，并将其作为他参考开普勒对宇宙和谐研究的基点。开普勒在他的专著中试图从音乐的角度解释天体的椭圆运行轨道。和谐的核心部分是天体音乐。亨德米特的歌剧情节是发生在有着真实人物的历史环境之下。开普勒是鲁道夫国王二世时期研究天体运行轨道的天文学家，他是剧中的主角之一。亨德米特的作品中，开普勒是一个悲剧性色彩的人物，他未能成功说服华伦斯坦和其他的军官以及王子要与天体保持和谐：

> 开普勒：这难道不是我的职责？
> 我要说服哲学家们、艺术家、地球上的统治者，
> 用他们的作品，
> 引起大家关注造物者最初的忠告，
> 这样人类才能从中获得对和谐世界的良知。

开普勒思想即他认为天体和谐也能带来社会政治和谐，深深影响了当时最著名的军官华伦斯坦：

> 华伦斯坦：如您所说，和谐无处不在，
> 它能有意识的为我们指明方向，
> 鼓舞我们作出前所未有的各种尝试，
> 去建立一个人间天堂。

在戏剧末尾，这一合唱表明没有人像开普勒那样"努力结合生活与和谐"。但是，开普勒自己在晚年期间意识到，作为一种试图将宇宙规则改造成社会结构的模型，和谐并未取得成功。

> 开普勒：最大的和谐其实是死亡，
> 死就能实现和谐。
> 在有生的生命中，和谐无处可寻。

因此亨德米特得出的最后结论似乎是：一切皆是徒劳。"徒劳"是最后的最重要的词，也就意味着人们意识到了最深处的真理。我们可以推断的是，宇宙规则之所以无法运用到社会结构中，也许是因为预先设定的和谐和人类活动之间是不相容的，因为后者会危害自然内部的原本的平衡状态。但是根据开普勒受佛教思想启发而得出的理解，和谐是一种被动程序，一种以宇宙

规则为准的自我依赖的体制，在发达的社会环境下，和谐对解决冲突、改变错误的决定、修复被破坏的自然还是有理想效果的。

和谐与不和谐的选择——两种对立的艺术表达形式

古斯塔夫勒内霍克在他的作品《文学怪癖》中指出了这样一个事实：古典存在两种对立的艺术表达形式。除了用古典口风琴的阿提克演讲，还有一种阿什尼亚修辞和措辞风格，这是艺术表达的两种主要的不对称的方式。约翰·沃尔夫冈·冯·歌德曾经肯定地说："古典是健康的，浪漫主义是病态的。"但是值得怀疑的是，文学隐喻是否真能分清各相互矛盾的艺术表达形式之间的区别。这两种区分都不能，一种有启蒙作用也就是古典派，另一种是模糊表达也就是浪漫主义。

文学和艺术先锋是体验性的，转变成为不和谐的表达形式。在我演讲的开端部分，我提到了托瓦尔森的古典和谐主义人物肖像画——蒙克的《呐喊》，最后我想反对一幅现实主义的画。这幅画表达了首次体现未来主义的马里内蒂观点，"一辆赛车远比胜利女神之翼美丽。"这表明古典主义的和谐观念正面临着新科技发明的挑战。

马里内蒂的观点说明艺术界先锋代表如何通过对比无可对比的事物来挑战美的范畴，无论从对象表达的观点如雕刻与汽车或火车，还是从题材的角度如雕刻与形象或绘画作品的角度。毫无疑问的是，古典主义雕刻体现了古典主义和谐。另一方面，这两幅瑞典画的主题并非主要是和谐，而是解构主题这一整体，以使增速这一抽象概念在读者脑海中成像。达德尔（Dardel）的画讲述的是，在红白两军之间的后革命内战时期，作者坐火车经过西伯利亚地区的经历。红白三角几何图形暗示着火车行进至红白区域。同样，火车行进的速度可以从外部的标志和暖色调变化中看出来，火车内部的红色和冷白色区域显现在外部，并且成为图画底部一个独立的区域。戈斯塔阿德瑞安尼尔森的这部作品名叫《急速行进中的列车》。这幅画旨在使速度可视化，但是这必须分解其速度的承受者。速度能打破契约、静止状态，这幅画表达了类似于我们所认为的一种不和谐的和谐。

作者简介

库纳特·布吕恩希尔德斯瓦尔，1939 年生，挪威奥斯陆大学北欧文学教授、易卜生研究中心原主任，多次承担国际性学术大会的组织者。长期从事现代文学和文学理论（从浪漫主义到后现代主义）研究，是国际易卜生研究领域知名的专家学者。

论不同文明的交流与建构和谐世界

聂珍钊

华中师范大学文学院外国文学教授

【内容提要】世界文明史证明，任何一种文明都不拒绝外来文明，而是把外来文明融入自己的文明中，以保持自己文明的先进特性。古希腊文明就是不同文明交流融合的范例。在影响当代中国、日本和印度的西方文明里，我们可以轻易找到希腊的文化基因，而这些基因正是东西方文明交流融合的证据。中华文明向外传播与对外来文明的吸收，充分说明不同的文明基因组合能够促进文明进步的特点。中华文明很早就对周边国家产生影响，而且远及阿拉伯世界、非洲和欧洲国家，是世界文明演化的重要动力。在不同文明的交流中，不和谐和非文明的因素可能伴随文明而生，例如政治干涉、军事占领以及毒品泛滥。西方鸦片的对华输入和八国联军入侵中国，都是反人类反文明的暴行。八国联军用枪炮敲开了中国的国门，但也促使中国开始了现代化的进程。中国发生的旨在推翻清朝专制帝制王朝和建立共和政体的辛亥革命，是西方文化种子结出的第一枚胜利果实。新文化运动和五四运动也是西学东渐的成果。中外文明的相互交流证明，不同文化作为人类共同的遗产，能够做到相互沟通、理解、借鉴、吸收、融合，成为构建和谐世界的重要因素。

【关键词】西方文明　中华文明　和谐世界

21 世纪以来，国际恐怖主义泛滥，经济危机日趋严重，政治矛盾层出不穷、军事冲突接连不断，全球秩序和国际和平遭到严重威胁。人类社会面临的问题越来越多，但是能够解决问题的办法似乎越来越少。为了寻找解决共同面对的世界性问题，人们不断从政治、经济、文化的立场审视我们生活的世界，认真探究各种问题产生的原因，寻找解决冲突的途径与方法。人们发现，我们需要面对的当今社会问题相互纠葛在一起，错综复杂。导致不同问题出现的原因并不是单一的，而是多方面的。但是，一些人没有辩证地从不同角度思考和解释我们面临的问题，没有从合作与和谐的立场寻找解决问题的方法，而是简单地将当今世界出现的问题和冲突归结于不同文明与宗教相互冲突与对抗的结果。从人类文明发展的历史观点看今天的现实问题，我们可以发现，不同的文明不仅不是各种问题滋生之源，相反它们可能是解决问题之匙，建构和谐世界之砖。

自古以来，文明因种族、国家和地域有别而不同，又因种族、国家和地域的改变而演变。古中国、古埃及、古巴比伦和古印度是世界公认的"四大文明古国"。在古希腊文明出现之前，由于交通、通讯及交往的限制，四大古国分别独自发展，形成各自独立的文明体系。从古代希腊开始，不同的文明尤其是东西文明之间开始交流，已经表现出文明不能独自发展的基本特征。

综观人类社会发展的数千年历史，互通有无是不同文明共存共荣的前提，而商贸往来则是不同文明交融汇合的基础。古代希腊文明可以看成一个不同文明交流的范例。克里特岛是古代希腊文明的源头，它南连埃及，北通希腊，是当时东西方相互交流的枢纽。借助先进的航海技术，克里特岛上的米诺斯王国得以同地中海东岸的文明古国、特别是当时最富裕的埃及进行交往，成为地中海区域的贸易中心。借助不断开展的商贸活动，埃及的蓝釉陶珠、彩瓶、象牙和装饰品被带到了克里特岛。商贸是文明传播的媒介。正是借助商贸活动，古巴比伦文明与古埃及文明随着商贸往来进入了克里特岛，然后又经克里特岛传到希腊。在克里特岛上，考古发现的一些陶器、石刻器皿、象牙雕刻等，都带有古代埃及影响的印迹。考古发现的一些石印章以及从图画文字演变而来的象形文字，也明显是埃及影响的结果。无论是古巴比伦文明还是古埃及文明，它们作为外来的文明不仅没有被当做外来的入侵者被克里特文明拒绝，而是主动地对这些外来的文化进行复制和模仿，然后加以吸收改造，使之成为自己文明的一部分。

克里特文明也同样被古代埃及接受。在古代埃及阿蒙霍特普三世时期以及18王朝前期西底比斯贵族墓葬的壁画里，描绘有同爱琴海民族密切相关的朝贡的外国使者。他们携带的金属和石制器皿，在克里特岛和希腊半岛都多有出土，因此可以证明这些使者应该同克里特人密切相关。学者们在蒙卡皮拉萨和拉克米尔的墓中还发现两处象形文字铭文。通过同象形文字和其他青铜时代铭文进行比对，这些文字被释读为"Keftiu 土地之王进来贡品"和"Keftiu 土地王子和一片大绿之中的岛"。学者们认为，铭文中的 Keftiu 就是米诺斯时期的克里特。这些墓葬壁画说明，无论古代埃及还是古代克里特，各自的文明都不是排外的，都在发展过程中吸收了外来文明。

在世界文明史上，可以看到文明的传承特点，这就是任何一种文明都不拒绝外来文明，相反而是用一种恰当的方式把外来文明融入自己的文明中，以保持自己文明的先进特性。早在克里特的神话里，有关米诺斯牛的故事实际上就是两种文化融合考验人的理性的象征。克里特文明是希腊文明的源头，它经由迈锡尼王国传入希腊本土，融入迈锡尼文明之中，成为希腊文明的中继站点。古代的希腊、罗马是欧洲文明的发祥地。古希腊位于当今欧洲南部，拥有先进的航海技术，同埃及等古代东方各国保持着商业及文化上的联系。正是在吸收克里特文明以及其他外来文明的基础上，希腊文明才变得更为成熟，产生了神话、史诗、抒情诗、悲剧等文学作品，产生了绘画、雕塑和音乐等艺术，产生了哲学和辩证法，产生了先进的科学和技术，产生了先进的社会制度。现代社会所拥有的一切，在古代希腊已经出现或者为它们的出现创造了条件。马克思和恩格斯高度评价了古代希腊文明。马克思认为，希腊神话具有"永久的艺术魅力"，它"不只是希腊艺术的武库，而且是它的土壤"，肯定荷马史诗至今"仍然能够给我们以艺术享受，而且就某方面说还是一种规范和高不可及的范本"①。恩格斯也高度评价了体现古希腊社会文明的奴隶制。他说："只有奴隶制才使农业和手工业之间的更大规模的分工成为可能，从而为古代文化的繁荣，即希腊文化创造了条件。没有奴隶制，就没有希腊国家，就没有希腊的艺术和科学；没有奴隶制，就没有罗马帝国。没有希腊文化和罗马帝国所奠定的基础，也就没有现代的欧洲。"② 希腊文明已经成为人类社会的宝贵遗产和精神财富，成为欧洲文明的源头。自从欧洲文艺复兴以来，许许多多的思想家、政治家、文学家、艺术家，都源源不断地从希腊文明中汲取营养，注入现代文明之中。在现代欧洲文明的各个方面，都可以找到古代希腊文明的基因。

在人类社会文明发展进程中，不同的文明是一种客观存在。由于人类文明存在各种差异，因此它们也可能在相互接触和交流中会产生摩擦、碰撞与冲突，但是这不同于经济的、政治或军事的摩擦、碰撞与冲突。人类历史经验告诉我们，后者容易导致敌对和战争，而前者却不会。以希腊化时代为例。公元前336年，亚历山大继承王位后，积极采取军事占领的手段以实现其独霸世界的政治野心，他率领马其顿军团向东方的波斯人发动进攻，先后侵占小亚细亚、叙利亚、埃及、美索不达米亚等，并于公元前330年占领大流士国都波斯波利斯，征服了整个波斯。此后，罗马征服者继续东进，一直深入至印度旁遮普邦。亚历山大病逝后，罗马军队继续长期征战。在公元初图拉真时代，经过一系列扩张，罗马帝国的版图扩大到了最大范围。它东起两河流域，西至不列颠大部分地区，南有埃及、北非，北达莱茵河和多瑙河以北的达西亚，建构起古代史上地跨欧亚非的最大的帝国。在这段约300多年的

① 马克思.政治经济学批判［M］.北京：人民出版社，1955：173.
② 马克思，恩格斯.马克思恩格斯选集（3卷）［M］.北京：人民出版社，1972：220.

希腊化历史里，尽管政治野心和经济矛盾导致的军事冲突与战争连续不断，但是就文明而言，却表现出完全不同的特点，这就是融合，并在融合下导致新的文明出现，即希腊化时代的文明。

罗马帝国通过战争手段把广大地区统一为一个庞大帝国，在带来破坏的同时也推动了各个地区之间的经济往来与文化交流。希腊同西亚、中亚、印度等地的贸易更加密切。伴随罗马军队的远征，大批希腊商人活跃在亚非许多城市，从事商业贸易，把西方的物产带到了东方。不少希腊学者也来到东方，研究东方的科技和文艺。在由罗马帝国的政治霸权和军事占领所形成的希腊化时代，仅政治纷争和军事冲突无法演奏和谐的乐章，但是东西方文化并未相互排斥，彼此敌对，而是互相补充，相得益彰。在罗马帝国圈内，不同文明的融合带来经济繁荣和文化发达，形成了历史上著名的希腊化时代的新文明，并构成现代东西方文明的共同基础。

人类历史表明，自有文明产生以来，不同文明之间必然要产生借鉴与继承关系。作为集中体现文明成果的文化，充分表现出这一特点。例如，发生在14世纪至17世纪的欧洲文艺复兴，就是一场通过借鉴希腊罗马文化而把中世纪和近代衔接起来的思想文化运动。文艺复兴不仅影响了整个现代的欧洲，而且也通过不同途径影响了整个世界。在影响当代中国、日本和印度的西方文明里，我们可以轻易找到古代希腊的文化基因，而这些基因正是东西方文明交流融合的证据。

从历史的角度看，任何一种文明出现之后，它既要向外传播，也要输入借鉴，不可能拒绝、排斥其他文明而独立存在、独自发展。它要么吸收外来文明使自己得以演化，要么融入其他文明使自己得以延续。实际上，一种文明都是在不断向外传播和吸收外来文明基础上新生的文明，例如罗马文明之于希腊文明，欧洲文明之于希腊罗马文明，东方文明之于西方文明。这充分说明不同文明之间的共生、趋同、包容和融合的特性。古代埃及文明、希腊文明、希腊化时代的文明、文艺复兴时代的文明以及西方和东方文明之间，不存在相互敌视及敌对的基因，不存在发生根本性冲突而导致战争的必然逻辑。相反，不同的文明尤其是西方文明与东方文明之间，往往能够做到相互影响，相互借鉴，相互吸收，共生共存。本土文明不仅能够为外来文明留下生存与发展的空间，而且也能够同外来文明融合，促进本土文明的演化。人类社会发展到今天，我们无论讨论西方文明还是讨论东方文明，它们已经不是50年、100年、500年或者1000年前的本原文明了。任何文明已经不是最初的文明形态，而是融入了大量其他文明因素。因此我们讨论任何一种文明，它实际上已经把其他文明包括在内了。

中华文明向外传播与对外来文明的吸收，充分说明不同文明基因组合而促进文明进步的特点。作为世界上最早的文明之一，中华文明很早就对周边国家产生影响，是世界文明演化的重要动力。早在隋唐以前，中国已经成为东南亚的文化中心。从公元2世纪开始，中国同亚洲国家有了商贸往来，丝绸从陆路和海路运入缅甸，然后再从缅甸转运至印度乃至欧洲。公元3世纪初，吴国孙权曾派遣康泰、朱应通使南海诸国，开始了同马来西亚、菲律宾等国间的文化交往，而且还直接或间接地通过东南亚国家影响了欧洲。中国的先进文化在魏晋南北朝时期传入缅甸，并在唐宋时代达到高峰。在印度支那，早在2000年以前中国就同越南有了密切交往。公元前2世纪，中国汉字传入越南，成为越南撰写重要史学、文学、医学著作的工具，促进了汉文化在越南的传播。中国同柬埔寨、老挝的友好交往也开始于三国时代，相互间的文化交流有着悠久的历史。在朝鲜半岛，高句丽于公元372年设立国家教育机构"太学"，开展以汉学为主要内容的教育事业，并用汉文编纂名为《留记》的高句丽史事100卷。在当时，五经、《史记》、《汉书》、《后汉书》、《三国志》等成为高句丽的主要学习用书。随着两国交往的不断加深，朝鲜大兴汉学之风，涌现出一批用汉文字进行创作的作家，其中著名的有薛聪、慧超、金云卿、金可纪、崔致远等。崔致远的《桂苑笔耕》20卷曾被收入我国的《四库全书》。日本也是深受中国文化影响的周边国家之一。在秦朝时代，已经有大批中国人移居日本。3世纪上半叶，中国同日本不断有使节往来，互有馈赠。据日本史籍记载，公元284年，中国的《论语》、《千字文》传入日本。从4世纪开始，中国儒学传入日本，佛教也随后传入。唐代是中日文化交流的鼎盛时代，不仅中国向日本派遣文化和外交使团，而且日本也向中国派遣留学生（包括学问僧）。至唐代为止，在日本的中国典籍据统计已有1800余部，18000余卷。在文学方面，日本人在学习汉字的基础上，兴起了仿效唐代诗赋文章之风，形成了日本的汉文学。中国古代文学对日本文学产生了深刻的影响，这种影响在日本的中古文学中得到充分体现。如公元751年，日本出现了第一部汉诗集《怀风藻》，共收64家诗人用汉语创作的诗歌100首，咏颂风花雪月、美女、闺情等主题尽显中国文人式的情趣。日本除了在中国文学影响下形成的汉文学以外，日本其他文学也受到中国文学的影响。日本最古的和歌集《万叶集》受到了六朝、初唐、盛唐的诗歌以及《文选》等作品的影响。平安时代的长篇小说《源氏物语》也受到《文选》、《元稹诗集》、《游仙窟》等作品的影响。对日本文学影响最大的是白居易的诗歌，《长恨歌》是日本当时最受欢迎的作品。

　　中国文化对外传播不仅仅局限于自己的周边国家，而且远及阿拉伯世界、非洲和欧洲国家。中华文明同西方文明最早的交流始于何时，虽然目前我们找不到可靠的文献资料，但是在荷马史诗的描写里，我们似乎就可以找到中华文明出现在西方的最早证据。俄底修斯为了交换商品，就同一些知心朋友装上九大船货物，远航埃及，在埃及从事贸易。这说明早在荷马时代，希腊已经同东方的埃及有了商贸往来。在埃及，俄底修斯就有接触中国商品的可能。战后俄底修斯返乡后，他曾假扮成外乡人同他的妻子潘奈洛佩讲述了自己的经历："我还注意到，他身上穿的衬衫非常光滑，轻细有如干了的葱皮那样，而且像太阳一样发出光辉。"（《奥德赛》第19卷）荷马描写的轻细有如干了的葱皮一样的衬衫，很可能就是在当时商业迅速发展的过程中从中国输入的丝织品。据文献记载，公元前2世纪末，汉朝张骞出使西域，开辟了通往阿拉伯世界的陆上丝绸之路。由于阿拉伯地处欧、亚、非三大洲的交汇点，因此它也是中国同欧洲和非洲国家交往的一个中转站。唐代我国称阿拉伯为大食，丝绸之路开通以后，通过丝绸之路同阿拉伯世界建立起直接联系，中阿之间频繁往来，迅速推动了双方在经济文化等领域的相互交流。众多的阿拉伯商人相继来华经商，有些人与汉族通婚，定居中国，深受汉文化的影响和熏陶，大食人李彦升在唐代进士及第并被钦点为翰林学士就是一例。"丝绸之路"东起中国的渭水流域，经由东西方交汇点的伊朗而抵达地中海沿岸各国。由于伊朗在地理上的特殊地位，中国同伊朗的联系十分紧密。尤其在唐代，波斯商人来华经商，中伊两国经济上互通有无，文化上广泛交流。在中国历代的典籍中，有许多有关古代伊朗政治、经济、文化、历史、地理和民俗的记载。例如在《太平广记》中，《李勉》、《径寸珠》、《李灌》等作品就描述了波斯商人在中国的故事。唐代颇有名气的诗人李珣是波斯人的后裔，著有诗文集《琼瑶集》等，《全唐诗》收入他写的诗有50多首。李珣的妹妹李舜弦的诗也被收入《全唐诗》。

自张骞开拓丝绸之路以后，民间商旅就开始将丝绸贩运至西亚、中亚乃至罗马帝国，中国文化也开始借助丝绸而迅速向西域传播。西亚、中亚、罗马、印度等国的商人和使节也相继来到中国，汉代的西安出现了"商胡贩客，日款于塞下"的盛况。魏晋南北朝时期，中国同中亚、西亚、罗马等国的交往得到发展。西晋时，大宛进贡汗血宝马，杨颢受命出使结交。北魏时王恩生、许纲和董琬等人出使西域诸国，赠送锦帛，西域16国遣使回访"贡献"。在当时，从葱岭以西到罗马帝国，沿途商旅使节"相继而来，不间于岁"。所以薛能写下了"船到城添外国人"的诗句（《送福建李大人》）。

与此同时，中国对远处北非的埃及也有了比较多的了解。鱼豢在他根据公元3世纪的材料写成的《魏略》中对埃及的地理位置、政治、经济、商业、交通等作了详细的描述。我国唐宋时期的典籍《经行记》、《酉阳杂俎》、《岭外代答》和《诸蕃志》等书，都对埃及、马格里布和东非沿岸的地理概况、政治经济、民情风俗等作了比较详细的记载。随着丝绸之路的开通，丝绸加工技术、纺织机械、瓷器也随之进入埃及，中国古代文化的向外流传远播至非洲地区。

在欧洲文明发展史上，希腊、罗马是西方文化的源头。随着罗马帝国的强大，罗马不仅统治了希腊，还征服了埃及、叙利亚、土耳其等亚非国家，建立起地跨欧亚非三大洲的大帝国。公元前138年张骞第一次出使西域，又于公元前115年遣使出访安息，从而使中国知道了西方罗马帝国的存在。古代我国称罗马帝国为大秦，意为其人"有类中国"。在我国典籍《史记》和《汉书》中，已经有了关于罗马帝国的记载，而在《后汉书》中，对罗马帝国的记述更为详细。古代希腊、罗马很早对中国就有所了解。大约公元前5世纪末，在波斯王宫当御医的希腊人克泰西亚斯于公元前389年至397年返回希腊，著有《旅行记》、《印度记》等书，在书中介绍了中国，称中国为赛里斯。公元1世纪中叶，有一位生活在埃及的水手著《爱利脱利亚海周航记》一书，在书中称中国为秦国。生活在公元1世纪末2世纪初的罗马历史学家和宫廷诗人弗洛鲁斯所著的《罗马史要》中，也记载了中国和罗马屋大维·奥古斯都时代相互交往的情况。从汉代开始，海上丝路开通，建立起古代东方和西方文化交流和影响的又一条通道。公元166年，大秦（罗马）帝国安敦王遣使交好中国，从海路航行至中国当时的日南郡登岸，到洛阳进谒，西方罗马和东方中国第一次实现了直接交往。中华文明在西传过程中，西方文明能够很快接受，并将其融入自己的文明之中，如中国的造纸、火药、指南针与活字印刷四大发明的西传，促进了西亚、欧洲及至整个世界的文明进程。中国的丝绸很早就销往罗马帝国各地，丝绸文化也随着贸易往来而传入西亚及欧洲各地。希腊人和罗马人因丝绸而认识中国，所以将中国称为"赛勒斯"，意即丝绸之国。

自从中外开始文化交流以来，中国的先进文化不仅很快融入了周边国家和西方文明中，同时，中国也努力吸收外来文化，以丰富自己。中华文明吸收外来文化首先从宗教文化在中国的传播与接受中体现出来。早在西汉末年，佛教即传入中国。公元627年（贞观元年），玄奘西行求法，"乘危远迈，杖策孤征"，历时17年半，前后游历了当时的110个国家，带回梵文经本657部。法显、玄奘、义净等中国僧人走出国门，求学取经，周游印度西域，朝拜释迦牟尼诞生的圣地，历经漫长岁月而后携带佛学经典回国，可以看成是中国渴求外来文化的一个标志。在中国的唐宋时期，国家成立译经院这类国家机构，大量翻译佛学经典，表明当时吸收外来文化已经提升到国家的层面。在当时由国家组织完成的世界史上规模巨大的《大藏经》，可以看成中国吸收外来文化的典范。中国的佛学在源头上来自外邦，并非本土所有，然而中国将其融入自己的文化之中，使之成为中华文化的一部分，这正是不同文化相互融合的例证。公元 753 年，鉴真和尚率弟子 24 人东渡日本弘扬佛法，这又说明人类文明的精华会在不同国家、种族和政治制度中流传。

印度佛教传入中国后，演化为中国的佛教，不仅成为中国宗教之一，而且还深刻影响了中国民间习俗、雕刻、绘画、建筑等艺术，以及哲学、诗歌、小说、戏剧、音乐等。在文学创作最为繁荣的唐宋，佛教影响诗歌最大，在著名诗人李白、杜甫、白居易、王维等人的创作中，都可以看到佛教影响印迹。李白的"宴坐寂不动，大千入毫发"（《李太白全集》卷二十三）、杜甫的"身许双峰寺，门求七祖禅"（《杜少陵集详注》卷七）、白居易的"近岁将心地，回向南宗禅"（《白氏长庆集》卷七）、王维的"一生几许伤心事，不向空门何处销"（《叹白发》，《王右承集笺注》卷十四）等名句，都可从中看出这些伟大诗人创作中表现出来的佛教理想。在佛教影响下，白居易仕途受挫，最后皈依佛教。王维将宗教感情化为诗情，用诗歌阐释禅理，使创作达到了最高境界。柳宗元自幼信佛，诗歌蕴含禅理，成为他诗歌的一大特色。这些诗人创作中的佛教倾向，体现的是当时整个文学作品以佛学禅理为最高境界的文学风尚。

除了佛教以外，伊斯兰教和基督教也是最早传入中国的宗教。自汉代张骞出使西域之后，中国同伊朗及阿拉伯国家交往日益密切，除了政治和经济的交流以外，文化和宗教的交流也十分密切。汉唐之际，不仅伊朗的音乐、舞蹈、乐器、杂技、绘画、雕塑、图案设计技巧等传入中国，对中国的文化艺术产生了一定的影响，而且早在唐高宗永徽二年（公元 651 年），伊斯兰教就传入中国。在中国发现的大约成书于公元 8 世纪至 13 世纪的《古兰经》手抄本，是世界上保存完整的最古老的《古兰经》手抄本之一。这也是伊斯兰教传入中国的最好物证。此后，伊斯兰教及文化在中国传播从未间断，对中国文化产生了深刻影响。例如，明末清初中国伊斯兰教继推行经堂教育之后开展的汉文译著活动，就超越宗教而变成了中外文化交流的活动。从事译著的伊斯兰教徒学者精通儒、佛、道、伊斯兰四教，"以儒诠经"，使伊斯兰宗教经典的翻译变成了一场中外文化交流和融汇的活动，丰富了中国的宗教文化。基督教传入中国的时间甚至还早于伊斯兰教。早在唐太宗贞观九年（公元 635 年），属于基督教聂斯托里教派的景教就经由叙利亚人传入中国。唐朝建中二年（781 年），有一个名叫景净的波斯传教士曾立"大秦景教流行中国碑"纪念。明朝天启三年（1623 年），这块石碑在在陕西周至县出土，印证了基督教在中国的悠久历史。

在中西文化交流史上，西方文化以宗教为媒介在中国传播，不仅寻找合适的土壤融入中华文明，同时也吸引了更多的西方人来到中国。例如，中世纪旅行家马可·波罗就是如此。马可·波罗出生在意大利威尼斯城一个商人家庭，于公元 1275 年夏随同父亲到达元朝皇帝避暑、议政的上都开平府（Chemeinfu）①，在中国生活的时间长达 17 年之久，到过中国许多地方。马可·波罗于 1291 年随同出使元朝的波斯人离开中国，于 1295 年返回意大利。他出版的《马可·波罗游记》一书，详细记述了元代中国的政治事件、人情风俗、各类物产，是西方人介绍中国的最早著作。马可·波罗在中西交流史上的意义不仅在于他以自身经历和《马可·波罗游记》一书为西方人开启了认识中国的窗口，而且也为中国带来了西方文化，为后来意大利传教士利玛窦、德国传教士汤若望、英国传教士马礼逊等人以传教的方式到中国宣扬西方文明创造了条件。

利玛窦（1552—1610）是意大利耶稣会传教士，也是著名学者、科学家，于明朝万历年间来到中国，在中国生活长达 30 余年。利玛窦虽为耶稣会教士，但是他在把欧洲天主教带到中国的同时，也把西方的近代科学如数学、天文、地理等知识传到中国。他与中国科学家徐光启合作翻译西方著作和写作的大量论著，奠定了中西文化交流的基础。他攻读中国经典《四书》《五经》，并将《四书》译成拉丁文。利玛窦于 1610 年死于北京。由于他对中国科学作出的重要贡献，明朝皇帝特赐北京西郊二里沟滕公栅栏，作为他的安葬之地。继利玛窦之后，汤若望（1591—1666）是对中国文化产生了重要影响的另一位西方传教士。他在中国生活长达 50 年，是明朝灭亡、清军入关以及清王朝政权更替的历史见证人。他在中国得到统治者的信任，长期为官，担任过多尔衮王朝的监正、太常寺少卿、通政使司通政使等官职，曾被顺治皇帝册封为通议大夫并赐号通玄教师，由此可见他所受到的尊重。他编制新历法、制造天文仪器、著书立说和翻译西方经典，为中国近代科学的产生和发展作出了突出贡献。公元 1658 年，顺治帝册封汤若望为光禄大夫，恩赐祖先三代、一品封典，其声誉在中国达到顶峰。英国传教士马礼逊（1782—1834）在中国生活也达 25 年之久，在经书翻译、汉学研究、开办学校、建设医院、创办期刊等方面贡献很大，如汉译本新旧约《圣经》、《华英字典》、英华书院等。西方传教士在中国传教及受到尊重的历史表明，中华文明不仅

---

① 杨志玖. 马可波罗在中国 ［M］. 天津：南开大学出版社，1999：5.

能够同外来文明和谐相处，相互尊重，而且还能努力吸收外来文化，并努力使之成为自己文化的一部分。

在不同文明的交流中，不和谐和非文明的因素可能伴随文明而生，例如政治干涉、军事占领以及毒品泛滥。在中国对外开放、广泛交流和外国文化输入与传播的同时，19世纪的鸦片对华输入以及后来八国联军入侵中国，对中国人民造成巨大的健康与精神毒害。显然，在中国特定时期形成的所谓鸦片文化根本不是文明，而是野蛮。也正是鸦片反文明的本质，鸦片理所当然地在中国被禁止。尽管在中西文明交流中曾经有过西方强权政治利用鸦片毒害中国人民和赚取非法利润的历史，但明清以来，尤其是1840年鸦片战争以后，中西文化的交流不仅没有停止和削弱，相反更是扩大和加速了。

中华文明同外国文明相互借鉴融合主要有主动引进和被动输入两种方式，玄奘西行求法，就是对外国文化的主动学习，而西方基督教传教士入华传教，则是西方文明的输入。明末清初，西方天主教传入中国，打开了中国输入西方学术及科学的大门。有学者认为："中国正式接触到所谓'西学'，应以明末因基督教传入而带来的学术为其端倪。"① 西学东渐的历史，不只是西学输入的历史，也是中西文明交流融合的历史。西方传教士进入中国不只是为中国带来西方的基督教和宗教经典，同时也带来了西方的哲学、天文学、物理学、化学、医学、生物学、地理学、政治学、社会学、经济学、法学、应用科技、史学、文学、艺术等，为中国埋下了现代化种子。鸦片战争以后，19世纪60年代，清朝政府开始推行的"师夷之长技以制夷"的洋务运动，就是西方现代化种子的萌芽。

19世纪末20世纪初，八国联军入侵中国，夺城掠地，烧杀抢掠，圆明园被烧毁，典籍文物要么被抢走，要么被破坏，中华文明遭到空前浩劫。清政府签订了丧权辱国的《辛丑条约》以后，帝国主义列强进一步加强了对中国政府的操控、对矿产资源的掠夺以及对财政金融的垄断，中华民族的灾难更加深重。八国联军的暴行让中国人民看清了军事入侵反人类、反文明的本质，惊醒了中国这个东方睡狮，让中国人知道了故步自封的危害，认识到需要吸收先进文化让自己变得强大。八国联军用枪炮敲开了中国的国门，但也促使中国开始了现代化的进程。

1911年至1912年初，中国发生了以武昌起义为标志的旨在推翻清朝专制帝制王朝和建立共和政体的全国性革命：辛亥革命。这场革命成功推翻了清朝的统治，结束了中国的帝制，开启了民主共和新纪元。辛亥革命后成立的

---

① 侯外庐. 中国思想通史（第4卷）[M]. 北京：人民出版社，1980：1189.

北洋政府坚定维护国家统一和领土完整，取消了清政府签订的一系列不平等条约。中国加入协约国参与第一次世界大战，并以战胜国的身份出席巴黎和会，改变了清朝后期长达70多年的腐败屈辱历史。辛亥革命是中外文化交流融合催生出来的一场革命，是洋务运动播下的西方文化种子结出的第一枚胜利果实。尽管辛亥革命因胜利果实被袁世凯窃夺而失败，但是辛亥革命进一步为中西文化交流敞开了大门，孕育了另一场崇尚科学、反对封建迷信、抨击封建思想的文化启蒙运动——新文化运动。这是由西方思想启迪和孕育的一场思想文化运动，它为马克思主义在中国的传播开辟了道路。新文化运动和五四运动是西学东渐的成果，是不同思想和文化相互交流融合而产生强大革命推动力的典型范例。

新中国成立后，毛泽东提出"洋为中用"的对外开放思想，鼓励吸收借鉴优秀的外国文化用以发展社会主义文化。新中国成立后，在一个相当长的时期内，虽然由于帝国主义的封锁我国中断了同西方的文化交流，但是同苏联的密切联系仍然表现出外来文化影响我国文化的特点。上世纪80年代我国全面对外开放，不仅西方的科学技术被引进中国，而且大量的西方学术著作、文学艺术作品等也大量进入我国，成为我国文化的有机组成部分。西方文化进入中国，不仅没有同中国的本土文化产生冲突，相反逐渐融入中国文化之中。中国文化也大量进入西方国家，它们同样没有同西方的本土文化发生冲突，而是成为西方国家了解和认识中国的重要媒介。中外文明的相互交流证明，不同文化虽然在形式、内容和审美趣味方面往往不同，但是它们作为人类共同的遗产，能够做到相互沟通、理解、包容直至借鉴、吸收、融合，共同演化成更有生命力的新文化，成为构建和谐世界的重要因素。

总之，对历史进行总结有利于我们解决今天面对的现实问题。有人对冷战后的世界政治局势进行分析和预测，简单地把文化因素看成冷战后导致国际冲突的根源，把来自不同文明的冲突看成世界和平的最大威胁，这显然违背了事实。有人排斥其他文明，企图在基督教文明基础上建立世界秩序，这同样不是构建和谐世界的药方。从历史的角度看，在不同的文明之间，不存在导致冲突的必然逻辑。从现代社会看，不同文明的交流和融合是世界文明发展的趋势，没有人能够阻止。从世界文明看，全球化不会导致文明的一元化，相反会仍然保持文化的多样性，多元化。事实证明，正是因为有了不同的文明和多样的文化，世界才变得如此丰富多彩。不同文明和文化各有特点，各有短长，但是它们能够相互学习、借鉴和吸收，共生共存，建构和谐世界。

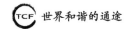

作者简介

聂珍钊，1952 年生，华中师范大学文学院外国文学教授、中国外国文学学会副会长。代表作有《悲戚而刚毅的艺术家：托马斯·哈代小说研究》《英语诗歌导论》等。

全球化与文明对话：传媒、移民、教育和青少年的作用

潘　光

上海社会科学院研究员

【内容提要】 文明和文化的多样性是人类社会的一个基本特征，也是人类进步的一股推动力量。当前诸多民族、宗教冲突及与此密切相关的极端主义、恐怖主义思潮的根源不在于文明差异本身，而在于无知、狭隘、偏见和因此产生的非理性思潮。此类冲突实际上是发生在不同文明背景的极端分子之间，而不是发生在不同文明背景的广大民众之间，而其背后又有着深刻的政治、经济、社会根源。要防止不同文明的差异演变为恶性冲突，最佳途径就是促进不同文明之间的沟通、对话、理解、尊重和合作，传媒在其中可以发挥十分积极的作用，也可能发挥非常消极的作用。国际移民运动在促进文化交流的同时，也会带来文化的碰撞。如何通过推动文化多元化来超越传统的民族国家，使外来移民与本地公民平等而和谐地共处，已成为文明对话进程中的一个关键问题。教育在促进跨文化、跨宗教的文明交流方面发挥着至关重要的作用，其中最关键的就是青少年的教育问题。

【关键词】 文明对话　传媒　移民　教育　青少年

全球化条件下的文明对话是当前国际上的一个热门话题。本文试图阐述该议题的几个重要的理论性问题，并在此基础上探讨传媒、移民、教育和青少年在文明对话中的作用。

文明的多元互补和"文明冲突"背后的深层次因素

文明和文化的多样性是人类社会的一个基本特征，也是人类进步的一股推动力量。文明和文化反映了人类的巨大财富和遗产，其本质就是彼此交叠、相互影响、不断演化。各种文化都对人类的进化和发展作出了贡献，它们相

互之间没有高低等级之差。文明的历史实际上是一部互相借鉴、彼此不断取长补短的历史。

回顾历史，可以看到人类发展的历程充满了各民族、各宗教、各种文化之间的竞争互补。历史上辉煌一时的希腊文化、罗马文化、埃及文化、波斯文化、印度文化等，都在与其他文化的竞争中吸取了许多外来精华，同时又对其他文化产生了重要影响。如印度的国宝泰姬陵，实际上是典型的波斯特色建筑，在印度各地的古建筑中，处处可以看出波斯文化的浓重痕迹，而在伊朗的波斯波利斯，古波斯帝国的宫殿遗址中又处处可见希腊文化的影响。实际上，任何一个国家的本土文化都是由世世代代不同民族的人民所创造和积累而成，必然蕴涵着不同时代，不同层面的外来影响和外来因素。绝对排外的、纯粹的本土文化是根本不存在的。如今日的中国文化，就是由组成中华民族大家庭的各民族的文化在数千年的历史进程中互相碰撞、交融而形成的，其中也吸收了许多外来的文化因素，如来自印度的佛教文化、来自西亚的伊斯兰文化、来自欧洲的基督教文化等。

由此可见，今天倡导各种文明的竞争互补和共同发展是多么重要。世界上有200多个国家，2500多个民族，各个国家和民族要相互学习，相互尊重，取长补短。在国际交往中不应把自己的文化传统和意识形态强加于别的国家，以自身的价值标准去评判他人。只有尊重各国人民的自主选择，求同存异，大家才能和睦相处，世界才会有真正的和平和安宁。同时，每个国家和民族、每一种民族文化和价值观都有其长处和短处。从这个角度看，文化的多样化，即各民族文化的发展和互补，始终是全球可持续发展的动力。

令人遗憾的是，由"文明冲突"论所带来的忧虑和混乱扭曲了对于世界面临困境之实质的讨论话语①。它的谬误在于：各种文化相互关系的历史并非只是战争和冲突的历史，它同时也是建设性交流、相互启迪、和平共处的历史；况且，用一成不变的文明分界线来概括内部不断变化、千差万别的各种社会体系，妨碍了人们以更有启发性的方式去理解身份、动机、行为这类问题；更糟糕的是，它会助长一种错误的观点，似乎不同文化处于某种不可避免的冲突轨道上，因此会把本可协商解决的争端变为无法克服的、基于文化身份认同的冲突。

那么，当前诸多民族、宗教冲突及与此密切相关的极端主义、恐怖主义思潮的根源又是什么呢？显然，其根源不在于文明差异本身，而在于无知、

---

① 塞缪尔·亨廷顿. 文明的冲突与世界秩序的重建 [M]. 周琪，刘绯，张立平，王圆，译. 北京：新华出版社，1998.

狭隘、偏见和因此产生的非理性思潮。仔细研究一下，就可看出，此类冲突实际上是发生在不同文明背景的极端分子之间，而不是发生在不同文明背景的广大民众之间，而其背后又有着深刻的政治、经济、社会根源，主要有四个根源性因素。其一，历史遗留问题与现实的政治经济权益之争互相交错。历史遗留的宗教、民族之间的争端，往往由于掺入了现实的矛盾而更为加剧，使冲突双方采取非理性的手段。在伊拉克、阿富汗、黎巴嫩、高加索地区、前南斯拉夫等地的冲突中均可看到此类现象。其二，一些冲突热点长期得不到公正、合理的解决。许多长期以来导致冲突的根源性问题一直得不到公正、合理的解决，以致冲突双方中的弱势一方采取极端手段来打击强势一方及其支持者，这是极端主义、乃至恐怖主义上升的重要原因。如巴勒斯坦与以色列的冲突，就是这样的根源性问题之一。其三，强权政治和霸权主义对某些争端进行未得到国际社会普遍认同的强力干预。在这种情况下，如干预一方与被干预一方属不同的宗教和文化圈，就特别容易引起不同文明之间的误解和对抗。如美国发动伊拉克战争，就使西方与伊斯兰之间的误解和对抗大大加剧。其四，贫富差距和南北鸿沟的扩大。在经济全球化过程中，有些国家和社会集团越来越富，有些国家和社会群体则越来越穷，出现了"弱势地区"、"弱势国家"、"弱势群体"。无政府主义是绝望的产物，往往产生于绝望的弱势群体之中，又极易走向极端主义、乃至恐怖主义。如果差距的扩大发生在不同的宗教、民族群体之间，则为不同文明背景的极端主义提供了经济和社会基础。2008 年以来席卷全球的经济、金融危机，使这一问题更显突出。如金融危机蔓延到中亚后，费尔干纳地区的失业率超过 80%，导致社会出现动荡，极端势力也趋于活跃，以致该地区被视为新的"破碎地带"①。

传媒在文明交往中的作用

要防止不同文明的差异演变为恶性冲突，最佳途径就是促进不同文明之间的沟通、对话、理解、尊重和合作，传媒在其中可以发挥十分积极的作用，也可能发挥非常消极的作用。近年来发生的一系列由传媒引发或助推的不同文明之间的摩擦、碰撞和对抗，如丹麦媒体刊登侮辱伊斯兰教先知的漫画、荷兰出现的攻击伊斯兰教影片、电影《达·芬奇密码》引发的天主教人士的抗议、近来由媒体热炒的纽约 9/11 遗址修建伊斯兰文化中心和美国某牧师计划烧毁《可兰经》事件等等，都使人们吸取了经验和教训，更加认识到以下一些问题的重要性。

---

① 泽伦·肖尔文. 围绕中亚的新大棋局 [J]. 欧亚杂志，2009（3）.

首先，新闻自由和言论自由是应该得到尊重的，但这不等于可以随意取笑、侮辱别人的宗教、文化和传统，这样做实质上是以你的自由损害了别人的自由。从上述事件可以看出，实际上每一个宗教中均有敏感之处和不能超越的"红线"。媒体应该高度尊重各种宗教信仰，不要刻意超越"红线"。必须指出，不侮辱其他宗教信众、民族群体和文化认同者，决非限制新闻自由，而恰恰是媒体的职责和新闻的道德所在，这一观点已逐渐成为国际间的共识。

　　其次，文化孤立主义和文化极端主义往往是无知和偏见造成的，因此传媒应促进不同文明之间的沟通和了解，而不是助长无知和煽动偏见。在丹麦漫画事件中，欧洲许多国家的媒体均刊登了那些侮辱伊斯兰教先知的漫画，还将其视为"捍卫新闻自由"的举动，结果导致伊斯兰教徒的抗议愈演愈烈，冲突不断扩大和升级。值得注意的是，在这股狂潮中，奥地利媒体却独善其身，没有刊登类似的侮辱伊斯兰教的漫画，还努力宣传各种文明互相交流、沟通的重要性，发挥了阻止和消融冲突的积极作用。其中的一个重要原因，就是奥地利有关方面及媒体的负责人组织了有关伊斯兰教的培训和学习，使媒体工作者能了解伊斯兰教的教义、习俗和知识，因此在媒体工作中能比较自觉地尊重伊斯兰宗教和文化。奥地利的经验说明，对公众，乃至媒体从业人员做好增进文明间相互了解的宣传教育工作极为重要。

　　再次，政治分歧、经济竞争和文化差异是普遍存在的，但一方利用传媒把另一方妖魔化就会使双方的碰撞转化为恶性的冲突。在目前的形势下，西方的一些传媒极力将伊斯兰教及伊朗等伊斯兰国家妖魔化，而伊斯兰世界的一些传媒也将西方及美国等国家妖魔化。这导致了无知、偏见和极端思潮进一步上升和膨胀，为不同文明背景的极端分子和恐怖分子煽动仇恨、挑动冲突创造了有利条件。因此，越来越多的有识之士呼吁新闻媒体界人士摈弃妖魔化宣传和炒作，以理性的态度发表不同意见，进行正常的探讨和辩论。

　　第四，网络媒体具有速度最快、范围最广的传播功能，在不同文明相互关系中发挥着越来越重要的作用。令人不安的是，网络媒体在助长极端思潮方面也可发挥极为恶劣的负面作用，甚至成为恐怖组织的信息来源和活动平台。研究恐怖主义的专家指出，很多"圣战分子"是"通过互联网接受基地组织的宣传的"[1]。根据美国的统计，恐怖组织网站到 2007 年已激增到了5000 多个。美国陆军首席信息官鲍特尔将军认为，恐怖组织正"将战争从现

---

① ［德］《明镜》周刊网站，2007 年 4 月 11 日。

实空间转移到网络空间。"① 当然，网络媒体也能在促进文明对话中发挥非常重要的积极作用。由于具有开放性，它已成为一个社会交往和思想与信息交流的独特平台，并提供了一个弥合文化与宗教鸿沟的有效机制。目前，许多文明对话项目是通过网络进行的。如何在文明交往中发挥网络传媒的积极作用，尽可能减少其负面效应，是当前国际社会面临的紧迫课题。

第五，政府当局和负责任的非政府组织可以在民众中采取预防性措施和进行相应解释工作，以抵制错误引导社会舆论的企图和行为。2005 年 7 月，上海合作组织阿斯塔纳峰会通过的《上海合作组织成员国元首宣言》首次提出要在这个问题上开展国际合作，还强调"在大众传媒领域建立应对新挑战和新威胁的有效机制"。这具有重要的示范意义。在此前后，欧盟等组织也建立了传媒监督中心，发挥着积极的作用。2006 年 11 月联合国文明联盟名人小组发表的报告建议："应当开始进行一项合作性双向项目，来监控媒体对于伊斯兰与西方关系的报导，这样才可以全面地评估媒体传播的内容，并且对于那些旨在改善伊斯兰社会与西方社会关系的报导给予奖励。"②

移民：不同文明之间的桥梁

随着全球化进程的不断推进，国际移民的规模越来越大。无疑，这样一种发展是具有积极意义的。首先，有利于各种文化之间的相互了解、沟通和交融。其次，在促进移民输出国和接受国之间的交往上有着不可忽视的促进作用。第三，推动全球范围内人才和劳动力根据市场需要进行合理的流动。

当然，国际移民运动在促进文化交流的同时，也会带来文化的碰撞。与信息、商品、资本等的跨境流动不同，每个移民身上都必然带有来自母国的文化烙印，积淀着与生俱来的经验和记忆，所以他们的迁移必然会引起不同文化的碰撞。由于南北发展的不平衡，目前通常是来自贫穷国家的移民大量涌进富裕国家。贫穷的移民在富裕的发达国家里不能受到平等的接纳，往往没有能够表达自己文化和宗教认同的社会空间，因此长期处于一种边缘状态。国际上非法移民问题、难民问题和跨国犯罪问题的日益突出，也对合法的新移民融入主流社会产生了不利影响。近来，发生在世界各地的因移民问题而引发的动乱与冲突日益增多，如最近在法国发生的大规模驱逐罗姆人（吉卜赛人）事件，就是最新的例子。据欧盟估计，欧洲有大约 1000—1200 万罗姆人，他

---

① ［美］《防务新闻》网站，2007 年 4 月 12 日。
② 联合国文明联盟名人小组报告，2006 年 11 月 13 日，纽约。

们在住房、就业及教育等方面普遍受到歧视①。实际上，移民中日益增长的对经济平等和社会安全的要求，已反映到了政治领域之中，形成一种思潮，并逐渐发展为有组织的运动，成为不利于社会稳定与和谐的因素。令人不安的是，移民中的一些极端分子正向恐怖主义方向发展。2010 年 9 月，由美国两党政策中心发布的最新研究报告指出："美国本土面临威胁的一大转变就是'基地'及其盟友的'美国化'，越来越多的美国人开始追随这些组织"②。显然，报告所指的美国本土"恐怖分子"几乎都是来自巴基斯坦等国的伊斯兰教徒移民。这些事态发展显示，长期把移民排斥在公民社会之外会产生多么严重的后果。

需要指出，虽然国际间已就种族平等问题达成共识，但传统的种族偏见和以敌视外来移民为主要特征的新种族主义，仍然在今天有所发展。这种新种族主义虽然不再以传统的种族优劣论为依托，但却以多元文化论为幌子，主张外来移民"回到自己的母国"去发展自己的文化。令人担忧的是，有些政府高官也持有此类种族主义观点。2010 年 6 月，法国内政部长就因发表种族主义言论而被罚款③。这种思潮只会使各民族之间的隔阂更加深化，各种文明之间的交往更加减少，最终不利于整个人类文明的繁荣和发展。所以，如何通过推动文化多元化来超越传统的民族国家，使外来移民与本地公民平等而和谐地共处，已成为文明对话进程中的一个关键问题。当前，国际社会在这方面已取得了不少成绩，以下是一些成功的经验。

（1）增加对学校和社区的经费支持，使移民子女能够参与到公民教育计划中，并支持建立青年社区组织，使年轻的移民在学校之外参与到更大的社区中，为他们提供与其他年轻人一起参与社会活动的直接经验，减少他们被社会边缘化的感觉。（2）增加对公共社会机构的支持，提供一些可以增强移民群体适应能力的信息与培训，帮助移民克服语言障碍、交通困难、家务繁多等困难，努力减少移民中存在的生活在"两个不同世界"的感受。（3）开发一些指导项目，帮助移民更好地理解当地的法律和习俗，并建立一个多元的提示系统，向移民报告那些涉及他们利益的相关法律和规则的变化和调整。（4）欧洲联盟正计划使整个欧洲有关移民的资料信息实现标准化和一体化，以监控移民与劳动、房产、医疗、社会、教育等部门交往的过程，帮助"欧

---

① ［英］《卫报》网站，2010 年 9 月 29 日。

② Peter Bergen and Bruce Hofman，Assessing the Terrorist Threat：A Report of the Bipartisan Policy Center's National Security Preparedness Group，Bipartisan Policy Center，September 10，2010.

③ ［英］《卫报》网站，2010 年 9 月 29 日。

洲种族主义和恐外症监控中心"及相关机构掌握在打击歧视移民行为方面的进展。(5)为移民群体内部的对话和活动提供资金支持,有助于移民群体中形成可带动移民融入主流社会的领头人,也有助于形成代表移民利益的组织和网络,并使之参与到与其他群体或政府机构的跨文化和跨宗教对话中。

文明对话中的教育和青少年

教育在促进跨文化、跨宗教的文明交流方面发挥着至关重要的作用,其中最关键的就是青少年的教育问题。对此,国际社会面临着一系列急需解决或改善的问题。

其一,推进系统的跨文化教育。拥有多宗教和多种族人口的国家越来越意识到,必须推进涉及跨宗教、跨民族的更为包容性的教育。比如,很多著名的大学和研究中心一直在努力开设多极视角的世界历史课程,这有助于让学生加强对人类多样性、全球文化相互依存的理解,也有助于营造一种不同文化风雨同舟的感受。又如,非伊斯兰世界越来越感到要加强对伊斯兰文明的了解,伊斯兰世界也日益意识到应加深对非伊斯兰文明的了解。目前,不但在美国和欧洲,就是在中国,有些年轻人一谈起伊斯兰就会想到本·拉登和自杀性爆炸,这一方面是受到西方主流媒体的影响,另一方面也是因为缺乏介绍真正伊斯兰精神的著述和教材。要改变这种状况,就要加强系统的跨文化教育,特别需要不带偏见、反映事实而又深入浅出的教材。

其二,倡导形式多样的文明对话教育。音乐、体育、美术、戏剧、电影等都是教育的不同形式。当以色列人和巴勒斯坦人同台演唱的时候,当美国运动员和伊朗运动员进行足球比赛时,人们看到了跨越文化隔阂和政治障碍的对话和交流。与课堂讲课相比,普通民众更易接受这些生动活泼的教育形式。奥运会、世博会、足球世界杯比赛等,都有成千上万的老百姓参加,正是组织文明对话教育、宣传活动的极好机会。可以抓住这些机会,通过举办文明对话论坛、艺术活动周等丰富多彩的形式鼓励世界各国人民开展不同文明之间的对话和交流。这些丰富多彩的教育活动对青少年最为适合。比如,德国在中小学推广连环画《安迪》,书中讲述了主人公安迪和他的土耳其裔女友亚希共同帮助亚希的哥哥穆拉特摆脱极端思想的故事,对引导青少年认清极端思想和恐怖主义的本质发挥了重要作用①。

其三,通过青少年交流促进跨文明教育。在通过教育促进文化交流方面,特别要重视加强青少年的教育,因为他们是各种文化和文明发展的未来和希

---

① 路透社,德国 2008 年 4 月 10 日电。

望，也最具可塑性，容易理解和接受其他的文化和文明。为此，应积极组织跨国、跨文化的青少年文明对话学校、论坛、夏令营、培训班等，还要促进各国间互派更多留学生，特别要鼓励年轻人去不同文化背景的国家学习和访问。目前去西方学习的伊斯兰国家年轻人比较多，而其他文明背景的青少年则较少到伊斯兰国家去访问学习，应设法改变这种状况，重点推动西方与伊斯兰社会之间的交流①。

其四，努力加强宗教教育。宗教领导人和教育组织者应加强合作，在学校和宗教场所进行严肃的宗教教育，向学生传授对不同宗教信仰、习俗和文化的理解与尊重②。这样的教育不仅要使人们对自己信仰之外的宗教传统有个基本的了解，还要使他们对自己所信仰的宗教的真正教义及核心内涵有所了解，这对青少年信众特别重要，因为他们最易受到歪曲宗教教义的极端思想的影响。这方面也有成功的例子，如英国有关部门最近与伊斯兰国家合作，培训了一批伊斯兰神职人员，专门去做伊斯兰恐怖嫌犯的思想工作，引导他们正确领悟伊斯兰教义，取得了较好的效果③。

其五，开展媒体基本知识教育。人们经常生活在媒体的影响之下，这实际上形成了教育面临的新挑战，它在电子和数码时代更为严峻。评估信息的来源和可靠性需要人们具有较强的判断力和批判性思维。为此，要学会把事实与观点区分开来，评判文本和形象是否包含偏见，按照逻辑的原则来构建和解析文本。这些都是可以传授的技能，应该成为教育的重要内容。目前，政府和学校对于传授媒体基本知识的重要性还缺乏认识，因此还没有开展较好的课程和培训项目，也没有使之成为基础教育的一个部分，这种状况需要尽快改变。

其六，重视"弱势"文化教育。在进行文明对话教育时，要特别注意研究、学习、尊重、保护少数和弱势民族、宗教的文化遗产，因为与主体和强势民族、宗教相比，它们的存在和发展往往受到忽视，有时还被作为"异端"受到打击和"清洗"。塔里班当局摧毁巴米扬大佛的愚蠢之举就是这样的悲

---

① 由（纽约）AEA 咨询公司最近所作的涉及美国对外交流活动的调查显示，在美国支持的全部国际文化交流项目中，与欧洲的交流占 30%，只有 6% 是与中东的交流。参见"西方与伊斯兰教徒占主要人口的国家之间的文化和艺术交流：联合国文明联盟 2006 年 5 月 13 日会议工作论文"，载"文明联盟"。

② 目前伊斯兰与西方关系问题在学校教育中涉及甚少，这在一系列民意调查中得到了反映。2005 年 12 月美国盖勒普民意调查发现，当被问及他们羡慕伊斯兰社会中何种东西时，被访者中最为通常的回答是"没什么东西"（32%），随后最通常的回答是"我不知道"（25%）。参见"美国人对于伊斯兰世界的看法"，载"盖勒普调查新闻服务"，2006 年 2 月 8 日。

③ ［美］《基督教科学箴言报》，2008 年 3 月 21 日。

剧。在巴尔干和高加索，这样的悲剧现在还在继续上演。这些事件表明，有些地区的宗教建筑和文化遗产正受到严重威胁。如不重视这个问题，人类文化宝库中的这些瑰宝可能消失。

其七，给予从事文明教育的学者和教师更多支持。总体来看，现在研究和讲授文明问题，特别是传统文化的学者和教师的人数正在减少。他们的研究和教学遇到了许多困难，特别是面临经费不足的问题。他们的工作十分艰苦，但具有重要的意义，而收入却很少。因此，应该给予研究和讲授文化和促进文明对话的学者们更多的支持，并帮助他们组织更多的学术研讨和交流活动，为此可以设立基金或基金会，寻求政府和企业界的支持。

作者简介

潘光，1947 年生，联合国文明联盟大使，中国中东学会副会长，上海世界史学会会长，上海社会科学院研究员。代表作有《犹太文明》《当代国际危机研究》等。

中国古代科技与传统文化

王渝生
中国科学技术馆研究员

【**内容提要**】在人类文明的第一个形态——农业文明阶段，作为世界四大文明古国之一，中国传统文化孕育了中国古代"以农为本"的科学技术并促进了中国古代和中世纪科技的发展。

从先秦诸子《论语》《中庸》的学、问、思、辨、行，《大学》的格物致知，《孟子》的民本和求故，《老子》的道法自然，到明清的实学，中国传统文化的世界观和方法论给中国古代科技提供了丰富的养分，促进了农、医、天、算四大传统科学体系的形成和以"四大发明"为标志的技术成就的产生，使中国古代科技在数千年的农业文明中居于世界前列。

只是到了近几百年以来，西方出现了文艺复兴、科学革命和技术革命，产生了工业经济的文明形态，才把在封建老路上蹒跚爬行的中国抛在了后面。然而，中国古代科技的西传对欧洲近代科学革命和资产阶级革命是产生了巨大推动作用的。

中国近代科学的发展经历了一条充满艰辛与屈辱，而又有奋斗与辉煌的曲折历程。在知识经济和信息时代，中国传统科技基因，完全可以古为今用，促进当代科技发展和创新，实现中华民族的伟大复兴。

一

人类文明的第一个形态是农业文明。我们说中华文明上下五千年，实际上不止，浙江河姆渡出土的炭化稻谷有 7000 年。所以说在六七千年前，世界上有四大文明古国。当时的农业文明就有了一些科学知识的萌芽和原始技术的产生，因为农业文明需要对土壤、阳光、水分等自然条件有一定的认识，四大文明古国都产生于大江大河流域。如果说，六七千年前世界文明四分天下的话，中国有其一。

到了两三千年前，古埃及、古巴比伦、古印度文明相继衰亡，出现了中断现象，而古代中华文明还在持续发展，没有中断。这时在欧洲地中海沿岸，崛起了一个新的城邦奴隶制文明，那就是古希腊文明和其后的古罗马文明。可以说，在 2000 多年前，是古代中华文明和古希腊罗马文明，犹如两颗璀璨的明珠，在世界的东方和西方交相辉映。那时的世界文明两分天下，中国有其一。

到了 1000 多年前，即公元 476 年，日耳曼雇佣军攻占了罗马城，西罗马帝国灭亡，这标志着欧洲封建时代的开始。从那时到 14—16 世纪文艺复兴之前，大约 1000 年时间，欧洲是政教合一的封建时代，"科学成了神学的奴婢"（马克思语），宗教裁判所可以仅仅因为布鲁诺信奉哥白尼的日心说这样一个科学学说，而把他判处死刑，烧死在罗马繁花广场上。因此，欧洲中世纪的科技经济发展和社会进步都受到了极大的阻碍，史称"黑暗的中世纪"。而这 1000 年，中华封建文明在大踏步前进，独具特色的农学、中医药学、天文学和筹算数学这四大传统科学体系取得许多领先世界的光辉成就，以指南针、造纸术、印刷术、火药这四大发明为标志的传统技术更为世人所称道。正如英国著名科学史家李约瑟（J. Needham, 1900—1995）在其 7 卷本 34 分册的巨著《中国科学技术史》中所说："（中国人）在许多重要方面有一些科学技术的发展，走在那些创造出著名的希腊奇迹的传奇式人物的前面，和拥有古代西方世界全部文化财富的阿拉伯人并驾齐驱，并在公元 3 世纪到 13 世纪之间保持一个西方所望尘莫及的科学知识水平。"英国另外一位著名科学史家贝尔纳（J. Bernal, 1901—1971）在为其《历史上的科学》中译本所写的序中说："中国许多世纪以来，一直是人类文明和科学的巨大中心之一。已经可以看出，在西方文艺复兴时期从希腊的抽象数理科学转变为近代机械的、物理的科学的过程中，中国在技术上的贡献——指南针、火药、纸和印刷术——

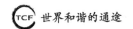

曾起了作用，而且也许是有决定意义的作用。我确信，中国过去对技术的这样伟大贡献，将为其将来的贡献所超过。"

因此，中华科技文明从六七千年前的世界四分天下有其一，到两三千年前占世界半壁江山，到1000多年前在世界上一枝独秀，在近三五百年前仍是独领风骚，可以说是一直居于世界前列。

二

科学是理论化、系统化的知识体系，是人类对自然、社会和自身的本质和规律性的认识活动和实践活动，科学技术是生产力，是第一生产力，科学思想是巨大的、第一精神力量，科学还是一种文化，科学文化理所当然属于先进文化。如果说中国传统文化阻碍了中国古代科技的发展，那么中国古代科学技术的辉煌成就从何得来？上述李约瑟、贝尔纳等人对中国科技的评价岂不成了虚妄之辞吗？

事实上，中国传统文化早在2000多年前的春秋战国时期，已经有了百家争鸣、百花齐放的繁荣局面。儒学的开门祖师孔子，是开创"私学"的大教育家，他以"有教无类"和培养"博学通才之士"为方针和目标，对学生进行礼、乐、书、数、御、射"六艺"教育。其中数即数学，乐和声学有关，御和力学有关，射和机械有关。儒家的"六艺"教育具体付诸于教材，即古代经典中，如《易》，"易道广大，无所不包，旁及天文、地理、乐律、兵法、韵学、算术，以逮方外之炉火"（《四库全书总目·易类小序》）；《诗经》包含有大量虫鱼、鸟兽、草木，以及天文、地理、农业生产等知识；《礼记》中有农业与季节相关的知识；《考工记》则是有关手工业技术的专门著作。

孙中山在1924年为广东大学（中山大学的前身）亲笔书写了十字校训："博学、审问、慎思、明辨、笃行"，现在中山大学的校歌中还有"博学审问，慎思不罔，明辨笃行，为国栋梁"的歌词。这十个字源自孔子之孙孔伋（子思）的《中庸》："博学之，审问之，慎思之，明辨之，笃行之。"学、问、思、辨、行，这完全符合认识过程和研究科学的方法，即获取信息，提出问题，逻辑推理，检验结果，躬身实践。

作为"孔子之言而曾子述之"的《大学》，有八目，即：格物，致知，诚意，正心，修身，齐家，治国，平天下。所谓"物格而后知至，知至而后意诚，意诚而后心正，心正而后身修，身修而后家齐，家齐而后国治，国治而后天下平"。这本来是古代知识分子中家喻户晓的话，可惜后人多引后半段"修身齐家，治国平天下"而忽略了前半段"格物致知，诚意正心"。前半段指知识来源于实践，而又指导实践，"格物致知"为知之始，"诚意正心"为行之始，是为本。后半段是知行观的外推于家国和社会，是为末。在《大学》"经"之"传"中，引汤之《盘铭》曰："苟日新，日日新，又日新。"引《康诰》曰："做新民。"引《诗》曰："周虽旧邦，其命惟新。"真是充满了创新精神！

杨振宁于1995年在上海交通大学向学生谈治学经验中，强调了《孟子》对他的巨大影响。据我的理解，《孟子》是中国传统文化中最具科学精神和民主精神的一本书。请看："民为贵，社稷（国家）次之，君为轻。""君之视臣如土芥，则臣视君如寇仇。""君有大过则谏，反复之而不听，则易位。""闻诛一夫纣矣，未闻弑君也。""富贵不能淫，贫贱不能移，威武不能屈，此之为大丈夫。"把民本思想和民主精神应用到科学研究上，那就要求真、求故。孟子曰："天之高也，星辰之远也，苟求其故，千岁之日至（冬至、夏至）可坐而致也。"强调的是实事求是，实践出真知。

《论语》称："子绝四：毋意，毋必，毋固，毋我。"这就是说，孔子在讨论问题时不主观，不武断，不固执，不唯我独尊。"当仁不让于师"，即吾爱吾师，吾更爱真理。这种科学精神是十分可贵的。杨振宁在《近代科学进入中国的回顾与前瞻》一文中说："儒家文化注重忠诚，注重家庭人伦关系，注重个人勤奋忍耐，重视子女教育。这些文化特征曾经而且将继续培养出一代又一代勤奋而有纪律的青年。"中国传统文化对科学发展是有积极意义的。杨振宁是受过西方教育的有大成就的科学家，他对中国传统文化中的科学精神和人文精神对他的培育如此感恩，那种轻视中国传统文化，认为中国传统文化妨碍科学发展的说法是站不住脚的。

三

在儒家崇尚务实和"经世致用"思想影响下，中国古代科技具有强烈的实用性。这种实用性以满足国家政治需要和满足人们日常生产生活需要二者兼顾为其特征。

中国古代以农为本，民以食为天，要使"黎民百姓不饥不寒"，国家兴旺，实施儒家的"王道"政治，在中国古代知识分子的心目中，农业这一行的社会地位仅次于官宦，"士农工商"，"农"排在第二位。因此，大官研习农学者大有人在，直至明末宰相徐光启，"雅负经济才，有志用世"，不仅有《治蝗疏》、《蕃薯疏》等专业的奏文进上，甚至在上海、天津等地建立试验园地，躬耕农桑，有《农政全书》这样带有总结性的农学著作问世。至于"不仕则农"，亲自钻研农业生产技术，认真记录和总结农民生产经验的知识分子历代都有。这是中国农学取得极大成就的一个基本条件。

　　医术以治病救人为宗旨，与儒学的仁义道德一致，称为"仁术"；儒家还以为医家治病的道理与治国的道理相一致。韩愈《杂说》、顾炎武《日知录》都以医学之事比附天下政事。医学为儒家所看重，范仲淹说："不为良相，当为良医。"历代知识分子很多兼通医术，甚至有"十儒九医"之说。仅以宋代儒林为例，政治家王安石、文学家苏东坡、科学家沈括、理学大师朱熹等，皆通晓医学。他们使中医药学望、闻、问、切"四诊"、脏腑学说、经络学说、针灸推拿、汤丸膏散等等，成为中国优秀民族文化遗产中的一座宝库。

　　至于天文算学，因"历法乃国家要务，关系匪轻"（康熙皇帝语），被视为历代王朝改正朔，易服色，"受命于天"的标志；而且"观象授时"，可以指导农业生产，所以受到统治者的重视。自汉以来，历代王朝政府机构中都设有大规模的皇家天文机构进行天文观测和历法制定，即使在大战乱的时代也没有中断过。所以，中国古代天象记录之丰富为世界之冠，历法也备臻精确。数学"夫推历、生律、制器、规圆、矩方、权重、衡平、准绳、嘉量，探颐索隐，钩深致远，莫不用焉"（《汉书·律历志》）。传统数学经典著作《九章算术》以方田、粟米、衰分、少广、商功、均输、盈不足、方程、勾股分类，列举 246 个数学应用问题求解，很有实用价值。南宋天文历法算学家祖冲之"不虚推古人"，"亲量圭尺，躬察仪漏，目尽毫厘，心穷筹策"，在同皇帝宠臣戴法兴的廷辩中，有两句名言："愿闻显据，以窃理实"；"浮词虚贬，窃非所惧"，体现了大无畏的科学精神。他利用极限方法计算圆内接正多边形的面积以逼近圆面积，得出了准确到小数点后 7 位的圆周率值 π = 3.1415926……在世界上领先了 1000 年！

　　除了农、医、天、算这四大学科外，在地学方面，《汉书·地理志》开创了按行政区划记述各地山川地形的地方志的先声，以后历朝历代，都重视编修地方志，内容扩大到各地的物产、户口、贡赋、沿革、古迹等，将自然地理和人文地理有机结合，其内容之广博，数量之庞大，历史之悠久，也居世界之首位；而其动因，当然是为了社会管理、发展生产和文化交流的需要。下面还将说到对世界文明进程有巨大影响的"四大发明"，则更是国家和人们日常需要的直接和间接产物。

　　　四

　　同中国古代辉煌的科技成就相比，中世纪的欧洲真是乏善可陈。只是到了 14—16 世纪，欧洲出现了文艺复兴、宗教改革、科学革命三大近代化运动，出现了思想启蒙运动、资产阶级革命和资本主义工业生产方式，才把在封建老路上蹒跚爬行的中华大帝国远远抛在了后面。但是，西方的近代科学和工业革命的发展，中国古代科技成就在其中是产生了巨大推动作用的。

英国著名科学家弗朗西斯·培根（Francis Bacon, 1561—1626）在其名著《新工具》（1620）中写道："发明的力量、效能和后果，是会充分看得到的，这从古人所不知且来源不明的俨然是较近的三项发明中表现得再明显不过了，这就是印刷术、火药和磁针。因为这三项发明已经改变了整个世界的面貌和事物的状态。第一项发明表现在学术方面，第二项在战争方面，第三项在航海方面，从这里又引起无数的变化，以致任何帝国、任何教派、任何名人对人类事务方面似乎都不及这些机械发明更有力量和影响。"

请注意，这是在 17 世纪初，弗朗西斯·培根并不知道印刷术、火药和磁针这些发明——当然还有造纸术，因为印刷离不开纸——来自中国的情况下所说的话，应该是非常客观的，它们"已经改变了整个世界的面貌和事物的状态"！

19 世纪中，马克思（Karl Marx, 1818—1883）在《机器·自然力和科学的应用》（1863）中进一步指出："火药、指南针、印刷术——这是预告资产阶级社会到来的三大发明。火药把骑士阶层炸得粉碎，指南针打开了世界市场并建立了殖民地，而印刷术则变成新教的工具，总的来说变成科学复兴的手段，变成对精神发展创造必要前提的最强大的杠杆。"

在这里，马克思是从科学复兴、社会革命和文化传播的角度高度评价了中国的火药、指南针和印刷术的发明。

中国古代的技术发明和西传岂止是"三大发明"或"四大发明"！李约瑟在《中国科学技术史》中列举了 26 项："（a）龙骨车，（b）石碾并用水力驱动，（c）水力冶炼鼓风机，（d）旋转风扇和扬谷机，（e）活塞风箱，（f）提花机，（g）缫丝机，（h）独轮手推车，（i）帆车，（j）磨车，（k）胸带和颈圈挽具，（l）弩，（m）风筝，（n）竹蜻蜓和走马灯，（o）钻井术，（p）铸铁，（q）'卡丹'挂环，（r）拱桥，（s）铁索吊桥，（t）运河闸门，（u）船舶和航运，（v）船尾舵，（w）火药和相关技术，（x）运河闸门，（y）纸和印刷书（雕版和活字），（z）瓷器。"他写道："26 个字母用完了，我该停下来了。但是还有很多例子，甚至重要的例子，如有必要，也列得出来。"后来，他的助手和学生坦普尔列出了 100 项，出版了一本书《中国——发现和发明的国度》。

而在列举公元 3—18 世纪西方传入中国的技术发明时，李约瑟只找到了 4 项："（a）螺丝钉，（b）水泵，（c）曲轴，（d）发条装置。"

因此，我们在列举人类的技术发明时，切切不可只盯住西方而数典忘祖呵！

五

李约瑟还说过："直到 17 世纪中叶，中国和欧洲科学理论大约处于同等水平。仅仅在那段时间后，欧洲思想才开始迅速向前发展。"

说到思想，岂止是科学思想，中国传统文化和人文思想也对西方产生了巨大影响。美国 1980 年出版的《人民年鉴手册》曾列出世界十大思想家，孔子被推举为十大思想家之首。1582 年，意大利传教士利玛窦来华，他为中国传统文化所折服，换上儒服，自称儒生，1594 年出版了《四书》的拉丁文本，被称为"基督教的孔夫子"。德国哲学家和数学家莱布尼茨在获悉易图八卦后，惊讶地发现同他 1678 年发明的二进制理无二致，因此热烈地赞美儒学和中国传统文化。法国启蒙思想家伏尔泰在《哲学辞典》中列举了孔子的 7 句格言，慨叹："我们不能像中国人一样，这真是大不幸。"雅各宾派领袖罗伯斯庇尔在他起草的 1793 年《人权和公民权宣言》中写道："自由是属于所有的人做一切不损害他人权利之事的权利：其原则为自然，其规则为正义，其保障为法律，其道德界限则在孔子的格言中：己所不欲，勿施于人。"进化论的创立者、英国生物学家达尔文在其名著《物种起源》（1859）中大量引用了他称之为"中国百科全书"中关于遗传变异的记载，据查是出自魏贾思勰《齐民要术》到明末李时珍《本草纲目》、宋应星《天工开物》中的内容。

刚刚落幕的北京 2008 奥运会开幕式文艺演出凸显了中国元素、中华文明元素，特别是中华科技文明的元素。一幅巨大的纸质画卷展现了 5000 年的中华文明。造纸术的发明被融汇于中华文化的"文房四宝"——纸、笔、墨、砚的艺术表现之中，充分体现了李政道的名言："科学与艺术是一枚硬币的两面。"印刷术的发明则同古老汉字的发明联系在一起，一个个活字模板上下运动，整板则跌宕起伏，一而再、再而三地涌现出"和"字图样，传达出中国先民关于人与人、人与自然的最古老的人文理念："和为贵。"与指南针的发明、丝绸之路和郑和下西洋，则向世界昭示了中国人民热爱和平，对外开放。美轮美奂的五彩烟火，当然源自中国的火药发明。中国的传统文化，中国的科技文明，是最体现中国特色和优势的所在之处，也是今天吸引世人眼球、让世界了解中国最有力度的切入点。

六

作为美国皇家学会院士、在生物学领域有重大建树的李约瑟，在 1937 年 37 岁时通过赴英留学的鲁桂珍等中国人那里了解了一些中国古代科技成就，立即对中国传统文化有了一种信仰上的"皈依"，从而中止了他对科学前沿的研究，从学习汉字开始研究中国科技史，直至 1995 年去世，穷半个多世纪的时间，撰写《中国科学技术史》，其中一个目的就是摒弃欧洲中心论，"还中国以公道"。英国历史学家汤比因在 20 世纪 50 年代就这样评价过李约瑟研究工作的意义："这是比外交承认更高一筹的对中国的承认。"

中国没有爆发近代科学革命，没有产生建立在观察和实验的基础上并同数学的逻辑推理相结合的近代科学。中国近代科学的发展经历了一条充满艰辛和屈辱，而又有奋斗与辉煌的曲折历程。李约瑟提出了这样的问题：中国在古代取得了辉煌的科技成就，为什么没有产生近代科学革命？这被称之为"李约瑟难题（Needham Problem）"的问题引起了世界科技界、史学界乃至经济界、教育界、思想界、文化界等各方面人士的关注，中国学界常常把"李约瑟难题"理解为对于"中国近代科学为什么落后"这一历史现象的探索，这无疑是有现实意义的。

不过，"俱往矣，数风流人物，还看今朝。"我认为，历史上发生过的事情，自有它的道理；而历史上没有发生过的事情，成千上万，难以评说，况且在人们思考这类问题时，往往会与出于现实考虑的种种因素纠缠在一起，难失偏颇。因此，我主张，向前看！既然中国传统文化孕育了中国古代科技文明，今天，在以开放的心态学习西方近代科技、学习世界一切优秀文化的同时，对中国古代科技和传统文化中的优秀基因，借鉴、移植到当代 21 世纪科技前沿探索中，古为今用，继往开来，与时俱进，开拓创新。

例如，近代科学建立起了庞大的分析型学科体系，在很多方面精确地研究了自然界，取得了丰硕的成果。但是，近代科学有长处也有不足：重分析，轻综合；重结构，轻功能；长于线性研究，短于非线性研究；习惯于封闭系统研究，不善于开放系统研究。当然，这种说法只是相对而言的。事实上，客观自然界是局部与整体，结构与功能，线性与非线性，封闭与开放的统一。而中国传统的系统思维方式在当代和今后科技整体化中会起到越来越重要的作用。耗散结构论的创始人普利高津说："中国传统的学术思想是着重于研究整体性和自发性，研究协调和协合，现代新科学的发展，近些年物理和数学的研究，如托姆的突变理论、重正化群、分支点理论等，都更符合中国的科学思想。"创建协同学的哈肯也指出："事实上，对自然的整体理解是中国哲学的一个核心部分。在我看来，这一点西方文化中未获得足够的考虑。"

又如，在近现代科技发展中，特别是工业文明后期，人与自然是对立的，人对大自然着重征服、索取，而不注意保护，结果受到严厉报复：资源匮乏、能源枯竭、环境污染、生态破坏，全球气候变暖，珍稀物种灭绝，自然灾害频发等。而中国传统文化、传统哲学、传统科技的核心是"天人合一"，中国的"天"，不是西方的"神"、"上帝"，而是自然界、客观规律。荀子曰："天行有常，不以尧存，不以桀亡。"中国古代的区域开发和经济发展，强调天时、地利、人和的三才学说，所谓"人与天地相参"，"仰观天文，俯察地理，内省自身"，强调生物界的和谐和"各得其养以成"，这对当代生态经济学、生态伦理学的发展有指导意义，有利于促进身心健康和生活质量的提高，有利于建设生态文明和可持续发展。日本人依据老子"道法自然"的思想，提出要以"自然农法"取代建立在工业文明基础上的所谓"科学农法"，经过实践，取得了巨大的成功。

再如，中国传统科技方法创造了古代光辉的科技成就。吸收和应用传统科技基因，开发现代科技，往往可以有大的创新。中国传统数学，不发展演绎几何学，但充分发展程序性算法，寓证于算，不证自明，在电子计算机出现后的今天，二者巧妙结合，若合符节，中国学者创造了几何定理的机器证明法，并崛起了崭新的机械化数学。中国古代铸造中的失蜡法，在现代已形成精密铸造产业。当代电子计算机打孔程序控制技术是受到源自中国古代纺织中提花技术的启发而发明的。用现代科技原理和方法去研究龙洗、编钟、透光镜、"越王剑"等，已引发出若干有价值的科学前沿问题。

还有，天体演化、大地构造、地震预报、气候变迁、海平面升降、环境演替、生物进化等当代重大科学热点乃至社会热点，是与自然史和历史自然科学相关的问题。浩如烟海的中国古文献中有大量类型多、系列长、连续性好、地域覆盖广阔、综合性强的有关自然现象特别是异常现象的观察记录，这是中国古人几千年来留给今人、贡献给世界的一个自然史信息宝库，它已经在射电天文学、地震震中分布图和烈度区划图、5000年气候史重建、500年旱涝史重建及其隐含周期的发现中发挥了重要作用。黄河小浪底工程大坝高程设计是以黄河1843年洪水的复原研究为依据，长江三峡工程防洪设计是以1870年洪水时下游荆州大堤不决口为前提。大型工程设计论证早期有物理模型法、数学模型法，现在中国学者又创立了历史模型法，服务于科技和经济建设重大工程中长期规划的自然背景评估。

当然，我们在充分估计中国古代科学思想方法和传统文化的现代价值的同时，也要防止对其作牵强附会解释、片面夸大影响和作用，从而导致一些不科学的认识。《易经》的"天行健，君子以自强不息"鼓舞了多少人求新创新，《易经》中包含了一些科学思想和数学结构等成分，能为近代科学研究提供创造性的思维模式，但在历史上衍生出来与《易经》有关的方术活动，如算命、相面、占星、堪舆之类，则要科学地、实事求是地认真分析其中的科学和迷信的成分，取其精华，弃其糟粕，这才是对继承发扬传统文化所应取的正确的扬弃态度。

作者简介

王渝生，1943 年生，国家教育咨询委员会委员，北京市科学技术协会副主席，中国科学技术馆研究员、原馆长。著有《自然科学史导论》《科学寻踪》《科技百年》等。

传教士对中国经典的译介及其文化意义

杨慧林

中国人民大学副校长

【内容提要】传教士对中国古代典籍的译介，使"中学"在"西学东渐"的大潮中得以"西传"。其中理雅各的翻译活动，当是最为典型的个案之一。作为伦敦遣使会派来中国的传教士，理雅各译介中国经典的神学背景始终清晰可辨，但也恰恰是由于这一点，他的注读为中西之间的思想对话提供了更直接的线索。本文以理雅各的几段翻译和注疏为例，参较其译文所及的基督教观念，进而展示两种文化之间的巨大的诠释空间，并为当今的文化理解提供可能的借鉴。

【关键词】理雅各　中国经典　圣经　虚静　自我倾空

自传教士的时代开始，中国古代经典便不断被译介，这正是"西学东渐"与"中学西传"的典型互动。比如马礼逊（Robert Morrison）在翻译出版《圣经》的同时，也翻译过《三字经》（The Three - Character Classic）、《大学》（The Great Science）等等。白晋（Joachim Bouvet）对《易经》的译介、卫礼贤（Richard Wilhelm）对"中国心灵"的深入发掘，同样如此。更值得注意的，则是曾在香港生活 30 年、又在牛津大学担任汉学教授 21 年的理雅各（James Legge）。

理雅各的翻译活动几乎覆盖了所有重要的中国古代经典。他于 1861 - 1872 年在香港陆续出版的《中国经典》（The Chinese Classics），第一卷含《论语》、《大学》与《中庸》，第二卷为《孟子》，第三卷为《尚书》，第四卷为《诗经》，第五卷含《春秋》和《左传》。返回英国后，理雅各又为缪勒主编的《东方圣书》提供译稿，遂有《孝经》、《易经》、《礼记》、《道德经》和《庄子选集》；去世之前他翻译出版了《离骚》，据说1897年去世时还正着手翻译《楚辞》①。后来理雅各被安葬于牛津的一处公墓，简要的碑文概括了他的两个主要身份："赴华传教士及牛津大学首任中文教授"。

作为一名伦敦遣使会（London Missionary Society）派往中国的传教士，理雅各为什么要以毕生之功翻译诸多非基督教的中国经典？据说他曾经作出这样的解释："要理解中国，就必须了解中国的经典文献……否则任何人都不要以为自己称职……对儒家著作花费多少精力都不过分，赴华传教士由此才能充分理解他们所应承担的工作。切勿让自己的马车粗鲁地碾过那些大师的坟茔，越是如此，就能越早看到耶稣在中国人的心灵中受到尊崇。"② 或许也是因此，理雅各引用《孟子·万章上》的名句，作为《中国经典》英译本的题记："不以文害辞，不以辞害志；以意逆志，是为得之。"然而究竟当以何人之"意"逆古人之"志"？这便是中西之间"经文辩读"的最为有趣之处。

客观地说，理雅各还是希望借助中国的材料解释中国的经典，因此他的翻译往往会"以经注经"，特别是大量引用朱熹所作的"集注"。除去详尽的注释之外，他还写有长篇导言，比如《论语》、《大学》和《中庸》的导言长达136页，《道德经》的导言则有44页。然而与此同时，理雅各翻译和理解活动的基督教背景也是不言而喻的，无论对具体的中国经典认同与否，其自身的阅读立场始终清晰可辨。可能恰恰是由于这一点，理雅各的注读为中西之间的思想对话提供了更直接的线索。

中国经典与基督教思想的差异毋庸讳言，即使是某些相互应和的内容，也历来存在着诸多争议。其中最典型的，当属《论语》和《圣经》都有所涉及的"金律"。

《论语·颜渊第十二》和《论语·卫灵公第十五》中有两处"己所不欲、勿施于人"，理雅各的译文分别为：not to do to others as you would not wish done

---

① Lindsay Ride, "Biographical Note" for the third edition, James Legge, *The Chinese Classics*, *with a translation*, *critical and exegetical notes*, *prolegomena*, *and copious indexes*, p. 19.

② Lindsay Ride, "Biographical Note" for the third edition, James Legge, *The Chinese Classics*, *with a translation*, *critical and exegetical notes*, *prolegomena*, *and copious indexes*, p. 10.

to yourself① 以及 What you do not want done to yourself, do not do to others②，大体无异。而前一处"己所不欲、勿施于人"是孔子对"仁"的解释，后一处则是对"恕"的回答。《说文解字》有"恕，仁也"之训，但是理雅各将"仁"译作 perfect virtue，却以 reciprocity 来翻译"恕"。这至少有两点值得注意。

第一，在基督教的概念系统中，the perfect 多少带有凡人所不能企及之意，比如《新约·哥林多前书》"等那完全的到来"一句，"那完全的"在新修订标准版中即是 the perfect，在现代英文译本中则是 what is perfect，其基本的意思都是指第二次降临的耶稣基督。理雅各翻译《道德经》第三十八章的"失德而后仁"并不用 perfect virtue，而是用 benevolence③；因此他在此处以 perfect virtue 翻译"仲弓问仁"之"仁"，可能正是要提醒读者"己所不欲、勿施于人"应当比之于《圣经》中耶稣基督所颁布的"金律"。

第二，如果"仁"已经不是 benevolence 而是 perfect virtue，那么按照基督教的观念，"恕"便不是凡人所能施予的，而应该是凡人所承受的"恩典"（Grace）。但是《论语·卫灵公第十五》的"恕"偏偏是回答子贡的提问："有一言可以终身行之者乎?"可以让凡人"终身行之"的"恕"，似乎很难以表达"被宽恕"的"恩典"。于是理雅各所用的 reciprocity 恰好含有"互惠互利"或"相互关联"之意，从而使人联想到圣芳济（St. Francis）著名的祈祷文："给予才能获取，宽恕才能被宽恕。"（It is in giving that we receive, it is in pardoning that we are pardoned.）

其实关于"己所不欲、勿施于人"的最多争议与理雅各的关注并不相同，而在于《论语》的上述两种表述都是"否定性"的（Golden Rule in negative form），圣经中的"金律"则是"肯定性的"（Golden Rule in positive form）。比如《马太福音》（7:12）和《路加福音》（6:31）都是用"你们愿意人怎样待你们，你们也要怎样待人。"尽管《论语》也有"己欲立而立人，己欲达而达人"（《论语·雍也第十六》）之类的肯定性表达，仍然在后世不断引出孰高孰低之辩。后来有西方学者专门追溯了《利未记》、《使徒行传》、《罗马书》及其早期版本，才提出"金律"的否定性表达本来亦存在于基督教的文

① James Legge, *The Chinese Classics*, *with a translation*, *critical and exegetical notes*, *prolegomena*, *and copious indexes*, p. 251.

② James Legge, *The Chinese Classics*, *with a translation*, *critical and exegetical notes*, *prolegomena*, *and copious indexes*, p. 301.

③ James Legge, *The Sacred Books of China*, *the Texts of Taoism*, Oxford: Oxford University Press, 1891; New York: Dover Publications, Inc. 1962, p. 80.

献当中，因此"从根本上说，两者的理念和渊源都完全一致"。（Basically they are the same, in idea as in origin.）理雅各显然并不认为"金律"的两种表达有什么根本性的差异，其侧重点却是如何使孔子的教导与耶稣基督的圣训相互呼应。也许可以说，这些微妙的差异和用词，体现着他沟通中西的努力和尝试。

同时我们会发现：理雅各对于中国经典以及历代注疏也并不是全然接受的。比如《论语·卫灵公第十五》的"有教无类"一句，理雅各引述了朱熹的《论语集注》："人性皆善，而其类有善恶之殊者，气习之染也。故君子有教，则人皆可以复于善，而不当复论其类之恶矣。"但是他马上补充说："这实在太夸张了，教育并不是万能的。古代的解释仅仅是教育不应该区分阶级而已。"①

至于《论语·子路第十三》的一段故事，理雅各更觉得难以理解了——叶公语孔子曰："吾党有直躬者，其父攘羊，而子证之。"孔子曰："吾党之直者异于是，父为子隐，子为父隐。直在其中矣。"理雅各如实翻译了这一段话，然后直截了当地说："此种描述并不能绝对地证明这就是'直'，这只不过是相对较好的原则而已。除了中国人，谁都看得出孔子和叶公在这一问题上的观点同样是不完全的。"②

理雅各的"以意逆志"，还在"以德报怨"或者"以直报怨"的辩难中得到最为典型的表达。其中理雅各不仅引介了《道德经》与《论语》的不同说法，而且还根据《礼记》进一步揣度孔子之说。

《论语·宪问第十四》："或曰：以德报怨，何如？子曰：何以报德？以直报怨，以德报德。"其实在基督教《旧约》当中，类似的观念是显而易见的，比如"以眼还眼、以牙还牙、以手还手、以脚还脚、以烙还烙、以伤还伤、以打还打"（出 21:24，利 24:20，申 19:21）。但是问题在于，《新约》的伦理不再是"一报还一报"，甚至还主张"爱你的敌人"（太 5:44）、亦即"或曰"的"以德报怨"。这当然会与"以直报怨"构成极大的冲突。

理雅各大概不想轻易放弃基督教与中国经典之间的可能沟通，于是他特别注明："以德报怨之说见于老子《道德经》第六十三章。"

---

① James Legge, *The Chinese Classics*, *with a translation*, *critical and exegetical notes*, *prolegomena*, *and copious indexes*, p. 305.

② James Legge, *The Chinese Classics*, *with a translation*, *critical and exegetical notes*, *prolegomena*, *and copious indexes*, p. 270.

《道德经》第六十三章的这一段，肯定会让理雅各心有所得："为无为，事无事，味无味、大小多少，报怨以德"。其中当他将"大小多少"翻译为 to consider what is small as great, and a few as many 的时候，其后无注释，而基督教"以小为大"、"以末为先"的逻辑显然与之正相对应①。

　　对于《道德经》的这一亲近感，使理雅各进一步判定"孔子的伦理大大落后于我们基督教的标准，甚至大大落后于老子"②。但是他似乎又不甘心就此止步，因此相当牵强地加入了"以意逆志"的注释："后来《礼记·表记》将类似于老子的说法加给了孔子：'子曰，以德报怨，则宽身之仁'。"

　　其实《礼记·表记》的这句话未必"类似于老子"，而是要强调："以德报德，则民有所劝；以怨报怨，则民有所惩……子曰：'以德报怨，则宽身之仁也；以怨报德，则刑戮之民也。'"——这里将"以德报德"与"以德报怨"对举、"以怨报怨"与"以怨报德"对举，应该是说前者对老百姓有所鼓励，后者只是"苟求容身之人"；前者是使老百姓有所收敛，后者则是该杀之人了。理雅各对《礼记·表记》这一句的翻译本来是不错的：He who returns good for evil is a man who is careful of his person. i. e. will try to avert danger from himself by such a course. 而他为何又要解释"提问者可能只是就一种自己以前听到过、也有所认同的说法，咨询孔子的意见"？③ 我们只能说：他在意识到中西差异的同时，或许太想寻求哪怕是间接的通融了。

　　不过，通过理雅各以《道德经》的"报怨以德"注读《论语》的"以直报怨"，也许可以说他确实从老子那里看到了更多与基督教文化相互诠释的可能。他基于自己的理解背景为译文所作的大量注释，不仅为中西之间的对话提供了宝贵资料和直接线索，也使我们得以窥见西方人究竟如何面对中国的思想与文化。此外，如果我们能借助这些被普遍接受的译本去回应某些人对中国的误解或者"妖魔化"，显然也更具说服力。

　　比如"韬光养晦"已经成为一个与中国直接相关的基本概念，其使用频率颇高，被误读的程度也颇高。作为政治家的外交策略，"韬光养晦"当然是无可厚非的；然而从对外宣传的角度看，一旦解释失当反而会为"中国威胁论"增添一个注脚。特别是当"韬光养晦"被译作 hide one's capacities and bide one's time（隐藏实力、等待时机）的时候，似乎多少会给人一种居心

　　① "你们中间谁愿为大，就必做你们的佣人；你们中间谁愿为首，就必做众人的仆人"。

　　② James Legge, *The Chinese Classics, with a translation, critical and exegetical notes, prolegomena, and copious indexes*, p. 288.

　　③ James Legge, *The Chinese Classics, with a translation, critical and exegetical notes, prolegomena, and copious indexes*, p. 288.

叵测的感觉。据说新版的《辞海》已经对"韬光养晦"的释义作出调整，以正视听。但是无论如何，"韬光养晦"使人想到的仍然是刘备"后园种菜"的"韬晦之计"，或者杨慎"虽知己者莫辩其本心"的《韬晦术》。

修改现代人的《辞海》，并不能改变历史留下的典故，对西方世界恐怕也只能引起更大的疑心。而如果我们回到西方人自己译解的中国典籍，却会发现这一不断被后世所引申的说法本来未必如此。其中最典型的例子，当属理雅各为《道德经》第七章所作的一条注释。

《道德经》第七章是讲"天长地久"的原因和"圣人法天"的品质："天地所以能长且久者，以其不自生，故能长生。是以圣人后其身而身先；外其身而身存。非以其无私邪？故能成其私。"理雅各如实翻译了这段话：

Heaven is long – enduring and earth continues long. The reason why heaven and earth are able to endure and continue thus long is because they do not live of, or for, themselves. This is how they are able to continue and endure. Therefore the sage puts his own person last, and yet it is found in the foremost place; he treats his person as if it were foreign to him, and yet that person is preserved. Is it not because he has no personal and private ends, that therefore such ends are realized? [1]后来在美国汉学家韩伯禄（Robert G. Henricks）的译文中，"无私……故能成其私"的意思好像更为明了：The Sage … has not self – interest, that he is therefore able to realize his self – interest. [2]

所谓"不自生故能长生"、"后其身而身先"，也正有基督教《圣经》中"以小为大"、"以末为先"的逻辑相对应。正所谓"你们中间谁愿为大，就必做你们的佣人；你们中间谁愿为首，就必做众人的仆人"。理雅各显然由此看到了两种文化之间的巨大的诠释空间。

因此他直截了当地提出：《道德经》第七章的意思就是"韬光"（Sheathing the Light）。什么是"韬光"？理雅各认为：这是"教导人们不刻意琢磨、不刻意追求，从而才能成全自己的追求"。（The chapter teaches that one's best good is realized by not thinking of it, or seeking for it. ）[3]

现代人将"韬光"理解为"隐藏实力、等待时机"，而理雅各为什么能

---

① *The Sacred Books of China*, *the Texts of Taoism*, translated by James Legge, Oxford：Oxford University Press, 1891；New York：Dover Publications, Inc. 1962, p. 52.

② *Lao – Tzu Te – Tao Ching*, *A New Translation Based on the Recently Discovered Ma – wang – tui Texts*, translated with an introduction and commentary by Robert G. Henricks, New York：Ballantine Books, 1989, p. 59.

③ *The Sacred Books of China*, *the Texts of Taoism*, translated by James Legge, p. 52.

从"韬光"看到"不刻意琢磨、不刻意追求"的深层含义？因为只有这样，才能从"韬光"解释"虚静而不竭"的中国古代智慧。我们有理雅各对《道德经》第五章的译解为证：

"天地之间，其犹橐龠乎？虚而不屈，动而愈出。"（May not the space between heaven and earth be compared to a bellow? It is emptied, yet it loses not its power; it is moved again, and sends forth air the more.）理雅各对这一段的注释是"虚用"（the Use of Emptiness），也就是说：风箱"可以被抽空，却并未失去自己的能量"。因此在理雅各对《道德经》第四章的翻译中，老子之"道"也一再被比作"空空的容器"（emptiness of a vessel）[1]。

这种"虚而不屈，动而愈出"的"道"，本身就是"不刻意琢磨、不刻意追求"的"韬光"。而基督教《圣经》中的一个重要概念，正是"虚己"。环球圣经公会《新译和合圣经》将"虚己"译为"倒空自己"；柯布（John Cobb）等当代神学家的释义则是"自我倾空"（self-emptying）[2]；由此，西方人自然还能联想到《圣经》中的"虚心的人有福了"（Blessed are the poor in spirit.）。至少在理雅各的翻译中，《道德经》之"韬光"和"虚用"有如《圣经》之"虚己"、"虚心"，本是一种相似的"否定性思维"。

其实这种否定性思维始终潜在于中国式的思辨之中，成为对主体之限度和语言之限度的一种警觉。而西方的人文学术则可能一度中断了"自我倾空"的《圣经》启示，乃至在现代哲学中特别凸显出主体和语言的艰难。

如果随着理雅各的翻译追根溯源，"韬光"不仅可以回复到《道德经》的"虚静而不竭"，甚至也完全可能在"自我倾空"的意义上被西方人所理解。这应当是传教士译介中国经典为儒家文明与基督教文明带来的双重启发。

作者简介

杨慧林，1954年生，中国人民大学副校长、中国比较文学学会副会长。代表作有《基督教的底色与文化延伸》《神学诠释学》《移动的边界》等。

---

① *The Sacred Books of China, the Texts of Taoism*, translated by James Legge, p. 49-50.

② John Cobb and Christopher Ives edited, *The Emptying God: A Buddhist - Jewish - Christian Conversation*, 1990.

简论现代化对中国传统文化的冲击

杨　恕

兰州大学中亚研究所所长

如何在现代化的冲击下，保持中国传统文化的基础并发扬传统文化的精髓，是一个需要深入探究的时代命题。对症才能下药，要解决这一问题，首先就必须明确现代化对传统文化冲击的具体表现、后果并作出合理的评价。

关于文化的界定，学界一直未能达成共识，而是各有侧重，持续争论。目前泰勒对文化的定义，得到了学术界比较广泛的认可。文化，就广泛的民族学意义而言，是一个复合的整体，包括知识、信仰、艺术、道德、法律、习俗和个人作为社会成员所必需的其他能力及习惯。泰勒对文化的界定具有很强的开放性和包容性，反映了文化本身的整体性和复杂性。根据这个界定，中国的传统文化大致可以概括为：由中国长期社会历史沿袭而形成的语言、风俗、道德、思想、艺术、制度、生活方式等物质、制度及思想文化现象的集合体。

现代化指的是由传统社会向现代社会转变的过程及手段。现代化源起于18 世纪的西方工业革命，大致分为两个阶段：第一阶段是由传统农业社会向工业社会转变的过程及变革；第二阶段是由工业社会向知识社会的转变过程及变化。这一根本性的社会转型涉及人类生活的方方面面，包括政治民主化、经济现代化、文化现代化等。就人类历史进程而言，现代化是一种变革，传统文化自然而然地成为现代化的改变对象。因而现代化对传统文化的作用更多的是冲击和否定而不是促进和推动。

但具体而言，现代化对不同传统文化的冲击是有区别的。现代化对欧美文化的冲击无论在范围、力度还是影响上都明显小于东方文化。之所以如此，最主要的原因是现代化本身植根于欧洲传统文化，与其一脉相承，在基本理念上拥有诸多共识。就历史进程而言，现代化最直接的目标是摆脱教会神权和封建体制对个人、经济和社会发展的束缚。文艺复兴、宗教改革和启蒙运动为现代化提供了基本的理念支持，塑造了现代化的核心内涵。而无论文艺复兴、宗教改革还是启蒙运动都与欧洲的传统文化尤其是古希腊、古罗马、基督教文化有着千丝万缕的联系。欧洲传统文化的根基是游牧文化和海洋文化，是一种重视个人、开拓进取、求富求强的"外向型文化"。古希腊的民主传统、罗马的法制精神以及基督教的契约精神基本上都为现代化所吸收并加以发展。新教伦理促进资本主义精神的兴起、发展明显体现了欧洲传统文化对现代化的推动作用。简言之，欧洲的现代化是"内生型"现代化，属于机体内部的自我调整、自我适应，有继承、有批判、有发展，因而对于欧洲传统文化的冲击力度相对较弱。

但对于中国而言，现代化却是名副其实的舶来品，在相当长的一段时期里，中国对现代化的接受是被动的，甚至是被迫的。原因在于，现代化对中国传统文化造成了巨大的冲击，并构建新的文化模式取代中国传统文化。中国的传统文化孕育、成熟于农业社会，是一种以自然经济为依托，以伦理道德为核心，建立在宗法制度上的文化。中西传统文化在底蕴上存在本质的差异：前者是"伦理本位"文化；后者是"个人本位"文化。现代化打断了中国社会原有的历史进程，使中国进入了一个漫长的转型期。这一历史转型至今仍在进行之中。较之欧洲，中国的现代化属于典型的"外生型"现代化，是外力作用的结果，对传统文化的冲击巨大。

现代化对中国传统文化持批判、否定的态度，冲击了传统文化的方方面面，包括器物文化、制度文化以及思想文化。罗素曾经说，中国文化有三个特征：象形字、科举制度、儒学。现实证明，中国传统文化的许多东西都已发生了重要改变。拿这三个来讲，科举已消失，儒学已丢失大半，象形字也面临许多问题，下面作简要的阐释。

工业现代化对中国传统器物文化造成了严重冲击。以实用为基本特征的器物是文化最直观的物质表现，容易为人接受、采用。西方列强以坚船利炮炸开了中国的国门，使中国沦为半殖民地，任人宰割。为了抗击外侮，中国首先认识到工业现代化的重要性。早在19世纪60年代，清朝的有识之士就开始了"师夷长技以制夷"的洋务运动，成为工业现代化的肇始。工业现代化在很大程度上改变了中国落后的生产方式。现代化基本瓦解了小农经济，颠覆了传统的生产模式，推动了生产力的高速发展，极大地丰富了中国人的物质生活，提升了中国的国力和国际地位。但不可否认的是，现代化也在很大程度上冲击了许多有价值的传统工艺。

工业现代化强调的是组织、规模、效益，其生产模式基本属于可复制的流水作业。而绝大多数中国传统的器物文化无论是传承还是产出都需要经年累月之功，并且具备很强的个体特征，无法加以模式化、规模化。工业化极大地压缩了传统工艺的生存空间，以传统建筑和书法艺术为例。建筑是民族文化的重要载体，看到长城我们就会想起中国、看到狮身人面像就会想起埃及。中国拥有悠久的建筑文化，以木结构为主体的"大帽子"建筑成为世界三大建筑体系之一。北京的四合院、湖南的吊脚楼、苏州园林、福建土楼等都是十分具有民族特色的传统建筑。在民国时期，这些传统建筑的风格得到了广泛应用，如南京的"总统府"、中山陵、扬子饭店等。改革开放以来，中国的房地产业得到了空前迅猛的发展，但建筑却成为钢筋水泥土组合而成的空壳，一味追求高性价比的生存需求。美式盒状大厦、玻璃外墙；欧式穹顶石柱、圆形广场遍布中国大地，传统建筑风格仅仅零星地以仿古亭台、琉璃屋瓦的形式散落在公园、寺庙、道观之中，成为一种点缀。在城市化进程中，传统建筑风格基本被丢掉，以致千城一面。中国的城市却毫无中国味，令人感叹，发人深省。诚然，出于适应现代生活的需要，建筑一味复古肯定不可行，但应当尽可能地吸纳传统建筑文化，融入民族风格。

此外，现代化对传统器物文化冲击的另一个重要表现是严重破坏了汉字的书写系统和艺术功能。文字是文化的载体，汉字历史悠久，在中华文化的发展、传承中发挥着极其重要的作用。近年来，由于计算机技术的普及，传统的书写方式发生了根本性变革，键盘代替了笔，使随处可遇极富个性化的书写特征基本失去了生存空间。青年人的书写能力大幅降低。青年人对许多汉字只能认，不会写，多数人已失去了汉字书法的基本技能和对汉字的美感，这是一种危机，危及到民族文化的传承。传统书法艺术具备深厚的民族特色和美学内涵，应当大力提倡、保护，而不应使它仅成为少数书法家的作品。

现代化对传统文化冲击的另一个重要层面则是制度文化。传统制度文化的核心是教育和科举。教育在民族文化的传承、发展上发挥着至关重要的作用。作为历史悠久的文明古国，中国一直都十分重视教育，构建了相当完善的教育体系。在西周，教育为国家政权所垄断，即"学在官府"。春秋时期，由于王室衰微，诸侯纷争，官办学校随之破产，于是，孔子兴办私学，开创了有教无类的教育传统，从此"学在民间"。私塾和书院是民间教育的主要机构，这是以教师为主体的个人教育。教学内容主要是传统典籍，强调修身养性，基本没有自然科学。而科举制度则是以官方考核的方式，使民间教育的优胜者直接进入官僚阶层，是实现"学而优则仕"的制度性安排，这是世界上唯一的。传统教育与科举制的关系类似于生产者与消费者，教育根据科举的需求选择教育内容、教育方式。

教育服务于科举这与现代教育精神相悖。科举制度是官僚政治的重要组成部分，难以适应现代化的需要，无法进行黄仁宇强调的"数目字管理"。现代化需要的是各方面学以致用的专业人才而不是仅仅懂得道德文章的文官。随着现代化的推进，社会分工体系日益健全，教育体制也逐渐朝组织化、规模化、专业化的方向发展。私塾和书院的组织规模、教育目标、内容和方式无法满足现代化的需求。随着封建王朝的灭亡，科举制度也随之消失。这说明科举更多的是一种政治制度，而不是文化制度，它的消灭是合理的，不会影响传统文化的发展。科举制的废除解放了中国知识分子，促进了现代教育体系的建立，培育了一大批经世致用的人才，推动了中国的现代化进程。科举制的废除直接导致了传统私塾和书院的没落，现代学校逐渐取而代之，中国逐步建起了现代教育体系。

当然，我们应当一分为二地看待传统教育体制，既要认识到它在培养人才、促进文化发展上的积极作用，也不应忽视传统教育体制的片面性与局限性。当下盲目倡导私塾式的读经教育并不可取，实际上是在追求形式，无益于传统文化的传承与人才的培养。我们应当思考的是如何借鉴私塾、书院教育的有益经验，从而在现代教育体系中探索民族文化传承的新路径，与时俱进，推动教育事业的发展。总而言之，现代化对传统制度文化的冲击基本是进步、合理的。

最后，要谈及的是现代化对传统思想文化的冲击。思想文化是民族文化的内核，是一国一族赖以生存的精神依托。中国人之所以为中国人的关键在于对一系列基本理念的认同，从而形成独有的民族性格以区别于其他民族。文化是统一的，器物、制度、思想作为一个整体在发挥作用。在五四运动时期，有识之士已经充分认识到现代化的关键在于思想文化，没有思想文化的革新，器物、制度的现代化都难以持续深入。胡适、陈独秀等人发起了"新文化运动"，全面否定、批判传统思想文化，提出了"打倒孔家店"的口号，引进"德先生、赛先生"，试图构建新的文化模式。其中，鲁迅对国民性不遗余力的批判最具代表性。新文化运动对传统思想文化冲击力度之大、影响之深远，可谓前所未有。

中国传统思想文化以儒家文化为主，以佛教和道教文化为辅。儒家文化绵延数千年，对包括中国、朝鲜、越南、日本在内的多个亚洲国家产生了重要影响。通过千年的传承，儒家文化充分渗透到社会各阶层之中，成为中国社会最重要的信念体系，规范着中国人的一言一行。儒家文化可以分解为三个层面：人生哲学、伦理哲学、政治哲学。人生哲学的核心是"和"，强调人与人之间的和谐，人与自然之间的天人合一。伦理哲学的要义是以"孝"为中心的礼治，主张孝悌，强调家庭伦理，并以礼来规范社会成员的行为准则。而政治哲学的要旨则是倡导"仁政"，希望君主能够推行德治，宽厚待民，赢得民心。儒家学说从本质上讲是相对保守的哲学，是维护小农经济和封建统治的哲学，与现代化的基本理念差别很大。

现代化强调的是个体活力、鼓励竞争，以法律规范社会秩序，倡导民主宪政。在中国，不打破儒家文化的束缚，现代化就难以深入、普及。因此，自新文化运动以来，几乎所有重要的社会运动如"五四"、"文革"等都把儒家文化作为批判的靶子。现代化对儒家文化造成了重大的冲击，美国汉学家列文森在《儒教中国及其现代命运》一书中用"博物馆化"一词来形容儒家文化的衰微。在当今中国,儒家文化难以为继,一方面人才培养中断,传承困难;另一方面儒家的核心价值观难以得到社会的广泛认可与实践。在批判儒家文化的过程中,不少有价值的共时性文化如和谐观、家庭观也遭到了很大破坏,与此同时又没有真正建立起新的价值体系,以致中国人精神迷失,心无所安。当务之急是搞清楚儒家文化的思想脉络,剔除糟粕,探索儒家文化的转型,适应新的时代环境。

总之,文化是流动的,新陈代谢在所难免。我们必须十分清醒地认识到中国传统文化是个错综复杂的矛盾体,它集积极面和消极面于一体,相互交织与渗透,应当区别对待:明确传统文化中哪些是需要保持的,哪些是需要改进的,哪些是需要放弃的。当前,全球化裹挟下的现代化对传统文化的冲击越来越大,但人们的精神世界、现实生活仍旧无法割断与传统文化的联系。这是一个现代化与传统文化并存的"双文化"时代,并将长期持续。如何正确对待传统文化与现代化的关系,改造、更新和发展传统文化,以应对全球化的挑战,确实是当前和今后相当时期非常繁重和迫切的任务。中国需要认真思考传统文化如何保持,表象的东西保持较容易,内涵方面则困难得多。我们怎么办,需要深思。

作者简介

杨恕,1947 年生,兰州大学前副校长、中亚研究所所长。代表作有《转型的中亚和中国》《世界分裂主义论》等。

倡导和平合理、包容互补的文明交往观

——一种跨文化哲学视角的论述

姚介厚

中国社会科学院荣誉学部委员、哲学研究所研究员

【内容提要】 当今世界日益密切全球性交往,又呈现文明、文化与发展的多样性。探讨与倡导和平合理、包容互补的文明交往观,有重要的理论价值与现实意义。本文从跨文化哲学视角论述三方面内容:(1)从历史哲学的维度看,和平的文明交往是人类文明进步史的主流与文化发展的重要动力。汤因比、布罗代尔等文明史与文明理论研究专家都论述:历史上虽有暂时破坏

性的文明冲突，不同文明间互相学习、借鉴、交融的和平交往，才是全部人类文明进步的动因与主流。古今大量历史事实表明，西方文明和中华文明的持续进展都得益于它们和多样异质文明的和平合理交往。（2）对文明交往及其所表现的跨文化交往作跨文化解释学研究，从哲理上辩证分析世界文明多样性中的同一性、交往主体的主体间性、跨文化理解与解释、求同存异与"重叠共识"、实现积极的"跨文化性"等一些文明交往观的基本理论问题。（3）跨文化交往伦理学规范、维护和平合理、包容互补的文明交往。要树立正确的跨文化态度、遵循文明间交往伦理的基本原则，以实现当今世界文明和平交往与共同进步。文明间交往伦理实质上是一种对话伦理，推进和平文化的国际伦理，旨在通过理性的论证而非所谓"文明冲突"，化解某些局部冲突，解决分歧、摩擦与矛盾，使不同文明互相借鉴、取长补短，在求同存异中共同发展，建设一个持久和平、共同繁荣的和谐世界。

【关键词】文明交往观 历史哲学 跨文化解释学 跨文化交往伦理学

当今世界日益密切全球性交往，又呈现文明、文化与发展的多样性。世界文明研究和跨文化研究都已成为备受国际学术界关注的新兴跨学科研究领域。文明学研究的一个焦点理论课题是世界文明的多样性和不同文明的交往，其中，在全球化背景中多样文明复杂交织于应对全球性问题的形势下，树立和平合理、包容互补的文明交往观，尤其重要。文明理论研究和跨文化研究、文明交往研究和跨文化交往研究，紧密关联、密不可分。本文意图从一种跨文化哲学的视角，论述和平合理、包容互补的文明交往观合乎历史演进之法则，是必要可行、应予倡导和发扬的。

跨文化研究是内涵开阔、涉及多学科的领域。跨文化哲学也是其应有之义，应是其核心内容所在。跨文化哲学的重要对象之一是文明交往及其所表现的跨文化交往之哲学根据与意义，它贯穿、内化于现实的经济、政治、文化等各领域，渗透于当今世界文明的各层面。跨文化哲学作为既是对跨文化交往的哲学研究，又是对哲学交往的跨文化研究，有丰富、深刻的内涵，有不同的研究视角。本文仅从它的历史哲学、跨文化解释学和跨文化交往伦理学等三个维度来论述文明交往观。

一、从历史哲学的维度看，和平的文明交往是人类文明进步史的主流与文化发展的重要动力

历史本质上是人类文明的历史。文明是人在实践中实现自身的本质力量，

是在历史发展中多重文明要素特别是经济结构、政治结构和基本文化精神互相渗透、交互作用而形成的有机综合体，是一种长时段的深层历史结构，表现为人和社会整体的运行、进步与发展状态。广义的文化（包括物质文化、制度文化与精神文化）是文明的具体内涵，狭义的精神文化（包括哲学）作为文明的精神形态，体现时代精神。

世界各国人民在漫长的历史进程中，创造了各自独特的文化、传统、信仰和价值观，生长绵延了丰富多彩的文明。多样性是世界文明与文化的基本特征，多样性意味着差异，差异需要交往，交往促进发展。综观历史，一种文明不能自身封闭、孤立生成与发展，不同文明总是在和谐的跨文化交往中，互相融汇与学习，从而不断丰富与发展，这是人类文明进步史的主流。跨文化交往历来是文明交往的形式，是多样世界文明进展的重要动因。

文明、文明交往和跨文化交往是相互紧密关联的历史哲学概念。历史哲学维度的跨文化哲学，就要探究漫长历史进程中种种复杂的跨文化交往的现象与理论问题，从中总结出对当今世界有益的历史经验与教训，形成、倡导一种和平合理、包容互补的跨文化交往观和文明交往史观。

放眼考察历史，不同文明之间的差异和融合，构成了文明交往史上的诸多绚丽篇章。和平与暴力是文明交往、跨文化交往的两种基本形式。和平形式是经常、大量和主要的交往形式，表现在互相关联的经贸交往、政治交往、社会交往、精神文化交往的各领域，是历史进步的主要动因。暴力交往形式，在人类历史上赫然在目，征服、掠夺、抢劫、破坏、凶杀，特别是战争，从人类社会一开始，就因为种种缘由而大量存在着，但它毕竟有残酷性、破坏性，背逆人性与道德良知，康德提出永久和平论表达了人类与理性社会的善良愿望与进步法则。汤因比、布罗代尔等文明史与文明理论研究专家都论述：历史上虽有暂时破坏性的文明冲突，不同文明间互相学习、借鉴、交融的和平交往，才是人类文明进步史的动因与主流[①]。

汤因比在《历史研究》中已研究了不同文明的交往关系，他不称颂历史

---

① 汤因比在《历史研究》和晚年著作中都指出历史上不同文明间冲突与融合并存，但他憎恶战争，更注重文明间融合有助于推进历史；他对处理当代世界各文明间的关系，则坚持和平主义与雏形的世界主义，期盼以和平文化来实现世界文明的统一性，通达作为和谐整体的世界社会。和汤因比研究文明的现实目的不同，亨廷顿（Samuel Huntington）在历史与现实的观察上，都较片面地着眼于文明间的冲突，声言不同文明的冲突已主宰全球政治，特别是西方文明和伊斯兰文明、儒家文明的冲突，将可能严重威胁西方国家的利益和在全球的优势地位。亨廷顿虽因袭了汤因比的某些文明思想，但他的文明冲突论和汤因比的作为历史哲学的文明理论，在实质内容上并非一脉相承，前者并不是后者逻辑上引申出的必然后果，不应将两者同等看待、甚或混为一谈。和亨廷顿相比，汤因比在文明理论上多有高出一筹之处。

上同代不同文明间暴力冲突与战争的接触关系，赞扬它们间文化和平交往的融合关系，指出：中世纪西方基督教社会攻击伊斯兰社会并伤害拜占庭社会的十字军东征，就是实例的教训；而西方中世纪文明的兴盛，又正是靠同伊斯兰文明与拜占庭文明和平交往中获得它们所保存的古代希腊文明的文化成果。他也谴责近代西方文明中殖民者对美洲本土文明的征服和对其本土文化的灭绝①。在他看来，亚历山大大帝之后东方文明和希腊文明的大规模和平文化交往及希腊文化的流播，比他东征的地区范围更广大，有"更显著的效果"；与之相比，近代西方文明对其他文明的进攻性冲击"显得大为逊色"②。大乘佛教传入中国和中国传统文化融和而发展，并流播远东社会，则是印度文明与古代中国文明成功的和平交往范例。他称扬这类"创造性和平的交流"，收获的成果是"麦子"，文明间冲突则是"自相抵消的灾难性的斗争"，其后果是恶劣的"稗子"③。他在晚年著述中更主张：在世界文明多样化及诸多文明间碰撞与交往繁多的情势中，历史学家的首要任务是"理解所有已知的文明史"，并将它提供给分属各种文明的人民，以利达成文明间的互相理解与对话。特别要研究历史上诸多文明冲突的教训，以使世界文明未来的进化不再在文明"冲突"中发生。还要对各种已知文明各自的历史，包括它们各阶段的形态结构，进行比较研究，"一个阶段、一个阶段地比较它们的经验教训"，用以启迪世人，使不同文明能和平地共处于同一个"世界社会"之中④。他将现当代国家间的战争视为文明冲突的极端形式，鲜明、坚决地持反对态度；他坚持一种和平主义与雏形的世界主义，主张采取和平调解方式解决国家间争端，以和平协商方式解决一些重大的全球性问题，来维护世界社会的和平。

布罗代尔也认为，"在这天各一方的世界里，文明势必具有多样性"，"同一性和相异性毕竟共存着"⑤。他重视文明的传播和不同文明的交往，认为把握文明在交往中的三个要点，能为文明史研究开创新的可能性。一是文化场。特定文明是自具形形色色文化特征的特定场所与地域，它"始终包括几个社会或社会集团"，有其"中心、核心、边界和边缘"，"人们往往在边缘最能

① 汤因比. 历史研究（下册）［M］. 曹未风，译. 上海：上海人民出版社，1986：234，242，218.
② 汤因比. 历史研究（下册）［M］. 曹未风，译. 上海：上海人民出版社，1986：244 - 245.
③ 汤因比. 历史研究（下册）［M］. 曹未风，译. 上海：上海人民出版社，1986：255.
④ 汤因比. 文明经受着考验［M］. 沈辉，译. 杭州：浙江人民出版社，1988：136 - 137.
⑤ 布罗代尔. 资本主义论丛［M］. 顾良，张慧君，译. 北京：中央编译出版社，1997：164 - 166.

认清文明的特征、现象或趋向"。二是借鉴。文明之间有传播与输出，又有吸收与借鉴，这种大规模的交流从未停止。不同文明正是在互相借鉴中逐渐丰富、改变自身。三是拒绝。文明交往中有选择与决定。对外来的文化有时是盲目的闭关锁国、不准通行；有时在吸收中将异己的文化因素分割、排除出去。有时一种文明对敌对的思想方式、信仰方式、生活方式坚决拒斥。如拜占庭的东正教和罗马公教虽都是基督教，在中世纪互持敌意，"君士坦丁堡于1453 年拒绝了拉丁民族的救援，这座城市宁愿接受土耳其人，而推开自己的异母兄弟"①。东罗马帝国历经千年，最终倒入伊斯兰文明的怀抱。强制输出与严重拒绝有时会引发文明冲撞，甚至文明间暴力的接触、冲突与征服，如推行殖民主义中"一种文明为另一种文明所征服"，但文明冲突造成一方的屈服"仅仅是暂时性的"②。布罗代尔看重的是文明间和平交往与融通，认为那才是富有历史成果的。

孔子说的"和而不同"、"和为贵"，可视为人类的文明交往的准则。引导合理文明交往的原则应是消灭暴力交往的根源，把和平和发展结合起来，将人类的文明交往引向法制秩序和道德规范的轨道上来。

精神文明的和平合理的跨文化交往是推动人类社会文明进步的重要动力。而哲学体现时代精神，是文化的理论核心，文明的活的灵魂。所以，跨文化的哲学（包括宗教及宗教哲学）交往在推进不同文明发展中尤其有重要作用。古今大量历史事实表明，西方文明和中华文明的持续进展都得益于它们和多样异质文明的和平合理的跨文化交往。

从西方历史看，长达千余年的希腊罗马文明是西欧乃至全部西方文明之源，它奠定了西方文明中科学理性与人文精神的传统。然而，它并非自我封闭、绝缘地演进。它和当时的东方（近东与北非）文明虽颇有差异，却正是在同早先已获丰富成果的后者的跨文化交往中，吸取东方文明的成果，从而激发了希腊、罗马民族的灵感，也融汇了东西方诸多地区民族的智慧，创造出辉煌的希腊罗马文化。希腊古典哲学的形成与发展得益于西亚和埃及的科学与宗教思想，特别是埃及、巴比伦的天文学与数学方面的突出成就和神话，对希腊哲学与宗教的起源有重要的引生作用。东西方大规模的跨文化交往，更是希腊化文明和罗马文明的重要特色；晚期希腊与罗马哲学更多、更直接

---

① 布罗代尔. 资本主义论丛 [M]. 顾良，张慧君，译. 北京：中央编译出版社，1997：153 - 157.

② 布罗代尔. 文明史纲 [M]. 肖昶，冯棠，张文英，王名毅，译. 桂林：广西师范大学出版社，2003：52 - 53.

地深受东方的科学知识、诸多宗教与宗教哲学的影响，一些主要哲学流派的学说都有东西方文化交融的特色。特别是东方希伯来文化的犹太教和早期基督教，以其特有的一神教形态，和希腊哲学逐步融合，促成晚期希腊与罗马哲学在和宗教结为一体中达到终结。这种融合所造就的基督教神学与哲学，对西方文明更有深远历史影响。

悠久灿烂的中华文明在不同的历史阶段，也是通过多种形式的跨文化交往，以存异致和的博大胸怀，吸纳了外部的多种优秀文明成果，不断充实、发展自身。早在公元 1 世纪左右，中国、印度、中亚和欧洲就开辟了海上和陆地的丝绸之路，持续开展的各种跨文化交往包括经济与精神文化交往，有效地促进了中华文明和亚欧多种文明的共同进步。汉唐以来在中国和印度的跨文化交往中，印度佛教与佛学在中国知识界和民众中大为传播，并形成多个具有中国特色的佛教与佛学流派（如天台宗、法相宗、华严宗、禅宗等），它们和中国传统的儒学、道家又互有渗透、吸取，深刻地影响了中国哲学与文化传统的演进。这在历史上是一个颇为成功的跨文化交往范例。唐朝（公元 7 世纪起）以来，中华文明和伊斯兰文明也有和谐、成功的跨文化交往，至今在西安古城的清真寺有唐代皇帝的题词，从中可见伊斯兰宗教文化和中国传统文化的沟通与融会。16 世纪末至 18 世纪通过西方传教士来华进行中西跨文化交往，中国学者们开始了解西方特别是希腊的科学与哲学思想，并和意大利传教士利玛窦（Matteo Ricci）等首次从事了儒学与西学的比较研究；而中华文明在 18 世纪法国启蒙运动中特别对重农学派也起有积极的作用。19 世纪末以后，严复与王国维等其他中国哲人所传扬的西方哲学与文化中的科学理性与人文精神，特别是科学与民主思想，对近现代中国起有思想启蒙的积极作用。

由上历史之镜，可察知一个结论：世界不同文明的冲突总是暂时的、破坏性的，不是文化发展的动因；世界不同文明的和平的跨文化交往与和谐的融会，才是人类文明进步史的主流与文化发展的重要动力。人类历史发展是不同文明间不断交流、彼此借鉴、互相融会从而共有创新的过程。人类历史上各种文明都以各自的独特方式为人类进步作出了贡献。当今世界应避免、消除文明冲突的危险。意识形态、社会制度、发展模式的差异不应成为人类文明交往的障碍，更不能成为相互对抗的理由。和平与发展才是人类最根本的共同利益、共同价值所在。倡导合理的跨文化交往，来实现文化与文明多样性中的和谐一致性，以求世界文明的共同进步，那是特别重要的。

二、对文明交往、跨文化交往的跨文化解释学研究

在当今世界全球化进程中，既不应造成文明单一化与文化同质化，要维护文明与文化的多样性；又应开展不同文明的对话，增进相互理解，消弭隔阂，化解对抗，共同进步，反对"文明冲突"，实现一种基于文明多样性与同一性的人性化的全球化。合理的文明交往及其表现的跨文化交往正是达到这一崇高目的的重要渠道。为此，就需要建立一种跨文化的解释学，来说明、确立跨文化交往的一些基本哲学范畴，使其运行在合理的轨道上。

西方思想史中有长期的解释学传统，内涵不同的流派与学说。当代德国哲学家伽达默尔（Hans – Georg Gadamer）的哲学解释学已将人的理解和解释抬高到人之存在的本体论高度，有许多深刻的论说，可用作参考，但它也有其局限性。跨文化解释学可在三点上超越它。第一，伽达默尔的哲学解释学主要着眼于研究各种文化传统自身中的理解与解释，以及单一传统自身进化的"效果史"；跨文化解释学则以跨越单一文化传统界限的理解和解释为目标，研究不同文化传统之间的跨文化理解和解释，并阐明不同文化传统在互相交往中的共同进化，更具有复杂性。第二，伽达默尔的哲学解释学在对人的理解与解释活动作历时性考察中，论及文本和语境、成见与传统的关系；跨文化解释学则要多边地研究不同文明与文化中不同文本和语境、成见与传统的互动关系，并且更要探究不同文化语境与传统背后不同的深层文明历史结构，并阐明它们更为复杂的互动关系。第三，伽达默尔的哲学解释学立足于一种人的存在的本体论，有其哲学根据的单一性；跨文化解释学则容许哲学根据的多元性，容许不同的哲学理论，如戴维森（Donald Herbert Davidson）的后分析哲学中的语言本体论和中国传统哲学中的古典诠释学，来探讨跨文化活动的基本范畴，不强求绝对划一的哲学阐释，而是力求不同哲学理论在基本目标即不同文明共同进步上彼此借鉴、互通有无、获得一种异中有同的"重叠共识"。就此而言，中国的传统哲学也可在跨文化解释学研究中发挥积极作用。例如，中国古代思想家孔子有名言曰"和而不同"。这可解释为尊重文明与文化的差异性、多样性，通过跨文化交往，互相沟通，达到和谐共处，实现人类的共同利益、共同价值。这也表明，文明与文化既有多样性，也有同一性，这同一性是寓于多样性中的动态的同一性，指在不同文明与文化传统的合理交往中实现互补性和共同进步。

跨文化解释学要研究跨文化交往的一系列范畴，最重要的有三个。

一是文明交往与跨文化交往的主体间性。自胡塞尔以来，当代一些哲学流派重视研究主体间性，各有不同论说。对文明交往中跨文化活动之交往主体之间的关系，应更有具体探究。这里体现的主体交往的原则应适用于处理

不同文明模式和文化类型之间的关系，应是自由、双向、平等的互为作用关系，能实现符合交往理性的话语平等。这种主体间性还应具有多样性、开放性、互动性、辩证依存与转化的统一性。

二是跨文化的理解与解释。文明交往中合理的跨文化交往应是双向的，以跨文化的"文本"间的相互理解为基础，就是说，"本文化"和"异文化"作为"自我"和"他者"，在跨文化交往中相互意识到对方是陌异的"他者"，并且超越"自我"、进入"他者"，在陌异性中反观自身的文化，在"自我"和"他者"的对照中互为映现自身，在"本文化"和"异文化"的相互理解中，它们各自也会升华出新的"自我"解释，各有创新见识。跨文化理解也是"本文化"和"异文化"两种动态的文化传统的相互理解。伽达默尔的哲学解释学主张，作为历史所保存的成见总汇的传统，是人的理解活动的前提，人又以创造性的理解和解释参与传统的进化，使其获得新的意义。我们可以引申、发挥这一观点，用来解释"本文化"和"异文化"两种传统在相互理解中达成视野的融合，在跨文化交往中促成各自文化传统的进化。在这种辩证的跨文化理解与解释中，还会生成某种"重叠共识"，那是一种内涵差异的共识，是异中之同，是寓于差异性的动态的同一性。"本文化"和"异文化"在相互理解中都会超越自身，获得新知甚至创新的知识，相互促成文化的创新与文明的共同进步。

三是跨文化性（或曰文化间性）。这是跨文化理解的本质属性与文化间交互作用的功能，也是跨文化交往的结果。跨文化性是复杂、多样的。文明交往中的跨文化交往交织着"本文化"和"异文化"的复杂的"同"、"异"关系，表现为"互补"、"对称"或"不协调"、"不对称"等形式。而总体说，它有两类："本文化"和"异文化"缺乏沟通、很不协调与对称，那是消极的跨文化性，就易导致冲突。积极的跨文化性则指"本文化"和"异文化"互动、互渗中发生"中介"功能，类似儒家的"中庸"黄金法则，也指两种文化在"合作性的自我解释"和"相互构建过程"中形成"重叠共识"，实现文化多样性中的同一性。当今世界在处理各种全球性重大问题中，非常需要这种通过协商性的跨文化交往而达成的"重叠共识"。"求同存异"、和而不同，就是合理、积极的跨文化性的合理表现，是跨文化交往的真正目的，就是实现多样文明中的同一性，促进不同文明和谐相处、共同进步。

三、跨文化交往伦理学规范、维护和平合理、包容互补的文明交往

文明交往中的跨文化活动作为一种特定的行为需要伦理规范，跨文化交

往伦理学也应是跨文化哲学的有机组成部分，尚有待作开拓性研究。这里，跨文化态度是关键范畴，它指人在跨文化交往的实践活动中，对处理本、异文化之间关系的态度。合理的跨文化态度应遵循跨文化交往的伦理原则，使跨文化交往顺畅而有成效。在全球化与多元文化挑战的背景中，采取合理的跨文化态度特别重要，也特别需深入研究跨文化交往的国际伦理。

文明交往中的跨文化交往伦理也涉及经济、政治、文化、社会等多个领域，它们有各自的跨文化交往伦理原则，如互利共赢、跨文化的利益相关者原则就是跨文化经济交往伦理的准则。但总体说，有三条基本的跨文化交往伦理原则应确认，适用于各领域。

一是互相尊重。我们当今生活在全球化的交往社会和彼此密切关联的交往语境中，同时也处于多样化的文化与发展态势中，生活于不同的文化传统之中。互相尊重民族文化传统应是合理的跨文化交往的首要前提。多样性的文化是平等的，跨文化交往也应是双向、平等的，无论大国或小国，都应互相尊重各自的文化传统，确认它们在维护各自民族文化同一性中的重要作用。互相尊重才能有跨文化的互相理解，才能使世界不同文明和平共存而非冲突，对话而非对抗，和谐交往而非隔绝排斥，真正实现"和而不同"这种跨文化性。

二是互相宽容与包容。本着尊重异文化的心态，合理的跨文化交往还需要对异文化持宽容态度。宽容是跨文化性的原初要求、组成部分，也是一种交往的美德，体现积极的跨文化性。它指相互承认、容纳差异性，宽容"他者"，便是宽容"自我"。同时也指不强加"他者"所不能接受的成分。这就是孔子所说的"己所不欲，忽施于人"这条黄金规则。互相宽容而非互相排绝，才有互相理解与交往的根据，才有不同文化与文明健康、平等的对话，而非对抗与冲突。同时包容又意味不同文化与文明在合理的跨文化交往中互相理解、吸收、包纳"他者"之长处。

三是互相合作。这种合作，不仅指交往行为互相协调、配合，更指本文化和异文化能动、和谐的互动互渗，两种视野的融汇，互相学习、互相借鉴，各自吸取对方的有益思想成分，来充实、发展自身的文化，促成不同文明的共同进步。当然，这种吸纳异文化不是机械的移植与嫁接，否则会造成本文化的僵化与断裂。它应是各自将对方文化中合理、有益的因素纳入自身的语境，予以调适、升华，使之有助于各自文化的共同发展与创新，真正实现积极的跨文化性和多样世界文明的同一性。

跨文化交往伦理实质上又是一种体现上述交往伦理基本原则的对话伦理。它要求"本文化"和"异文化"在平等基础上开展对话，互相增进理解，并通过理性的论证，互相吸收对方的合理文明成果。这种对话方式的辩证交往，旨在既确认世界文化的多样性，又达成某种重叠共识，以至"本文化"和"异文化"在融会中各自都实现文化创新。这就是实现积极的跨文化性。这种跨文化交往的对话伦理，也是一种推进和平文化的国际和平伦理。它强调世界不同文明应通过跨文化对话进行和平的交往，增进互相理解与合作，并通过对话式的理性论证与协商而非所谓文明冲突，获求重叠共识，来解决某些分歧、摩擦与矛盾，达到互利共赢。这种对话伦理的根本宗旨，就是世界的和平与发展，所以它是实现世界不同文明共同和谐进步的重要途径。

在全球化的语境中，当今世界面对多元文化与多样文明的挑战。我们应本着合理的跨文化态度，秉持上述跨文化交往的基本伦理原则，倡导多样文明的相互理解与交往，努力实现积极的跨文化性，来化解某些局部的文明冲突，促进世界不同文明的共同进步。面对当今纷繁复杂的世界，我们应该更加重视和谐，强调和谐，促进和谐。建设和谐社会，建设一个持久和平、共同繁荣的和谐世界，这是世界各国人民的共同愿望，也是人类社会发展的必然要求。建立和谐世界，必须致力于在合理的跨文化交往中实现不同文明和谐进步。应该维护世界多样性和发展模式多样化，承认各国文化传统、社会制度、价值观念和发展道路的差异，坚持平等对话和交流，倡导和平合理、包容互补的文明交往观，使不同文明互相借鉴、取长补短，在求同存异中共同发展，共同推进人类和平与发展的崇高事业。

作者简介

姚介厚，1940 年生，中国社会科学院荣誉学部委员，哲学研究所研究员。代表作有《当代美国哲学》《古代希腊与罗马哲学》（多卷本《西方哲学史》第 2 卷）和《西欧文明》《国外文明理论研究》等。

要高度重视先进军事文化建设

赵国钧

中将，海军东海舰队原司令员

【内容提要】 大力加强先进军事文化建设，是推动军队现代化建设的强大的精神动力和可靠的政治保证，正确把握军事文化本质内涵和基本原则，直接影响国防和军队建设质量，关乎未来战争成败。加强先进军事文化建设是我党我军的优良传统，是我军现代化建设的重要任务，是培育军人核心价值观的必然要求，同时也是提升部队战斗力的重要助推器。先进军事文化建设要与时俱进不断创新，要坚持科学理论武装、坚持党的绝对领导、坚持高品位高格调，要面向基层服务部队，不断满足广大官兵日益增长的文化需求，要在继承中创新，大力推动军事文化大发展大繁荣。

【关键词】 军事文化　重要性　与时俱进　开拓创新

任何一种文化形式一定与人们的生存环境、生存结构密切相关，它是思想和政治在观念形态上的反映。军队、军人作为一个特殊群体，自然就形成有自身特点的军事文化。军事文化是一支军队的精神和灵魂，是增强军队凝聚力、战斗力的重要源泉，也是一支军队成长壮大的重要支撑。积极适应社会主义文化大发展大繁荣的新形势，大力加强先进军事文化建设，为推动军队现代化建设提供强大的精神动力和可靠的政治保证，是一项十分现实而紧迫的课题。

一、准确把握先进军事文化的本质内涵和基本原则

军事文化是一国文化的重要组成部分，直接影响国防和军队建设质量，关乎未来战争成败。新形势下加强先进军事文化建设，必须深刻理解和正确把握先进军事文化的本质内涵和基本原则。

一要理解基本含义。先进军事文化，简单说，就是指军事人文、军事制度和军事科技的先进水平，反映军事实践客观规律，并能够服务进步阶级和人民群众根本利益的文明成果。中国特色先进军事文化则是反映中国武备、军队、军人发展和现代战争特点规律，由军事理论、军事艺术、军事科技、军事制度、军事教育和一切含有文化要素的军事装备、国防设施等以及军人特有的心理情感、思想道德和文化素质所构成的复合体。它是立足于当代军队现代化建设的伟大实践，在研究新情况和解决新问题的过程中，在充分吸收以往及外来的军事文化成果的基础上，创造出来符合时代特点和军队建设需要的新文化，是为军事文明的进步提供强有力的思想保证、精神动力和智力支持的强大的、生机勃勃的文化。

二要把握基本特征。概括起来，先进军事文化的基本特征主要有"五性"。一是政治性。军事从来都是与政治联系在一起的，军事文化作为军人理想信念、价值观等的集中体现，更鲜明、直接地体现军队性质和政治本质。我军是党绝对领导下的执行革命政治任务的武装集团，这就决定了我军文化建设必须以党的旗帜为旗帜，以党的方向为方向，充分体现党的意志。二是

民族性。文化是多样的，不同的民族有不同的文化。文化往往越是民族的，就越是世界的；越是乡土的，就越具有独特魅力。军事文化饱含着不同民族的文化基因，反映不同民族的精神风貌，特别是不同民族的战斗特质，只有具有民族性，反映民族性，才具有特色性，才会五彩缤纷、流光溢彩。三是时代性。每一个时代都会产生反映这个时代特色的军事文化。要想保持军事文化的活力，赋予其强大的发展潜力，必须与时俱进，紧贴实际发展，不断吸收时代新元素、新思想，体现出鲜明的时代精神，推崇英雄。四是战斗性。战斗性是军事文化区别于其他文化的显著特征。弘扬"一不怕苦、二不怕死"的革命精神，始终是军事文化建设的主题。先进军事文化建设必须具有浓郁的"军味"，体现出鲜明的铁军风格。五是群众性。军事文化建设植根于军事实践活动，其主体是广大官兵，某种意义上讲也可以叫做"兵的文化"。军事文化建设要针对官兵思想基础、岗位任务不同，精神文化需求多样化、多层次的特点，尊重差异、包容多样，高低兼顾、雅俗共赏。

三要坚持基本原则。我军军事文化是马克思主义的军事文化，具有不可替代的先进性。新形势下加强先进军事文化建设，影响因素多、涉及面广，必须遵循正确的原则。一是科学理论指导。文化的指导思想和理论作为文化的灵魂，决定着文化的性质和方向。文化的先进性根本在于其指导思想和理论的先进性和科学性。坚持用马克思主义理论及其最新成果牢固占领军事文化阵地，是我军保持人民军队性质的根本保证，也是军事文化建设健康发展的首要前提。二是把握正确导向。优秀文化对社会发展方向起主导作用，具有先进性。失去了先进性，文化发展就会变质。军队的一切文化阵地，一切精神文化产品，都要始终坚持正确导向，唱响主旋律，宣传科学真理，传播先进文化，真正用科学的理论武装官兵，用先进的价值观引领官兵。三是坚持以人为本。先进军事文化建设是一个宏大的系统工程，根本目的和方向是为了官兵、依靠官兵和惠及官兵。只有为了官兵，才能发挥好军事文化的主体功能，始终坚持为打赢服务、为提高官兵素质服务、为增添部队欢乐服务。只有依靠官兵，才能充分激发官兵的创造潜能，使军事文化建设始终保持旺盛的生机和活力。只有惠及官兵，才能保障好官兵的文化权益，真正享受到军事文化建设发展的各项成果。四是继承创新相统一。任何先进文化都是对以往文明成果在批判基础上的继承、发展和创新。优秀传统文化，负载着千年历史，传承着民族精神，凝聚着群众智慧，是建设先进军事文化的基石。发展中国先进军事文化，必须坚持继承与创新、借鉴与批判相统一的方针，用批判和宽容精神对待古今中外各种军事文化，用与时俱进的精神推进中国先进军事文化的创新和发展。

二、充分认清加强先进军事文化建设的重要性

军事文化建设是制约和影响军事活动的重要因素，越是先进的军事文化，越能增强部队的凝聚力和战斗力。在科学技术日新月异、知识社会加速形成、军事变革突飞猛进的大背景下，积极推进中国特色先进军事文化创新发展，具有十分重要的意义。

加强先进军事文化建设是我党我军的优良传统。一个民族的兴盛，离不开文化的繁荣；一支军队的强大，缺不了文化的支撑。我军的发展史是一部事业的辉煌史，也是一部军事文化的创造和建设史。纵观我军发展历程，我军始终坚持以科学的理论为指导，立足战争和建设的实际，创造出了灿烂的先进军事文化。在83年的发展过程中，我军历代领导人充分认识到了军事文化的战略意义，始终将军事文化建设作为重大工程纳入到部队的全面建设中去，为军队的发展奠定了基础。在领导中国革命和军队建设的过程中，毛泽东深刻地认识到："我们的工作首先是战争，其次是生产，其次是文化。没有文化的军队是愚蠢的军队，而愚蠢的军队是不能战胜敌人的。"邓小平在新的历史条件下，把当代中国先进军事文化发展到一个新的阶段。他根据各国军队现代化的实践，继承和发展了马克思主义关于"科学技术是生产力"的观点，进一步提出了"科学技术是第一生产力"的论断，认为必须走"科技强军"的道路，使中国国防建设尽快赶上时代的步伐。江泽民强调："知识作为一种重要的军事要素，在军队建设和军事斗争中的作用越来越突出。未来的信息化战争，从某种意义上说，就是知识的较量。"胡锦涛则明确提出了要构建革命军人核心价值观，创新发展中国特色先进军事文化。在领袖们正确思想指引下，我军培育和发扬了体现着先进文化的革命精神，如井冈山精神、长征精神、延安精神、上甘岭精神、雷锋精神、"两弹一星"精神、西沙精神、抗洪精神、载人航天精神和抗震救灾精神等等，以及"听党指挥、服务人民、英勇善战"的优良传统。所有这些，都已经成为全国人民的宝贵精神财富，成为国家文化软实力建设中最为闪光的核心内容。实践证明，先进的精神文化铸就了人民军队的"魂"，保证了人民军队建设发展的革命化；先进的制度文化规范着人民军队的"行"，保证了人民军队建设发展的正规化；先进的物质文化强健了人民军队的"身"，保证了人民军队建设发展的现代化，使我军由弱到强、由小变大，逐步发展成为一支举世闻名的雄师劲旅。

加强先进军事文化建设是我军现代化建设的重要任务。文化影响观念，观念决定思路。军事文化凝聚着对这支部队的认知和现实感受，积淀着这支军队最深层次的精神追求和行为准则。我军现代化建设越是要加快发展，越

需要先进军事文化的推动；越是要推进转型，越需要先进军事文化的引领；越是要实现跨越，越需要先进军事文化的支撑。实践证明，一个单位文化底蕴越厚重，部队建设发展就越有潜力；领导文化理念越先进，部队建设发展就越科学；官兵文化素养越高，部队建设发展就越有生机。从我军现代化建设的目标任务来看，有效履行新世纪新阶段"三个提供、一个发挥"的历史使命，实现建设信息化军队、打赢信息化战争的目标，决定了军事文化建设必须紧贴部队中心任务，反映人民军队的性质和宗旨，始终把培养"四有"军人和造就一大批高素质新型军事人才作为根本目标，坚持用党的创新理论武装人、用优秀的文艺作品鼓舞人、用浓郁的军营文化熏陶人、用丰富的科学文化培育人、用先进的时代典型激励人，为"打得赢、不变质"提供政治保证、精神动力和智力支持。从我军现代化建设的伟大实践来看，随着我军使命任务的拓展，部队多样化任务日益繁重，武器装备更新速度不断加快，信息化程度越来越高，对军事理论建设、装备技术建设、保障能力建设和作风纪律建设提出了前所未有的要求，迫切需要用创新先进军事文化来推动军队的革命化、现代化、正规化。从我军现代化建设所处的时代来看，在更加开放的环境下、在社会主义市场经济逐步完善的过程中，先进文化与落后文化、健康文化与腐朽文化长期并存。一方面，西方敌对势力对我进行"西化"、"分化"的战略图谋从未改变，从意识形态领域拉拢、腐蚀我军官兵的企图从未放弃。尤其是某超级大国，依仗其文化强势，把他们的自由、民主、人权等冠以"普世价值"，通过电影、电视、网络游戏等文化产品对我进行文化渗透，其欺骗性和渐进性往往令人难以防范。另一方面，国内思想文化也表现出转型时期的过渡性特点，在马克思主义占据主导的同时，人们思想活动的独立性、选择性、差异性明显增强，社会思潮复杂多元、思想观念新旧碰撞，社会分配不公、腐败现象等冲击影响着人们的价值判断、道德情操。这些，都不可避免地会渗透反映到军营中来，加强先进军事文化建设更显得刻不容缓。

　　加强先进军事文化建设是培育军人核心价值观的必然要求。一般来讲，文化与价值观是有机统一的。首先，一定的文化是一定的价值观的土壤和基础。价值观只能在一定的文化中孕育、生成和流变，离开了一定文化的价值观，是无源之水、无本之木。其次，一定的价值观又是一定文化的灵魂。文化的核心是价值观，文化的不同根源于文化所包涵的价值观不同，离开一定的价值观的文化，是没有灵魂的文化，也就无所谓文化了。再次，价值观本身也是一种文化。它既是文化积蓄、再生、扬弃过程的一部分，又需要通过解读其文化才能把握。先进军事文化与军人核心价值观也是不可分割的内在统一体。先进军事文化彰显我军的政治属性，蕴含着忠诚使命的价值取向、尚武精业的事业追求、志在打赢的豪迈气概和争创一流的工作标准，是广大官兵精神风貌的时代展现，是当代革命军人核心价值观的最好诠释。"忠诚于党，热爱人民，报效国家，献身使命，崇尚荣誉"军人的核心价值观，植根于中国特色先进文化沃土之中，反映了我军官兵与党、人民、国家的关系最基本最核心的价值观念，是我军军事文化的内核与灵魂。先进军事文化对培育军人核心价值观还起着十分重要的作用。军人核心价值观只有转化为文化构成要素时，才能产生无形但却强而有力的影响，才能呈现出吸引力、亲和力和渗透力，才能更加具有长效性、实效性。因此，培育军人核心价值观，需要利用各种文化资源、各种文化形态、各种文化手段，把核心价值观内化为坚定的信仰，外化为自觉的行为。而发挥先进军事文化在培育军人核心价值观中的作用，本质上就是在用文化、用熟悉的文化、用自身塑造的先进文化来教育自己、熏陶自己、塑造自己。这无疑会更加贴近广大官兵的工作实际、思想实际和生活实际，也更容易被官兵接受认同并内化生根。

加强先进军事文化建设是提升部队战斗力的重要助推器。军事文化从某种意义上讲，也可以叫战争文化，或叫军营文化，它往往反映惨烈的战争场面，反映火热的军营生活，反映官兵斗智斗勇，反映战士的喜怒哀乐；它用足智多谋的军人智慧引人入胜，它用战士的坚忍不拔、阳刚之气感染着每一名读者和观众，它用部队的严格纪律、顽强作风、敬业精神影响着整个社会。因此，军事文化不只属于军队，不只属于军营，而是属于整个社会，甚至属于全世界。普通百姓中军事文化的"粉丝"就相当多。军事文化对于培养官兵的浩然正气、英雄豪气、昂扬士气，培育战斗精神，都有着其他建设无法替代的作用。它鲜明的政治性影响着战斗力的方向，是坚定官兵理想信念、凝聚部队意志力量的思想根基；影响着战斗力的形成，是促进人与武器最佳结合，有效发挥整体作战效能的重要因素；影响着战斗力的发展，是部队军事理论和军事指挥艺术进步的动力源泉。

当然，军事文化一定要姓"军"，它要体现军事、军营、军人，反映我军建设正义之师、文明之师、威武之师、和平之师的追求。而"战斗文化"一直是军事文化的主题。因为军队永远是个战斗队，军队是和战争共存的。由于方方面面的原因，我军长期以来面临的都是装备上优于我们的敌人，但由于有如毛主席为首的党中央的英明领导，有灵活机动的战略战术，有广大官兵为正义而战视死如归的战斗精神，涌现出无数惊天地、泣鬼神的英雄事迹和战斗史诗，这些是我军无比宝贵的精神财富，它的传颂激励了一代又一代后来人前仆后继，为人类的进步事业顽强奋斗。战争年代战斗精神在实践当中筑就，但现在长期处于一种相对和平的环境，官兵已习惯了和平生活，自然而然战争意识有所淡化、战斗意志有所懈怠。随着物质条件不断改善，部分官兵吃苦耐劳、艰苦奋斗精神有所遗忘。随着改革开放的深入，西方各种错误思潮的影响，个别官兵人生观、价值观发生扭曲，个人主义畸形发展，往往注重自我价值的实现，牺牲奉献精神有所弱化。如此等等，给新时期我军军事文化建设提出了许多新的课题。

一是要解决"为谁当兵，为谁打仗"的问题。这是军队建设的根本问题，也是先进军事文化建设必须着力解决的根本问题。当前，我们要从有效履行我军历史使命的高度，开辟有效的文化渠道，营造浓厚的文化氛围，寓教于乐，感染熏陶，坚定广大官兵报效党、报效祖国、报效人民、报效社会主义的信念，永远听党话、跟党走、不变质。

二是要解决"当什么样的兵，打什么样的仗"的问题。军人历来崇尚英雄，崇尚牺牲精神，崇尚第一。当兵就要争当排头兵，有勇有谋，不怕苦，不怕累，不怕死，勇于冲锋陷阵，敢于赴汤蹈火，但又要灵活机动，随机应变，争取主动。人才是建军之本，今后的战争是高技术条件下的信息化战争，军事文化就是要推进打造能掌握并熟练运用当代高新技术的人才。

三是要解决"怎么当兵，怎么打仗"的问题。文化有很强的说服诱导功能。军事文化很重要的一个任务，就是宣扬英雄、宣传模范，给广大官兵的行为树立样板，发挥好"随风潜入夜，润物细无声"的作用，在潜移默化中，感受理解英模的人生观、价值观和行为规范，进而模仿追随英模的脚步，造就一个又一个英模辈出的群体。军队的主要职能是捍卫国家的主权和领土完整，这是任何一个国家的核心利益。今后的战争就是反侵略战争、反分裂祖国的战争。军事文化一定要高扬爱国主义旗帜，爱国就是一种信仰、一种追求、也是一股强大的力量，如果没有爱国主义，这支军队就失去了存在意义。

三、先进军事文化建设要与时俱进不断创新

创新是文化发展的灵魂。军事文化要保持其先进性，发挥其功能作用，必须在保留传统文化精华的同时，与时俱进，推陈出新，拓展新领域，丰富新内容，采取新形式，运用新机制，始终跟上时代发展的潮流。

一要弘扬主旋律，确保先进军事文化建设的正确方向。我们正处在一个思想大活跃、观念大碰撞、文化大交融的时代，传统文化与现代文化、东方文化与西方文化、本土文化与外来文化互相竞争。加强先进军事文化建设，只有弘扬主旋律，巩固和发展积极向上的主流意识形态，与时代同步，与使命合拍，与官兵共鸣，才能踏准时代前进的鼓点，回应时代风云的激荡，奏

响时代最强音，才能更具思想力、感染力和感召力，才能为打得赢、不变质提供强有力的政治保证、精神动力和智力支持。

坚持科学理论武装。科学理论不仅是我们认识世界、改造思想、指导工作的强大武器，也是先进军事文化建设的理论依据。这就要求，必须高举中国特色社会主义伟大旗帜，始终贯彻理论武装这条主线，用科学理论引导官兵有效应对"西化"、"分化"的挑战，用党的创新理论武装头脑、指导实践、推动工作；以官兵喜闻乐见的形式和方法，宣传党的创新理论、建连育人的最新成果，充分反映"科学发展观指引我成长"等行之有效的实践活动，不断增强广大官兵举旗铸魂的坚定性。

坚持党的绝对领导。我们的军队是党绝对领导下的人民军队，军队的每一项建设，都要绝对服从党的领导。只有在党的领导下，军事文化建设才能充分体现无产阶级世界观，经受住政治风浪考验；才能在复杂形势面前，引导官兵理论上更加清醒，政治上更加坚定，行动上更加自觉。因此，发展我军先进军事文化，必须着眼党对军队绝对领导地位的不断巩固，着眼党的理论武装工作的不断深入，采取多种形式，传播党的理论，颂扬党的成就，维护党的形象，引导官兵高举旗帜、听党指挥，自觉抵制所谓"党、军分离"的奇谈怪论。

坚持高品位高格调。应当大力宣传党的基本理论、基本路线、基本纲领和基本经验，大力弘扬社会主义、爱国主义、集体主义精神和我党我军的优良传统，大力倡导有利于国家富强、社会进步、民族团结、人民幸福、军队强大、军人全面发展的思想和精神，大力培育官兵的科学文化素养和战斗精神。应当用先进的文化理念引导官兵追求积极向上的文化生活，用科学的价值判断引导官兵正确对待日益多样化的文化产品，坚决抵制腐朽文化，严禁有政治错误和宣扬封建迷信、色情淫秽、腐朽生活方式的精神垃圾流入军营，努力用先进文化战胜各种腐朽的、颓废的、落后的思想文化，保持官兵的政治坚定和思想道德纯洁。

二要面向基层服务部队，不断满足广大官兵日益增长的文化需求。军事文化建设的一个重要目标和方向，就是要贯彻以人为本要求，围绕中心、面向基层、服务部队，不断满足官兵日益增长的文化需求。

跟上官兵思想行为变化。先进军事文化建设需要因地制宜、因人制宜、顺势而为。条件变了，环境变了，对象变了，文化建设的内容形式也要进行相应的变化。在红军时期，我军的主体以半文盲的农民、工人为主，办个识字班就是上"大学"，玩个老鹰抓小鸡就是很有趣的游戏，但那时也有经典传世的音乐和美术作品。目前，部队士兵的主体是应届高中毕业生，还有一些大学生，军官的主体是大专以上的毕业生。我军官兵文化素质的提高，社会对军事文化的崇尚，更加呼唤军事文化的创新发展。针对社会生活的多样化影响到官兵精神文化需求的多样化，军事文化也要实现多层次、多领域、多样化，也要生动活泼、不拘一格、五彩缤纷。

满足官兵精神文化需求。随着我国经济和文化事业的发展，随着部队物质生活的不断改善，官兵对精神文化方面的需求越来越强烈，要求也越来越高。军事文化必须适应官兵精神文化需求，加强文化经费投入，维护官兵的文化权益，为基层文化建设提供有力保障；发挥军事文化的娱乐功能，把更多的好歌、好戏奉献给基层官兵，把更多的艺术享受带给部队；突出军事文化的群众化、经常化，倡导"兵演兵、兵说兵、兵唱兵、兵写兵"；统筹好"雅"与"俗"的关系，既坚持审美的高层次、思想的高品位、文化科技的高含量，又注意大众化、通俗化、普惠化，最大限度地满足官兵多层次的文化需求。

促进官兵全面发展。先进文化的功能，关键在以文化人、以文育人。胡锦涛强调文化建设要"努力宣扬科学真理、传播先进文化、塑造美好心灵、弘扬社会正气、倡导科学精神"，其核心也在于化人、育人。先进军事文化建设的主要目标，就是让部队真正变成一所大学校、大熔炉，把官兵培养成适应未来信息化战争需要的高素质新型军事人才，培养成国家现代化建设的有用人才。官兵内在需要的满足，内在积极性的调动，意志品质的塑造，离不开学习和训练，离不开教育内化和纪律约束，同时也离不开一定的文化方式、文化内容、文化载体。应当积极开展文艺体育、健身益智等活动，培养官兵的道德情操，提高官兵的能力素质；把军事文化建设与建设学习型党组织结合起来，积极探索文化工作与学习成才活动相结合的有效途径，努力促进官兵成长成才。

三要在继承中创新，大力推动军事文化大发展大繁荣。现实是历史的延续，不讲继承，创新就失去了前提和基础；不讲创新，只讲继承，传统就会失去生机和活力。先进军事文化建设必须正确处理创新与继承的关系，在继承中创新，在创新中发展。

继承优秀传统。优秀的中国传统文化，凝聚着中华民族几千年的创造与智慧，是推进军事文化创新发展的深厚根基。传统的军事文化，是在血与火的洗礼中产生、丰富、发展起来的，是中华文化百花园中一朵绚丽多彩的奇葩，它之所以能延续到今天，说明它深深植根在这片土壤上，有其旺盛的生命力。发展我军先进的军事文化，应当贯彻"古为今用"的方针原则，从中华民族优秀文化传统和我军优良传统中汲取营养，并加以发扬光大，使之真正成为培育和提升部队战斗精神的不竭动力和力量之源，成为信息化条件下部队战斗力生成和提高的"倍增器"。

大胆创新发展。实践无止境，创新就无止境。先进军事文化建设是在当今世界和中国都发生了深刻变化的背景下进行的，新情况要有新思路，新问题要有新举措，军事文化内容、形式、方法、机制上都要创新。应当突破老观念、老框框，加大内容创新力度，不断创造出更多反映官兵主体地位和现实生活、满足官兵文化需求的优秀精神文化产品，给官兵带来思想上的启迪、身心上的愉悦、审美上的享受。大胆探索高科技成果在先进军事文化建设中的运用，充分发挥广播、电视、网络等现代传媒的作用，着眼青年官兵精神文化需求特点，开展喜闻乐见的文化活动，不断增强先进军事文化实效。

打造特色品牌。特色就是生命力。军事文化建设只有赋予其时代特征、军营特色、部队特点，才能增强艺术性和感染力，呈现出多姿多彩的生动局面。比如，近几年，东海舰队就打造了"机场文化"、"甲板文化"、"海岛文化"、"龙宫文化"、"前沿文化"、"海防文化"、"战史文化"等特色文化品牌。这些文化品牌，充满着"军味、兵味、战味"，浓缩和集中体现了舰队部队先进文化的精髓，凝练了自己的特色文化内涵，充分展示了特色军事文化的魅力。各部队也可以结合自身实际，根据历史传统、驻地环境和担负任务等特点，探索创造具有战斗风格和自身特色的军营文化新品牌。

作者简介

赵国钧，1943年生，中将、全国政协特邀委员、南京军区原副司令员、海军东海舰队原司令员。

太湖文化论坛
WORLD CULTURAL FORUM
TAIHU · CHINA

第二章

中华文明与世界文明

东学西渐的一个有趣环节

陈众议

中国社会科学院外国文学研究所所长

【内容提要】中世纪末叶，西方宗教政治的高压态势一定程度上是在文艺界的调笑中被慢慢消解的。开始是东学西渐，阿拉伯人经由伊比利亚半岛将相对轻松、奇崛的东方文学翻译成拉丁文。在众多作品中，数夸张的《天方夜谭》和幽默的《卡里来和笛木乃》影响最大。于是，巨人、阿里巴巴和两个人做梦的故事不胫而走；狡猾的笛木乃、聪敏和愚钝的动物以及农夫和农妇的逗笑故事广为流传，并如一股清风吹动了相对静滞的西方文坛。但之后出现的狂欢却是宗教僧侣们始料未及（即使想见也难以阻止）的。萨凯蒂（尤其是赫拉尔多夫妇的故事）显然受到了《卡里来和笛木乃》的影响。15世纪，普尔契和博亚尔多也以玩笑的态度对待之前的文学或文学人物。前者为奥兰多的故事添加了不少民间笑料，后者则索性让奥兰多这么一位身经百战的人坠入情网后变成了笨拙害羞、被安赫丽卡玩弄于股掌之间的傻瓜。这种调笑在阿里奥斯托和拉伯雷的笔下演化为"戏说"与"大话"，而在曼里克等人的喜剧中则已然发展为"恶搞"。这种比严格意义上的讽刺更为随意，但也更有感染力的调笑与文艺复兴早期蓬勃兴起的喜剧化合成一股强大的文化力量，将相对僵硬的中世纪慢慢解构、熔化。

【关键词】东学西渐　阿拉伯文学　调笑　反讽

骑士罗兰（奥兰多）因迷恋安赫丽卡而发疯。都说描写他发疯的过程和心理变化是阿里奥斯托最出彩的地方，因为作者借此嘲笑离奇的冒险，歌颂爱情和忠贞、勇敢的精神，并由此体现出人文主义思想。

几乎是在同一时期，巨人卡冈都亚降生了，他呱呱坠地就能喝掉上千头奶牛的乳汁，以至于在摇篮里就迫不及待地将一头奶牛吞入腹中。而这一直被认为是拉伯雷人文主义的表征：从另一个角度表现了人的精神（也借以巨人嘲笑巨神，或以巨人丑化巨神）。

诸如此类的解读当然无可厚非，但实际上更为重要的恰恰是诗人们的调笑。这种比严格意义上的讽刺更为随意，但也更有感染力的调笑与文艺复兴早期蓬勃兴起的喜剧化合成一股强大的文化力量，将相对僵硬的中世纪解构、熔化。

　　且说中世纪末叶，宗教政治的高压态势一定程度上正是在这样的调笑中被慢慢消解的。开始是东学西渐，尤其是东方文学的浸入悄悄撼动了西方文坛。人们对外来文化的敏感程度总是被低估的。阿拉伯人经由伊比利亚半岛将相对轻松、奇崛的东方文学翻译成拉丁文。在众多作品中，数夸张的《天方夜谭》和幽默的《卡里来和笛木乃》影响最大。于是，巨人、阿里巴巴和两个人做梦的故事不胫而走；狡猾的笛木乃、聪敏和愚钝的动物以及农夫和农妇的逗笑故事广为流传。这并不奇怪，好奇一直是人类的重要品性，而消遣又何啻文艺的功能之一。放眼望去，消遣就几乎成了当今中国文艺的主要功用。所谓物极必反，这显然是对过去文艺政治化的一种反驳，但同时也是文化相互交流的一个必然结果，其矫枉过正的态势则不能不说是文艺庸俗化的明证之一。

一

　　再说东方文学确实犹如一股清风，吹动了相对静滞的西方文坛。虽然学术界尚未达成共识，但西班牙和阿拉伯学者却一直认为，伊比利亚是文艺复兴运动的一个重要源头。首先，后者是东西方文化的重要结点。早在古罗马帝国时期，伊比利亚便是犹太人的主要聚居地之一；公元8世纪之后，西班牙又因为阿拉伯人的入侵而成为东西方文化的桥梁。其次，作为西方伊斯兰国家，前西班牙王国科尔多瓦等地早在中世纪中叶就开始大量译介古希腊罗马经典，是谓伊斯兰翻译运动。11世纪以降，卡斯蒂利亚王国又在智者阿方索等基督教新主的领导下重开翻译学校，并结集伊斯兰教徒和犹太学者参与古希腊罗马文献和阿拉伯经典著作的翻译工作，虽然所译多以医学、天文、数学等科技著作为主，但也有大量的哲学等人文科学著作，是谓新翻译运动。在此过程中，我国的四大发明相继由阿拉伯人和犹太人传入欧洲。西班牙则近水楼台先得月，并逐渐在光复战争获得主动权。由于阿尔丰索十世时期雕版印刷术在卡斯蒂利亚风行一时；之后（约14世纪末）又引入了木活字印刷，从而加速了文艺复兴的律动。然而，由于种种原因，东方译者的劳作大都被岁月的烟尘埋没了。许多作品必得等到近现代才真正进入人们的视阈。也许正因为如此，长期以来，阿尔丰索十世时期未被多数文史学家视做文艺复兴运动的开端。

　　从拉丁俗语文学的角度看，西班牙文学更是充满了东方文学基因。以现有史料看，最早的伊比利亚的阿拉伯文学作品可能生成于公元8世纪前后。

随着著名诗人、学者伊本·阿卜杜·拉比希的西行，伊比利亚很快衍生出了影响深远的彩诗。这些作品一方面用盎然的诗意描绘了安达卢西亚，使得东方的伊斯兰教徒心向往之；另一方面又通过对安达卢西亚传神的描绘，传播了富有地方色彩和充满谐趣的新阿拉伯诗韵。这一诗体在 12 世纪初叶达到高峰，并反过来影响了北非的阿拉伯文学。与此同时，伊本·古太白的《故事源泉》和伊本·阿卜杜·拉比的《罕世璎珞》于 9 世纪先后进入伊比利亚半岛。其中《故事源泉》记录了不少逗笑故事，如《向穆罕默德献蜜》、《戏盲人》、《鱼吃爸爸》等都是脍炙人口、充满谐趣的说笑。而《罕世璎珞》则在讲述奇闻轶事的过程中穿插了不少笑话。据说这也是奉了真主的旨意。先知穆罕默德就曾告诫他的追随者，要尽量保持幽默并让自己及周围的人感到快乐。也许正因为如此，在阿拔斯王朝时期，讲笑话逐渐演变为一大职业，不少人以此为生。笑话集锦、幽默故事、诙谐段子比比皆是。这显然十分不同于西方传统。换言之，较之于古代西方，东方人似乎更崇尚幽默、懂得幽默。在西方，不仅荷马和索福克勒斯没有幽默，就连维吉尔和但丁的作品中也找不到幽默的影子。虽说古希腊罗马不缺乏喜剧，但后者颇受道统的轻视。至少在亚里士多德主义者看来，悲剧表现崇高和美，而喜剧则表现畸形和丑。

二

从这个意义上说，幽默首先是东方传统，文艺复兴初期才逐渐于西方发散开来。然而，阿拉伯人在西班牙创作的文学作品及其影响一直未被纳入西班牙文学史，也没有得到应有的重视。但它们对西班牙文学的影响却有目共睹，无处不在。

此外，公元 8 至 10 世纪，入侵南欧的摩尔人在伍麦叶王子们的感召下，致力于把包括阿拉伯文学在内的东方经典翻译成拉丁语和之后的卡斯蒂利亚语。至于这幽默的传统何以越过西班牙并率先在意大利开花结果，则多半是由于西班牙当时并未完成"光复战争"，骑士作为一个社会群体也尚未完全退出历史舞台。反之，在意大利（其相当一部分城邦于 14 至 16 世纪先后进入西班牙的管辖范围），随着近代城邦及其早期工商业和市民文化的发展，世俗文化、意大利俗语等获得了良好的土壤和得天独厚的生长环境。但随之出现的狂欢却是宗教僧侣们始料未及（即使想见也难以阻止）的。萨凯蒂笔下的赫拉尔多老人古怪而可笑，70 高龄时居然心血来潮，从佛罗伦萨出发去邻近的一个村庄参加比武大会，结果被几个居心不良的家伙戏弄了一番（他们将一把铁兰草塞进其坐骑的尾巴，使那匹马突然狂奔起来还不时地弓背跳跃，直到回到佛罗伦萨才消停下来）。在所有人的哄笑声中，他妻子将这位被愚弄的老人接回家里，一边让他躺在床上给他治疗身上的挫伤，一边对他愚蠢的疯狂举动大加呵斥。这个故事显然受到了《卡里来和笛木乃》的影响。15 世纪，普尔契和博亚尔多也以玩笑的态度对待之前的文学或文学人物。前者为罗兰的故事添加了不少民间笑料，后者则索性让罗兰这么一位身经百战的人坠入情网后变成了笨拙害羞、被安赫丽卡玩弄于股掌之间的傻瓜。此后，阿里奥斯托继续对这位英雄进行嘲弄，使这位痴情人变得既自卑又可笑。作者还用夸张的喜剧手法描绘他如何因妒而癫。这种调笑在西班牙作家曼里克等人的喜剧中已然演化为恶搞。于是，约瑟变成了笑容可掬的老头儿，他甚至会说这样搞笑的话：

呵，不幸的老头！
命运是如此漆黑，
做玛利亚的丈夫，
被她糟践了名誉。
我看她已经怀孕，
却不知何时何如；
听说是圣灵所为，
而我却一无所知。

或者，无名诗人吟诵道：

修行生活
固然圣洁，
只因他们
皆系耆老。

类似调笑颇多。听众、读者在哈哈的笑声中被消解并消解了一切。

就这样，萨凯蒂、阿里奥斯托或曼里克、福伦戈和无数无名诗人的讥嘲嬉皮笑脸地在民间蔓延。15、16 世纪，南欧大小不等的各色剧院、剧场如雨后春笋，从而以燎原之势对教廷和宫廷文化形成了重重包围。

俗话说，"笑一笑，十年少"。生活不能没有笑，逗笑也确是西方近现代文艺的要素之一。但含泪的笑、高雅的笑往往并不多见，多数调笑大抵只为搞笑、指向低俗。比如卡冈都亚暴殄天物，用手指"梳头"、"洗脸"之后，便"拉屎、撒尿、清嗓门、打嗝、放屁、呵欠、吐痰、咳嗽、呜咽、打嚏、流鼻涕……"又比如庞大固埃在教会图书馆里看到的《法式裤裆考》、《神女卖笑》、《修女产子》、《童贞女之赝品》、《寡妇光臀写真》、《臀外科新手术》种种；再比如薄伽丘们或伊塔司铎们的性描写、性指涉。这些不是很让我们联想到当下充斥文坛艺坛的搞笑作品和下半身写作吗？

亚里士多德早就说过："索福克勒斯是与荷马同类的模仿艺术家，因为他们都模仿高贵者；而从另一个角度来看……喜剧模仿低劣的人；这些人不是无恶不作的歹徒——滑稽只是丑陋的一种表现。"这些丑陋从创作主体滑自己之稽、滑他者之稽，直抵滑天下之大稽。传统价值及崇高、庄严、典雅等等在大庭广众的嬉笑和狂欢中逐渐坍塌。

也许正是基于诸如此类的立场和观点，体现市民价值（或许还包括喜剧和悲剧兼容并包，甚至在悲剧中掺入笑料）的莎士比亚受到了老托尔斯泰的批判。如果不是因为他的悲剧作品，单凭喜剧他是无法高踞世界文学之巅的。然而，即使作为悲剧作家，据有关莎学家考证，莎士比亚居然也会借哈姆雷特们之口夹杂大量性指涉，以博观众一笑及一般市民的青睐；或许，其在当时的逗笑效果不亚于当下的许多小品、相声、电影、电视或二人转。

然而，群众喜闻乐见并不是衡量艺术高下的尺度。我敢说《花花公子》或 Penthouse 之类也许比那些大话、戏说、恶搞和调笑更有市场。只不过在后现代语境下，绝对的相对性取代了相对的绝对性。如是，人们言必称相对，言必称多元。殊不知这相对、多元和意识形态"淡化"或"人权高于主权"只不过是全球化狂欢的表象而已，隐藏其中的却是跨国资本主义的一元化，而互联网恰好是其意识形态赖以通行全球的重要媒介。根据马克思的学说，资本从地区垄断、国家垄断发展至国际垄断，而资本的国际化或全球化绝对不会局限于经济领域，它必然带有鲜明的文化染色。无论初衷如何，20 世纪后半叶纷至沓来的"后主义"和文化相对主义就大大契合了跨国资本主义的发展。随着诸多"后主义"的传播和文化相对主义的蔓延，一系列问题被模糊了，一系列关系被颠倒了。这其中就包括文艺标准、文艺原理的模糊和颠倒。

且不说全球化与本土化、"普世性"与民族性、经济建设和阶级斗争、世界革命和恐怖主义等重大问题有待重新认识，如何评价世界文学由上而下、由外而内、由宽到窄、由大到小、由强到弱的发展趋势和经典作家作品的背反精神无疑也是摆在我们面前的重要课题。这当然不是让文艺回到政治轨道的一种言说；相反，只有不成熟的民族、不成熟的文艺家才会热衷于非此即彼的排中律。

三

学者卡斯特罗认为，随着文艺复兴运动的兴起，一方面人们前所未有地强调理智和理想的力量，另一方面也前所未有地重视对身边现世价值的追求。两种倾向都在 15、16 世纪新兴的文学体裁中获得了新生。塞万提斯称西方第一部悲喜剧《塞莱斯蒂娜》是一本"神书"同时也是一本"人书",这种观点清晰地表达了上述情况①。英雄史诗以及描写骑士或者理想、爱情的作品站到了流浪汉文学以及滑稽喜剧等作品的对立面。

在卡斯特罗看来,15 世纪的意大利已经十分明确地认识到这两种艺术形式,在那里它们分别以费契诺的新柏拉图主义(如桑纳扎罗的《阿卡地亚》)和普尔契世俗精神(如其《摩尔干提》)为代表。两种观点应该有过交锋,于是便有了人文的、世俗的一方对神奇的、超然的另一方的猛烈攻击。那些理想的原型匆忙地借助喜剧顺坡而下,而这坡儿则是通过诸如流浪汉小说(以《小癞子》为开端)以及阿里奥斯托和他的追随者们的作品作铺垫的。伊拉斯谟看到了这一点。他带着恶意的喜悦在《疯狂颂》中说:"面对震撼了奥林匹斯山的人,众神之父、人类的君王不得不放下了他的权杖……当他想操练那项时常奏效的技能时,我是想说,当他想繁殖小朱庇特时,这个可怜的矮子像小丑那样戴上面具……我想,我的先生们,人类繁衍的工具是那样东西……那样东西,是那样东西,而非毕达哥拉斯派所说的数,那样东西才是万物的、生命的神圣源泉。"② 我们仿佛听到了面对奥林匹斯山倒塌的流浪汉式地哈哈大笑。人同此心。在这一点上,伊拉斯谟的思想影响了流浪汉小说和调笑文艺的兴起。反过来,《小癞子》中的几个故事远比伊拉斯谟的反宗教批判要更有影响。

伊拉斯谟熟谙并偏爱的卢恰诺就曾展示过这种将至高无上的人物彻头彻尾地颠覆的本领。米希利奥对公鸡说:"我恳求你说一说特洛伊城被围困的事儿是否像荷马所写的那样。公鸡说:相信我,那个时候不像书中写的那样,根本没有那么美好:埃杰克斯没有那么高大,雅典娜也不像很多人想象的那么貌美倾城。"③ 图口舌之快、无所顾忌的阿里奥斯托不是也表现过相同的精神吗?请看这段描写:

> 埃涅阿斯并非那样虔诚,
>
> 阿喀琉斯的臂膀也不强壮无比,
>
> 赫克托耳更不像传说的那么勇敢……
>
> 奥古斯都当然亦非维吉尔所吹嘘的
>
> 那般神圣与善良④。

① 指其亦庄亦谐的风格和雅俗对立的人物。

② 卡斯特罗 . 塞万提斯思想 [M]. 马德里:埃尔南多出版社,1925:20.

③ 同上。

④ 克莱门辛 . 堂吉诃德(校注本第 4 卷)[M]. 马德里:亚古阿多出版社,1835:55.

　　然而，世俗的力量在几何级增长。显然，16 世纪艺术所取得的发展直接开辟出一片自由的土壤，在那里精神只为凡人和世俗而兴奋。文学与宗教展开了真正的较量，后者被古典的权威光环与时代的杰出的智慧所湮没，顿时显得岌岌可危。文学毫无阻力地走向世界，公然将天国抛诸脑后，而调笑在这里起到了关键作用。这也造成了另一个后果：在经历了面对文艺复兴那生机勃勃的胜利的第一次陶醉之后，天主教会终于在 16 世纪中叶改变阵容，全面退防，于是一次被动的反击开始了：通过特兰托教务会议对文学进行了强有力的监视，控制了那些骑士小说以及"宣讲、涉及、叙述或教授淫荡或淫秽之物的书籍"①。

　　而塞万提斯所取法的，正是以其道还治其身：用调笑嘲讽了人性所蕴涵的一切丑恶以及骑士小说对骑士道的歪曲。而且，塞万提斯并不隐瞒其方法的由来。在《堂吉诃德》就曾在第一部第九章中他突然改变叙事者，用第一人称戏言道："有一天，我正在托莱多的阿尔纳集市上走着，看见一个男孩挨近一个丝绸商人，向他兜售一堆手稿和旧抄本。我这人有读书的嗜好，连大街上的破纸片都不会放过。正是出于这种癖好，我顺手从男孩手里接过一个手抄本，一看竟是阿拉伯文。我虽然知道它是阿拉伯文，但不懂它写的是什么，便四处张望，想就近找个懂西班牙语的摩尔人帮我解读一下。找这样的人其实并不太难，即使是更古老、更典雅的语言也有人能译。反正我很快就找到了一个，向他表明了意思，并把手抄本交到了他的手里。他从中间翻开，浏览了一下就笑出声来。我问他笑什么呢，他说是在笑一段旁批。我让他翻给我听听，他边笑边说：'我不是说了吗，这书页上旁批说：故事里屡屡提到的这位杜尔西内娅·德尔·索博托，据说能腌一手好猪肉，整个拉曼恰地区的女人都不及她。'听到杜尔西内娅·德尔·索博托的名字，我顿时惊呆了。我立即想到，那手抄本里写的正是堂吉诃德的故事。这么一琢磨，我便忙不迭催他从头译起。他按我的要求顺口把阿拉伯语译成了西班牙语，结果是这么说的：'堂吉诃德·德·拉曼恰的传记，由阿拉伯史学家熙德·哈梅特·贝南赫里创作。'一听到这个书名，就甭提我有多高兴了。但我却故意装出若无其事的样子，随后从丝绸商手里夺下了这笔买卖，花了半个雷亚尔收购了小男孩的手稿和抄本。那孩子终究不够精明，否则早该看出我迫不及待的样子了。他满可以讨讨价，至少要上六个雷亚尔。我急忙带着摩尔人离开了集市，跑进大教堂，求他把所有关于堂吉诃德的手抄本都帮我译成卡斯蒂利亚语

---

①　卡斯特罗. 塞万提斯思想［M］. 马德里：埃尔南的出版社，1925：23.

……"①

诸如此类或可说明，不仅我国的四大发明及诸多东方文明成果经由阿拉伯人和犹太人传入西方，从而推动了西方的文艺复兴运动；西方文艺中的内容仿同东方，尤其是阿拉伯文化也有着明显的渊源关系。

作者简介

陈众议，1957 年生，中国社会科学院外国文学研究所所长，中国外国文学学会会长。代表作有《魔幻现实主义大师》《南美的辉煌》等。

"文明以止"：中华文化的精华与精神

方克立[1]　林存光[2]

1 中国社会科学院学部委员、研究生院原院长
2 中国政法大学政治与公共管理学院教授

【内容提要】 关于中华文化的精华，学者们见仁见智，看法虽不完全一致，但在基本点上亦有共识。从思想特质的角度，我们认为可以将其概括为以下六个方面：（一）"旧邦新命"的"中国"意识、"与时偕行"的通变思想和自强不息的进取精神；（二）"和而不同"的和谐观念、多元一体的综合智慧和"有容乃大"的包容精神；（三）"以人为本"的价值理念、崇仁尚义的道德取向和学行一致的教育思想；（四）"民为邦本"、以德治国的政治思想和经世济民、天下己任的担当精神；（五）"天下为公"的大同理想和"协和万邦"的天下情怀；（六）"天人合一"的精神境界和天人协调的生态智慧。关于中华文化的根本精神，我们认为可以用《周易大传》中的"文明以止"一语来准确、生动地概括，即认为"文明"不是无限度地开发、利用和对外扩张，而是要有所节制，"止"其所当止，内修文德以化成天下。"贵和尚中"、"崇德重教"、"仁民爱物"等思想观念都充分体现了中华文化"文明以止"的根本精神。

【关键词】 中华文化　文化中国　文明以止　思想精华

中华民族是在特殊的自然地理环境和生存条件下生息繁衍和不断奋斗进

---

① 塞万提斯. 堂吉诃德 [M]. 杨绛，译. 北京：人民文学出版社，1987：63 - 64.

取的，它在历史上发展出了一条独特的文明生成和演进路径，创造了令世人赞叹的丰硕的文明成果与厚重的历史遗产。中华民族是一个有着博大的包容胸怀和强大的生命力的伟大民族。它的博大胸怀和强大生命力就深深地扎根于其源远流长、博大精深的文化传统中，体现在它的语言文字、文学艺术、宗教信仰、哲理智慧、工艺技术、价值观念和生活方式等方方面面，其中蕴涵着丰富的思想精华、珍贵的价值理念和深邃的哲学智慧，滋养和孕育了中华民族优秀的道德品质和精神特性。我们认为，对中华文化独特的价值理念、思想精华、哲学智慧和精神特性给以科学的总结、反思、梳理与发掘，对于促进中华民族的文化自觉和自我认同，提升自身的精神品质和文明特性，正确认识和处理与其他民族文化的关系，都具有深远的自我教育意义和启迪来者的意义。

一、中华文化的思想精华

中华文化是世界上最古老的文明传统之一，它的最大特点就是历史悠久而又从来没有中断过，如同长江大河滚滚而来、奔流不息，虽历经艰难险阻而具有顽强的生命力，同时具有汇聚众流的博大的包容胸怀。那么，中华文化可久可大的精神支柱和内在动力是什么呢？它具有什么与其他民族文化、特别是与近现代西方强势文化不同的文明特性呢？本文试图从以下角度来探讨中华文化的思想特质，以彰显其思想精华之所在。兹分述如下：

（一）"旧邦新命"的"中国"意识、"与时偕行"的通变思想和自强不息的进取精神

众所周知，中华民族已有 5000 年的文明史。如果说传说中的炎黄尧舜时代或三代之前的五帝时代"还只是初露文明的曙光"的话，那么夏商周三代则可以说是中华文明真正发端并日趋繁荣的时代①，尤其是在中华民族的自我认同意识中，这个时期已经形成了最能体现我们的文化身份和特性的"中国"意识或观念。据于省吾先生考证，"以金文与典籍相互验证"而可以肯定的是，"中国这一伟大的名称"，起源于西周武王时期，不过，"自商代以迄西周，中国与四夷还没有完全对称。自东周以来，才以南蛮、北狄、东夷、西羌相对为言"②。然而，中国之所以为中国，并非是指一个具有某种固定边界的独立民族国家意义上的地理、政治或种族的概念，而主要是一个文化的概念，即所谓："中国有礼仪之大，故称夏；有服章之美，故谓之华"（《左传》

---

① 袁行霈等. 中华文明史（第一卷）[M]. 北京：北京大学出版社，2006：21.
② 中华书局编辑部. 中华学术论文集 [C]. 北京：中华书局，1981：2.

定公十年"裔不谋夏，夷不乱华"之孔疏)①。另如元人王元亮所说："中华者，中国也。亲被王教，自属中国，衣冠威仪，习俗孝悌，居身礼仪，故谓之中华。"(《唐律疏议释文》)也就是说，所谓的"中国"、"中华"、"华夏"，其实质性的含义是：居住在中原之国或中央之国的人们的礼义化的生活方式，对于四方夷狄之民来说具有一种"文明"典范的意义。而且，通过这样一种方式，以"中国"为中心，由近及远、由内及外地对周边四夷产生一种文化上辐射性的影响作用，从而建立起和平、统一的天下秩序，乃是中华民族始终坚守的一种"文化中国"的理想目标追求。正是在作为一种文明理想和文明典范意义上的"文化中国"信念的指引和感召下，华夏与夷狄在历史上可以不断地跨越地理、政治和种族的界限而实现文化和民族的大融合。

可以说，在中华民族独具特色的"中国"意识或观念中，中华民族自我认同的"中国"并不是一般意义上的"民族国家"，而是一个"文明国家"②。毋庸讳言，像其他民族一样，中华民族在历史上也曾有一种强烈的自我中心主义的文化优越感，即"认为自己是世界的中心、中央之国和'天下'"，或者"完全将自己置于全球秩序的中心"、"把中国看做世界的中心、将中华文明视为世界上最先进的文明"③等等。这样一种文化和文明上的优越感，在历史上起到了凝聚中华民族的重要作用，对中华民族和中华文化的历史延续性也起到了重要的支撑作用，然而，另一方面，我们也必须认识到，中华民族的"中国特质"或"中国认同"意识从来就不是"固定不变"的④，它还具有一种在借鉴历史经验教训的基础上，进行自我调整和更新以适应不同生存境遇的强大而坚韧的适应性特点。比如《诗经·大雅·文王》说："周虽旧邦，其命维新。"以旧邦的身份而上承新的天命，或者在新的时代条件下承担和肩负起新的历史使命，重塑或再造一个新的更加文明化的"中国"，这自西周以来就构成了中华民族的"中国"意识中的一项至关重要的思想内涵，而且，至今仍在发挥着它的重要功能和历史作用。因此，中华民族在近代遭遇西方文明的强劲挑战而其文化上的优越感受到重大挫折之后，虽然逐渐改变了自身的"文明"观念，即不再坚持"中央之国"的自我中心主义的文化优

① 中华书局编辑部. 中华学术论文集 [C]. 北京：中华书局，1981：4.

② 马丁·雅克. 当中国统治世界：中国的崛起和西方世界的衰落 [M]. 张莉，刘曲，译. 北京：中信出版社，2010：161.

③ 马丁·雅克. 当中国统治世界：中国的崛起和西方世界的衰落 [M]. 张莉，刘曲，译. 北京：中信出版社，2010：194－196.

④ 马丁·雅克. 当中国统治世界：中国的崛起和西方世界的衰落 [M]. 张莉，刘曲，译. 北京：中信出版社，2010：209.

越感，而是最终接受了世界上各民族国家一律平等的现代观念，并愿意在此基础上平等地看待和处理各民族国家和不同文明之间的关系，但"旧邦新命"的意识却仍然在支撑和激励着中华民族为建设一个伟大的社会主义新中国的事业而努力奋斗，因此，也可以说"旧邦新命"的意识至今仍然是构筑中华民族强大的凝聚力、适应性和延续性的牢固根基。

与上述"旧邦新命"观念相辅相成的，则是因应时变、"与时偕行"的通变思想和自强不息、刚健有为的进取精神。如《周易大传》所谓的"与时偕行"（《乾文言》）、"穷则变，变则通，通则久"和"变通者，趣时者也"（《系辞下》），西汉史学家司马迁所说的"通古今之变"等等，都集中彰显了中华民族独具特色的通变思想和历史观念，这是一种将历史的延续性与时代的变通性有机地融合为一的思想和观念。而《周易大传》所说的"天行健，君子以自强不息"（《乾·象辞》）和"日新之谓盛德"（《系辞上》），《礼记·大学》所谓"苟日新，日日新，又日新"，则可以说是对中华民族自强不息、刚健有为的积极进取精神的集中概括。与其他民族一样，中华民族也是一个历经多灾多难的民族，历史上同样充满了阶级和民族的矛盾与斗争、国家的分裂与战争、大规模的天灾与人祸，但中华民族却坚韧不拔地生存了下来，成为世界上硕果仅存的一个延续时间最长、从未中断过的伟大民族和文明国家，如果不具备因应时变、"与时偕行"的通变思想和自强不息、刚健有为的进取精神，这一点无疑是不可想象的。

（二）"和而不同"的和谐观念、多元一体的综合智慧和"有容乃大"的包容精神

中华民族和中华文化从来就不是完全同质性的单一实体，而是一种内部包含着差异性和多样性的文明实体①。中华民族不是由单一民族构成的，而是在长期的历史进程中多民族经过不断融合而形成的；中华文化也不是由单一的思想文化因素构成的，而是由多种不同的思想文化因素所构成的一个复杂的文化体系。其内部尽管有矛盾和冲突，但中华民族与中华文化却格外珍视和崇尚和谐统一，因此，在中华民族的历史上和中华文化的内部，整体对多样性的包容和多样性不断趋于融合的走向始终居于主导地位，而中国之所以为中国，正在于她是一个统一的多民族的文明国家，是一个内部富有差异性和多样性而又在长期的调适过程中不断趋于融合的"多元一体"的文明实体。"一个文明，多元存在"的说法，也许可以说是对中华文明基本特征的最好概

① 马丁·雅克. 当中国统治世界：中国的崛起和西方世界的衰落 [M]. 张莉，刘曲，译. 北京：中信出版社，2010：165.

括。正是由于中华文明的这一基本状况和特征，中华民族在历史上积累了在一个文明内部处理和应对多元化存在的丰富经验，有着深邃的和谐哲学智慧和博大的兼容并包胸怀，如"和而不同"、"求同存异"的和谐思想，"一本万殊"、多元一体的综合智慧和海纳百川、"有容乃大"的包容精神等。

"和而不同"的观念在中国古代产生很早，可以说是中华文化中具有典型意义的和谐思想与哲学智慧。从现有的文献资料来看，"和"与"同"作为一对区别"同一性"的两种不同含义的哲学范畴，最早是由西周末年的史伯提出来的。他说："和实生物，同则不继。以他平他谓之和，故能丰长而物归之；若以同裨同，尽乃弃矣"（《国语·郑语》）。也就是说，"和"是指众多不同事物之间的和谐，矛盾诸方面的平衡，亦即事物多样性的统一；相反，"同"则是指无差别的同一。春秋时期齐国的晏婴继承和发展了史伯关于"和而不同"的思想，他以"和羹"、"和声"为例生动地说明了相反相济、相反相成的道理，并运用"尚和去同"的思想来说明君臣上下的关系，指出臣下对君主不应随声附和，而是要"君所谓可，而有否焉，臣献其否，以成其可；君所谓否，而有可焉，臣献其可，以去其否"，只有这样才能"政平而不干，民无争心"（《左传》昭公二十年）。孔子更把"君子和而不同，小人同而不和"（《论语·子路》）作为一个处理人际关系的普遍原则提出来，强化了中华民族"尚和去同"的价值取向。

"和而不同"的思想无疑蕴涵着深刻的辩证智慧，但它并不否定"同"在事物发展中的作用，比如在人际合作关系中，同心同德亦能起到凝聚共识的基础性作用。因此，"求同存异"同样十分重要。"和而不同"内含着对多元事实的承认，对事物差异性、多样性的接受和包容的态度，强调的是多样性的统一；"求同存异"注重的则是以"同舟共济"、休戚与共的共同感来构筑人类合作的基础，即在某种远大而共同的理想目标（"大同"）的指引下，或在达成某种基本共识（"小同"）的基础上，暂时将可能导致分歧、矛盾、冲突的"异"搁在一边，通过协商合作来共同推动某项事业的发展。

在历史上，我们的先哲正是灵活地运用"和而不同"与"求同存异"的思想原则，来处理不同民族和地域、不同文化和不同学术思想派别之间的关系，而发展出了一种"多元一体"的综合智慧和"有容乃大"的包容精神。在我国多民族文化交流融汇的过程中，虽然也有过摩擦、碰撞和冲突，但主导方面是和平相处、互相学习、取长补短、共同发展，从而形成了中华民族和中华文化"多元一体"的基本格局。比如，在春秋战国时期，中国出现了儒、墨、道、法、名、阴阳等诸子蜂起、百家争鸣的局面，在一些有宏阔眼光和包容襟怀的学术史家看来，各家之间虽然存在思想主张上的差别、分歧与对立，但它们彼此之间又是相互启发、相互借鉴和相互促成的，正所谓"其言虽殊，辟犹水火，相灭亦相生也；仁之与义，敬之与和，相反皆相成也"（《汉书·艺文志·诸子略》）。这也就是《周易大传》所谓"天下同归而殊途，一致而百虑"、《中庸》所谓"万物并育而不相害，道并行而不相悖"的道理。明清之际的思想家黄宗羲在总结中国学术发展的历程时，对"和而不同"的学术文化发展规律亦有深刻认识，故能提出"一本而万殊"的学术史观，肯定学术思想上的各种观点，包括"相反之论"、"一偏之见"，都有其存在的价值，都可以启发思想，促进学术文化的发展。"和而不同"与"求同存异"不仅是处理国内不同地域文化、各民族文化之间关系的基本原则，中华文化还以开放的胸襟，善于吸收、消化域外文化精华来使自己获得新的发展生机，汉唐时期佛教的传入及其中国化，乃至儒、释、道三教的会通合流，16世纪以来的中西文化大交汇，都是异质文化交流融合、双向互动的典型范例。总之，中华文化之所以能在国内多民族文化融合与中外文化交汇中不断丰富发展，有容乃大，历久常新，显示出可久可大的强大生命力，一个重要原因就在于它具有寻求多样性统一的和谐思想和"厚德载物"、"有容乃大"的包容精神。

（三）"以人为本"的价值理念、崇仁尚义的道德取向和学行一致的教育思想

以人为本是中华文化的一项重要思想内容，是中华民族核心价值理念的集中体现。无论是儒家以人伦道德为本位的观念，还是道家崇尚天道自然的思想，无论是墨家对天志仪法的信仰，还是法家对霸王道术的阐扬[1]，他们无不将其落实在人自身的努力与作为以及现世人事的成败、得失之上，其中，尤以儒家的人本观念最为典型、最具有代表性，诚如张岱年先生所说，他们强调"人事为本"、肯定"人是社会生活之本"[2]。

依据儒家的人本观念，在生存于天地之间的自然万物中，人的生命价值是最可宝贵的，即所谓"天生百物，人为贵"（郭店竹简《语丛一》）、"天地之性人为贵"（《孝经·圣治章》）；人也是有生中之最灵者，因为"人者，天地之心也"（《礼记》），不仅可以知天地之道，而且可以"赞天地之化育"而与天地"相参"。更为重要的是，人是一种伦理道德性的生物，能够过一种富有道德意义的社群伦理生活，如荀子所言，相比于水火、草木和禽兽，"人有

---

[1] "以人为本"一语即最先出自法家之口，如《管子·霸言》篇所言："夫霸王之所始也，以人为本。本治则国固，本乱则国危。"

[2] 张岱年. 文化与价值 [M]. 北京：新华出版社，2004：205，215.

气、有生、有知,亦且有义",故"最为天下贵也"(《荀子·王制》)。正因为如此,儒家在肯定人的自身价值的同时,也最讲求修身立德、为己做人的"人之所以为人"之道,而崇仁尚义正是儒家人道思想中的基本价值取向。在孔孟儒家的仁义思想中,包含着对人的独立人格和意志的肯定,如孔子说"三军可夺帅也,匹夫不可夺志也"(《论语·子罕》),孟子说士"尚志"、志于"仁义而已矣"(《孟子·尽心上》);包含着对人的道德自主性的强调,如孔子说"为仁由己"(《论语·颜渊》);包含着对人的人格平等和尊严、人的道德价值高于个体自然生命的张扬,如孔子说"杀身成仁"、孟子说"舍生取义";还包含着人生向善的道德信念和成圣成贤的人格理想。上述儒家人士以人为贵的人本观念和仁义为尚的理想主义道德取向,可以说构成了中华文化传统中最重要的核心观念和精神。此外,道家以自然主义为宗旨的"至仁无亲"、"至义不物"(《庄子·庚桑楚》)的仁义观念,墨家以"兼相爱、交相利"为宗旨的功利主义仁义思想以及佛教慈悲为怀、众生平等的宗教精神等,也作为儒家仁爱道义思想的有益补充而构成为中华文化优秀传统的有机组成部分。

当"以人为本"的价值理念与"和而不同"的和谐思想落实到现实生活和伦理秩序之中时,还体现为一系列独具特色的生活信念、伦理观念和道德理性精神。首先是"贵和尚中"。儒家最为重视的就是社会人际关系的和谐,认为"天时不如地利,地利不如人和"、"众心成城,人和为贵"。"和"可以说是儒家追求的最高生活目标。而儒家之"贵和",往往又是与"尚中"联系在一起的。《中庸》说:"中也者,天下之大本也;和也者,天下之达道也。致中和,天地位焉,万物育焉。"这里所谓"中",就是荀子所说的"曷谓中?曰:礼义是也。"(《荀子·儒效》)。故孔子弟子有子说:"礼之用,和为贵。"(《论语·学而》)由此可见,儒家以和为贵的生活信念乃是一种以"礼"为标准的"中和"、"中道"思想。在他们看来,人们只有通过个人仁德的修养,并遵守"礼"的行为规范,才能建构起"父子有亲,君臣有义,夫妇有别,长幼有叙,朋友有信"的和谐的社会人际关系。因此,儒家的根本生活信念可以说是一种以"仁"为魂、以"礼"为体、以"和"为用的伦理秩序观念。"仁"是一种本源于孝亲之心的关心人、爱护人、体恤人的感情和态度,在与他人相处时要与人为善、成人之美,"己欲立而立人,己欲达而达人"、"己所不欲,勿施于人"。除了崇仁尚义之外,儒家还强调要按照"礼"的秩序来进行社会制度建设,但"礼"不只是外在的形式,而是要以"仁"为内在精神。只有按照"仁"的精神来制定一系列社会制度、规范和道德原则,明分定伦,处理各种人际关系,才能达到社会和谐的目的。上述生活信念和伦理秩序观念虽然有其特定的时代和阶级内涵，甚至包含一些在今天必须批判和抛弃的思想糟粕，但它所体现出来的道德理性精神，包括善待他人的仁爱精神、尊重秩序的守礼原则、以和为贵的价值追求等，在今天对于我们仍然具有重要的启迪意义和借鉴价值。

"以人为本"的价值理念和崇仁尚义的道德取向在中国传统教育思想中亦有重要体现。中华民族有崇德重教的优良传统，《礼记·学记》把教育的作用概括为"建国君民，教学为先"、"化民成俗，其必由学"十六个字。儒家的"六艺"之教注意德、智、体、美全面发展，但强调"德教为先"，首先应教人以德行和生活智慧。教师不仅要教书，而且要育人，"经师易得，人师难求"，强调身教重于言教。儒学作为一种"为己之学"、"成德之教"，格外注重学行一致、知行统一。孔子认为只要在德行上做到了，"虽曰未学，吾必谓之学矣"（《论语·学而》）。他主张"行有余力，则以学文"（同上），就是把"行"放在比"学"更加优先的位置上。荀子也说"知之不若行之"，"学至于行之而止矣"（《荀子·儒效》）。这种重行的"学行统一"思想，无疑属于中华传统教育思想中的精华部分，在今天亦应继承和发扬。

（四）"民为邦本"、以德治国的政治思想和经世济民、天下己任的担当精神

在政治思想方面，最能体现中华文化的特色，又是其"最精彩也最主要之一部分"① 的是民本思想。在中国历史上，民本思想或民本主义的政治理念发端甚早，它脱胎于《尚书·五子之歌》中的"民惟邦本，本固邦宁"一语，并在周人的尊天、敬德、保民思想中得到了进一步的彰显和发展。如周初统治者强调要体察民情、明德慎罚，他们甚至以民意代天意，认为"天视自我民视，天听自我民听"（《尚书·泰誓》），意识到"人无于水监，当于民监"（《酒诰》），把民众当做自己的一面镜子。到了春秋战国时期，在世俗人文政治思潮勃兴的时代潮流下，孔孟儒家更加不遗余力地阐扬重视民生的民本主义政治理念，使中国传统民本思想有了更加充实、丰富和系统的理论内容。面对原先世袭的传统权力日趋蜕变成"暴力"、现实政治日趋于功利化的时代趋向，孔孟儒家从思想上进行了深刻的反省，并发出了强烈的"仁者爱人"的人道呼声。他们反对杀戮，批评暴君苛政，希望统治者能够以仁爱之心施政发教；主张爱惜民力，使民以时，节用而惠民；甚至希望统治者能够敬畏并顺应民心，做到"民之所好好之，民之所恶恶之"（《大学》），与民同乐，与民同忧。

---

① 金耀基. 中国民本思想史 ［M］. 北京：法律出版社，2008：6.

儒家重视道德修养和道德教育，以完善主体道德为完善社会道德的基础，将个人修养与对他人、国家、社会应尽的义务和责任联系起来。在孔子看来，"政者，正也"（《论语·颜渊》），正人者必先正己。君子"修己"，近可以"安人"，远可以"安百姓"（《论语·宪问》），只有"因民之所利而利之"（《论语·尧曰》），乃至"博施于民而能济众"（《论语·雍也》）者，才是一个好的政治家。孟子主张"制民之产"而使民生得到保障，人民衣食无忧、养生送死均无憾的"仁政"和以德服人的"王道"，荀子则主张调节平衡人类欲求和物质资源而"养人之欲，给人之求"的礼治。与此同时，孔孟儒家还主张在利民、富民的基础上对人民实行道德教化，提倡一种旨在提升国民道德品质和文明教养的教化治国或道德政治的理念。孔孟及后世儒家之所以主张保障民生和"以德化民"的治国理念，乃是因为他们认识到了"君者舟也，民者水也，水能载舟，亦能覆舟"和"得民心者得天下"的道理，故先后提出了"民贵君轻"、"民本君末"、"天下为主君为客"等君臣关系理论，虽然目的都是为了"存社稷、固君位、达邦宁"，但客观上对于改善人民的生存状况、促进社会生产力的发展也起到了积极作用，尽管我们不能将"民本"混同于现代民主思想，但也不能否认其中也包含着若干民主性的思想精华。

为了把上述民本主义的政治思想和仁政、王道理想落于实处，或使之有所实行，历代志士仁人、杰出的思想家和政治家们以铁肩担道义的大无畏勇气，本着一己的良知理性，常常挺身而出为民请命，而置个人生死安危于不顾。他们以济世安民为职志，胸怀"天下兴亡，匹夫有责"的责任意识，关切国家治乱和民生福祉，期望实现治国平天下的社会政治目标。在他们看来，志士仁人特别是为民父母官者应该"先天下之忧而忧，后天下之乐而乐"（范仲淹《岳阳楼记》），因为"天下之治乱，不在一姓之兴亡，而在万民之忧乐"（黄宗羲《明夷待访录·原臣》）。职是之故，在他们身上，我们看到的是"知其不可而为之"的坚韧和执著，"为生民立命，为万世开太平"的宏愿和抱负，"苟利国家生死以，岂因祸福避趋之"（林则徐诗）的政治理想和爱国情怀，居安思危、天下己任的担当精神和忧患意识，他们不愧是中华民族的"脊梁"，也是践行、弘扬中华文化精华的优秀代表。

（五）"天下为公"的大同理想和"协和万邦"的天下情怀

将民本主义的政治理念、仁政王道思想和天下己任的担当精神进一步提升和扩展，便是追求实现"天下为公"的大同理想与"协和万邦"的天下秩序，这可以说是历来中国人所追求的"终极"社会政治目标。自先秦以来，历代思想家和政治家心有所系的始终是关切天下兴亡、汲汲于追求平治天下的政治抱负和经世理想，不仅儒家如此，墨家如此，而且道家、法家也是如此。正是基于这种社会政治目标追求，儒家在《礼记·礼运》中描绘了一幅"天下为公，选贤与能，讲信修睦"、货"不必藏于己"、"老有所终，壮有所用，幼有所长，矜寡孤独废疾者皆有所养"的"大同"社会理想蓝图；而且，在他们那"以德服人"的王道理想中，也蕴含着一种通过和平的方式来实现平治天下的目标的价值诉求和精神祈向。在儒家的心目中，尧帝之所以是理想的圣王，正是由于他是一位能够"克明峻德"而使九族亲睦，乃至能"协和万邦"的统治者（《尚书·尧典》）。墨家"视人之国，若视其国"的兼爱非攻思想，道家"小国寡民"、"至德之世"和"以无事取天下"的无为而治思想，法家"立天子以为天下"（《慎子·威德》）、"为天下位天下"（《商君书·修权》）的思想，以至杂家"公则天下平"、"天下非一人之天下也，天下之天下也"（《吕氏春秋·贵公》）的思想，也都体现了一种"天下为公"的价值诉求与和平主义的精神祈向。建立在农业小生产基础上的"大同"社会理想虽然带有空想的性质，但它却反映了几千年来广大人民群众反对剥削压迫、主张财产公有、人人自食其力、没有等级差别的共同愿望。大同社会理想与"天下一家"、"遐迩一体"、"四海之内皆兄弟"的天下主义情怀是联系在一起的，是"以仁义治天下"或"以无事治天下"的结果。在处理与周边四邻和其他国家、民族的关系问题上，中华民族历来主张"亲仁善邻"、"协和万邦"，与所有国家、民族和睦相处。除了法家力主耕战外，其他学派的思想家虽然不完全反对用兵，但大多主张正义战争，反对以强凌弱的侵略战争。上述"天下为公"、"协和万邦"的社会政治理想和天下主义的博大胸怀，突出地体现了中华文化崇仁尚义、兼善天下的道德人文主义的特征，它不仅推动了历史上多民族的融合以及与外域文化的交流融汇，而且正在指引着中华民族为实现天下大同、和谐世界的伟大目标而不断地开拓进取、奋斗前行。

（六）"天人合一"的精神境界和天人协调的生态智慧

在修身为本和成圣成贤的人格理想激励下，通过不断地克己修身和下学上达而提升自己的精神境界，追求实现一种"天人合一"的人生目标，可以说是中华文化作为"生命的学问"的最大特色。我们的先哲主要是从"天无私覆，地无私载"的廓然大公精神中，汲取了人生向上的力量源泉，认识到人只有效法天地之德、与天合一才能达到人生的最高境界。对于天覆地载之博大、包容、无私品格的体认可以说是先秦诸子的共识。如儒家认为"三王之德，参于天地"，而"天无私覆，地无私载，日月无私照"（《礼记·孔子闲居》)。《中庸》讲得更加明白："天地之道：博也，厚也，高也，明也，悠也，久也"、"博厚，所以载物也；高明，所以覆物也；悠久，所以成物也"，"天地之所以为大也"正在于"天地之无不持载，无不覆帱"，故曰"大哉！圣人之道洋洋乎！发育万物，峻极于天"。墨家也认为："天之行广而无私，其施厚而不德，其明久而不衰，故圣王法之。"（《墨子·法仪》）道家亦反复申论"天无不覆，地无不载"（《庄子·德充符》）或"天无私覆，地无私载"（《庄子·大宗师》）的观念。尽管他们对于天地之德的具体内涵和特性的理解并不完全一致，但在对于法天合德、与天为一的精神境界追求上却是别无二致的。

正因为如此，所以在中国文化中虽然也有"制天命而用之"、"天人交相胜"的思想，但却不占主导地位，占主导地位的始终是"天人合一"、"性天相通"、"辅相参赞"等思想观念，即认为人与自然界不是一种疏离以至对立的关系，而是息息相关、相互依存、内在统一不可分离的。道家主要是从人必须因任、顺应自然的角度来讲天人合一，如老子说"人法地，地法天，天法道，道法自然"（《老子》第二十五章），庄子说"天地与我并生，而万物与我为一"（《庄子·齐物论》），认为人应该"顺物自然而无容私"（《庄子·应帝王》）。儒家则认为人性与天道是相通的，人可以通过"尽心"、"知性"而"知天"（《孟子·尽心上》）；人的能动性更加突出地表现在知天道后，能够通过"裁成天地之道，辅相天地之宜"（《易·泰·象传》）而积极地参赞天地之化育。宋明儒者还由对天地生生之德的体认而大力阐扬一种民胞物与、"与天地万物为一体"的泛爱万物的思想，如北宋哲学家张载说："乾称父，坤称母，予兹藐焉，乃混然中处。天地之塞，吾其体；天地之帅，吾其性。民，吾同胞；物，吾与也。"（《西铭》）即是说天地犹如父母，人和万物都是天地所生，所以人民都是我的兄弟，万物都是我的朋友。这就充分肯定了人与自然界的统一性，必然导致"仁民爱物"、关心和尊重所有生命的结论。中国的先哲早就认识到："不违农时，谷不可胜食也；数罟不入洿池，鱼鳖不可胜食也；斧斤以时入山林，材木不可胜用也。"（《孟子·梁惠王上》）因此在中国古代，"天人合一"就不只是一个人文主义的思想原则，而是必须落实到善待自然、保护生态环境的具体行动中去，这从我国上古时期就设有"虞师"之类的生态环境保护官员、战国时期就有《田律》之类的自然资源保护法以及《礼记·月令》中一系列保护自然生态环境的制度性规定都可以看得出来。在中国古代"天人合一"思想中，认为既要积极改造自然，使其符合人类的需要，又要遵循自然规律，不破坏生态平衡，也就是将改造自然与遵循自然规律有机地结合起来的朴素辩证的"天人协调"说，可以说是最有价值的一种思想成果，也是中华文化对于人类文明的一大贡献。在如何处理人与自然的关系问题上，中华文化不仅提供了"天人合一"这一总的正确的思想原则，而且在几千年文明发展史中积累了丰富的正反两个方面的经验教训，这对于我们今天正确处理人与自然的和谐共生关系、建立环境友好型社会有重要的启发和借鉴意义。

中华文化博大精深，内涵丰富，其中包含着多方面的思想精华和智慧成果，可以从不同角度进行总结和概括。上面列举的六个方面，主要是从这样两个角度来把握中华文化的思想特质：前两点是揭示中华文化可久可大的精神动力，一曰自强不息、日新进取，二曰厚德载物、和谐包容，对此前贤早已言之，可谓不易之论；后面几点是彰显中华文化道德人文主义的性质和特点，从内修文德到治国理政、平天下、一天人的"外王"事业，无不体现了中华文化道德主义、和平主义的性格和"文明以止"的精神。当然，我们从"各美其美"的角度把它们当做"精华"来理解和阐扬，并不否认也有其自身存在的问题和局限性，如果没有这种自知之明，我们就不能在保持自身文明特性的同时虚心学习其他民族文化的优长而使自己不断更新发展。

二、"文明以止"：中华文化的根本精神

关于中华文化的根本精神，我们认为可以用《周易大传》中的"文明以止"一语来准确、生动地概括，即认为"文明"不是无限度地开发、利用和对外扩张，而是要有所节制，"止"其所当止，内修文德以化成天下。这种文明理念在面临着许多威胁人类生存和发展的全球性难题的当今世界显得尤其富有价值，有很强的现实意义。众所周知，这些全球性难题在很大程度上都是与不恰当的文明理念联系在一起的，比如怀着人类中心主义的心态，对自然资源进行无限制地开发、利用、征服和掠夺，从而造成了种种严重的环境问题和生态危机；或者由于不同文明价值观之间的差异，特别是怀着普世主义价值心态的人大搞文明扩张和霸权主义，从而引发了不同国家、民族和地区之间的对抗、冲突和战争。这些都是威胁着全人类可持续地生存和发展的严峻的世界性问题。我们认为，为了回应当今世界人类共同面对的问题，充分彰显中华文化"文明以止"的理念，不仅有助于深刻认识自己的文化特性，提高本民族的文化自觉，而且对于人类文明未来的健康发展亦能作出积极而独特的重要贡献。

诚如英国学者马丁·雅克所言："中国和西方虽然在传统上有着些许相似之处，最明显的就是二者都相信普世哲学，都有一脉相承的优越感，但二者

在本质上却是迥异的。"① 那么，中华文明与西方文明在本质上的差异到底是什么呢？这是一个颇为耐人寻味、值得引起深思的问题。

如上文所言，"文化中国"的信念内含着一种以华夏民族的礼义文明来引领、融合与统一不同民族、不同地域风俗习性之多样性差异的文化理想，而在追求实现这一文化理想的过程中，无论是"用夏变夷"还是内部整合，其理想的方式都不是通过粗暴干涉和军事征服来达到文化扩张的目的，而是通过文化示范和道德感化的方式来实现中华礼义文明的和平传播和自愿接受。这与中华民族的人文化成观和"文明以止"的理念是分不开的。

《周易·贲卦·彖辞》说："刚柔交错，天文也；文明以止，人文也。观乎天文，以察时变；观乎人文，以化成天下。"所谓"天文"是指阴阳迭运、刚柔交错的自然变化过程及其法则，而"人文"则是指人类制作的礼乐典章制度及其对人的行为的规范教化作用。由"人文"与"天文"并举对称可知，"人文"与"天文"并不是相隔相离、互相对立的，而是二者紧密地联系在一起。对于天下之治理化成而言，治国平天下者既要"观乎天文，以察时序之变化"，又要"观乎人文，以化成天下之人"②。两者相资为用，不可偏废。也就是说，中华民族虽然重视和强调以"人文"化成天下，但其"人文"意识并不是以支配自然或逆天而行为前提，相反，"天文"或天道自然法则乃是人类应当取象效法的对象，而取象效法"天文"又须以人文化成为目的。因此，在中华民族的"人文化成"观念中，特别强调人之德行应效法天地、顺应时变而普施博化，或者是"其德刚健而文明，应乎天而时行"（《周易·大有卦·彖辞》），或者是虽"蒙大难"，却能"内文明而外柔顺"（《周易·明夷卦·彖辞》），或者是如"汤武革命"，"顺乎天而应乎人"，故能"文明以说，大亨以正"（《周易·革卦·彖辞》）。"文明"一词在《周易大传》中凡六见，其一见于《乾文言》，其余皆见于《彖传》。《彖传》的作者可以说是揭示和阐发了一种极富中国特色的"文明"观念，而其中"文明以止"的说法尤其值得重视，在我们看来，用这一说法来概括中华文化的精神特性和文明意识的本质特征是再恰当不过了。

所谓"文明以止"，其本意是说如果一个人（特别是统治者）的德行能够像天地日月一样正大而光明，并用礼乐来教化世人，那么，天下的人民就会被他的光明之德所感召和指引而遵从礼义，以至行其所当行、止其所当止。

---

① 马丁·雅克. 当中国统治世界：中国的崛起和西方世界的衰落 [M]. 张莉，刘曲，译. 北京：中信出版社，2010：209.

② 高亨. 周易大传今注 [M]. 济南：齐鲁书社，1979：227.

因此，在中华民族的这一"人文"观念和"文明"意识中，重要的不是通过霸道强权的治理方式来追求实现国家富强的目标或强制人民服从，而是通过充分发挥礼乐对人的文明教化作用来引导人民过一种道德化的伦理文明生活，从而实现社会治理的目标；不是通过武力扩张或威服的方式来胁迫异族人民认同和接受自己的文化，而是通过中国式文明典范的内在吸引力和"修文德以来远人"的方式引导对方实现文化上的自我转化与提升，从而达到"协和万邦"、天下一家的目标；不是通过征服自然或无止境地掠取和消耗自然资源的方式来满足自己不断膨胀的欲望和需求，而是通过节制自身欲望、协调天人的方式来实现物与欲"两者相持而长"（《荀子·礼论》），达到人与自然万物可持续地和谐共生的目标。

由此可见，霸道的强权、武力的滥用、自然的征服和文明的扩张皆不为中华民族所称道，反之，中华民族所心仪向往的是敬德保民的治道理念、"以德行仁"的王道理想、天人合一的生命学问、人文化成的道德化境①。相对于霸道强权的文明扩张理念，中华民族"文明以止"的文化性格和人文意识具有一种"止其身有所不为"的道德主义、和平主义的性质，所谓"化成天下"之所以为"化"者即在于此。

对于中华文化崇仁义、贵王道和"尚文不尚武"的道德主义、和平主义性质，许多中外思想家都做过清楚的阐述。雷海宗先生在《中国文化与中国的兵》一书中说："中国自东汉以降为无兵的文化。"梁漱溟先生进而认为中国历史上为"无兵之国"，他说这是中国文化的一大特征。中国历代诗歌中都有反战、厌战的作品，古诗十九首、杜甫的《兵车行》等都是代表作。也有一些诗歌是歌颂反侵略战争的，别人侵略你，起来防御自卫是正义的。"万里长城"是自卫防御工事，而不是对外侵略的象征。许多西方思想家也看到了这一点。明朝万历年间来华的意大利传教士利玛窦指出，明朝的军队是他所见到过的装备最精良的军队，但他发现这支军队完全是防御性的，中国人没有想到过要用这支军队去侵略别的国家。美国学者费正清说："中国历史上没有可与英国伊丽莎白时代或者日本的海上冒险海盗制度相比拟的时期，致使中央政府通过海上掠夺而富强。"他发现中国的武力问题基本上是维持国内秩序的"警察问题"。日本学者池田大作也说："中国投入的战争都属于自卫战争，只要不首先侵犯中国，中国是从不先发制人的。"对中国文化有精深了解

———

① 如汉儒刘向曰："圣人之治天下也，先文德而后武力。"（《说苑·指武》）"礼乐者，行化之大者也。孔子曰：'移风易俗，莫善于乐；安上治民，莫善于礼。'是故圣王修礼文，设庠序，陈钟鼓。天子辟雍，诸侯泮宫，所以行德化。"（《说苑·修文》）

的英国科学史家李约瑟曾指出：中国长期形成了一种"尚文不尚武"的传统。马克斯·韦伯也明确地说："儒教的理性本质上具有和平主义的性质。"只要不带偏见，尊重基本的历史事实，中外学者得出这些结论来都是自然而然的。总之，反对扩张性的霸权主义，主张通过内修文德的方式来"讲信修睦"、"协和万邦"，实现国家、民族之间的和平共处，通过行仁政"来远人"、"王天下"，以达到"兵革不试，五刑不用，百姓无患"的目的，这可以说是对中华文化"文明以止"理念的最好注解和诠释。

基于中华文化的上述精神特性，我们可以将《周易大传》中具有特定含义的"文明"一词转换成今天一般意义上的或作为"文化实体"意义上①的"文明"一词来理解。那么，所谓"文明以止"，以今语释之就是：人类文明的发展和进步不是无节制、无限度的，也不是漫无方向的发展，而是应该有所"止"："止于至善"的价值目标，止于人与自然、社会、他人的和谐相处，止于有益于人类自身可持续地生存和发展的事业，这就是所谓"止其所当止"。"文明以止"并不是反对人类追求社会进步的文明行为，而是要把这种行为限制在符合天道、人性的范围内，只有"顺乎天而应乎人"，才能以"人文"化成天下。在中华文化中，这一"文明"理念具有一种枢轴性的意义，它赋予中华文化以既开放进取又克己内敛、既有文化优越感又有包容平和心态、中道而平衡的内涵、特征和色彩，它贯穿于我们前面所列举的一系列中华文化的思想精华、价值理念和民族精神的方方面面，诸如"贵和尚中"、"崇德重教"、"仁民爱物"等思想观念，都充分体现了"文明以止"的根本精神。

从对自身文化和文明的普世性价值的自信及其一脉相承的优越感出发，中华民族在历史上不断拓展对周边地区、民族和国家的辐射性影响，但其影响主要是文化上的，而且这种影响力或同化力主要是与周边地区、民族和国家自觉自愿地认同和接受中华文化密不可分的，正因为如此，尽管中国与周边地区的国家和民族在历史上也曾经发生过不少军事上的冲突和战争，但所谓"东亚中国（儒家）文化圈"却是通过和平传播的方式而历史地形成的。与之不同，从对自身文化和文明的普世性价值的自信及其一脉相承的优越感出发，西方文明发展呈现出的却是一种傲慢、自负而极具扩张性的普世主义心态，而且其文化和文明的传播常常伴随着军事上的殖民扩张和武力侵略，如亨廷顿所言："西方的普世主义信念断定全世界人民都应当信奉西方的价值

---

① 塞缪尔·亨廷顿. 文明的冲突与世界秩序的重建 [M]. 周琪，刘绯，张立平，王圆，译. 北京：新华出版社，1999：24 - 25.

观、体制和文化，因为它们包含了人类最高级、最进步、最自由、最理性、最现代和最文明的思想。"而"帝国主义是普世主义的必然逻辑结果"。因此，"西方的普世主义对于世界来说是危险的，因为它可能导致核心国家之间的重大文明间战争；它对于西方来说又是危险的，因为它可能导致西方的失败"①。

"文明以止"与无限制的文明扩张是两种根本不同的文明观，二者的区别恰恰是中西两种文化和文明之分水岭，是它们的本质区别之所在。中西文化各自植根于性质迥异的两种人文精神，一种是天人合一、物我交融、仁民爱物的人文精神，一种是人类中心主义的征服自然、以"动力衡决天下"的人文精神②。以"动力衡决天下"的文明扩张，必然导致文化殖民主义和"文明间的冲突"；而富有反求诸己的道德理性、"己所不欲，勿施于人"的恕道美德与"和而不同"的和谐理念的"文明以止"，则会"十分自然地从文明的角度来思考问题，并且把世界看做一个具有各种不同文明的、而且有时是相互竞争的文明的世界"③，乃至努力寻求一种不同国家和民族和平相处的"全球伦理"，通过"文明的对话"来化解"文明的冲突"。西方近代启蒙理性由于对人类自身认知能力的过度自信和"致命的自负"，不但以自然界的立法者自居，而且不断膨胀控制、征服自然的欲望，必然导致人与自然的疏离，对自然资源的贪婪掠夺和攫取，以至造成对自然生态环境的严重破坏而危及人类自身的生存。与之不同，一些中国古代哲人却对人类自身的知识理性持有一种怀疑态度，对人类逐物求知而无限膨胀的物欲抱有天然的警惕意识，对人类文明无限制地发展和进步进行了深刻的自我反思和批判，而希望人类能够"知止不殆"（《老子·第四十四章》）、"知止其所不知"（《庄子·齐物论》），乃至能止乎自然本性而不"求外无已"。儒家学者则出于"民胞物与"、"与天地万物为一体"的仁者情怀，希望人类能够参赞天地之化育而"止于至善"。显然，具有这样一种人文精神和情怀的民族必然会更乐于把宇宙万物都看成是人类的伙伴和朋友，也自然会乐于善待自然万物而与之和谐相处。

当然，需要说明的是，我们既不是狭隘的民族主义者，也不是文化决定

---

① 塞缪尔·亨廷顿. 文明的冲突与世界秩序的重建［M］. 周琪，刘绯，张立平，王圆，译. 北京：新华出版社，1999：358 –359.

② 如杜维明先生所言："西方启蒙心态的人文精神，其实是一个强烈的人类中心主义，一方面反神权，另一方面是征服自然，实现自然的人化，把自然变成人类的资源。用梁启超的话来说，这一套思潮是以'动力衡决天下'。"（彭国翔. 儒家传统与文明对话［M］. 北京：人民出版社，2010：226.）

③ 塞缪尔·亨廷顿. 文明的冲突与世界秩序的重建［M］. 周琪，刘绯，张立平，王圆，译. 北京：新华出版社，1999.

论者，我们只是本着唤醒中华民族"文化自觉"的目的，来总结、反思和梳理中华文化的思想精华和精神特性，以期能够在客观认知与同情了解的基础上获得一种"自知之明"。而且，我们也只是从"各美其美"的角度来阐扬中华文化的精华与精神，既不是为了美化本民族的文化而排斥其他民族的优秀文化，更不是发"思古之幽情"和为了达到"文化回归"的目的，而是旨在把它们作为一种有正面价值的文化资源，用以促进本民族文化和人类文明的健康发展。而就我们上面所阐述的中华文化的"文明"理念和根本精神而言，也只是从"理想型"的意义上来讲的，历史和现实情况则要复杂得多。众所周知，西方文化已经开始反省和调整自己的文明发展路向，中国文化和文明的现实发展状况也并非尽如人意。因此，无论是中国还是西方，都应该加强文化自觉意识，倍加珍惜地球这个我们共同的生存家园，走保护生态环境的可持续发展之路，重建人与自然之间的和谐共生关系；不同文化和文明之间应该互相尊重、互相学习和交流对话，以期形成"各美其美，美人之美，美美与共，和而不同"的理想文明格局，把我们共同生活的家园建设成为一个持久和平、共同繁荣的和谐世界。

作者简介

方克立，1938 年生，中国社会科学院学部委员、研究生院原院长。代表作有《中国哲学史上的知行观》《现代新儒学与中国现代化》等。

林存光，1966 年生，中国政法大学政治与公共管理学院教授。代表作有《儒教中国的形成》《历史上的孔子形象》等。

中华文明重和美

胡经之

深圳大学学术委员会副主任

【内容提要】现代化不是要抛弃历史传统，而是要在人类传统文明的基础上，汲取精华，加以创新。

人生在世，如何与世界上的其他存在相处？中国古人突出了一个"和"字。在古人看来，"和"是世界万事万物所以能存在和生长的本源，所谓"和实生物，同则不继"，"和"才是世界和人类发展的源泉。"和"是中国历史传统一以贯之的根本精神，中华文明的精华。

　　"和"既不是"异"，又不是"同"，但又包含着"异"和"同"，"和"将两者统一起来而又超越了两者。早在春秋时代，郑国史伯、齐国晏婴就论说过"和"不同于"同"的哲理。到了孔子，更把它提高到了处世哲学的高度："君子和而不同，小人同而不和"。和而不同，这符合人应如何处世的辩证法。

　　中华文明，不仅如孟子所说那样以和为贵，而且，进而还以和为美，把人引向更高境界。春秋之际，伍举说："夫美也者，上下、内外、大小、远近皆无害焉，故曰美。"伍举实际上说的是楚国这个小国的系统之美，城邦内外部的各种关系都要"和"。美就在整体之和中，而不在其中的个别要素。

　　我们生长在同一个地球上，应该共同追求天地之大美。和而不同，世界多彩，各有其美；万邦协和，互通精粹，共享和美。

　　【关键词】　中华文明　和而不同　以和为美

　　当今世界最大的发展中国家——中国正在走向现代化。现代化不是要抛弃历史传统从零开始，而是要在人类传统文明的基础上，汲取精华，加以创新。英格尔斯在《人的现代化》一书中说得好："现代化倾向本身就是人类传统文明的健康的继续和延伸，它一方面全力吸收着人类历史所创造的一切物质和精神财富，一方面又以传统所从来未曾有的创造能力和改造能力，把人类文明推向一个新的高峰。"

　　人来到这世界上，要在世上生存、发展和完善，成为独特的存在，确实可以称之为此在。人生在世，此在怎样才能和世上的其他存在相处？相处之道，多种多样，变化无穷，但在中国古人看来，根本之道就在于"和"。作为此在的人，面对人的世界、物的世界、心的世界，都以"和"相待，才能建构美好的世界。中华文明以和为善，以和为贵，以和为美。和谐、和合、和平、和气、和好、和美等等，都是"和"的具体表现。"和"是中国历史传统中一以贯之的根本精神，贯穿于自然哲学、社会哲学、精神哲学之中，当属中华文明的精华，应该发扬光大。如今，我们可以站在现代文明的高度，运用当代系统哲学的方法，对此作新的阐发，予以创新，发展成为我们处理人和世界各种关系（包括文化冲突）的基本精神。

　　什么是"和"？"和"，就是各有差异、矛盾的多种要素整合为一个动态平衡的和谐的整体。"和"既不是"异"，又不是"同"，"和"整合了"异"和"同"而又超越了"异"和"同"。早在我国春秋时代，古人就把"和"与"同"作了区分，阐明了"和而不同"的道理。在《国语》中，史伯（公元前8世纪）对郑桓公讲说，周朝所以走向衰落，正在于"去和而取同"。只有容纳"不同",使之相"和",才能促进万物生长,繁荣昌盛,这叫"和实生物,同则不继"。和而不同,才是万物得以兴旺生长之道。公元前6世纪,齐国大夫晏婴在回答昭公所问"和与同异"时,旗帜鲜明地说:"异"!在《左传》中记下了晏子对"和"的精彩见解。他先以所食之羹为例,阐明味之美,乃是由好几种不同的味道调适而成。正如后来葛洪在《抱朴子》中所说:"虽云味甘,非和弗美。"接着,晏子又进一步以音乐为例,说明了音乐要动听,一定要多音相和,声音的各种因素,清浊、大小、短长、疾徐、哀乐、刚柔、迟速、高下等,相济相成,经由"和"而构成一个整体。如果只有一种声音,"若琴瑟之专壹,谁能听之?"经过他的一番阐发,晏子最后作出结论:治国之道在于和而不同,"同之不可也。"

中国的文人雅士,好谈论琴瑟之美,晏婴已把琴瑟之美归结为和,确有道理在。宋代大文学家苏轼写了一首《琴诗》,内中问道:"若言弦上有琴声,放在匣中何不鸣?若言声在指头上,何不于君指上听?"只有琴,那琴弦是不会自动发出声音来的;可是,只有指,也不能奏出音乐。这也是一种"和":手指和琴弦的协和动作。但琴曲的关键处,还在于那弹奏出来的声美本身:多音相和,抑扬顿挫,旋律韵调,如行云流水,一气流通,按一定的调式建构一个完整的机体。所以,后人常说:"琴所首重者,和也。"当然,我们还可以进一步追问,那优美的乐曲又是怎样创造出来的?《乐记》中说:"乐之务在于和心。"作曲家为了创造出美妙的音乐,必先调动内心世界的多种精神因素,感情、联想、想象等等,相济相和,构成只在内心世界存在的心曲,然后进一步精心营构,把心曲符号化,谱写成乐谱。从构思到谱曲,都渗透着"和"。乐曲演奏,把乐谱转化成音声,心曲流向了声曲,又通过声曲流向了赏乐者的心灵。声美扣动了赏乐者的心弦,引发了美感,得到了美的享受。而演奏者在演奏乐曲时所得到的美感,不像赏乐者那样,只来自精神快感,而且也来自实践快感,在得心应手、琴手相和的实际操作中,直接获得了美的享受。"和"贯穿了音乐创作——演奏——欣赏的各个环节和乐曲的整体之中。

以和为美,不仅体现在饮食、音乐领域,而且还扩及更广阔的领域,"和"成为更高的境界。春秋时代,楚灵王大兴土木,建造了奢华的"章华之台",自鸣得意,叫大夫伍举一起登台欣赏,兴高采烈地问道,"台美夫"?不料伍举大泼冷水,向楚灵王反问:"若于目观则美,缩于财用则匮,是聚民利以自封而瘠民也。胡美之有?"他不是把亭台楼阁孤立起来评价,而是把它放在整个国家这个大系统里考察,那建造亭台经楼阁的意义就发生了变化:"若敛民利以成其私欲,使民蒿焉忘其安乐,而有远心,其为恶也甚焉,安用目观",劳民伤财,奢华浪费,大兴土木,满足私欲,这只能招来民怨沸腾、离心离德。伍举坦言:"臣不知其美也!"伍举向灵王正面阐明了他对美的见解:"夫美也者,上下、内外、大小、远近皆无害焉,故曰美。"他这里所说的美,乃是作为整体的国家之美。作为整体的系统内部关系(上下、大小)和内外关系(远近、内外)都应协和,而无害于国家的整体。如果系统内的各种要素有害于整体,那这个要素就不能称之为美。对国家、百姓无害是底线,而国家内部关系和内外关系的协和,就跨入和美的境地。

在中国传统文化中,人和自然(天、地)相和,人和天、地三位一体,臻于和美,乃是人能达到的最高境界:天地境界。

在人还未产生之前,大自然混沌一片,天地未分,就如老子所云:"原始混沌",是个混沌世界。道生一,一生二,二生三,在混沌中生成了天和地,从而又生成了人。大自然在不断地运动,自我生成,人就是在自然中生成的,由此形成了天——地——人的三位一体。

中国古人也早自春秋时代以来,就意识到了整个宇宙乃由天——地——人所结构而成。天——地——人之间,既各自独立而又相济相成,构成一个整体,正如陆象山所说:"人与天地并立而为三级"。上为天,下为地,人立于天地之间,顶天立地。在这整体结构中,人以天地为体。天地浩荡,无边无垠,作为其中一体的人,本十分渺小,犹如苍海中之一根芦苇,天空中的一粒尘埃,宇宙中的一点琐屑。但是,"人者,天地之心也"(《礼记》),天地自身本没有心,人的生成,就产生了天地之心。所谓心,正如王阳明所说,"心无体,以天地万物感应之是非为体",人的心能去感应天地万物,从而使人和天地相和。心,"只是一个灵明",是脑的反映功能,但正是因为有了这点"灵明",才能去感应这个世界,王阳明说得好,"天,没有我的灵明,谁去仰他高?地,没有我的灵明,谁去俯他深?"人若没有这点"灵明",在这个世界上根本就无从生存,更何谈发展和完善。

正是因为人乃天地之心,所以能懂得天——地——人三位的一体性,能自觉地调整人和天地之间的关系,寻求天——地——人之间的"和",调控天——地——人之间的矛盾冲突,使之协调发展,趋向和美。中国人从事任何活动,办任何事,都要把这事放在天——地——人这个总架构中来衡量,从而见机行事,随机应变,掌握到了"天时、地利、人和",方敢付诸实践。这正如荀子所说:"上不失天时,下不失地利,中得人和,而百事不废。"

中国传统文化把天——地——人作为一个有机整体来看待,符合自然的辩证法。美国学者尤利称道中国古代的朴素辩证法,"完整地理解宇宙有机体的统一性、自然性、有序性、和谐性和相关性,是中国自然哲学和科学千年来探索的目标"。在此，我需要补充的是：探索天——地——人的和美，这不仅是中国的自然哲学，而且也是社会哲学和精神哲学的目标。

中华文明，百家争鸣，百花齐放，各有千秋，和而不同。道家更重天人合一，物我一体，禅宗则重内心体验，心气平和；而儒家则突出了人人相处，以和为贵。天、地、人各有其道，人道、天道、地道三者之中，占中国传统文化主导地位的儒家，更重视人道，在天时、地利、人和三要素中，人和更为重要。这是因为人有那点"灵明"，可以主动顺应天地，"顺天之时，因地之宜，存乎其人"（《农书》），所以孟子干脆说："天时不如地利，地利不如人和"。天道远而人道迩，靠天靠地还要靠人自己。为了突出"人和"这一环节，儒家还把天——地——人这个系统加以延伸，君——亲——师也被纳入了"人"这个小系统，变成天——地——君——亲——师。但中国历史上仍不断出现突出天地之美，乃万物之本的言论，如董仲舒在《春秋繁露》中说："天地之化精，而万物之美起。"其实，中华文明内部，儒、道、佛诸家，都在相互补足，趋向和合。

如今我们生活于其中的这个世界，已经极其复杂。人的世界，物的世界和心的世界，相互冲突而又相互制约。人的世界本身的失衡，心的世界本身的失衡，物的世界本身的失衡，已随处可见，人和世界（自然、社会、精神）如何能取得动态平衡，寻求相互间的协和发展，已变得越来越困难。但人类别无出路，只有继续向前探索，寻求走向和谐世界之路，使人的生存状态能和自然生态、人文生态、精神生态都得到和谐一致。最关键处，还是要充分发挥人的那点"灵明"，依靠人的智慧，全方位地解决人与自然、社会、精神的失衡现象，取得人和世界的动态平衡。"人与天调，然后天地之美生"（管子），天与人相和，才有天地之美。但"天地有大美而不言"（庄子），因为天地本身并无"灵明"，而人有"灵明"，就可"原天地之美而达万物之理"。领悟了天地之美的人，就跨入了天地境界，"得至美而游乎至乐，谓之至人"。庄子的最高理想就是要做"至人"，这在如今自然生态日益恶化的世界里，已难以达到。但我们仍然不该放弃这种为"得至美而游乎至乐"的理想追求。

大千世界，文明各异。人类在长期历史发展过程中形成了各种不同的文明，中华文明是其中之一。西方文明、印度文明、阿拉伯文明、俄罗斯文明等等，自成传统，各有特色。比如，西方文明一开始就以人、神、物三位一体；后来又深入到人、神、物的内部作精细解剖，分门别类，发展为各门科学；如今，有识之士又在力求把天、地、神、人作为一个整体统一起来。而在中华文明中，科学思维长期薄弱，中华文明应吸取其他文明之长，使中华文明充实、提高。不同文明之间的差异，会引发种种矛盾，甚至发展为冲突，这并不使人奇怪。但我们生活在同一个地球上，应该让不同的文明和平共处，无须夸大和助长不同文明的矛盾和冲突。"和而不同"的中华精神对解决文明冲突应有启发作用。按照"和而不同"的精神，不同文明应该通过文明对话、相互交流，促进不同文明的互补与和合，但又让不同文明保持和发扬各自的特色。和合不是同一，而是包容了特异在内的更高层次上的和美。一个和美的世界，既保存了不同文明的多样性，又使不同文明的"世界性"和"民族性"都得以彰显。

我们生长在同一个地球上，同样生活于天底下，我们应该共同努力，创建一个和谐的世界，共享天地之大美。和而不同，世界多彩，各有其美；万邦协和，互通精粹，共享和美。

作者简介

胡经之，1933 年生，深圳大学学术委员会副主任，广东省美学会会长。代表作有《文艺美学》《文艺美学论》《胡经之文丛》等。

"三教论衡"与中国的宗教融汇

胡小伟

中国社会科学院文学研究所研究员

题　解

首先需要指出的是，中国"论衡"不同于古代希腊、罗马争是论非的"辩论术"，而是自汉代以来中国特有的一种论辩形式。秦始皇"焚书坑儒"使儒家（confucianism）典籍一度损失殆尽，西汉发掘典籍，汉景帝时河间王以民间儒生口述整理的典籍（号称"今文经学"），与汉武帝时鲁恭王从孔子故宅壁间所发现的古文经籍（号为"鲁壁藏书"，称"古文经学"）文字多有舛异，因而"独尊儒术"后经生分成"今文"、"古文"两大学派，争辩不休。此为常识之言，不赘。建初四年（79 年）汉章帝亲临白虎观、大会今古文经学群儒，讲议五经异同。"省章句"，"正经义"，勑为《白虎通义》一书。并将订正的儒家五经刻成石碑，以作范本。也因此创立了一种新的论学形式，即以会通为主，称为"论衡"。而王充从古文经学立义，指斥谶纬和神仙方术之说的名作，即曰《论衡》。

《广弘明集》卷一载有《吴主孙权论述佛道三宗》一文，同时提及儒、道、释三家。是为"三教"之说的开始，后来发展到"儒道释"的汇通。

陈寅恪先生曾言：

"南北朝时，即有儒释道三教之目（北周卫元嵩撰《齐三教论》七卷，见《旧唐书》肆柒《经籍志》下）。至李唐之世，遂成固定之制度。如国家有庆典，则召三教之学士，讲论于殿庭，是其一例。故自晋至今，言中国之思想，可以儒释道三教代表之。此虽通俗之谈，然稽之旧史之事实，验以今世之人情，则是三教之说，要为不易之论。"

我以为这是一个历史上饶有兴味，且予当今世界多方启迪的话题。应当声明，中国是个多元宗教的国家，一般以儒道佛为中国最主要的宗教。但是儒家素以理性思维，"不语怪力乱神"著称。虽在南宋进行过相当努力，但是最终并没有形成现代学理意义上的"宗教"。笔者亦曾有短文辨析①。本文所言"三教论衡"不过袭用了历史概念。

我本人是从中国白话小说史角度介入此项研究的。曾以中国白话小说原出于佛教讲经及唐代佛教与俗讲之关系问题，对于前贤发明作过一些补充。略谓前贤所论，俨若专家古生物鉴定，以化石之静态居于何种地质层，指陈演进痕迹，嬗变源流。判断分明，遂成定谳。但如稍异其趣。以佛教由讲经向俗讲之流变，与唐代三教竞争动态大环境关系，则又别有洞天②。本文即是在前文基础上进一步探讨。略陈鄙见，弄斧班门，以为谈助云尔。

需要特别声明的是，中国的宗教融合是一个大题目，远非本文所能概括殆尽。不过以此提起头绪，欢迎更多学者参与进来。

一、"三教"纷争

佛教传入中国后，很长一段时间并没有得到相应的发展。大致原因有三：一是文明差异。华夏文明素无现代意义上的原始宗教。"周革商命"制定了"敬天法祖"的文化设计，发展出体系性以"岳渎崇拜"为中心的自然神崇拜，和以"祖先崇拜"为基准的血缘宗法制度，成为先秦两汉的主要信仰形态。二是文字语言隔膜。中国象形文字较早实现了体系化，同时素重史事记载，与印度佛教使用拼音文字传述的经典存在多重隔膜，阻碍了佛教教义的传播，且学单音节，分四声的中土语言甚为困难，故被喜用"之乎者也"文

---

① 《康熙谈论"儒教非教"》，儒学两千年网（http://www.confucius2000.com/confucian/rujiao/kxtlrjfj.htm）。

② ［作者不详］. 周绍良先生欣开九秩庆寿文集［M］. 北京：中华书局，1997.

言的文士斥为"胡说白道"。三是习俗不同。是最初由西域随"丝绸之路"商贾驼队而来的印度、中亚僧侣，深目高鼻，赤足鹑衣，托钵化缘，山洞穴居，被中原农耕安土重迁的乡里宗法社会所不解，甚而为自视"衣冠之邦"的经生士子视为外方"鬼子"。此节在钱钟书先生《管锥编》中多有论析。可见佛教传播之初，"远来的和尚"并不好"念经"。如果再加一条的话，即佛教初来中土，多为印度其他宗教排斥所致，高僧大德尚未履及，故相当一个时期，其经义教规都很难在中土传播。

汉末动乱动摇了乡里宗法社会，随之而至的"五胡乱华"更为佛教在中国的迅速推广提供了充裕的空间。尤其是包围摇动了鲜卑族建立的元魏政权，在大同以石窟形式"设像传教"突破语言文化阻碍，取得成功，然后随北魏孝文帝迁都洛阳，南梁武帝皈依佛门以后，大批中原士子皈依佛门，鸠摩罗什等高僧也被邀来华，翻译经典。有此四变，佛教在中土传播已了无窒碍，而且借助其精严佛理，完备手段，严密组织，很快就笑傲中原，一支独大了。

汉末"尚通脱"，尤其曹魏。鲁迅曾说，思想通脱以后，废除固执，遂能充分容纳异端和外来的思想，故孔教以外的思想源源引入。这在另一方面也意味着儒家的衰落，无力与佛教抗争。而由道家思想、岳渎崇拜、方术仙箓聚合而成的道教也恰于此时萌生壮大，部位偶合。因此产生了"三教"之说，并影响至今。

如从儒家正统看来，自两汉"独尊儒术"而两宋之理学昌明，恰好是一轮"正反合"。汉末魏晋尚"通脱"，以"名教""自然"为玄言之旨，而道家兴。佛教作为体大思精之外来思想文化，乘文士竞尚玄理之虚，挟"五胡"入主中原之势，对中土的冲击亦可谓大焉哉。而且佛教东渐，练就一套包围摇动人君以自固之术，于是由上而下，由北而南，渐次浸被。道士乃融集本土原始之宗教信仰，模仿佛教之体系组织，参以老庄玄旨及阴阳五行之术，合为道教，后亦以撼动人主视听为其宗旨，因此相当一段时期内，忽而崇老，忽而崇释，忽而佞佛毁道，忽而佞道灭佛。而儒学之士本"修齐治平"入世之术，为国君之股肱，日思振作。相当一个时期内相持不下。于是魏晋南北朝时期至中晚唐，中国除战乱频仍外，思想文化之冲突与磨合也十分剧烈。三教之说，由兹而生。梁释僧佑辑《弘明集》，唐释道宣辑《广弘明集》（道宣还辑有《佛道论衡》甲乙下四卷，存日本《大正藏经》卷五二），记录了自两晋到初唐三教冲突之始末根由。此为历史文化之常识者，毋庸赘言。

作为纯粹的外来宗教，佛教给予传统中华文化许多重要的影响和补益。别的不说，单是现代汉语中常用的智慧、觉悟、境界、功课等等，就无不得益于佛经概念及其汉译。但在另一方面，佛教前期传播中也有一些与中华文化格格不入的矛盾。比如汉景帝"以孝治天下",与前期佛教奉行的"沙门不拜君亲";如农耕社会"日出而作,日入而息"的勤勉自力,与佛教的"托钵化缘",不亲力劳作,等等。这样就由教理龃龉的口舌之争,演变为怒目相视的公然对抗,甚至演化为较为严重的社会矛盾。中国历史上向有"三武一宗灭佛"之说(指北魏太武帝拓跋焘、北周武帝宇文邕、唐武宗李炎和后周世宗柴荣),这就是君权对于佛教的打压,时间大约横旦在公元5世纪到9世纪之间①。但中国毕竟崇尚"和而不同",因此每次所谓"灭佛",大抵止于废寺毁像,僧侣还俗,而鲜有杀戮征战。因此与欧洲、中东地区中世纪不同宗教间,甚至同一宗教不同教派之间的战争截然不同。

首先是与君权的矛盾。由于元魏皇室信奉之故,佛徒也不再谨遵佛祖"托钵"之风,开始说动皇室及王公大臣纷纷舍宅建寺,捐出庄园佃役,供养僧侣,造成国库空虚;其次是经济利益驱动,不仅大批青壮年落发为僧,蓬勃发展的寺院经济也使很多壮劳力不须服役当兵,造成军力不足。《魏书·释老志》甚至说发现寺中藏有弓、矢、矛、盾兵器和宝物,直接威胁国家政权;寺内藏匿贵族妇女,变乱皇室贵族血统。

其次还有礼俗之间的差异。中国自周代以来,便把血缘宗亲和乡里社会视为立国基础和儒家所本。今观孔子所言,泰半阐述此中肯者。佛教"出家"之说,学理上即与此抵牾。而前期佛教秉"沙门不拜君亲"之旨,也与儒家礼教发生尖锐冲突。陈寅恪曰:

"支那佛教信徒,关于君臣父子之观念,后虽同化,当其初期,未尝无高僧大德,不顾一切忌讳,公然出而辩护其教中无父无君之说者。""佛法之入中国,其教义中实有与此土社会组织及传统观念相冲突者,如东晋至初唐二百数十年间,'沙门不应拜俗'及'沙门不敬王者'等说见于彦悰六卷之书者。唐彦悰《集沙门不应拜俗义》皆以委婉之词,否认此土君臣父子二伦之议论。"

在佛徒是否应当遵从世俗社会儒家礼仪上,自晋以来就一直充满着激烈的斗争。晋成帝时庾冰主政,主张沙门应跪拜皇帝。恒玄和宋孝武帝也曾先后诏令沙门拜王者。宋废帝一度废除了这道诏令,遂使齐梁陈三代释徒无所顾忌。初唐旧事重提,夹杂政权交替,南朝贵族以佞佛为名,拒绝与新政权合作,矛盾开始加剧。如《旧唐书》六三《萧瑀传》记叙,略云:

"太宗以瑀好佛道,尝赍绣佛像一座,并绣瑀形状于佛像侧,以为供养之

---

① 拓跋焘事可参《魏书·释老志》,宇文邕事参《广弘明集》,李炎事参《旧唐书·武宗纪》,柴荣事参《旧五代史》本纪。

容，又赐王褒所书《大品般若经》一部，并赐袈裟，以充讲论之服焉。会瑀请出家，太宗谓曰：'甚知公素爱桑门，今者不能违意。'瑀旋踵奏曰：'臣顷思量，不能出家。'太宗以对群臣吐言，而取舍相违，心不能平。瑀寻称足疾，时诣朝堂，又不入见。太宗谓侍臣曰：'瑀岂不得其所乎？而自慊如此。'遂手诏曰：'至于佛教，非意所遵。虽有国之常经，固敝俗之虚术。何则？求其道者，未验福于将来；修其教者，翻受辜于既往。至若梁武穷心在释门，简文锐意于法门，倾帑藏以给僧祇，殚人力以供塔庙。及乎三淮佛浪，五岭腾烟，假余息于熊蹯，引残魂于雀鷇。子孙覆亡而不暇，社稷俄顷而为墟。报施之征，何其缪也。而太子太保宋国公瑀践覆车之余轨，袭亡国之遗风。弃公就私，未明隐显之际。身俗口道，莫辨正邪之心。修累叶之狭源，祈一躬之福本。上以违忤君主，下则扇习浮华。往前朕谓张亮云：卿既事佛，何不出家？瑀乃端然自应，请先入道。朕概许之，寻复不用。一回一惑，在于瞬息之间；自可自否，变于帷扆之所。乖栋梁之大体，岂具瞻之量乎？朕犹隐忍至今，瑀尚全无悛改，宜即去兹朝阙，出牧小藩。可商州刺史，仍除其封。'"

虽然李世民送像送经，加意笼络，但萧瑀身为前朝国储，"时诣朝堂，又不入见"，摆明是借佛徒之名，不拜新君，惹恼唐太宗，放逐了事。而太宗诏令中对于梁朝举国佞佛，而致覆亡的理论批判，倒是相当尖锐严厉的。有关历代围绕沙门佛徒究竟该不该致拜君亲漫长的争议经过，可参文后所附《中国历史上的"三教论衡"》，此不再赘。

再次则是佛道地位之争。释彦悰《护法沙门法琳别传》载有贞观十一年（637年）正月（适园丛书本《唐大诏令集》壹叁作"二月"）《道士女冠在僧尼之上诏》，略云：

"至于佛教之道，甚于西域。爰自东汉，方被中华。神变之理多方，报应之缘匪一。暨乎近世，崇信滋深。人冀当年之福，家惧来生之祸。由是滞俗者闻玄宗而大笑，好异者望真谛而争归。始波涌于闾里，终风靡于朝廷。遂使异俗之典，犦为众妙之先；诸夏之教，翻居一乘之后。流遁忘反，于兹累代。朕夙夜寅畏，缅惟至道。思革前弊，纳诸轨物。况朕之本系，出自柱下。鼎祚克昌，既凭上德之庆；天下大定，亦赖无为之功。宜有解张，阐兹玄化。自今以后，齐供行立。至于讲论，道士女冠宜在僧尼之前。庶敦本系之化，畅于九有；尊祖宗之风，贻诸万叶。"

显然是正式贬抑释徒，树立新统的重大举动。龙朔二年（662年）4月15日，他的儿子唐高宗企图再接再厉，进一步颁布了《制沙门等致拜君亲敕》，云：

"勅旨：君亲之义，在三之训。为重爱敬之道，凡百之行攸先。然释、老二门，虽理绝常境，恭孝之躅，事叶儒津，遂于极尊之地，不事跪拜之礼。因循自久，迄乎兹宸。宋朝暂革此风，少选还遵旧贯。朕禀天经以扬孝，资地义以宣礼，俾以名教，被兹真俗，而獭乡之基，克成天构；连河之化，付以国王，裁制之由，谅归斯矣。今欲令道士女冠僧尼于君、皇后及皇太子其父母所致拜，或恐爽其恒情，宜付有寺详议奏闻。"

李治为了显示不偏不倚，还特地把道教带上一笔，作为陪衬。但佛徒依然不肯就范，反而乘势组织反扑。道宣①等僧为了抗拒此诏，不仅"使京邑僧等二百余人往蓬莱宫伸表，上请左右相，云：'勅令详议，拜不拜未可定，待后集，僧等乃退。'于是大集西明寺，相与谋议，共陈启状。"召集人众中包括雍州牧、荣国夫人杨氏（帝后之姊，佛徒）、诸宰辅等，并引《梵网经》《涅槃经》《四分律》《本行经》等，不依不饶，备述"出家人法不礼拜国王、父母、六亲，亦不敬事鬼神"等，来与诏书对抗（《广弘明集》卷第二十五《议沙门敬之大诏》）——

"至五月十五日，大集文武官僚九品以上，并州县官等千有余人揔坐中台都堂，将议其事。时京邑西明寺沙门道宣、大庄严寺沙门威秀、大慈恩寺沙门灵会、弘福寺沙门会隐等三百余人并将经文及以前状陈故事，以伸厥理。时司礼太常伯陇西郡王博义谓诸沙门曰：'勅令俗官详议，师等可退。'时群议纷纭，不能画一。陇西王曰：'佛法传通帝代既远，下勅令拜君亲，又许朝议，今众人立理，未可通遵。司理既日职司，可先建议同者署名，不同则止。'时司理大夫孔志约执笔，述状如后。令主事大读迄，遂依位署人，将太半，左肃机崔余庆曰：'勅令司别立议未可，辄承司礼请散，可各随别状选台。'时所选议文抑扬驳杂，今谨依所司上下，区以别之，先列不拜之文，次陈兼拜之状，后述致拜之议，善恶咸录，件之如左焉……一千五百三十九人议请不拜……三百五十四人议请拜。"

这是一次类似现代"民主投票"似的表决。在理应以儒家观念为主的官僚集团中，佛教竟然占据着明显的上风，这或许和武后实际已经当政，并在暗中支持释氏，而群臣见风使舵有关。皇帝只好丢脸地收回了成命。

---

① 此即孙思邈有交之僧。《宋高僧传·唐京兆西明寺道宣传》："释道宣，姓钱，丹徒人也，一云长城。其先出自广陵太守让之后，泊太史令乐之撰《天文集占》一百卷。考讳申府君，陈吏部尚书，皆高矩令猷，周仁全行，盛德百代，君子万年。"显为南朝贵族。其借机煽动抗拒，或与萧瑀一样含有与李唐君权不合作的因素。

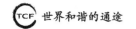

二、三教论衡

既然佛教西来，在中土发展，渐至一支独大，且与儒道理念及礼仪习俗发生冲突，则如何化解消融此中矛盾，也就成为一个棘手问题。于是先有"三教讲论"，后来则发展成为一项固定制度"三教论衡"。

据载，晋惠帝司马衷（290—306 年在位）时，即有道士王浮与沙门帛远争邪正之事。王浮附会襄楷《上汉恒帝书》中"或言老子入夷狄为浮屠"之说，造《老子化胡经》以起衅端。在北魏拓跋氏汉化过程之中，这个问题又被重新提出，如《通鉴》卷一三三所载：泰始七年（471 年）魏献文帝好黄老浮屠，"每引朝士沙门，共谈玄理。"这种讲论时而平和，如元魏时清通观道士姜斌与融觉寺僧昙谟最对论"佛与老子同时不？"（《广弘明集》卷第一《元魏孝明帝召佛道门人论》）时而热闹，如北齐时道士陆修静率徒与上统、昙显斗法，足为《西游记》类似故事张本①。

发展到北周，这种"讲论"开始演化为冲突，促使了"三教论衡"制度的产生。《周书》卷五《武帝纪》：

天和三年（568 年）"集百僚及沙门道士等亲讲《礼记》。"

"天和四年（569 年）二月戊辰，帝御大德殿，集百僚道士沙门等，讨论释老义。"

"建德元年（572 年）春正月戊午，帝幸玄都观，御法座讲说，公卿道俗论难，事毕还宫，二年（573 年）十二月癸巳，集群臣及沙门道士等，帝升高座，辨释三教先后，以儒教为先，道教为次，佛教为后。"

这种御座前的诘难辩论，近则关乎一身之荣辱，远则关乎一教之盛衰，所以常常十分激烈，忽而"雄论奋发，河倾海注"，忽而"妙辩云飞，益思泉涌，加以直词正色，不惮威严，赴火蹈汤，无所屈挠"②，忽而"宾主酬答，剖析稽疑，文出于智府，义在于心外，如斯答对，坚阵难摧。赤幡曳而魔党降，天鼓鸣而修罗退"③。严重时"辞河下倾，辩海横注，凡数千言。闻者为之股栗"。当涉及佛法兴废的关键时刻，佛徒甚至不惜以地狱威胁帝王，如北

---

① 参《广弘明集》卷第四高祖文宣皇帝《废李老道法诏》。按陆修静为道教巨子，其生卒年及活动范围，均不可能与释氏发生这类叙述的冲突，卿希泰《中国道教史》第二册对此有所辨析，可以参看。

② 《宋高僧传》卷第十七《唐京兆魏国寺惠立传》。

③ 《宋高僧传》卷第十七《唐京兆大兴善寺复礼传》。

周武帝时数事然①。慧远法师甚至敢于向皇帝老倌叫板，"抗声曰：'陛下今恃王力自然，破灭三宝，是邪见人。阿鼻地狱，不简贵贱，陛下何得不怖！'（周武）帝勃然作色，大怒，直视于远曰：'但令百姓得乐，朕亦不辞地果狱诸苦。'"② 唯记叙多出释门，未必得其全概，是一憾焉。

又《陈书·马枢传》：

"梁邵陵王纶闻其名，引为学士。纶时自讲《大品经》，令枢讲《维摩》、《老子》、《周易》。同日发题，道俗听者两千人。王欲极观优劣，乃谓众曰：'与马学士论义，必使屈伏，不得空立主客。'"

这说明当殿论辩进入了一个新阶段，场面也变得越来越庞大。如《周书·儒林·沈重传》：

"天和（566—572年）中，复于紫极殿讲三教义，朝士儒林桑门道士至者二千余人。"

白居易曾有《三教论衡》一文，记叙了作者参与一次这样活动的大略。其首云：

"大和元年（827年）十月，皇帝降诞日，奉勅召入麟德殿内道场，对御三教谈论。"③

案《玉海》卷一百六十五言：

"金銮西南曰长安殿，长安殿北曰仙居殿，仙居殿西北曰麟德殿，此殿三面，故以三殿名。东南、西南有阁，东、西有楼。内宴多于此。"

阎文儒《两京城坊考补》则说：

"初唐时即有于麟德殿集宴事。中唐以来，德宗、宪宗时代，规模渐渐宏大，宴缳群臣多设于麟德殿内，因而此殿之建筑非同一般。近来中国科学院考古所西安发掘队，在西安掘出麟德殿遗址……台基之平面呈长方形，南北长130.41米，东西宽77.55米。台基上下两层重台。"④

由此可知，这所宫殿建筑的平面面积将近一万平方米，说明白氏参与"三教论衡"之麟德殿通常用途，本来就是宫廷饮宴游乐的场所。

"三教论衡"涉及范围十分广泛，包括天文地理历史，语言音韵习俗，等等，而其核心问题也曾几度转移，由宋末道士顾欢《夷夏论》"舍华效夷，义

---

① 参《广弘明集》卷十《周祖平齐召僧叙废立抗诏事十一》、《续高僧传·护法篇·隋益州孝爱寺释智炫传》等。

② 《广弘明集》卷十《周祖平齐召僧叙废立抗诏事十一》。

③ 《白居易集》卷六十八，亦载《全唐文》卷六七。

④ 此处所指系1957年12月至1959年2月的发掘。这次发掘报告发表在1963年第11期《考古》杂志的《唐代长安城考古记略》，可以参看。

将安在?"而"老子化胡"说,而"沙门不敬王者",及"忠孝之说"等,虽于后人眼中,不免于琐细繁杂之讥,实则表现了佛学中国化的艰难过程。其中北齐竟陵王萧子良集众僧与之辩,缜亦曾"辩摧众口,日服千人",兼攻释道两氏,并著《神灭论》以传世。因涉及问题颇广,姑置毋论。

佛学西来,其在始初曾依附于玄学。身价百倍后,宗派间亦经论辩,前如东晋时支愍度弟子道恒与竺法汰弟子昙壹、慧远等"大集名僧"论"心无义"说,"据经引理,析驳纷纭","就席攻难数番,问责锋起。"(元康《肇论疏》上)后如唐代宗大历十三年(778年),承诏两街临坛大德14人齐至安国寺,定夺《四分律》新旧两疏是非。"盖以二宗俱盛,两壮必争,被擒翻利于渔人,互擘定伤于师足。既频言竞,多达帝聪,有敕令将二本《律疏》定行一家者"然(《宋高僧传·唐京师西明寺圆照传》)。

历代三教论衡的重大论辩中,道士"理屈词殚"不止一次两次。自张宾需周武帝亲自升座撑腰,到元魏时姜斌被勅"论无宗旨",驱逐下席。综观"论衡"历史,道流虽然屡占下风,但也用得着曾国藩的一句话,叫做"屡败屡战",故论衡事得以长久持续,而以"三教圆融"为告结束。此即陈寅恪氏所云:

"道教对输入之思想,如佛教摩尼教等,无不尽量吸收,然仍不忘其本来民族之地位。既融成一家之说以后,则坚持夷夏之论,以排斥外来之教义。"

道家所以常败之故,首先是其模仿抄袭释氏处既多且陋,如谢镇之《重与顾道士书》谓:

"道家经籍简陋,多生穿凿。至如灵宝妙真,采撮法华,制用尤细。"(《弘明集》卷六)

两相论辩,不免有"李鬼见李逵"之困且窘。譬如唐中宗代武周正位,正欲削减武曌倚重的释氏势力,不意论辩老子《化胡经》时,竟被释徒善辩者所乘,以至不得不明令废止《化胡经》。其次佛徒本长天竺因明思辨之术,自入中土又有专门训练,特擅其口舌之利。复次为释氏极为重视宣传,且早具系统之理论武装,其细密深致,足为后世业宣传者师法(《高僧传·唱道篇·论》)。但毕竟儒家为三家之一,其思想资源及世俗基础足以左右论衡大局。正如钱钟书先生所言:

"三家势成鼎足,其中之一家遂得如武涉说韩信所谓:'足下右投则汉王胜,左投则项王胜。'然儒往往兼攻二氏;而二氏未尝合力攻儒者,则因儒为国家典学，自恃根深基固，名正言顺，二氏亦知其不可动摇也。"①

最终儒道坚持的中土观念占据了上风。陈寅恪言：

"支那佛教信徒，关于君臣父子之观念，后虽同化，当其初期，未尝无高僧大德，不顾一切忌讳，公然出而辩护其教中无父无君之说者……然降于当世，国家颁布之法典，即有沙门应拜俗之条文（见薛允升《唐明律合编》卷九及清律卷十七《礼律仪制僧道拜父母条》）。僧徒改订之规律，如禅宗重修之《百丈清规》，其首次二篇，乃颂祷崇奉君主之《祝厘章》及《报恩章》，供养佛祖之《报恩章》转居在后。夫僧徒戒本本从释伽部族共和国之法制蜕蝉而来，今竟数典忘祖，轻重倒置，至于斯极。橘迁地而变枳，吾民族同化力可谓大矣。"（陈寅恪《〈莲花色尼出家因缘〉跋》）

后来敦煌写本中，显扬"忠孝"观念的作品已占有相当比例。其中不仅包括刘向《孝子传》中的董永、舜子至孝故事，以及现实中张义潮叔侄忠义归唐的故事，刘修业认为伍子胥亦属此类：

"我读这变文后，我感到伍子胥为父兄报仇，乃春秋末年大报仇之一，为后来儒家宗族观念所演出。盖宗族观念愈深，社会对他的同情心愈大，因为他是'孝子'、他是'烈士'，以至他虽覆灭祖国，后人却都能原谅他。"（刘修业《敦煌本〈伍子胥变文〉之研究》）

余则佛经变文如《目连缘起》也提到了"二十四孝"中的董永、王祥、郭巨、孟宗等人。

今传佛经中尚有托名"姚秦三藏法师鸠摩罗什奉诏译"之《佛说父母恩重难报经》，历数母亲怀胎及养育之"十大恩德"。重庆大足宝鼎山宋代石窟又演为大型造像，广为传播。足证释徒已完全承认中土之观念，而绝口不言其天竺原教旨中之"无父无君"之说也。就大原因而言，未尝不是延续400年之"三教论衡"的副产品和大收煞。

王重民先生《敦煌变文研究》中，曾将已发现的敦煌写本分为如下几类：

---

① 参《管锥篇》第四册二六五《全后周文卷二二》。又僧佑《弘明集后叙》曾总结儒家攻击佛徒之异端为"经说迂怪，大而无征"；"人死神灭，无有三世"；"莫见真佛，无益治国"；"古无法教，近出汉世"；"教在戎方，化非华俗"；"汉魏法微，晋代始盛"六种。在辩护时，释徒亦只引儒家事例"为法御侮"，可为钱说注脚。

佛 经 故 事		中 国 故 事		
变 文	杂 类	有 说 有 唱	有 说 无 唱	对 话 类
1. 八相变	1. 大目干连冥间救母变文	1. 伍子胥变文	1. 舜子变	1. 孔子项托相问书
2. 破魔变文	2. 目连变文	2. 孟姜女变文	2. 韩朋赋	2. 晏子赋
3. 降魔变文	3. 目连缘起	3. 汉将王陵变文	3. 秋胡变文	3. 苏武李陵执别词
4. 难陀出家缘起	4. 地狱变文	4. 捉季布变文	4. 前汉刘家太子传	4. 燕子赋
5. 祇园因由记	5. 频婆娑罗王后彩宫女功德意供养塔生天因缘	5. 李陵变文	5. 庐山远公话	5. 燕子赋（开元歌）
	6. 欢喜国王因缘	6. 王昭君变文	6. 韩擒虎话本	6. 茶酒赋
	7. 丑女缘起	7. 董永变文	7. 唐太宗入冥记	7. 下女夫词
	8. 秋吟	8. 张义潮变文	8. 叶净能诗	
		9. 张淮深变文		

　　非佛教类写本占了2/3以上。有些写本明显是僧徒所为，如"自从仆射镇一方，继统旌幢左大梁。至孝仁慈超禹舜，文萌宣略迈殷汤。分茅列土忧三面，旰食临朝念一方。"分明俗家口吻，结句却为"小僧愿讲功德经，更祝仆射万万年"①。

　　佛教"中土化"实际上从陈末隋初的天台宗已露端倪。其实际创始人智颛已开始附会中土人物故事以传法，最著名的便是"玉泉山关公显圣"的故事。陈寅恪曾直截了当地认为：

　　"如天台宗者，佛教宗派中道教意义最富之一宗也。"

　　"安史之乱"后，中国化的佛教新兴宗派禅宗崛起，一时竟有"十寺九禅"之说。自马祖道一创立丛林，安置禅僧，至唐元和九年（814年）百丈禅师怀海制定了"丛林清规"，建立了中土禅宗丛林制度。宋代则丛林建置日

---

　　① 王重民等. 敦煌变文集［M］. 北京：人民文学出版社，1957：354－355.

臻完备。这使禅僧的生活方式发生了大变动，主要表现在：

首先是改变"托钵化缘"方式，实行自给自足。诸如踏碓舂米，田园种植，农地耕耘以及采薪破柴等工作，都由寺庙大众共同执役，同时也订立一套僧众共同生活的规约。怀海本身也严格地实践"一日不作，一日不食"的信条。

此外寺中经济公开，财产不属于私人。倘若有余力，还可以用之于社会的慈善救济事业。这样寺院经济与国家赋税之间的冲突紧张也随之消弭。

同时一扫虚浮繁华的庙宇建筑形式，革除了咬文嚼字的经教研究，不拘印度传来的风俗仪节。他们不设佛殿，不供佛像，唯构法堂。

出家僧人的生活方式也进一步世俗化。四众的衣、食、住、行四威仪无别，祗有僧俗的形象有别而已，他们唯在上殿说法时，披起象征僧侣身份的袈裟，执劳工作时，禅堂修行时，一律都穿随俗的唐服（中国服装）。除了剃光头，便与俗人一样①。

佛教这种妥协恰好始于中唐，不为无因。据载，德宗贞元十二年（796年）四月庚辰，皇帝诞日御麟德殿，命韦渠牟、徐岱等与沙门鉴虚、覃延、道士郗维素、葛参成讨论三教，始若矛盾，卒而同归于善。鉴虚云：

"玄元皇帝天下之圣人，文宣王古今之圣人，释伽如来西方之圣人，陛下是南瞻部洲之圣人。"

算是承认多年混战以后，三教打成了平手。欧阳修《归田录》卷一还记叙了这样一个故事：

"太祖皇帝初幸相国寺，至佛像前烧香，问：'当拜，不当拜？'僧录赞宁奏曰：'不拜。'问其何故，对曰：'见在佛不拜过去佛。'赞宁者，颇知书，有口辩。其语虽类俳优，然适会上意，故微笑领之。遂以为定制。至今行幸焚香，皆不拜也。议者以为得体。"

其实赵匡胤也是在明知故问。所谓"适会上意"，"微笑领之"云云，分明作秀。欧阳修作为韩愈精神传人，这段记载不无弦外之音。赵匡胤作为俗世的最高统治者，而赞宁作为佛教界的最高领袖，在"拜与不拜"上终于达成了默契，而且开创了后世制度。赞宁本《宋高僧传》编纂者，与《高僧传》编纂者唐代道宣亦适成先后。"其语虽类俳优"，也是深知时与势移，有意在不经意处化解儒、释两家多年的矛盾焦点，同时为"三教论衡"的公案作了一结。

此后南宋还有一则类似的插曲，据如惺《高僧集》四集卷一《若讷传》

---

① 释圣严. 中国佛教的特色——禅与禅宗 [J]. 华冈佛学学报，1980 (4)：13-14.

载，宋高宗幸上竺寺，问曰："朕于大士，合拜不合拜？"讷对："不拜则各自称尊，拜之递相恭敬。"钱钟书谓：

> "禅人之'出语尽双'，与仕宦之依违'两端'（double - think，double - talk），乃语言眷属也。"

这个问答与赞宁在精神上自然是一致的。但是经过北宋历代帝王，尤其是太宗、真宗和徽宗大力扶持道教之后，这一场面所以会重新搬演，或者说同一命题何以在南宋初又重新提出，也有政治上的缘由。若讷的回答明显划分出释家与俗家的畛域，隐然有分庭抗礼的意味。盖缘此时释徒也在同时而更加佞佛的辽、西夏和金等民族中找足自信，用不着再以"现在佛"来巴结宋主了。这也正是欧阳修等儒士所以要著《正统论》，而王钦若等"道士宰相"所以要降天书以明"神道设教"的关照所在，分明又是三教斗法的新版本，另话不表。

三、三教圆融

此后历宋元明清，将近千年。儒释道的地位升降变化不一，但大体维持了平衡。如赵匡胤承袭后周世宗柴荣政权而来，以谶纬得天下，道教也与两宋君主相始终。宋太祖曾改建周世宗太清观为建隆观，以待"有道之士"①。宋太宗先建上清太平宫以崇翊圣将军，又陆续建有太一宫等。真宗"以天书降日为天庆节，诏东京建玉清昭应宫。"就兼有祈嗣作用。这在宋真宗宣示"神道设教"，并命王钦若辑《云笈七籤》以及宋徽宗自封"道君皇帝"为道教兴盛的顶峰。宋儒一方面摒弃唐儒"注经"，自创新解，开辟了一条新的路径。同时"援佛入儒"，"援道入儒"，形成名为"理学"的新儒学，并破解了"生而不可知之"的说法，仿照佛道两教建立起"士希贤，贤希圣"的修养提升模式，沿金元而下，影响直达近代。

以今日之视野看去，两宋理学的发生发展，还是一个文化资源的整合消纳过程。既包括对于"三教圆融"的实际成果进行儒家话语的转换，如以"圣可学至"代替禅宗的"人人皆有佛性"，以"德、智并修"代替禅宗的

---

① 此观最初或者是为陈抟准备的。据《宋史·陈抟传》，周世宗显德三年曾召陈抟至京师问道，赵匡胤却屡召不至。《续资治通鉴·开宝二年》载，赵匡胤征北汉时"（五月）次镇州，召道士苏澄人见，谓曰：'朕作建隆观，思得有道之士居之，师岂有意乎？'对曰：'京师浩攘，非所安也。'"这所道观在"斧声烛影"政权交接以前，曾用以检验张守真供奉之"黑煞神"灵验否。（参王钦若《翊圣保德真君传》，《云笈七签》卷一百三《纪传部·传一》）太宗为黑煞神另建祠宇之后，此祠改由道士主掌，地位亦随之下降。《东京梦华录》卷三述"建隆观，观内东廊于道士卖齿药，都人用之。"可得其概。

"禅、定双修",以"敬天法祖"的祭祀仪典,代替佛道两教的偶像崇拜和尊崇仪轨,等等。同时又包含对于儒家经典的系统总结、引申和发挥,如以《易》打通宇宙观念,以"阴阳学说"概括"鬼神",最终建立了一整套可以与佛道平等对话的名词术语及话语体系①。以至宋代传出名为《虎溪三笑》的画图,表现佛徒慧远、儒生陶渊明和道士陆修静在庐山虎溪相逢谈欢,相视大笑的场面。其事虽未有,作为后世之想象,也算描绘出象征文化交融的一幅新境界②。

当然,这种交融也会遇见坎坷挫折。其中比较重要的一次,是全真道倚恃成吉思汗金牌之赐,侵占其他宗教寺庙财产。以重刊老子《化胡经》为导火索,引出了新的"佛道论辩"。结果忽必烈、八思巴判定道教完败,史称"至元辨伪",结果将道士正在纂修刊刻的《道藏》焚版,造成道教经书不可挽回的巨大损失。枝蔓不赘③。

朱元璋是第一位自觉以理学为治国理念的皇帝。虽然幼年为僧,但他即位后并未独尊佛门,相反却非常注重儒学,并大力提升道教地位。还撰有《三教论》、《释道论》主张三教调和。他的玄孙朱见深大约经历过"土木之变"父皇被掳,太子遭贬。后来又有"夺门之变"父皇复辟,自己终登大宝的特殊经历。即位不久,更是别出心裁,于成化元年(1465年)六月初一亲制《一团和气图》,大举倡导"三教合一"说。其图以慧远居中,陶渊明、陆修静分居左右,细看三人仍言笑晏晏,粗看却已浑然一体,皆大欢喜。他撰写的《御制一团和气图赞》则言:

"朕闻晋陶渊明乃儒门之秀,陆修静亦隐居学道之良,而惠远法师则释氏之翘楚者也。法师居庐山,送客不过虎溪。一日,陶、陆二人访之,与语,道合,不觉送过虎溪,因相与大笑,世传为三笑图,此岂非一团和气所自邪?试挥彩笔,题识其上:

"嗟世人之有生,并戴天而履地。既均禀以同赋,何彼殊而此异?唯凿智以自私,外形骸而相忌。虽近在于一门,乃远同于四裔。伟哉达人,退观高视;谈笑有仪,俯仰不愧。合三人以为一,达一心之无二。忘彼此之是非,蔼一团之和气。嗯!和以召和,明良其类。以此同事事必成,以此建功功备。

---

① 此节关系甚多。笔者在《中国文化史研究·关公信仰系列》(香港科华图书公司2005年出版)第二册《超凡入圣——宋代关公崇拜》第九章《理学与关公崇拜》中曾有深入讨论。此不赘。

② 宋人画《虎溪三笑》图册,绢本设色,青绿。尺寸26.4cm×47.6cm。台北"故宫博物院"收藏。

③ 笔者曾撰有《从<至元辨伪录>到<西游记>》,载《河南大学学报》(社会科学版)(第44卷)2004年第一期,缕述此次辩论起因、过程及结果。有兴趣者可以参看。

岂无斯人，辅予盛治？披图以观，有概予志。聊援笔以写怀，庶以誊俗而励世。"[1]

从中国特有的地方志史料不难查明，中明前后中国各地相继兴建"三教寺"，竞相将如来、老子、孔子合祀一堂。而晚明林兆恩著《圣学统宗三教归儒集》，索性主张创立以儒为主体，三教合一的宗教"三一教"，宣称要通过"炼心"、"崇礼"、"救济"等手段，"以三教归儒之说，三纲复古之旨，而思易天下后世。"饶宗颐先生亦言：

"清初程云庄倡教吴郡之门，梨洲称其'修饰林三教之余术，而别自出头地者'。林氏之学，流衍而为一贯道之属，至今尚脍炙人口。"

此后三教虽仍然各立门庭，自为体系，但社会表现却呈现共同崇拜的神祇流行的景象。其中最突出的是便关公信仰。约成书于嘉靖时期的《三界伏魔关圣帝君忠孝义真经》，已称关羽君临三界：

"掌儒释道教之权，管天地人才之柄。上司三十六天星辰云汉，下辖七十二地土垒幽酆。秉注生功德延寿丹书，执定死罪过夺命里籍，考察诸佛诸神，监制群仙群职。高证妙果，无量度人，至灵至圣至上至尊伏魔大帝关圣帝君。"

请注意连加的四个"至"字，实已将关羽视为融汇三教之最高神祇，这与嘉靖时代的佞道氛围也颇为合辙，不为无因。近年台湾信众有以关羽为"儒释道回耶"世界五大宗教联合"选举"关羽为"第三十八代玉皇大帝"的说法，岛内轰动一时[2]。实质不过是这一说法的延伸而已。

余　论

如果再作进一步考察，不难发现儒道释旨趣其实各有不同：儒家关注点着重于"修齐治平"，实则为历史警示下现实社会的治理；道教本"道法自然"之玄旨，注重人与自然的协调关系；佛性则直指人心，戒贪嗔杂欲。彼此不难互补包容。如果将视野扩大至东亚，不难发现日本、朝鲜、越南等深受中华文化浸润的国家地区，也同样秉此宗旨，三教共处，而没有走向彼此缠斗，争执不休，长期内乱甚至分裂的境地。

---

① 立轴纸本设色，48.7cm×36cm。北京故宫博物院藏。
② 台湾《时报周刊》1981年第170期曾发表《漏发的选举公报——关公历代封典谥号考释》及覃云生《替关圣帝君封号——专家谈玉皇大帝改选》等文讨论这一现象。王见川《转变中的神祇——台湾"关帝当玉皇"传说的由来》缕述了这一过程。当代佛教对此的回应，则可看看范纯武《近现代中国佛教与扶乩》（台湾《圆光佛学学报》第三期283－285页，1999/02），有兴趣的读者可以自行翻检。

另一方面，世界上多种宗教，如犹太教、伊斯兰教、聂思脱里、袄火教、也里可温等，历史上都曾以和平方式进入中国。或者和平消融于中国文化，或者至今与中国宗教和平共处。此固为常识之论，但是否能予解决今日困扰世界之宗教纷争一些启迪，仍需学界和政治家继续作出理性思考和不懈努力。

陈寅恪氏在70多年前即指出：

"至道教对输入之思想，如佛教摩尼教等，无不尽量吸收，然仍不忘其本来民族之地位。既融成一家之说以后，则坚持夷夏之论，以排斥外来之教义。此种思想上之态度，自六朝时亦已如此。虽似相反，而实足以相成。从来新儒家即继承此种事业而能大成者。窃疑中国自今日以后，即使能忠实输入北美或东欧之思想，其结局当亦等于玄奘唯识之学，在吾国思想史上，既不能居最高之地位，且亦终归于歇绝者。其真能于思想上自成系统，有所创获者，必须一方面吸收输入外来之学说，一方面不忘本来民族之地位。此二种相反而适相成之态度，乃道教之真精神，新儒家之旧途径，而二千年吾民族与他民族思想接触史之所昭示者也。"

本文主旨，亦在说此。

附：中国历史上的"三教论衡"

朝代	帝号	年代年号	公元	事　　　　　　　　　　　纪
北魏	孝明帝	正光元年	520	勅清通观道士姜斌与释昙谟最于朝廷辩论佛道二教先后，斌败，配徙马邑
北齐	文宣帝	天保六年	555	九月，勅召诸沙门与道士辩对，以决二教优劣。道士败，勅道士"削发为僧"，遂使"齐境国无两信"
北周	武帝	天和四年	569	二月，帝临大德殿，集百官、道士、沙门等讨论释老义。三月十五日，勅召有德众僧、名儒道士、文武百官2000余人，皇帝御正殿，量述三教，以儒教为先，佛教为后，道教最上
		天和五年	570	司隶大夫甄鸾上《笑道论》三卷。五月十日，帝大集群臣详鸾之论，以为伤蠹道法，即于殿庭焚荡
		建德二年	573	十二月，集群臣及沙门道士等，帝升高座，辩三教先后，以儒教为先，道教为次，佛教居后
		建德三年	574	五月，诏僧道大集京师，勅：断佛道二教，经像悉毁，罢沙门道士，并令还民，禁诸淫祀。礼典所不载者尽除

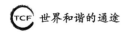

朝代	帝 号	年代年号	公元	事　　　　　　　纪
隋	文帝	开皇三年	583	帝于道坛见老子化胡像，大生怪异，集沙门道士共议，又勅朝官威、杨素等详议奏闻。释彦悰因作《辨道论》斥"老子化胡说"
		开皇九年	589	李士谦论三教优劣，以佛为日，道为月，儒为五星
	炀帝	大业二年	606	诏令沙门致敬王者，沙门明瞻等抗诏不从，乃止
		大业四年	608	始平令杨弘集道士名儒入智藏寺，三教论议
唐	高祖	武德四年	621	傅奕上书请废僧尼，减塔寺，以佛教"剥削民财，截割国贮"，危害国家。帝纳之，下诏问沙门出家损益
		武德五年	622	释法琳上太子建成启，并启秦王世民，力斥傅奕
		武德七年	624	帝临国子学释典，令徐文远讲《孝经》，沙门惠乘讲《般若经》、道士刘进喜讲《老子》
		武德八年	625	帝幸国学，下诏叙三教先后，老先，孔次，释末
	太宗	贞观五年	631	诏僧道致敬父母
		贞观七年	633	令僧道停致敬父母
		贞观十一年	637	诏令"朕之本系起自柱下"，道士女冠今后斋行供行立讲论，皆应在僧尼之前。诏下，沙门智实，法琳等诣阙上表力争，太宗令岑文本宣勅严戒，众僧饮气还，智实不服，遭杖责放还
		贞观十二年	638	皇太子集宫臣及三教学士孔颖达、道士蔡晃、沙门慧净等于弘文殿论议
		贞观十三年	639	道士秦士英奏沙门法琳著论毁谤皇宗，勅遣刑部尚书刘德威、礼部侍郎令狐德棻、侍御史韦琮、司空毛明素等勘问，流法琳益州，行至中途卒。傅奕卒。临终戒其子勿读佛书，谓佛教为"妖胡乱华"。又集魏晋以来驳佛者为《高识传》10卷行世
		贞观二十一年	647	李义表自西域还，奏称东天竺童子王未有佛法，外道宗盛，义表告以中国未有佛法以前已有圣人说道，王请译为梵言，乃命玄奘法师与道士蔡晃、成英等30余人集五通观翻《老子》五千言为梵言。奘与蔡、成颇多争论

朝代	帝号	年代年号	公元	事　　　　　　纪
唐	高宗	显庆二年	657	诏僧道不得受父母及尊者礼拜
		显庆三年	658	因祈雪。命慈恩寺沙门义褒、东明观道士张惠元等各27人入宫论议
		显庆四年	659	诏僧道入合璧宫论议，道士李荣立"道生万物"义，慧立以词曲之
		显庆五年	660	再诏沙门静泰、道士李荣在洛宫论议，荣以词曲，命还梓州
		龙朔二年	662	四月，下勅令僧道致敬父母。沙门道宣等上表抗拒致敬事，乃令再为详议。五月，大集文武百官及州县官等千余人，坐中台都堂议致敬事，以议致敬事状崇佛老多，乃于六月再下诏令停令致敬
		总章元年	668	诏百僚僧道议老子《化胡经》，后下勅搜聚天下《化胡经》焚弃，不在道经之数。既而洛京恒道观彦道等奏留，有诏仍令削除
周	则天	载初元年	690	沙门怀义等10人进《大云经》四卷，言则天是弥勒下生，当代唐作阎浮提主，制颁于天下。令两京诸州各置大云寺，各藏《大云经》一部，总度僧千人。及则天革命称周，封怀义法明等为县公，皆赐紫袈裟银龟袋。御明堂大开三教，内史邢文伟讲《孝经》，侍臣僧道以次论议
		天授二年	691	以佛教开革命之阶，令佛教在道教之上，僧尼处道士女冠之前。后以佛道两教常互争毁，乃下诏制止之
		大足元年	701	张昌宗、李峤、宋之问、刘知几等撰《三教珠英》1300卷成书
唐	中宗	神龙元年	705	诏僧道集内殿定夺《化胡经》真伪，寻下勅废《化胡经》，刻石于白马寺，并以佛道二教于寺观各画《化胡经》或老君之形象毁辱，下诏限10日内毁除。洛京大恒观主桓道彦上表固执，勅不许
	玄宗	开元二年	714	令道士女冠僧尼致敬父母
		开元十八年	730	至花萼楼召释道二教论议，沙门道氤与道士尹崇对辩论议，复有旨编入藏，题曰《开元佛道论衡》
		开元二十一年	733	亲注老子《道德经》令学习之。制士庶家藏《老子》一本，每年贡举人量减《尚书》、《论语》两条策，加《老子》策。再下勅命僧尼道士女冠拜其父母

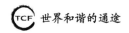

朝代	帝 号	年代年号	公元	事　　　纪
唐	肃宗	上元二年	761	于景龙观设高座讲论释道二教，遣公卿百僚悉就观设醮讲论，自宰臣以下赐钱有差
	德宗	贞元十二年	796	四月庚辰，德宗诞日御麟德殿，命韦渠牟、徐岱等与沙门鉴虚、覃延、道士郗维素、葛参成讨论三教，始若矛盾，卒而同归于善。鉴虚云："玄元皇帝天下之圣人，文宣王古今之圣人，释伽如来西方之圣人，陛下是南瞻部洲之圣人。"
	敬宗	宝历二年	826	命沙门道士400余人于大明宫谈论设斋
	文宗	太和元年	827	文宗诞日，召秘书监白居易、安国寺沙门义林、上清宫道士杨弘元入麟德殿内道场谈论三教
		太和七年	833	庆成节诞日，僧徒道士讲论于麟德殿
	武宗	会昌元年	841	勑开讲《南华经》，设内斋，命僧道议论，道士赐紫，沙门不得著
		会昌五年	845	道士赵归真请与释氏辩论，乃令僧道会麟德殿，令沙门知玄与道门敌言神仙为可学不可学。武宗又手付老子"理大国若烹小鲜"义，知玄大陈帝王理道教，化根本，谓神仙之术乃山林匹夫之事，大忤旨，放还桑梓。赵归真举罗浮山道士邓元起有长年之术，遣中使迎之，于是与衡山道士刘玄靖等共毁释氏，而拆寺之请行焉。八月颁诏废佛，天下拆寺4600余所，还俗僧尼26.05万人，拆招提、兰若4万余所，收膏腴上田数千万顷，收奴婢为两税户15万人。宰相李德裕等上表称贺，于《贺废毁诸寺表》中指责佛教"耗蠹生灵，浸灭正税，国家大蠹，千有余年"
	宣宗	大中元年	847	诏谓"会昌五年所废寺宇，有宿旧名僧，复能修创，一任主持。所司不得禁止。"
		大中三年	849	帝诞日，召谏议李贻孙、给事杨汉公、沙门知玄同道士于麟德殿讲论三教
	懿宗	咸通十一年	870	帝诞日，召京城僧道入麟德殿讲论
	昭宗	龙纪元年	889	诞日仍名两街僧道入内殿讲论

续表

朝代	帝 号	年代年号	公元	事 纪
后梁	太祖	开平元年	907	命僧尼改隶祠部，道士不入宗正。罢释道二教诞日御前讲论
后唐	庄宗	同光元年	923	命道士程紫霄入内殿讲论
后唐	明宗	天成元年	926	诞日命僧录云辩与道士入内殿谈论
宋	太宗	淳化元年	990	诏参政苏易简撰《三教圣贤录》各54卷。令通慧赞宁、太一宫道士韩德纯分领其事
宋	真宗	景德三年	1006	言"道释二门，有助世教"。因倡"三教一贯"，谓"三教之设，其旨一也。大抵皆劝人为善。"

作者简介

胡小伟，1945 年生，中国社会科学院文学研究所研究员，中国民间文艺家协会关公文化专业委员会主任。代表作有《中国文化史研究关公信仰系列》《关公崇拜溯源》等。

忠恕之道与中国近现代的对外关系

李存山

中国社会科学院哲学研究所中国哲学研究室主任

【内容提要】 以儒家思想为主流的中国文化，是崇尚道德、以人为本的"道德性的人文主义"文化。"仁者爱人"，此"爱人"包括爱全人类并兼及爱物。忠恕之道（"己欲立而立人，己欲达而达人"，"己所不欲，勿施于人"）是"为仁之方"，其具有人类道德的普适价值。儒家主张"协和万邦"，这在中国古代不免与"宗主国"意识的历史局限联系在一起。在中国近代，中华民族在与世界的交往中形成了"民族国家"的观念。孙中山率先提出了"振兴中华"和"民族主义"，其中包含着世界各民族平等的思想，蔡元培称此为"民族主义与世界主义"的折中，"振兴中华"与"永不称霸"在孙中山的思想中是统一的。20 世纪 50 年代，中国政府提出了"和平共处五项原则"，其首倡者周恩来曾经说："中国人办外事的一些哲学思想""来自我们的文化传统，不全是马克思主义的教育"（《周恩来外交文选》第 327—328 页）。"和平共处五项原则"实即体现了忠恕之道的精神。在 21 世纪，中华民族正处在"和平崛起"的过程中。"与邻为善"、"和谐世界"的外交方针符合中国文化的优秀传统，而又有新时代的思想内涵。崛起中的中国应克服狭隘的民族主义，不蹈世界史上列强争霸的覆辙，而与其他民族国家和平共处，平等互利，建构多元、民主的世界新秩序，努力实现"协和万邦"和"永久和平"的人类理想。

【关键词】仁者爱人　忠恕之道　民族主义　世界主义　和平共处五项原则

一

以儒家思想为主流的中国传统文化，是崇尚道德、以人为本的"道德性的人文主义"文化。说其是"人文主义"，乃相对于印度、希伯来文化突显宗教的价值而言；说其是"道德性的人文主义"，乃相对于古希腊文化的"以智能为基点的人文主义"而言①。中国传统文化以人为本，即以人为最有价值，亦即《孝经》所谓"天地之性（生），人为贵"，或者说，人是目的，人是价值主体，《墨子·经说上》即谓"仁，爱己者，非为用己也，不若爱马者"（此处"爱己"就是爱人如己，"非为用己"就不是以人为手段，而是以人目的）。中国传统文化崇尚道德，这从《尚书·尧典》说帝尧"克明俊德"以及《周书》强调"敬德保民""明德慎罚"就已是如此。至《左传》中记载"正德、利用、厚生谓之三事"，"太上有立德，其次有立功，其次有立言"谓之"三不朽"，道德已被作为中国文化的最高价值。孔子在中国文化史上的重要地位就是"祖述尧舜，宪章文武"，继承了中国上古时期以及春秋时期崇尚道德的文化传统，而又把"仁"提升到道德的最高范畴，明确提出了"仁者爱人"。

《论语·颜渊》篇载："樊迟问仁，子曰：爱人。"此处的"爱人"首先是一种发自内心的爱，即"为仁由己"的自觉、自律、真诚、高尚的道德意识；这种道德意识发端于亲子之间真实无伪的道德情感，故"孝悌也者，其为仁之本与"（《论语·学而》）；从"老吾老"、"幼吾幼"推扩出去乃"及人之老"、"及人之幼"，进而达到"泛爱众"，亦即孟子所说："亲亲，仁也；敬长，义也；无他，达之天下也。"（《孟子·尽心上》）所谓"达之天下"就

---

① 徐复观. 中国人文精神之阐扬［M］. 北京：中国广播电视出版社，1996：201.

是要爱普天之下所有的人类，并且兼及爱万物。《吕氏春秋·爱类》篇说："仁于他物，不仁于人，不得为仁。不仁于他物，独仁于人，犹若为仁。仁也者，仁乎其类者也。""仁"的根本意义就是爱人类，其次是爱万物，故孟子说"仁者爱人"（《孟子·离娄下》），"亲亲而仁民，仁民而爱物"（《孟子·尽心下》），宋儒张载说"民吾同胞，物吾与也"（《正蒙·乾称》）。

"仁者爱人"是儒家学说的第一义①，被历代儒家所始终坚持。如汉代的董仲舒说："仁之法在爱人……质于爱民以下，至于鸟兽昆虫莫不爱……仁者，爱人之名也……"（《春秋繁露·仁义法》）唐代的韩愈说："博爱之谓仁"（《韩昌黎集·原道》）。宋代的二程说："仁者浑然与物同体"（《程氏遗书》卷二上），"仁之道，要之只消道一公字……故仁所以能恕，所以能爱"（《程氏遗书》卷十五）。至近代的康有为仍说："仁者无不爱，而爱同类之人为先……盖博爱之谓仁。孔子言仁万殊，而此以'爱人'言仁，实为仁之本义也。"（《论语注·颜渊》）

《论语·里仁》篇载："子曰：'参乎！吾道一以贯之。'曾子曰：'唯。'子出。门人问曰：'何谓也？'曾子曰：'夫子之道，忠恕而已矣。'"孔子所说的"吾道"当然是指仁道，而推行、实践仁道的"一以贯之"的方法、准则就是"忠恕"。孔子说："夫仁者，己欲立而立人，己欲达而达人。能近取譬，可谓仁之方也已。"（《论语·雍也》）这里的"己欲立而立人，己欲达而达人"就是忠；"能近取譬"就是推己及人，由近及远；"仁之方"就是"行仁之方"。《论语·卫灵公》载："子贡问曰：'有一言而可以终身行之者乎？'子曰：'其恕乎！己所不欲，勿施于人。'"在忠恕之道中，孔子实更重视恕，即"己所不欲，勿施于人"。《论语·公冶长》载："子贡曰：'我不欲人之加诸我也，吾亦欲无加诸人。'子曰：'赐也，非尔所及也。'"这里的"加"即是侵加、强加的意思。"己所不欲，勿施于人"，首先就是把他人看做与自己一样的具有独立意志的同类：我不欲别人强加于我，我也不要强加于别人。孔子说"赐也，非尔所及也"，意即做到这一点很不容易②。

儒家经典《大学》将忠恕之道又称为"絜矩之道"。朱熹《大学章句》：

---

① 此不同于西方基督教《圣经·马太福音》所说："你要尽心、尽性、尽意，爱主你的神。这是诫命中的第一，且是最大的。其次也相仿，就是要爱人如己。"也不同于西方早期来华传教士利玛窦以这样的"诫命"来比附儒家的"仁"，他说："仁也者，乃爱天主，与夫爱人者，崇其宗原而不遗其枝派……""夫仁之大端，在于恭爱上帝。"见朱维铮主编《利玛窦中文著译集》，复旦大学出版社，2001年，第77、131页。

② 宋儒程颐说："'我不欲人之加诸我也，我亦欲无加诸人'，《中庸》曰'施诸己而不愿，亦勿施于人'，正解此两句。然此两句甚难行，故孔子曰：'赐也，非尔所及也'。"（《程氏遗书》卷十八）

"絜，度也；矩，所以为方也。""絜矩"犹如言"规矩"，就是指基本的道德准则。《大学》云："所恶于上，毋以使下；所恶于下，毋以事上；所恶于前，毋以先后；所恶于后，毋以从前；所恶于右，毋以交于左；所恶于左，毋以交于右。此之谓絜矩之道。"

朱熹注："如不欲上之无礼于我，则必以此度下之心，而亦不敢以此无礼使之。不欲下之不忠于我，则必以此度上之心，而亦不敢以此不忠事之。至于前后左右无不皆然，则身之所处，上下四旁、长短广狭，彼此如一而无不方矣……所操者约，而所及者广，此平天下之要道也。"（《大学章句》）这个"要道"也就是忠恕之道。其中上下、前后、左右等等是喻指社会生活中的一切人际关系，而"忠恕"就是最基本（"所操者约"）、最普遍（"所及者广"）的人际关系道德准则。它特别突显了一种"角色互换"或"交互主体性"的意识，这种意识符合德国哲学家康德所说的"普遍道德律"，即："不论你做什么，总应该做到使你的意志所遵循的准则同时能够成为一条永远普遍的立法原理。"①

忠恕之道既然是人际关系的最基本、最普遍的道德准则，那么它就不仅适用于本族群的成员之间，而且适用于普遍的人类。因此，当樊迟在另一处"问仁"时，孔子回答："居处恭，执事敬，与人忠，虽之夷狄，不可弃也。"（《论语·子路》）孔子有"夷夏之辨"的思想，这种区别并非种族优劣之分，而主要是道德文明程度的高低。虽然孔子高度自觉地认同于华夏文化，如其称许管仲为"仁"，说"微管仲，吾其被发左衽矣"（《论语·宪问》），但夷、夏同属人类，所以恭敬、忠恕等道德原则"虽之夷狄，不可弃也"。

按照公羊学家对《春秋》经的解释，孔子"内诸夏而外夷狄"，寄希望于首先实现诸夏的统一，以传续华夏文化，进而影响周边各族，使"夷狄进至于爵"（《公羊传·隐公元年》何休注），以实现天下太平。"孔子之作《春秋》也，诸侯用夷则夷之，进于中国则中国之。"（苏舆《春秋繁露义证》卷二）这种夷夏可以互易的思想，在中国历史上促进了华夏（汉）族与少数民族的相互融合与多元并存，以至最终凝聚成"多元一体"的中华民族及其文化②。不仅如此，儒家的最高理想是天下太平，此即《尚书·尧典》所谓"协和万邦"。董仲舒说："仁者，爱人之名也……故王者爱及四夷，霸者爱及诸侯，安者爱及封内，危者爱及旁侧，亡者爱及独身。独身者，虽立天子诸侯之位，一夫之人耳，无臣民之用矣，如此者，莫之亡而自亡也。"（《春秋繁

① 康德. 实践理性批判［M］. 关文运，译. 南宁：广西师范大学出版社，2002：17.
② 费孝通. 中华民族多元一体格局［M］. 北京：中央民族大学出版社，1999：13.

露·仁义法》）这里的"王者爱及四夷"当然是"爱人"的最高境界，只有如此，才能"协和万邦"，天下太平。如果只是"爱及（本国的）诸侯"，那么这只是儒家所不认可的"霸"；如果诸侯爱及封邦之内的人民，那么尚可以"安"；如果只是爱及身边的宠臣，那么其邦国"危"；如果只是爱自己一个人，那么虽在天子诸侯之位，也只是一个独夫，臣民不会为其所用，则其自取灭亡。

孔子说："远人不服，则修文德以来之。"（《论语·季氏》）"骥不称其力，称其德也。"（《论语·宪问》）此即孟子所说的"德力之辨"或"王霸之辨"："以力假仁者霸，霸必有大国。以德行仁者王，王不待大，汤以七十里，文王以百里。以力服人者，非心服也，力不赡也。以德服人者，中心悦而诚服也，如七十子之服孔子也。"（《孟子·公孙丑上》）

所谓"以德服人"，可谓一种"软实力"①；若要"协和万邦"，天下太平，就必须靠这种道德的"软实力"，使人"中心悦而诚服"。所谓"以力服人"，就是靠军事和经济的"硬实力"，此为孔、孟所反对，故孟子强烈谴责当时的兼并战争："争地以战，杀人盈野；争城以战，杀人盈城。此所谓率土地而食人肉，罪不容于死！故善战者服上刑，连诸侯者次之，辟草莱、任土地者次之。"（《孟子·离娄上》）

孔、孟对于处理国家、民族之间的关系是道德理想主义的，这在当时的现实历史境况中当然难以实现。孔、孟之后，秦汉两朝都曾受到北方匈奴的严重侵扰，鉴于汉、匈之间长期战争的历史教训，东汉时期的思想家王充也曾提出了"德力具足"的主张。他说："治国之道，所养有二：一曰养德，二曰养力……此所谓文武张设，德力具足者也。事或可以德怀，或可以力摧。外以德自立，内以力自备。慕德者不战而服，犯德者畏兵而却……夫德不可独任以治国，力不可直任以御敌也。"（《论衡·非韩》）如果说孟子的"王霸之辨"首倡了软实力论，那么王充的"德力具足"则表达了软实力与硬实力相结合的思想。十分可贵的是，王充在讲到"力"之不可缺时，仍然强调"内以力自备"，"犯德者畏兵而却"，即硬实力主要用于防御而不是用于侵略。这在当今世界的国际关系中仍然具有重要的现实意义。

---

① "软实力"（soft power）一词由美国的约瑟夫·奈在 20 世纪 80 年代提出，它是与"硬实力"（hard power）相对而言：硬实力是那种强制他国的能力，而软实力则是指吸引、劝服他国的能力；硬实力凭借的是军事和经济手段，而软实力则源于一个国家的文化、道德、政治制度和价值观的感召力。参见 Joseph S. Nye, *Soft Power: The Means to Success in World Politics*, Public Affairs, 2004.

二

中国传统文化的"协和万邦"思想，受其历史的局限，在中国古代不免与"宗主国"的意识结合在一起。儒家所重视的"夷夏之辨"，虽然认为夷、夏同属人类，"王者爱及四夷"，但受时代和地缘环境的局限，也不免有华夏文化的"中心主义"。突破这种局限，中华民族形成近现代的"民族国家"和"民族主义"思想，并且主张各民族国家一律平等的"世界主义"，这是在中华民族于1840年以后饱受西方列强的欺凌，从而被动地进入"世界历史"才逐渐形成的。

在1840年之前，封闭的清王朝仍以"天朝上国"自居，而视他国为"藩属国"或"朝贡国"。鸦片战争之后，林则徐、魏源等人率先"睁眼看世界"，批评此前"儒者著书……徒知侈张中华，未睹寰瀛之大"，从而提出了"夫制驭外夷者，必先洞夷情"①，"师夷之长技以制夷"，此时虽然仍称西方诸国为"外夷"，但已认识到"风气日开，智慧日出，方见东海之民犹西海之民"②，传统的"夷夏之大防"、不可"以夷变夏"的思想已经被打破。继之，洋务派将"夷务"改称"洋务"，冯桂芬在《校邠庐抗议》中提出了"制洋器"，"采西学"，"以中国之伦常名教为原本，辅以诸国富强之术"③，此为洋务派"中体西用"之说的蓝本。

如果只承认西学为"技"、为"术"（"用"或"末"），那么中国就还没有真正重视西方诸国及其文化。1875年，郭嵩焘在《条议海防事宜》中率先提出"西洋立国有本有末，其本在朝廷政教，其末在商贾，造船、制器相辅以益其强，又末中之一节也"④。1884年，中法战争失利，担任两广总督的淮军将领张树声在临终前留下的《遗折》云："夫西人立国，自有本末，虽礼乐教化远逊中华，然驯致富强，具有体用。育才于学堂，论政于议院，君民一体，上下一心，务实而戒虚，谋定而后动，此其体也；轮船、大炮、洋枪、水雷、铁路、电线，此其用也。中国遗其体而求其用，无论竭蹶步趋，常不相及，就令铁舰成行，铁路四达，果足恃欤！"（《张靖达公奏议》卷八）1892年，郑观应在《盛世危言》的"自序"中引用了张树声的《遗折》，亦提出西方列国的"治乱之源，富强之本，不尽在船坚炮利，而在议院上下同

---

① 魏源. 圣武记 [M]. 北京：中华书局，1984：498-499.
② 魏源. 海国图志 [M]. 长沙：岳麓书社，1998：1，31.
③ 郑大华. 采西学议：冯桂芬、马建忠集 [M]. 沈阳：辽宁人民出版社，1994：84.
④ [作者不详]. 郭嵩焘奏稿 [M]. 长沙：岳麓书社，1983：345.

心，教养得法。"① 这就打破了中国文化的"中心主义"，开始呼吁在政治体制和教育体制上学习西方文化而进行改革。

甲午战败和马关条约签订后，中国面临着被日本和西方列强"蚕食鲸吞"、"瓜分豆剖"的严峻形势。此时，对中、西文化的看法已发生根本的转变，如康有为在《上清帝第五书》中所说："夫自东师辱后，泰西蔑视，以野蛮待我，以愚顽鄙我。昔视我为半教之国者，今等我于非洲黑奴矣。昔憎我为倨傲自尊者，今则侮我为聋瞽蠢冥矣……今非洲剖讫，三年来泰西专以分中国为说，报章论议，公托义声，其分割之图，传遍大地，擘画详明，绝无隐讳。"

西方文化的弱肉强食，使"二万万膏腴之地，四万万秀淑之民"面临着亡国灭种的危险。而此时康有为也更加清醒地认识到："大地八十万里，中国有其一；列国五十余，中国居其一。地球之通自明末，轮路之盛自嘉、道，皆百年前后之新事，四千年未有之变局也。"② 在此变局中，昔日中国的"中央帝国"已成一场旧梦，而现实的中国只是地球上众多的国家之一，如当时的今文经学家皮锡瑞在《醒世歌》中所说："若把地球来参详，中国并不在中央。地球本是浑圆物，谁居中央谁四傍？"（转引自《翼教丛编》卷六《叶吏部与南学会皮鹿门孝廉书》）

由康有为发动的戊戌变法，意在使中国"自强而立"，"以图保全国地、国民、国教"③。受中国传统文化的影响，康有为并没有走向狭隘的民族主义，而是以"天下为公"的世界"大同"为理想。他在《礼运注》中说："大道者何？人理至公，太平世大同之道也……讲信修睦者，国之与国际，人之与人交，皆平等自立，不相侵犯，但互立和约而信守之……公者，人人如一之谓，无贵贱之分，无贫富之等，无人种之殊，无男女之异……惟人人皆公，人人皆平，故能与人大同也。"④

这在当时可谓一种"乌托邦"，但也突显了中国文化之道德理想与西方文化之弱肉强食的巨大差异。

谭嗣同在戊戌变法期间著有《仁学》，其以"通"释"仁"，在他讲的"通有四义"中首先是"中外通，多取其义于《春秋》，以太平世远近大小若一故也"。他说："全球者，一身一家之积也。近身者家，家非远也；近家者

① 夏东元. 郑观应集（上册）［M］. 上海：上海人民出版社，1982：233.
② 汤志钧. 康有为政论集（上册）［M］. 北京：中华书局，1981：202，204.
③ 汤志钧. 康有为政论集（上册）［M］. 北京：中华书局，1981：173，233.
④ 康有为. 孟子微、礼运注、中庸注［M］. 北京：中华书局，1987：239－240.

邻，邻非远也；近此邻者彼邻，彼邻又非远也；我以为远，在邻视之，乃其邻也；此邻以为远，在彼邻视之，亦其邻也；衔接为邻，邻邻不断，推之以至无垠，周则复始，斯全球之势成矣。且下掘地球而通之，华之邻即美也，非有隔也。"

将这一全球通而不隔的思想用之于"全球化"的世界贸易，即所谓："通商者，相仁之道也，两利之道也，客固利，主尤利也……庶彼仁我，而我亦有以仁彼。能仁人，斯财均，而己亦不困矣。次之，力即不足仁彼，而先求自仁，亦省彼之仁我。不甘受人仁者，始能仁人。"① 显然，谭嗣同在这里表达了一种经济全球化的"世界主义"思想，其中浸润了"己欲利而利人，己欲达而达人"的精神，而"不甘受人仁"、"先求自仁"则又体现了中华民族不甘贫弱，对民族自强自立的追求。

在中国近现代史上，孙中山最先提出了"振兴中华"的口号，这一口号起初是与"驱除鞑虏，恢复中国，创立合众政府"② 相联系，即要推翻清帝国的统治，恢复汉民族的主体地位，建立民主制的共和国。当辛亥革命推翻帝制，孙中山发表《中华民国临时大总统宣言书》时，他就指出："合汉、满、蒙、回、藏诸地为一国，即合汉、满、蒙、回、藏诸族为一人。是曰民族之统一。""临时政府成立以后，当尽文明国应尽之义务，以期享文明国应享之权利。清朝辱国之举措与排外之心理，务一洗而去之，与我友邦益增睦谊，持和平主义，将使中国见重于国际社会，且将使世界渐趋于大同。循序以进，不为侥获。对外方针，实在于是。"③ 此时，虽然新生的共和国还面临着千难万险，但中国已经成为一个近现代意义的"民族国家"，它所宣示的"和平主义"和"大同"理想既具有新时代的内涵，又继承和发展了中国文化的优秀传统。此即后来孙中山在《中国革命史》中所说："余之民族主义，特就先民所遗留者，发挥而光大之；且改良其缺点，对于满洲，不以复仇为事，而务与之平等共处于中国之内，此为以民族主义对国内之诸民族也。对于世界诸民族，务保持吾民族之独立地位，发扬吾固有之文化，且吸收世界之文化而光大之，以期与诸民族并驱于世界，以驯致于大同，此为以民族主义对世界之诸民族也。"④

1924 年，在国共合作的背景下，孙中山对其所主张的"三民主义"作了

---

① 蔡尚思，方行. 谭嗣同全集 [M]. 北京：中华书局，1981：291，296，327-328.
② [作者不详]. 孙中山全集（第1卷）[M]. 北京：中华书局，1981：19，20.
③ [作者不详]. 孙中山全集（第2卷）[M]. 北京：中华书局，1982：2.
④ [作者不详]. 孙中山全集（第7卷）[M]. 北京：中华书局，1985：60.

更深入地阐发。关于"民族主义",孙中山称其为"国家图发达和种族图生存的宝贝"。针对当时一些讲新文化的人把世界主义同民族主义对立起来,"提倡世界主义,以为民族主义不合世界潮流"的观点,孙中山指出:"我们受屈民族,必先要把我们民族自由平等的地位恢复起来之后,才配得来讲世界主义……我们要发达世界主义,先要民族主义巩固才行……如果民族主义不能巩固,世界主义也就不能发达。由此便可知世界主义实藏在民族主义之内……"① 孙中山的民族主义,也就是求中国统一、独立、富强,"要中国和外国平等的主义"②。因此,当孙中山提出"振兴中华"和"民族主义"时,就已包含了反对帝国主义的世界霸权和中国如果强盛起来也"永不称霸"的思想。他深信:"爱和平就是中国人的一个大道德","这种特别的好道德,便是我们民族的精神"③。孙中山高瞻远瞩地指出:"中国如果强盛起来,我们不但是要恢复民族的地位,还要对于世界负一个大责任。如果中国不能够担负这个责任,那么中国强盛了,对于世界便有大害,没有大利。中国对于世界究竟要负什么责任呢?现在世界列强所走的路是灭人国家的;如果中国强盛起来,也要去灭人国家,也去学列强的帝国主义,走相同的路,便是蹈他们的覆辙。所以我们要先决定一种政策,要济弱扶倾,才是尽我们民族的天职……我们今日在没有发达之先,立定扶倾济弱的志愿,将来到了强盛时候,想到今日身受过了列强政治经济压迫的痛苦,将来弱小民族如果也受这种痛苦,我们便要把那些帝国主义来消灭,那才算是治国平天下。"

在孙中山看来,强盛的中国不会重蹈帝国主义"灭人国家"的覆辙,而是"对于弱小民族要扶持他,对于世界的列强要抵抗他","担负这个责任,便是我们民族的真精神"④。

蔡元培曾评论孙中山的"三民主义"适合于中华民族崇尚"中庸"的民族性。他说:"三民主义虽多有新义,为往昔儒者所未见到,但也是以中庸之道为标准。例如持国家主义的往往反对大同,持世界主义的,往往又蔑视国界,这是两端的见解;而孙氏的民族主义,既谋本民族的独立,又谋各民族的平等,是为国家主义与世界主义的折中。"⑤ 确乎如此,孙中山的"民族主义"从方法论上说继承了传统儒家的中庸之道,而在内容上则包含了以往儒家所没有的现代意义的"民族国家"思想,"既谋本民族的独立,又谋各民族

① [作者不详]. 孙中山全集(第9卷)[M]. 北京:中华书局,1986:210,226.
② [作者不详]. 孙中山全集(第10卷)[M]. 北京:中华书局,1986:19.
③ [作者不详]. 孙中山全集(第9卷)[M]. 北京:中华书局,1986:230,247.
④ [作者不详]. 孙中山全集(第9卷)[M]. 北京:中华书局,1986:253-254.
⑤ 高平叔. 蔡元培全集(第5卷)[M]. 北京:中华书局,1988:488.

的平等"从根本上取代了以往的"宗主国"意识，同时它又是传统儒家的仁爱精神和忠恕之道在新时代的发扬光大。

三

1949 年以后，新生的中华人民共和国处在东西方两大阵营的冷战之中。难能可贵的是，在 20 世纪 50 年代，由周恩来总理首倡，中印、中缅总理在联合声明中共同提出了"和平共处五项原则"，这为建立新型的国际关系奠定了基础，得到世界上愈来愈多国家的普遍认可，逐渐成为处理国际关系的基本准则。这一准则实即体现了中国传统的忠恕之道在现代国际关系中的应用。而改革开放以后，中国的和平发展战略，"以邻为善"、"和谐世界"的外交思想，则在"和平共处五项原则"的基础上更加体现了中国传统的"协和万邦"、追求世界永久和平的思想。

由周恩来总理首倡的"和平共处五项原则"，即"互相尊重主权和领土完整，互不侵犯，互不干涉内政，平等互利，和平共处"，它所内蕴的基本道德理念就是"己所不欲，勿施于人"和"己欲立而立人，己欲达而达人"。忠恕之道乃处理人际关系的最基本、最普遍的道德准则，它在现代国际关系中的应用就是"和平共处五项原则"。其中"互相尊重主权和领土完整，互不侵犯，互不干涉内政"乃恕也（我要捍卫本国的主权和领土完整，反对他国的侵犯和其干涉本国的内政，则我亦须尊重他国的主权和领土完整，不侵犯他国，不干涉他国的内政），"平等互利"乃忠也（"己欲立而立人，己欲达而达人"），只有如此才能使国与国之间"和平共处"。这一国际准则的首倡者周恩来在 1963 年接见国际友人时曾经说："中国人办外事的一些哲学思想"，如"不要将己见强加于人"、"决不开第一枪"、"来而不往，非礼也"、"退避三舍"等等，"来自我们的文化传统，不全是马克思主义的教育"①。这里的"哲学思想"、"文化传统"，应该说最根本的就是忠恕之道。

中国自改革开放以后，"以经济建设为中心"取代了 20 世纪 60—70 年代的"以阶级斗争为纲"，进而提出了"以人为本"、"和谐社会"等重要思想，这是与中国文化的优秀传统相契合的，实际上这也是"来自我们的文化传统，不全是马克思主义的教育"，或者说这是马克思主义中国化的一个重要体现。在国际上，中国对国际形势的判断就是和平与发展成为时代的主流，东西方冷战的格局已经被经济全球化的潮流所取代。在新的国内和国际形势下，中国奉行和平

---

① 中华人民共和国外交部，中共中央文献研究室.周恩来外交文选［M］.北京：中央文献出版社，1990：327－328.

发展战略，提出了"与邻为善"、"和谐世界"的外交方针，它与"和平共处五项原则"一脉相承，仍是以其所蕴含的忠恕之道为道德基础，而又更多地体现了中华民族对于"协和万邦"、世界永久和平的追求。

在21世纪，中国正处在"和平崛起"的过程中，正在从一个发展中国家逐渐成为一个世界性的强国，孙中山所预想的"中国如果强盛起来"正在成为一个现实。在此过程中，中国内部的"民族主义"会有所兴盛，而中国外部的"中国威胁论"也会不绝于耳。一个强盛的中国无疑会改变近代以来的世界格局，而世界是否会因中国的强盛而再现列强争霸的历史，这是不能不引起国际政治家的疑虑的。但从中国文化的传统和中国在近代所遭受的苦难来说，中国的强盛不应引起世界的动荡甚或战争，而应促进世界的和平与和谐。在此世界格局的转变时期，重温孙中山的"振兴中华"和其取得"民族主义"与"世界主义"的折中，深信中华民族爱好和平，中国永不称霸等思想，是很有必要的。孙中山说，如果中国不承担"济弱扶倾"和反对世界霸权的责任，重蹈帝国主义列强的覆辙，"那么中国强盛了，对于世界便有大害，没有大利"。实际上，这也会成为对中华民族及其文化传统的"大害"。而从中国文化的优秀传统来说，"爱和平就是中国人的一个大道德"，承担这样的世界责任"便是我们民族的真精神"。中华民族曾"身受过了列强政治经济压迫的痛苦"，"己所不欲，勿施于人"，中华民族决不会背离这样的文化传统，决不会转而去欺负其他民族。

最近，积极倡导"全球伦理"的德国图宾根大学教授孔汉思撰文说："真正有未来并确实能为全球伦理作出贡献的是中华民族的传统精神，这种精神尤其体现在孔子的《论语》中。中国和世界需要一种重新发现人的价值、人的自我主张、人的现实感、道德品质和坚韧性的民族精神；需要一种倡导以真正的人道为核心价值的民族精神；需要一种将所有人都视为社会的一分子，而非孤立个人的民族精神；需要一种将人与人的基本社会关系建立在普遍伦理价值之上的民族精神，这些价值观不取决于普遍的自私自利。目前，中国正在参与塑造人类的未来，在这一进程中，人道感、相互依存感、和谐感等中国伟大人文传统将发挥重要作用。"①

这是孔汉思教授的真知灼见。中华民族和中国文化的复兴，同时就是中国"永不称霸"的宣示。一个复兴的中华民族，同时就是一个"谋各民族的平等"的民族。中华民族将与其他民族国家和平共处，平等互利，建构多元、

---

① 孔汉思. 中国传统伦理为全球伦理提供经验［J］. 中国社会科学报，2010.

民主的世界新秩序，努力实现"协和万邦"和"永久和平"①的人类理想。

作者简介

李存山，1951 年生，中国社会科学院哲学研究所中国哲学研究室主任，中华孔子学会副会长。代表作有《中国气论探源与发微》《气论与仁学》等。

构建多元兵学文化格局
促进人类和平事业发展

刘春志
国防大学研究生院原院长

文化的多样性是人类的基本特征和社会进步的重要动力。构建多元文化格局，牢牢把握先进文化的发展趋势，是一个国家和政党始终站在时代前列，保持其先进性的根本要求。兵学文化是人类文化的重要组成部分，它同人类先进文化的发展之间存在着历史与逻辑的一致性。在漫长的人类文化演进过程中，兵学文化占有特殊的地位并扮演着重要的角色。人类社会发展历史从某种意义上说就是一部战争史，战争充斥了人类社会发展的相当时间，对战争胜利结局的追逐，交织着文明与野蛮的文化碰撞，滋育了不同的兵学文化。因此，站在新世纪、新阶段的交汇点上，审视人类先进兵学文化的发展历程并对其内在规律加以总结，对于构建多元兵学文化格局，促进人类和平事业发展，具有极其重要的意义。

一、人类文化的多元性，决定了兵学文化不可能是单色文化

人类文化由于受不同国家、地域经济基础、政治制度、历史传统、价值观念的制约，是一个多元结构的复合体。不同国家、地域的文化，具有不同的特质。即使是同一国家、地域的主流文化，由于民族和地区的差异，也不可能涵盖这些国家和地域的所有文化现象。因此，文化的多元性是人类文化

---

① 德国哲学家康德在 1795 年著有《永久和平论》，认为"各个国家联合体的世界大同乃是人类由野蛮步入文明的一个自然的而又必然的历史过程"，可见东西方哲人对于"世界大同"和"永久和平"有着共同的理想。

的基本特征。

就人类文化的总体而言，不同国家、地域文化的基本特征是不尽相同的。中华文化是同农耕文明紧密相连的，长期受占主导地位的儒学文化的影响，因而宗法伦理是其突出的特色。古希腊的经济基础是奴隶主对生产资料和生产者即奴隶的占有，奴隶主阶级的代表人物在最初的商业及其他产业活动中起了很大的作用，促进了希腊各城堡之间经济交往的扩大，也促进了希腊和东方国家之间经济交往的扩大。随着各种产业实际需求的增长，引起了天文学、数学和物理学知识的产生和发展，而哲学则是这些知识产生和发展的思想基础，因而产生了阿那克萨哥拉、苏格拉底、柏拉图等哲学家，受其思想影响，哲学成为希腊文化的主要特色。古罗马的经济特点是小农土地占有制占优势，自然经济和宗法的生活方式占统治地位。在古罗马奴隶主的思想体系中，国家、法和道德问题占据首要的位置，他们用立法的方式巩固对奴隶和对自由民的阶级剥削，保护奴隶主的私有财产和特权，因而法律意识是其文化的主要特点。古印度的封建主义因素萌芽较早，随着城乡分离，贸易扩大，使得新的封建形态在印度获得胜利。在封建制度时期，占统治地位的思想体系是宗教，几乎所有的社会形式——法、道德、艺术、科学、政治学和哲学，基本上都带有宗教的性质，因而宗教意识是印度文化的主要特点。这种不同国家、地域文化的不同特点，使人类文化结构呈现出多元性的基本特征。

然而，这并不意味着一个国家、地域的文化就是一个单色文化。相反，一个国家、地域文化的基本特点，恰恰是在多种文化相撞击和相互吸收与交融中形成的。以中华文化为例，它最显著的特征不仅在于长期受儒家思想影响而形成的宗法伦理，还在于它对产生在中华大地上的各民族和各地区文化的包容性。儒家文化的核心是强调道德意识，是以重视人的道德伦理，积极调整人与人之间的关系以达成社会稳定、统一和进步的文化观念为特征的。这些文化观念无疑是由儒家提出并倡导的，后来却得到其他各家的认同、接受，并流传至今。正是由于各种文化的碰撞、交流、融合，才出现了春秋战国时期"百花齐放，百家争鸣"的局面，迎来了中华传统文化发展的黄金时期。

兵学文化受人类主流文化的影响，也呈现出多元复合的特点。以东西方传统兵学为例，西方传统兵学由于受西方商业社会思维方式和价值观念的影响，长期以来强调以武力为主要因素的直接军事路线，因而"自从凯恩杀死艾贝尔①以来，赤裸裸地使用直接和破坏性暴力一直在战略思想中占主导地位"。而东方兵学受农业社会整体性思维方式和价值观念的影响，长期以来强调以谋略为主要因素的间接路线在其战略思想中占据重要位置，因而自太公辅周，"后世之言兵及周之阴权皆宗太公为本谋"。东西方兵学所具备的这种不同特质，正是人类兵学文化多元性的具体体现。

二、构建多元兵学文化格局，有利于推动兵学文化的繁荣和发展

东西方兵学文化正是在交流、融合、互补、借鉴中，推动了人类兵学文化的蓬勃发展。公元 1772 年（清乾隆三十七年），随着第一部兵法译本《孙子兵法》在法国巴黎出版发行，开创了以西方文字传播东方兵学的先河。随后，英国野战炮兵上尉卡尔思罗普由日文本转译的第一部英文本《孙子兵法》在东京出版；由布鲁诺·纳瓦拉翻译的德文本《孙子兵法》在柏林面世；由俄国著名汉学家斯莱兹奈夫斯基翻译的俄文本《孙子兵法》在莫斯科发行，形成了东学西传的良好格局。同样，随着公元 1903 年，西方兵学圣典《战争论》被译为日文，冠名《大战学理》广为流传，也开始了西方兵学以东方文字的传播之旅。随后，中国陆军教育出版社根据 1903 年的日译本转译为中文，供小范围研究；广东军事研究社在对该译本重新校定的基础上翻印，仍作为研究之用；1915 年 8 月，瞿寿禔又根据日本士官学校的文本重新作了翻译，由北京武官书局第一次在中国正式出版，公开发行；抗日战争爆发后，为了适应战争的需要，苏联顾问团翻译傅大庆根据《战争论》的俄译本重新转译，于 1940 年 11 月送往延安，供毛泽东、朱德、叶剑英等老一辈革命家学习，西学东传也成规模。

东西方兵学在交流中融合，在融合中发展。第一次世界大战前，由于西方强调以武力为主要因素的直接军事路线更适合于西方人的思维方式和价值观念，因而东方兵学对西方兵学的影响不大。第一次世界大战无情地暴露了参战的各帝国主义兵学的缺陷和弱点，推动了对西方兵学的反思，从而促进了对东方兵学的吸收和借鉴。二战结束以后，西方的军事家运用东方兵学原理，总结战争经验教训，发现西方"战略思想典型地落后于技术了"，并且感叹："今天没有一个人对战略的相互关系、应考虑的问题和所受的限制比他

---

① 这是传说中人类历史上第一次出现的杀戮事件。据《圣经·创世纪》载：农夫凯恩与牧人艾贝尔系亚当和夏娃的长子和次子。艾贝尔将其所牧牛羊生下的第一胎小畜生献给上帝。凯恩出于嫉妒，一怒之下杀死其弟。

（指《孙子兵法》）有更深刻地认识，他的大部分观点，在当前的环境中仍然具有和当时同样重大的意义。"这些总结，客观地把东学融入了西学之中，推动了西方军事思想的发展。相对于西学，东方兵学一度陶醉于"兵法大国"的优越，对异质兵学文化的重视不够。自从马克思主义传入中国，科学思维代替了狭隘的极端倾向，为西学东用扫清了障碍。马克思、恩格斯、列宁都很重视《战争论》的研究，对其中的某些观点尤其是"战争无非是通过另一种手段的继续"①论断给予了充分肯定。受其影响，毛泽东等老一辈革命家也运用马克思主义的科学方法对《战争论》等西方兵学的代表作和东方兵学的经典作过专门研究。

1935 年 10 月，毛泽东同志为了系统总结土地革命战争时期的经验教训，对"左"倾机会主义的政治路线、军事路线进行全面深刻地哲学批判，红军长征到达延安后，即"发愤读书"，除大量研读马克思主义的哲学著作外，还下工夫研读了古今中外的军事论著，最终完成了军事经典之作《中国革命战争的战略问题》。对此毛泽东曾说过："如果不经过第五次反'围剿'失败，不经过万里长征，我那个《中国革命战争的战略问题》小册子也不可能写出来。因为要写这本书，倒是逼着我研究了一下资产阶级的军事学说。"②后来，毛泽东在回忆这段历史时多次谈到，"到陕北我看了 8 本书，看了《孙子兵法》，克劳塞维茨的书看了，日本人写的军事操典也看了，还看了苏联人写的论战略、几种兵种配合作战的书等等"③。

抗日战争爆发后，毛泽东为了深入研究抗日战争的战略方针，曾亲自写信给郭化若同志，明确指出："你写战略，应找些必要的参考书看看，如黄埔的战略讲义，日本人的论内外线作战（在莫主任处），德国克劳塞维茨的《战争论》，鲁登道夫的《全体性战争》，蒋百里的《国防论》，苏联的野战条令等其他可能找到的战略书。"④根据记载，毛泽东于 1938 年 3 月 18 日又集中时间研读《战争论》，并且写了详细的读书笔记。于 1938 年 5 月开始撰写《论持久战》，其中毛泽东首先运用共性和个性的哲学原理，吸收并深化了克劳塞维茨"战争无非是政治交往用另一种手段的继续"的观点，提出"'战争是政治的继续'，在这点上说，战争就是政治，战争本身就是政治性质的行动，

① 克劳塞维茨. 战争论（中文第 2 版，第 1 卷）［M］. 中国人民解放军军事科学院，译. 北京：解放军出版社，2005：50.

② 陈晋. 毛泽东读书笔记解析（上册）［M］. 广州：广东人民出版社，1996：458.

③ 毛泽东. 人没有压力是不会进步的［J］. 党的文献，1993（4）.

④ 陈晋. 毛泽东读书笔记解析（上册）［M］. 广州：广东人民出版社，1996：531－532.

从古以来，没有不带政治性的战争。"① 同时，毛泽东又指出："战争有其特殊性，在这点上说，战争不即等于一般的政治。'战争是政治的特殊手段的继续'。政治发展到一定阶段，再也不能照旧前进，于是爆发了战争，用以扫清政治道路上的障碍。"② 并形象地概括为"政治是不流血的战争，战争是流血的政治。"③ 毛泽东同志运用马克思主义的科学方法，借鉴并发展了西方兵学的思想观点，使之成为毛泽东军事思想的重要来源之一。

东西方兵学交流融合的历史证明，构建多元并存的兵学文化格局，对于促进世界和平，共建和谐世界具有重要现实意义。文化作为人类在实践中所创造的物质财富和精神财富的总和，是人类文明的基础。东西方兵学文化正是在交流、融合中，完成了自身兵学理论的进步和繁荣。

三、构建多元兵学文化格局，既要有宽厚博大的文化包容性，又要保持各自文化的特质

各国、各地区的兵学文化具有不同的历史背景和特质，人们通常把本民族性质的兵学文化称之为特质文化，而把非本民族性质的兵学文化称之为异质文化。构建多元兵学文化格局，就要克服排斥、歧视异质文化的倾向，以宽厚博大的文化包容性，去吸纳、借鉴异质文化；同时，又要避免出现脱离实际，盲目崇外，迷失自我，削足适履的偏颇，保持各自兵学文化的特质。鲁迅先生曾说过："外之既不后于世界之思潮，内之仍弗失固有之血脉，取今复古，别立新宗。"这是我们应取的正确态度。

人类兵学文化，是处于复杂社会关系中的人们共同创造的社会财富，因而它同其他文化一样具有更大的历史包容性。兵学文化的包容性在于它所构建的理论体系的开放性，"山不厌其土，故能成其高；海不厌其水，故能成其大"，任何"后于世界之思潮"的兵学文化，必将是僵死的、没有生命力的文化。只有尊重、包容人类不同的异质兵学文化，在相互包容、吸收、融合中，才能对战争本质、消弭战争的方法、实现和平的途径等战争的基本问题达成共识，才能推动兵学文化的繁荣和发展，增强世界各民族的军事相信、互补、互利，维护世界和平与发展。

人类兵学文化，又是一个与时俱进，不断丰富和发展的理论体系，任何后来的兵学文化都包含着对以往文化和异质文化的继承，因而它具有更大的

---

① 毛泽东. 毛泽东选集（第2卷）［M］. 北京：人民出版社，1991：479.
② 毛泽东. 毛泽东选集（第2卷）［M］. 北京：人民出版社，1991：479.
③ 毛泽东. 毛泽东选集（第2卷）［M］. 北京：人民出版社，1991：479.

继承性。毛泽东同志在《中国革命战争的战略问题》中指出："一切带原则性的军事规律和军事理论，都是前人和今人做的关于过去战争经验的总结，这些过去的战争所留给我们的血的教训，我们应该着重地学习它，这是一件事。然而，还有一件事，即是从自己的经验中考证这些结论，吸取那些用得着，拒绝那些用不着的，增加那些自己特有的，不这样做，我们就不能指导战争。"毛泽东同志对兵学文化继承性的重要性、本质作了深刻的揭示。毛泽东兵学思想正是在继承了古今中外优秀兵学文化的基础上形成和发展的。毛泽东同志对中国传统兵学文化情有独钟。长征初期，毛泽东同志指挥的四渡赤水之战，曾被他兴奋地称之为平生得意之笔，当有人询问这些战法是不是从《三国演义》中学来的，毛泽东回答，他确实读了许多中国古代打仗的书，研究过《孙子兵法》之类的著作。在《毛泽东军事文集》中，多处直接引用古代兵学思想和经典战例来说明问题。毛泽东对外来兵学文化的借鉴更是独树一帜。他扬弃地继承和发展了《战争论》关于战争"概然性"的理论，从战争的确实性和不确实性的统一上，科学地揭示了"战争不是神物，仍是世间的一种必然的运动"，其运动规律是可以认识的；他扬弃地继承和发展了《战争论》的战争目的论，科学地揭示了"战争的目的不是别的，就是'保存自己，消灭敌人'"①，并且辩证地阐述二者之间的关系："消灭敌人是主要的，保存自己是第二位的，因为只有大量地消灭敌人，才能有效地保存自己。"②毛泽东扬弃地继承和发展了《战争论》的战争本质论，科学地揭示了"战争是民族和民族、国家和国家、阶级和阶级、政治集团和政治集团之间相互斗争的最高形式"，并且把战争的根本目的"保存自己，消灭敌人"提升到战争本质的高度，进一步指出："保存自己消灭敌人这个战争的目的，就是战争的本质，就是一切战争行动的根据，从技术行动起，到战略行动止，都是贯彻这个本质的。"③毛泽东扬弃地继承和发展了《战争论》积极防御的思想，认为"任何一本有价值的军事书，任何一个比较聪明的军事家，而且无论古今中外，无论战略战术，没有不反对消极防御的。"并且进一步科学揭示了积极防御和消极防御的本质区别，"积极防御又叫攻势防御。消极防御，又叫专守防御，又叫单纯防御。消极防御实际上是假防御，只有积极防御才是真防御，才是为了反攻和进攻的防御。"可见，任何兵学文化只有在继承中发展，才能永葆其理论的青春。

---

① 毛泽东．毛泽东选集（第2卷）[M]．北京：人民出版社，1991：482.
② 毛泽东．毛泽东选集（第2卷）[M]．北京：人民出版社，1991：482.
③ 毛泽东．毛泽东选集（第2卷）[M]．北京：人民出版社，1991：483.

人类兵学文化，作为人类战争最一般规律的理性总结，对人们的社会行为具有更大的规范性，有什么样的文化，就会有什么样的行为规范。兵学文化与人类和平事业直接相关，而兵学文化对人类战争行为的规范作用越来越受到现代人的重视。连续八届国际孙子兵法研讨会在中国的成功召开，已经向世界彰显了东方兵学的巨大魅力，《孙子兵法》被誉为"21世纪的和平之法"，正在为规范人类的战争行为，促进人类和平事业的发展作出贡献。在文化认同不断加强的全球化时代，作为孙子兵学文化的传人，我们更应以宽厚博大的文化包容精神，摒弃一切有极端倾向的兵学文化，平等地与世界各国开展形式多样的军事文化交流，求得世界兵学文化的有机兼容和理论认同；以兵学文化交流、沟通为契点，构建多元并存的兵学文化格局，为维护人类和平，构建和谐世界作出我们的贡献。

作者简介

刘春志，少将，国防大学研究生院原院长，中国孙子兵法研究会副会长，中国河套文化研究会名誉会长。

文明之间的对话及其与 21 世纪的相关性

Mohamed Noman Galal（穆罕默德·努曼·贾拉勒）

巴林王国外交部顾问

在这篇论文中，我将会讨论对话的概念及其与 21 世纪的相关性。因此，我将讨论以下论题：

（1）共同的命运；

（2）对话的需要；

（3）富有成效的对话；

（4）对话与21世纪的相关性；

（5）前方的道路；

（6）外交与对话（Diplomacy and Dialogue）。

一、共同的命运

在文章开始，我会总结21世纪的主要特征。很容易想象，21世纪具有四个主要特征：

（1）全球化。

（2）网络技术。

（3）冲突、内战和傀儡战争的蔓延。

（4）自然因素或人为因素产生的新的挑战、威胁和风险。

上述提及的全球特征都有可能导致全球性威胁，因此，有必要寻找一些解决方法，尤其是全球性的解决方法。要寻找这些解决方案，必须要创新、有想象力以及打破成规思考。这样才能够达到双赢而不是归零的游戏。

21世纪被称为人权、互相依赖、科学和与技术的世纪，也是国际人道主义干涉与调解的世纪。良好的管理、人类发展、自由市场和开放的天空是21世纪为数不多的几个特征。

自给自足的经济正在被全球一体化取代，相互依赖也正在替换独立自主，孤立也将会被相互联系替代。

没有哪个国家或人民是对网络技术的危害、环境灾难或者金融危机免疫的。如果这个成立的话，合作、调解和妥协（cooperation，conciliation and compromise，我称为3Cs）是当今社会所必需的。一些学者和专家都在讨论"四个可持续的"，那就是：可持续的环境，可持续的发展，可持续的和平和可持续的安全（sustainable environment，sustainable development，sustainable peace and sustainable security，简称EDPS）。

反思当今世界，人们可能会为前途灰暗的现状而倍感挫败和痛心，比如大规模杀伤性武器的蔓延、战争以及许多发展中国家的内战、毒品的泛滥、流行病大规模蔓延等。自然的灾害与人为的危机也没放过我们。最糟糕的是存在着误解、种族和宗教仇恨、不容忍的态度、优势与劣势的意识以及支配与霸权的欲望。这一切都必将给世界带来灾难。

许多哲学家，政治理论家，社会学思想家以及经济学家强烈警告我们，世界的发展正一步步走向灾难，除非能够找到并且果断地解决掉这些导致恶化的原因。另外一方面，人们发现在世界的一些地方，经济和社会有所发展，福利、教育和卫生保健都有进步。在通信领域、航空、资讯科技（像是黑莓和苹果音乐播放器）的技术有着跨越式的进步，被称为网络革命。而且网络空间也有了巨大的进步，例如Face Book、博客、YouTube和Twitter都变成了现在非常实用的工具，尤其是对于世界某些地方发起的所谓橙色革命和绿色革命。

问题是如何弥合这正反两面的差别：一个前途阴暗，另外一个前途光明。人类的智慧永不停歇，经常创造出奇迹。神经语言程序学专家和许多管理学专家一起研究处理热点问题，像领导能力和竞争力的问题。

思维导图是探索人类思想的无限能力的方法之一。托尼·巴赞是这方面的专家。他强调人类的大脑有无限的能力，而人类所运用的还占不到1%。让人吃惊的是，有时候一些突然冒出来的简单想法会导致让人难以想象的结果，这个结果有可能会影响历史的进程，改变人类扮演的角色。举例来说，人类通过石头的摩擦发现如何点火。后来这个简单的甚至可以叫做原始的方法导致能源的巨大发展及其自身的发展。再说另外一个简单的发明，那就是轮子。轮子的发明导致了影响巨大的运输技术革命，现在的我们没人可以想象，如果没有能源和现代化的交通工具，世界会变成什么样子。我们要强调的是人类智慧不断在各个领域方面起作用。人类智慧发现并开发了原子的威力，不管是为了医学和其他和平目的还是为了战争和其他破坏性目的。

二、对话的需要

在本节内容当中，可以提出这么一个问题：谁将有力量和权力推动国家和人们走向发展、稳定和安全的道路，而不是把他们推向破坏甚至是毁灭之路呢？再次如上所述，人类大脑用一种奇迹的同时也是神秘的方式在工作。

我相信世界是由想法与观念推动前进的，像是国家认同、国家安全和国家利益的观念。它们可以推动世界进步和合作也能引发战争和毁灭。耶稣基督有一句非常有智慧的话，那就是"这个世界能满足你的所有需求，但满足不了你的贪欲"。伊斯兰的先知穆罕默德也有一句类似的话，"有两种人会永不满足，一种是追求财富，一种是追求知识。"

不用说也知道，如果能在某些条件下正确地使用财富和知识，这两者都会成为发展的基础。否则的话，如果没有规则规定该取得什么东西，如何取得以及使用这些物质或财富，那么就会出现麻烦。举最近的始于2008年的金融危机作为例子，银行和基金管理者就是利用财富使我们陷入全球危机。如果没有迅速而果断的处理，全球危机将会持续很久，后果无法预料。就像在科学探索发现的细菌一样，可以用来治病，也可以用做细菌战。

因此，人们不得不强调"想法才是这个世界上真正的力量"。多亏了许多哲学家和思想家，这个事实才得以重视。有一名著名的哲学家名叫乔治·威廉·黑格尔（1770—1831），他集中研究辩证法的过程，也就是：正、反、合。他给研究提供了一个求知的方法，形成了一个无尽的思考与前进的过程。能在理论和实际中运用这么一个方法，难道不是很好吗？

如今，一些政治理论家像塞缪尔·亨廷顿（1927—2008）提出文明冲突的观念。回顾过去，人们可以发现正是这个危险的观念一直在历史的进程中引发许多战争。今日，阿富汗、伊拉克、巴勒斯坦的战争以及许多世界其他地方的战争都不例外。人类的智慧让我们提出冲突的相反概念，即对话的概念。不同的观念会产生不同的反应和态度，这适用于经济、政治、社会学、文化等方面。

像上面提到的，人类的大脑永不停歇。它能够无穷尽地提供奇妙的想法和观点。举例来说，统一与多样性，标准化与多样化，这里的每一对概念都有着矛盾的影响和结果。

可能有人会问：在这点上，谁有最终决定权来拯救世界、带领世界合作和前进，或是破坏世界，甚至走向毁灭？有这个最终决定权的是人类吗？

到目前为止，最适当的方法就是通过理性思考和对话。通过对话，人们可以取得共识和协调；而冲突只会让世界面临必然的结果，那就是：战争、混乱、甚至共同的毁灭。

这就是为什么我们需要不仅要在思想上关注并优先考虑对话，也要在全国、全球范围内的行动上关注并优先考虑对话。

三、富有成效的对话

对话是取得这些成果的最有效的方法。不同层面可以也应该进行对话，像在社区范围，国家范围甚至国际范围。要有一个严肃、富有成效的对话，必须要遵守某些原则。第一点，要相信和解与和平的方法是为了缩小利益冲突、想法和观念之间的差距。第二点，不能对进行对话的伙伴有偏见或者成见。第三点，要有求同存异的思想。我们生活在一个有着不同的文化和国度的世界中。第四点，停止传播针对对话伙伴或他们的民族信仰和文化的消极、扭曲的印象。第五点，把注意力放在共同的价值观上。第六点，在不同宗教信仰间的对话里，人们应该避免在非宗教领域比如社会、经济、政治或文化领域对宗教领导者进行干涉；宗教应该把注意力放在分享信仰的领域上，避免干涉公共领域或者把它作为任何暴力行为的借口；同时应避免讨论其他宗教或信仰的神学观点。

我们的信仰、种族背景、肤色和性别都不相同，我们的需要和优先考虑的事情也不一样。因此，我们的利益在一定程度上也是不一样的。尽管如此，我们的命运还是捆绑在一起，因为我们面临着相似的挑战：环境、气候变化、战争和自然灾难。唯一能保证我们克服这些困境的方法是科学和技术。但是要取得技术领域的"大跃进"，需要巨额的投资。因此，共同努力和国际合作是必需的。

分析至此，人们应该区别出富有成效的对话和毫无结果的对话（也就是对牛弹琴）之间的差别。

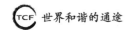

富有成效的对话应该建立在某些因素上，比如：

（1）清晰的目标；

（2）进行对话的方式或方法应该得到所有参与方、中间人或第三方的同意；

（3）要在阶段性的过程中取得具体结果，必须要给出时间期限；

（4）整个过程应该是透明的，并且旨在满足和调解所有方的利益；

（5）双赢的概念应该作为成功对话的标准。

对话本身并不是目的，它是增进国家和人们之间的理解、建立互信的一种工具。因此，在开始对话时人们应该考虑以下几点注意事项：

（1）现代世界是建立在国家主权的原则上。但是，这个主权也并非是绝对的或是没有任何限制的。许多限制来自于联合国系统成员身份以及条例和公约，尤其是有关人权方面的条约。一个国家的实力（包括军事、经济、社会和文化）也是如何运用主权的一个限制。

（2）世界分成了不同的洲，政治和经济圈或实体，以及不同的文化和种族区域。人们应该敏锐意识到这些差异。不用说，如果人们不能敏锐意识到这些差异，可能会导致误解、忧虑、仇恨甚至战争。

（3）对话的主要目的是对共同的问题、国家利益和国家安全达成共识，目的应是双赢而不是归零的游戏。

（4）对话的出发点应该是寻找共同点以及所有参与方都同意的事情，然后解决争论，建立共识。坚持死板和不合适的概念必然导致失败。人们在对话过程中应该用开放的心态，尝试去理解他人的关注以及努力寻找共同之处。

过去30年里有过许多对话，但是对话因素却不明确，因此没有达成和解。过程中不仅没有结果，而且还充满猜忌和怀疑。

是时候去弄清楚这些因素，重新进行对话。对话的目的是为了后代，为了避免战争给全世界带来长年累月的苦难。今天，由于大规模杀伤性武器的发展，这些武器有可能扩散到或是落到犯罪团体、恐怖分子手中，这样可能会导致难以想象的破坏。同样危险的是，这些武器落入那些认为他们的国家处于绝望当中或者想要彰显他们的国家在地区和国际上的实力的政府官员手里。

四、对话与 21 世纪的相关性

当今的世界充满着互相对立的利益、概念、看法和观点。不同宗教和信仰的存在就是这种相互对立的情况的主要表现。技术的发展对社会的影响会导致两个互相对立的情况：

第一个出现的是"共同命运"意识，当整个国际社会面临着自然灾害或人为灾难带来的严重威胁和风险，像是环境恶化、环境污染、二氧化碳排放、地震、火山爆发、麻醉药物泛滥、人权滥用、难民、战争、内战等等，这只是一小部分而已。第二个是出现"国家利益冲突"的思想。这是源于传统的观念，1648 年的威斯特伐利亚条约表示的"主权是一个国家的基础"。

　　在历史的进程中，世界许多地方都在争夺着自然资源和无数货品的市场以及以不同的借口对许多地区施加影响。这些争夺都打上道德的旗号，说是为了传播文明、现代化或者宗教信仰。在许多例子中，宗教和意识形态被用做动员和操控人们的一种手段。许多例子中，不同的口号随处可见，像是为了革命和为了彻底改变，为了重建过去光荣的历史，为了保持传统宗教信仰形式的纯洁，为了更好的明天。这些想法和口号常常煽动误解，带来冲撞甚至引发冲突。人们只关注自己的观念、文化或宗教信仰，同时又否认其他国家、地区和人民有权拥有他们自己的文化、宗教信仰和生活方式。这种僵硬的立场、严格和保守的文化行为经常导致世界产生冲突。

　　一般而言，一些宗教信仰、信念、意识形态或者观念往往在怂恿消极行为中起作用。这些消极行为包括对不同社会甚至对同一个社会产生错误的想法、理解和仇恨。举例来说，一些宣传民主、提倡政治变革和重组、甚至宣传稳定和安全的思想可能让人们产生强烈的反应，在很多情况下甚至导致流血事件。如今的阿富汗、伊拉克、索马里、也门、苏丹就是例子。最终的结果是不同肤色、种族、性别、文化、宗教甚至教派之间仇恨增加。

　　不幸的是，一些思想家，政治家和教士选择的是挑起冲突而不是努力提倡和睦相处与和解。他们把注意力放在"是什么让世界产生分歧"，而不去关心"是什么使世界团结一致"。因为口号是"我们是不同的，所以我们必然产生冲突"而不是"我们都是类似的，所以会团结一致"。

　　古往今来，许多哲学家详细研究差异与共性的概念。许多政治和哲学的理论支持这个那个趋势，阐述人类本性的真正特点以及国家之间冲突和战争的理由。可以说，从古至今，这些理论的受益者都是有权力者，他们为他们争夺能源和势力的政策寻找借口。

　　虽然如此，人们认为现在是时候关注是什么概念让我们团结一致，而非其他的概念。对话是引领世界做到这一点的其中一个方法。对话不是一个新的概念或者术语，从柏拉图和亚里士多德时代这个概念就一直被讨论，许多宗教书甚至一些国家的文学作品中也有提到。在电影和戏剧表演中，有对话的场景总是比独白更吸引观众的注意力。在政治上，倡导的是多党制而不是一党制。在国际关系中，大部分国家更欢迎多边和多极化的世界，而不是单

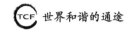

极世界和霸权体系。

有人可能会提出这么个问题：为什么对话与 21 世纪相关？甚至关联 21 世纪人类存活的需要？可以从以下因素考虑：

第一，这是个伟大发明和创新的世纪。像通讯科技领域的发明和创新给予伟大的挑战者非常大的机遇和风险。

第二，这是个工业技术大跨步的世纪。工业技术推动整个世界从第二次工业革命迈向第三次工业革命，也就是从商品经济转到知识经济。数字鸿沟代表人类面临一个严峻的挑战，同时人类可以把它转换成极大的机遇。

第三，气候变化给全球带来难以想象的威胁，所有的国家和人们因此面临无法预测的风险。

第四，全球化现象不仅带来经济方面的改变，而且社会、文化和政治方面也有所改变；不光影响某个国家，而且影响全球。这个全球化的趋势意味着给全球的不同领域带来严峻的挑战。如今像市场经济、市场社会等词使得一些人可交易的东西到了难以想象的地步，从武器、货物、服务、毒品甚至到贩卖人口。

第五，尽管市场开放、经济开放、天空开放了，世界还是存在种族、社会、宗教、性别和肤色歧视。对外国人的仇恨思想、伊斯兰恐惧症、反犹太主义和反阿拉伯主义在许多地区和国家广泛传播。要把呼吁尊重人权和基本自由变成现实而不是一个单纯的口号或者一厢情愿的想法，仍然还有很长的路要走。

第六，在世界许多地方，和平、和解和宽容的文化被取代，主导的是暴力、战争、扩张、侵略、占领以及仇恨和偏执。

在两次世界大战期间，"德国高于一切"和"大东亚共荣圈"的口号因德国的沙文主义者和日本的沙文主义者而在欧洲和亚洲回响，给整个世界带来无法计算的损失。

五、前方的道路

在 21 世纪的今日，世界非常需要新的有关自由、平等、人权和自决的口号。世界需要改变其思维定势，应从"准备战争，实现和平"和"如果想要和平，那就准备战争"的观念改成为"以和平和安全为目的的人性化发展"的观念。任何形式的武装贮备只会导致毁灭而不是带来和平。当今，人们可以对那些每天把超过 40 亿美元用于军队和武器上的领导者的理性思考和合适的判断提出挑战，因为在这个世界上每天有超过 6 万人死于饥饿和极度贫穷。

1948 年的《世界人权宣言》，1993 年维也纳举办世界人权会议，1993 年的《蒙特利尔教育、人权和民主宣言》，1994 年的《为了和平文化的宗教会议之巴塞罗那宣言》，1995 年在哥本哈根举办社会发展问题世界首脑会议，1997 年的《联合国宽容原则宣言》，1999 年的《和平文化宣言和行动纲领》，2000 年的《地球宪章》和《千禧年议程》，2005 年和 2010 年的千年发展目标首脑会议等等，这些列举的文件、宣言、决议和最高等级的会议都只是其中一小部分，为的是拯救世界，免受"五害"即"偏执、仇恨、无知、营养不良和流行病"的影响。

尽管如此，要取得满意的成绩我们还有很长的路要走。许多拖延的问题还看不到任何可以解决的迹象，像巴勒斯坦的问题，人们还是处在黑暗当中，经受着不人道的折磨和痛苦，这种情形让他们感到的是失望而不是希望。许多原因导致这些事态，但是最主要的还是因为国际社会没有执行联合国的决议。诺贝尔和平奖获奖者伯纳德·劳恩博士曾在 1985 年获奖的时候说过："只有到了我们能看见看不见的东西的程度时，我们才能做到不可能的事情。"相比当今世界其他的冲突，这句话作为巴勒斯坦和以色列之间冲突的描述再贴切不过了。我还想起了一篇在 1977 年 4 月发表在《外交事务》的文章，作者是美国副国务卿和联合国常驻代表乔治·W·鲍尔，题目是《中东：如何拯救以色列》。

在展望未来的时候，我要引用联合国教科文组织前任总干事费德里科·马约尔先生所说的一句话。他在 2010 年 10 月在奥斯陆举行的诺贝尔百年纪念会议中说道："人类是有能力去创造未来的；人类既然有能力创造，就有能力面对所有的挑战。"

我相信在历史的进程中，在经历了这么多战争以后，是时候去寻找甚至是创造一个可面对所有的挑战的和平与合作的文化。

六、外交与对话

我作为一个外交官和学者超过 45 年之久，从我的经验中主要可以得出如下总结：

（1）一个人不可能所有时间都只关注历史，因为在历史上即使是同一件事，也有不同的记载。对历史的主张只会导致国家之间发生持续不断的冲突。过去已经过去，往事已成往事。国家和人民应该考虑未来，而不是让自己沉浸在过去的历史当中。这并不是说要完全忽略历史，而是要从历史中学习经验教训，避免历史对将来的负面影响。

（2）多考虑合作，而不是冲突和竞争。冲突和竞争会在人民和国家之间引发新的摩擦和战争，并且加深相互间的仇恨。

（3）在每个处境中要看到积极的一面，积极地思考处境带来的机遇而不是造成的威胁，尤其是人为引起的威胁。

（4）要纵观整个世界和它的将来，也要看到由于臭氧、碳排放、污染、军事竞赛、核武器扩散和军事化所产生的危险因素给地球和外太空带来的影响。

（5）用外交手腕和其他软实力的方法对待不同的民族、国家文化和文明。

不管怎样，外交都是与对话有关。

知道这么一个紧密联系，任何人可能会提问：既然是这样，那么在 21 世纪，外交意味着什么呢？我可以提出与 21 世纪外交有关的五个方面。

外交意味着（KRCUAR）：

*知识（Knowledge）。知晓其他人的文化知识，了解他们的需求、关注和利益。

*承认（Recognition）。承认第三方有权利拥有自己的抱负、梦想、制度和生活方式，并不对其进行强迫、抑制或干涉。

*不断沟通（Constant communication）。与朋友、敌人、对手不断沟通，与对手和敌人也一样。

*理解（Understanding）。理解别人所关注的。

*适应与和解（Accommodation and reconciliation）。对不同的要求作出适应与和解，通过建立共识达到和平共处。

因此，我认为外交官或者知识分子在参与对话过程中，应该遵循以下四个主要原则：

*没有人能够垄断真理和智慧。

*没有人是完美的，也没有人一定会犯错误。

*我们的行为是互补的。

*是正义而不是强权会给世界带来长久的和平与安全。

对话可以建立沟通的桥梁，帮助取得可持续的和平，这一点不言而喻。全球有数百万人处于冲突和分裂的社会当中，要减少他们之间的分歧，治愈他们的创伤和鼓励他们参与社会和国家的和平发展进程，对话是基本的先决条件。

我相信有些看法非常理想化，但要把它们付诸实现也只是空谈而已。对话是带领人们走出现在的僵局的一种手段，通过对话，人们可避免采取那个会给所有人带来悲惨的结局的方法。

作者简介

穆罕默德·努曼·贾拉勒，1943 年生，巴林王国研究中心顾问，从事国际战略研究与文明对话领域研究，是经验丰富的埃及外交官与国际知名学者。曾担任过的外交职务有：埃及驻华大使、埃及驻巴基斯坦大使、埃及驻阿拉伯联盟常务代表和埃及驻联合国副代表。现任巴林王国外交部的政治顾问。著有《伊斯兰银行：理论、实践与前景》（2009）《第一份巴林战略报告》（2008）《第二份巴林战略报告》（2009）等。

远无终极的人类文明进程

钱敏汝

北京外国语大学教授

一、文化和文明的定义与人类文明发展前景的关系

2007 年 3 月，我曾在《论跨文化的中国视角》① 一文中谈了我对区分各种文明类别的看法。在讨论本文主题的时候，我认为首先有必要重述这个问题，并阐述文明与文化之间的区别，以说明文化和文明的定义与人类文明发展前景的关系。

我在《跨文化的中国视角》一文中首先列出了世界文明的几种常见分类：（1）以地域为区分标准可以分为亚洲文明、欧洲文明、非洲文明、黄河文明、希腊文明等；（2）以人类活动为标准可以分为工业文明、农业文明、游牧文明等；（3）以历史年代为界定标准可以分为古代文明、近代文明、当代文明等；（4）以宗教为界定标准可以分为基督教文明、伊斯兰文明、佛教文明等；（5）以性质为界定标准可以分为物质文明、非物质文明、制度文明等。其他的文明研究者甚至列出了更多的可能性，例如孙进己和于志耿在 2007 年 12 月出版的《文明论——人类文明的形成发展与前景》一书中综合各国学者对人类文明的分类，又提出按照地域和国家的标准划分以外的 5 种常见分类标准：1）按照时代划分；2）从纵向关系上划分；3）从横向影响上划分；4）按照经济形态和经济类型划分；5）按人类群体发展扩大划分②。这两种分类方法，作为中国学者在关于世界文明的国内外学术讨论中发表的见解中的两

---

① 钱敏汝. 论跨文化的中国视角 [J]. 中国社会科学院院报，2007.

② 孙进己，于志耿. 文明论——人类文明的形成发展与前景 [M]. 哈尔滨：黑龙江人民出版社，2007：66–67.

个例子，都具有一定的理论意义，而且是不约而同在前后相隔不长的时间里提出的。对此我认为，前一种分类方法可视为对已出现的文明概念和有关理解的一种最基本的分类方法，后一种是在前一种基本分类标准的基础上进一步的、具有理论意义的深化，所以与前一种分类标准有相通之处。当然我们还可以继续列出国内外其他的一些划分标准。这里不作赘述的原因是我们更想探明一个问题：所有这些形形色色的文明有无共同之处，使它们在各异的情况下，却统称为"文明"？这个问题促使我们首先要看一下"文明"概念的形成。

"文明"一词在中国最早见于先秦典籍，展现中国 5000 年文明智慧的代表作《周易》多处提到"文明"，例如：

  ＊《周易·乾卦》曰："见龙在田，天下文明。"

  ＊《周易·大有卦》曰： "其德刚健而文明，应今天下而时行，是以元亨。"

这些话语都可以说是"文明"概念在中国的源头。"文明"这个词后来被用于对应欧洲文艺复兴时期最早在法语中出现的 civilisé，后来法语中的对应词是 civilisation，英语中的对应词是 civilization，德语中的对应词是 Zivilisa-tion，这些词都有"开化、教化"的意思。而"文明"在早先不管作为一个中国概念，还是作为一个西方概念都意味着人类脱离蒙昧无知和野蛮状态。但由此也可引申出，它是人类发展进程中的一个更高阶段，并由此继续向自身的更高阶段行进。但此后是否有终极性的最高阶段呢？这也是本文要讨论的核心内容和明确解答的主要问题。

一个频频出现的现象是，在中外各种近于一致的文明定义基础上，文明都与文化一词在不少语言里相互换用；而与此同时，"文化"的定义在一些语言里又相互有别。这两种现象都说明对于文明的理解与文化有关。在笔者和一些研究者看来，文明和文化还是有区别的，在汉语里也是可以加以区分的，尽管会有很多重合的情况——不管是定义还是分类，但大多数情况下有所区别既是必要的，也是可行的。文化作为人的思维模式、行为方式和价值观念的总合，是与人类最早的和后来的任何一个群体同时产生的，也就是说，只要有人类群体存在的地方，就有文化存在。但比文化晚诞生 4 万多年的文明却不然，至今也就是 1.2 万年的历史，而且文明是否会停留在某种终极类型上在当今是个正在讨论之中的话题。这一点可以视为文化与文明的根本区别之一。这两者的另一个根本区别是，文明包含物质部分，从"物质文明"和"精神文明"之分就可以明显看出这一点。这两类文明的区分即：物质文明是人类在与自然界的互动中创造的物质成果的总和，精神文明是人类在与自然界的互动中创造的精神成果的总和①。而笔者赞成的文化定义基本上与相对于物质性的"硬实力"的"软实力"②相似，总体上具有非物质性质，因为最广义的文化定义是"人类的一切生活形式"，而此中的"形式"十分关键，它已充分证实我们以上陈述的理由。这里指出的两个根本区别中的前一个是普遍公认的，而对后一个的看法则存在分歧，因为文化的概念存在狭义和广义之分。而笔者在这里强调的恰恰是文化即使在最广义的理解上也趋于非物质性的状态。而从上述公认的文明与文化的第一个根本区别来看，文明肯定晚于文化的产生，但文明又是在何时产生的呢？

至今，几乎所有的文明定义③都把人类脱离蒙昧和野蛮作为这个概念的基础，颇有争议的只是何时为脱离蒙昧和野蛮而步入文明阶段的始端。法语、英语和德语里的文明一词在词源上与拉丁语的市民"Civis"有关，这个词源关系支持了马克思和恩格斯在《费尔巴哈》一书中④的看法：物质劳动和精神劳动的最大的一次分工，就是城市和乡村的分离；城乡之间的对立是随着野蛮向文明的过渡、部落制度向国家的过渡、地方局限性向民族的过渡而开始的，它贯穿于全部文明的历史并一直延续到现在。其中包含了城乡之间的对立与野蛮向文明过渡的同时性。此外，恩格斯的一个著名观点是，铁矿石的冶炼和文字的发明为文明时代开始的标志⑤。而这个标志涉及的是生产方式和传信手段。而城乡之间的对立这个标志并不是纯地域上的，更多的是一种行政组织方式。所以，可以说，文明的起源是"三维"的，而不是单一标准的。

始于周易的"文明"概念却没有这样的一种三维关系，即它的含义里没有包括以上要素。但象征着整个世界的易经本身通过卦和爻却包含着另一种三维关系——天、地、人的合一。因为按照古人的看法，"易"字由日月二字组成，而日月的交替引致大地春夏秋冬和万物的变化，因此而有"易道周普，

---

① 有些研究者把物质文明和精神文明与政治文明并列，例如：勾金华. 政治文明与物质文明、精神文明的关系 [J]. 理论界，2004（4）：39；卞敏. 论政治文明与物质文明、精神文明的关系 [J]. 东南大学学报（哲学社会科学版），2004（3）：5-8. 而笔者认为政治文明从其性质来看应该属于精神文明范畴，但笔者此外还是赞同这些研究者对物质文明和精神文明的基本理解，并在此基础上提出了以上物质文明和精神文明的定义。

② 有关"硬实力"和"软实力"的区别参见：段奕. 硬实力-软实力理论框架下的语言-文化国际推广与孔子学院 [J]. 复旦教育论坛，2008（2）：48-51.

③ 这类理解的典型观点见于摩尔根在《古代社会》一书中区分的蒙昧时代、野蛮时代、文明时代三个人类社会历史发展阶段。

④ 孙进己，于志耿. 文明论——人类文明的形成发展与前景 [M]. 哈尔滨：黑龙江人民出版社2007：10-11.

⑤ 恩格斯. 家庭、私有制和国家的起源 [M]. 北京：人民出版社，2003：25.

无所不备"的说法，换言之：这个"易"字体现的是宇宙、人生、万事万物的生成与演化。由此而形成的是与西方所持的狭义自然观不同的广义自然观，即认为人类也是自然进化的产物，是自然之子。但不管在西方的还是在东方的自然观中，人都起着不可忽视的作用。所以，周易中的文明指的是一种欣欣向荣的状态，即天道、地道、人道合一的一种和谐，这个含义体现的当然也是人的意愿。尽管天地之间的很多变化并不以人的意愿为转移，但《周易》认为，仰观天文，俯察地理，可以得知隐含的和显现的东西及其规律和缘由，恰如《周易·咸卦》所曰："天地感，而万物化生；圣人感人心，而天下太平。观其所感，而天地万物之情可见。"①

综合以上所有文化、文明概念所述，我认为一切文化、文明都始于人的意愿，这是它们的一致性所在。例如天人对立和天人合一，就是人在处理自身与自然的关系方面体现的不同意愿。人类的意愿无疑是多种多样的，意愿的多样性一方面取决于一个人类群体的生存环境，另一方面是由这些人类群体对生存环境所采取的处理方式决定的。任何一种文化和文明都是所有这些因素的某一种组合，某一种组合状态便构成了一个文化和文明类型。而各类组合的不同既构成了文化和文明之间的区别，也构成了文化和文化之间、文明和文明之间的区别。而这样的意愿对于文明和文化之分来说首先是前者只是包括物质性的方方面面，后者此外还包括精神性的各种范畴。如果我们把某一组素置于中心地位来看，就是确立了区分文明或文化类型的一种标准，由此就产生出不同的文明和文明类型。我在上文中提到的分类标准都属于这种情况，从应用和研究的角度也都可以说，文明和文明类型的主要差异在于人们是怎样从不同角度看待这些意愿及其实现手段的。

周易中所述的文明体现的同样是这种意愿，而且是物质和精神兼有之的一种意愿，它欣欣向荣的和谐景象更是映现了人类对生态平衡和社会和谐的向往。笔者认为，这个概念更切合我们对生态文明和以后文明发展方向的理解。中华文明的核心价值观也在此中折射出来。可以说，这些恰恰都体现了世界文明的走向及其内涵。

二、人类文明发展前景的推想

关于人类文明发展的前景至今在世界上已有很多推想。其中不乏很有见地的远见卓识，例如德国社会学家乌尔里希·贝克（Urlich Beck）在二战后

---

① 程颐，朱熹，吕祖谦. 周易傳义音训（第五卷）［M］. 北京：中国书店出版社，2008：2.

现代性受到越来越多的质疑的背景下提出的第二现代性①就是当今获得较大反响的例子之一。这个观点强调，现代性总是与风险连在一起，风险则意味着不确定性。于是，第一现代性的工业社会积聚和隐含的风险孕育了第二现代性的形成，即"风险社会"的产生。但在他看来，风险并不是绝境和灭亡，而是意味着出现一个转折的可能，它关涉到事态的变局，但也带来时间性的历史变迁。风险会唤醒历史上积聚的知识，但也重新沉淀为知识，为此也在不断提出认知要求，即要求更深层次和更高水准的认知，因为风险毕竟隐性地包含着人们不希望看到的不利因素和趋势。也正因为如此，风险同时作为一种需求呼唤逆转性的应对方案。风险和应对以这种方式共同催化新的时代，即人类新的文明类型产生。而这种新文明又会以一种新的组合形态产生出新范式。贝克为此发出的"世界主义宣言"意在引向认知和概念的这种重构，他自己对此的解释是：风险社会基本上是以对工业社会现代化的批判为着眼点，通过扬弃线性的、简单的"第一现代性"（或"现代工业社会"），发展出自我批判、解决难题的"第二现代性"（或"反思现代性"），因为现代工业社会所造成的安全不确定性、生态灾难已无法再用旧的社会观点、制度来解决②。

贝克本人提出的一系列说法中明示了这样的一种反思性转向，并与至今的文化比较研究或跨文化研究中归纳的中西文化的特点有某种意义上的类比性，这里我们可以看一下有关的比较：

中西文化背景下的思维方式特点③

中国文化	西方文化
整体性地去认识世界	把宇宙的一切二分
凭灵感、直觉和顿悟	重视逻辑和分析
从整体到局部	从局部到整体
圆式思维模式	线式思维模式
偏爱具象思维（类比、象征等）	偏爱抽象思维（概念、判断等）

① 贝克富有影响的一本著作（《风险社会》，何博闻译，译林出版社）的副标题"走向另一种现代性"就指出了这样的另一种现代性，即反思性现代性。而风险社会几乎就是这种反思性现代性或第二现代性的代名词。

② 薛晓源，刘国良. 全球风险世界：现在与未来——德国著名社会学家、风险社会理论创始人乌尔里希·贝克教授访谈录 [J]. 马克思主义与现实，2005（1）：52.

③ 贾玉新. 跨文化交际学 [M]. 上海：上海外语教育出版社，1997：96-102.

两个现代性的特征①

第一现代性	第二现代性
结构性思维	过程性思维
自主性追求	网络式联结
可操控性	自能动性
具体性	模糊性
非此即彼	此彼皆宜
统属式的同一性	协聚式的同一性

　　如果我们将以上的比较结果再作一次比较就会找到另一种对应关系，即第一现代性建立在西方文化的基础上，第二现代性特征中则显现出中国文化的思维取向。由此可见，贝克的第二现代性理论引起的反响也因其与东西方的思维方式的历史态势有关而在不断扩大。当然也可以说，他的第二现代性理论随其不断扩大的影响在人类文明进程中呼唤中国文化的思维取向。西方的 cosmos 和中国的"宇宙"这两个词的不同含义是说明中国与西方此类思维方式差别的一个很好的例子：英语的 cosmos 只说空间，而中国的"宇宙"既是时间也是空间②。据此，可以断言，贝克的理论意味着在第二现代性的社会和历史阶段中，中国思维中的价值观及其利益观以及中国思维应该和能够起重要作用。或许，我们可以进一步说，是中国的思维方式给他提供了启示，使他看到未来人类社会走向的逆转。但不管我们是从贝克的观点来看，还是从实际情况出发，第一现代化和第二现代化作为两个历史阶段的连续性是不可能中断的，甚至是不应该中断的。而中国思维的包容性也意味着这种延续

　　① 贝克. 什么是全球化?［M］. 常和芳，译. 上海：华东师范大学出版社，2008.
　　② 黄汉立. 易经讲堂［M］. 香港：三联书店（香港）有限公司，2009：58.
　　德语词典 Duden – Deutsches Universalw rterbuch（2008，6.，überarbeitete und erweiterte Auflage，Dudenverlag）、英语词典 Shorter Oxford English Dictionary（2007，Sixth edition，Oxford University Press）和汉语词典《现代汉语词典》（2008，第 5 版，商务印书馆）可提供证明。

性能够得到保障。当然这使中国思维本身也面临内外两方面的协调风险①。所以，我们认为，在这种情况下要尤为重视易经的教义，因为定中见变、变中求进是易经的基理，易经也因此仍具有重大的现实意义和强劲的解释力度。例如易经的风险防范提示可见于"君子安而不忘危，存而不忘亡，治而不忘乱"这样的想法②。

这里更为重要的是，代表中国思维的易经不界定终极，而是永远在基于二元性的多重组合方式中预示着无止境——这是贝克没有明确回答的一个问题，即"第二现代性或第二现代化之后是什么？"。于是，贝克仍然延续他自己的此彼皆宜的逻辑，在谈到利益时强调差异性、强调西方中心，谈到问题与代价时又强调西方世界与非西方世界的共同性、一致性③。虽然他的这一观点并没有与西方中心主义绝缘，但他在此观点基础上所理解的全球化可能带来了更多的人类相互依赖关系以及全人类平等且相互尊重、相互信任的合作伙伴关系④。

对于如何实现全人类平等且相互尊重、相互信任的合作伙伴关系，德国另一著名学者哈贝马斯于20世纪80年代以后在研究社会稳定问题时提出了一系列重要看法。针对与全球化并存的一系列风险，他认为大家的希望应该寄托在国际社会的学习能力上，而这样的学习能力应该基于对这样的一个事实的认识，即：这些危险的全球化早就在客观上把整个世界联合成为一个不由自主的风险共同体⑤。为此，在人与人交往的层面上，他强调人们行为的协调应以共同的规范为基础，而共同规范的形成以大家的统一认识为前提。要达成统一认识就需要对话。而只有以相互谅解（了解）为目的的对话，才能开诚布公地进行。否则，就不会与对方在行动上协调一致，所以双方也就建立不起和谐的关系——交往行为即相互沟通、相互协调⑥。

---

① 这些风险详见：庄友刚，张国华. 从当代中国语境看贝克的风险社会与第二现代性理论［J］. 国外理论动态，2009（9）：78 - 79；薛晓源，刘国良. 全球风险世界：现在与未来——德国著名社会学家、风险社会理论创始人乌尔里希·贝克教授访谈录［J］. 马克思主义与现实，2005：48 - 49，52 - 53.

② 黄汉立. 易经讲堂（二）——乾、坤、屯三卦阐微［M］. 香港：三联书店（香港）有限公司，2010：序三.

③ 庄友刚，张国华. 从当代中国语境看贝克的风险社会与第二现代性理论［J］. 国外理论动态，2009（9）：80.

④ 薛晓源，刘国良. 全球风险世界：现在与未来——德国著名社会学家、风险社会理论创始人乌尔里希·贝克教授访谈录［J］. 马克思主义与现实，2005（1）：47.

⑤ 哈贝马斯. 包容他者［M］. 曹卫东，译. 上海：上海人民出版社，2002：213 - 214.

⑥ 哈贝马斯. 交往行为理论（第一卷）——行为合理性与社会合理化［M］. 曹卫东，译. 上海：上海人民出版社，2004：273 - 275.

相互谅解就是亲善是哈贝马斯在若干著作中阐述的重要思想，他主张要没有差别地尊重每个人，这其中自然也包括尊重另一个国家的人或者是其他民族的成员："对差异十分敏感的普遍主义要求每个人相互之间都平等尊重，这种尊重就是对他者的包容，而且是对他者的他性的包容，在包容过程中既不同化他者，也不利用他者"①。他在分析社会进化问题的关系时，分析了社会进化与人的自身发展的关系，强调两者之间的共性。哈贝马斯认为在人类历史发展中，社会形态集体同一性和自我同一性之间存在一致性。他从另一个方面对此的解说是：社会不能单独实现进化，只有在与行为主体结合在一起时，才能构成一个有进化能力的系统。社会的进步与发展和形成新的结构基于对社会化的行为主体的学习能力的吸纳；也就是说，只有当社会把人的世界观中的认识潜力用来重新组织人的思维和行为体系时，社会的控制能力和调节能力也就达到一个新的水平。故而，他认为，人的交往行为的调解、社会统一性的形成对社会进化来说发挥着起搏器的作用。

正因为文明之间存在差别，所以在很多情况下引起了关于不同文明类型的优劣之争，这样的论争——不仅出现在辩论方式的言语层面上，而且还在战争方式的暴力争端之中——此起彼伏。伴随它的是利益争议、资源争夺、观念交锋。在此背景下，我们认为，哈贝马斯所持的"相互谅解就是亲善"的看法既有针对性，也具重要性，而且与中国文化中的"和为贵"可以说是相通的。

从以上贝克的理论和哈贝马斯的观点及其与中华文明核心价值观的相通之处可以看出，从各民族现有核心价值观中吸取有益思想是何等的重要。在这样的基础上探讨人类共同价值建立的可能以及冲突—和谐的关系，关系到各类文明在全球化时代的命运。

三、第二现代性社会的文明类型——世界主义的生态文明

贝克和哈贝马斯都指出了当今和未来人类社会的发展与生态环境之间唇齿相依的关系。在贝克的风险社会理论中，"环境"问题不再被认为是外界的问题，而是从理论上被放在了制度的中心，并与文化密切相关：风险社会的定义关系包括在一个特定的文化范围内建构特定的规则、制度和风险的认定与

---

① 哈贝马斯. 包容他者 [M]. 曹卫东，译. 上海：上海人民出版社，2002：43.

评估能力①。贝克以此强调的一个看法是生态环境对当今和未来的社会发展有着决定性的意义，并且应该在制度上见效。哈贝马斯指出，很多新的全球风险是由于生态受到破坏而导致的，因为这些现象影响深远，范围广大，在某个国家单独是无法抑制的②。根据他们的观点，我们可以推断，生态环境在当今是决定地球上人类文明的一个中心问题，因为这是地球能否永远承载人类文明的一个制约条件，假如科学不能将人类文明移往外星球的话。但即便那样，其他星球作为人类文明的延续发展地也面临生态文明要解决的各个方面问题。为此，我们认为有必要在这里与大家一起追溯一下人类在认识生态和生态学的意义的历程。

首先我们来看一下生态和生态学的词源和含义。生态学一词由德国动物学家海克尔于 1869 年创立，源于希腊文中意为"住所"或"栖息地"的 oi-kos，是一门研究居住环境的科学。生态学意义上的生态指的是不同物种间及物种与环境间相互依赖的关系③。虽然这门科学已问世 100 多年，而且它的研究对象关系到每个人及其子孙后代的切身利益，但这些在当时并没有引起广泛关注，直到 20 世纪五六十年代，随着人口数量出现新的高峰资源、粮食面临一系列问题，能源短缺、温室效应、物种灭绝等也接踵而至。因此可以说，生态危机和生态危机意识都是工业文明的必然产物，而且环境危机被视为工业文明的结构性特征④。但实际上，任何一类已出现的文明都有与大自然交往的经历和过程，并由此形成了自己的方式和观念。换言之，各种类型的文明在这些方面都自有短长，例如农业文明由于过多耕种而大面积砍伐森林，而破坏了地表，改变了物种的生物圈，以致沙漠化和盐渍化加速了属于农业文明的巴比伦文明的衰亡⑤。令人难以置信的是：孕育了人类游牧文明是非洲的撒哈拉地带，因为这里本是一片辽阔的大草原；而同样令人难以置信的是：无限制地砍伐森林，过度放牧牲畜，水的循环失去平衡，造成了这块绿洲的悲剧性改变。而迄今的科学研究确定，在无垠的宇宙中，只有地球具有适合人类生存的条件⑥。于是，1972 年联合国在瑞典斯德哥尔摩召开的"人类环境会议"告诉大家，我们"只有一个地球"⑦。这对于有生之灵来说意味着

① 庄友刚，张国华．从当代中国语境看贝克的风险社会与第二现代性理论 [J]．国外理论动态，2009（9）：78 - 79.

② 哈贝马斯．后民族结构 [M]．曹卫东，译．上海：上海人民出版社，2002：81.

③ 任文伟，郑师章．人类生态学 [M]．北京：中国环境科学出版社，2004：258.

④ 杨通进，高予元．现代文明的生态转向 [M]．重庆：重庆出版社，2007：2.

⑤ 周鸿．人类生态学 [M]．北京：高等教育出版社，2001：54.

⑥ 周鸿．人类生态学 [M]．北京：高等教育出版社，2001：59.

⑦ 任文伟，郑师章．人类生态学 [M]．北京：中国环境科学出版社，2004：8.

"只有一个生物圈",因为地球上的任何物种都不能与其他物种隔绝而单独存在。植物、动物、微生物等各类物种组成一个个生物群落,它们有的相互依存,有的相互制约。而且,所有这些生态群落都不能离开环境而存在,而是与环境相互影响,形成周而复始的物质循环和能量流动,这便是生态系统的最主要的功能①。而生物多样性同样是人类赖以生存的环境条件,因为人类的衣食住行中哪一样也离不开其他的生物。由此可见,保护生物的多样性就是保护人类生存的条件。

在当今对生态环境的一系列讨论中,我们也会听到一种将当代生态文明的危机根源被归咎于培根的"知识就是力量"的口号②。在这里,我们应该更好地理解贝克的第二现代性和中国思维中的"此彼皆宜"的并行兼顾性模式。它的必要性正是在于风险社会中有许多悖论存在,因此当务之急要解决的问题是:如何既发展科技和经济,又不破坏环境?原因是酸雨、臭氧层破坏、全球气候变暖、生物多样性丧失等一系列征兆向人类发出警报:当代文明取得的史无前例的辉煌成就渐渐成为危及地球上各类生灵的巨大祸患,而地球的命运就是我们人类自身的命运③。

四、结语:生态文明和文明生态

德国著名的生态哲学家汉斯·萨克塞(Hans Sachsse)通过长期的观察,对人类与自然的关系作了这样的概述:在狩猎和采集阶段,自然的意义是敌人,在农业文明阶段是榜样,在工业文明阶段是对象,在现在应该是伙伴④。虽然他的这个观点不无商榷之处,但却能让我们领悟到,生态文明即是保护地球的一种文明类型,关系到地球上整个人类和所有物种的命运和互动关系。在这个人类文明发展的新阶段中,它应该吸取所有文明类型的历史教训,采纳不同类型的文明积累的有益经验,使人与人、人与社会、人与自然和谐相处,共生存,同兴盛。

本文首先对文化和文明两个概念定义的异同作了阐述,随后以贝克和哈贝马斯的有关理论观点为依据论证了在今后的人类文明进程中中国思维应该和能够起到的作用——因为易经所折射的中国思维中的价值观在二元性基础上给予任何两者合成的第三空间予以更多的重视。而孕育更稳的远

---

① 任文伟,郑师章. 人类生态学 [M]. 北京:中国环境科学出版社,2004:181.

② 刘魁. 西方文明中的科学 [M]. 北京:科学出版社,2006:144.

③ 杨通进,高予远. 现代文明的生态转向 [M]. 重庆:重庆出版社,2007:14.

④ 萨克塞. 生态哲学:自然—科学—社会 [M]. 文韬,佩云,译. 北京:东方出版社,1991:1 –9,32 –33.

志和拓展更多的可能不仅是易经的精湛，也是华夏文化的成因。因此，笔者认为，本文后半部分论及的一些观点不仅涉及的是文明与环境的生态关系，其中也映现出文明自身的生态发展远景。实际上，也只有致力实现人类文明这样的生态发展前景，才能使地球上多元的人类文明更好地重视彼此之间的互补关系和与自然环境的互动协调，并更好地处理每个当前的时刻与今后发展的前景之间的关系，而真正长足久远地"以人为本"。这样看来，或者说，也只有这样，人类文明进程将远无终极，它也必然是一个盛衰交替、不断演进的过程。而且，人类各群体在自身发展中不间断的思考、求索、创造也会积聚成一股股推进人类文明进步的能量，来为人类文明的广阔前景和远无终极的进程作出积极而又慎重的思考和努力。

作者简介

钱敏汝，女，1951 年生，北京外国语大学德语系原副主任、教育部高等学校外语专业教学指导委员会原副主任和德语组组长。主要研究领域为语言学和跨文化研究。代表作有《篇章语用学概论》等。

全球化格局下文化的碰撞和交融

涂武生

中国社会主义文艺学会副会长

新的 21 世纪已进入到人类社会全球化的新阶段。从"经济一体化"、"生产国际化"、"贸易全球化"开始，形成了庞大的世界性的包括自然联系、经济联系、人口流动联系、技术联系、服务传递联系、管理和组织联系、社会联系，直到政治、军事、文化的联系。全球化难免会遇到各种各样、意想不到的困难和障碍，可前景和趋势是一往无前的。

文化的本土性和多样性，同时也就是文化的差异性或区别、矛盾。不同民族、不同地区、不同历史条件、不同体制、不同生活方式和不同价值观的文化，相互带来的误解、碰撞，甚至产生分歧和对立是必然的，但并非绝对地不可避免。"不怕有不同，就怕不沟通"。中国有古诗："他山之石，可以为错"，或者如成语所说："它山之石，可以攻玉"。关键在于相互的理解和尊重，学会交往和对话、沟通和认同。各种不同类型的文化，通过多种多样、多层次和多渠道的联系，相互学习、借鉴，吸收精华，取长补短，就有可能将碰撞的火花，化解、提炼成新的能源和人类社会发展的动力。

在政治多极化和世界格局朝着全球化发展进程中，文化与政治、经济的相互渗透和互相结合，日益明显和紧密。与"硬权力"相对应的"软实力"，越来越受到各国的重视。"软实力"固然不能完全等同和替代"硬权力"，可在一定的时间和条件下，可以发挥和展现其特殊的、极其重要的影响和作用。它在无声无息、潜移默化之中，"随风潜入夜，润物细无声。"（杜甫：《春夜喜雨》）其魅力和威力，有时难于预料和估量。

全球化格局下文化的经济属性和功能，显著地变得突出和加强。文化的经济效益，更为人们所重视；文化产业在国民经济中的比重，越来越提高，并成为新的增长点；工业经济"一体化"和"全球化"带来的生态破坏和自然资源的无穷消耗，提醒人们要以文化产业和文化输出作为替代。全球性的金融和经济危机的爆发和蔓延，更加速和扩大了对文化责任感和功能感提升的共识。

因此，文化在和谐世界的建设中，是与政治、经济、科技等因素并驾齐驱的。文化具有广泛的普遍性，同时还带有部分的强烈的社会意识形态性，处理好"大文化"与"小文化"之间对立、矛盾和统一的关系，是带有原则性的根本问题。塞缪尔·亨廷顿在《文明的冲突与世界秩序的重建》一书中说："现代社会有很多共同点，但它们并不一定就会趋向同一。""中国人为自己的目的和需要吸收印度的佛教，这并没有使中国'印度化'，相反倒造成了'佛教的中国化'。"不同文化相互之间的了解和沟通，当然最重要的是彼此之间的体谅、认同和换位思维、取长补短；要承认、理解和尊重对方文化传统中的核心利益和核心价值观。

与此同时，也要重视交流的方式、方法，逻辑和语言。双方或多方都不要自认为是"文明核心"，以我为"中心"或独霸"话语权"，而要善于从全球化的理念和视野，用全方位和多维的思维方式，回顾历史，面向未来，以对方能够和易于接受的手段和媒介，细心去探究对方文化的深层内涵和底蕴。这样，就有可能逐步摆脱单性思维、单方思维，特别是冷战思维带来的后遗症。奥运会和世博会轮流在五大洲召开，以及包括太湖文化论坛在内的各种国际会议，已充分显示文化交流多样化的大平台，越来越为新世纪的新世界所接受。

在全球化的格局下，多创造和使用一些"世界语言"、"人类共同语言"，对穿越文化边境"隔离墙"，并走向"免签"是大有好处的。例如，大家都说或多说"功夫"、"太极"、"咖啡"、"茶"，乃至"迪斯科"、"卡拉OK"、"因特网"等等，相互的理解和交融也许就会更快些。人类面临着各种各样的困难和挑战，同时，在越来越多、越来越广泛和深入的交往中，又会迎来相互的文化精神邂逅和营养补充。

"和谐"这个概念，通常的解释是"配合得适当和匀称"，它具有不同层次的含义，如数学层次、审美层次、艺术层次、哲学层次、社会层次等等。早在公元前6世纪末，古希腊思想家毕达哥拉斯就提出了"和谐"的范畴，认为"和谐是杂多的统一，不协调因素的协调"，而且还说"美就是和谐"。包括宇宙在内的外部世界的和谐，能够引起和改善人的内在的和谐。而差不多与此同时，中国古代的哲人说："夫和实生物，同则不继。以他平他谓之和，故能丰长而物归之；若以同裨同，尽乃弃矣。"这里的"和"，即"以他平他"，是指不同事物或不同因素的结合和协调，构成为差异性的统一。"同"即"以同裨同"，则是指完全等同的事物或等同因素的重合，是排斥差异性的直接同一。"和实生物，同则不继"，是事物存在和发展的条件和形态；也就是说，"同则不继"，从完全相同的事物中，不可能产生新的东西，而只有不同事物的相互协调、和谐统一，才有可能"和实生物"。

新的21世纪已进入到第二个十年，我们来自于五洲四海、天南地北，相聚于苏州的太湖文化论坛，面向新的开端和未来，通过热烈而又坦诚地交流、沟通、对话、互鉴，大家共同探讨着创建世界文明和谐的主题，"以他平他"、"和实生物"，有了初步的理解、共识和合作；沿着这个良好的起点和途径，再经过几代人的努力，相信一定会达到一个世界持久和平、共同繁荣昌盛的、理想的新境界！

作者简介

涂武生，1934年生，中国社会主义文艺学会副会长。代表作有《西方美学史概观》《现代科学之花——技术美学》等。

中国和谐发展与国际和平环境良性互动

谢建社

广州大学广州发展研究院副院长

【内容提要】和谐是一个亘古而常新的话题。和谐是万物之母，更是社会本真。在世界风云变幻、危机四伏的风险社会，和平与发展仍是时代主题，

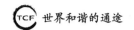

求和谐、谋发展、促合作已经成为不可阻挡的时代潮流。中国将始终不渝走和谐发展道路，这是中国政府和人民根据世界发展潮流和自身根本利益作出的战略抉择。

当人类社会跨入 21 世纪的时候，中国进入全面建设小康社会、加快推进社会和谐发展。然而，我们清楚地认识到，中国既具有和谐发展的有利机遇，也面临着严峻挑战，但总体和平的国际环境是我们发展的最大机遇。中国的和谐发展需要有和平稳定的国际环境，需要与和平国际环境的良性互动。

我们认为，中国社会和谐发展，既是一种科学理论，又是一种科学实践；既是一种崇高理想，又是一个历史过程；既是一种远大目标，又是一种具体任务。中国要在现实状态中积极推进和谐社会建设，从而把科学社会主义的设想一步一步地变为现实。

【关键词】中国和谐发展　和平世界环境　良性互动

促进社会和谐发展已经成为中国特色社会主义理论体系的重要内容。构建以人的全面发展和社会全面进步为核心的社会主义和谐社会，是以人为本的科学发展观的目标追求。中国把"构建和谐社会的能力"作为加强执政能力建设的主要任务之一。这样郑重地强调社会和谐，在我们国家历史上尚属首次①，2008 年全国人大一次会议强调注重改善民生促进社会和谐发展。和谐发展的社会，作为人类一个美好的社会理想，是中华民族几千年来孜孜以求的奋斗目标。21 世纪，当我国经济和社会发展步入一个新的历史阶段之时，和谐社会的希冀更加成为中国人的现实要求。2003 年 12 月 10 日，温家宝总理在美国哈佛大学发表了"把目光投向中国"的演讲，首次提出"和平崛起"思想，并引起了国内外媒体和学术界广泛地关注和讨论。因此，和谐发展作为时代最强音，也成了当代中国与世界社会建设与发展的主题，中国的和谐发展需要和平稳定的国际环境，世界文明与进步也需要和平的国际环境，二者良性互动，共创世界美好未来。

一、和谐发展：社会发展赋予的时代主题

中国提出和谐发展、构建社会主义和谐社会，是中国人又一次重大理论创新。这表明，我国现代化建设的总布局已经由发展社会主义市场经济、社会主义民主政治和社会主义先进文化的三位一体，提升到包括社会主义和谐社会在内的四位一体，是科学社会主义和谐理论认识的一次飞跃。

---

① 郑杭生. 和谐社会与社会学［N］. 人民日报，2004 - 11 - 30.

（一）和谐发展：中国人民的理性选择

20 世纪 80 年代初期，邓小平同志就敏锐地觉察到了世界主题的转换，他反复强调要牢牢把握住和平与发展这两个带有全球性的战略问题，并以此作为我国社会建设与发展的良好的国际环境。正如邓小平同志所言，具有中国特色的社会主义，是不断发展社会生产力的社会主义，是主张和平与发展的社会主义。只有争取到国际和平的环境，才能比较顺利地发展。中国坚持和谐发展道路，实际上就是把邓小平同志根据时代特征所揭示的中国特色社会主义对内不断发展社会生产力的根本战略和对外主张和平的根本战略联结起来和贯穿起来，从发展道路的高度加以集中的概括和宣示①，是中国人民的理性选择。

和谐，作为一种思想，是中华民族传统文化精神的精髓。其内容博大精深，源远流长。许多汉语成语，如"和衷共济"、"厚德载物"及俗语"和气生财"、"和为贵"都是对这种和谐精神的注解和说明。中华文化的和谐精神可以归纳为八个字："和而不同、求同存异"。和谐既是万物之母，是宇宙的本真状态，也是事物协调完美、稳定有序的最佳状态。和风细雨，桃红柳绿，这是自然的和谐；琴瑟和鸣，黄钟大吕，这是艺术的和谐。"和为贵"，"家和万事兴"，"政通人和"，这是中华民族精神的和谐。

中国人认为，和谐是新生事物产生的动因，事物存在的方式，是宇宙万物最终的根源，和谐是中国独特的世界观、人生观和价值观②。我国历史上也产生过许多关于社会和谐的思想。这些思想都在一定程度上反映了千百年来中国人民对美好社会的向往。和谐发展的社会就是要实现人与自然、人与人之间以及人与社会各因素共处共存，相互协调，相互配合，相互促进而形成有机、协和与均衡的良性发展态势。

（二）和谐发展：中国社会主义社会的本质

社会学认为，和谐发展就是根据社会系统的特性和演替动力，遵照自然法则和社会发展规律，利用现代科学技术和系统自身控制规律，合理分配资源，积极协调社会关系和生态关系，实现生态系统的竞争、共生和自生机制的完美结合，环境合理、经济高效、行为合拍、社会文明、系统健康地发展。和谐发展强调系统物质、能量、信息的高度综合和合理竞争，共生与自生能力的结合，生产、消费与还原功能的协调，社会、经济、环境的耦合，时、

① 徐崇温：《中国的和平发展道路是马克思主义中国化的重大成果》，www.bjpopss.gov.cn/bjpss-web/n26400c52.aspx.

② 蒋宏宾等．构建和谐社会是对社会主义认识的新突破 [N]．光明日报，2005 - 5 - 18.

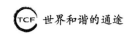

空、量、构、序的统筹，实现社会关系和生态关系的协调，达到"天人合一"、"人地共荣"的目的①。

和谐发展既包括社会建设的目标、任务和构想，又包括相应的执政党的执政能力、社会治理方略和社会运行机制，这是中国社会本质内容所决定的。

1. 和谐发展是社会的全面发展

社会的发展不是简单的经济发展，而是在经济发展的基础上，推进政治发展、文化发展、社会发展和人的全面发展，并将它们作为一个整体来构建，使之相互促进，共同发展。和谐社会不仅要求人的全面进步，而且要求社会全面发展，可持续发展；不是一部分人受教育，而另外一部分人失去教育机会；不是一部分人就业，另外一部分人下岗；不是一部分人富裕，而另一部分人贫穷。和谐发展的社会追求社会各系统优化发展、最佳发展，而不是一部分的最佳发展，某一要素的发展。不应以牺牲另一要素的发展为代价，更不应该妨碍其他系统的发展。因此，和谐社会要求全民教育，终身学习；和谐社会要求社会充分就业，要求人们共同富裕；和谐社会既要考虑到当前社会的发展需求，又不损害子孙后代满足其生存和发展需求。可持续发展不是建立在损害他人与后人的生态资源环境的基础上，不能只是依靠对人力资源和自然资源的掠夺来求得发展。

2. 和谐发展是社会的结构合理

现代社会既有现代化的经济结构，也有现代化的社会结构。它们是构成社会和谐发展的基础。所以和谐发展一定是社会的结构合理。在我国社会转型的过程中，人们开始越来越深刻地认识到，现代社会不仅是一个伦理共同体，同时也是一个利益共同体。今天，利益结构在理论上被看做社会结构的物质基础，并且是决定该社会和谐程度的重要因素。所谓"结构合理"，是说社会的各个组成部分，也就是各子系统之间有一个比较匀称、比较均衡、比较稳定的关系。这些子系统通常指的是人口结构、阶层结构、民族结构、就业结构、城乡结构、区域结构、家庭结构。

3. 和谐发展是社会的行为规范

和谐发展为公民道德建设提供了广阔的社会舞台，也大大丰富了公民道德建设的内容。中国有句话，叫做"不以规矩无以成方圆"。社会的规矩是社会行为的准则。人生在世，无不需要制衡。"有条"则"不紊"；有轨才会减少越轨。磁悬浮也不是悬在天上的，那里有能够让列车浮起来的轨道。天上

---

① 《和谐发展》，http://baike.baidu.com/view/663389.htm.

的飞机，海里的船，都有航道。有了交通规则，故意闯红灯的人便会大幅度减少。大家都按规矩办事，社会就会井然有序。规范的内容很广泛，风俗、道德、法律、纪律、宗教都属于社会规范。社会规范分成文与不成文两大类：法令、条例、规章、纪律以及一部分道德，为成文的；风俗习惯以及一部分道德为不成文的。法是强制性，虽有弹性，总体上是刚性。道德水准虽然也分层次，但是总体上是高层次的，比法律水准高。社会在前进，社会规范在更新，和谐发展是推动社会行为规范的助动器。

4. 和谐发展是社会的运行有序

和谐本身是一种有序状态，运行有序是社会和谐发展的一个基本特征，和谐发展必定是社会的运行有序。运行有序就是社会组织机制健全，社会管理完善，社会秩序良好，人民群众安居乐业。运行有序体现在经济、政治、思想、文化、教育、社会生活等各个方面都有章可循，社会纠偏机制能够及时发挥作用。

5. 和谐发展是社会的利益协调

利益关系是人类社会最基本的关系，社会成员之间的利益关系构成了一定的社会利益结构。由此说明，利益是执政的杠杆，是发挥人的主观能动性创造性的动力和源泉。社会和谐发展必须建立协调利益关系的机制和平台，妥善处理各方面的利益关系，建立科学的协调和处理机制。

我国社会的转型带来社会的利益再调整，社会资源的重新配置，从而使得人们的价值观念变化。经济制度的调整带来了利益结构的变化，并且由这种变化导致的利益矛盾和冲突，构成了体制转换中的社会和谐问题。从这个意义上讲，准确把握社会利益结构状况，加快社会利益结构调整步伐，已经成为造就现代社会和谐发展的重要条件。

6. 和谐发展是社会的可以信赖

"人无信不立，业无信难兴，政无信必颓"。社会和谐的基石是诚信。在现代社会中，执政党和政府诚信是社会诚信的核心与关键，它引导、影响着公众的诚信精神，推动、决定着社会的诚信程度。不管任何地方，一个诚实守信的政府对社会和谐发展、促进依法治国都是必不可少的重要因素，也是保障经济健康持续发展和人民安居乐业的重要基础。可以信赖是中国基本准则的最基础道德之一。有人说，现代的信誉系统是社会和谐发展的一个柱子，是市场经济系统大厦的脊梁。但在当前，社会信用制度缺失是一个比较突出的问题，不仅个人信用制度，而且企业信用制度和政府信用制度都亟待建立。强调信赖，是整个的社会守信的保证。

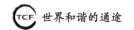

7. 和谐发展是人与自然的和谐相处

人与自然的关系是人类生存与发展的基本关系，是人类文明与自然环境之间相互作用的关系。人类的生存发展依赖于自然，同时也影响着自然的结构、功能与演化过程。二者的发展关系是和谐统一的。人类发展的历史是人类社会同大自然相互作用、相互依存、共同发展、协同进化的历史，又是对人与自然之间的相互关系的认识不断深化的历史[①]。

目前，作为人类社会生存和发展物质基础的生物物种受到越来越严重的威胁，大量生物物种资源面临濒危或灭绝，非典的产生，洪水的泛滥，各种自然灾害频发，这些都是构建人与自然和谐的一个巨大挑战。

随着我国经济的快速增长和人口的不断增加，人与自然的矛盾日益突出，集中体现在资源短缺、生态脆弱、环境污染三个方面。为此，社会和谐发展就是要实现人与自然的和谐统一，这是可持续发展的根本要求，是科学发展观的实质体现。

8. 和谐发展是社会人际关系良好

人是社会最基本、最具活力，也是最可宝贵的要素。人在参加社会活动和生产实践的过程中，为了不断改善和发展自身物质文化需求的生存条件，就不断创新文明、完善制度、提高效率、修养道德，从而推进了社会文化的发展进步。通俗地说，人要生存，就必须参加生产与社会活动，而在参与各项活动的过程中，个体的人与人就交织为各种特定的群体关系。这种关系是其他各项关系的基础，在某种程度上又决定着其他关系的本质与社会特征。可见，如果没有良好和谐的人际关系，社会就会失度失衡，道德就会滑坡跌落，经济就会迟滞僵化，文化就会散失变异，行为失范，人际失谐，百事无成。因此，和谐发展的社会，关键是人，关键在人，人际关系的和谐是最基本的和谐。社会和谐发展是在人格、权利、机会等方面追求人与人平等，且力图从政治、经济、文化等制度上解决社会成员融洽相处。

9. 和谐发展是社会充满着活力

充满活力是社会和谐发展的又一个基本特征。充满活力就是能够使一切有利于社会进步的创造愿望得到尊重，创造活动得到支持，创造才能得到发挥，创造成果得到肯定。因此，和谐发展必须最广泛最充分地调动一切积极因素，最大限度地激发社会活力。社会活力来自社会成员、社会组织和社会机制的有效作用，表现为政治活力、经济活力、文化活力、人的发展的活力

---

① 高嵩. 知识经济是人类社会经济发展的高级阶段 [J]. 科学时代，2007(8).

等等。促进社会充满活力的办法，关键还在于改变那些影响和束缚活力的制度供给和政策设定。摆在第一位的是要大力营造有利于创业和创新的机制和环境，充分调动人民群众的积极性和创造性，去推动各个领域的持续、健康、快速发展①。

二、中国和谐发展与国际和平环境良性互动

和谐发展战略，是中国执政党和政府从当今国际环境和我国特殊国情出发制定的国际战略，这既是争取和平的国际环境发展自己，以自身的发展促进世界和平的战略，又是顺应全球化发展趋势，与各国共同致力于建设持久和平与共同繁荣的和谐世界的战略。从国际关系理论的向度和视角分析，当今的世界和谐因素仍然大于不和谐因素，世界要和平，人民要合作，国家要发展，社会要进步，依然是不可抗拒的时代潮流。历史正反两个方面的经验教训告诉世人，和谐发展离不开国际和平环境。中国确立了"与邻为善、以邻为伴"的外交方针，其核心内容是"睦邻"、"安邻"和"富邻"。就是继承和发扬中华民族亲仁善邻、以和为贵的哲学思想，积极维护世界和平环境。

（一）在经济全球化的环境中独立自主地改革开放

独立自主原则就是从本国实际出发，走自己的路，依靠本国人民的力量进行改革开放。把坚持独立自主同积极参与经济全球化结合起来，我们强调既高度珍惜并坚定不移地维护中国人民经过长期奋斗得来的独立自主权利，又坚持对外开放的基本国策，始终站在国际和平环境与国内和谐发展相互联系的高度审视中国的改革开放问题，坚持独立自主的外交政策，坚持和谐发展的中国化道路，坚持互利共赢的开放战略，推动建设持久和平、共同繁荣的和谐世界。

第一，立足本国实际，走适合国情的改革与发展道路。独立自主是参与经济全球化的前提，要在经济全球化竞争中取得胜利，必须首先立足于本国，从本国实际出发，依靠本国人民的力量，积极融入国际环境并广泛利用外部条件，走出一条适合本国特点的正确道路。中国经验充分证明，中国的和谐发展，从根本上要靠中国人自己，必须也只能把事情放在自己力量的基点上，我们需要和平的国际环境，希望有外援，但不应该也不可能依赖外援。独立自主，自力更生，艰苦奋斗是中国改革与发展的可靠途径。第二，坚持对外开放，积极参与经济全球化竞争。独立自主，并不排斥和拒绝外援，而是相互结合与有效统

---

① 肖勤福. 社会主义和谐社会的基本特征 [J]. 山西教育，2005(4).

一，争取外援只是辅助性方式和手段。中国要实现和谐发展，必须有一个正确的开放的对外政策，争取一个良好的和平发展的环境。因此，在保持独立自主的前提下，积极参与全球经济合作，是实现国民经济又好又快发展的重要方面和重要途径。特别是在世界范围内的新技术革命、产业结构调整和资金流动的新一轮全球化浪潮蓬勃兴起时，更需要与经济全球化相联系，坚持按趋利避害方针积极参与经济全球化，就使我国有可能依靠国内和国际的两个市场、两种资源，调动一切积极因素去解决我国现代化过程中面临的一系列发展难题，并与世界各国在和平共处和平等竞争中实现双赢互利。

（二）在现存国际体系中推动国际政治新秩序的建立

建立国际政治新秩序，应该反映世界各国人民的普遍愿望和共同利益，应该体现历史发展和时代进步的要求。20世纪80年代末90年代初，以东欧剧变、苏联解体为标志，二战后形成的两极格局瓦解，冷战终结。伴随着旧秩序的解体，世界处于向新秩序的过渡时期，建立21世纪国际政治新秩序便摆在了世界各国的面前。冷战后国际政治关系发生新的变化，世界各种力量重新分化组合，世界格局继续呈现出多极化趋势，全球化加深了国家之间的相互依存关系。根据变化了的情况，调整实现国际政治新秩序的途径，为推动国际政治新秩序的建立作出我们应有的贡献和努力（孔庆茵文章《二十一世纪国际政治新秩序初探》）。中国坚定地维护世界和平，是现存国际体系的参与者、维护者和建设者，我们已经参加了100多个政府间国际组织，签署了近300多个国际条约，这是中国在现存国际体系中推动国际政治新秩序建立的具体表现。

（三）在多元文化背景下建设中国主流文化

经济全球化势必产生多元文化。中国和谐发展既要适应多元文化，也要相适应的主流文化。如同汇纳百川的黄河、长江，蜿蜒万里奔向东方。一个国家或民族的主流文化代表着社会的核心价值和进化方向，以强大的主导力、影响力和吸引力，凝聚多元文化，引领各个阶层、多方因素一起推动社会的进步，以达至国泰民安，自强不息，保障社会的安定和谐。

全球化趋势及发展进程构成了当代中国文化建设和发展的时空场域①。第一，多元文化具有共生性。人类历史是由众多的文明形态在空间上的并存和时间上的继起而形成的画面②。英国著名学者汤因比认为，世界文明是多元文

---

① 张军. 全球化与多元文化背景下的中国主流文化建设［J］. 思想政治教育研究，2009（5）.

② 奥斯瓦尔德·斯宾格勒. 西方的没落［M］. 齐世荣等，译. 北京：商务印书馆，1963：39.

明构成的总体，西方文明只是众多文明中的一种，而世界上的各个文明价值相等，并共处于一种多元共生的格局中。第二，多元文化具有同质性。随着全球化进程加速，世界各民族文化在全球范围内发生更为广泛的交流、碰撞和融合，从而推动着文化的全球化，全球文化同质化趋势逐渐显现出来。于是有学者断定，文化的全球化将成为新一轮全球化浪潮中民族文化发展的必然趋势。第三，多元文化具有民族性。有学者认为，文化的全球化发展越是加强，民族文化的自我认同意识也就更加强烈。如果从民族国家的立场上看，全球化中的任何一种文化体系都既包含有体现本土特色的核心文化价值，又含有部分体现人类共同文化价值的因素。由此可见，民族文化不会因为全球化带来的文化趋同丧失其独立的个性，全球化进程中的世界文化始终是一个建立在民族个性基础上的多元化发展进程。因此，中国的主流文化建设必须结合全球文化和中国传统文化，对全球化中的多元文化进行本土化改造，科学借鉴和吸收其他国家和民族的优秀文化，为我国主流文化建设提供有价值的参考，从而选择适合本国国情的主流文化发展模式。

（四）在国际化进程中走中国特色的城镇化道路

走中国特色城镇化道路是中国国情的必然要求。中国社会正处于急剧转型过程中，既面临着由传统的农业社会向现代工业社会转型的诸多问题，又面临着经济全球化和国际化的机遇和挑战。世界城市发展的两个趋势是，全球城市化和城市全球化[①]。中国改革开放后的经济起飞，在某种程度上得益于抓住经济全球化和国际化这一历史机遇，采取有效对策，放手从境外引进资金和技术，接纳产业转移，加速自己的发展。

21世纪是中国城市化的世纪，更为具体地说，就是农民市民化的世纪。诺贝尔奖获得者、美国经济学家斯蒂格列茨（J. E. Stiglitz）曾把中国的城市化与美国的高科技并列为影响21世纪人类发展进程的两大关键因素。当中国在本世纪中叶发展成为高度城市化的国家后，其经济实力、科技能力和文化影响力将会在很大程度上改变整个世界政治经济的格局。中国革命走的是一条农村包围城市的革命道路，中国改革走的也是一条先农村后城市的发展道路，中国的现代化将必须是走一条由农民变为市民的城镇化道路。从中国城镇化的进程与其成果来看，仍然走的是一条农村包围城市的道路，这个过程可以说是农村社会化的过程。任何一个国家，从传统社会向现代社会转型过程中，必然经历一个产业结构和城乡结构的转换过程，与此相适应，中国也

---

① 李双全等．经济全球化条件下中国城市化的一个思路［J］．财经政法资讯，2002（5）.

经历着由农业人口向非农业人口、农村人口向城市人口、农民向工人转化的过程。这个过程又是同农村剩余劳动力流动和农民分化密切联系在一起的。中国是农业大国，有7亿多农民，因此中国特色的城镇化，就要立足这个国情。30多年来，数以亿计的农民工先后来到城镇，且在城镇化的舞台上悄然更新换代，老一代农民工随着年龄老化逐渐回到农村，新生代农民工登上了城镇化进程的舞台，并成为新产业工人阶层的主体部分。因此，关注新生代农民工的生存与发展，让他们在城镇有体面的劳动和有尊严的生活，这是中国城镇化进程的重要问题。

作者简介

谢建社，1959年生，教授，广州大学广州发展研究院副院长、广州大学人权研究中心副主任。代表作有《新产业工人阶层：社会转型中的"农民工"》《冲突与和谐》《农民工精神文化缺失与补偿》《风险社会视野下的农民工融入性教育》等。

中国致力于世界和平与发展

熊光楷

上将，中国国际战略研究基金会名誉会长

当前，随着中国经济的快速发展和综合国力的不断壮大，中国的国防和军队现代化建设引起国际社会广泛关注。但近一个时期以来，外界对中国的发展，特别是军事力量的发展产生了不少疑虑，"中国威胁论"特别是"中国军事威胁论"又有所抬头。因此，为让世界更好地了解中国，向世界进一步阐明中国坚定奉行独立自主的和平外交政策和坚持走和平发展道路，具有重要的理论和实践意义。

一、中国致力于和平与发展是基于对当今时代主题的战略判断

改革开放30多年来，中国根据和平与发展是当今时代主题这一战略判断，在和平共处五项原则基础上提出并倡导新安全观，坚持以对话增进互信，以协商化解矛盾，以合作谋求稳定，解决各种传统和非传统安全问题，共同

应对全球性挑战，致力于世界的和平、稳定与发展。随着国际战略和安全形势的发展变化，我国国家安全观念也在不断丰富和发展，大致经历了三个阶段：

（一）确立和平与发展是当今时代的主题

20 世纪 80 年代，国际形势发生深刻变化，美苏争霸由激烈对抗向相对缓和的态势演变，西欧、日本和广大第三世界国家在国际事务中的作用进一步上升，制约世界大战的因素得到进一步加强。以邓小平同志为核心的党的第二代中央领导集体深刻洞察世界大势，改变了过去"战争不可避免，而且迫在眉睫"的形势判断，提出和平和发展是当今世界两大主题，明确将党和国家的工作重点转移到经济建设上来，确定了在改革开放的新形势下维护国家安全的总体思路，并明确提出"国家的主权、国家的安全要始终放在第一位"。这一时期，我国积极改善和发展同世界各国的关系，以中美建交和中苏关系正常化为标志，国家安全环境明显改善。

（二）确立以互信、互利、平等、协作为核心的新安全观

20 世纪 90 年代至 21 世纪初，世界进入新旧格局交替期，国际形势总体缓和稳定，但局部紧张动荡不时加剧，单极与多极的较量深刻复杂。以江泽民同志为核心的党的第三代中央领导集体，着眼冷战后多极化、全球化、信息化趋势的发展，提出"国际社会应树立以互信、互利、平等、协作为核心的新安全观，努力营造长期稳定、安全可靠的国际和平环境"，主张维护世界多样性，推动世界多极化，提倡国际关系民主化。我们以新安全观为指导，建立和发展中俄战略协作伙伴关系；妥善应对中美之间"炸馆"、"撞机"等敏感事件，保持与美等西方国家关系的基本稳定；积极发展睦邻友好关系，推动建立上海合作组织；顺利实现香港和澳门回归祖国。

（三）倡导建设持久和平、共同繁荣的和谐世界

进入新世纪，以"9·11"事件、阿富汗战争、伊拉克战争和国际金融危机为标志，国际战略形势继续发生深刻复杂变化，国际力量对比进一步朝着均衡化方向发展，世界多极化和经济全球化进程不断加快，大国关系在互动中调整，新兴国家的作用日益上升，传统与非传统安全威胁相互交织。党的十六大以来，以胡锦涛同志为总书记的党中央，根据新世纪新阶段国际国内形势发展变化，对国家安全观念作出进一步阐述。2005 年 9 月 15 日，胡锦涛同志在联合国成立 60 周年首脑会议上再度向世界庄严宣告："中国将坚定不移地高举和平、发展、合作的旗帜，坚定不移地走和平发展道路，坚定不移地奉行独立自主的和平外交政策，在和平共处五项原则的基础上同世界各国

发展友好合作关系"，并提出了"努力建设持久和平、共同繁荣的和谐世界"的重要主张。近年来，我国与世界上主要国家的关系继续保持平稳发展的势头，中美确立建设21世纪积极合作全面关系的新定位，中俄战略协作伙伴关系稳步推进；与周边各国睦邻友好关系稳定发展，在区域多边合作中的地位作用日益突出；积极参与解决国际争端，在处理朝核、伊核、中东等国际和地区热点问题上发挥建设性作用；与此同时，我国有效应对国际金融危机冲击，在国际舞台上发挥负责任大国作用，国际地位和影响力不断上升，国家安全环境持续改善。

二、中国始终奉行防御性的国防政策

自新中国成立以来，中国始终坚定奉行防御性国防政策，努力营造有利于国家和平发展的安全环境。改革开放30多年来，为适应世界军事发展的新趋势，中国依据国家安全和发展战略的要求，制定和实施积极防御的军事战略方针，在战略上坚持防御、自卫和后发制人的原则。我国家领导人多次利用国内外重大场合向世界宣示，中国的发展需要一个持久和平稳定的国际环境，中国始终不渝地走和平发展道路；中国加强国防和军队的现代化建设，不仅不会妨碍和威胁任何人，而且为维护世界和平与稳定发挥重要作用。近年来，中国在国防和军队建设中，始终将军队规模和国防投入控制在适度、合理的范围内，坚持国防建设与经济建设的协调发展。

（一）保持适度的军队数量和规模

在确保国家安全利益的前提下，中国始终将军队的数量和规模控制在维护国家安全需要最低限度内，多次主动采取单方面裁军行动。1985年、1997年和2003年中国分别裁军100万、50万和20万。中国军队的总员额从1985年的423.8万降至2005年的230万。在较短时间内，中国单方面裁军行动范围之广、幅度之大为国际裁军史上所少见。这充分体现了中国政府和中国军队热爱和平、维护和平的真诚愿望，得到国际社会的普遍赞扬。

（二）维持合理的军费开支

改革开放以来，中国政府为集中力量进行经济建设，合理安排国防费用，严格控制军费开支。尽管近年来中国适度增加了国防开支，但中国是一个大国，有22000多公里的陆地边界、18000多公里的大陆海岸线，有13亿人口和230万军队，无论是从国防费用占国内生产总值的比重，还是军人人均军费数额，在世界上都处于较低水平。1979年至2010年，我国防费占同期全国财政支出的比例呈总体下降趋势，1979年为17.37%，2010年为6.3%，下降

11 个百分点。2010 年，中国国防预算为 5321.15 亿元人民币（约合 783 亿美元），同比增长 7.5%，与前几年相比，国防费增幅有所下降；同期美国军费 6363 亿美元，增长 3.97%；英国约 580 亿美元，增长 4.2%；日本 509.6 亿美元，保持高额水平；俄罗斯 430 亿美元，增长 3.4%；印度 320 亿美元，增长 8.3%。作为世界第一人口大国，2010 年中国国防费只为美国国防费的 12.3%，人均国防费只有美国的 2.5%，因此我国防投入是适度和合理的。

中国增加的国防费主要用于以下几个方面：一是保障养兵过日子。改革开放以来，中国经济年均增长 9% 左右，2009 年城镇居民人均可支配收入 17175 元，较上年实际增长 9.8%。在国家社会经济发展和城乡居民人均收入提高的同时，军人的工资待遇也需要适当提高，把养好兵、过好日子摆在重要位置，解决官兵生活待遇上的实际问题。二是保证军队信息化建设的推进。中国军队目前还处于机械化半机械化水平，信息化建设才刚刚起步，与发达国家军队相比总体水平还有明显差距，加快中国特色军事变革，推进军队机械化和信息化复合发展，需要适度增加部分装备建设经费。三是加大新型军事人才建设的投入。为吸引和保留人才创造必要的条件，需要加大依托地方高校培养军队干部的投入，尽可能地把地方优秀人才吸引到军队中来。四是增加对遂行多样化军事任务的投入。中国面临着多种安全威胁，遂行多样化军事任务是国家赋予军队的一项重要任务。2009 年 1 月至 2010 年 7 月，军队和武警部队累计出动近百万人次，动用车辆机械 30.5 万台次，飞机、直升机 162 架次，参加抗洪、抗震、抗旱、抗台风和森林扑火等抢险救灾行动，转移安置受灾群众 450 万人次，完成多样化军事任务，也需要保持适度的经费投入。

（三）坚持国防建设与经济建设协调发展

中国是一个发展中的社会主义大国。人口多、底子薄，生产力不发达，发展不平衡，这是中国的基本国情。中国政府坚持国防建设服从和服务于经济建设大局，主张国防建设与经济建设协调发展。从 1978 年到 1987 年，随着国家工作重点转移到经济建设上来，国防建设处于低投入和维持性状态。邓小平同志在 1985 年 6 月的军委扩大会议上指出："四化总得有先有后。军队装备真正现代化，只有国民经济建立了比较好的基础才有可能。所以，我们要忍耐几年。"从 1988 年到 1997 年，我国在经济逐步增长的基础上，逐渐恢复性地加大国防投入，但国防费占同期 GDP 的比重继续下降。江泽民同志在党的十六大报告中提出："坚持国防建设与经济建设协调发展的方针，在经济发展的基础上推进国防和军队现代化。"2007 年，胡锦涛同志在党的十七大报告中进一步提出："必须站在国家安全和发展战略全局的高度，统筹经济建设和国防建设，在全面建设小康社会进程中实现富国和强军的统一。"当前我国的中心任务是发展经济、改善人民生活，发展是我们的第一要务。中国政府始终坚持对国防费实行严格审批制度，依据《中华人民共和国国防法》，将国防费全部纳入国家财政预算安排，由全国人民代表大会审查批准，并按《中华人民共和国预算法》严格实施管理。国外有的人对中国公布的国防费数字总是持怀疑态度，认为中国隐瞒了国防费开支的实际数字，宣称中国国防费是公布数字的 2 至 3 倍。按这样计算，中国国防费占政府财政支出的比重将达到 20% 左右，这对国家经济建设和政府财政来说，完全是不可想象和难以承受的。中国不可能也没有必要把国家有限的资源投入无限的军备竞赛之中，不可能也没有必要以牺牲人民的福祉为代价扩张军备。

中国十分珍视我们来之不易的发展机遇。江泽民同志在党的十六大报告中提出："纵观全局，21 世纪头 20 年，对我国来说，是一个必须紧紧抓住并且可以大有作为的重要战略机遇期。"胡锦涛总书记在党的十七大报告中指出："抓住和用好重要战略机遇期，求真务实，锐意进取，继续全面建设小康社会、加快推进社会主义现代化。"新世纪新阶段，我国最重要的任务就是要全面建设小康社会，实现中华民族的伟大复兴。中国防御性的国防政策是维护发展重要战略机遇期的必然要求，它服从服务于中国坚持走和平发展道路的战略抉择，其出发点和归宿既是为了中国的和平发展，也是为了世界的和平发展。

三、中国积极参与维护世界和平的事业

中国是国际社会的一员和联合国常任理事国，中国军队在维护国家主权和安全的同时，始终将维护世界和平与促进共同发展作为自身的重要使命。近年来，中国积极参与联合国维和行动、国际反恐合作和国际海军护航行动，为促进世界和平与地区安全作出了重要贡献。

（一）参与国际反恐合作

"9·11"事件以来，中国不断加强国际反恐合作。一是推动上海合作组织框架内建立地区反恐合作机制，推动联合反恐军演的机制化。中国先后与上合组织成员国签署《打击恐怖主义、分裂主义和极端主义上海公约》、《关于地区反恐怖机构的协定》和《上海合作组织成员国举行联合反恐军演的程序协定》等多份反恐协议，并多次与成员国举行双边或多边联合反恐军演。2002 年 10 月，中、吉举行联合反恐军演；2003 年 8 月，中、哈、吉、俄、塔 5 国举行代号为"联合 - 2003"的联合反恐军演；2005 年 8 月，中、俄举行代号为"和平使命 - 2005"的联合反恐军演；2006 年 8 月，中、哈举行"天

山－1号"联合反恐军演；2006年9月，中、塔举行代号为"协作－2006"的联合反恐军演；2007年8月，包括中国在内的上海合作组织六个成员国首次集体举行了代号为"和平使命－2007"的联合反恐军演。2009年，中俄举行"和平使命－2009"联合军演。2010年9月9日至25日，中、俄、吉、塔、哈在哈境内举行"和平使命－2010"联合反恐军演。二是积极开展多种形式的双边反恐交流与合作。近年来，中国积极开展与美国、加拿大、德国、土耳其、俄罗斯等国的反恐磋商，并不断密切与南亚、东南亚有关国家执法和情报部门的双边交流与合作。"9·11"事件至今，中美两国已举行8轮反恐磋商、两次金融反恐磋商。双方还在情报交流、司法协助、切断恐怖主义资金来源、"集装箱安全倡议"（CSI）等问题上逐步推进实质性合作。2006年6月，中、加在北京举行首次反恐磋商。2003年至2007年，中国通过与阿联酋和柬埔寨等国的反恐怖执法合作，在境外成功拘捕并遣返30多名恐怖分子，有力地打击了恐怖分子的嚣张气焰。此外，中国还积极与周边国家举行联合反恐训练。2007年12月19日，中国和印度在云南举行了代号为"携手－2007"的联合反恐训练；2007年和2008年，中国和泰国先后举行了代号为"突击－2007"和"突击－2008"的联合反恐训练。

（二）参加联合国维和行动

1988年，中国政府决定参加联合国维和行动。1989年，中国派出第一批维和观察员。从那时起，中国始终支持并积极参与由联合国主导和实施的维和行动，不断扩大参与力度。1989年至2010年上半年，中国共参加24项联合国维和行动，其中军方18项、警方8项、地方1项；至2010年8月累计派出18323名维和人员，其中军方16688人，警方1615人，地方20人。至今为止有17名中国维和人员在执行维和任务中献出了宝贵的生命。在目前仍在实施的由联合国主导的维和行动中，中国是安理会5个常任理事国中派出维和部队人数最多的国家。近年来，中国作为发展中国家，较大幅度地提高了在联合国维和行动中的摊款比例，2010年中国所承担的维和行动摊款约3亿美元，占总额的近4%，在联合国所有成员国中排名第七位，在发展中国家居首位。

中国维和人员严格遵循联合国的授权，恪尽职守，努力工作，出色地完成联合国赋予的任务。20年来，中国维和人员在十分艰苦的条件下，不畏艰险，不负重托，抢修机场、架设桥梁、运送物资、治疗伤员，展现出和平使者的良好形象，其中修筑和维护道路8300多公里，修建桥梁230多座，拆除地雷等爆炸物8700多枚，运送物资60万吨，行程850多万公里，医治患者7万余名，受到了广泛赞誉，充分展现了中国爱好和平的良好形象，为维护世界和平与地区稳定作出重要贡献。

（三）参与国际护航任务

2008 年以来，亚丁湾和索马里海域海盗活动猖獗，国际航运特别是我国商船需要军事力量来保护。根据联合国的决议和授权，我国海军自 2008 年 12 月 26 日开始，先后派出 6 批共 14 艘次舰艇赴亚丁湾和索马里海域执行护航任务。截至 2010 年 9 月中旬，中国海军舰艇编队先后完成了 242 批、2622 艘中外船舶的护航任务，完成 6 艘船舶的接护任务，解救我国船舶 8 次 12 艘、外国船舶 9 次 13 艘。目前我海军在亚丁湾、索马里海域执行护航任务的是第六批护航编队。该编队由南海舰队"昆仑山"号船坞登陆舰、"兰州"号导弹驱逐舰和第五批护航编队"微山湖"号综合补给舰以及 4 架舰载直升机和部分特战队员组成，整个编队 1000 余人。中国海军的护航行动是出于维护我国家利益和履行国际责任的需要，对于保障国际海上通道安全、促进地区和世界和平发展具有重要而深远的意义。

总之，中国致力于世界和平与发展，是根据时代发展潮流和自身根本利益作出的战略选择。作为维护世界和平、促进共同发展的坚定力量，中国将始终不渝地把自身的发展与人类共同进步联系在一起，既利用世界和平与发展的机遇发展自己，又以自己的发展促进世界的和平与发展。

作者简介

熊光楷，1939 年生，上将，中国国际战略基金会名誉会长，中国人民解放军原副总参谋长。代表作有《国际战略与新军事变革》《国际形势与安全战略》等。

和谐：中国献给全人类的元典精神

雍文华

中华诗词学会副会长兼学术部主任

【内容提要】经济全球化的今天，人类必须互相包容、互相理解，通过沟通、对话，和衷共济，化解面临的各种矛盾和冲突。作为中华文化核心价值和元典精神的"和谐理念"，对于医治当前世界的创伤，应该不失为一副良剂。"和谐"是指事物平衡、有序，并且相对稳定的存在与发展。它一直把人与人、人与社会、人与自然、人与自身的平衡与和谐作为最高的价值取向和追求目标。中国已经向世界庄严表明，主张构建和谐世界。当下，构建和谐世界，首要的是要建立"以人为本"的治世理念；其次要大兴"义利之辨"，制约市场经济的负面影响；再次是要高举公平正义的旗帜，构筑稳定的国际格局；第四，就是采取"和而不同"的立场，保证多元文化文明的共存共荣。为此，人类需要建构公认的、能够遵守的基本价值理念和行为准则——人类共同伦理，而世界不少顶级学者认为，中华文化中儒家"己所不欲，勿施于人"及"己欲立而立人，己欲达而达人"两个基本价值和理念应是人类共同伦理的黄金律，以此求得大量共同点和基本价值。当世界把目光投向中华文化，寻找思想资源时，作为中华文化的传人，就特别需要一个正常的心态，那就是将文明由传统的一个民族一个国家的天下主义推进到全人类的世界主义。

【关键词】 和谐　元典精神　人类共同伦理　和谐世界

参加"加强文明对话与合作，促进世界和谐与发展"这样一个盛会，使我想起了德国当代著名哲学家伽达默尔（Hans - Georg Gadamer, 1900—2002）的一段话。他说："在今天，把思想无论是框定在一个国家之内，还是框定在欧洲之内，都被证明是过时的。与世界上其他国家隔绝已不再可能。在今天，人类同过去一样置于一叶小舟上。我们必须掌好小舟的舵，以免让它触礁。"他说的是跨文化理解和对话的至关重要性。

今天的世界的确需要理解、沟通和对话。

当今世界的一个基本特征是人类进入了经济全球化的时代。一方面，投资增加，贸易规模扩大，经济迅速发展，科学技术飞速进步，广漠的世界变成了小小的地球村，人们彼此很难分割；另一方面，新兴经济实体和新兴大国兴起，正在改变世界原有的格局。同时，经济全球化和世界格局的变化也带来了诸多严重的问题，诸如大国的博弈、贸易争端、资源争夺、分配不公、南北贫富差距扩大、资源短缺、环境污染、恐怖主义、核威胁等等，给世界的安全和人类的生存造成了极大的威胁。人类必须互相包容、互相理解，通过沟通、对话，和衷共济，化解这些矛盾和冲突。作为中华文化核心价值和元典精神的"和谐理念"，对于医治当前世界的创伤，应该不失为一副良剂。

一、中华文化的核心价值和元典精神：和谐理念

中华文化的核心价值和元典精神就是"和"、"和谐"。什么是和谐，和谐是指事物平衡、有序，并且相对稳定的存在与发展。它一直把人与人、人

与社会、人与自然、人与自身（即灵与肉）的平衡与和谐作为最高的价值取向和追求目标。这是哲学层面的理解。

"和谐"，"和"，从"禾"从"口"，表示人人有饭吃；"谐"，从"言"从"皆"，表示人人可以发表意见。由此说来，"和谐"就是人人享有物质财富，人人享有民主自由。这是世俗层面的解释。

二、"和"是中华文化最核心的范畴

"诗言志，歌永言。声依永，律和声。八音克谐，无相夺伦，神人以和。"（尚书·虞书·舜典）心之所之谓之志。心有所之，必形于言，故曰诗言志。既形于言，则必有长短之节，故曰歌永言。既有长短，则必有高下清浊之殊，故曰声依永。声者，宫商角徵羽也。大抵歌声长而浊者为宫，以渐而清且短，则为商、为角、为徵、为羽，所谓声依永也。既有长短清浊，则又必以十二律和之，乃能成文而不乱。假令黄钟为宫，则太簇为商，姑洗为角，林钟为徵，南吕为羽，盖以三分损益，隔八相生而得之。余律皆然，即礼运所谓五声六律十二管。还相为宫，所谓律和声也。人声既和，乃以其声被之八音而为乐，则无不谐协而不相侵乱，失其伦次，可以奏之朝廷，荐之郊庙而神人以和矣！陈良运先生在其《中国诗学体系论》中认为尧舜时代，舜不可能说出"诗言志"这样经典的话来，"诗言志"大概成于秦汉之际。即便如此，亦无妨我们的论述。

"礼之用，和为贵。"（《论语·学而》第一）

"中也者，天下之大本也；和也者，天下之达道也。致中和，天地位焉，万物育焉。"（《中庸》）

"乾道变化，各正性命，保全大和，乃利贞。首出庶物，万国咸宁。"（《周易·乾·彖辞》）这里，保，指保持、调整。大和，作太和。太和指自然界的一种普遍调顺谐和的关系。利，施利。贞，中正。即万事万物的发展应符合大自然变化的规律，要安于自己应有的位置，保持阴阳会合之元气，这样才能顺利成长。

以孔子为代表的先秦儒家，由入世的原则和方法论上升到和谐世界观。

"道生一，一生二，二生三，三生万物，万物负阴而抱阳，冲气以为和。"（《老子》四十二章）这是说，万物的本源是阴（正）——阳（反）——和（合）。

"至阴肃肃，至阳赫赫；肃肃出乎天，赫赫发乎地；两者交通成和而万物生焉，或为之纪而莫见其形。"（《庄子·田子方》）

道家将"和"视为纲纪，视为万物之本源，亦即老庄哲学中至高无上的

"道"。

佛教创立于公元前6世纪至5世纪的古印度。自汉代传入我国，中经三国、魏晋、南北朝、隋，特别是唐，终于与中国本土文化融为一体，形成了中国化的佛教——主要是禅宗。它的创始人是六祖慧能。禅宗提倡"见性即佛"与"凡夫即佛"。所谓"见性即佛"，就是说，心即佛，只要认识本心，即可成佛。所谓"凡夫即佛"，就是人人皆可成佛。禅宗提倡"无念为宗"。所谓"无念为宗"，就是"于诸境上心不染"，即身在尘世之中，而心在尘世之外，也就是，在与外界的接触中，不受外界的影响。由此可见，禅宗的"见性即佛"、"凡夫即佛"和"无念为宗"，已把中国传统文化中诸如孟子的人性善，人人皆可成尧舜和庄子的自然适意熔铸进去，而成为中国化的佛教。慧能把"无念"看做禅宗的最高宗旨。其心灵哲学对于反思生存的"异化"与回归人之本真与自由富有正面价值。禅宗是从人与自身，即灵魂与肉体的清静、和谐为起点，进而达到人与人、人与社会、人与自然的平衡与和谐的。

因此，中华文化的核心价值和元典精神"和谐"，在中华文化主流的儒、道、佛三家是共同的、殊途同归的。这种"和"、"贵和"、"中和"的文化价值取向和精神指归，将为我们在全球经济一体化的今天，构建和谐世界提供十分珍贵的思想文化资源。

三、"和谐理念"与当前世界

中国已经向世界庄严表明，主张构建和谐世界。当前，世界发生了很多积极的变化：全球经济一体化继续向前推进，各国的共同利益增多，联系也更加密切；新兴经济实体兴起，正在改变原有的国际格局；世界格局中的单边主义受挫并遭到广泛质疑，而多极化的形势进一步发展；对话和沟通之重要日益为各国所认识，国际关系民主化的趋势得到了进一步的加强；大国关系获得改善；要求发展、要求和平、反对战争成了世界人民的强烈愿望和一致呼声。这是构建和谐世界的有利条件。另一方面，当前世界也面临一系列前所未有的新的挑战：金融危机、能源危机、生态危机、地区冲突、核扩散、恐怖主义、宗教极端势力、民族分裂势力、意识形态分歧、强权政治、单边主义、双重标准以及南北贫富差距扩大等等。这些都把构建和谐世界这一时代性、历史性的问题，推到了全世界人民面前，推到了各国领导人面前。当下，构建和谐世界，首要的是要建立"以人为本"的治世理念；其次要大兴"义利之辨"，制约市场经济的负面影响；再次是要高举公平正义的旗帜，构筑稳定的国际格局；第四，就是采取"和而不同"的立场，保证多元文化文明的共存共荣。

（一）"以人为本"：治世的最高理念

本文开篇明义就指出：和谐是指事物平衡、有序，并且相对稳定的存在与发展。它一直把人与人、人与社会、人与自然、人与自身（即灵与肉）的平衡与和谐作为最高的价值取向和追求目标。这中间，核心的问题自然就是"人"。提出"以人为本"的治世理念，乃是抓住了构建和谐世界的核心，因之它也就成了最高的治世理念。

"以人为本"一直是中华文化的元典精神。《尚书·五子之歌》载有"民惟邦本，本固邦宁"。《左传·桓公六年》载有"圣王先成民而后致力于神"。《左传·庄公三十二年》载有"国将兴，听于民；将亡，听于神。"《论语·颜渊》有若对鲁哀公云："百姓足，君孰与不足？百姓不足，君孰与足？"《孟子·尽心下》云："民为贵，社稷次之，君为轻。"《荀子·王制》云："〈传〉曰：'君者，舟也；庶人者，水也。水则载舟，水则覆舟。"这些论述都说明，人民是国家社稷的基础，能否安定民生，关系到国家民族的盛衰兴亡。先秦的民本思想，到汉代又有所继承和发展。西汉政治家、文学家贾谊在《大政上》中云："闻之于政也，民无不为本也。国以为本，君以为本，吏以为本。故国以民为安危，君以民为威侮，吏以民为贵贱。此谓之民无不为本也。"说明人心的背向极端重要。是否以人为本，关乎国家的统一和社会的安定。因之，贾谊进一步提出民为"万事之本"。指出："故夫民者，大族也，民不可不畏也。故夫民者，多力而不可适也。"（《大政上》）又说："王者有易政而无易国，有易吏而无易民"。（《大政下》）还说："一夫不耕，或受之饥；一女不织，或受之寒"。（《论积贮疏》）认识到民众人数众多，其力量令人敬畏，又坚不可摧；民众是国家、社会的基础；民众是社会财富生产的主体。贾谊的"以民为本"，特别强调"爱民"——给民众以一定的地位；特别强调"富民"。他认为"德莫高于博爱人"（《修政语上》），"为人君者敬士爱民"（修政语下）。他主张"与民以福"、"与民以财"（大政上）。他认为，"以民为本"，就是要给民众一定的地位，把他们看成国家的基础；就是要使他们摆脱贫困，富裕起来，社会才能发展，天下才能安定。"以民为本"在中华文化中一直被继承下来，并且不断发展。唐太宗李世民就说过"民为水，君为舟，水可载舟亦可覆舟"。直到清代黄宗羲把天下万民视为主人，而君主为客，甚至把君主视为"天下之大害"。他说："然则天下之大害，君而已矣。"（《原君》）近代孙中山也曾经提出"天下为公，世界大同"和谐世界的思想。当下，中国把"以人为本"作为执政的核心，已经将这一治世理念推进到治世实践的伟大历史时期。它意味着：社会发展的主体是人民；社会发展的动力是人民的需要；社会发展的目的是最大地满足人民的需求；社会发展的终极目的是实现人的全面发展。这样的执政理念、这样的治世理念，对于推动经济全球化、政治多极化和国际关系民主化的深入发展，构建和谐世界，提供了正确无误的政治路线图。

（二）"义利之辨"：制约市场经济的负面影响

市场经济为 19、20 世纪资本主义的发展提供了最为有效的途径，为世界的经济发展、为人类进步起到了至关重要的作用。中国将市场经济引入经济体制 30 年来，经济快速增长，综合国力和人民生活的总体水平得到了显著提高。但是市场经济对于人类社会是一柄双面剑。随着市场经济的发展，各种弊端也随之突显出来：分配不公、机会不均、贫富悬殊、正义缺失、贪污腐败、坑蒙拐骗、诚信危机等等。这就需要我们在讲究利益的同时，还要讲究道义。讲究道义，深明义利之辨，乃是中华文化的元典思想。"君子义以为止。"（《论语·阳货》第十七）君子认为道义是崇高的品德。"君子义以为质"。（《论语·卫灵公》第十五）君子以道义作为做人的根本。"君子喻于义，小人喻于利。"（《论语·里仁》第四）君子懂的是道义，小人只懂得财利。"放于利而行，多怨。"（《论语·里仁》第四）只依照个人的利益去做事，必定招致许多人的怨恨。"君子有勇而无义为乱，小人有勇而无义为盗。"（《论语·阳货》第十七）"义然后取，人不厌其取。"（《论语·宪问》第十四）《孟子》开篇《梁惠王上》就谈义与利。"王何必曰利，亦有仁义而已矣。王曰：'何以利吾国？'大夫曰：'何以利吾家？'士庶人曰：'何以利吾身？'上下交征利而国危矣。"（《孟子·梁惠王上》）"生，亦我所欲也；义，亦我所欲也。二者不可得兼，舍生而取义者也。"（《孟子·告子上》）"尊德好义，则可以嚣嚣矣。故士穷不失义，达不离道。"（《孟子·尽心上》）

要克服市场经济带来的种种弊端，就要深明"义利之辨"。其中最最重要的问题就是对市场经济的负面影响，对资本、资本的人格化——资本所有者，进行限制、规范和教育。市场经济利益多元化，各个不同利益群体之间，必然会发生各种利益矛盾、冲突和斗争。这种矛盾、冲突和斗争，大致涉及下列几个方面：（1）劳动与资本；（2）企业与企业；（3）资本与社会；（4）自由平等贸易。既然是市场经济，作为生产要素，资本在经济发展中的重要性，怎么估计都是不为过的。而无限追求最大利润趋势是资本的本性。资本的本性不是一个道德问题，它在追求利润最大化时，它会时时产生道德问题。就劳动与资本而言，资本对劳动剥削和压迫，在现代化的今天，还时有发生，有时还表现得十分严重。前不久，中国深圳富士康连续发生 13 起职工跳楼自杀事件，就是震惊世人的事例。社会主义市场经济的中国尚且如此，世界范围内劳动与资本所引发的问题就更加严重。且不说西方殖民主义时代政治压迫、经济掠夺所造成的贫穷、疾病、动乱的严重恶果，至今难于消除，给当今国际社会造成严重负担；就连当前世界南北贫富的差距也越来越大。"当今世界20%的人口享有75%的总收入，另有25%的人口收入还不到总量的2%；31%的人口是文盲；80%的人口面临居住问题；十数亿人的日收入不到一美元；还有近15亿人饮用不到清洁的水"①。就企业与企业而言，有时为了利益，采取不正当手段，排挤、打击甚至坑害对方。就资本与社会而言，有时为了自己的利益，就不顾社会、社会群体的利益。这次金融危机中暴露出很多问题。如虚报业绩，骗取客户资金；一面向国家领取救急资金，一面又给自己发高薪；就贸易而言，践踏自由平等贸易原则，大搞贸易限制、封锁和保护主义。在市场经济引发的这些矛盾、冲突和斗争中，国家不要站在"资本"一边，而应该站在"社会"、"社会群体"一边，以社会大众的利益为重，妥善处理资本与劳动、企业与企业、资本与社会及世界贸易之间的矛盾，兼顾社会不同群体和不同国家的利益。资本就其本性而言，不可能认同社会的共同价值，对于道德天生地具有机会主义的品格。但资本、资本的人格化——"资本所有者"又同时是社会的公民。因此，社会要对市场经济进行规范和限制，不让"资本"凌驾于社会之上，又要对"资本所有者"进行法律和道德的约束以此来制约市场经济的负面影响。被誉为"日本企业之父"、"日本现代文明创始人"的涩泽荣一，便成功地统一了"义"和"利"，在他去世后日本为其立的铜像是一手拿着算盘，一手拿着《论语》，他的成功对我们有着重要的启示意义。

（三）公平正义：构筑稳定的国际格局

人与人、国与国之间的和谐要通过公平正义、诚信友好来实现。公平正义、诚信友好是构建稳定的国际关系、国际格局的极其重要的伦理基石。温家宝就曾指出：公平与正义比太阳还要光辉。这是对公平正义这一伦理的高度肯定，也是当前构筑稳定的国际关系、国际格局过程中对公平正义的极为热切的呼唤。

公平正义是中华文化最基本的伦理道德之一。上节谈"义利之辨"所引证中华文化经典中关于"义"的论述，其实讲的就是"道义"，也就是"正义"的问题。"大道之行也，天下为公，选贤与能，讲信修睦。"（《礼记礼

① 杜维明．儒家传统与文明对话［M］．人民出版社，河北人民出版社，2010：79．

运》）"丘也闻有国有家者，不患贫而患不均，不患寡而患不安。"（《论语·季氏》第十六）"宽则得众，信则民任焉，敏则有功，公则说。"（《论语·尧曰》第二十）"天之道其犹张弓乎？高者抑之，下者举之；有余者损之，不足者与之。天之道，损有余而补不足。"（《老子》七十七章）"直其正也，方其义也。君子敬以直内，义以方外，敬义立而德不孤。"（《周易·坤卦》第二）"夫仁政，必自经界始。经界不正，井地不均，谷禄不平。是故暴君污吏必慢其经界。经界既正，分田制禄，可坐而定也。"（《孟子·滕文公上》）"王者之论，无德不贵，无能不官，无功不赏，无罪不罚。"（《荀子·王制》）"《传》曰：'农分田而耕，贾分货而贩，百工分事而劝，士大夫分职而听，建国诸侯之君分土而守，三公总方而议；则天子共已而已矣。'出若入若，天下莫不平均，莫不治辨，是百王之所同也，而礼法之大分也。"（《荀子·王霸》）"故当今之时，能去私曲就公法者，民安而国治；能去私行行公法者，则兵强而敌弱。"（《韩非子·有度》第六）这里"礼法"、"公法"，说明"法"即是"公平正义"的化身。"法"，在中国古代写作"灋"，《说文》解释道："灋，刑也，平之如水，从水。"在中国古人的心目中，"法"的本质意义就是公平正义。以上这些中华文化中关于"公平正义"的经典论述都说明"公平正义"与"稳定"、"和谐"关系极大。

西方一直把自由视为最重要的政治价值。自由主义政治哲学的代表人物诺齐克就更强调自由的重要性，主张自由高于平等，其思想被称为"极端自由主义"。但另一位自由主义政治哲学的代表人物罗尔斯发表《正义论》，把正义视为现代哲学的主题，认为正义就意味着平等，从而将自由主义政治哲学的主题由自由变为平等①。这一西方政治哲学主题的转换，无疑对建构和谐世界具有重要的思想价值意义。

由于"公平正义"的缺失，当代世界范围内产生了一系列严重问题，直接影响了当今国际关系、国际格局的和谐和稳定。

（一）财富分配的不公

美国圣母大学多萨商学院国际商务伦理学教授、当代著名经济伦理学家乔治·恩德勒（Georges Enderle）指出："'财富创造'概念中永远包含社会财富公平分配的观念；创造财富的动机则既有利己性也有利他性。"② 当西方发达国家人均工资收入，如瑞典 2008 年全国平均月工资为 29100 元（已折换

---

① 姚大志. 当代西方正义理论透视 [J]. 社会科学报, 2008.
② [作者不详]. "财富创造"遭遇伦理危机 [J]. 社会科学报, 2009.

成人民币)、挪威为 40047 元①，当"2008 年全球 GDP 总量为 62 万亿元，其中美国占了 14.3 万亿美元，欧盟 27 国加在一起大约是 14 万亿美元，日本是 4.9 万亿美元。美国、欧盟、日本加在一起占全球 GDP 的比重大约是 55%。整个发达国家经济体的产出加在一起，占全球 GDP 的 70% 左右"②，而某些不发达国家人均月生活费不到 30 美元时，这个世界要想和谐稳定几乎是不可能的。下面这组数字更进一步说明了这个问题：高收入国家以其只占世界人口 15.7% 的人数拥有 79% 的世界收入。2000 年，在世界成年人口中，底层的 50% 总共拥有全球财富的 1.1%，而顶层的 10% 却拥有全球财富的 85.1%，顶层 1% 甚至拥有全球财富的 39.9%；世界上最富有的 200 人的财富，在 1994 年至 1998 年这四年期间增长了一倍多，已经超过了一万亿美元；最富有的 3 个亿万富翁的财富超过所有发达国家 6 亿人的国民生产总值。全球贫困者每人只有 100 美元或 200 美元的消费能力，而在富裕国家人均收入要高出 150 倍到 300 倍。在非洲的贫困国家，即使 26 个国家的全部国民收入加起来还不到 4 亿美元；在撒哈拉以南非洲人均是 745 美元，而发达国家是 35131 美元，比率为 47:1③。

（二）贸易保护主义

市场经济、自由贸易原本是当代社会共同的价值观念和经济行为法则，它的核心就是公平竞争。但是，当前一些发达国家，面对新兴经济体，利用国家力量，对贸易横加干涉：所谓的"反倾销"、"反补贴"、制裁、禁运满天飞，给世界经济发展带来极大的负面影响，也导致了国与国之间的矛盾和冲突。

（三）单边主义

在经济全球化的形势下，各国的利益更加紧密地交织在一起，各国的关系也前所未有地密切，有关世界的重大问题，本应大家协商解决。但是，西方某些大国却绕过联合国，甚至盟国，独断独行，实行单边主义。或以"大规模杀伤性武器"为由推翻一个主权国家，或以"核扩散"为由打压那些生活在"先发制人"核武器打击威胁下的中小国家，或以"暴力极端分子"为由，出兵征讨，企图以自己的意识形态、价值观念改造一个国家、一个地区。

---

① ［作者不详］. 看瑞典和挪威的工资分配 ［J］. 作家文摘，2010.
② ［作者不详］. 全球化时代的世界格局现状与展望 ［N］. 文汇报，2009－8－29（6）.
③ 北京大学国家发展研究院. 中国问题 ［M］. 上海：世纪出版集团，上海人民出版社，2010：66.

（四）霸权主义

经济全球化虽然大大推进了世界经济的发展，但也造就了世界帝国。在《美国新世纪计划》中，克里斯托尔、卡根等公开提出必须维持一个"单极的21世纪"，必须"阻止新的大国竞争者出现"，"积极推动美国军队和战争的转型"，"控制网络空间和太空的主导权"，"在全球推行自由民主原则"等等①。正是这种"霸权主义"的推行，一时"先发制人"、"国家主权有限论"的叫嚷，甚嚣尘上；轻视和随意改写国际准则以及在国际事务中实行双层标准之事屡屡发生。唯其如此，才有一个主权国家遭到肢解的科索沃战争，才有意图改造中东地区、在中东地区推行西方自由民主原则的伊拉克战争，才有经民主选举产生的哈马斯政权被宣布为恐怖组织，才有世界范围内反核威胁、核垄断，在核不扩散道路上的无限曲折和艰辛。

历史已经证明：处理重大的复杂的国际问题、构筑和谐稳定的国际关系和国际格局，公平正义是不能缺席的。美国总统奥巴马最近向国会提交的"国家安全战略报告"，一反布什政府时期"先发制人"的战略，刻意疏远布什政府推行的"单边主义"，放弃了"全球反恐战争"、"伊斯兰极端分子"等提法，转而提倡美国安全战略奉行"全球多边主义"和"依赖国际组织"②就是最好的证明。

（五）"和而不同"：多元文化文明的共存共荣

人类历史的发展，就是人类多元文化文明的发展。现今的世界至少由现代西方文化文明、东亚文化文明、印度文化文明、伊斯兰文化文明、俄罗斯文化文明、南美非洲土著文化文明所组成。不同的文化文明，由于种族、阶级、宗教信仰、价值观念的差异与不同，必然存在矛盾和对立。是将这种矛盾对立，引向冲突甚至战争，还是通过理解、沟通和包容，引向共存共荣呢？这是摆在人类面前一个切实的、生死攸关的问题。

中华文化"和谐理念"中一个重要的原则就是："和而不同"。"君子和而不同，小人同而不和。"（《论语·子路》第十三）郑氏注："君子心和，然其所见异，故曰不同。小人所嗜好者同，然各争利，故曰不和。"和，则是和合协调，而又相互补充，充满生机；同，则单一，无变化发展。诚如北京大学中文系现代文学与比较文学教授、博士生导师、中国比较文学学会会长、北京大学跨文化研究中心项目负责人乐黛云所指出的："中国传统文化很早就

---

① 乐黛云. 西方的文化反思与东方转向 ［N］. 解放日报，2004 – 11 – 14 (8).
② ［作者不详］. 多变的语言，不变的战略 ［N］. 文汇报，2010 – 6 – 4 (6).

认为'不同'是事物发展的根本。所谓'以他平他谓之和,故能丰长而物归之。若以同裨同,尽乃弃矣'。'以他平他',是以相异和相关为前提的,相异的事物相互协调并进,就能发展;'以同裨同'则是以相同的事物叠加,其结果只能是窒息生机。中国传统文化的最高理想是'万物并育而不相害,道并行而不相悖'。'万物并育'和'道并行'是'不同';'不相害','不相悖'则是'和'。这种思想为多元文化共处提供了不尽的思想源泉。"①

历经近 500 年的发展,现代西方文化文明无疑成为全世界最强势的文化文明,它的市场经济,它的科学技术,它的自由民主法制,曾经造就了人类现代社会的发展和繁荣。但市场经济的盲目竞争和失衡,使社会失去组织和控制,也弱化了人类的道德,限制了人类智能的发展。所以,2003 年 5 月 31 日,德法两位著名哲学家哈贝马斯与德里达联合发表《论欧洲的复兴》一文,强调更相信国家的组织能力和控制能力,而对市场的调节能力持深刻的怀疑态度。对科学技术的盲目崇拜,形成强烈的物质主义、实用主义和科学主义,认为物质性的东西比精神性的东西重要,实用性的东西比无用的东西重要,甚至主张"有用即真理",用"经验"把哲学的根本问题一笔抹杀,造成了对人类思想、道德的长期、严重扼制和戕害。个人主义培育了自我中心的封闭与孤独,对自由民主的绝对强调,使得公平和法制遭到破坏。而事实上,只有权力而无责任,个人权力也是无法实现的。所以,美国汉学家安乐哲与哲学家郝大维指出:杜威和孔子都强调"人是具体环境下的人",而不接受完全无约束的自由主义的个人概念。而且杜威认为:仅仅追求"绝对独立自由的自我",并没有给美国带来什么好处,事实上,它已经阻碍了美国社会的进步②。

面对西方文化文明造成人类如此多的不幸,不少西方有识之士不能不对西方文化文明进行反思。法国著名思想家埃德加·莫兰就指出:人类需要的不是帝国世界而是创造一个和谐、均衡的"社会世界",而要达到这个目的,不同文化文明的多元共存是必不可少的。多元文化文明的共存、汇合必然会重新创造出新的多样化。埃德加·莫兰的深刻反思也为多元文化文明的共存共荣提供了坚实的理论基础,展示了新的前途和希望。

西方的强势文化文明一度演变成文化霸权主义和霸权主义,引起了民族国家、不同种族和宗教的激烈而顽强的抵抗。因此,2001 年 11 月 7 日,联合国文明对话小组出版《跨越分歧》,宣布他们经过长期研究而得出的结论:假如文明冲突,文明之间的抗衡、抗争、矛盾增加,那么对话更为必要。《文明

---

① 杜维明. 儒家传统与文明对话 [M]. 人民出版社,河北人民出版社,2010.58.

② 乐黛云. 西方的文化反思与东方转向 [N]. 解放日报,2004 – 11 – 14 (8).

的冲突与世界秩序的重建》的作者亨廷顿也接受了这一观点，他在第二版的新序中说道："我强调冲突的危险，正是要为文明对话创造条件，加强文明对话的重要性。"1990 年费孝通在其《文明对话的最高理想》中谈到，任何一个文明都是各美其美，而我们要把各美其美发展到美人之美，再到美美共美，才达到天下大同的和平世界①。这些都是"和而不同"能够达致多种文化文明"共存共荣"的经典论述。德国图宾根大学荣休教授、享誉世界的海外中国学研究的顶级学者孔汉思（Hans Kung）甚至认定中国传统伦理中"和而不同"是全球伦理价值的基础②。

四、建构人类共同伦理（世界伦理或全球伦理）

经济全球化的今天，地球村出现，人们的联系越来越密切，但因不同的文化文明的存在，使得人与人、民族与民族、国家与国家之间并不和谐，各种矛盾冲突不断，甚至时有战争发生。那么，要使人类不同文化文明之间能够共存共荣，人与人、民族与民族、国家与国家之间能够和平相处，有没有一些大家公认的能够遵守的原则呢？

1993 年亨廷顿在其著作《文明的冲突与世界秩序的重建》中提出文明冲突的观点，认为世界文明多种多样，但有两种文明不会为以美国为代表的西方文明所主导，一个是伊斯兰文明，一个是儒家文明。从亨廷顿文明冲突的角度看，以伊斯兰激进主义为代表的伊斯兰文明和以中国为代表的儒家文明乃是对美国造成威胁的敌人。孔汉思批评了亨廷顿的这种观点。他说："亨廷顿的想法很荒谬，就好像东方文化与西方文化生来就一定会有冲突一样。其实，不同文化可以和平共处，而前提就是对话。"孔汉思在此基础上进而明确提出"没有全球性的伦理准则，便没有宗教间的对话；没有一种全球性的伦理即世界伦理，便没有一种全球性的共同生存"。孔汉思关于文明对话的观点为亨廷顿所接受，上文已经说过了。

1998 年，伊朗总统哈塔米向联合国建议公元 2001 年为"文明对话年"，获得联合国大会一致通过。秘书长安南组织了一个 18 人组成的文明对话小组。2001 年 5 月，爱尔兰都柏林讨论文明如何对话时，文明对话小组成员孔汉思提出应该把儒家两个基本价值和理念作为文明对话的起点：一个就是"己所不欲，勿施于人"（《论语·颜渊》第十二）自己不愿承受的，不要加给别人；一个就是"己欲立而立人，己欲达而达人"（《论语·雍也》第六）。

① 杜维明．儒家传统与文明对话［M］．人民出版社，河北人民出版社，2010：58.
② ［作者不详］．孔汉思：致力倡导全球伦理的大学者［N］．文汇报，2009-11-9（9）.

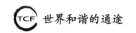

2001 年 11 月 7 日小组研究报告《跨越分歧》发表，结论是：解决文明之间的矛盾冲突的最好途径就是开展对话。上文也已讲过了。

早在 1993 年芝加哥第一次世界宗教议会上，全球伦理问题就引起了很多学者的关注。会议有一个工作小组，专门讨论人类和平共存的基本原则。最后得出了两个原则：一个是"己所不欲，勿施于人"，恕道；一个是"己欲立而立人，己欲达而达人"，仁道。2001 年，孔汉思携带自己的著作《政治与经济的〈全球伦理〉》在第二届全球伦理与中国传统伦理大会表示："在我对世界伦理及宗教对话长年的研究中，越来越清晰地意识到：当此第二、第三千纪流转之时，中国智慧在 21 世纪将成为共同的人类伦理。这种能为或大或小的社会或人类群落，提供价值标准或行为准则底线的伦理法则，将成为全球伦理最奇特的动力源泉。"

2001 年，第一届世界公民大会在巴黎召开，提出建立一个"负责、协力、多元的社会"，并主张在联合国宪章和人权宪章之外，建设第三个宪章——"人类责任宪章"。其实，这也是对"世界伦理"的呼唤。

中国的宋健也是联合国文明对话小组 18 成员之一，他明智地指出："全球化使不同的国家和文明日趋接近。在文明交会的过程中，人们可以发现大量共同点和基本的共同价值……全球化的发展将为各具特色的文明的发展创造更广阔的空间。"

2004 年南亚海啸之后，在布达佩斯的世界团结宣言指出："世界范围的对话必须具体进行，那样才可以超越目前世界不稳定的状况，朝向一个更为稳定、和平和持久的文明。"又说："所有有思想的人以及具有人道倾向的组织参与全球对话，去创造一个包容与和平的持久文明。"

远在 18 世纪欧洲启蒙时代，启蒙大师伏尔泰、莱布尼兹和奎耐都很敬重儒家传统，并将中国儒教作为西欧主要的参考社会、参考文明。伏尔泰认为孔子提出的"己所不欲，勿施于人"的思想是超过基徒教义的最为纯粹的道德。1988 年 1 月，诺贝尔奖获得者在巴黎集会，瑞典诺贝尔物理奖获得者汉内斯·阿尔夫指出："人类要生存下去，就必须回到 2500 年前去吸取孔子的智慧。"

1922 年，罗素在访问中国之后，在其《中西文明比较》一文中说："不同文明之间的交流过去已经多次证明是人类文明发展的里程碑，希腊学习埃及，罗马借鉴希腊，阿拉伯参照罗马帝国，中世纪的欧洲又模仿阿拉伯，而文艺复兴时期的欧洲则仿效拜占庭帝国。"

法国学者于连·法朗索瓦认为："中国文明是在与欧洲没有实际的借鉴或影响关系之下独自发展的、时间最长的文明……中国是从外部正视我们的思想——由此使之脱离传统成见——的理想形象。"

奥地利心理学家卡尔·容格在他的《东洋冥想的心理学》中指出："应该转换西方人已经偏执化了的心灵，学习整体性领悟世界的东方智慧。"

在当下构建全球伦理的实践中，全世界很多顶级学者纷纷把眼光投向中华文化，从中寻找思想资源，这对于我们中华文化的传人，就应该有一个正常的心态。那就是：坚信不同文化文明之间虽然有质的不同，但彼此之间通过对话是可以相互理解的，在一些最重要的核心价值上，能够获得共识，而成为当代不同社群、不同民族、不同国家共享的基本价值，将文明由传统的一个民族一个国家的天下主义推进到全人类的世界主义。

作者简介

雍文华，1938 年生，中国作家协会创作研究部副主任，中华诗词学会副会长兼学术部主任。著有《罗隐集》《民族历史主题》等。

从"天人之学"看中华文化特色

张岂之

清华大学教授

【内容提要】我原来的论文题目是：《中华文化与世界文化》，试写中觉得题目太大，改成现在的题目《从"天人之学"看中华文化特色》，围绕"天人之学"的具体内容，加以论述，又与西方文化进行比较，这样也许会说得清楚一些。

30 多年来，通过对中华文化的研究，我认为"天人之学"、"变易之学"与"会通之学"是它的重要主题。关于"天人之学"的演变过程，从"重人事轻天道"到老子"天道自然"理论，到儒学的"生生之谓易"及天地为万物之母、生养之源，应当加以礼敬，再到荀子的天人"相分"、"相合"的理论，逐步深化，构成了中国古代"天人之学"的主体。中华文化中的"天人之学"的形成与演变，体现了中国长期农业社会的印记，这和西方不同。古希腊自有它自身的历史背景，从古希腊文明开始，到 18 世纪康德哲学，都没有类似于中国古代"天人之学"的理论。西方哲学的最高主题是思维和存在的关系问题。西方有识之士关注"天"（自然）与"人"（社会）关系的探讨，已经是 20 世纪中叶以后的事，由于全球性生态环境危机，西方才开始注意中国古代"天人之学"的理论及其实践意义。

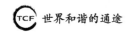

通过"天人之学"与西方文化的比较，可以看出中西文化相互比较、相互补充的必要性，这样才能维护并推进人类文化的多样性。而文化多样性才是文化得以进步和发展的主要动力。太湖文化论坛首届年会为此贡献力量，我个人有机会参加并发表学术观点，深表感谢，并祝年会圆满成功。

【关键词】天人之学　特色　老子　儒学

探讨中华文化精华及其特色，分析它的重要理念，揭示其丰富内涵，与西方文化进行比较，这样也许会有所得。

中华文化精华中有哪些重要理念，要看从哪个角度着眼，学者间仁者见仁、智者见智，这是很自然的事。如果从中华文化的构成上进行分析，我的浅见是：其中的天人之学、变易之学与会通之学也许可称之为基本理念。这里，我想就"天人之学"试作一些分析，向诸位请教。

一、中华文化的源头

谈中华文化最好从文明起源说起。

炎黄时期距今5000多年，这是中华文明的源头。从历史学观点看，炎帝族和黄帝族是史前两个关系密切的大氏族部落，他们对后来中华民族的生衍发展有很大影响。

我国考古学者指出新石器时代仰韶文化后期和龙山文化是中华文明的起源期，炎黄时代就在这个时期内。

炎黄时代的主要贡献是在原始农业和原始文化方面，发明医药是炎帝神农时代的又一重大成就。这些是见诸若干古文献的。我国农业考古学证实距今八九千年，原始农业已有相当发展，在此基础上产生了原始文化。

原始文化不能称之为原创性文化，当时文字初创，也没有文化观和思想体系，是文化源头。在中华民族文化发展史上，形成独特的文化观以及丰富的文化内涵，才称之为原创性文化，这指的是先秦时期，特别是西周和春秋战国时期的文化。

农业与祭祀祖先这两件大事对中华原创性文化的产生和发展有重大作用。具体说，黄河流域的粟（小米）作农业成为春秋战国时期齐鲁文化（主要指儒家文化）的物质基础。儒家的原创性文化着重探讨"人"的本质、意义和价值。长江流域的稻作农业成为楚文化，即主要指道家文化的物质基础，着重研究"天道"的本质及其与"人道"的关系。两河（黄河、长江）是中国的两条母亲河，由她们哺育出两大体系的原创性文化（儒、道），构成中华民族传统文化的主流。

在中华文化中，原创性文化是民族文化的最初成熟形态，它在演变发展进程中，有本土不同文化的融合，也有本土和外域文化的会通，源远流长，丰富多彩，显示出自身的特色。

二、"重人事轻天道"的思想

我国古代思想家对"天"的认识，大概始于夏、商时期。从西周时起，"天"的概念有两种不同的含义：一种是天神、天命，一种是自然界的天体，即古文献上说的茫茫苍天。以《周易》的经文为例，其中有些对"天"的理解，是指自然的天体、天象，但多数是关于天命、天神的记载。至于西周时的重要政治文献《尚书》，其中"天命"一词，比比皆是。这种状况到春秋时期才发生变化，出现了重人事轻天道的观点。

思想上的这种变化，首先见于兵家（军事家）的著作。齐国军事家孙武在《孙子兵法》中首次提出天时、地利、人和的理念（见《始计》）。他说的"天时"，指阴阳、寒暑、四时等自然现象；"地利"指路途远近、面积大小、形势险易、环境利害等方面；"人和"指得民心、得民力、上下同心同德。《孙子兵法》认为，军事家运用这三个条件，才能取得战争胜利。史书记载，越王勾践的大夫范蠡在政治上和军事上由于兼顾天时、地利、人和三者，才取得成功。

战国中期儒学代表孟子认为，天时、地利与人和这三者缺一不可，而"人和"最为重要（见《孟子·公孙丑》下）。战国时的兵家著作《尉缭子》也认为，"天时不如地利，地利不如人和"（《战威篇》）。战国末道家的《十大经》（古佚书）把知人事作为知天时、地利的中心环节。由此可见，我国古代重人事轻天道的理论来源于战争的实践，又能提到理论的高度予以总结，这不是思想家们空想的产物。

三、老子与"天道自然"理论

我国先秦时期，深入探讨天人关系，将天道与"自然"联结起来，构筑关于"天道自然"的理论体系，首先要提到老子和《老子》一书。从《老子》一书中可以看出，它不但对兵学有研究，而且对农学的知识加以提炼、总结。

有些学者认为，《老子》一书（《道德经》、《老子五千言》）并非老子本人所著，成书于战国时代。三国时魏人王弼为《老子》作注，其注与《老子》文本珠联璧合，都是哲学美文。后人将王弼注本称为《老子》书的通行本。20世纪70年代和90年代又发现了《老子》的地下文书——帛书与简文，足见研究老子思想的材料相当丰富。

《老子》5000字，赫然在目的一个理念，就是"道"。其书第一章为老子思想的总纲。"道"是"有"与"无"的统一。"无",名天地之始;"有",名万物之母。什么是"无"?不能照字面解释成什么都没有,"无"指的是空间、空虚。"无"还指"道"体不同于通常的物体,不能说它是圆或方,它具有不确定性。天地万物的最初形态,可称之为"有",由此演变出纷繁复杂的大千世界。

《老子》第25章有这样的话:"人法地,地法天,天法道,道法自然。"天、地、人都源于"道",没有神力,没有矫饰,自然而然。"天道"即自然而然的道理,它不争、不言、不骄,没有制物之心,像无形的巨网广大无边,虽然稀疏却没有任何遗漏,将一切都囊括其中。在《老子》看来,与"天道"自然相反,"人道"显得自私、褊狭、不公。如何改造"人道"?《老子》回答说:"人道"应当效法"天道"自然的本性。

《老子》这样描述"天道"的自然本性:"反者道之动,弱者道之用。"(《老子》第40章)"反"指向相反的方向运动,而发展到了相反方向以后,还要再向相反的方向发展,直至回到原初的状态。因此,在《老子》思想中,"反"具有转化和返本两种含义。在这个总法则的影响下,《老子》描绘了强与弱、生与死、福与祸、上与下、前与后等相反而相成的画卷。他主张将"天道"的自然特征引入人事,使施政者具备"柔弱"、"无为"的品格和风貌:纯朴、不自以为是、不固执己见、不扰民,以百姓之心为心。这样,经过"天道"浸润的"人道"才能立于不败之地,达到"道法自然"原初的"和谐"境界,这就是《老子》第42章所说的"道生一,一生二,二生三,三生万物。万物负阴而抱阳,冲气以为'和'"。"和谐"在老子思想中也有其他的表述名称,例如称之为"无为而无不为"。"无为"主要指清除独断的意志和专断的行为,含有不妄为的意思,并不是什么都不做。

《老子》一书在西方被译成多种文字,不过,据学者研究,这些译本能比较准确地反映《老子》思想的很少。这主要不是文字理解问题,而是因为用西方哲学观点,不论是哪个学派的,去理解老子哲学,很难准确有效;在西方,不论古今都没有类似于中华文化中的天人之学。老子所勾勒的理想世界蓝图是万物和谐、各遂性命、充满生机的协调世界,直到今天仍然有着重要的启示价值。

四、先秦时期儒学的天人之学

孔子在春秋末期创立儒学时,对"天"作过研究。《论语》中记载了他与弟子们关于"天"的对话。他说:"天何言哉?四时行焉,百物生焉,天何言哉?"(《论语·阳货》)这里用了两个"天何言哉",来强调天是自然,如同四季流转一样，没有神性。由此孔子要人们"不怨天，不尤人"（《论语·宪问》），要靠人自身的努力。

战国末期有些儒者研究《周易》的论述，保存在《易大传》中，其书基本上属于儒家学派，也吸取了诸子百家，特别是道家的观点。《易大传》有十篇，又名《十翼》，其中《系辞》上下在于发掘《周易》的哲学潜质，文中关于天人关系的论述，对中华文化的演进有较大的影响。

《易大传》记述自然与人事的变化，从阴、阳着眼，说"一阴一阳之谓道"，"刚柔相推，而生变化"。《易传·系辞上》不像老子那样强调人道效法天道，主张将事物变化的道理运用于社会。《系辞下》云："穷神知化，德之至也"，认为圣贤懂得事物变化的道理，这才是最高的品德。再如《系辞上》："一阴一阳之谓道。继之者，善也。成之者，性也"，认为人们在阴阳的相反相成中即可体察到事物运转变化的途径，由此建立行为规范，这才能体现人之所以为人的本性。

《易大传》阐述的变易之理不同于《老子》之处是：《老子》主张柔弱、无为，而《易大传》则强调刚健中正。《乾卦·象传》说："天行健，君子以自强不息"。"健"，永不中断，永远为此，具有不知疲倦的刚毅精神。不过，《易大传》在主要强调刚健的同时，并未否定柔弱的作用，主张刚柔相济，二者相互为用。在古代哲人看来，君子的自强不息并非只是表现于一时一地，应当贯穿于他们的整个生命历程。这种精神，孔子用"松柏后凋"（《论语·子罕》）作过譬喻，后又演变为愚公移山的故事（《列子·汤问》）。

《周易》讲天、地、人三才之道的统一，《易大传》加以发挥，提出"生生之谓易"，人们以此指导践行，除旧更新。又要人们笃信天地为万物之母、生养之源，应当加以礼敬，不可毁坏。由此可见，中华文化中早就包含有朴素的生态平衡思想，这是符合事实的。

五、天人"相分"、"相合"的理论及其价值

在很长的时间里，一提到天人关系，有学者说"天人合一"是它的最恰当的文字表述。这个看法，值得商榷。"天人合一"见于西汉时期儒学今文经学大师董仲舒。他是"罢黜百家，独尊儒术"的倡导者。在其著作《春秋繁露·深察名号》中论说了"天人之际，合而为一"。按其思想体系，这种提法其实是"天人感应"论的一种表述，以为天、人之间存在着一种神秘的联系，天主宰人事，人的行为也能感动天，这明显带有天命决定论的色彩。

在董仲舒之前的战国末期，荀子提出的天人之学认为，在天、人合一之前先要有天人相分的观点，这和天命决定论大异其趣，将古代的天人之学推

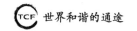

进到一个新的高峰。

荀子，名况，字卿，亦称孙卿子，赵国人。早年到过齐国。公元前266年应秦昭王聘请到秦国。秦国民风纯朴、政治清明给他留下深刻的印象。公元前255年，再次入楚，被楚相春申君用为兰陵（今山东峄县）令。春申君死后被免官，荀子住在兰陵，以授徒为业，著《荀子》一书。

荀子生活的时期约在公元前298年至前238年，当时中原各国的统一已成为历史的主题。他涉猎百家之学，曾在齐国主持过稷下学宫（担任"祭酒"），在这里他与百家之学的思想家们进行切磋，使他的视野更加开阔，思想更有深度。

荀子本着孔子的思路，寻求"和"而否定"同"。"和"是多样性的统一，建立在事物相互区别的基础上，而"同"则是排除矛盾的一致，是没有生命力的单一。荀子探讨"天人之学"的名篇《天论》，把这个道理阐发得深刻而清晰。他写道："天行有常，不为尧存，不为桀亡。应之以治则吉，应之以乱则凶。"认为天有常规，不受人的意愿支配。顺应天（自然）的法则，人们将从天那里取得养生之资，如粮食等。如果人们违反天的法则，将受到它的惩罚。荀子在《天论》中写下一大段关于加强农业生产的文字："强本而节用，则天不能贫。养备而动时，则天不能病。修（循）道而不贰，则天不能祸。"认为人们抓住农业这个根本，厉行节约，天就不能使人贫困，有充分的养生之资，并按照季节进行农事，天就不能使人患病；遵循农业生产本身的法则而行动，天也不能使人遭到祸患。可见人在自然的面前不是完全无能为力的。他又说："错人而思天，则失万物之情"，如果看不到人的作用，只是企求天的恩赐，就和天人关系的真实情况相背离。基于上述分析，荀子的结论是："故明于天人之分，则可谓至人矣。"

荀子"天人相分"的观点，在中华思想文化史上揭开新的一页，阐述了一个客观真理：当人从自然界分离出来，成为与自然相对的认识主体的时候（也就是认识到天人相分），人才有可能成为有智慧的人，而不是一般意义上的人；不是自然的奴隶，而是能认识并按照自然法则去行动的人；这样的人荀子称之为"至人"，用今天的话讲就是"真正的人"。

强调"人"的地位与作用，这是中华文化及其理论的特色之一。中华文化以"人"为核心，进行探索，才产生了"天人之学"（探讨什么是天？什么是人？人与天有何关系？）、变易之学（探讨世界万物变化的道理）、为人之学（即人的道德伦理标准）、会通之学（即博采众家之长的文化胸怀）方面构筑了内容丰富的理论体系。在这方面，荀子的"天人相分"论作出了重要的贡献。

荀子在《天论》中着重论述了天人相分，就是看到天和人各自的特点，呈现于人面前的是千姿百态的自然世界，不是一个色彩、一种声音的单调死板的存在。在异中求同，达到和而不同。由此荀子在《天论》中写下这样的话："万物为道一偏，一物为万物一偏，愚者为一物一偏，而自以为知道，无知也。"在荀子看来，万物只是"道"的一个方面，个别事物是整体的部分，人们往往以偏概全，以部分替代整体，自以为认识了"道"，其实并没有达到全面认识的境界。从"分"到"合"，从个别到一般，这才是人们认识的正确途径。

荀子关于天人既相分又相合的理论，在中华思想文化史上产生了深远影响，东汉时期的王充，唐代思想家、文学家刘禹锡、柳宗元等都在这个大课题上作出了贡献。中国历史上的宋、元、明、清时期，由于本土和外域文化的对立与融合，产生了新的思想课题，但天人之学在这段时期并没有失去它的光泽，只是变换了形式，这将由另文去论述。

六、中华古代"天人之学"与西方哲学不同

中国古代"天人之学"是农业社会长期延续的印记，本文前面所叙，只是其中的若干要点，并不全面。"天人之学"渗透于中国古代的科学技术，从天文历算、中医药学、古地理学、古建筑学中均可看到它的思想影响。我国古代文学与史学更加离不开天人之学的滋养。关于天人之学的丰富史料，从古代史学中可以见到。西汉时大史学家司马迁有一句名言："究天人之际，通古今之变，成一家之言。"（《汉书·司马迁传》）在他看来，只有研究天人之间的关系，才能在学术上有所建树。

中国古代史学不仅记述社会人事变迁，而且比较详尽地记载了自然界的变化及其与社会人事的密切关系。以孔子删定的史书《春秋》为例，其中记载了春秋242年间的重要天象和地理变迁。日食、月食、地震、山崩、星变、水灾、旱灾等，在《春秋》一书中都有所反映。在二十四部正史中，有十八史本来就有"书"或"志"，其中有关于天象的天文、律历、五行三志的内容。至于中国古代的地理，与天人之学也有密切的关系，不论是自然地理或历史地理，都有关于天象变化与地理学的记载。在中国古代文学中，天人关系始终是一个常见命题。由此可见，天人之学也许可以称做中国古代学术的重要架构。不过，中国古代的神学迷信等往往借用天人之学的形式加以宣传，所以在天人之学中往往鱼龙混杂，需作仔细分辨。

在西方，却不是这样。古希腊哲学是从探寻自然开始的，前苏格拉底的希腊哲学家包括米利都学派（约公元前6世纪产生）、毕达哥拉斯（Pythago-ras，约公元前580—前500年）、爱利亚学派（约公元前6世纪产生）、赫拉克

利特（Heraclitus，约公元前535—前475年）等，对自然现象及其形成的原因进行研究，一般都留下一篇《论自然》的作品。到巴门尼德（Parmenides，约公元前514—?），他区分了感觉和理性、存在和非存在、本质和表象、真理和意见，由此，希腊哲学的抽象思辨能力大大提升，这是西方哲学最高命题即思维和存在关系问题的起点。

从公元前5世纪开始，在西方出现了对自然哲学家进行批判的智者学派，他们对人类自身的认识能力有所反思，提出了价值和伦理的问题。由此，希腊哲学转向人的探讨阶段。苏格拉底（Socrates，公元前469—前399年）提出了什么是人生意义的问题，柏拉图（Plato，约公元前427—前347年）继承毕达哥拉斯和巴门尼德等的抽象思考方法，用理念（idea）统摄主观和客观，这在很大程度上决定了西方文化往认识论和理念论方面发展的方向。亚里士多德（Aristotle，公元前384—前322年）完成了最早的学科分类，如：自然哲学、伦理学、政治哲学、美学、逻辑学（他称之为"分析法"）、形而上学等，这是西方学术的基本框架。后亚里士多德的希腊哲学和罗马哲学中也没有出现类似中国古代天人之学的主题。18世纪德国哲学家康德（Immanuel Kant，1724—1804）虽然对星空和道德律表示敬畏，可是他并没有思考过二者间是否存在中华文化所理解的那种天人关系，因此，康德哲学不能称之为天人之学。至于西方有识之士关注天（自然）与人相互关系的探讨，已经是20世纪中叶以后的事，由于全球性生态环境危机，西方许多著名哲学家才开始注意中国古代天人之学的理论及其实践意义。

至于中国古代天人之学的方法论问题，中外学者已开始着手研究，笔者在这篇简短的发言稿中不想涉及这个问题，留待将来发表专文来参加讨论。

最后，我想说的是，中华文化走向世界，在今天已经不是一个理想，而成为我国学术文化工作者的重大责任之一。让世界了解中华文化，其中最重要的是，准确地向世界介绍中华文化的核心理念，这比介绍具体的文化形态要困难得多。中华文化中的一些核心理念和西方文化并不相同，通过对话与交流，使中西文化相互比较，相互补充，以维护并推进人类文化的多样性；文化多样性是文化得以进步和发展的主要动力，这是一项繁重而必须要做好的工作。笔者在本文中介绍中华文化的天人之学，也正是出于这样的目的。不妥之处，请指正。

作者简介

张岂之，1927年生，清华大学教授，西北大学原校长。代表作有《中国传统文化》《中国历史15讲》《顾炎武》等。

太湖文化论坛
WORLD CULTURAL FORUM
TAIHU · CHINA

第三章

文化多样性与人类文明进步

论当代文化发展中的
全球化与本土化矛盾

郏　正

吉林省社会科学院院长

【内容提要】全球化就是人类社会的整体化、互联化、依存化。全球化是市场经济发展的产物，是现代科学技术的普及和广泛应用的结果，是信息革命的必然产物，也是上述发展所带来的负面效应的必然结果。全球化也有它对文化发展的负面效应。全球化对文化的影响是双重化的。全球主义和民族主义、理想主义和功利主义、精英主义和大众主义的矛盾，构成了全球化与本土化之间的主要文化冲突。在全球化的时代，要充分考虑到文化沟通和文化理解，才是正确的文化态度与战略。

【关键词】全球化　本土化　文化冲突　文化沟通

一、全球化的社会影响

当20世纪帷幕即将落下，一种新的意识正在成为日益流行的术语，这就是全球化。

从文化的角度讲，全球化就是人类社会的整体化、互联化、依存化。所谓整体化，是指全球作为同一个社会整体而存在；互联化是指所有国家和民族在信息、交往、利益方面的普遍相关性；依存化是指国际合作与协调已成为任何一个国家和民族自身发展的基础和前提。

全球化的过程始于工业革命。早在1848年，马克思就已预见性地指出："资产阶级，由于开拓了世界市场，使一切国家的生产和消费都成为世界性的了。""过去那种地方的和民族的自给自足和闭关自守状态，被各民族的各方面的互相往来和各方面的互相依赖所代替了。物质的生产是如此，精神的生产也是如此。各民族的精神产品成了公共的财产。民族的片面性和局限性日益成为不可能，于是由许多种民族的和地方的文学形成了一种世界的文学。"①
第二次世界大战结束前后，人类相继经历了三次新的技术革命：1942 年发生
的电脑革命把人类带入信息时代，1945 年发生的核能革命把人类带入原子时
代，1957 年发生的航天革命把人类带入太空时代。随着这一系列翻天覆地的
变化，人们越来越预感到一个全球化时代的来临。全球化已成为一种普遍的
共识。全球化的来临，有其深刻的社会背景和思想背景。

首先，全球化是市场经济发展的产物。市场经济突破了自给自足的自然
经济，造成了社会的开放性与竞争性。激烈的市场竞争，"不断扩大产品销路
的需要，驱使资产阶级奔走于全球各地。它必须到处落户、到处开发、到处
建立联系"，使一切国家的生产和消费都成为世界性的。

其次，全球化也是现代科学技术的普及和广泛应用的结果。农业社会不
同民族与国家的隔绝，是农业的生产方式决定的。农业依赖的是个体的经验，
而这些经验并非都有普遍性与可重复性。而工业社会依赖的是科学技术。科
学技术基于对客观规律的认识，而具有普遍性，它对一国适用，对其他国家
也适用。相应的科学技术要求相应的生产组织方式、相应的认识和思想方法，
从而造成了不同社会经济、文化诸多方面的互相理解、互相接近。

再次，全球化是信息革命的必然产物，以电子计算机为标志的信息革命
彻底改变了人类的信息传播方式。以电脑、电视、人造卫星为标志的现代化
的信息网络将全球联结成一个整体，造成了全球性的信息同步效应。现代信
息技术一方面可以跨越不同语言、文字的障碍，促进全球性的文化交流；另
一方面大大提高了信息处理的速度和效率，促使全球性的信息交流，使全人
类越来越面对相同的信息，从而造成了信息传播方面的全球化。

最后，全球化也是上述发展所带来的负面效应的必然结果。实践活动的
本质是创造性的，使人的主观见之于客观世界。然而，任何创造同时也是一
种对原初平衡的破坏。人的创造性越强，破坏性就越大。因此，核威胁、环
境污染、生态恶化等日趋严重的实践的负面效应，造成了一系列的全球性问
题，只有经全球合作与努力才能加以消除和解决。正是在这样的背景下，人
类社会进入了全球化的时代。

二、全球化的文化效应

全球化在经济、政治、文化诸方面，产生了广泛的社会影响。

全球化对文化发展带来了诸多积极的影响。首先，全球化拓宽了文化的

---

① 马克思，恩格斯．马克思恩格斯选集（第 1 卷）［M］．北京：人民出版社，1955：276．

视野，推动人们从全球的视角来重新构造文化活动。全球化突破了传统文化局限于民族和国家的狭隘视野，使人们真正作为世界公民来思考。在人们发展本民族、本国文化的同时，越来越注意民族关系，国家利益与全人类利益的协调。因为在信息、科技、市场都正在全球化的今天，没有哪一个国家能够单独解决人类面对海洋、大气和生态的普遍性危机，没有哪一个国家的发展不牵涉到其他国家的利益。在这种背景下，爱因斯坦所说的"自己活，也让别人活"应该成为一种普遍的文化意识。

其次，全球化凸现了文化精神中的整体精神，即人类意识。所谓人类意识，就是黑格尔所说的"全体的自由性"。马克思曾指出："人是类存在物，不仅因为人在实践上和理论上都把类——他自身的类以及其他物的类——当做自己的对象；而且因为——这只是同一种事物的另一种说法——人把自身当做现有的、有生命的类来对待，因为人把自身当做普遍的因而也是自由的存在物来对待。"

个人、集体和人类整体，是人的三种并行的存在形式。个人是每一单个人的具体的存在状态，是人的主体性的客观载体。每一个个人都拥有一个独立的精神自我，都能从事有目的的活动，由此实践活动才得以产生。同时，不同形式的社会集团，又是个人在实践中形成的活动共同体。按照马克思的理解，个人只有在实践中，在与他人的关系中才获得本质的规定。社会集团虽然是对个人的局限性的超越，但任何社会集团本身又存在一定的局限性，因为每一个社会集团都是一定社会关系的产物，是个人既赖以生存，又受到限定的存在形式。

马克思认为，人应该全面发展，人的社会性应该成为人实现自由本质的条件，而不是约束人的自由本质的桎梏。他指出："只有在共同体中，个人才能获得全面发展其才能的手段，也就是说，只有在共同体中才可能有个人自由。"马克思把建筑在一个社会集团统治另一个社会集团基础上的共同体称之为"冒充的共同体"、"虚假的共同体"，一再强调："在真正的共同体的条件下，各个人在自己的联合中并通过这种联合获得自己的自由。"

全球化正实现着人类利益的整体性，印证了马克思关于"人是类存在物"的论断。当代人类社会的发展不断提出并强化了人类意识，即整体精神，这是当代文化精神的一个实质特点。

再次，全球化创造了当代文化的多样性。文化就其本意来说，就是一种创造性的存在，文化的就是非自然的，是人创造出来的。这种创造性必然体现为个性的多样性，不同的民族会创造出不同风格的文化。文化的生命力首先就在于它是作为个性的多样性而存在，因而人类社会才如此丰富多彩，人类才会不断发挥创造性去扩充文化。不应忽视的是，文化的生命力还在于它的可传播性；文化应该是人的本质力量的体现，任何一种文化都是一种普遍性，具有可以被其他个人、群体理解接受的可能性。文化的普遍性往往通过传播来实现：文化的个性越强，对他人的吸引力也就越大，其可传播性和可接受性也就越强。

全球化为广泛的文化传播和交流提供了充分的技术条件和心理条件。日益广泛的多种文化的交流与碰撞，有利于加速多样性的文化融合。以往仅仅是某几种文化之间的融合，如来自印度的佛教被中国文化吸收，如西方科学技术的传入；而如今是各种文化被放到同一口大锅中不停地搅拌，从中可以凝结出多种不同组合的新的当代文化。越来越丰富的多样性，必将促进当代文化的繁荣，赋予当代文化的广阔的发展空间。

三、全球化与本土化的文化冲突

在研究全球化问题的同时，还应注意以下三个问题，即"全球趋同"、"全球一体化"与全球化的负面效应问题。

全球化并不意味着全球趋同。全球化是一种全世界普遍的相关性，全球趋同是指普遍的一致性。相关性是强调相互影响、相互制约、相互依存的明朗化，相关并不排除矛盾、对抗和冲突。全球化对各个国家和民族来说，既有增强一致性的作用，也会由于利益相关，互为依存，进一步激化此消彼长的争斗。全球化的国际社会并非歌舞升平的太平盛世，恰恰相反，很可能将是一个竞争更加激烈，冲突更加复杂的社会。

全球化也不意味着全球一体化。一体化是指质的单一性，体系的统一性。全球化追求统一性，但仅仅出现全球化，并不必然导致全球统一到一种体系上来。如前所述，全球化会加速文化的多样化，而这种多样化恰恰是文化发展的动力所在。文化的大一统与单一性，最终会导致文化创造力的丧失，导致文化的停滞不前。

如同科技发展一样，全球化也有它对文化发展的负面效应。首先，全球化会造成文化更新强于文化承传，进而引起传统文化的危机与失落；当代信息技术的发展，不同文化的不断融合，势必加快文化创新的速度。美国社会学家詹姆斯·马丁作过统计，人类的知识更新，在19世纪差不多每50年更新一次，到20世纪初每20年更新一次，到今天差不多每3—5年更新一次；频繁的知识更新会像海潮一样涌来，挤占了很大部分文化空间，使传统文化的份额与影响力大大缩小，迫使传统文化日益远离人们的日常生活；在频繁的文化更新中，人们会产生普遍的文化失落感。失去传统，文化便成了无根之草，在目不暇接的文化新因素面前，人们会像眼花缭乱的看客，无所适从。

其次，全球化会造成大众文化重于精英文化，在文化快餐中失落了崇高与英雄主义气质。文化既是精神需求的满足，又是人的精神的升华，日常的精神文化需要不能满足，会造成文化素质提高的障碍；而文化精神得不到升华，文化则会流于时尚和俗媚。全球化过程信息文化会带来大众文化的泛滥。奈斯比特写道："在发展中国家的城市中心，国际性青年文化的迹象几乎到处可见。因为我们很热衷于交流食品、音乐和时装。所以在大阪、马德里和西雅图出现了一种新的全球一致的国际生活方式。""这些都是吸引人的消费：喝牛奶咖啡和皮埃尔矿泉水；为公寓房间配备（瑞典）IKEA 公司的家具；吃寿司；穿贝内托公司的混合色彩的服装；开着现代牌汽车，同时听着美国和英国的摇滚乐来到麦克唐纳快餐店。"

再次，全球化会造成外来文化冲击本土文化，也会导致某种文化入侵与文化殖民主义。全球化意味着各民族文化的全面开放与交流。然而，在文化交流中，存在着传播中心与边缘，传播优势与劣势的悬殊差距。全球化并非全球平等。发达国家由于其发达，可以借助雄厚的物质财富与先进的技术手段，使自己居于文化传播中心。例如，好莱坞对世界影坛的统治，满世界流淌的可口可乐，到处树招牌的麦当劳，把美国的价值观念，生活方式传播到全世界，而非洲的原始舞蹈，爱斯基摩人的渔猎生活，却很难渗入欧英文化的主流。全球化不等于全盘西化，文化的简单归一意味着文化失去多样性，意味着人类社会文化基因的重大损失。世界虽然进入了全球化，但人类社会却并非处在同一的或相近的水平。西方文化正借助其财力与技术的优势，大口吞噬着第三世界那古老而又丰富多彩的文化。面对这一严峻的挑战，我们不能不认真思考，在全球化的背景下当代中国文化的发展战略问题。

文化的重要功能之一是沟通。进入 21 世纪，人类社会迈入了全球化与信息化的时代，文化沟通的性质、地位、方式也有了巨大的变化。阿尔布劳认为，全球化主要是指"所有那些世界各民族融和成一个单一社会、全球社会的变化过程"。在全球化与信息化的时代，人类将要适应一种"无围墙矮篱笆"的生活。"无围墙"是指国界除在政治与军事方面外，在经济、文化与人员往来方面，不再是主要障碍。"矮篱笆"是指人们在语言、习俗、生活方式、婚姻方面的民族界限变得越来越疏松，就像矮篱笆一样，一迈就跨过去，也可以钻过去。正如罗宾·科恩和保罗·肯尼迪所说，"在这个世界里，不同社会之间，社会内部与外部之间的边界都已经模糊了"①。这是因为人们使用着相同的技术，掌握着相同的知识，面对着相同的问题，接受着相同的信息，过着相近的生活，说着彼此听得懂的语言。全球化与信息化使文化沟通变得越来越频繁，越来越顺畅。跨文化沟通已经成为普遍的文化交流方式。

但是，全球化对文化的影响是双重化的。全球主义和民族主义、理想主义和功利主义、精英主义和大众主义的矛盾，构成了全球化与本土化之间的主要文化冲突。

阿尔布劳认为，全球主义是指那些"把50亿人的现实生活作为关注对象的价值观……每一个人都作为世界公民生活着……都在采取共同行动解决全球问题上有着共同的利益"。罗伯森把全球主义解释为"把世界作为单一整体的共同意识"。罗宾斯则认为，世界主义的形容词性表示"属于世界各地的；不局限于任何一个国家及其居民的"②。

全球主义是随全球化崛起的，但却遇到了民族主义的尖锐挑战。民族主义是一种通过抵制或限制异族影响，热爱并维护本民族历史文化传统和利益的集体情感。在全球化和全球主义文化崛起的同时，民族主义的抵抗也越来越强烈。因为文化趋同是不对称的。全球化的出现和发展很大程度上取决于经济与科学技术的发展水平。不同国家不同民族在全球化的过程中所处的地位有很大差别。总体来说，发达国家因其经济与科学技术的优势，在跨文化沟通中处于强势，广大发展中国家则处于劣势，由此导致了跨文化沟通中的不平衡性。在跨文化沟通中，文化的交流与传播是不对称的。人们普遍说英语，看好莱坞影片，用微软，吃西式快餐，过西方化的生活方式。文化的西方化成为一种普遍趋势，许多人在全球文化趋同中找不到自己。而在许多西方国家的国民看来，全球化意味着发展中国家的廉价产品和劳动力大量涌入西方，影响他们的收入和生活。于是，欧盟宪法遇到通过的障碍，西欧农民抵制全球化，亚洲和非洲宗教激进主义横行，拉美国家反对外国干涉，中国与欧美在贸易方面出现频繁的摩擦，联合国、北约在如何对待美伊战争方面陷入严重分歧。经济和信息加速全球化的同时，各国在政治与文化方面的差异与分歧仍然很大。

从功利主义出发，各国在经济、技术、信息方面很容易接受全球化。发

① 罗宾·科恩，保罗·肯尼迪. 全球社会学［M］. 文军等，译. 北京：社会科学文献出版社，2001：22.

② 布鲁斯·罗宾斯. 全球化中的知识左派［M］. 徐晓雯，译. 北京：中国社会科学出版社，2000：38.

达国家需要向发展中国家转让技术、转移投资，需要发展中国家的廉价原料、劳动力和市场；发展中国家需要发达国家的技术、资金的支持。从理想主义出发，全球化和全球主义则毁誉不一。全球化和全球主义本身就是知识文化阶层的普遍社会理想的现代表述，无论是自由主义乌托邦、马克思主义的共产主义，还是基督教的伊甸园、儒家的"大同世界"。但面对全球化的实践，全球化又分裂了知识文化阶层的理想主义。一方面，发达国家的一些知识与政治精英把自身的民族主义放大为全球主义，企图用西方价值观替代全球价值观，在全世界推广。另一方面，发展中国家的知识精英和广大民众却陷入了对民族文化和尊严的深深忧虑之中，努力防止民族和民族文化在全球化过程中被外来文化消解和吞并，民族主义情绪必然高涨。这一切正如亨廷顿所说，"在正在显现的世界中，属于不同文明的国家和集团之间的关系不仅不会是紧密的，反而常常会是对抗的。"① 这就是所谓的"文明的冲突"。无论人们在经济和技术交往中获得全球化多少好处，在文化矛盾中都很难走出民族主义的局限。因为文化是一个民族的自我，而谁也不愿意失去自我。

当知识文化阶层在理想主义和功利主义的冲突中进退两难之际，全球化又引发了精英主义与大众主义的冲突。精英主义源出传统的贵族主义，主张用出身、血统、等级、特权来划分社会阶层和阶级。当工业社会的发展结束了封建的贵族主义之后，知识文化阶层的精英主义逐渐崛起。知识分子具有根深蒂固的精英主义情结。知识的掌握和发现有很强的专业性，知识分子肩负着承传民族文化的历史使命，知识分子往往是社会文明礼仪的代表和楷模。知识分子常常被称为"民族的灵魂"、"社会的良心"，自诩为"天下兴亡，匹夫有责"。现代精英主义仍然坚持社会在文化上的阶层区别，强调知识文化的专业性、理想性和传统性，反对知识文化的商业化、实用化和大众化。全球化一方面激发了知识文化阶层的精英主义情结，部分实现了他们的理想，凸现了他们的特权。用罗宾斯的话说，"世界主义者还会马上让人想起一种具有特权的人的形象：这种人凭着独立的生活来源，高技术的品位，和在全球漫游的流动性，可以拥有自称'世界公民'的权利"② 。另一方面，全球化也使社会信息一体化了。发达的信息手段，空前广大的受众和巨大的商业潜力，使当代大众文化迅速崛起，知识特权文化和传统文化正被以商业价值为目的、

① 塞缪尔·亨廷顿. 文明的冲突与世界秩序的重建 [M]. 周琪，刘绯，张立平，王圆，译. 北京：新华出版社，2002：199.
② 布鲁斯·罗宾斯. 全球化中的知识左派 [M]. 徐晓雯，译，北京：中国社会科学出版社，2000：38.

以现代传播技术为手段、以大众为消费对象的大众文化所淹没。

如何面对全球主义与民族主义、理想主义与功利主义、精英主义与大众主义的文化冲突，这或许是当代知识分子的历史使命。

四、本土化与文化沟通

在全球化的背景下，跨文化的交流与合作越来越广泛与紧密。从历史的角度看，文化沟通是国际社会能够持续广泛交流与合作的重要纽带。以东亚文化为例，尽管东亚各国的本土文化各具特色，但也存在文化共性。这些文化共性，就成为东亚各国之间跨文化交流的桥梁与纽带。

第一，东亚地区的许多国家有着共同或相近的文化背景，这就是家族意识、儒家伦理和佛教文化。中国、韩国、日本、越南等国家都受儒家伦理影响，这些国家与蒙古以及东南亚许多国家都受佛教影响。重视社会整体和人际关系，提倡敬老、节俭、中庸、和平和道义的价值观，注意社会的和谐、人与自然的协调，是我们东亚社会的普遍文化特征。

第二，东亚国家都有着重视精神文化的历史传统。西方文化把物质和精神、灵魂和肉体分开，东亚文化则把物质和精神、灵魂和肉体视为相互依存相互影响的统一体。儒家讲天人合一，重义轻利。道家讲道化天地，物我两忘。

第三，在现代化的过程中，东亚国家大多都注意把外来文化与本国文化理智地结合起来，而不是简单地采取全球主义或民族主义的态度，都不同程度地跨越了后发展国家的现代化陷阱，以较小的社会动荡代价迅速在经济上崛起，大大缩小了与发达国家在经济上的差距。

第四，在努力加入经济全球化的同时，东亚国家大多在文化上采取了主动的发展战略，在积极吸纳外来文化的同时，努力创造有自己特点的新文化，如"韩流"、"和风"、"中国热"等。

当然，东亚国家在加强经济合作的同时，也不同程度地遇到了文化矛盾和冲突。全球化不等于西方化，但是，人们又必须面对西方化的挑战。在全球化的进程中，谁强大谁就有发言权、传播权。全球主义与民族主义的冲突是不可回避的。如果我们全球化了，我们变成像西方人了，西方人只能认为我们是一种文化附庸，我们的文化会变得支离破碎，经济成功后面就会是文化的消解。文化的生命力就在于文化的多样化，而不是单一化。

在我们用矛盾的眼光看待全球主义的同时，我们几乎都遇到了民族主义的挑战。特别是在东亚国家之间发生矛盾的时候，我们常常可以看到民族主义的激烈的表演。此时此刻似乎流行一时的全球主义根本不曾存在过，东亚社会一直引以为自豪的理智的、温和的民族主义也似乎根本不曾存在过。全球化越强，民族主义的反弹会越激烈，文化上的民族主义冲突会造成深刻的文化沟通障碍，对经济和社会合作产生消极的影响。

东亚社会都面临着文化理想主义和文化精英主义的衰退问题。越来越强势的大众文化正一点一点淡化我们共同的传统文化，网络语言正模糊着我们的传统语言，流行音乐和形形色色的文化快餐不断造成文化承传的障碍，佛教信仰也逐渐转化为旅游的附庸。个人主义和功利主义在向儒家文化传统挑战。

因此，我们应该高度重视东亚合作中的文化沟通问题，积极寻找文化共同点，增强对彼此文化特点的理解和认识，注意在制定与邻国相关的经济、政治政策时，充分考虑到邻国的文化特点和民族心理。例如，西方国家的历史往往是相互混合的，如罗马帝国、日耳曼人、神圣罗马帝国，往往涵盖了许多国家和民族。而东亚国家的历史往往是单一的。东亚国家都有长期的、自成一体的历史，各自都有重视历史的传统，对自身的历史都有属于自己的理解。问题在于，当我们各自解释自己的历史的时候，都必须面对彼此相互交叉的历史问题。完全不顾及对方的认识和感受，我行我素，势必引发彼此的对立和冲突。每个民族都有权按照自己的理解去解释自己的历史，但当这段历史涉及别人，就要防止文化霸权主义和文化自我中心主义。

在全球化的时代，文化不可能是自言自语的个人独白，要充分考虑到文化沟通和文化理解。泛全球主义是不可能的，因为各民族不会很快消亡。文化的完全趋同将是文化灾难，因为文化的本质在于人与人之间、不同人群之间的分化与整合，在于它的多样性。而极端民族主义则与全球化的历史趋势完全背道而驰。加强文化沟通和文化理解，才是全球化时代的正确的文化态度与战略。

五、当代中国文化的发展方向

全球化是一种无法回避的客观事实，是中国走向 21 世纪必须面对的严峻挑战。一方面，我们应该以海纳百川的胸怀，去接纳跨世纪的文化融合。任何文化的发展都取决于两个基本条件，一是文化自身的创造力，二是在文化传播中吸纳异种文化因素的能力。在农业社会，绝大多数的民族文化都处于相对隔绝状态，这种隔绝是与自给自足的自然经济相适应的。然而，进入市场经济与信息社会的时代，一个社会无可选择地要与外部世界互相交换大量的信息和产品，并实现人员交流。封闭是拒绝进步，拒绝与世界同步发展的自杀性行为。近代以来，中国文化实际上一直在文化融合中发展。先是西方科学技术，后是马克思主义，然后是今天的开放时代。这三次大的文化开放与融合，都为我们开辟了新的历史时代，都导致了中国文化的革命性转变。对当代中国文化来说，全球化开辟了新的发展空间，拓宽了文化视野。

另一方面，当代中国文化应该努力开掘传统文化中适应于时代精神的文化传统，主动参与全球化进程，在构造全球性新文化的进程中扮演主动的角色，用中华民族的优良文化传统去影响、融合外来文化因素，在全球范围内传播与弘扬中华民族特有的文化精神。

作为人的本质力量的实现，文化中包含着属于个人的个性，群体的社会规定性和人类精神的普遍性原则。一种文化的生命力，不在于它诞生的早晚，更主要的还在于它所蕴含的关于人类未来的共性的认识。这些文化共性是跨时代性的。我们应该遵循古为今用，推陈出新的原则，大胆创新，改造传统文化，用中华民族的智慧和精神，为人类文化的发展作出新的贡献。

世纪之交，全球已迈向信息社会，中国正在改革开放中走向现代化的社会主义市场经济。飞速的发展把中国社会卷入四个大的社会转型之中：一是从农业社会转向工业社会。城市化、工业化、乡镇企业的发展，正逐渐缩小农业人口的比重，并提高了农业生产，改善了农民生活。二是从工业社会转向信息社会。在以核能、航天、电脑为标志的现代科技革命中，中国社会走在人类社会的前列。电脑、电视、电话等现代信息技术正在遍地开花。三是从匮乏型社会转向发展型社会，从大多数社会成员为温饱而艰辛度日，跃入"小康生活"，并随经济的逐渐富裕转而加大了精神文化的需求。四是从计划经济转向市场经济。价值规律正把开放、竞争、商业化等因素注入中国社会。这四重社会转型深刻地改变了中国文化的面貌，加速了文化更新过程，形成了以下六大发展趋势。

多重的社会跨越造成了文化的多重结构与过渡性的发展趋势。社会上多重转型同时并存，社会发展的梯级差距拉大。社会的一端已经进入由电脑、核能、航天三大革命开拓的信息时代，而另一端还未结束一家一户的家庭手工农业。这就造成了农业文化、工业文化、信息文化交叉并存的局面，逐步完成这一多重性的文化过渡，将成为21世纪之初中国文化的一个主要任务。

现代化的进程导致文化创新大于文化传承。现代社会已进入高速发展的阶段。特别是改革开放以来，我国国民经济以每年两位数的速度增长；进入信息社会，知识更新的速度加快。平均三至五年就翻一番。在一个快节奏的社会，一个人接受的文化大部分不是来自传统，而是来自他出生之后所创造的文化。老一代启蒙主要是读四书五经，新一代启蒙则是老一代年少时闻所未闻的电脑。老一代大多在大家庭内长大，新一代则是独生子女。独生子女和大家庭子女的最大区别是社会地位的变化，由家庭中的被动角色变为家庭中的核心，从而使家长和老师不能像以往那样用传统来塑造、约束下一代。我们身边新的事物越来越多，古老的遗存则越来越少，现代文化远远大于传统文化。

社会开放程度的提高促使文化融合大于文化净化。社会开放、现代科技和市场经济把大量的外来文化卷入中国社会。外商、外资、外国技术、外国广告、外国产品、外国旅游者、外来文字语言文化，大量地涌入人们的日常生活，从而使外来文化大量涌入本土文化，本土文化和外来文化的界限变得既混杂又模糊。例如，"速冻水饺"、"加州牛肉面"、"民歌卡拉OK"等等，都是东西合璧的产物。电脑的普及和商品的国际化，促使外语成为中国人司空见惯的指示性语言和文字。这种文化融合，一方面表现出中国文化海纳百川的胸怀与开放性的提高，另一方面也有助于中国社会走向国际化的进程。

大众文化与精英文化的冲突将随着市场经济的发展逐步走向兼容与综合。商业化是市场经济对社会的必然冲击。文化产品作为商品，也部分地呈现出商业化的特征，其直接产品就是以流行音乐、电视连续剧、广告文化等为代表的大众文化。大众文化初行于世，拜金、崇商、高消费等弊端难免一时泥沙俱下，也引起了精英文化的抗争。但精英文化面对越来越走向成熟的市场经济，会不断向大众文化渗透，把高尚的人文精神融入大众文化之中。

多重的文化变迁与新旧冲突日益加大了社会对体现市场经济需要的新价值和新道德的呼唤。过渡性的文化变迁，势必存在价值观念和道德规范的暂时性的震荡，拜金主义、享乐主义、个人主义、文化虚无主义、消极浪漫主义对社会产生了一定的消极影响。市场经济是法制经济，法制的精神基础是人们的自律能力。因此，价值观和道德规范的建设，将成为走向21世纪的中国文化的重大课题。

跨世纪的挑战呼唤民族精神的再塑造与更新。中华民族5000年文明史未曾间断，与民族精神的强大内聚力有着不可分割的关系。纵观中国历史，内忧外患一直存在。但一脉相传的自强不息、天下为公、四海一家的民族精神，从内心世界上支撑了作为一个统一整体的中华民族。走向21世纪的中国，在发展市场经济的过程中，更需要属于21世纪的民族精神作为历史新纪元的支撑点。

全部的当代文化发展趋势，最终都凝聚到民族精神的跨世纪创新这一基本点上。我们应该以优秀的民族传统文化为基础，兼收并蓄先进的外来文化和现代社会创新的文化内容，处理好当代文化发展中的全球化与本土化的关系问题，形成一种属于21世纪的、保存了优良文化传统的、具有现代化内容的、适应社会主义市场经济的新的中华民族文化。这就是走向 21 世纪的中国文化的最高使命。

作者简介

邴正，1957 年生，教授，吉林省社会科学院院长、中国社会学会副会长。代表作有《追寻自由》《当代人与文化》《马克思主义文化哲学》《发展与文化》等。

亨廷顿有关宗教与政治冲突动因的再思考

Dieter Senghaas（迪特·森格哈斯）

德国不莱梅大学跨文化国际学院教授

塞缪尔·亨廷顿在《外交政策》上发表的文章（1993 年 3 月）以及他于 1996 年出版的畅销专著《文明的冲突与世界秩序的重建》中提出了其对 21 世纪世界政治的重建的预测。在塞缪尔·亨廷顿看来，未来的世界政治在宏观层面上主要是由宗教决定的断层，尤其是西方文明和世界上其他以伊斯兰文明为主导的地区之间的断层。

如今，亨廷顿并不是历史上第一个提出意欲解决造成某些文明之间冲突的宗教断层的作家。我们再来看看另外一个著名的故事，虽然在当时还不算一种预知，但也是能在一些版本的《旧约全书》中找到的政治性陈述或解释：

《旧约全书》里有两章"马加比家族之书"讲述了马加比家族如何抵抗（公元 2 世纪）针对犹太民族的希腊化运动。塞琉西王朝的君主安提奥卡斯意图将耶路撒冷圣殿改建为奥林匹亚山的最高神宙斯的神殿，因此他废除了哈拉卡（犹太教律法中补充圣经法的部分）。神庙被亵渎、犹太教律法也被新法律代替了，犹太教备受压迫。文章的作者除了斗争之外也描述了合作，描述了犹太人因为宗教信仰而发起的抵制运动，也描述了犹大·马加比率领整个家族取得了抵制运动的最终胜利的故事。犹大·马加比与安提奥卡斯之间的对抗——以部分代整体——象征着政治化的文化斗争，尽管在历史的长河中只是一件很小的事情。

另外，乔治·弗里德里希·亨德尔在其 1746 年创作的《庆典清唱剧》及之后的《犹大·马加比》中，利用《旧约》中的故事为进行反宗教改革和政治复辟运动的英国清教徒提供了心理支持，这两次运动都遭到由斯图亚特王朝的查尔斯爱德华王子领导的苏格兰对英格兰侵略战争，即所谓的詹姆斯二世党人起义的镇压。这又是一个在微观层面上有关文明冲突的故事：英国新教与天主教之间的斗争。

21世纪的世界政治格局将向《旧约》里所描述的文化冲突那样发展吗？那些与塞缪尔·亨廷顿及其追随者一样持有此观点的人并不否认未来的世界政治舞台上将仍然存在权力斗争以及遍布各地的冲突。但是亨廷顿等作家在其作品中指出，真正的冲突将来自于不同文化间矛盾的"深层宇宙论"：最基本的关于人类、自然以及后代的不同认识，特别是从这一深层宇宙论中产生的对"理想社会"以及"公正的世界秩序"的不同观点。

这些受儒家思想、佛教思想、印度教思想的影响，尤其是伊斯兰教思想以及西方其他文化的影响的"文明"预知，被宣称是政治运动的基础。这些文化地区的核心国家们被看做世界政治的主角，因此，无论在世界政治层面抑或是各微观层面上，文化间的"断层带"成了真正政治矛盾冲突的主战场。

一

在过去的15年中，这种预测在全世界范围内引发了激烈的争论。因缺乏实际的证据来支持这个论点，因而这种预测是令人惊异的，因为在世界政治中，主角们的外部行为一直都遵循特定的逻辑，而这种逻辑是来自国际关系中而不是内部的文化冲突（当霸权力量在国际舞台上形成，那么反霸权的力量也将形成，尤其是一些抵制策略会本能地反对霸权力量，正如我们在东亚和东南亚地区所看到的）。如果一个国家不能再单方面地实现其目标，那么这个国家将努力转而采取多方协商和合作的方式。在这样的情况下，文化之间的亲密程度将不再重要。如果不考虑文化因素，紧密的经济联系就会成为国家行为的决定性因素，这些都是基于社会经济的高水平发展："大国逻辑"将可能被"贸易国家逻辑"而非"文化逻辑"所取代。

但是，要指出的是按照伊斯兰的自我意象，这种文化逻辑即：世界可一分为二：一个是伊斯兰或和平世界，另一个是外国或战争的世界。正因为这一普世观点，伊斯兰教徒倾向于向外部世界的异教徒传教。也因此，伊斯兰国家对忠诚信仰者的态度同他们对异教徒的态度有着很大不同。然而，伊斯兰国家，从摩洛哥到印度尼西亚，他们的政治在两个方向：机会主义权力计算和经济利益上有着相同的前提；而何时进行革命输出要考虑国内政治的需要。

伊斯兰世界的有些明显的现象同样也开始出现在亚洲。东亚和东南亚都不存在共同的政治"亚洲平台"这一构想。而恰恰相反，就目前他们的国外经济关系来说，现代化浪潮的进一步发展使得东亚和东南亚地区的经济发展迅猛并逐渐进入了一个目前由西方国家主导的经济合作发展组织。尽管西方国家对此有些回击，东亚和东南亚国家直到最近才稍稍被接纳。另外，纵观20世纪最后十年中的世界会议，我们可以很清楚地看到，除了维也纳的人权会议之外，断层带都是由远不同于文化断层带的冲突造成的，如南北差距、核武器国家与核门槛国家以及无核武器国家之间的冲突、高人口增长率国家和人口增长率为零甚至负增长的国家之间的矛盾，还有因工业化程度高因而导致了世界范围内的环境恶化，如气候变暖、臭氧层破坏的国家与欠发达国家因贫困而导致的对环境的破坏之间的矛盾。

由此看来，世界政治的冲突在更大程度上是由现行的抑或只是臆想的"深层宇宙论"所决定的，而不是由文化所决定的。

二

如果文化地区或文明在宏观的世界政治中不被看做主角的话，那么文化断层还能被视为低层面上冲突的决定因素吗？"文明的冲突"的论点是不是更适合国家内部的微观层面呢？

初一看，这种假设似乎很有道理。在北爱尔兰，新教徒和天主教徒一直以来都是针锋相对的，尽管双方争取过和解；在以色列－巴勒斯坦地区，犹太人和伊斯兰教徒之间的冲突愈演愈烈；苏丹南部地区的部落宗教徒们和基督教徒们试图抵挡被北部的伊斯兰教化的威胁。黎巴嫩全副武装的军队代表着不同的宗教势力，他们已在内战中相互斗争长达10年之久，目前这场冲突有可能再次升级。从20世纪80年代中期到最近，在斯里兰卡佛教的僧伽罗人同印度教的泰米尔人长期以来处于不和状态。在印度，印度教的激进主义者同伊斯兰教徒以及少部分基督教徒之间长年存在"共同矛盾冲突"。逊尼派教徒和什叶派伊斯兰教徒长期以来都在巴基斯坦尤其是伊拉克发生武装冲突。在阿尔及利亚、埃及、土耳其以及阿富汗，伊斯兰武装分子的目标是推翻世俗政府。概括来讲，前南斯拉夫的战争和冲突就是典型的文化冲突。此外还有其他的例子，如尼日利亚、菲律宾、缅甸、泰国等等。

与这些证据不同的是，基于在建立公共秩序方面相互竞争的宗教或文化概念（宇宙论）的文化冲突跟规则相比则是例外。目前在以色列就存在这样一种文化冲突：以色列是应该继续维持由犹太复国自由党统治的独裁政府，还是应极端正统派和国教组织的要求，建立一个以"哈拉卡（犹太教律法中补充圣经法的部分)"为基础的公共秩序呢？以色列的冲突其文化实质的作用远远超过在我们所讨论的由文化所决定的民族或人种政治冲突中的作用，大部分人都将这种现象称为"文明的冲突"的论点。

大量透彻的研究中也表明：当冲突开始升级时，特定的宗教及文化因素只起到微乎其微的作用。民族冲突一般由社会经济问题造成并在经历长期的公然的社会和经济歧视之后才爆发。少数民族通常备受歧视，因此大多数民族冲突都属于少数民族冲突。多数民族的冲突很少出现，如曾经的科索沃的科索沃－阿尔巴尼亚人，他们不得不保护自己不受因少数民族的统治而带来的种族隔离政策的迫害（在科索沃，曾经发生反抗塞尔维亚人的斗争），就像科索沃的塞尔维亚人在国家独立后，要抵制科索沃－阿尔巴尼亚人：这种事例很少（通常是一个统治阶层的少数民族对多数民族进行类似种族隔离，多数民族对少数民族）。

在当前情况下，少数民族社会地位日趋提高的趋势已经势不可挡。一般少数民族也能接受教育，甚至是大众媒体。因此，他们也会向往多数人的美好生活前景。如果一方面人们对社会进步的期望与社会结构中的障碍之间的矛盾越来越严重，另外如果人们在生活中屡屡受挫，而将此不顺认为是集体的命运，那么该社会就会产生政治的文明化或者文化的政治化。如果歧视从最开始就包括了文化或宗教因素，那么这种发展趋势是无法避免的。

人们对生活的美好憧憬受挫或者集体的沮丧感而导致冲突的文化，这种现象早已存在。举例来说，在19世纪，奥地利－匈牙利帝国中捷克民族主义获得了大众的支持，当时在波西米亚和摩拉维亚越来越多的捷克人已经意识到虽然他们受过良好的训练，但是他们依然难以获得行政单位、大学、律师事务所以及其他类似的机构的决定性的职位。同样，150多年以后，在被占领的东帝汶，一批年轻的知识分子发展了他们自己的文化和国家意识，尽管当时雅加达政府企图通过一些具有特殊目的的培训来产生忠诚的印度尼西亚国民，而不是培养帝汶的民族主义者——白费劲——跟很多的例子一样。

在德国，许多人在20世纪上半叶面临着同样的经历：在新教徒的统治区域，天主教徒很难步入上层社会，而天主教统治区域的新教徒也同样如此。当少数民众被剥夺了实现其经济和社会目标的机会时，文化差异的政治化就会发生。而当这种冲突升级时就会导致各方的防御反应，那么冲突就会从原本集中在教育机会、向上层社会的流动性、工作机会以及社会地位、收入和政治参与权方面变成一种文化斗争，而不会集中在宗教信仰的类别、强度或内容方面。宗教和文化因此成为一个参照点；分散的和参与式的冲突就转变成身份冲突。因此，文化冲突就会渗透至社会斗争中。

因此，如果要用文化差异，即各自文化或宗教的实质内容（"宇宙论"）来解释清教徒、天主教徒、伊斯兰教徒、印度教徒、佛教徒、儒教徒、东正教徒等宗教之间的冲突的话，还是要很谨慎的。

我们可以总结的是：政治的微观层面也不能支持"文明的冲突"的论点。然而，就像大多数争论所表明的那样，不论冲突升级的真正历史尤其是导致这些冲突的因素的构成如何，文化差异和宗教之间的互不相容是导致这些冲突的主要的也是唯一的因素。

三

如今，在国际外交中有关文化冲突的争论已有一段时间。如何理解这些争论？国际会议中"亚洲"和"伊斯兰"价值观与"西方价值观"相反，反之亦然。西方价值观重视个人主义，而亚洲和伊斯兰世界注重集体主义。二战后制定的人权宣言及公约所提倡的人权被指责是以西方欧洲为中心的，是个人主义文化的典范，因此一些亚洲和中东国家否认其普遍有效性。

值得一提的是这场争论的几位先驱者。在1933年以前的德国，"西方文明价值观"被认为是"肤浅的"，与极富文化深意的"德国价值观"相比是大相径庭的，作出这种评价的不仅仅是默默无闻的知识分子，还包括一些大名鼎鼎的人物如诺贝尔奖获得者托马斯·曼。在沙俄帝国也存在类似的争论——"斯拉夫价值观"，这一言论的支持派得到了德国知识分子的声援。在苏联解体后，俄国的这场争论再次兴起——唯一不同的是之前的德国精神盟友已加入了"西方文明"。苏联时期，意识领域中的"社会主义价值观"与"西方资本主义价值观"是对立的。然而，社会主义价值观不能仅仅理解为古老文化的表达，而是与传统的决裂：象征着一种全新社会结构和一种新新人类（社会主义公民）的起点。与这种理解相比，亚洲和伊斯兰价值观的支持者们强调的是文化在古老的文化传统中的根深蒂固，这与之前关于德国价值观的争论相类似。

但是并不是所有官方和非官方的亚洲人都站在同一条战线上支持"亚洲价值观"。甚至这场争论的起源地——东亚和东南亚地区的人们也不支持这一观点。日本、韩国的大部分民众对这场争论并没有太大兴趣。争论的主要参与者是新加坡和马来西亚人。随后，中国政府也只是偶尔尝试性地参与这场争论。但是不同的声音都可以来自马来西亚。就在前首相马哈迪被指定为亚洲集体主义价值观的代言人时，他的前副总理安瓦尔·易卜拉欣就义正言辞地为一项现代自由伊斯兰主义辩护。同样在新加坡，人们多年来一直抵制着由独裁者制定的独裁价值观。亚洲一些非政府机构在本国及1933年维也纳"世界人权会议"以及随后的各大国际会议上强烈反对当地统治者企图宣布亚洲文化与人权和民主是不相容的。多年以前韩国的前总统金大中在与当时著名的亚洲文化推崇者新加坡的李光耀辩论时，他指出人性的尊严和政治合法性在中国古代社会哲学中得到相当好的诠释：金大中提到了孟子的关于合法的政治统治的必要性观点。尽管多年来努力传播"亚洲价值观"，李光耀本人也认为亚洲价值观在亚洲向能承受全球竞争的世界性现代社会过渡的过程中起着必要的作用，尽管这作用是暂时性的。

对于"伊斯兰价值观"而言，能在阿拉伯－伊朗地区占有一席之地已经难能可贵了。那些试图复兴伊斯兰教法的宗教激进主义作家（如赛义德·库特布）整日待在家中。相反，东南亚地区开展了一场关于伊斯兰革命的政治辩论。关于伊斯兰的争论的不同侧重点一方面反映了北非和中东地区频发的冲突发展，另一方面也相对反映了东南亚国家的成功。但是即使在阿拉伯世界尤其是在伊拉克，知识界也有一场精彩的热烈辩论（如纳什·哈米德阿普载德、穆罕默德·阿普·阿亚伯等等）。

四

当我们理解欧洲以外的进程时不能忽视欧洲地区的发展：西方价值观尤其是人权已经被视做欧洲文化的真正产物。没错，这两者的确是欧洲发展进程的产物。但是，"欧洲文化"或者"欧洲的发展"意味着什么？如果欧洲文化开始于希腊古文明，就有2500年的历史了。但是，人权理念以及随后为争取人们认可的斗争而成为一个政治因素也不过250年。现在与人权相关的并不完全都存在于最初的欧洲"文化基因"当中。欧洲历史以及文化发展历史并没有表现出丝毫对当今人权意义的同情。因此，如果因为某种内在基因或者某种"现实"逻辑就推测欧洲历史以人权运动的胜利而宣告结束，这种想法是极其牵强附会的。

甚至是人权的发展历史也不认同这种观点。因此18世纪末期的人权宣言谈及公民及人类，但事实上只是涉及部分人类。它并不包括那些没有接受过教育且没有任何财产的群体，女人、儿童、有色人种和奴隶，伊斯兰教徒以及非基督教徒的人群都被排除在外。被排除在外的群体越来越不愿承受目前所处的状况，并开始要求享有平等的权利，直到这个想法广泛地传播使得人们意识到人权意味着所有的人而不论其具体状况如何。

那么，抽象的个人——某个人不论其性别、年龄、肤色、教育背景和社会经济地位——并不存在按个人所持有的财产以及其他封建家长制的传统的欧洲社会，而这种制度要占欧洲历史的 88%—90%。这种抽象的个人的观念只有当社会流动（本身也是资本主义动力的结果）而造成社会极度的不公平不能忍受时才会出现。社会极度的不公平包括特权阶级和受歧视阶级、贫富阶级之间的巨大鸿沟以及经历过传统封建社会（即古代政权）的新兴资本家的状况都与其自身的社会、经济、文化和政治理想相冲突。无产阶级、女权主义者以及少数社会运动都推进了后来的人权的内涵扩大化进程。从这种构想中诞生了一股反对欧洲本土的古老传统的爆发性力量，并最终使人权的概念得以形成。只有这时一直按其社会地位定性的人类才得以解放成单纯的男性和女性。也只有在此时，人人才生而平等并享有不可剥夺的权利和尊严。也只有在此时才产生了个人权利保护制度、自由民主的基本原则以及相关法律（如权力的分离、普选权、公共行政的职能等等）。

这是欧洲历史上的一个根本转折点。与在全球范围内所有关于价值观的争论相比，上述的变化影响更为深刻。因为在全球范围内所有关于价值观的争论中，人权这一概念被错误地理解为永久的欧洲文化的表达，或者是某种文化基因遗传素质的最终产物。

五

按照这种方式看欧洲发展历程能帮助我们理解欧洲外部的文化争论。这些冲突在很大程度上只不过是最近欧洲历史的重演。如今所有的非欧洲国家都在经历一场根本的社会变革，最终将导致社会内部价值观的多元化。这种转型将会动摇传统的根基，同时新的社会发展定位也将过期：一部分人想模仿欧洲；其他人想复兴本土传统。还有一些人认为应该将传统价值观与现代科技相结合。

诚然，18 世纪末期、19 世纪和 20 世纪期间欧洲的争论迹象又再一次影响了世界其他地区：权力阶级认为，今天就像旧时的欧洲，普遍的个人主义人权威胁到了传统价值观、他们自身的传统和礼仪标准，然而人权的支持者不愿再容忍独裁、专制政权、经济剥削阶级以及社会和文化歧视。对于后者来说，再次"被发现"的人权又一次成为一种政治性武器。

"愤怒的公众"将人权这一观念再次搬到了政治议程当中。但是这次的结果却不是早就决定了的，因为欧洲外部的非欧洲国家也将产生一种真正的文化裂缝：从根本的经济、社会和政治变革过程来看，长期存在的传统文化将会陷入相互的冲突中，欧洲曾经也经历过这一现象。这样集体主义者－社团主义者还有组长制和家长制的社会定位将受到削弱。一种"文明内部的冲突"

由此产生——这是一种触及整个社会和文化领域的自我形象和秩序的冲突构想。

欧洲可以将自己的一些社会经验引入这些欧洲外部的社会和政治秩序的长期内部冲突中。如果欧洲历史的现实或者真实写照能传承给后代，就要对文化多元化和伴随的冲突的必要性和合法性有一种敏感性；也要表达一种宽容和相应的制度安排。这将反对将文化本质化和本土化的趋势，这些都扭曲了历史，使得文化间的交流以及关于人权的讨论毫无成果。然而，"文明的冲突"的论点使得这种不现实的政治性误解再次复兴起来。

六

未来的文化冲突将不会爆发于各文明之间。但是这也不会阻挡外交或其他层面上的关于"文明的冲突"的进一步争论。在国家或全球范围内反歧视的冲突中，如果公众仍不能得到满意的实质性解决办法，那么文化差异的政治化现象将日益突出。但是，回顾欧洲历史，真正的文化冲突将会被长期在"文明内部"或文化之中发现：至少欧洲文化外部地区，社会和文化的多元化将被看做不可逆的、缓解冲突的必要基础，比方说，某种民主宪法国家或一些能应对多元化趋势的文化能够被恰当地实施或制度化。

10 多年以前，也就是 1998 年，欧洲纪念 1598 年颁布的《南特敕令》——这部法令是在经过数十年的暴力宗教冲突和内战，法国国王在没有考虑自身的权力和政治利益的情况下选择自上而下的宽容而颁布的——路易十五在 1685 年废除了这部法令，再次引发了宗教和种族迫害。几百年之后，宽容才最终成为欧洲政治阶层和大多数公民所公认的公民应有的美德。这其中的集体学习过程是漫长的、困难的也是痛苦的。因此，如果想要了解非西方国家未来数十年必须经历的现代化进程所产生的冲突，我们应该从各个版本中去寻找欧洲的真实历史。在世界多样化文化中，既会有进步的也会有后退的历史时期：为什么？因为这种集体学习过程将经历许许多多的社会变迁，它没有注定的结局。

作者简介

迪特·森格哈斯，研究和平、冲突和发展之间关系的专家，德国民主共和国不莱梅大学跨文化国际学院的高级研究员。著有《文明内部的冲突与世界秩序》等。

文化在建设可持续世界的重要作用

Ervin Laszlo（欧文·拉兹洛）

匈牙利布达佩斯俱乐部主席

【简介与概述】

当代世界主流文化的价值观和相关的行为引发了全球扩展体系，但是这种体系以现在的形式不能持久存在。如果要避免灾难性的巨变，那么就要改变形成当代世界的有影响力的文化。人类再也不能承受被一个狭隘的唯物主义文化所主导，这种文化往往以自我为中心，以团体为中心，或者只在乎以民族为中心的短期利益，丝毫不考虑地球上的其他体系。

有意识地朝着一个和谐的社会体系迈进，共同努力建立一个能够维系地球上生命的体系，这是我们面临的一个迫切需求。为此，我们需要一个当代世界文化的突变，从而创造能将各种个体生命和那些以自我为中心的社会群体团结一起的价值观和愿望，共同确保生物圈的生命体系的可持续性的任务。

事实是，当代世界体系极度多样化，但这是因为调整不够造成的。从本质上来说，我们可以在这种多样性内部创造一个更高层次的统一性：这需要人类世界中各个社会之间的系统维护性合作。如果没有改变支配实践本质的价值观和愿望，这种实践方面的转变是不大可能发生的。

一、当代世界非可持续性的文化根源

当代的社会经济以及生态世界体系结构不稳定，处于不断变化之中，没有可持续性。这种情况产生于受社会的统治阶层的价值观和观念所指导的实践活动中。然而如今这些价值观和观念在很大程度上已经过时了。例如：

自然资源取之不尽用之不竭。长期以来，人们以为地球是取之不尽的资源来源，也是永不可消耗完的，这种观念导致自然资源过度开采以及生物圈的再生循环超载。

生物圈是一种机制。我们认为我们可以像修建楼房或桥梁一样设计生物圈，于是我们促生出大量无法预料的、麻烦的、适得其反的结果，例如自然平衡的破坏和无数现存物种的消失。

生活是一种挣扎，适者才能生存。达尔文的自然选择理论应用在了社会中，这本身就是一种误解（达尔文所说的适者不是指最强的和最具有攻击力的事物，而是指适应力或合作性最强的），但它也是危险的：它逐步拉大了贫富差距，并且认可使用暴力，前提是权力的获得是一种适者生存的物种的自然属性。

市场分配利益。由亚当·斯密的"看不见的手"支配的自由市场被用来分配社会经济活动利益。然而，占世界人口近一半的贫穷和边缘化人群表明在当前条件下，我们无法相信这一概念。这只看不见的手并没有操作：财富与权力的持有者从经济活动中获取了不公平的物质利益。目前有些信念产生了相互矛盾的状况。

数百万人饮食过量和过度肥胖，而数亿人却在挨饿；

每年600万名儿童死于饥饿，而有1.55亿儿童超重；

成千上万的聪明女性作好在社会中扮演一个负责任的角色的准备，但是她们在教育、商业、政治和公民生活方面却没有得到一个公平的机会。

为了节省劳动力成本，数百万人失业，要解决人类现在所面临的社会、经济以及环境问题必将浪费人力资本。

对人类来说，似乎大量成群的动物存在的唯一目的是为了人类食肉而被宰杀，除了本身具有的可疑的伦理与健康的含义，这将浪费大量水和粮食以及为确保人类营养所急需的资源。

人类社会的问题需要长期的解决方案，然而在每年或者半年度公司的盈亏报表中，商界成功的标准是底线。

人类利用了太阳能，而且正在开发能利用风能、潮汐能、地表下热岩、生物量以及动物排泄物和副产品的能量的技术，但是，人类污染持续不断，继续开采有限的矿物燃料以及天生具有危险性的核能。

高科技武器更为危险，这些武器的发明制造和储存耗费了大量财力、人力以及自然资源。

武力不能实现经济和政治目的，这已经是铁铮铮的事实，但各国政府每年依然在武器、战争和军事机构上花费了超过1.2万亿美元，另外，他们经常打着国防工程和国家防卫的幌子扩张疆域，这些活动耗费了相同的巨款。

这样的价值观和信仰以及他们所产生的条件，产生了多种形式的不可持续性。当代世界的各个社会领域中都存在这一现象，无论在经济领域还是生态领域中。

二、不可持续性之线

（一）社会中的不可持续性条件

在富裕国家，人们不再享受工作保障，竞争越来越激烈，家庭生活也越来越难以维持。越来越多的男人和女人从家庭外而不是家庭里寻找到快乐和友谊。在家中，家庭生活的许多功能在退化，外界的娱乐活动取代了这些功能。孩子寄托给幼儿园或者是社区全托中心。人们不再自己烹调补足营养，而是转向了超市、速食行业或快餐连锁店。休闲娱乐活动也依靠着商业公司的市场营销和公共活动策划。儿童沉溺于电视节目，电子游戏，"成人"节目也有所增加，而且它导致了暴力和性剥削行为。在美国，首次婚姻的离婚率是50%，大约有40%的小孩至少有一部分童年时光是在单亲家庭中度过的。

富裕国家和贫穷国家的社会结构正在瓦解。在贫穷的国家，人们为了生存而进行的经济斗争摧毁了传统的大家庭。女性为低工资做卑微的工作，受到严重剥削；她们通常不得不离开家去寻找工作。越来越少的女性能得到有报酬的工作，而越来越多的女性被迫在社会和经济边缘化的非正式部门工作以求得生活的收支平衡。据国际劳工组织统计，有5000万儿童被雇佣于工厂、矿场，却只获得少量报酬，其中大部分集中在非洲、亚洲以及拉丁美洲。在一些国家，贫穷的孩子们被征兵入伍，或被迫卖淫，或被迫沦为街头乞丐。

（二）经济体系的不可持续性

人类社会在经济上的分极化现象明显：一些地区依然存在人群的等级分化，而且这种等级之间的差距越来越大，从而导致了数百万人生存质量的恶化，并降低了贫困人群和边缘化人群的生存机会。

（1）财富分配。财富和收入之间的差距已经达到了令人吃惊的比例。世界上亿万富翁的财富总和等于占将近一半的世界人口30亿人的总收入。全球国内生产总值的80%属于10亿人，剩余的20%由60亿人共享。

贫穷现象的缓解并不是绝对的数字。在最穷的国家，78%的城市人口在危及生命的环境下维持生活，1/3的城市居民住在贫民窟、棚户区以及犹太贫民区，将近10亿人被归类为贫民窟居民。在70亿地球人口中，有14亿人靠每天低于1.25美元赖以生存，另外的16亿人口每日的生活费用却低于2.5美元。

（2）资源利用。贫富差距体现在食物和能量消耗以及自然资源的过度消耗中。在北美、西欧和日本，人们日常消耗人体热量需求的140%，而在马达加斯加、圭亚那和老挝的居民只消耗70%。非洲人消耗的电能是人均半度电；

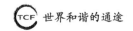

相对应的，亚洲人和拉丁美洲人的平均数则是 2 到 3 度；而美国人、欧洲人、澳大利亚人以及日本人则是 8 度。

人口的迅速增长迫切需要我们减少对资源的过多消耗。世界人口已经从 22 年前的大约 50 亿增加到了现在的 70 亿。如今，人类对许多自然资源需求的不断上升的曲线在历史上第一次超过了自然供给的下降的曲线。自从第二次世界大战末以来，地球上消耗的资源大大超过了历史上消耗的资源总数。全球资源在不断消耗，在某些情况下已经超越了地球所能承受的极限。石油、鱼类、木材和其他主要的资源的生产量已经达到了峰值；世界上 40% 的珊瑚礁已经消失，每年大约有 2300 万英亩的森林会退化。满足人类需求的可用性土地已经从 1900 年的人均 19.5 英亩下降到今天的不到 5 英亩。生态学家也提出了"峰水"这一说法，因为生物圈中适合人类生存使用的水量急剧减少。

根据联合国环境规划署第四版《全球环境展望》报告估计，要满足世界上平均资源的需求量人均大约需要 8.9 英亩的土地（这个数字掩饰了贫富之间的巨大差距：在最贫穷的国家如孟加拉国，资源可用性下降至 1.23 英亩，而在美国和盛产石油的阿拉伯国家则高达 25.5 英亩）。8.9 英亩是能满足人类可持续发展的土地资源的 2 倍多：地球上的男女老少可持续发展的"土地份额"是 4.2 英亩。

（3）金融体系。世界金融体系的不稳定是造成世界经济不可持续的一个主要因素。金融领域的不稳定性并不是一个新现象，但是在 2008 年的信贷危机之前没有被广泛认知。当时的泡沫爆裂仅仅在美国就导致 200 万人失业，全球财富损失大约有 2.8 万亿美元。

世界金融系统结构的不稳定性不是单单由投机泡沫的产生和破裂而造成的：它根源于失衡的国际贸易。早在 2005 年，国际货币基金组织的《经济前景展望》报告指出，我们面临的问题不再是世界经济是否会调整，而是他们将如何调整。如果我们继续推迟采取措施，这种结构调整可能会更加的生硬，并对全球贸易、经济发展和国际安全产生危险的影响。

（三）生态的不可持续性

社会，经济和金融的不可持续性因人类活动所产生的环境损害而逐渐恶化，减少了社会和工业可用的有效资源。

（1）水资源。人均消耗的有限水量正在减少。在 1950 年人类有一个近 17000 立方米的淡水储备量。而自此以后，可用水的比率以人口增长率的 2 倍递减，到 1999 年，人均世界储水量急剧减少到 7300 立方米。如今有大约 1/3 的世界人口无法得到干净水资源的充足供应，预计到 2025 年，2/3 的人口将生活在严重缺水的情况下，届时可能会只有4800立方米的人均水储量。

（2）可耕种的土地。可耕种的土地正在逐渐流失。食品和农业组织估计，全球范围内有74.9亿英亩的优质耕地存在，其中发展中国家占71%。随着土壤的流失、破坏、凝结、贫瘠、干旱、有毒盐分的积聚、营养元素的滤取以及城市和工业废物的无机和有机的污染，这一数量正逐渐减少。全世界每年丧失1200万到1700万英亩农田。以这种速度计算，本世纪中叶将有7.41亿英亩农田消失，只剩下66.7亿英亩来支撑89亿人口（这个数字可能仍然过于乐观，因为可用土地的数量将会因为海平面的持续上升而引发的洪水进一步减少）。剩余的0.74英亩具有生产力的土地可能只会生产能保障人类最低限度生活水平的食物。

（3）空气。大气中化学成分的改变会降低保障人类健康水平空气的有效性。19世纪中期开始，氧气的减少主要是由煤的燃烧导致的，现在，在受到污染的区域，它下降到总体积的19%，在主要城市是12%—17%。如果氧气含量下降到总量的6%或7%，人类将不能维持生活。与此同时，温室气体所占比例还在不断增加。200年来，人类不断燃烧化石，砍伐大片森林，导致大气中的二氧化碳含量从百万分之280增加到百万分之350。

同时，大气中的二氧化碳越来越多。20世纪人类活动似乎在生物圈中设定了一个二氧化碳的范围，而现在又在20年之内注入了一公吨的二氧化碳。二氧化碳的这种增长速度使自然生态系统难以进行调整适应。在海洋，水面上二氧化碳的爆发性增长增加了海水的酸度，海洋壳类生物难以生存，海洋生物链难以维持。在陆地上，由于之前吸收二氧化碳的生态系统的被破坏，自然界吸收二氧化碳的功能减退。由于酸雨、城市的扩张，大量有毒元素渗透到土壤，世界范围内高达40%的森林覆盖面积已经消失了。

目前我们面临由人类活动而产生的温室效应，除此之外，还有同样由人类活动造成的自然灾难：大气变暖。在西伯利亚，11000年前的冰河时代末期形成的面积达100万平方公里永冻土现在正在融化。这个地区是世界上最大的泥炭沼泽区域，释放到大气中的甲烷总量等于人类活动所产生的总量。

（4）全球变暖。目前人类活动导致的一系列变化所产生的后果是温室气体的产生。

近年来，全球平均温度明显升高，气候变暖的趋势正在加速。保守派宣称全球变暖主要是由自然原因所导致，人类活动最多只能加剧这种现象：融合过程中产生太阳热量的新循环持续不断地向地球发出越来越多的太阳辐射，从而使大气层升温。

然而事实上，排入大气中的二氧化碳、甲烷和其他温室气体才是导致并加快全球变暖趋势的重要原因。无数历史记录表明，空气中的二氧化碳含量与温度变化相关：尽管时间上有些滞后，二氧化碳越多，温度也越高。现在，在上层大气中有一个以人类的手段所产生的保护层正在防止表面所产生的热能散失到周围的空间中。

气候模型表明，大气层构造中即使再微小的变化也能产生重大影响，包括普遍的粮食歉收，水资源短缺，疾病的肆虐传播，海平面的上升，大片森林的消失。全球气候变暖在世界许多地方已经引起了持续干旱。例如在中国北方，长时间的干旱促使政府采用人工降雨来提高降水量。

干旱减少产地的产量，从而造成全球粮食短缺。这种情势更由于世界粮食储备下降而恶化：当前的粮食储量不能满足新增缺粮国家的需求。

三、超越不可持续性发展

人类的活动实践取决于主流文化和人们的意识。这些价值观和意识已经过时。如果继续允许他们来决定人们的行为将会适得其反；它会不断制造危机以及世界范围内的体系崩溃。

我们需要改变激励当代世界主导行为的价值观和行为方式。我们需要一个有意识的、充分集中的文化变异。所需的文化变异不需要人与社会来拒绝和抛弃他们的文化遗产或者否认其文化偏好。它只需要一个积极的改变，改变那些会降低塑造地球上人类生命的系统的可持续性的价值观与信仰。

多样性是世界体系的一个积极属性，显著的降低将会损害其恢复能力。单种文化无论在社会还是在自然中本质上都是不稳定的。然而，多样性需要通过统一来达到平衡。可行的系统在多样性中体现统一：它们的不同部分或元素共同合作以实现同一目标，最重要的是，要确保整个系统的可持续。

四、协调当代世界多样性的基本规则

实现在当代世界更高层次的统一的基本规则简单又基本：保持构成系统的文化和社会的多样性，但要在他们中间加入更高层次的和谐。系统的不同元素的整体协调将允许人们追求多种目标，只要他们不损坏保持整个系统的至关重要的平衡和过程。在世界体系中建立一个更高层次的动态稳定体系符合所有人与各个社会的利益，因为如果整个系统中的可行性没有一个适当的水平，这个系统的组成部分的可行性就会缺乏抵抗力。

基本原则简单明了又是显而易见的：

*让多样性在构成现代社会经济和生态世界体系的文化和社会中繁荣，但不允许这种多样性损坏和破坏能确保整个系统可行性的和谐。

另外，必须确保其基本规则得到有效应用：

＊每个社会都有平等获取和使用地球自然资源的权利，但也必须承担平等的维持地球上的世界体系的责任。

＊每一个社会都按照符合其历史传统和其目前人民智慧的价值观与信仰而自由地生活，只要这些价值观和信仰不妨碍其他社会依照其本身的价值观与信仰生存的自由行动。

＊所有的社会都有捍卫人民自由、人身安全和国家领土完整的合法义务，为此而建立军队，但任何一个国家都无权生产和大量储备会威胁到其他国家的自由、公民人身安全和国家领土完整的武器。

＊所有的社会都应放弃会浪费人类必需资源、产生危险污染物体或者威胁到本国人民以及其他国家的人民的身体健康与生活福利的技术。

接受这些以及相关的基本规则将使世界体系实现多样化，以达到平衡所需的统一，从而创造和维持能确保人类生命和健康繁荣所需的条件。激励和促进会激发和鼓励这一至关重要发展的文化突变，是人类大家庭中所有自觉的和理性的成员的道德责任。

作者简介

欧文·拉兹洛，1932 年生，匈牙利科学哲学家、系统理论家、积分理论家、古典钢琴家，罗马俱乐部成员。著有《混沌点：处在十字路口的世界》《系统哲学引论》《用系统论的观点看世界：对现时代的整体论见识》等。

跨文化语境中的人类尊严观

Gregor Paul（格雷戈尔·保罗）
德国卡尔斯鲁厄大学哲学系教授

一直以来，自杀现象普遍存在于各种文化之中。当然，我们对 5 世纪南非石器时代原始人的自杀情况不得而知，或知之甚少。很明显，这和我接下来要说的假设和论点毫无关系。只要记得我们有足够的文件证实在印度、中亚和西方历史上的自杀现象就足够了。这些文件甚至可追溯到公元前。此外，还有许多哲学的、宗教的和文学的文章描述、讨论、赞美或谴责自杀行为。从人类学的角度，我们可以说，自杀行为是普遍存在的。

但是，人们自杀的原因却各不相同。我在这里只讨论其中的一种，即生命或是生存与（保护）个人尊严相矛盾的自杀行为。换言之，人们因为一些东西比生命更重要，他们称其为自尊、自决权或者人类的尊严。最常见也最不幸的就是为避免受虐待或是在被虐待和强奸之后而自杀。之后我会再回到这个话题。如果上述观点是正确的话，那么人类过去和现在一直都认为他们拥有或被赋予了被称为"人类尊严"的价值。不管这种价值观到底是什么，它包括了自决和自由的可能性，尤其是避免痛苦、虐待、强奸和其他严重的侮辱或是贬低人格的行为。在特定的情况下，"严重"的具体含义也有所不同。在德国，"Würde"表示"尊严"的含义；"Entwürdigung"表示"侮辱"，特指例如折磨这种贬低人性的行为。为了强调在这种情况下，自杀可能是个人自由最终的也是唯一的标志，德国人用"Freitod"一词表示为了保护个人自由或是自决而主动采取的自杀行为。在拉丁语里，用"mors voluntaria"这个短语来表示；在西班牙语里，用"muerte voluntaria"这个短语来表示。

顺便说一下，是尼采将"Freitod"一词引入了德语。大家可能也知道，尼采尤其赞成以"Freitod"作为保卫个人自由的最终方式。下面几句引言可以更好地阐述我的想法。比尔·马乐说："自杀是人类以自己的方式对上帝说'你没资格解雇我，我辞职'。"这种观点有尼采式的自负，强调即便是上帝也没有权利侵犯我的自由。辛尼卡认为，"最令人恶心的死亡也好过最整洁的奴役"。尼古拉斯·尚福尔创造了这句著名的话："与其在监狱里生活，不如自由的死去。"珍·艾默瑞因为无法忍受纳粹时期所受虐待的记忆而自杀，他说："如果你曾遭受虐待，哪怕只有一次，你永远都不会在这个世界上感觉轻松自在。"

从中国历史上也可以找出很多例子。在其他的出版物里我也曾引用过一些例子。在这里我仅引用司马迁所写的著名的书信中，他引用《孟子》中的言语反对自杀，"一箪食，一豆羹，得之则生，弗得则死，呼尔而与之，行道之人弗受；蹴尔而与之，乞人不屑也。"最后，给出老舍的例子。老舍可能是因为受到"文化大革命"骚乱的影响而自杀。我们也很容易在日本文化中找到相似的例子。

由于个人自由与个人自决的概念经常与利己主义和以自我为中心的个人主义混淆。在此我想指出，我所指的"个人自由"观点不包括利己主义和以自我为中心的个人主义。

在这里，我觉得有必要总结一下前面的观点。在我们了解的所有文化里，有一种为了保护个人自由和自决而进行的自杀行为。自杀者认为有一种价值比生命或是没有尊严的生存更重要，这种价值就是人类的尊严。这样理解，人类的尊严在人类学上是普遍存在的，与文化、时代、种族和性别无关。一个令人沮丧的，虽然是间接的关于人类尊严概念的经验证明了一个可悲的事实是人们总是知道如何虐待其他人。受虐人可以是外国人，施虐者对他们的生活方式和语言完全不懂，但是这些对施虐者来说都不是问题。他们只是非常了解人类的共同点、人类想要的是什么、他们珍视的是什么——尊严、自尊、自由和自决权，他们排斥和反对的是什么——被侮辱。甚至古美索不达米亚和古埃及的历史都提供了大量相关的例子。

在我看来，佛教、基督教和伊斯兰教中人类尊严的定义有其特有的宗教信念。由于这些信念的纯理论性和形而上学的特点，因而缺乏经验基础并不能证明其普遍的有效性。例如，天主教神学主张人类拥有尊严是因为上帝造人时把人类当做他自己的影像。伊斯兰教认为人类是真主安拉的代表，因此是有尊严的。佛教传统认为尊严是人类固有的佛性。只有宗教信仰者才会相信这些具有致命的逻辑关系的信条。以宗教真理的名义比如为了不朽的灵魂，宗教信仰者甚至要虐待和处死一些人。众所周知，这种争论在中世纪时期的基督教是很常见的。我们必须承认在宗教框架内，人类尊严、自由和自决权受限制的情况有待发展。欧洲文艺复兴时期的情况就是这样。

正如宗教概念一样，大多数关于人类尊严的哲学定义有待商榷，因为它们缺乏实证，不具有普适性也没获得其他文化的承认。它们仅仅表达了文化的或是个人决定的偏好。这对我们的尊严存在于理性和道德自律中同样适用。然而对于第二个观点，我们只能说部分是对的，第一个观点没有说服力。至少我想象不出来一个人会因他是一个理性的人而来反抗侮辱，尽管他完全可以说他不想被虐待或者侮辱是不道德的。

关于人类尊严的著作数不胜数，也许有人会质疑关于不同文化背景下人类尊严的讨论是否有意义。从这种讨论中我们是否可以获得其他方式所得不到的东西？当然，有许多书和文章也考虑到了不同文化对人的尊严的影响。但是据我了解，它们缺乏对不同文化间各自概念的详细对比，只是局限于两种文化之中，比如说西方文化和中国文化，并没有涉及跨文化话语最重要的部分，即对普适性、规范有效性、跨文化认同和接受可能性的研究。区分有效性和认同非常重要，比如说，一项建议有效并不意味着每个人都愿意接受并且相应的照做。如果某种信念或生活方式为很多文化所熟知，并且，很少导致冲突或使用武力则表明这种信念或生活方式更容易被推广和接受。另外，对多种文化的跨文化研究所获得的材料为我们探讨有效性和可接受性的问题提供了广泛的经验基础。跨文化对话不能脱离现实，局限于先验哲学，更不必说形而上学和本体论，这样就加强了各自发现和论点的说服力。虽然莱布尼兹曾经在跨文化对话方面达到很高水平，但是在数字和网络通讯的今天，我们有条件从事人们在 50 年前想象不到的跨文化研究。也许有人会说数字通讯起到了关键的作用。那么，为什么不利用这些可能性呢？同样的，既然人类尊严的不可侵犯性和不可剥夺性这个概念是否有普遍适用性就很重要了。

如果我上面所说的话站得住脚，那么很明显：对于各个时代各种文化背景下的人们来说，在原则上，人们会选择自杀免受极度的侮辱，尤其是面对虐待、强奸或者其他形式贬低人格的行为。通过这种自杀方式所维护的价值就是个人自由、自决权、自尊，总之是人类的尊严。人们认为它比没有尊严的生存更重要。顺便说一下，我们应该避免对名称或标签问题的讨论。我完全可以接受我所称做"人类尊严"的东西另有其命名方法。如果我能成功地阐明我所指的"人类尊严"的意义，并且被广泛地应用，那这就足够了。

但是如何表明人类尊严这一概念是普遍适用的准则，或者至少是可以被普及的呢？首先，你不能从"应该"推断出"是"，应该避免这个谬误。特别是没有任何传统和文化能仅仅因为它们的存在而被证明是合理的。不仅只有休谟一人持有这个观点，甚至公元前 4 世纪—公元前 3 世纪中国墨家也持有这一观点。那么，如何处理经验主义的发现和材料呢？很明显，这些跨文化的发现不能够用于直接得出或证实某个规范化的结论。从逻辑上来讲，没有一种特定的文化可以传播一项普遍适用的道德或实用的准则。因此，跨文化研究的作用"局限"于提供观点、可能性和论点来表明人们能或不能做什么。然而，跨文化研究所揭示人类经验和潜质的范围、丰富内容和特殊性又不仅如此。跨文化研究可针对关于某项解释带有文化偏见（如，欧洲中心论）的指控提出抗辩。再比如，我对中国文化的某些特性的理性解读常常被认为是带有"西方的"偏见，我经常遭遇这种情况。然后，我要指出的是中国和日本的著名的有影响力的学者也给出了相似的解释。如上所述，我认为《孟子》提出了道德自律的观点。许多人认为这一观点是有文化偏见的，因此是错误的。但是，在过去的 250 年里，日本学者也持有相似的观点。他们甚至认为孟子宣扬不顾一切追求个人主义、利己主义、不和谐和动乱。此外，他们认为孟子的哲学极度理性。日本最著名的国学代表人物，本居宣长（1730—1801）可能是作出这种理解的最有影响力的日本学者。有一件事是肯定的：本居宣长不是欧洲人，他对《孟子》一书的看法没有受到欧洲思想的影响。如果谈到对外国文化或其特征的理解是否带有文化偏见因而站不住脚的问题，肯定和反驳的言论对跨文化研究来说都一样重要。跨文化研究另一项相似的具体的贡献就是发现了"黄金原则"具有文化上的普适性。《圣经》、古希腊哲学、巴利文经典和许多古代中国的著作，尤其是《论语》都有关于"黄金原则"的阐述。人们对"黄金原则"的接受巩固了人类尊严（我所指代的"人类的尊严"）概念具有普适性和应该被接受的信念。这么说的原因如下："黄金原则"蕴含了人的平等的思想，尤其是对人的喜恶的尊重，它要求有逻辑上的连续性。就是说在相同的前提下，得出的结论也必然是相同的。这也就是说同样的前提要求同样的行为。

然而，主要的问题却没有解决。如何表明不可侵犯的、不可剥夺的人类尊严应该是普遍适用的，甚至是被普遍接受的准则呢？

假定我们把人类尊严视为个人自由和自决力的价值，包括道德自律，至少像我们大多数人今天做到的这样。正如《孟子》一书中所说，要牢记这种观点不包括故意的利己主义。那么如果一个人（除了受虐狂）不想自己的尊严受损，就要尊重他人的尊严（然而，矛盾的是，受虐狂想要别人侵犯他们的自尊却很难达到这个目的）。由"黄金原则"和相同前提产生相同结论的原则推断：在特定条件下，任何对我适用的东西，在同样的条件下，对其他人也适用。如上面所指出的，《论语》和《孟子》把"黄金原则"和一致性视为有效的原则。

经验——战争、虐待、强奸、心甘情愿接受折磨、权力的诱惑等等——告诉我们应尽一切可能最终消除耻辱。为了达到这个目的，建立并接受不可侵犯或不可剥夺的人类尊严的准则可能是最好的办法。这绝不仅仅是理论或简单的痴心妄想。人类已经能够就航空运输问题在国际上达成共识。人们经常违背这些原则，但这些原则却没失效。规范有效性必须从自然法则的有效性中区别出来。这些困难的问题，例如如何创立不侵犯人类尊严的刑法或者如何确保有尊严的死亡并不能提供反论。哲学经典已经涉及了伦理或道德理论与实践和道德行为的关系，表明了我们对道德的实践不要过于悲观。我仅提及康德伦理学和墨子理论。

作者简介

格雷戈尔·保罗，1947年生，德国卡尔斯鲁厄大学哲学教授，德中协会会长，杜塞尔多夫市日本文化研究所学术顾问。代表作有《儒学面面观》《日本哲学》等。

发展观的全球化转向及其启示

高 峰

苏州大学社会学系主任

【内容提要】 发展观是发展理论的深层构架，是关于什么是发展以及如何发展的哲学观念和精神指向。二战以来，发展观经历多次嬗变，从发展客体论和发展主体论经由主客相关论转向全球多极主体论，呈现出发展观向全球化逐步转向的一条清晰轨迹。发展观的全球化转向体现在思维方式上，就是从旧全球主义转向新全球主义。旧全球主义是以启蒙理性为基础的工业文明的内在逻辑，而与后工业文明相对应的则是新全球化观念和思维向度。比较这两种思维方式的差异，是我们科学认识与理解未来全球发展的一个非常重要而深刻的前提。当今，我们正处在一个高度全球化的新时代，人们的思维方式正经历由旧全球主义向新全球主义的重大转变，其实质是从西方中心论转向以人类整体为中心的彻底的全球观。它启示我们：不能从西方中心论转变为东方中心论或其他什么形式的中心论；全球发展的前提是承认并维护各国人民的主体地位，各国都有各自发展的自主性。拥有这样一种理论自觉，我们在认识世界、研究全球发展问题时将会做得更好。

【关键词】 发展观　旧全球主义　新全球主义　启示

发展理论（Development Theory）亦称发展研究（Development Studies）。由于"发展"范畴最初被理解为一个摆脱不发达状态实现现代化的过程，因而"发展"理论被顺理成章地理解为研究传统农业社会向现代工业社会转变的理论。随着以信息技术为标志的新技术革命的兴起以及信息时代的到来，"发展"随之被理解为不仅是实现工业化的过程，而且包括工业化之后的信息化过程，以及在工业化和信息化基础上所发生的社会转型。就此而言，发展不仅是发展中国家面临的主题，也是发达国家面临的主题，是一个需要从全球整体角度来认识和解决的人类共同问题。

一、发展理论全球化转向的分析范式

发展理论的分析范式在哲学层面上体现为发展观。"范式"（paradigm）一词是美国科学史学家托马斯·库恩（Thomas S. Kuhn）在其《科学革命的结构》一书中使用的概念，"它指的是一个共同体成员所共享的信仰、价值、技术等等的集合"。库恩的"范式"理论在影响自然科学史研究的同时，也在社会科学界引起了积极的回应。这里，我们沿着库恩的思路，将二战以来国外发展理论的全球化转向，从分析范式上做些梳理。

二战以来，发展观经历多次嬗变，从"发展客体论"和"发展主体论"经由"主—客相关论"转向"全球多极主体论"，展现了一个宏伟的历程，同时也呈现出发展观全球化逐步转向的一条清晰轨迹。

二战后，随着一系列殖民地、半殖民地国家的相继独立，对发展中国家及其发展路径的研究，开始成为国际社会普遍关注的话题。20世纪五六十年代社会科学为此奉献出的第一批发展理论就是"现代化理论"。在现代化理论内部，根据其强调的现代化的特质不同，体现为发展客体论和发展主体论两种不同的发展观。发展客体论即以经济增长为中心的发展观，认为发展的本质或发展的关键在于经济增长，发展的目标就是追求 GDP 的有效增长。发展主体论是以人的现代化作为发展本质和根本标准。英格尔斯认为，现代化的核心是人的现代化，而人的现代化是一个发展过程，即所谓从传统人格向现代人格的转变。

无论是发展客体论还是发展主体论，都明显带有"西方中心论"的倾向，即将西方文明作为现代化标准，以此来衡量、规范、裁剪一切发展中国家的发展水平。现代化理论有一个基本的假设，这就是"传统—现代"的两极对立，认为现代化就是由传统社会向现代社会的转变。发展中国家走向现代化，就要在现今传统的状况与未来的现代化目标中间"填补"现代性。而现代化理论归纳出来的"现代性"都是从西方发达国家现代化历史实践中概括出来的，而且是经过西方学者"提炼"的种种特征。"西方中心论"其核心和前提是将现代化等同于西方化，排斥异己，唯我独尊，将自身发展的履历表强加于人，成为至尊的"天规"；"西方中心论"映射在时间维轴上，便演化为理性主义的单一线性发展观，强调全世界只有一种模式、一条道路、一个框架，将世界上所有国家都视为从"传统"到"现代"单一发展谱系上依次排列的环节，仅有先后之分，而无多样之别。

继现代化理论之后，依附理论和世界体系理论则从全球性发展结构的角度来界定发展的可能性，其发展观的共同特点是在全球空间层面展现的"主—客相关论"。

依附理论是20世纪60年代初至70年代中期的发展理论。依附理论认为在资本主义经济秩序内发达国家与发展中国家之间形成的"中心—边缘"的关系中，不发达国家的发展历史，就是它们被发达国家纳入以西方国家为主导的"中心—边缘"经济体系的依附化过程，这个依附化过程导致了两种结果：西方国家的发达和非西方国家的不发达。因此要探讨发展中国家不发达的根源必须到这些国家对发达国家的依附和发达国家对这些国家的剥削的相互关系中去寻找。可见，同现代化理论相比，依附理论的研究视野发生了很大的转向，它由一个民族国家内部转向不同国家间的相互联系方式。

从发展观角度看，依附理论首次将发展研究的视角从时间纵向维度转向空间横向维度，其命题的表达形式是"中心—边缘"，它将研究重点转移到发达国家与不发达国家的空间关系上，具有空间意识，这是一大进步。究其深层底蕴，其所持的是"主—客"两极框架，将发达国家的"中心"这一极视为唯一主体，视为影响不发达这一"边缘"客体发展的主动者，因而是世界体系的安排者。而"边缘"的一极只是被动的客体，其命运只能是处于被支配的地位。

世界体系理论作为依附理论的完善形式，它进一步把世界看成一个统一的关联整体。其命题的表达形式是"中心—半边缘—边缘"，它强调发展在全球空间多极之间进行，任何国家都不能脱离全球关系来实现自主发展。世界体系理论强调世界体系的本质是不平等，认为"中心"的改变和"体系"的变革是两个完全不同的概念，随着时间的推移，不同国家在"中心—半边缘—边缘"体系中的位置可能有所改变，但这绝不是体系的改变。可见，究其深层底蕴，世界体系理论所持的仍是"主—客"两极框架。

与现代化理论所持的发展观相比，依附理论和世界体系理论所持的"主—客相关论"从全球空间结构出发分析不发达国家落后的原因并寻求发展路径，在发展研究的视域上大为拓展。同时这一发展观体现了对不发达国家发展主体地位的深切关注，有助于激发和唤醒不发达国家人民的发展主体意识。但是，这一发展观仍然充满矛盾：它既不满足于不平等体系，而现实中的这一体系又难以改变，因而寻找不出一条可行的不发达国家的发展之路。虽然世界体系理论相对于依附理论来说，具有更加合理性与全面性的特点，但是，由于在解释世界体系诸方面也有其致命的弱点，尤其是其过分经济主义取向，因而招致了大量的批评。

20世纪80年代以来，随着全球化进程的加速，全球化的理论研究随之兴起。随着20世纪90年代初东欧剧变，由美国所主导的全球化迅速升级。正如联合国前秘书长加利在1992年联合国日致辞时所说："第一个真正的全球化时代已经到来了"。这无疑激发了学术界各学科学者展开对全球化问题全方位多学科综合研究的热情。就理论层面而言，"20世纪90年代以来，西方全球化理论也在作不断调整，这体现为学者们一方面继续对沃勒斯坦的世界体系理论进行批评和修正，另一方面重新确立理论的基本概念和研究的基本单位，以求建构出与全球化进程更吻合的理论。"就描述全球化的方法而言，20世纪90年代全球化理论"基本上都或多或少地把文化和文明因素考虑进去，希望形成一套更趋完整的方法"，"值得注意的是，其中相当一些方法都是对沃勒斯坦的世界体系理论的回应"。

面对批评，沃勒斯坦本人也对自己原有的观点作了修正，力图融入对文化、文明的考虑，他在这方面的努力集中体现在1991年结集出版的《地理政治和地理文化》一书中。与沃氏相比，来自哥本哈根大学的弗里德曼（J. Friedman）则从后现代主义角度透视了全球体系文化逻辑的变化。而斯克莱尔（L. Sklair）对全球化理论的最大贡献是他在《全球体系》中提出了较全面地看待全球体系的方法。英国学者吉登斯（N. Giddens）从制度角度研究全球化问题，他认为全球化进程中产生的问题都可以归因于现代制度的扩展。美籍学者福山（F. Fukuyama）在其《历史的终结和最后的人》一书中则以东欧剧变冷战结束为蓝本，设想了一幅自由主义在全球全面胜利的景象。

尤其值得注意的是，经济全球化对文化研究的波及，更是使得后现代和后殖民主义研究正逐步演变为一种全球化时代的文化政治。"直接由此引起的90年代初期新思潮是'后殖民主义'。它以上述思想为武器，提出了反对全球化过程中的西方中心主义，反对西方大国对其他国家尤其是对发展中国家实行霸权，包括经济的、政治的和文化的霸权，反对文化帝国主义；主张各个民族都有自己的特殊文化背景，可以有各自不同的发展道路，力图摆脱西方势力的束缚，获得自己独立发展的自由。直到今天，后殖民主义仍在发展中，并成为全球化问题研究中的一支重要力量。它所提出的许多问题都成为人们普遍关心并在未来全球化过程中力图解决的问题。"

以文化作为差异的基点，来确认世界发展主体的多元化、多极性，这是全球化理论阐释的基本理论纲领，它将发展视为包括经济增长、权力、政府、文化价值相互关联的整体性过程，是各国在全球交往中各为主体、独立内生的过程，至此，全球"多极主体交往论"便成为发展理论的主导观念。

在全球多极主体交往中，各种文化、文明的相互关系如何？这一关系在当代全球的发展中居于何种地位？对这一问题的最初解答是消极的。亨廷顿（S. P. Huntington）在他的颇有争议的《文明的冲突与世界秩序的重建》中用不同文明之间的冲突替代冷战时期两大集团的对抗来描述冷战后的全球状态。他认为，主宰全球"后冷战时期"发展的基本模式，不再是独存的"西方中心论"，也不是任何一个单一的主体论，而是多极主体之间的交往——其核心是西方文明与非西方文明之间的冲突。他认为，文明的冲突是一个基本的和必然的事实，也是主宰全球社会发展的基本格局。显然，亨廷顿一方面确认各文明特别是非西方文明不再只是历史的客体而是发展的主体，承认发展主体的多极化，另一方面又将这一多极主体交往关系视为消极的和对抗的，他描绘的是一幅全球血淋淋的文明冲突图景，并以此为基准建立美国的新冷战模式。

其实，全球在走向多极化的同时必然使发展主体多极化和平等化。各国无论大小强弱，都有同样的发展主体地位和发展权利，各发展主体的发展目标、道路、模式也日趋多元化，并且在多极主体间还保持一种必要的张力，即交往关系，这是构建全球发展总格局的作用机制。

二、从旧全球主义转向新全球主义

发展理论的全球化转向，其范式转换体现在思维方式上，就是从旧全球主义转向新全球主义。这里的旧全球主义是指以启蒙理性为基础，本质上是现代主义的全球化观念，是工业文明的内在逻辑。反之，与后工业文明相对应，造就了本质上是后现代主义的新全球化观念和思维向度。当今，我们正处在一个高度全球化的新时代，人们的思维方式正经历着由旧全球主义向新全球主义的重大转变。比较这两种思维方式的差异，是我们科学认识与理解未来全球发展的一个非常重要而深刻的前提。

旧全球主义的理论倾向，究其要者，有以下几个特点：

（1）以工业文明为轴心，构建全球化发展的两极格局：工业文明与农业文明。现代化理论经济学取向的代表刘易斯的"二元结构"分析，"依附论"、"世界体系论"以及斯塔夫里亚诺斯在《全球分裂》中所指认的全球分裂结构等等，均以"工业文明—农业文明"两极结构为基础。在这一两极格局中，全球化发展的轴心原则是工业文明。作为以工业文明为主导的西方国家成为世界发展的中心极，而以农业文明为主导的欠发达国家则成为依附于发达国家的边缘极。边缘国家要求生存与发展的基本内容，即所谓现代化，就是完成向工业文明社会的转变。

（2）以国家为基础构筑全球化图景的"基础主义"倾向。时至今日，这一"基础主义"全球观仍然具有相当的影响力。在发展理论中，刘易斯的"二元结构论"以及"依附论"等，都以国家为基础，将世界视为一个由国家间发展关系构成的全球体系。"世界体系论"虽然在变革"依附论"理论范式时提出必须要改变整个世界结构而不仅仅是边缘地位，但是重建地球家园的基础仍然是国家。

（3）以线性决定论为基础的单一主体性、单一中心性思维方式。所谓单一主体性，即将全球的发展极仅仅归结为西方发达国家，而发展中国家则被贬为边缘或半边缘。所谓单一中心性，即将西方文明奉为唯一的"现代性"，而将所有不符合西方人观念的文化一概斥责为"传统性"。因此，全球文化就变成了"传统—现代"的关系。现代化也就是西方化的过程。而单一规范尺度，则是现代化思维以启蒙理性即抽象的、同一的、唯一的、整体的理性为尺度，剪裁所有的思维与文化，并要求一切必须在这一理性面前叙述自己存在的理由，否则必将遭到批判和淘汰。

以后现代主义为基本视界构筑的全球化观念，本质上是一种新全球主义。其理论倾向与旧全球主义相比较，具有以下主要特点：

（1）以后工业文明为轴心，构建全球化发展格局。20 世纪下半叶以来，以美国为代表的西方发达国家相继完成了从工业文明向后工业文明的转变，进入到以信息技术和知识经济为标志的"后工业社会"。今日的全球化，不仅程度更高，而且结构发生了根本性的转换，形成了"后工业文明—工业文明"新的全球化格局。东欧剧变、柏林墙倒塌、冷战结束，阻挡西方后工业文明和文化帝国主义的最后壁垒被打破，西方的后工业社会的信息借助于全球互联网、电影大片和其他传媒重构了全球化。全球化时代的实质和主要矛盾已经从"工业文明—农业文明"两极格局转到"后工业文明—工业文明"的结构平台上来，并进而形成新的多极化。

（2）民族国家不再是全球化时代的实体基础，超越国家主权的全球一体化关系正在主宰着世界。多元的国际化存在方式如族性、跨国公司、绿色和平组织、互联网、世界贸易组织与国际金融等"第三种力量"已从经济、政治与文化等多方面大大超越了世界各国的国家主权，世界体系的划分正在按照超越国界的全球性结构来重组。民族国家历史正在向全球化世界历史转变。今后，民族国家的"孤立的"、"内部的"事件将越来越可能成为全球性事件。斯克莱尔认为，全球化超越"国家中心"，"跨国惯例"（transnational practices）造成了经济、政治和文化—意识形态等三个层次的全球体系。

（3）全球化趋势的多元化与差异化。新全球主义的后现代主义思维方式主张多元文化而反对单一文明，强调差异政治而否认单一正义观，指认断裂而蔑视同一整体，消解思维等级和中心性而主张"平面化"，解构先验的理性或本体意义的决定论、唯一论而推崇全球话语的众声喧哗。差异、断裂、冲突、矛盾，这些在后现代主义者笔下的词语，越来越经常地成为新全球主义的理论范式和思维向度。过去那种单一主体、单一中心、单一规范尺度的全球化已经为多元化和差异化趋势所代替。全球化的同质结构已经为多元主体的网络结构所消解。全球化的单一规范尺度已经为多元差异的规范所取代。

多元化规范尺度，使参与全球化的主体多元化。全球化绝不是由那种按照启蒙哲学构造的单一价值尺度支配的，相反，是由多元价值标准差异地重合的。新全球化时代再也不是一个由统一规则统治的全球性整体，而是由多元规则、多种向度和多重力量交织的总体。就每一个层面来说，是整合中的分散，分散中的整合，或是高度分化又高度整合，是一种德里达笔下的"撒播"状态：这一状态是一种流动的、变化的、网络化的，而不是实体性的存在。它并非是等级森严的世界经济—政治—文化体系，而是平面化网络式的结构。

总之，从旧全球主义向新全球主义转变，促成了发展轴心的转变。旧全球主义开创了一个以现代化为轴心的全球发展时代。那是启蒙理性对蒙昧信仰的鞭挞，巨人对神的战胜，人对自然的征服，工业文明在全球范围内建立起对农业文明的统治等等。与此相比，新全球主义的到来似乎是一场静悄悄的革命。但是，就其对社会的改变，对时代主题的转换，对人类发展实践方式与思维方式挑战的深刻程度与广泛性而言，却远非往昔所能比。全球冲突将越来越从实体层次向信息文化层次转变。

三、发展理论全球化转向的若干启示

（1）二战以来的发展观全球化转向的发展过程，实质上是从西方中心论视角（以现代化理论及其体现出的发展观为代表），逐步发展为以人类整体为中心的彻底的全球观。它启示我们，不能从西方中心论转变为东方中心论或其他什么形式的中心论。各国都有自主选择发展目标和道路的权利。这一启示意义重大，它表明全球发展的前提是承认并维护各发展国人民的主体地位。各国都有各自发展的自主性、内在性、创造性、个性和自为性。拥有这样一个理论自觉，我们在认识世界、研究发展问题时将会做得更好。

（2）纵观发展观的演变轨迹，我们可以发现如下显著特征：一是研究领域不断拓展。从经济物质层面逐步拓展到精神文化层面；从单一民族国家和不发达地区逐步拓展到资本主义体系和全球整体。二是发展的内涵不断深化。从"经济增长"到"经济增长＋社会变革"和"经济增长＋社会变革＋环境保护"再到关注文化与文明以及人的自身发展，发展的内涵逐步深化。三是研究方法不断创新。早年的发展研究表现为一个多学科（multidiscipline）的学术领域，以各门学科（主要有经济学、社会学、政治学、心理学、历史学等）互不相关地开展研究为特色。近年来，发展研究进入了真正具有跨学科（inter discipline）意义的变革阶段。人们开始对各门学科提出的发展理念进行整合，这一研究方法将是21世纪学术研究的主流方向。

（3）发展观的全球化转向对于建构社会科学的全球视野具有重大影响。

二战后的社会科学，长期受冷战格局的影响。冷战意识形态严重地影响了人们对事物的客观态度，冷战思维把学者的"世界"分割成两块，然后再分割成更小的碎块。以美国政治学者亨廷顿为例，如果说他的《变动社会中的政治秩序》（1968）一书是受到了冷战意识形态的影响的话，那么他近年来写的有关"文明冲突"的一系列论著则是受到美国局部利益的驱动，仍然是冷战思维方式。20世纪80年代世界冷战格局的解体给社会科学的发展带来新的历史机遇。冷战格局下那种片面的、局部的、主观意气地看问题的方式，将在新的世界格局下逐渐为全面的、总体的、客观冷静地看问题的方式所取代。

在全球化时代，世界的面貌发生了巨大变化，这一变化必定给社会科学工作者带来更广阔的思维空间。新的形势也要求社会科学工作者以更兼容的态度，综合以往人类思维的一切成果，开创新的起点与高度；同时也要求社会科学工作者具有更大的气魄、深刻与勇气、更高的学术视野与关怀。

总之，发展理论的全球化转向将对重构21世纪全人类的开放的社会科学具有重大启迪意义。

作者简介

高峰，1964年生，苏州大学社会学系主任。代表作有《社会发展导论》《苏州精神》等。

20世纪以来的人权困境

Ioanna Kucuradi（伊安娜·库苏拉蒂）
土耳其马尔泰佩大学人权研究与应用中心主任

女士们、先生们下午好。

33年前，也就是1978年，我向开罗举行的第一届亚非哲学会议递交的一篇文章里写道："19世纪为20世纪留下了什么？""如果不发生任何重大的变化，20世纪又会为21世纪留下什么？"我还写道："如果我们在全世界范围内来考虑这两个问题，'叛乱'一词可能就是这两个问题的答案"。

有关反抗必要性的观点从19世纪流传到了20世纪，这种观点逐渐成为一种现实，直到血腥的叛乱和反抗成为这个时代的传统。实用主义和马克思主义这两大意识体系的冲突已经成为这个世纪政治气候的特征并衍生了这一传统。

因此，在"一切都是被允许的"原则的指引下，20 世纪末的动乱采取了恐怖主义的形式，最显著的例子就是 2001 的"9·11"事件。与此同时，还发生了许多事实上的改变。但是，国家和国际政策却未发生任何改变，这也正是导致这种情况的原因。在 21 世纪初，我们必须弄清楚这种情况产生的原因。

依我之见，在历史发展过程中的决定性因素之一就是"发展的观点"。在联合国建立以后，这一观点几乎被世界上所有的国家作为国家政策的主要目标。随后，"发展的观点"错误地与人权联系在了一起，造成了 21 世纪初人道主义理想的广泛传播——自由市场和对所有文化平等尊重的观点。这两种观点被认为能够带来和平，但是我认为这是人权的两大陷阱。

让我们结合 20 世纪意识形态的特点来追溯一下从第二次世界大战结束到联合国成立的这段历史。

发展中国家和发达国家遵循了二三十年发展政策的经验昭示了这样一个事实：作为各国国家政策主要目标的"经济发展的观点"把发达国家和发展中国家都引向了绝路。

对大多数所谓的发达国家来说，工业生产和技术进步的竞争导致了对自然资源不加控制的使用，甚至造成了世界各地资源的匮乏，也导致了环境污染、核能的威胁以及各种尚未被预见的社会问题。

另一方面，对许多发展中国家来说，如果我们只关注数字，会发现发展政策的确使国家收入略有增长，但是也加剧了社会不公平和政治骚乱。

基于废除社会和全球贫富差距现象和摆脱贫困的想法，这种"发展"模式被认为是最适当和最有潜力的方法。换言之，发展作为国家政策的主要目标如果建立在依靠富有国家对贫穷国家援助的基础上，那么，发展所产生的结果与其预期是背道而驰的。这种发展虽然使一部分人过上了现代化的生活，一些国家的人口有所增长，但是也使得丧失基本生存能力的人数有所增长。

虽然说发展的政策把世界各国引上了绝路，但是主要还是工业化国家所面临的问题（例如环境污染）。发达国家技术的持续发展使人们开始谈论对"一种新的发展概念"的需求或者是"把文化视角引入发展"的必要性。

西方工业化国家的人们对"文化发展"的主要理解就是扩大他们"接触和参与文化"的可能性，比如说提高个人能力的艺术方面和哲学方面的活动。对于发展中国家的人们，尤其是非殖民地国家和正在进行现代化建设的人们，"文化发展"意味着享有发展、识别和重建"他们自身"文化的可能性。他们的文化曾经受到压制或在西方文化的影响下被遗忘。他们试图复兴在本国文化与西方文化碰撞之前在他们国家里盛行的世界观和行为规范。

宗教激进主义在世界各地的传播方式就大为不同了。宗教激进主义的许多准则与人权相矛盾。为了普及他们的思想，宗教激进主义者以思想自由、自觉、宗教以及所谓的"对文化认同的尊重"作为基础来维护他们的行动。换言之，他们过去和现在以各种口号来维护其行动，甚至使用工业化国家的口号来处理他们所面临的问题以及与发展中国家问题根源完全不同的问题。

在 20 世纪末，从文化认同的角度来讲，文化发展达到了这样的程度：创造了不可逆转的事实，最显著的就是对立宗教激进主义的传播，并在世界各地得到普及。它也使得恐怖主义变成了可能为任何目的而采取的一种反抗方法。作为对歧视的补救，原本对所有文化尊重的合理的需求居然发展到这种程度。它逃避的事实是要尊重人类自身，不管其属于什么文化，而不是去尊重所有的文化，因为有些文化包含着侵犯人权的各种准则和观点。我们可能去"尊重"不同文化中的世仇、一夫多妻制和所谓的"为了名誉而杀人的行为"吗？

因此，"尊重所有文化"的要求对人权来说是一个陷阱。

第二个陷阱就是自由市场。

在苏联解体之后，潮流就是将人权、民主和自由市场联系在一起。这个三位一体的标语在全球十分流行。

然而，与其说将这三者联系起来是价值的判断，倒不如说是体现了它们之间事实上和观念上的联系。这种联系理所当然地加剧了社会和全球的不公正现象以及现存的国家间及各国内部尖锐的贫富差距，在许多前社会主义国家里引发了新的分歧和幻灭。

我们来看一下联合国前秘书长科菲·安南的说法：

我们知道自联合国创立以来，世界发生了巨大的变化。自 1950 年起，全球出口额在调整通胀后，增加了十倍，持续增长速度超过了全球 GDP 的增长速度。国外投资增长迅速；跨国公司的销售量大幅超过世界出口额；公司子公司之间的交易在世界贸易中的份额逐渐扩大。每日的外汇流动上升到 15,000 亿美元，而在 1973 年固定汇率体制解体时每日的外汇流动是 150 亿美元。近期一项电讯业的跨国收购所产生的公司的市场价值超了联合国所有成员国 GDP 的一半，而这一公司在全球公司市值排名中仅位列第四。今天，忙碌的联合国大会代表（各国政府首脑）可以在 4 个小时之内穿越大西洋。如果他们愿意，可以全程使用因特网和电话处理政务。这是一个全球化的世界，为世界的经济活动者和各种经济活动提供了新的环境和新的联系方式。

科菲·安南为联合国千年大会准备的题目为"我们的人民"的文件开头，

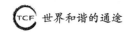

他这样写道：

这就是建立在国家私有化基础上的自由市场的全球化。一些人认为这种全球化是理所当然的并表示热烈的欢迎，而另一些人因意识形态的原因强烈反对。

作为人类群体，我们还没有意识到对所有文化平等尊重的需求是一个陷阱。但是我们意识到了自由市场所产生的问题。下面我们来看一下日内瓦峰会的文件：

一个有效的负责的公共部门对向社会提供服务起到至关重要的作用；国家间日益紧密、相互依存的联系导致经济冲突和日益加剧的社会不公平。当前国际和国内的体制安排及经济和社会政策方面的弊端凸显。适当的改革刻不容缓。

尽管我们现在意识到了私有化和自由市场存在的问题，但是却没有采取任何措施来应对这些问题。甚至近期波及众多富裕国家的经济危机和因人类的长期疏忽和人类自身弱点所导致的生态危机，例如近期福岛的核爆炸事件，都没能使世界上的大多数国家因此而对经济政策作出大幅的调整。

仔细追溯过去60年人类智力和实际发展，我们发现现在要做的不是在沿用至今的这个框架内作出适当的改革，而是一场彻头彻尾的革命。

自20世纪80年代起，我就重复指出要以革命取代发展，包括经济的、文化的、本土的、可持续的和以人为本的发展。在对人权保护的概念明确、表达清楚的情况下，革命应该是国家和国际政策的主要目标。我们要切实尽最大努力，在各国和世界现有的条件下逐步勇敢地付诸行动。

把保护基本人权作为全球性的目标会使我们更清醒地意识到当前宣扬"自由市场"、"对所有文化的尊重"和将"发展援助"转换成"赠与"中所隐藏的陷阱。尽管提高了一些基本人权的保护力度（例如，营养、健康和教育等），各国应采取必要的措施消灭社会不公平，使人们意识到人权的普遍性。国家应设立更多的学校给孩子们提供发展个人能力的机会而不是增加那些可能对人们造成文化或智力洗脑的学校的数量。

发展、军备竞赛和恐怖主义是20世纪的基本特征。让我们尽最大的努力，使21世纪以保护基本人权和享有基本人权为特征。对话的共同基础和和平的合作建立在知识和各种普适的道德原则的基础上。当然，首先就是明确人权的概念。

作者简介

伊安娜·库苏拉蒂，女，1936年生，哲学家，国际哲学团体联合会荣誉主席、土耳其哲学学会主席、联合国教科文组织哲学讲座教授、海瑟特普大学哲学系前主任。著有《职业伦理：医药、经济、传媒与法》等。

文化多样性与人类和平共存

罗国祥

武汉大学国际问题研究院副院长

人类和平共处的重要前提是在文化层面的相互尊重。被许多批评家称为"人民诗人"的雨果曾经说过："是不是曾经有好几个亚当？生物学者可以讨论这问题；可是有把握的是，上帝反正只有一个。既然只有一个父亲，我们都是兄弟。"所以雨果人道主义反对人与人，种族与种族间的仇恨和杀戮，他主张人类在公平正义的基础上像兄弟姐妹一样相处。包括法国的皮埃尔神父、康德等在内的欧洲先贤也如此，认为公平正义，从某种意义上说也就是"理性"，只有理性才是欧洲"永久和平"。康德认为，人类虽然有着恶的天然秉性，但是自然人性中同时有一种"趋向改善的禀赋和能量"，的确，人类历史使我们认识到，自从人类这种高级动物诞生以来，群居生活使得人们不得不约束自己的"野性"，虽然物竞天择是人类在进化过程中得到优化的重要条件，但是从人类发展的总进程而言，人与人之间，群体与群体之间的合作行为是主要的。因此，中国古代影响最大的启蒙读物《三字经》第一句便是"人之初，性本善"，指出了人类的基本属性是"善"，也就是说，唯其秉有"善"这种个体与个体之间友好亲和的禀赋，方可使人类群体得到发展，《汉书·张汤传》中说："其惟贤扬善，故宜有后"，使社会得到可以持续地发展。即使在西方文化人性固"恶"的思想（如康德）中，也认为人与人之间的对抗（"恶"）在其发展过程中必然会向人与人之间相互协调宽容，以便共同发展的道路迈进，他在《世界公民观点之下的普遍历史观念》中就论述了这个人类"文"而化之的进程："人具有一种要使自己社会化的倾向；因为他要在这样的一种状态里才会感到自己不止于是人而已，也就是说才会感到他的自然禀赋得到了发展。"我们也认为，这种观点当然也适用于全人类。因为，全人类的不同群体虽然生活在同一个地球上，但是由于地理环境等原因，人类各群体早期是在相对封闭的状态下生活，必然形成不同的生活习惯、思维方式等文化传统体系。所谓"人之初，性本善；性相近，习相远"也就是这个意思。但各群体发生的相互交往中，发生误会和冲突是必然的，这里不加赘述。我们要指出的是，在中国文化中，相互交往的目的并非仅为征服或掠夺别人，而是带着好奇心和愉悦之心去发现新的事物或同类，孔子之"有朋自远方来，不亦乐乎"的名言便是明证。可以说，这里的"乐"不仅是愉悦和好奇，而且包含了儒家思想中对于他者的友好、善意和宽容；这与儒家"仁者爱人"核心价值观是一致的。这种与人为善，宽容大度的文化价值观曾受到如伏尔泰这样的西方贤达的极力推崇。从伏尔泰对当时著名的中西礼仪之争所表明的态度也可以看出，文化作为人类众多群体的精神家园，是否能得到相互尊重和宽容，许多情况下决定着世界各国的相互关系。承认文化多样共存的必然性是人类共同发展的最理性的选择。在中国文化中，孔子的"己所不欲，勿施于人"的思想不但是中国人对待他者的基本态度之一，而且也受到一些西方有识之士的认可，伏尔泰就认为这种观点是"很难反驳的"。

我们认为，和人类社会中处于不同生活状况的个人或群体一样，人类不同文化圈中长期形成的风俗习惯、思维方式等文化形式是没有高低之分的，因而应该是平等的，相互尊重的。勒维·斯特劳斯在《种族与历史》第一节"种族与文化"中写道："讨论人类各种族对世界文明的贡献，可以使我们在尚不多见的一些反种族偏见的出版物中发现些什么……直至今天，人们还没有能够证明一个种族相较另一个种族在智力方面的高和低，我们已看到的只能证明一些较大的种族群由于其较大而对人类共同遗产作出了自己特有的贡献而已。"不同的文化体系对世界文明的贡献有大小，但文化本身没有优劣之分，这是勒维·斯特劳斯这篇 1952 年在联合国教科文大会上的长篇演讲的中心内容，是对所谓"优胜劣汰"的种族分类逻辑的反驳，所以法国学者让·普永 1956 年在《论克洛德·勒维·斯特劳斯》一文中写道："人就是我所是的那个存在，但同样也是和我完全不同的人的那个存在。承认这一点，与其说是理性使然，还不如说是经验使然。即使是种族暴力也不能将这种经验抹去。"显然，种族主义者的所谓优胜劣汰的种种理论是彻头彻尾的非理性，认为某种"强势"文化可以合乎理性地消灭另一种"弱势"文化的逻辑更是我们必须真正理性地否定的。我们知道，达尔文的适者生存理论的确在一定的时空中和限度上有其合理性，但它绝非普遍真理。因为它在发展到极端时导致了法西斯逻辑的产生，成了社会达尔文主义的理论基础之一，造成了如第二次世界大战这样惨绝人寰的人类大悲剧。可以想象，如果拥有如核弹这样武器的当今世界仍然用这种生物学逻辑来处理不同文化人群之间的关系，那么无论如何优秀的民族想要消灭其他同样拥有核武器的民族，其结果很有可能是全人类的毁灭。所以曾被看成是法西斯文化理论重要来源的尼采也认为："在所有这些民族战争，这些'帝国'，这些近景之外，我看到了根源的地方……人类灵魂的共同事业就是准备、估算、预想这种新的总和，即未来的欧洲……在这些思想家心中用一种新的单一性激发和构成的需要旁边，应该加上一种巨大的经济计划，它能照亮分裂的欧洲小国家的局势——我说的是我们所有的帝国和现在的国家——这些分裂的国家或帝国在经济上都是不会永久不衰的。"我们知道，无论是历时近 200 年的十字军东征，还是欧洲近 2000 年的反犹太运动，其结果都是出乎各种文化一体主义者们意料的。这样的"武力和平"往往都是以和解为最终结局，所谓的胜败也只是一种停止冲突以求得共同生存和发展的托词或真正理性的回归，因为在冲突时选择消灭他者不仅是不道德的，也是不理性的，不理性的行动最终是达不到其目的的。

那么，摈弃这种非理性的文化霸权理论，实现人类各种文化群体和平共处的具体途径或条件是什么呢？我们认为，这个条件其实就是人类文明古已有之而成为现代人类文明共识的"公平"与"正义"。无论是个人与个人之间还是文化群体与文化群体之间的交往，公平和正义都是必需的条件。不平等的交流不仅不会有道义上的公正，而且会有交流失败甚至冲突的风险。导致交流失败甚至冲突的交流往往带来的是人类的相互杀戮，这或许在某些阶段能够使一方战胜另一方，有时甚至导致一些文明的消失。这就不是是否公平的问题了。更严重的是，强加于人的非平等交流是与人类良知（理性）相违背的。无论是政治经济的还是文化交流的不平等，或者是企图消灭他者的种种方式（包括战争）所带来的只能是双方都必须承受的灾难，有时候这种冲突表面看起来得胜者会获得许多利益，被征服者也可能被消灭，但是随着人类文明的发展，一方完全彻底地消灭另一方的可能性已经是极其微小了。那么，中国文化中十分为人所不愿见的"冤冤相报"状态最终结果就是两败俱伤，当然更重要的是，不公平，不正义，不平等的政治、经济、文化上的交流是不理性的，是不利于人类发展的。

在公平正义的基础上进行不同文化圈之间的交流实际也是现代政治文明中的"自由、平等、博爱"从个人与个人之间和社会集团与社会集团之间的层面扩展到文化圈与文化圈间关系的层面的巨大跨越。在这个层面，中西方文化中都有十分典型的理论和实践。众所周知，中国几千年的历史上，本土的道教（西方把儒家学说也看成宗教）、伊斯兰教、外来的佛教和基督教等宗教之间和平共处千百年。这不能不说是世界宗教文化史上尊重多样性的典范。而常常被看做中国人行为准则的儒家思想和道德在其中起到了决定性的作用。

我们知道，儒家思想可以被概括为八个字：仁、义、礼、智、信、忠、孝、廉。第一个字"仁"可以被看成是儒家社会学理论的核心，孔子自己的解释就是"仁者爱人"，可见，中国文化的核心是人道主义，这是包括伏尔泰在内的诸多西方思想家所认可甚至深受其影响的。中国传统文化中的这种仁爱精神就是中国各种宗教文化得以和平共存的基本保证之一。伏尔泰在《路易十四时代》中引用中国皇太子对西方传教士所讲的话，也是伏尔泰为其思想体系中的"宽容"理念寻找的东方论据。我们知道，伏尔泰的宽容理念后来成为了法国大革命最大成果"自由、平等、博爱"中的重要成分。当然我们还可以看到，西方人道主义的渊源更重要的是来自基督教，虽然我们也知道，也正是基督教在成为古罗马帝国国教以后，才开始了对"异教"进行打击和镇压，造成过无数的惨剧。但是西方的文艺复兴、启蒙运动等思想文化运动，却能对自己文化传统进行思考剖析，取其精华，去其糟粕，并在某种程度上吸收东方特别是中国文化中的精华，构成了推动西方现代社会政治发展的文化基础。

所以，被全人类所公认的"公平、正义"地处理人与人之间关系，尊重多样性的文化理念，实际上并不是某一种文化的"专利"，而是人类的共同文化财富。又正因为如此，人们更有理由尊重他者，尊重多样性。对多样性的尊重，恰恰来源于人类各种文化相互融合，在现当代尤其如此："冷战结束以来，地球村的逐渐构成得益于民主原则、市场扩张、文化财富的流动和传播。"历史证明，文化（包括意识形态）上的宽容与尊重可促使政治对话的发生，政治对话的结果往往是经贸合作，虽在某些情况下其过程顺序相反，但经贸合作几乎都会伴随文化交流与理解，这会使双边或多边关系良性循环，有望最终形成不同文化和国家间"一"与"多"的理性协调因而较为稳定的和平共处关系。

"宽容"和"适度"行为方式或（道德）是与"一"与"多"和平共存的人类社会中行为"公平"、"正义"道德尺度相互补充和制约的。中国传统文化中的"中庸"思想以不走极端，对不同意见报以宽容态度，适度地处理精神甚至物质争端的文化价值观，是人类和平共存的重要伦理基础。"适度"也许是一个模糊概念，但却往往是一个行之有效的东方智慧，在多样性文化共存的今天，也许是化解诸多其实本来就不是用数学公式般的方法所能解决的复杂矛盾的好办法。"法国文化学派"则以集亚里士多德"中道"思想、基督教仁爱精神与孔子"兼相爱"思想的伏尔泰为代表，其公平、正义、博爱的理念应得以发扬，与中国孔子的相关思想共为有益于和谐世界建设的两大重要文化学派。

可以说，这两个学派之文化思想是人类在长期冲突交流中积累起来的宝贵精神财富，虽然它们看起来不具"一加一等于二"那样的可操作性，但是实践证明它们是有效的，因为它们无疑是"文化民主化"的体现之一。无论是在主张人性恶的西方思想价值观还是主张人性善的中国主流价值观中，"公平"、"正义"的文化民主化都是必需的。因为如前所述，仅靠强力的"征服"不但是违背人性，而且最终也是不可能的（中国和世界上许多人群的文化融合证明了这一点）。似乎可以说，东、西文化史上这些宝贵的经验凝聚成了文化学领域的"法国学派"和中国的"儒家文化学派"。虽然"儒家文化学派"这个词汇在世界上尚不甚普及，但是我们认为这是世界上两个最具"公平"、"正义"价值的文化理论。因为如前所述，这两个学派都主张各种人类文化之间相互尊重和宽容，都反对文化"傲慢"，我们也可以看到，少数族群文化也可能会因为不堪忍受这种傲慢而过度反弹，反过来也会对真正"公平、正义"社会的实践造成负面影响。所以相互尊重和宽容是实现"公平、正义"的社会关系的重要条件之一。我们特别注意到，中国和法国当代政治家如中国胡锦涛主席和法国前总统希拉克也都主张文化间平等对话，构建和谐世界。

中法两国政治家和思想家的文化共识事关人类和平发展的未来，但我们对这种共识的研究远远不够，特别是，虽然我们初步认识到这两种文化思想的"同功"，但对此的研究尚欠深入，特别是其"异曲"研究得不够，这对于法、中两大文化学派合力营造尊重多样性的世界文化乃至政治经济新秩序是不利的。所以我建议，在中法文化学者之间建立一种较为常态性的合作研究机制，并在本人所领导的《法国研究》杂志和法国的《Chine plus》杂志相互刊载对方学者文章，这些成果既可以作为两年一度的《太湖文化论坛》的学术准备，也可以在此基础上开展和参与各种中法文化活动如孔子学院和法语联盟的各种活动，在其中系统地、有针对性地开展一些学术和文化活动，使得对文化多样性的尊重，人类和平共存的思想更加深入人心，在现实的社会活动中得到更具体的体现。

作者简介

罗国祥，1952 年生，武汉大学国际问题研究院副院长、法国研究所所长，《法国研究》杂志主编。代表作有《浪漫之国——法国》《法国社会与文化》等。

山东非物质文化遗产传承
保护工作的现状与未来

聂炳华

山东经济学院研究员

【内容提要】 山东省作为齐鲁之邦、孔孟之乡，不仅非物质文化遗产资源非常丰富，而且十分重视传承与保护。本文在介绍山东非物质文化遗产资源和传承保护工作现状的基础上，着重对山东非物质文化遗产传承保护工作的特色做法加以总结；对山东非物质文化遗产传承保护工作存在的问题进行分析；对山东非物质文化遗产传承保护工作的未来发展趋势和进一步推进的措施进行探索，主要包括如何提高社会认识、提高传承保护水平、加强非遗法制建设、扩大对外合作交流和加强保障措施等。通过上述内容的介绍和探讨，一方面试图让山东丰富悠久的文化特别是非物质文化遗产走向世界，增进外界了解，扩大对外影响；另一方面通过同与会国内外专家学者的探讨与交流，为山东非物质文化遗产传承保护工作措施的制定和未来发展提供指导和借鉴，进而提高山东非物质文化遗产传承和保护工作水平，为促进非物质文化遗产的传承和保护多作贡献。

【关键词】 山东非遗 传承保护 现状做法 发展措施

山东省，别称齐鲁，简称鲁，地处中国东部沿海地区，濒临黄海、渤海，在 15.67 万平方公里的土地上，生活着 9470 万勤劳的山东人民。中华民族的母亲河——黄河在这里入海，象征着国泰民安的世界文化与自然双遗产——泰山巍然矗立在鲁中大地，是中华民族繁衍开发和中华文明发祥最早的地区之一，曾经创造了举世闻名的"北辛文化—大汶口文化—龙山文化"，反映了从旧石器到新石器或者说从母系社会到父系社会的中国史前文化的完整谱系。山东还是齐鲁之邦，孔孟之乡，诞生了世界最伟大的思想家、教育家之一的孔子以及兵圣孙子、科圣墨子等一大批灿若群星的历史著名人物。创造和形成了在中华传统文化中具有重要地位的齐鲁文化，特别是儒家文化曾经长期占据核心统治地位。山东又是走在中国改革开放前沿的经济、文化和教育等大省，2009 年地区生产总值达到 3.38 万亿元（人民币，下同），居全国第三位，文化、教育事业也走在全国前列，目前正在朝着建设经济文化强省的目标迈进。所有这些，不仅为山东非物质文化遗产（以下简称"非遗"）的产生和形成提供了重要的源泉和基础，也为非遗的传承和保护创造了良好的环境和条件。

一、山东非物质文化遗产传承保护工作取得的进展

中国开展非遗传承保护工作以来，在各级政府的高度重视和文化部门以及全社会的共同努力下，山东省积极贯彻落实国家关于"加强非物质文化遗产保护"的要求和有关部署，推进非遗传承保护工作取得良好的进展，走在了全国的前列，并且成功获得首届中国非物质文化遗产博览会的举办权。

（一）非遗普查工作取得圆满成果

根据国家文化部门的统一部署，山东省从 2005 年 6 月开始开展了大规模的非遗普查工作，到 2009 年年底获得圆满结束。期间，全省共投入专业普查人员 11.9 万人，动员社会力量和志愿者 118.1 万人，得到非遗普查线索 101.35 万条，发掘濒临灭绝或失传线索 3.34 万条，出版了《山东省非物质文化遗产丛书》等各类普查图书 646 种。特别是创造了"四个一"的普查工作模式，即要求非遗普查资料"汇编一套书，建设一个档案资料室、一个珍贵实物陈列厅和一个资料数据库"，实现了普查工作的具体化、规范化和模式化，得到了国家文化部的高度评价。

（二）形成了较为完善和齐整的非遗名录体系和传承人队伍

目前，山东省国家、省、市、县四级非物质文化遗产名录体系已经形成，其中共有国家级非遗保护名录 120 项，是全国两个过百的省份之一，仅次于浙江；全省共公布了两批省级名录 419 项；全省 17 市公布市级名录 1371 项；各县公布县级名录 3368 项。命名了国家、省、市、县级非遗项目代表性传承人 200 人。显示了山东丰富的非遗资源。

（三）世界非物质文化遗产"申遗"工作有了良好开端

随着国家、省、市、县四级非遗名录体系的形成，山东非遗保护领域不断拓展，从原来的民间文学、传统音乐、舞蹈、戏曲、美术等民族民间艺术，拓展到包括传统体育、游艺与杂技、传统技艺、传统医药和民俗在内的全部十大门类。目前世界非物质文化遗产的"申遗"工作已经有了良好的开端。在目前中国已经获得的 29 项世界非物质文化遗产中，山东已有 2 项（古琴和剪纸），涉及 5 个保护单位，虽然是与其他省份联合"申遗"的，但在全国也是较多的。而且以山东为主体申请"世遗"的"孔庙祀典"也已取得良好进展。

二、山东加强非遗传承保护工作的主要经验和做法

山东非遗传承保护工作坚持"保护为主、抢救第一，合理利用、传承发展"的方针和"政府主导、社会参与、明确职责、形成合力"的原则，针对"重申报、重开发、轻保护、轻管理"等问题，紧紧围绕建立以非遗项目和传承人为核心的传承保护长效机制，进行实践探索，初步形成了一套以"三机制"为重点的非遗传承保护工作模式。

（一）以加强政府责任为重点，建立非遗传承保护的保障机制

一是组织领导保障。省政府建立了由省文化、发改、财政、教育、民政、民族宗教等部门组成的联席会议制度，定期召开会议，研究有关重大事项；各市、县政府也普遍重视非遗工作。二是专业机构保障。2007 年，省里就成立了省非物质文化遗产保护中心，17 市和 140 个县级保护中心也依托市艺术馆、县文化馆相继成立，形成了省、市、县三级保护工作网络。同时，成立了省非物质文化遗产保护专家委员会，吸收相关专家学者参与非遗保护工作。三是队伍建设保障。自 2006 年以来，共组织开展各类培训班 530 多个，培训人员 3.2 万人（次），大大提高了队伍素质。四是投入和设施保障。初步建立了以政府投入为主的多元化的投入机制。省财政 2007 年投入 700 万元，从 2008 年起每年投入 1000 万元。2006 年以来，全省各级财政累计投入 6600 万元，社会各界投入 3400 万元。并且加强了基础设施建设，已建成各类综合性、专题性非遗博物馆 37 个，民俗博物馆 23 个，传习馆 107 个，建筑面积达 12.73 万平方米。五是社会舆论环境保障。注意重视和动员媒体、高校、社科机构、民间组织等社会力量，利用每年 6 月的全国"文化遗产日"和传统节日等时机，广泛开展非遗保护工作的系列宣传、展示活动，特别是开展了非遗进校园活动，全省有 417 所中小学将非遗纳入教学内容。开展各种活动达 2000 次，初步形成了"非遗保护，人人参与"的良好社会氛围。

（二）以非遗项目和传承人为重点，建立非遗传承和保护机制

非遗项目和传承人是非遗传承保护的行为主体和物质载体，离开了项目和传承人，非遗传承保护就失去依托。因此，山东省以国家级、省级非遗代表性项目和传承人的保护为重点，建章立制，不断探索促进传承保护的方法和路子。在项目保护方面：一是制定保护方案。对国家级、省级重点项目制定了总体保护规划、实施方案和《山东省省级非物质文化遗产保护专项资金管理暂行办法》，省文化厅与全省所有项目保护单位签订了《山东省非物质文化遗产名录保护项目任务书》，对保护项目目标、任务作出了明确规定。二是

充实、完善项目资料。对所有国家级、省级项目，积极做好挖掘和整理工作，补充了新的文字、图片、录音和录像，充实完善了档案资料和数据库，全省共新增国家级、省级项目珍贵实物 2.08 万件。三是建立项目保护基地。先后命名 7 个单位为"山东省非物质文化遗产研究基地"，20 个单位为"山东省非物质文化遗产保护示范基地"，9 个单位为"山东省非物质文化遗产教育传承基地"。在传承人保护方面：一是制定保护办法。进一步完善了非遗代表性传承人保护措施，把对国家和省级代表性传承人的资助作为重点。对中央拨付的国家级传承人保护专项经费，及时发到各传承人手中。二是制定传承计划。省非遗保护中心与国家级和省级传承人签订《山东省非物质文化遗产项目代表性传承人传承目标责任书》，明确传承人应承担的传承任务和非遗保护机构提供的保护措施。目前，全省各级代表性传承人共收徒 1460 名，其中国家级项目代表性传承人收徒 270 名。三是加大帮扶力度。2007 年以来，省财政对多数生活有困难的国家级、省级传承人进行了专项资助。各地也通过提供传习场所、资助传承设备等方式，加大了对各级传承人的扶持力度。据统计，2006 年以来，全省各地直接投入到传承人的经费近 1160 万元，间接投入近 5700 万元。四是建立传承基地。省里命名了一批非遗教育传承基地，各市、县也根据各自情况，依托国家级等重点项目，在学校、社区等建立了一大批非遗传承基地，目前全省共有各类传承基地 127 个。

（三）以加强整体保护和合理开发为重点，建立非遗传承保护科学管理机制

一是建设文化生态保护区，实行整体保护。主要是对一批历史文化积淀丰厚、存续状态基本良好，并具有特殊价值和鲜明特色的文化形态区域，通过建设文化生态保护区进行整体性保护。省文化部门制定了《关于加强文化生态保护区建设工作的意见》，并经过严格考察和论证，确定了首批 3 个省级文化生态保护实验区，目前正在规划实施。二是合理开发利用，促进传承发展。为了正确处理保护与开发的关系，纠正和防止片面追求经济效益和过度开发利用的问题，山东在坚持保护第一的前提下，对不同类型和性质的非遗项目进行区别对待，对一些濒危的不宜开发的非遗项目坚决把抢救放在第一位，不允许或暂时不允许开发；对于那些属于传统手工技艺类型的非遗项目则积极探索文化资源合理利用、进行生产性保护的办法。主要包括：鼓励传承人按照文化传承规律发展产品生产，并积极进入市场；在手工技艺项目比较集中的地区，建立传承基地和生产园区，使项目和传承人相对集中，形成规模效益；积极举办文博会、工艺美术博览会、非遗展览展演等活动，搭建平台，为适宜的非遗项目进入市场开辟多种途径。通过上述方式方法，初步实现了保护与开发的良性循环。三是加强监督考核，实现科学管理。非遗保护，关键在监督。在非遗保护过程中，山东突出强化了考核监督工作，建立了非遗保护监督机制、退出机制，对保护不力的项目和单位予以警告和摘牌。不仅对各级文化部门进行考核监督，而且也将非遗所在地政府列入考核监督范围。特别是在全国率先制定了《山东省省级非物质文化遗产名录保护考核复评管理办法》，对非遗名录项目传承和保护情况进行定期考核，对考核未通过的名录保护单位，给予黄牌警告处分，限期整改，整改后仍未通过者，撤销其保护责任单位资格。

三、山东非遗传承保护未来发展需要解决的问题和措施探讨

山东的非遗传承保护有各级政府的重视，有丰富的资源，有良好的工作基础，也有对未来发展的切实规划，因此，相信未来会有光明的前景和良好的发展趋势。但是，由于非遗传承保护毕竟是一项比较新的工作，充满了实践性、探索性和挑战性，不仅面临着一些全国性、世界性的共性问题，也存在着山东自身需要探讨解决的问题。主要包括：如何进一步提高社会对非遗传承保护的认识；如何通过立法来规范非遗传承保护工作；如何在更高层次上推进非遗传承保护工作；如何加强和扩大非遗传承保护工作的国际合作与交流；如何正确处理非遗传承保护与生产性开发的关系；如何进一步改进和完善非遗保护的环境和条件等，都需要通过广泛的研究交流和进一步的实践探索加以解决。因此，太湖文化论坛将"非物质文化遗产传承保护"问题列入本次年会的重要议题，对加强和推进这项事业无疑具有重要意义。借此机会，作为来自山东的代表，一方面欢迎和希望各位中外专家给予指导和帮助，另一方面，也就进一步推进山东和国内非遗传承保护工作应当采取的措施提点看法，以便与各位专家进行交流，共同为推进非遗传承保护工作作出贡献。

（一）以首届中国非遗博览会的举办为契机，进一步营造全社会重视非遗传承保护的新氛围、新气象

2010年10月15日，国家文化部和山东省政府在山东省省会济南市联合举办首届中国非遗博览会，并举行国家非物质文化遗产博览园奠基仪式。这是一次对国际、国内非遗保护具有重要影响的规模最大、项目最多、品类最全的非遗文化盛会。应当抓住这一难得机遇，站在为人类非遗传承保护多作贡献的高度，在高起点、高水平、高质量筹办好这一盛会的同时，针对国内省内有些地方和部门对非遗传承保护重要性、紧迫性认识不足的问题，充分

发挥新闻媒体和各级各类非遗设施的宣传阵地作用，进行大张旗鼓地宣传，进一步提高全社会特别是各级政府领导的认识，将非遗传承保护工作纳入重要议事日程，明确目标，落实责任，积极作为，把非遗传承保护工作提高到一个新水平，在全社会形成各方参与，共同推动非遗保护工作的良好环境和氛围。

（二）加快立法进度，推动非遗法制建设

法制建设是非遗传承保护的基本保障。当前非遗保护的法律支撑仍然相对薄弱，许多方面无法可依，甚至出现非法开发情况。加快非遗保护立法已成为一项十分重要而紧迫的工作。针对这一问题，目前，国家、山东和各省市都在积极加强这方面的工作，《中华人民共和国非物质文化遗产保护法（草案）》已提交全国人大讨论；福建、江苏、浙江等14个省、市也已制定了本省的保护条例；山东省人大有关部门已经作了大量的调研，取得了重要成果，建议进一步加快进程，同时加强国际国内非遗传承保护立法工作的互相学习与交流，使非遗传承保护范围的界定、传承人的权利和义务、保护措施、政府责任以及奖惩办法等以法律形式加以规范，做到有法可依，违法必究，实现保护工作的科学化、规范化、法制化。

（三）以《孔庙祀典》"世遗"申报为突破口，推进非遗传承保护工作上新台阶

山东非遗有一个非常遗憾的问题，就是还没有独自申报的"世界级非物质文化遗产"项目。目前，国家和山东正在努力改变这种状况，国家已将《孔庙祀典》列为联合国世界非遗保护名录候选项目。孔子是世界上最具影响和最为伟大的思想家和教育家之一，如果这项"世遗"申报成功，不仅对全面提升山东的非遗传承保护水平具有标志性意义，而且对中国和世界非遗传承保护也是巨大贡献。因此，应当把《孔庙祀典》"世遗"申报放在国家和山东非遗传承保护工作的重要位置，进一步争取世界有关机构和人士的指导和帮助，在这里，也真诚希望各位专家积极给予宣传和呼吁，全力争取申遗成功。推进山东、中国非遗传承保护工作上一个新台阶。

（四）加强非遗传承保护对外合作与交流，进一步扩大齐鲁文化和中华文化的国际影响

积极开展中外文化交流，推进中华文化走向世界，是中国的既定方针和重大决策。非遗是世界各国人民进行友好文化交流的现实途径。齐鲁文化是中华文化的重要部分，在这方面大有作为。山东省与文化部、教育部和中国联合国教科文组织全国委员会，在巴黎联合国教科文组织总部举办的"孔子

文化周"活动取得的圆满成功，就是一次很好的尝试。这次"孔子文化周"，展示了泰山皮影、中国结编织、内画壶、剪纸、木版年画和葫芦雕刻等技艺，受到了各界人士的热烈欢迎和广泛关注，这充分说明了齐鲁文化和中华文化在国际上是受重视的。建议认真总结和充分借鉴这一经验，依托山东和中国丰富的非遗资源，经常组织对外文化交流活动，积极打造"齐鲁文化"等中国文化品牌，加快齐鲁文化和中华文化"走出去"步伐，为世界更加深入地了解山东、了解中国搭建平台，不断扩大齐鲁文化和中华文化的国际影响。

（五）进一步加强非遗传承基地和生产园区等建设，积极探索生产性保护的现实途径

如何正确处理保护与开发的关系，是非遗工作面临的一个十分紧迫的现实问题。山东通过加强非遗传承基地和生产园区建设积极探索解决问题的办法，取得了初步的成效，应当继续坚持和探讨：一是应继续加强分类指导。坚持"保护为主、开发为辅"的原则，对传统美术、传统技艺等产业前景好、观赏性好的非遗传承保护项目加大开发力度，在发挥社会效益的同时，积极探索生产性保护方式，挖掘经济效益。对不适合进行商业运作的非遗传承保护项目加强保护力度，坚决制止过度开发、超前开发。二是应继续加强载体建设。对已经建立的传承基地、示范基地、生产园区和文化生态保护区要做好完善工作，积极兴办文博会、工艺美术博览会、非遗博览会等活动，促进非遗项目进入生产领域。在山东举行的首届中国非遗博览会的主题就是"保护传承、合理利用"，其目的就是通过博览与展演、展示与交易等途径，促进非遗的生产与保护。应当充分利用好这一博览会创造的经验。三是应继续加强非遗项目与有关产业的融合。文化部门应加强与商务、旅游等部门的合作，将非遗资源吸引到服务业集聚区，整合到旅游线路中，为旅游业和文化产业发展注入新鲜元素，促进文化观光游、文化体验游、文化休闲游，在提升旅游产品档次的同时，开拓非遗文化市场。四是应继续鼓励传承人按照文化传承规律发展产品生产，并积极进入市场。引导社会资本与传承人加强合作，围绕传承保护工作的重点，积极参与非遗传承保护项目的开发、利用、保护和有关基础设施建设。

（六）进一步完善保障机制，为非遗传承保护工作创造更好的环境条件

山东和中国的非遗保障机制建设已经取得良好进展，应当在认真学习国际经验的基础上进一步强化。一是继续强化非遗传承保护队伍的专业化建设。非遗传承保护工作专业性很强，应当多多引进和加强专业人才的培养。二是继续强化多元化投入机制建设。特别是应将非遗保护工作经费纳入各级政府的财政预算，逐步建立以政府投入为主，集体、个人和社会融资为辅的多渠道经费投入机制。三是继续强化非遗设施建设。做好非遗传承保护规划的编制和实施工作，推动各级政府将非遗设施纳入经济社会发展规划和城乡建设规划。四是继续强化非遗理论研究基地建设。充分发挥高校、社科机构、民间组织在教学、科研和人才培养等方面的优势，支持重点学科和研究基地建设，积极策划一批在国际上有影响的非遗传承保护研究课题，为传承保护工作提供智力支持和知识服务。

作者简介

聂炳华，山东省政府研究室副主任，山东经济学院研究员。主要研究区域经济、科技、文化政策等。

文化的多重意义

Peter Koslowski（彼得·科斯洛夫斯基）

荷兰阿姆斯特丹自由大学哲学教授

文化就是人类创造的他们自身和世界同时也是人类在进行这种创作的时候所作的思考。因而，文化哲学的主题是把文化作为一个整体来看。文化包含了"由人类创造的、存在于地球上的万事万物"。文化理论是文化哲学的对象，所以，文化哲学的对象正是"历史社会的世界"本身。

广义上的文化概念描述的是由人类创造或塑造的那一部分存在。这一概念是为了理解世界中非自然的、由人类历史社会行为所产生的那一部分存在。后天和先天的对比是文化和自然对比的一部分。文化包括由制度、规则、习俗和道德组成的世界。除此之外，也包括由人造事物、人工合成品、具体化了的文化对象、技术和艺术所构成的世界。

在文化的广义概念中，有两个核心内容：一是对世界和人类的创造；二是对社会文化世界创造的解读，即人类在创造世界时的所思所想。文化是一种生活的秩序，一种对于存在的解读①。秩序是一套规则。生活的秩序是指在个体或社会领域中，用于塑造我们生活习惯的那一套规则。制度是这些规则中的一部分，就像是我们在每日生活中会应用到的单个的、关系

---

① 齐美尔和爱德华·斯普朗格讨论了文化作为秩序和生活的解读。

最为密切的伦理或道德考量以及技术体系。生活在这些秩序中的同时，我们也在解读这些秩序，要么赋予他们合理性，要么或逐渐摒弃，或重新制定，或进一步发展这些秩序。从历史的观点来看，文化是一种一直处于发展状态的生活秩序以及对存在的解读。人的存在（Dasein）不仅是处于存在的状态之中，而且包含对人类的存在的解读，是作为文化的一部分存在于这个世界上的解读。

然而对"人类创造了世界和其自身"这样的话要保持审慎的态度。创造他或她自己的是谁呢？这样看来，人类是非主体的。人类也是非绝对主体客体，无绝对同一性的，即黑格尔和谢林所说的，可以将自己作为一个绝对主体变成有绝对自我意识的客体。同时文化一直是人类创造的世界和我们生活中的生活秩序。

格奥尔格·齐美尔称之为"文化悲剧"。文化的目的在于开拓出一片自由的天地，同时，文化又迫使个体戴上已有文化形式的枷锁。可以用圣经上的关于软轭的隐喻来解释这种"文化悲剧"：文化是赋予我们身上的柔软的轻巧的轭，我们需要它才能行动，同时又感觉它像是一个我们必须要去适应的模具。

一、伦理学是关于文化体系的科学

文化物化或取决于文化形式的外部决定是一种两难的困境，逃离这一困境的方式是去遵循生活的秩序和在伦理方面肯定它。规范伦理学和积极的文化分析（我们十分熟悉，而且时至今日仍然影响深远）的分离不是在文化科学中的唯一研究课题。如果有人认为伦理学关注的文化问题在不断丰富，那么这一说法正越来越不为人所信服。

1883 年，威廉·狄尔泰在他的作品《人类科学入门——论社会和历史研究的基础》中写道：伦理学是一门"关于文化体系的科学"。伦理和文化分析针对的是相同对象即生活秩序。从伦理学是规范道德科学又是关于整个文化体系的科学这一观点出发，我们可以总结出三方面的重要见解：

（1）道德分析和文化或精神分析（或希腊语称之为 ethos）同属一类。伦理学对标准道德进行分析也对一切社会文化进行分析。伦理学和文化之间的连通性起源于伦理道德和风俗习俗（或是狄尔泰所用的一对反义词，德语中的 sittlichkeit 和 sitte）的密切关系。黑格尔区分了同一对反义词，道德（Moralität）和习俗道德（Sittlichkeit）。德语中 Sittlichkeit（伦理）and Sitte（习俗）在语义上接近，表明了道德和其他习俗道德标准是密切相关的事实。

（2）伦理学和文化社会科学的对象是社会文化，即生活方式和对生活方式的自我解读。

二、文化是种"客观精神"

一些作者争论的人文科学或精神科学和文化科学二者之间并不存在矛盾。精神科学这一术语源于黑格尔的精神理论。这一术语指出，文化决定论是精神特质的根本原因，也蕴含了内部经验和自我疏离，他们是精神存在或心理存在的属性。作为一种思想或心理意识存在暗示了自我疏远和对自我采取某种姿态的可能性。在个体的主观存在中，精神是一种主观精神。在存在规范和解读的客观存在中，文化是一种客观精神，即在体系和规则中的精神客体化。文化中人文精神客体化理论是一门精神科学或文化科学。

人们不必买下黑格尔所有的哲学作品才能够明白"心理科学"这个术语的实用性。人们将自然科学从文化科学中分离出来，是因为文化科学是关于心理事实的科学而不是关于自然事实的科学。这也意味着经验主义不是外部经验主义，而是内部经验主义。"心理科学"强调了文化的心理，内部或精神维度。但是这并不是想要证明在外部制度，或在艺术产品或技术产品中，文化精神的客体化不属于心理科学的研究范畴。

在制度和文字中，在规则和法律中，在艺术和经济生产的象征物和实物中，文化的客体化确实是一种客体化，但并不只是客体化，他们同时包含了对社会现实领域涉及自我参照的解读以供给接收者，即人类主体。文化客体化从来就不仅是客体，同时也是他们服务的人类作出自我解读的载体。在一切文化制度和规范体系中，可以发现接收者的自我参照和自我疏离因素。在文化世界的一切规则或标准中，从这些规范和他/她内部与这些规范的关系产生的接收者的自我参照和自我疏远的因素可以在文化世界的各种规则或规范、道德伦理和艺术领域中找到。文化体系促使具有自我意识和自我解读能力的个体采纳这一观点。受文化制度关注、承载、影响的个体必须接纳这些制度的意义，且个体与这些制度的关系不能等同于个体与外界物质对象或与自然界中的非文化世界之间的关系。个体没有采纳自然法则，却采纳了法律和伦理规则[①]。

文化体系的研究中，在心理科学或文化科学中，社会和历史分析不可避免地有着相互联系。社会科学的对象是历史的，这意味着社会科学变化的对象是受独特性和偶然性因素以及多重因果关系影响的。里克特指出，在文化

---

① 文化学者爱德华·斯普朗格强调的在文化世界中的采纳意见的核心地位。

科学中，我们之所以对歌德和俾斯麦（或塞万提斯和菲利普二世）会产生兴趣，很明显并不在于他们与我们之间的共同点，而是他们具有的独特性。文化和社会作为对象与自然科学领域的对象不同，自然科学领域研究对象是可以在实验中不分时间无限次验证的。

这里应该提到的是在历史自然理论（即进化论）中可以找到历史的影响。我们经常忽略的进化论是自然历史的理论，而不是实验上所说的自然法则理论。进化论不但是分析理论也是自然史的历史描述。因此，在生物进化中，自然科学面临着历史问题，而这些问题与历史或文化科学中的问题相似。历史编纂学不断受到"缺失环节"的干扰，而这一"缺失环节"在历史上的推理链和因果链从未完整过。

三、来自精神历史科学的对当代文化分析的见解

在历史主义传统中，历史人文科学和文化科学的传统为当代文化分析提供三种见解。

（1）作为文化体系分析的伦理学也必须研究文化规范的前道德文化内容，必须在伦理学中避免抽象道德规范论。伦理学必须分析习俗和精神的前道德形式。前道德精神或文化可以合理地形成这种或那种形式。习俗行为可以用这样或那样的方式来实现。道德并未规定，一个人只有选择了一种个性化或一种文化形式才是有道德的。

在对比不同文化时，文化科学和心理科学证明了文化精神存在不同的部分。有文化精神的一部分，严格意义上来说与道德有联系，还有一部分（称为 adiaphoron）是与道德没有联系或联系极少的。社会精神和文化，如果触及对人类个体和人类文化的最基本尊重的方面，那么在严格意义上来说是与道德有联系的。然而，也有一些精神形式不属于此类，精神和文化形式在历史上是偶然的，且与道德没有联系，但从伦理角度和文化角度来看是值得关注的：比如，如何去组织和提升制度。

区分道德和精神有着重大意义，它可以避免陷入抽象道德主义和道德激进主义的旋涡中。广义上来讲，并非一切文化和伦理规范都与道德有关。但是，我们也有必要避免将那些本来无法从道德内容中分离的行为视为与道德无关。例如，在现行法律中，堕胎也就是杀死胎儿的做法并未被归为非道德行为，在西方国家，吸烟行为则被视为道德缺失的行为等。那些曾经被认为是极其不道德和涉及法律的行为，比如堕胎，已经成为了合乎道德的和法律中立的行为，同时那些曾经被认为是道德中立的行为，比如在公共场合吸烟，却成为了与道德和法律都有关系的行为。

（2）通过将伦理学和文化置于相同的情景中，使得文化秩序和制度的自我参照特征、文化解读和对于这些制度的理解变得明显。虽然不是所有的文化都和道德有关，但是文化和伦理学二者是不可分割的。个体的自我指涉性，即他/她对其"应该"遵守的规范采取某种态度的需求和机会，这种需求和机会可以在他/她的行动以及文化制度中找到。我们必须强调文化的自我指涉性来反驳经验主义社会和文化科学。这些科学忽视了人类行为的象征性、自我疏离和自我解读的特征。

人类主体不仅能对文化规范和文化制度作出反应，而且同时会通过行动对这些规范进行解读，并使自己与这些规范渐渐疏离。为了了解人类行为，我们必须了解决定人类对制度的预期行为作出反应行为的动机。这些动机是由文化塑造的并会受社会的精神特质、伦理学、社会习俗和道德文化的影响。

（3）理解人类行为的文化决定因素要从以下几个方面着手：

想要驳斥经验社会科学以及伦理学和商业伦理学中的抽象的先验话语理论的非历史性特征，就要牢记文化制度的历史特征。一种文化的规则和制度不是一成不变的，也不是在任何地方和任何历史时期都是有效的。

承认人类文化和人类精神的历史特征并不意味着视历史为绝对的，也不能否认超越历史自然权利的可能性。尽管所有的文化都有其历史特征，但是其中人类本性所产生的作用是不容小觑的。这些本性形成了超历史的核心，由超历史的自然权利所支配。通过文化的科学探究和文化之间的间隔，人类能够在千变万化的文化中辨别出人类本性中的恒定不变的东西。最终，这就是"我们在上千本的启示录中一遍又一遍出现的相同的人物"，也是恩思特·卡西尔所界定的文化的自然权利核心。

四、历史文化的科学，生命的哲学和自然权利理论

承认自然权利的可能性并非意味着在自然权利内容上的直接一致性。对自然权利的探寻却意味着历史决定论观点的胜利。历史决定论观点是认为历史的事物是绝对的，一切存在和一切真理都屈从于历史。历史决定论的文化哲学的不足之处就在于它终结于历史和文化相对论，在这种相对论中，超越历史的自然权利是不可想象的。

价值哲学和生命哲学都尝试过克服历史主义相对论。价值哲学认为文化是一种方法，不同价值都可以通过其实现，它与制度和某种文化的文化对象相互联系。因为增加了价值和规范，在既定的文化中，这些价值和规范是人类指导其自身行为的基础，所以它并未克服价值的多重性。

生命哲学把文化解释为人类群体（即一个民族或超越民族的群体）在应对生存和繁衍过程中面临的挑战的一种方式。狄尔泰是研究生命哲学的主要代表人物，他把文化理解成了保护个体能实现其功能的群体反应。然而文化的终极目标是个体，而非集体。狄尔泰态度明确地批判了民族精神的这一观点。虽然一个民族对其成员的生命需求作出回应，但是其民族精神却是由其个体成员的所思所想共同融合而成的。

在生命哲学中寻觅文化哲学的目的在于，在精神概念中，克服理想主义者对文化的基本想法的缺点。因为生命的概念比心理或精神更宽泛，它也包含了作为内在价值的主体。所以更适合给文化的一般理论提供基础。包含生命概念的个人存在哲学也可以充当文化理论的基础。生命和个人的形而上学比精神形而上学更普遍，而精神形而上学自古代到黑格尔时代一直主宰着西方哲学界。

从生命哲学中的文化理论基础出发，为了保护生命的前提的需要，一座引向自然权利理论作为终极理论发现的理论的桥梁超越了仅有的人权。人权方法的弱点在于其只能保护极少数还不是法律主体的人的人权，在保护生命的前提下，关于生命和文化基础的固有权利的观点，能够充当人权理论弱点的修正物，旨在针对能够承担和维护其自身的法律权利的完全发展的个体。

五、技术和文化

技术属于文化的范畴，不属于自然的范畴，虽然它是在自然科学的帮助下而得以发展的。因为技术创造出人造产品，所以属于人工范畴，不属于自然范畴。技术形成对文化理论和自然权利理论的挑战，这是因为它为自身引入了规范性，这种规范性是非文化的亦是非自然的，而是从文化和自然范畴中制定出规范的准则。技术似乎发展出不被自然权利和自然法则所能主宰的第二自然。

在一种世俗的世界观和进化论中，进化过程中三个方面：自然、人类或文化以及技术是相互促进的。乔治·戴森在《机器中的进化论》中这样写道："在生命和进化的游戏中，有三家玩家共处一桌：人类，自然，机器。"宗教的世界观除了承认人类或文化、自然和技术的三者合一观点外，也承认上帝、人类、自然和技术的四者合一的说法。在宗教的解读中，坐在桌旁的是四人而非三人，宗教不会把这四个人理解成为彼此排挤的赌徒或是敌人，而是理解为相互合作的参与者和搭档。戴森在他的名为《机器中的进化论》的书中继续写道："我坚定地站在自然的一方，但是我怀疑自然却站在机器的一方。"

"自然是站在机器的一方"，我们可以这样来解读这个论点，在世俗的观点中，自然就像一个机会主义者，总是趋向强势的一方，即机器一方。在科学技术进步的过程中，人类作为上帝的创造物，已经取代了造物主上帝的主宰位置。同样的，机器作为人类的创造物，将会控制我们人类——机器的创造者。机器，而不是我们人类将会变成统治的一方。当然有一种相反的观点是，作品永远无法取代和罢黜作者。布鲁克斯反驳道："我们不必恐惧机器，因为我们——人类机器——将会永远地领先于机械机器。我们不会去下载自己，但我们会变成机器"。布鲁克斯指出了关键之处——对产品的领先权正是作者或制造者的特权和优势的体现。作者和创新者总是领先于他的创造物和模仿者一步的。这为宇宙的创造者将总是会领先于他的创作物和产物这一希望打下基础。

反过来，进化论一定在担心，在游戏和生存的斗争中，自然将属于机器的一方，如果机器能证明他们比人类和他们的文化更有适应能力，自然将不再需要人类，进化将会超越人类进入到类人猿和超级计算机人类的层面。

进化可以超越人类这一事实也让进化论者难以简单地要求人类必须把进化掌握在自己的手里并加以控制。如果可以确定人类非常地了解进化，那么这种需求是可以理解的。然而，如果不确定，进化中将存在危险，无论有没有人类的干扰，它都将超越人类。如果进化将会超越人类，为什么我们仍然要参与到罢免自己的行动中呢？对于人类来说，让机遇来决定罢免自己难道不比参与罢免自己的行动更好吗？

我们有理由去假设自然不仅仅是站在人类一方的。同时，自然也是人类的对手。宗教认为曾经是人类朋友的自然因为堕落或罪恶，现在已经反对人类了。自然对人类及人类文化产生了敌意。然而，宗教认为上帝是在人类一方，在上帝的帮助之下，人类将抵抗自然和机器结成的联盟。宗教还宣称自然需要人类来完善其自身，人类必须帮助自然达到这种完善，因此一种人类与自然、文化与自然之间永恒平静的状态是可以实现的。

自然权利理论是建立在自然规范化基础上的，特别是人类本性。它可以在与法规和习俗产生的威胁的生命界限相比中证明技术的界限，只是有一定的不确定性。科技的界限只有通过一定的谨慎性和开放性才能确定，因为自然权利理论决定了人类作为开放的、一座通向超越的桥梁的作用。人类的内部界限是开放，不固定的。因为人类对于超越是开放的，所以他们超越了自身。因此，人类通过技术文化自我超越的界限的决定不是简单地通过外部界限决定的而是由内部界限所决定的。这个内部界限为人类的自我超越、自然完善其自身以及自然与人类之间和平的潜能的释放留出了空间。

自然的技术改革其界限是由其对自然通过技术所做的变革的界限的尊重

来设定的。现代技术处在一种危险的看法中，这种看法把自然看做没有内在的边界的人类行为的一个无限的可变的母体。自然权利理论的自相矛盾之处在于为超越人类本性或非人类本性的技术力量的膨胀设定了文化的界限，这种文化的界限源于人类的本性。从此种意义上来说，自然权利是一种超越了文化主义和自然主义反对的、被历史赋予个性的文化自然多样性的理论。

作者简介

彼得·科斯洛夫斯基，1952 年生，国际著名经济伦理学家，荷兰阿姆斯特丹自由大学哲学教授，德国经济伦理研究中心主任、德国汉诺威哲学研究所首任所长。

和合：中国传统文化的精华

王卫平
苏州大学社会学院院长

【内容提要】中华传统文化，源远流长，内涵宏富，博大精深。和合思想是贯穿于其中的一条鲜明主线，是中国传统文化的精髓。早在 3000 多年以前，就已有了和合思想的萌芽，春秋战国时期几乎成为中国早期各个学派的共同主张。秦汉以来，和合概念被普遍运用，中国文化的发展也呈现出一种融合的趋势。和合理念在处理不同关系中有不同的具体体现：在处理人与自然的关系上，历来主张天人合一，和谐共生；在处理不同文化和文明以及国家关系时，主张相互交融、和睦相处、共同进步；在处理人与社会（群己）的关系上，主张"人和"；在处理人际关系时，主张"和而不同"。在构建和谐社会与和谐世界的伟大实践中，和合思想可以为我们提供深刻的历史启迪。

【关键词】和合 中国传统文化 源远流长 内涵宏富 博大精深

一、中华文化"和合"理念的产生和发展

和谐、和合是中华人文精神的精髓和首要价值。中华民族关于和谐的思想源远流长，早在 3000 多年前的甲骨文和金文中就有了"和"字。"谐"字最初见于《尚书·舜典》的"八音克谐，无相夺伦"。《左传》襄公十一年亦载："如乐之和，无所不谐。"后代学者把"和"、"谐"二字连缀成"和谐"

一词，指的是不同事物之间和衷共济的状态以及反映这一状态的精神观念，引申为协调、调和之意。如《后汉书·仲长统传》引《昌言·法诫》曰："夫任一人则政专，任数人则政相倚，政专则和谐，相倚则违戾。"《晋书·挚虞列传》："施之金石，则音韵和谐"。"和"、"合"二字联用并举首现于春秋时期，《国语·郑语》称："商契能和合五教，以保于百姓者也。"意思是说商契能把五教加以和合，使百姓安身立命。《国语·郑语》记述了史伯关于和同的论述："夫和实生物，同则不继。"认为阴阳和而万物生，完全相同的东西则无所生。可见和合中包含了不同事物的差异，矛盾多样性的统一，唯有和合，才能生物，才能发展。

和合思想几乎成为中国早期各个学派的共同主张。儒家学派创始人孔子以"和"作为人文精神的核心，强调"君子和而不同，小人同而不和"。孔子关于"君子"与"小人"的区分并不科学，但他所提出的不同的事物通过互济互补、达到和谐统一的观点却是很有见地的。道家创始人老子提出"万物负阴而抱阳，冲气以为和"的思想，认为"道"蕴涵着阴阳两个相反方面，万物都包含着阴阳，阴阳相互作用而构成"和"。"和"是宇宙万物的本质以及天地万物生存的基础。《管子》指出："畜之以道，则民和；养之以德，则民合。和合故能习。"认为畜养道德，人民就和合，和合便能和谐，和谐所以团聚，和谐团聚，就不会受到伤害，给和合以高度重视。墨子认为和合是处理人与社会关系的根本原理，指出天下不安定的原因在于父子兄弟结怨仇，而有离散之心，所以"离散不能相和合"。《易传》提出十分重要的太和观念，讲"保合太和，乃利贞"。重视合与和的价值，认为保持完满的和谐，万物就能顺利发展。

概而言之，"和合"的"和"，是指和谐、和平、祥和；"合"是结合、合作、融合。和合是指自然、社会、人际、心灵、文明中诸多元素、要素相互冲突、融合，与在冲突、融合的动态过程中各元素、要素和合为新结构方式、新事物、新生命的总和。即指在承认"不同"事物之矛盾、差异的前提下，把彼此不同的事物统一于一个相互依存的和合体中，使之达到最佳组合，由此促进新事物的产生，推动事物的发展。和合文化并不否认矛盾、差异和必要的斗争，它本身就是矛盾的对立统一体，只是把矛盾、差异和斗争限定在相互依存的和合体中，防止因过度的矛盾斗争而破坏不同事物共同存在的基础，使得事物的发展停滞不前。

秦汉以来，和合概念被普遍运用，中国文化的发展也呈现出一种融合的趋势，同时也保留各家的鲜明特色和个性。不仅世俗文化各家各派讲和合，而且宗教文化也讲和合。宗教文化与世俗儒家文化之间也讲和合，在保持各自文化特色的同时，相互融合，相互吸取，由此促进了中国文化的持续发展。和合思想自产生以来，作为对普遍的文化现象本质的概括，始终贯穿在中国文化发展史上各个时代、各家各派之中，而成为中国文化的精髓和被普遍认同的人文精神。

二、和合理念在处理不同关系中的具体体现

1. 在处理人与自然的关系上，主张天人合一，和谐共生

如何构建人与自然和谐共处的良好关系，中国古代的"天人合一"的宇宙观别开生面，独具风采。中国文化非常重视人与自然的和谐统一，中国古代的思想家一般都反对把天和人割裂、对立起来，而主张天人协调，天人合一。中国最古老的经典之一《周易》就以十分清晰的思路描述了人类与自然之间协调、对应的关系。《郭店楚简·语丛一》称："易，所以会天道、人道也"。这是最早最明确的"天人合一"思想的表述。《周易·乾文言》说："夫大人者，与天地合其德，与日月合其明，与四时合其序，与鬼神合其吉凶。先天而天弗违，后天而奉天时。"强调人与自然界要相互适应，相互协调，在自然变化未发生之前加以引导，遵循自然的变化规律，从天而动。《易传》提出："观乎天文，以察时变，观乎人文，以化成天下。"孟子提出："不违农时，谷不可胜食也；数罟不入洿池，鱼鳖不可胜食也；斧斤以时入山林，材木不可胜用也。""天人合一"思想发展到汉代，演变为董仲舒的"天人感应"论，带有浓厚的神秘主义色彩，走入了歧途。

中华文明中的"天人合一"思想主张自然界与人事协调统一，强调人要遵循自然规律，人的行为要与自然规律相协调，体现了道德理性与自然理性的一致，显示了中国古代思想家对于主客体之间、主观能动性与客观规律性之间关系的辩证思考，是非常有价值的。

应该看到，传统文化在强调要处理好人与自然的关系时，并不是像道家所主张的那样，人在自然面前只能消极无为，被动适应，而是要在认识自然、了解自然的基础上主动应对，按照客观规律的要求来积极改造自然，"人定胜天"所反映的就是这样的思想。

近代以来特别是资本主义生产方式确立以来，随着人类社会对自然界的过度开发和索取，在获得巨大的物质财富的同时，也遭到了自然界的无情报复，目前全球范围频繁出现的水资源匮乏、温室效应、物种灭绝等问题，迫使人类重新思考和定位人与自然的关系。在这方面，中国古代先哲们提出的"天人合一"思想无疑可为正确处理人和自然关系提供有益的启示：既要发挥

主观能动性，改造自然，改善人类的生存条件，同时也要对自然规律保持敬畏之心，注意与自然和谐相处。

2. 在处理不同文化和文明以及国家关系时，主张相互交融、和睦相处、共同进步

中国历史上在处理不同文化和不同文明以及国家关系时，虽然也有华夏文明优越论和大汉族主义等消极内容，但主张不同文明的相互交融和民族融合始终是中国历史发展的主流，文明冲突论在中国历史上没有根据。事实上，中华文明和中华民族本身都是多源合流的结果。《尚书·尧典》就指出："克明俊德，以亲九族。九族既睦，平章百姓。百姓昭明，协和万邦。"此后，这一主张一直长盛不衰，如《礼记》提出"天地和同"；《论语》中说"天下大同"，"四海之内，皆兄弟也"，"礼之用，和为贵"；《周礼》中说"三曰典礼，以和邦国"。上述文献中所表达出来的"协和万邦"等思想，虽然不能简单地照搬过来处理现代国际关系，但其留给后人的启示却是不可否认的。

2005 年 9 月，胡锦涛在联合国成立 60 周年各国首脑会议上指出：文明多样性是人类社会的基本特征，也是人类文明进步的重要动力。在人类历史上，各种文明都以自己的方式为人类文明进步作出了积极贡献。存在差异，各种文明才能相互借鉴、共同提高；强求一律，只会导致人类文明失去动力、僵化衰落。各种文明有历史长短之分，无高低优劣之别。历史文化、社会制度和发展模式的差异不应成为各国交流的障碍，更不应成为相互对抗的理由。这一观点是有充分的传统文化依据的。

3. 在处理人与社会（群己）的关系上，主张"人和"

孟子说："天时不如地利，地利不如人和。"通过沟通和了解，化解人与人之间的冲突与紧张，消除相互间的争斗，建立起相互尊重、信任的和谐人际关系，达到同心同德、通力合作。要实现"人和"的目标，儒家主张为人处事要"克己"、"修身"，强调内敛、自省和谦和，既要"独善其身"，又要"兼济人世"。孔子说："君子求诸己，小人求诸人。""己欲立而立人，己欲达而达人。"传统文化同时强调要处理好"大我"与"小我"、个人与集体的关系，对社会、对他人应多些奉献，少些索取。杨朱等人"拔一毛而利天下，不为也"的极端利己主义主张在中国始终没有足够的市场。

4. 在处理人际关系时，主张"和而不同"

贵和尚中是中华文化精神的重要特点。与西方文化主张通过对抗和冲突来解决矛盾不同，中国文化主张通过调和来解决矛盾，即"致中和，天地位焉，万物育焉"。承认矛盾存在的合理性及矛盾双方的相辅相成、交流融通是

世界多极性、多样性的逻辑前提，是中华先民很早就取得的认识成就，他们用"和而不同"的命题来表达这一思想。《国语·郑语》记载周太史伯在回答郑桓公"周其弊乎"的发问时指出，西周最大的弊端是"去和而取同"，"夫和实生物，同则不继。以他平他谓之和，故能丰长，而物归之；若以同裨同，尽乃弃矣。"孔子继承和发展了前人对"和""同"关系的认识，明确提出："君子和而不同，小人同而不和。"他赞扬君子在学术论辩时吸取对方的正确观点，纠正其错误意见，不固执不盲从，力求结论公允，这叫做"和而不同"。而小人却一味随声附和从不提出自己的独立见解，这叫做"同而不和"。对此，朱熹特别解释"和者，无乖戾之心；同者，有阿比之意"。荀子从认识论方面阐述了"和而不同"的精髓。他说："凡人之患，蔽于一曲而暗于大理"。在不同意见的争鸣中，各家各派都不可持门户之见，守一曲，走极端，"观于道之一隅而未之能识也。"正确的做法是，"目视各色，耳听备声"，"兼陈万物而中县衡焉"。这一思想在儒家经典《礼记·中庸》中被表述为："中也者，天下之大本也，和也者，天下之达道也。"

当然，在一个有着数千年悠久历史的传统文化中，并不都是积极的内容，而是良莠不齐，鱼龙混杂，正确的态度应该是：既要反对僵化的教条主义，全盘继承；也要反对庸俗的实用主义，断章取义；更要反对历史虚无主义，一概否定。而应当从历史与现实相结合的角度，去其糟粕，取其精华，做到古为今用。

作者简介

王卫平，1962 年生，苏州大学社会学院院长、吴文化国际研究中心主任。代表作有《明清时期江南城市史研究》《吴文化与江南社会研究》等。

当代文明关系理论的不同取向

杨 深
中国社会科学院哲学研究所研究员

本文简要叙述了当前在美国、中国和西欧流行的较为重要的文明关系理论和国际关系理论的不同取向。在此基础上，试图提出中国应当采取的应对之策。

一、美国主流文明关系理论：政治二元论

冷战结束后，美国成为当今世界上独一无二的超级大国。在不同文明关系和国际关系的问题上，美国主流文明关系理论采取了一种引发甚至加剧冲突的政治二元论。

众所周知，塞缪尔·亨廷顿在20世纪90年代提出了"文明冲突论"。他认为，美国与中国冲突的根本原因在于，美国和中国之间的冲突范围广泛，包括经济、人权、西藏、台湾、南中国海和武器扩散问题。美中冲突在很大程度上是基于两个社会的文化差异，但也涉及权力的根本问题。中国不愿接受美国在世界上的领导地位或霸权；美国也不愿接受中国在亚洲的领导地位或霸权。中国作为东亚占主导地位的地区大国的状况如果继续下去，将对美国的核心利益构成威胁。其次，亨廷顿宣称人们需要敌人，理由是没有敌人就没有朋友，没有异己的他们就没有我们的认同，哪怕没有敌人也要制造出一个敌人来。这里透露出一种渗透着"主-奴"逻辑的不平等、不宽容、不公正的强权政治意图，并以这种似是而非的逻辑作为根据来否认文明平等对话与共同合作的可能性。在此基础上，他明确提出文明冲突世界中不可避免的双重标准：人们用一个标准对待共同文明的亲缘国家，用另一个标准对待不同文明国家。他虽然提出了避免或减少文明冲突、维持世界和平的三项原则（避免原则、共同调解原则、共同性原则），然而，其"文明冲突论"的主流倾向还是敌我二元论，被德国政治学家哈拉尔德·米勒称为"政治学摩尼教"。亨廷顿的这种国际国内政治二元论的思想实际上是美国政治学的主流思想，也是美国政府的国际政治指导思想。

约翰·罗尔斯则在《万民法》中提出，自由、独立、平等、正义、互不干涉等万民法的原则仅仅适用于"秩序良好的人民"（民主国家和适当的等级制国家），而不能适用于"非秩序良好的人民"，对于那些侵犯人权的"法外国家"不仅应该加以谴责，而且可以通过经济制裁甚至武装干涉来强迫其改变政体。

美国进攻性现实主义国际政治理论家约翰·米尔斯海默在其代表作《大国政治的悲剧》等著作中指出，研究国际关系的起点就是无政府状态和自助原则，丛林状态是国际体系不同于国内政治的最大特点。国际体系的无政府状态决定了安全的稀缺性，为获取安全而展开的激烈竞争迫使国家采取进攻性的战略，结果便常常导致冲突和战争。随着中国的崛起，美国将竭力阻止中国获得地区"霸权"，结果便是中美之间激烈而危险的安全竞争。米尔斯海默也因此被认为是"中国威胁论"的理论代言人。

很明显，美国虽然在国内实行民主，但其主流社会却绝不同意在国际社会中实行民主（不仅亨廷顿和米尔斯海默，甚至罗尔斯等人也是如此），而是把国内的自由民主与国外的武力强权结合起来，对外实行单边主义和霸权主义。其原因在于美国目前在国际关系中处于一种强势的地位，它不同意在国际关系中实行民主是怕失去已有的权力和既得利益，因为民主对于强者来说通常是弊大于利，实行民主的结果可能导致强者出让自己的权力而不是分享别人的权力，可能失去部分权力而不是获得更多的权力。

不过，美国也有不同于上述主流思潮的另一类声音，比如建设性后现代主义的代表人物约翰·科布和大卫·格里芬等人，就对美国的干涉主义和对外政策提出了批评，并且与西欧的世界主义思潮遥相呼应，主张通过建立民主的世界政府来重塑国际关系体系。

二、中国文明关系理论：和谐世界与民族主义

建设和谐社会与和谐世界是中国政府的主流观点。作为国内建设和谐社会的自然延伸，2005 年 9 月 15 日，胡锦涛在联合国成立 60 周年首脑会议上发表《努力建设持久和平、共同繁荣的和谐世界》的讲话，提出了促进世界的和平发展、建立和谐世界这一重大国际倡议。

同时，许多国内学者利用中国传统文化中的和谐思想和"天下"观念发展出自己的和谐世界方案。比如，张立文教授创立了"和合学"，费孝通教授提出著名的"各美其美，美人之美，美美与共，天下大同"的十六字箴言，作为化解文明冲突、通向未来大同世界的不二法门。

然而，笔者对中国传统的"和谐"理念和"天下"观念是否适用于当今世界提出几点质疑。首先，中国古代社会的小生产下的自给自足，正是古代中国能提出"天下"理论，能不侵略其他国家的根本原因。但是当代中国已不再是小生产的国家，世界也正处于经济全球化的进程之中，中国如何能自产自销、独善其身？其次，中国的"天下"观念中所蕴含的爱有差等、亲疏有别、华夷之辨、中心与边缘的区分、宗主国与藩属国的朝贡与宣抚等内容，充满了现代国际关系中难以令邻国接受的不平等的地区霸权和文化帝国主义的意味。最后，在当代让周边的小国接受中国文化已属不易，更何况强势的西方国家怎么可能接受中国文化及其"天下"观念作为其国际关系的准则？当代一些学者重提"天下观"或者企图以"天下观"改造甚至替代当代国际体系，被人评论为是企图用"过去"建构出一个现代乌托邦。在此，笔者想提醒一句，在当代这种仍然是无政府的世界丛林条件下，判别一个国际政治理论或世界政治理论是否是空想的标准，就是看它是来源于对各国在现实利

益驱动下的博弈结果的考察，还是来源于拍拍脑袋想出来但却缺乏任何现实的必要和可能的人为设计。

中国民族主义思潮的代表戴旭对中国当前面临的国际形势作出了不容乐观的评估和预言，提醒中国人要警惕以美国为后台的周边国家对中国的围堵和遏制，以及对中国领土、领海的觊觎和哄抢，对未来可能发生的侵略战争要保持高度的警惕，千万不能自我麻痹，也不要让外国把中国的善良愿望误解为软弱可欺。中国只有常备不懈、枕戈待旦、自强不息，才可能使这种盛世危言变成一种自我挫败的预言。

三、西欧主流文明关系理论：世界主义

二战结束后，饱受战争摧残的西欧丧失了世界的主导地位，对于战争的灾难性后果的反思以及在冷战中对抗苏联集团的需要，促使西欧各国逐渐走上了国家联合的方向，从欧洲钢煤联营集团到欧洲共同体，直到近年来欧洲联盟的建立和不断扩大。随着欧盟的建立和发展，在西欧盛行了数百年的民族主义和国家主义逐渐淡化，同时，面对全球性问题和危机的日益严重化以及"世界风险社会"的形成，西欧出现了一股强劲的世界主义思潮，与美国追求霸权和单边主义的取向形成了鲜明对照。这种世界主义思潮中较有代表性的理论是哈贝马斯的"世界公民社会"理论和贝克的世界主义构想。

于尔根·哈贝马斯创立了一种"批判的社会理论"，其内容包括"交往行为理论"和"话语伦理学"。他在剖析当代西方世界的各种弊端和危机的基础上，提出通过重建交往理性与公正合理的话语规则和程序，实现一个排除权力滥用和暴力威胁的民主、自由和平等的社会，最终建立一种"无统治的社会秩序"。在此基础上，他进一步提出，在可以预见的未来，民族国家终将消亡，人类必将联合成为一个"世界公民社会"，从而实现社会公正和人的自由与解放，建成一个大同世界。他指出，人类已开始超越民族和国家的界限，逐步走向国际公民社会的未来。哈贝马斯对世界公民社会的设想包括以下几个方面：（1）世界公民权必须制度化，使其对每一个国家的政府具有约束力。（2）世界公民权必须越过各国政府，落实到作为个人的法律主体身上，以使个人作为世界公民联盟中的一员而享有不可剥夺的权利。因此，每一个个人既是国家公民，也是世界公民；而每一个国家将变为一个享有有限权力的、具有民族和国际双重职能的法人。（3）必须对主权国家的行动空间作出规范上的限制，同时防止向霸权主义和极端民族主义倒退的危险。哈贝马斯认为，为了实现这种世界公民社会的设想，所有的国家和民族必须在排除武力干涉的前提下，通过"人道干预"、经济制裁等一切其他手段，促进世界的民主化

进程，实现世界和平等。

乌尔里希·贝克的社会学理论主要由三个部分组成，即"反思的现代化"理论、"风险社会"理论和"世界主义"的构想。在贝克看来，现代社会在20世纪最后25年中发生了一次结构断裂。在这之前的社会是第一次现代性社会，而由于这次断裂，第一次现代性的政治、经济、科学等基础体制逐步被一种新的体制构成方式所补充和取代，这种新体制就是第二次现代性社会或曰反思的现代性社会。

随着世界进入第二次现代化时代，民族国家受到了多方面的挑战，尤其是政治经济的全球化架空了民族国家的绝对主权，全球性风险大大超过了它的有限处理能力，民族国家再也不是理想的危机避难所，民族国家陷入了"有组织的不负责任"的状态。所有这些最终摧毁了现代民族国家的基础，特别是领土划分、种族界限、主权的绝对性和本民族利益高于一切的民族利己主义原则的合法性。随着第二次现代性社会的来临，作为第一次现代性的基础体制的民族国家已经在反思的现代化的进程中从根本上动摇了。

第二次现代性社会加快了世界的全球化进程，经济和政治的全球化还导致了各种风险的全球化，从而使全世界变成一个休戚与共的风险共同体。正是经济政治的全球化以及风险的全球化使世界主义成为一种历史的必然。当代全球风险的新特征产生了一种新的历史逻辑；没有一个民族国家能够单独解决自身的所有问题，因此对灾难性风险的预期和防范不再是一国的国内事务，而应成为世界风险社会的共同事务。贝克特别强调，当代欧洲的世界主义并不是一种纯粹的理想主义的演绎，相反，它是一种不纯粹的世界主义现实政治的表达。因此，贝克将其称为现实主义的世界主义。现实主义的世界主义"允许成员国'现实地'追求自身的利益，但期待它们同时照顾到他人和共同体的利益。其结果不仅将使自身利益最大化，而且在一种共赢的意义上，也将带来共同体利益的最大化。"

贝克特别阐述了这种新的世界主义的一体化思想，其核心原则是"差异性一体化"原则。这一原则摒弃了将"相同一致"看做"团结统一"的必要条件的旧式一体化思路，认为差异和多样性不仅不是为了达到团结统一而必须消除的干扰因素，恰恰相反，应该被看做值得保存和利用的宝贵资源。差异性一体化原则要求一方面是对差异的认可，另一方面是不同方面的一体化。具体做法是，在欧洲的各种一体化方案的实施过程中，要兼顾保护差异和推进一体化两个方面的要求，采取各种措施灵活掌握这两种因素的强弱程度和相互比例，通过各国对别国的调控政策的相互承认和在共同体层面上公开协调的方法，以及某些政策和规则根据各国的意愿适用于部分国家的地域差异化的方法，构建一种灵活兼顾差异和一体化的"有秩序的多元主义社会"。

贝克以欧洲联合体为例指出，世界主义的欧洲不但不是民族国家的对立面，而且必须以后者为前提，这里适用的是亦此亦彼的原则。世界主义不是要消灭民族国家，而是对民族国家既超越又保留，从内部将民族国家世界主义化，并以不同方式将其纳入新的国际政治经济组织以及跨民族共同体和区域性机构，在此基础上建立一种新的世界治理的综合系统。

在谈到民族国家的转型问题时，贝克指出，一方面，在不放弃民族国家的前提下，通过内在的转型，将独立的民族国家转变为自我约束的世界主义国家（超民族国家）。民族国家必须摒弃由博丹和霍布斯提出的古典的绝对主权观念，抛弃国家和世界二元对立的思维模式，才能通过放弃民族国家的主权而获得世界主义的主权。在罗伯特·阿克塞尔罗德关于合作共赢的博弈论思想的启发下，贝克指出，在这个超民族的相互依存日益紧密和全球性风险的时代，唯有奉行一种自觉的"黄金手铐政策"，即理性的自我约束政策，才能在使他人和共同体受益的同时也使自己的利益最大化，将零和博弈的恶性循环转化为多方共赢的良性循环。另一方面，为实现世界主义的全球性相互依存社会，不仅需要每个民族国家实行理性的自我约束，同时还应该对其他国家加以约束，这两方面是互为前提、相辅相成的。只有如此，才能排除大国霸权的干扰，在各国之间建立起相互信任的平等的相互依存关系。总之，通过民族国家的理性自我约束和对他者的约束两种机制的共同作用，才能使人们在面对世界风险社会中文明自我毁灭的危险时，超越民族界限和文化差异，实现一个平等的世界主义的全球性的相互依存社会。

四、对文明理论的反思及中国的应对之策

首先，我们应该将文明或文化分为普世性和多元性两个层面：一方面承认普世性的世界主义，即所有人都能接受和共同遵守的最低限度的道德规范、价值取向和文明原则；另一方面可以保留多元性的民族主义，即不违反这些共同原则基础上的多元文化。在此基础上借鉴贝克所说的"差异性—体化"原则，以便在国内和世界上分别构建一种灵活兼顾差异和一体化的"有秩序的多元主义社会"。目前，中国实际上已于1998年10月5日签署了联合国《公民权利和政治权利国际公约》（但公约尚未对中国正式生效）和20多项国际人权公约和议定书，表明已经接受了国际社会普遍认同的一些最基本的人权标准和道德规范，因此中国特色只能是在此基础上保留自身的民族特殊性和差异。

然而，在基于平等联合的世界大同实现之前，只要民族国家仍然存在，

只要仍然有国家之间的利害冲突，只要世界仍然是无政府状态，我们就必须实行阿纳托尔·拉波波特的"一报还一报"原则，将合作与有节制的反击结合起来，将民族主义与国际合作结合起来。既要坚守民族利益，又要向平等合作基础上的和谐世界的未来可能方向开放。

我国领导人对维护民族主权的原则问题历来有所论述。周恩来曾说："古人云：有文事者必有武备，有武事者必有文备。"毛泽东也说："人不犯我，我不犯人，人若犯我，我必犯人。"2010 年 9 月 23 日，温家宝总理在纽约联合国总部出席第 65 届联大一般性辩论，发表了题为"认识一个真实的中国"的讲话，他说："中国讲友好，也讲原则。在涉及主权、领土完整等问题上，中国决不退让，决不妥协。"

作者简介

杨深，中国社会科学院哲学研究所研究员，主要从事西方现代哲学、近现代西欧文明和东方文化比较研究。译著有《启蒙的时代》等，合著有《西欧文明》等。

太湖文化论坛
WORLD CULTURAL FORUM
TAIHU · CHINA

第四章

共建世界和谐：政府与民间力量的作用

中华文明对世界文明的开放、吸纳和贡献

——以敦煌石窟为例

樊锦诗

敦煌研究院院长

中国数千年的文明进程中，对外来文明的接触、吸纳和融合，促进了中华文明创新和发展，为世界文明的发展作出了巨大的贡献，这是中华文明史的一个重要特点。位于丝绸之路"咽喉之地"的敦煌，融会中外文化，创造了辉煌的佛教石窟艺术，代表了公元4—14世纪中国佛教艺术的杰出成就，是中华优秀传统文化的典范。本文以敦煌石窟为例，阐述中华文明对世界文明的吸纳与贡献。

一、丝绸之路的开通和敦煌重要的历史地位

（一）丝绸之路的开通与敦煌的地位

公元前2世纪中期以前，帕米尔高原以西欧亚地区的交通干道早已畅通，相互间开展着商贸活动和文化交往。但中国与这些地区没有直接的联系。公元前140年，汉武帝继位后，想联合西迁的大月支、乌孙以反击匈奴。为此，于公元前138年、前119年两次派张骞出使西域。虽然张骞两次西域之行都没有达到军事上的目的，但他与他的副使到达了乌孙、大宛、康居、大月氏、大夏、安息、身毒（印度、巴基斯坦）等地，这些国家的使者都随汉使来到长安。从此，西汉王朝与中亚、西亚、南亚的主要国家或地区建立了直接的联系，丝绸之路也全线开通。

公元前111年，西汉朝廷在敦煌设郡，与酒泉、张掖、武威并称河西四郡。西汉王朝牢固地掌控了河西走廊这一通向西域的战略要地和交通要道。这一时期，由敦煌向东穿越河西走廊可到达长安、洛阳；由敦煌向西出阳关南行，沿昆仑山北麓经鄯善、且末、于阗，至莎车，逾葱岭进入大月支、安息等国，此为南道；由敦煌向西出玉门关北行，沿天山南麓经车师前王庭、焉耆、龟兹，到疏勒，越葱岭进入大宛、康居、大夏，此为北道。到了隋代又增加了中道，自敦煌出发，经伊吾、高昌、鄯善，而达中亚、欧洲。因此，敦煌是中国通往西方各国的门户，被称为总绾中西交通的"咽

喉之地"。敦煌重要的地理位置使它在古代中西文化交往史上具有重要的历史地位。

（二）汉唐中央王朝对西域和丝绸之路的经营

两汉王朝在西域设置西域都护府，驻兵屯田，将长城从兰州附近延伸至敦煌，而后又继续延伸至西域的盐泽，长城沿途设置烽燧、邮驿，保证了丝绸之路通行。

魏晋南北朝时期中原战乱频繁，河西走廊和敦煌相对社会安定，与西域、中亚仍然保持商贸往来。

隋炀帝将发展丝路贸易定为国策。公元 609 年，隋炀帝亲自西巡河西，在张掖举行了由 27 国参加的商品交易会，促进了丝绸之路贸易的繁荣。

唐王朝在公元 658 年，将安西都护府迁到龟兹，设立了龟兹、于阗、焉耆、疏勒四镇。公元 662 年，又将丝路南道上的两个重镇——石城镇（若羌）和播仙镇（且末）划归敦煌直接管辖，在河西走廊还设置了十军。极大地提高了敦煌在经营西域方面的重要作用。

安史之乱后，尽管全国处于藩镇割据的状态下，9 世纪下半叶至 11 世纪上叶，晚唐归义军节度使统治下的敦煌政权仍然与周边少数民族政权保持了友好关系，继续保障丝绸之路顺畅通行。

（三）充满汉晋文化底蕴的敦煌，成为华戎所交一大都会

西汉王朝在敦煌设郡之后，至公元 366 年莫高窟创建的 400 多年间，一方面，由于中原王朝加强对河西走廊和敦煌的经营，受到来自中原汉文化的深刻影响，主要有：设置郡县制；敦煌从原来以游牧业为主改变为以农业为主的经济方式；施行中原王朝的官制、法制、田制、赋税制、兵制；学校教育开设儒家的《易》、《书》、《诗》、《礼》、《春秋》等五经课程；魏晋南北朝时期，中原大乱，而敦煌和河西走廊却相对安定，因此保存了汉晋以来的儒家文化传统。这说明敦煌和河西走廊经过中原王朝数百年的经营，已建立起深厚的汉晋文化根基。另一方面，丝绸之路的开通，敦煌又受到来自西域和中亚、南亚、西亚文化的影响：西域胡商与中原汉商在敦煌从事中原的丝绸和瓷器，西方的贵金属、珍宝、玉石、香料、药材，北方的驼马，与当地粮食的交易，敦煌成为东西方贸易的中心和中转站。汉唐使节前往印度和中亚各国，中亚和西域各国使者在丝绸之路上往来不绝，他们大多途经敦煌。东来传教的西域僧侣和西行求法的汉地僧侣相望于道，敦煌是东西方僧人的必经之地。史书称敦煌是"华戎所交一大都会"。

二、敦煌石窟的创建与对世界文明的广泛吸纳

（一）敦煌石窟的创建

近年，在汉代敦煌悬泉置遗址出土汉简有"小浮屠里"的记载，浮屠即佛塔、佛教寺院之意。推测早在东汉时期佛教已传入敦煌。西晋时高僧竺法护和法乘"西到敦煌，立寺延学，忘身为道，诲而不倦"。公元366年，乐僔和尚在敦煌三危山对面的鸣沙山东麓开了第一个洞窟。从此连续千年凿窟造像不止。至今在全长1700余米的崖体上保存了不同建筑形制的洞窟735个、美轮美奂的壁画45000平方米和彩塑2000多身、唐宋木构窟檐5座以及藏经洞发现的50000多件文献和艺术品。受莫高窟建窟的影响，古代敦煌地区又连续兴建了敦煌西千佛洞、瓜州榆林窟、东千佛洞、肃北五个庙等石窟，它们与莫高窟地缘相近、石窟内容相同、艺术风格一致，统称为敦煌石窟。敦煌重要的地理位置，使以莫高窟为代表的敦煌石窟在历史上成为中外文明荟萃之地。

（二）敦煌石窟反映了中华文明对世界文明的广泛吸纳

4—14世纪，敦煌石窟的文化艺术及其藏经洞文物在汉晋文化艺术的基础上，以开放的姿态，广泛地吸纳西方多种文化。首先，敦煌石窟本体所包括的建筑、彩塑、壁画均受到外来文明的影响。其早期禅窟（供僧侣们坐禅修行的处所）和中心柱窟（又称塔庙窟，供信众绕塔观像和礼拜的处所）的建筑形制，分别受印度"毗诃罗窟"、"支提窟"的影响；穹窿龛、圆拱龛受到印度、中亚建筑艺术的影响。壁画中还有描绘中亚和西亚风格的城堡以及圆拱形门窗等建筑形式、希腊建筑的爱奥尼亚柱式等。

早期石窟的彩塑佛、菩萨、弟子、金刚力士像的造型均受到印度马图拉、犍陀罗佛教艺术造像的影响。古代的犍陀罗地区曾受古希腊罗马文化的强烈影响，其雕刻艺术有明显的希腊风格。从敦煌早期彩塑中也可间接地看到古希腊艺术的痕迹。隋代以后的彩塑还可看到印度笈多艺术的特色。

早期石窟壁画中，人物画法受印度和中亚绘画技法的影响，上身裸露、比例适度、以凹凸画法表现人体的立体感；早期壁画中以一图一景、一图多景的构图形式来表现佛教故事，都可以看到来自犍陀罗、中亚等地佛教艺术的影响；中晚唐石窟表现释迦牟尼瑞像图的内容，多据印度、尼泊尔、犍陀罗的佛教传说绘制；中、晚期壁画的密教题材壁画也是由印度经过吐蕃传来的内容和表现手法。

从壁画人物形象中，可以看到国王、王后、太子、使臣、长者、侍者及

供养人等不同人物穿戴的中亚、东亚、南亚、西亚波斯等形形色色的衣冠服饰；从衣饰面料及装饰的表现上，还可看到联珠狩猎纹、联珠对兽纹、联珠对鸟纹等波斯萨珊风格的纺织物图像；壁画中有的菩萨和佛弟子手持玻璃器皿以及各种金属装饰物，大多是来自西亚和地中海地区的工艺品，还有波斯特征的金银器。从藏经洞发现的文献中还有关于敦煌以西建"兴胡泊"，专门接待胡商的记载；唐五代的官府文书中记录了高档织物、金银器、宝石、香料、珍稀药材等许多西方的舶来品。敦煌文献中还有古藏文、回鹘文、于阗文、粟特文、龟兹文、梵文、吐火罗文、突厥文等文献，表明敦煌与西方诸国的交往。

音乐舞蹈，也表现出中国对外来文明的吸纳，壁画中出现大量的乐器，打击乐器中的腰鼓、羯鼓，弹拨乐器中的箜篌、琵琶，吹奏乐器中的海螺、筚篥，拉弦乐器中的胡琴等，为外来的乐器图像；中亚流行的胡腾舞、胡旋舞也在壁画中随处可见，表明当时这些外来的音乐舞蹈已在民间广泛流行。

对外来宗教的吸收，除了佛教以外，敦煌壁画中还可见印度教神祇的图像；壁画中的日神、月神图像，既有印度和中亚粟特艺术的因素，又有希腊和波斯艺术的影响，是多元文明相互对话、相互影响的结晶。藏经洞文献中90%左右为佛教文献，其大部分为印度佛教经典，它们大多来自中亚、西域；此外，还保存有景教（古代基督教中的一派）的《大秦景教三威蒙度赞》、《尊经》、《志玄安乐经》等经典和景教画像，莫高窟北区出土叙利亚文旧约圣经和铜十字架；有摩尼教的《摩尼光佛教法仪略》、《摩尼教残经》等经典；也有祆教女神图像等等。

由上可见，敦煌石窟吸纳和汇聚外来文明是多元、多方面、广泛的，成为敦煌石窟绵延千年的传统，也使敦煌石窟成为汇聚人类多种文明的宝库。有深厚汉晋文化为基础的敦煌石窟的开放，广泛吸纳不同文明，意味着将导致东西文明的交融与创造更灿烂文明的到来。

三、敦煌石窟反映了中华文明对世界文明的贡献

（一）敦煌艺术

以本民族悠久文化传统为根基，吸纳印度等外来文化艺术营养，中外文化经过不断交融，导致了隋唐佛教艺术的创新、繁荣和发展。1000年间的敦煌石窟常建常新，不断产生新的题材内容、新的艺术形式，创造出了与印度佛教艺术不同，而富于中国民族精神和民族气派的佛教艺术。

作为建筑艺术，北朝中心柱窟（又称塔庙窟）虽受到印度支提窟的影响，

但改变了原来印度覆钵式圆形塔的形式，成为方形楼阁式的塔形，窟顶改变了印度圆拱顶的形式，成为两面斜坡的人字披形式，体现了中国传统建筑的精神。隋唐以后敦煌石窟流行覆斗顶形窟、佛坛窟，这是以中国传统的斗帐形式和殿堂形式对佛教石窟的改造。

经过北朝和隋代对具有浓厚印度和西域样式雕塑的消化吸收，及与中国本土雕塑艺术进行了长期的融合过程，逐渐创造出了富有中国审美精神，其动态、神韵具有民族化特征的彩塑，唐代彩塑成为经典性的传世之作。

壁画中表现最多的是佛教人物，北朝人物画多模仿外来佛教艺术人物画的形式，隋唐的人物画吸取了外来艺术中人物造型准确、比例适度、凹凸法晕染的长处，同时与中国讲究线描和神韵的传统绘画技法相结合，创造出新的佛教人物形象，丰富提高了佛教人物画的表现力，成为能充分表现中国审美、中国神韵的美轮美奂的佛教人物。

进入隋唐，中国的佛教绘画艺术发展到了高度成熟的时期。在长安、洛阳首先创造出了具有中国本土特色的佛教经变画。由丝绸之路传到敦煌后，成为唐代及以后各时代石窟长盛不衰的绘画样式。经变，"也就是将佛经中故事譬喻演绘成图"。敦煌石窟共有30多类经变画，如弥勒经变、阿弥陀经变、法华经变、维摩诘经变、华严经变等等，它们形式多样，表现了形形色色的佛国世界。经变画以丰富的想象力，用印度原来的说法图为基本形式，将已高度成熟的中国传统的人物画、山水画、宫观台阁的建筑画、花鸟树木风景画，以及采撷现实生活中各种美好的风情元素，运用中国式远近的空间构成法，以佛说法场面为中心，佛的周围描绘雄伟壮观的宫殿楼阁和宝池平台，或者描绘绮丽多姿的山水景致，以丰富灿烂的色彩营造金碧辉煌的华贵气氛，画面既展示了具有鲜明性格的人物，展示了山川和建筑之美，又使佛经故事和佛教人物与丰富的景物融为一体，通过景物体现了宏大壮阔而具有深邃空间的氛围，形象地表现了佛经描绘的理想佛国世界的宏伟壮丽、气象万千的意境，展现了大唐的恢宏气象。中国创立的经变画，丰富了佛教绘画的表现样式，推动了中国绘画的发展。在佛教兴盛的古代，新创的佛教经变画，风靡神州大地，影响社会民众。隋唐敦煌石窟的经变画来源于两京长安、洛阳和中原地区。今天，唐代两京和中原的佛教寺庙及其壁画已不复存在，敦煌石窟保存大量精美的隋唐经变画真迹，一定程度上，可以说是中国佛教绘画艺术的优秀代表。

至今，在日本奈良时期建造或绘制的唐招提寺和药师寺建筑、东大寺戒坛院雕塑、法隆寺壁画、当麻寺收藏经变画等，都能看到与敦煌石窟佛教建筑、彩塑、壁画佛教人物、经变画等相似的作品。敦煌石窟佛教艺术与日本佛教艺术的相似，为中国佛教艺术影响东亚国家佛教艺术提供了实例。

（二）敦煌文学

古代向民众普及佛教教义，除了采用上述经变画形象地描绘佛教教义外，另有"盛行于古代的歌呗产生一种特殊的文学——变文，这就是把佛经内容演为便于说唱的通俗文词。敦煌石窟（藏经洞）发现的各种变文，都是文词酣畅、想象力都非常丰富的大众化的文艺作品"。敦煌变文包括讲唱佛经故事和世俗故事两类作品，如《降魔变文》、《八相变》、《大目乾连冥间救母变文》、《舜子至孝变文》、《汉八年楚灭汉兴王陵变》等。这些变文的内容既传播了因果报应等佛教教义，又宣扬了儒家的忠君孝悌的思想。敦煌藏经洞发现失传千年之久的变文，是中国文学史上的一件大事。从敦煌的变文"作品中，可以看出后来的平话、小说、戏曲等中国俗文学的渊源所自"。

（三）敦煌藏经洞佛教宗派文献

在印度佛教走向衰落之际，隋唐时期的中国佛教进入了黄金时期。最早，佛教经典或直接从印度传入中国，或经中亚、西域地区传入中国，被翻译、弘传。当时的中国僧人按各自不同的理解，对佛教经典进行判别与整理，先是在南北朝时期产生了众多的经论学派。进入隋唐以后，政治上的大一统为文化和思想的统合提供了条件，佛教的各种经论学派也进一步融合，终至创立了中国特色的佛教宗派，主要有天台、华严、唯识、三论、净土、禅宗、律宗、密宗等八大宗派。中国佛教宗派的形成过程，实际上也就是中华文明不断地吸收、消化外来佛教文化，并加以创造、发展的过程。敦煌藏经洞出土的佛教文献，内容涵盖了隋唐时期中国佛教的各个主要宗派的思想理论，许多经典还弥补了传世经典的空白，真实地反映了中古时期敦煌乃至中国社会各个阶层的佛教信仰实际，是在思想理论上对世界佛教的贡献。以下举数例加以说明。

禅宗是隋唐时期中国佛教独创的具有重要影响的三大宗派之一，其中心思想是佛性存在于众生的内心中，主张禅修和内省达到开悟境界，即"教外别传，不立文字，直指人心，见性成佛"。敦煌文献中有大量禅宗典籍，既有记载初期禅宗思想的语录《六祖坛经》和《菩提达摩南宗定是非论》等，又有反映禅宗传法历史的"灯史"文献《传法宝记》、《楞伽师资记》等。这些文献对研究中国禅宗历史及其思想有重大价值。中唐以后，禅宗分化为临济宗、曹洞宗等"五家七宗"。"南宋以来，日本禅僧来华参学和宋僧渡日弘传禅学十分频繁。"日本镰仓时代的来华僧人荣西归国后在日本正式创立了临济宗，其再传弟子道元来华参禅归国后又创立了日本的曹洞宗。

天台宗主张一切事物都是法性真如的显现，以"三谛圆融、一念三千"的观点解释世界，主张止观双修。其奉《法华经》为最高经典。《法华经》是敦煌佛典中单本数量最多者，多数为隋唐及以后写本。同时，敦煌文献中还保存有天台宗经典如《法华玄义》、《天台分门图》、《天台四教仪》、《天台四戒分门》、《天台智教大师发愿文》等，对研究天台历史传承及其教义具有重要意义。在中国以至日本、朝鲜半岛都有着深远的影响。天台教义对日本专奉汉译《法华经》的日莲宗有很大影响。

唯识宗又名法相宗。经唐代玄奘传译、倡导而形成。主张修习唯识观行，以成就解脱、菩萨二果。其重要经典如《华严经》、《密严经》、《入楞伽经》、《大乘阿毗达摩经》、《瑜伽师地论》、《成唯识论》和《中论》等在敦煌藏经洞皆有发现。唯识宗是一个偏重哲理思辨的宗派，敦煌文献中大量留存了它的经典，敦煌还有众多的信众和高僧。唐代"会昌法难"（845年）后，敦煌保存的唯识宗经典回流至长安。

净土信仰是佛教的基本信仰，净土宗以专修往生阿弥陀佛极乐净土的念佛法门得名，是中国佛教中流行时间最长、信众最广的宗派之一。该宗的主要经典"净土三经"《佛说无量寿经》、《佛说观无量寿经》、《佛说阿弥陀经》以及由中国人撰写的《佛说无量寿宗要经》在敦煌文献中都有发现。敦煌文献中还保存了反映"净土五会念佛"法门的《净土五会念佛诵经观行仪》和《净土五会念佛略法事仪赞》约60件。日本也保存有《净土五会念佛略法事仪赞》经典，说明中国"净土五会念佛"法门对日本净土信仰的影响。

四、结语

敦煌石窟艺术，是中华文明对以印度佛教文明为主的外来多元文明的吸纳、消化和融会及在此基础上创新和发展的缩影。敦煌石窟的建筑、壁画、彩塑以及藏经洞发现的文献，共同构成了灿烂辉煌、博大深厚的佛教文化艺术宝库。敦煌石窟的建造延续1000年之久，系统地反映了公元4—14世纪中国文化艺术取得的重要成就，成为中华传统文化的一个杰出代表。至今仍然对现代学术、艺术、旅游和经济产生着重大影响。如以敦煌石窟和藏经洞文献为研究对象的"敦煌学"，是世界人文学科领域长盛不衰的"显学"；给中国和世界绘画、舞蹈、戏剧、文学、造型装饰等艺术创作以极大启示；作为世界文化遗产的敦煌石窟是国内外著名的旅游胜地，成为世界人民了解、认识和研究中华文明的重要遗址博物馆；它还带动了地方经济的发展。因此，无论从历史，还是现代的角度来看，这座宝库本身，就是中华文明对人类历史、世界文明的重大贡献。

敦煌石窟艺术的创造和发展，代表了中华民族文化生生不息、不断发展的传统，也是保持敦煌石窟艺术千年生机的生命源泉。任何民族的文化，既要继承本民族优秀的传统文化，又要不断吸收其他民族的优秀文化，兼容并蓄，不断加以创新，才能使本民族的文化不断得到发展。这就是敦煌石窟文化艺术遗产给当代中国和世界文化发展的宝贵启示。

当今时代，我们应该继续发扬中华民族兼收并蓄、海纳百川的优良传统，尊重世界各国、各民族文化的多元性和多样性。在广泛吸收外来文化的同时，不断丰富发展自己的文化，为世界文明的发展作出新的贡献。

作者简介

樊锦诗，女，1938 年生，敦煌研究院院长。代表作有《敦煌莫高窟北朝洞窟的分期》《玄奘译经与敦煌壁画》等。

汉字文化的世界贡献

冯天瑜

武汉大学人文社会科学资深教授

汉字创发于中国，传播于东亚，并影响世界文明，在当代，汉字仍是汉字文化圈诸国的一个重要文化纽带，是其通向世界的桥梁。

一、汉字文化圈——最具原创性和传承力的文化圈之一

文化圈指具有相同文化特质的文化群构成的人文地理区域，由核心（文化源地）和边缘（文化受容区）组成。文化圈可从地理、民族、语文、宗教、民俗等多种角度加以划分。东亚地区（包括中国、朝鲜、越南、日本）拥有若干文化共相：汉字、汉文、儒学、华化佛教、中国式律令制度等，它们共同组成以汉字为信息载体的"汉字文化"，所以这一区间最传神的称号是"汉字文化圈"，此名称是日本学者 20 世纪中叶提出的，河野六郎 1963 年撰《日本语的历史》首创此词，藤堂明保 1971 年系统阐述此词内涵，20 世纪 80 年代以来，周有光、陈原等中国语言学家也借此概念。现在"汉字文化圈"已成为通用短语。1985 年，法国汉学家汪德迈（Leon Vandermeersch 1928—）出版《新汉文化圈》一书。该书所说"汉文化圈"，相当于"汉字文化圈"。汪德迈认为，此文化圈的特点是：

　　它不同于印度教、伊斯兰教各国，内聚力来自宗教的力量；它又不同于拉丁语系或盎格鲁—撒克逊语系各国，由共同的母语派生出各国的民族语言，这一区域的共同文化根基源自萌生于中国而通用于四邻的汉字。

　　1988年，日本语言学家野村雅昭给"汉字文化圈"下定义：

　　在东亚位置上，由于中国的政治、文化影响，形成过去使用汉字，或现在仍然使用汉字的地域，总称为"汉字文化圈"。

　　以汉字这一东亚地区各国共有的文化要素作为标志的"汉字文化圈"，是一个真实的、有着强劲生命活力的文化存在，它是世界上最具原创性和传承力的文化圈之一。

　　汉字文化圈的形成，是汉字文化在中国境内及境外传播的结果。栖息于黄河中游的华夏族及后来广布东亚大陆的汉族创造了汉字，形成强势的文字源地，在周边诸族诸国尚未制作文字之际，输出汉字及汉字文化，汉字便从汉族文字发展为众族共享、多国采用的文字。

　　汉字在东亚大陆即今之中国境内的传播，路向有二：向南和西南，诸少数民族先是借用汉字，进而仿效汉字以制造本族文字（如苗文、彝文、壮文等）；向北，传至契丹人建立的辽朝、女真人建立的金朝、党项羌人建立的大夏，这三个政权均模仿汉字造字法，制作各自的汉字型文字——契丹文、女真文、西夏文。以上仿汉字诸文字多未传承下来，在东亚大陆普遍使用的是汉字，其南北东西诸地，语言差异甚大（各种方言），然通用统一的汉字，此即所谓"书同文"，这是中国作为统一的多民族国家的条件之一。

　　汉字在中国境外传播，路向有三：南至越南，北至朝鲜半岛，东至日本。在汉字传入之前，这些国度仅有民族语言而无文字，汉字及汉字文化的输入，使其迈入文明门槛，获得历史性跃进。但使用汉字也在这些国家留下一大问题：文字与语言错位，于是引出长时期以"言文一致"为目标的语文变革。越南在19世纪末，法国殖民当局推行拉丁化文字，废止汉字和喃字，越南退出汉字文化圈。朝鲜在15世纪创制谚文，与汉字并用，二次世界大战后，朝鲜、韩国先后废止汉字，使用音位文字谚文，退出汉字文化圈。日本经历了从全用汉字到汉字与假名并用的变化，至今仍保留在汉字文化圈内。东南亚城邦国家新加坡1965年独立，实行华文与英文并行的教育制度，是现代加入汉字文化圈的国度。

　　两三千年间，汉字文化的境内传播与境外传播，形成覆盖东亚的"汉字文化圈"，这是一个富于弹性的、充满生机的人文地理区域。

二、古代汉字文化传播的基本走势

2000 余年来，中日汉字文化不断发生互动，对两国历史的进展有着深远影响。在古代，汉字文化的主要走势是从中国流向日本，日本通过汉字、汉文大量纳中国文化（从稻作、养蚕、冶铁等生产技艺到儒学、华化佛教、中国式律令制度），而且，这种自古代转入日本的汉字文化至今仍在日本社会生活各个层面保留着影响，下举几例。

（一）"年号"

日本至今仍以天皇年号纪年，其法仿自中国。年号所用文字都取自中华元典。中国用年号始于汉武帝；日本用年号，始于以大化改新垂名青史的孝德天皇，他将实行改新的一年定为"大化元年"（公元 645 年），此为日本第一个年号。"大化"一词，典出《尚书·大诰》和《汉书·董仲舒传》。自"大化"以下，日本年号共 249 个，全部语出中国古籍，涉及古典 106 部，引用较多的是《尚书》38 次，《周易》27 次，《诗经》15 次。其他如《礼记》、《周礼》、《孝经》、《史记》等也多次被选用。中国自汉至宋元，一帝多年号，日本长期仿效。中国明清两朝改为"一世一元"，年号成帝王代称。日本近代仿效"一世一元"制，年号也成天皇代称，而年号文词仍出自中华元典："明治"典出《周易·说卦》"圣人南面而听天下，向明而治。""大正"典出《周易》"大亨以正，天之道也。""昭和"典出《尚书·尧典》"百姓昭明，协和万邦。""平成"典出《尚书·大禹谟》"地平天成"，《史记·五帝本纪》"内平外成"。

（二）皇室用词

日本自 44 代天皇起，仿中国帝王，死后追加谥号，取庄严、神圣义的汉字，如神武、安宁、垂仁、景行等。天皇的名字，多择自儒家经典，从清和天皇取名"唯仁"以来，70 代天皇中有 49 代天皇名中有"仁"字，近现代天皇皆如是：孝明天皇名"统仁"，明治天皇名"睦仁"，大正天皇名"嘉仁"，昭和天皇名"裕仁"，现在在位的平成天皇名"明仁"，皇太子名"德仁"。

笔者 2001 年 11—12 月在京都参加学术会议，恰逢日本皇太子德仁与雅子妃于 12 月 1 日得一女儿。12 月 7 日公布小公主称号"敬宫"，名"爱子"，典出《孟子·离娄下》"爱人者，人恒爱之；敬人者，人恒敬之。"日本各家报纸都对此详加介绍。

直至当下，天皇及皇室的一系列专用语，仍沿用中国古典词，如玺（国玺、御玺）、御名、巡幸、行幸、还幸，亲临、台临，天览、台览，玉音、玉体，圣旨、懿旨、敕语、奏上等。

（三）"上位语"多源于汉字文化

构成日语的词汇包括和语词与汉语词，前者多虚词，后者多实词；前者多生活用词，后者多学术用词。近代以来，汉字词在"上位语"（雅文化层面用词）所占比例呈上升趋势，这是因为日本长期深受汉文、儒学、华化佛教、中式律令熏陶，精神文化的核心概念多典出汉籍，这种影响延及近现代，在翻译西方学术概念时，多借用中国古典词（如革命、共和、社会等），或按汉字构词法创制新的汉字词（如哲学、美学、宗教等）。今之日本中央政府的一级部门称"省"（文部省、通产省等），沿袭中国唐代三省制（中书省、门下省、尚书省）之称。幕末、明治间最时髦的词语"文明开化"亦来自中国古典："文明"典出《尚书·舜典》"睿哲文明"，"开化"典出顾恺之《定命论》"夫建极开化，树声殆则"。此类用例，不胜枚举。在日益西化的近现代，包括"脱亚入欧"说盛行时期，日语中汉字词反而有增长趋势，尤其是"上位语"，汉字词所占比例明显上升（由江户时代的二成，增至昭和时代的五六成）。汉字是日本译介西学的重要工具。

现代日本词汇由汉字词、和语词、外来词（指汉字词以外的来自国外的词语）、混种语4部分组成，而汉字词约占一半，为其他三类之和。当代日语中用假名拼写的外来词比例上升，但汉字词在"上位语"、"文化词"中仍然占据举足轻重的地位。

三、近代化进程里中日汉字文化互动

世界近代化进程肇端于西欧北美，其他地区的近代化过程固然各有内部因缘，但都是在现代西方入侵并提供文明示范的情形下得以展开的，东亚亦不例外。在这一格局下，西学东渐构成东亚近代文化的一个重要推进因素，对译西学概念的汉字新语的成批涌现，则是东亚近代文化的语文表征，而在这一过程里，中日两国汉字文化发生范围宽广的互动。

以往的习惯性说法是：汉字文化在古代是中国影响日本，在近代是日本影响中国。此说大体可以成立，但仔细推之，则并不周全。西学东渐的历史以16世纪末叶（中国明末清初，日本战国时代、江户时代初）为端绪，直至20世纪初，其前期与后期汉字文化的流传大势颇有差异，不能用"日本流向中国"一言以蔽之，具体而言：

西学东渐前期（16世纪末—19世纪中叶），主流是中国译创的汉字新语传播日本；

西学东渐后期（19 世纪末—20 世纪初），主流是日本译创的汉字新语传播中国。

（一）西学东渐前期

对译近代西洋概念的汉字新语，初现于 16、17 世纪之交的东亚，它是西学东渐结出的第一批果实。就中国而言，明清之际入华的南欧耶稣会士（如利玛窦、艾儒略、邓玉函、汤若望等）同中国士人（如徐光启、李之藻、杨庭筠、王征等）合作译述西学时，创制若干与西方概念对应的汉字新语（如几何、上帝、地球等）。这一草创性工作在清中叶停顿百年后，至 19 世纪中叶左右，又由入华英美新教传教士（如马礼逊、伟烈亚力、傅兰雅、李提摩太）同中国士人（如李善兰、王韬、蒋敦复、徐寿）合作译述第二批与西方概念对应的汉字新语。这两批汉字新语随同早期汉文西书和晚期汉文西书东传日本，成为日本江户时期兰学和洋学的一大知识及语汇的补给源，当然，日本兰学家、洋学家也自创一批译介西学的汉字新词。

自 18 世纪起，日本兴起"兰学"（以荷兰语为媒介的西洋学术），而兰学著译多借用来自中国的早期西书的译词。幕府学者新井白石（1657—1725）根据审问破禁入境的意大利传教士约翰·巴蒂斯塔·西多蒂（Giovanni Battisea Sidotti, 1668—1715）而编写的《西洋纪闻》，介绍五大洲各国地理政情。其书的基干性地理专名，都沿袭入华耶稣会士（新井白石称之"西洋明人"）的著译，如"欧逻巴、利未亚、亚细亚、南亚墨利加、北亚墨利加、红海、大西洋"等，均采自南怀仁的《坤舆图说》，欧逻巴的东南西北"四至"也摘自《坤舆图说》。故新井白石在《西洋纪闻》中专门说明："《图说》（明人所刻，《万国坤舆图说》也，后凡言《图说》，亦皆仿此）云欧逻巴，云云。"

当然，日本"兰学"的主要信息来源，是通过荷兰人和荷兰语文直接获得的西洋科技知识（医学为主，旁及舆地学、天文历法及人文学、社会科学），来自中国的早期西书的作用是辅助性的，但在以汉字词翻译西洋术语方面，中国的"早期西书"为日本兰学家树立了范例。除上述舆地学术语借自早期西书外，日本兰学时代的数学术语多采用《几何原本》（如"体、面、线、点、直角、钝角"等）和《同文算指》（如"通分、约分"等），并沿用至今；有些宗教术语采用早期西书，如"天主、圣人、升天、圣经、十戒、天福、原罪、宠爱、受难、教会、祝日、天罚、天恩"等。兰学的开山之作——杉田玄白（1733—1817）刊于安永三年（1773）的《解体新书》也多借用中国早期西书的译词，该书《凡例》说：

斯书所直译文字，皆取汉人所译西洋诸国地名，而合诸和兰万国地图相参勘，集以译之，旁书倭训以便读者也。

这里所说"汉人所译西洋诸国地名"，实指入华耶稣会士著译（如艾儒略《职方外纪》、南怀仁《坤舆图说》）中的地理学术语。另一兰学家青木昆阳（1698—1769）对利玛窦的《坤舆万国全图》和邓玉函的《远西奇器图说》均有借鉴，他在宝历十三年（1763）刊行的《昆阳漫录》中，赞后者为"诚有经国之志者讲求之书"。被称做"兰学泰斗"的大槻玄泽（1757—1827）于天明八年（1788）刊行的《兰学阶梯》对来自中国的早期西书给予高度评价：

宫医事、天文、地理、测量、历算等的诸术，其法其说，精详简便，微妙要论不在少数。已由汉舶载来的西洋历书《历算全书》、《天经或问》、《灵台仪象志》、《数理精蕴》之类，皆明人所译。

这里的"明人"为"西洋明清人"之简称，指明末清初入华耶稣会士及与之合作的中国士人。所列之书，多为清书，《历算全书》为清人梅文鼎编；《天经或问》、《数理精蕴》则是清代丛书《律历渊源》中的两种。

（二）西学东渐后期

明治维新使日本乘上近代化的快速列车，研习西学、创制新语都超越中国，清末又出现留学日本、广译东书热潮，近代日本创制并定型的汉字新语得以传输中国，使清末民初的中国语文世界呈现日本名词泛滥的局面，一时间，迎受者有之，拒斥者亦有之，而日本名词却不以人的意志为转移地滔滔入华。中国语言学家王力的《汉语史稿》下册（中华书局1980年版）列举若干"来自西洋，路过日本"的新语，可略见"日本新名词"入华的大貌。

1. 名词

哲学 philosophy	科学 science	物理学 physics	化学 chemistry
企业 enterprise	历史 history	体操 gymnastics	动员 mobilization
政策 policy	系统 system	政党 party	警察 police
独裁 dictatorship	反应 reaction，response		单位 unit
关系 relation	物质 matter	成分 element	动议 motion
条件 condition	意识 consciousness	概念 concept	观念 idea
直觉 intuition	命题 proposition	对象 object	目的 aim
主义 doctrine	定义 definition	原则 principle	代表 representation
出版 publication	前提 premise	进化 development	演绎 deduction
综合 synthesis	意图 intention	背景 background	现象 phenomenon

现实 actuality　　　情报 information

2. 形容词

绝对 absolute　　抽象 abstract　　　肯定 affirmative　　否定 negative

积极 positive　　消极 negative　　　主观 subjective　　客观 objective

直接 direct　　　间接 indirect

3. 动词

改良，改善 improve　　解放 liberate　　批评，批判 criticize

概括 generalize　　　制约 condition　　调整 adjust

除词汇外，日式词缀，如～的（人为的、独创的），～化（工业化、现代化），～学（科学、民族学），～论（方法论、唯心论），～感（快感、痛感），～性（男性、有效性），～主义（资本主义、社会主义），～时代（史前时代、石器时代）等等，也为现代汉语所接纳，广为使用。

一位西方汉学家评析道：

在此之前，中国要把西方概念和词汇译为中国惯用语的一切努力，从林则徐和魏源在 19 世纪 30—40 年代粗陋的翻译，到西方传教士们翻译中各种各样而并不协调的新造词语以及严复在这世纪之交的、颇为优雅但同样无效的创造，全都失败了。明治时期日本的汉字现代词汇于 19 世纪 90 年代已完全标准化，机能上也连贯一致。如果没有这些词汇，中国任何改革的努力，都要在词汇战争和争吵中失败。

当我们扬弃这一评论中的偏颇处（如认为从林、魏，西方传教士到严复的译事"全都失败"），肯认明末以来中外人士译业奠定的宝贵前进基地，包括对日本创制汉字新语提供的重要帮助，那么，上述言说关于日源汉字新语入华的历史功用的判断，大体是中肯的。

需要补充的是，标准化的日制汉字词入华，固然推进了汉字新语的规范化，但是，译名的标准化问题主要是经由中国自己的努力才获得解决的。中国人及入华西方人在日制汉字词输入之前及以后，不断为此而呼吁并付诸实行。早在 1848 年，徐继畬已在《瀛环志略》的《凡例》中提出地名、人名译名的统一问题，并在该书中对此作出有益的尝试。此后，傅兰雅在《江南制造总局翻译西书事略》中倡导科技译名统一，以为这是"译西书第一要事"；傅氏与徐寿等合作编制的《金石中西名目表》（1883）、《化学材料中西名目表》（1885）、《西药大成药品中西名目表》（1887）、《汽机中西名目表》（1889），便是统一科技术语努力的实绩。

20 世纪初叶以降，中国官方与民间进一步重视译名统一问题，清政府和民国政府先后成立相关机构，高凤谦、严复、梁启超、罗振玉、林纾、章士钊、赵元任、朱自清、郑振铎、许地山等学人也分别做过学科术语统一工作。民国三年（1914），就读美国哈佛大学、康奈尔大学的赵元任、周仁、胡达、秉志、章元善、过探先、金邦正、杨铨、任鸿隽、胡适等，在一次聚谈中，倡议刊行一种月报，以"提倡科学，鼓吹实业，审定名词，传播知识"为宗旨，其中把"审定名词"与倡导科学、振兴实业相并列，可见对词语标准化的重视程度。朱自清1919年在《新中国》第1卷第7期发表的《译名》，提出译名统一的四种力量说——政府审定、学会审定、学者鼓吹、约定俗成。郑振铎1921年6月在《小说月报》上发表《审定文学上名词的提议》，力主像统一科技术语那样，使文学术语规范化。总之，中国官方与民间做了大量译名统一、术语标准化的工作，并非全然仰赖日制新语提供标准化范例。

四、中日互动、共创的汉字新语的功能

逐渐走向标准化的汉字新词，其社会功能是巨大的，仅从学术文化层面而论，新术语的作用可简列如次：

（一）塑模并规限近代诸学科的发展

近代新语由各学科术语组成，首先包括一批学科名目，如"物理学、化学、植物学、动物学、代数、几何"等等，它们的定名，对自然科学诸门类的形成至关重要。近代新语中的"社会学、经济学、法学、商学、文学、历史学、哲学、美学、美术"等文科名目的厘定，则为社会科学及人文学的建立划分了界域。而各学科汉字术语的批量呈现（如历史学中的历史、古代、中世纪、近代、现代、原始社会、奴隶社会、封建社会、资本主义社会等等），则使汉字文化赢得了建立各学科知识网络的纽结。

（二）造就新文体，推动白话文运动

钱基博（1887—1957）在《现代中国文学史》中称："当代之文，理融欧亚，词驳今古，几如五光十色，不可方物。"其间，"新民体"（得名于梁启超主笔之《新民丛报》，亦称"启超式文体"）在清末民初尤风靡一时，而近代新语及其新句式，是此种文体的重要构成因素。这种文体又成为从文言文走向白话文的过渡形态。民初发生的白话文运动，更大量采用新语，"自由、民主、科学、美育、文明"成为白话文运动以至整个新文化运动的关键词，"～的"、"～主义"、"～学"等日式词缀的引入，则丰富了白话文的表现手段。

（三）提供新思想的语文部件

近现代中国新思想迭出，而新思想无不仰赖新语汇表述新概念。君主立宪思想采用"议院、上议院、下议院、国会、虚君共和、君民共治"等新语；革命思想倡用"革命、共和、民权、民治、主权在民"；进化思潮广用"物竞、天择、进化、野蛮时代、文明时代"；自由主义服膺"自由、独立、平等、博爱"；社会主义频用"阶级、资本、资本家、剩余价值、专政、群众、社会主义"……在一定意义上可以说，没有新语的创制，新思想便无从产生与传播。反之，新思想与新事物一起，又成为新语涌现的无尽源泉。

概言之，近代汉字新语的生成，展现了中—西—日文化互动的复杂历程，从一个侧面映照出中国学科发生史、白话文运动史、新思维成长史。而日制汉字词入华，又是汉字新语生成的一大关键，其高峰出现在清末民初。这是中日两国汉字文化发展到 19、20 世纪之交的一种必然结局：其时，日本已经创制大批对译西学概念的汉字新词并使之定型，中国则急需这样的新词，于是有日本名词大举入华一幕的发生。

清末民初这一高峰期过去之后，中日两国间汉字语汇互动的规模渐趋减小。原因在于，20 世纪 20 年代以降，中国主要致力于从欧美直接译介西学，西方新概念或以汉字意译，或以汉字音译，都采自欧美原本，很少再借助日译本。另一方面，日本自昭和时期起，尤其是二次世界大战结束后，主要以假名音译西方术语，极少用汉字意译，这样，日制汉字新语便不再成批出现，因而也不可能发生中日间新生汉字词的大规模交流。如英文 computer，中国以汉字意译为"电脑"，日本以假名音译为コンピコーター，二者间不可能彼此传递；microcomputer，中国以汉字意译为"微机"，日本以假名音译为マイコン、パソコン，二者分道扬镳。当然，在中日频繁交往的当代，少量日本词语仍偶有传入中国，如"人气、料理、居酒屋、便当、卡拉 OK、新登场"等日制名词，近年不时出现在中国的书刊乃至街头招牌上。而中国的新名词"特区"等，也被日本采用，2003 年 5 月日本政府便宣布建立"新技术、新产业特区"，"特区"一词即借自中国改革开放时期的新语。

五、汉字文化的发展前景

世界绝大多数文字都沿着"象形－表音"方向走去，拼音文字为其归宿，唯独汉字未如其他古文字那样被表音文字取代，而是另立一格，其构造建立在标识原理上，形体由图形变为笔画，象形变为象征，复杂变为简单，成为形、音、义统一的表意形声文字。

汉字有单字多，难记、难写等弱点，近代曾被视为落后的文字，应被拼音文字取代。日本江户幕府末期，前岛密 1866 年上书征夷大将军德川庆喜，力主废止汉字。中国清末劳乃宣、王照等也有类似意见，五四时期钱玄同有以罗马拼音文字取代汉字的议论。然而，现代文明的推进，愈益显示出汉字的优长，诸如——

（1）单字造词力强，任何新概念，汉字都可以造出简练、传神的词语，如电脑、激光之类。

（2）信息贮存量大，故联合国五种文字文本，以汉字文本最薄。

（3）能够超越时间和空间限制，长期、稳定地贮藏信息。其记音能力虽不及拼音文字，但载意能力则在拼音文字之上。

（4）20 世纪 80 年代以前，人们为汉字在打字、排版及计算机输入、储存方面的困难烦恼，而现在已成功创造了汉字信息处理技术。中文信息研究会名誉会长钱伟长 1993 年 10 月 26 日在"汉字文化周"开幕式上宣布："汉字在计算机上输入的速度，每分钟已达 600 至 650 字，这是拼音文字无法企及的。"现代高科技揭示出汉字潜藏的巨大优势。

（5）现代科学研究证明，汉字在启发人的形象思维及逻辑思维方面颇有独到功力。中国人、日本人在学术领域能力较强，与使用汉字有一定关系。

总之，今日人们不再如 19 世纪末、20 世纪初那样，把汉字看做历史僵尸，而视其为一种"智能文字"。汉字及汉字文化当然有许多需要改进、完善的地方，然其前景是光明的、不可限量的。

中日两国近代都面对西力东渐的大趋势，从语文层面而言，作为汉字文化圈的中日两国都有一个如何应对西洋话语霸权的问题。事实证明，关门拒斥既不可能，也无济于事；而弃己以从人，废除自己的语文传统，走拉丁化路线也决非良策。中日两国在异见纷呈的情形下，都选择了在汉字文化框架内因应变通的方针，而改铸汉语古典词及创制汉字新语以对译西学概念，是两国共同的着力点。经过 4 个世纪（16—20 世纪）的不懈努力，终于较成功地实现了汉字词与西学概念间的对译，证明了东西文化在意义层面上的可通约性，当然，这种"通约"是相对的、有限度的。由于中西之间在思维方式、审美情趣上的差异，加之两种语文的类型之别，要达到准确、传神的对译，是十分困难的，需要中日两国人民继续努力。

近代汉字新语生成史给我们的另一启示是，中日两国作为汉字文化圈的成员，可以有成效地实现互补，这大有益于两国文化的发展。以对译西方概念的新语互动而言，无论是近代前期日本采借中方创制的新语，还是近代后期日制汉字词大举入华，都有力地推动了中日两国文化的进步。虽然，中日间汉字语汇交流的高峰期已经过去，但由于语言影响的稳定性和不可逆转性，昔日交流的词语及其所负荷的文化内涵，成为中日两国的共同财富，它们记述了两国吸纳、涵化西方学术的成果，并化作两国语文世界须臾不可或缺的成分。地球、经纬度、几何、代数、物理、化学、哲学、科学、艺术、宗教、干部、社会、民主、自由等新语，作为中日两国近现代文化的中坚概念，已经并将长久影响人们的思维与文化的运作。汉字文化是汉字文化圈诸国走向现代、走向世界的重要工具。

作者简介

冯天瑜，1942 年生，武汉大学人文社会科学资深教授。代表作有《中华文化史》《中华元典精神》《明清文化史散论》等。

"和谐世界"新理念的由来与内涵

高秋福

新华社世界问题研究中心研究员

【内容提要】胡锦涛同志 2005 年 9 月 15 日在联合国成立 60 周年首脑会议上提出"建设和谐世界"问题，在国际上引起强烈反响。建设和谐世界是中国先前提出的"构建和谐社会"这一重要理念向国际领域的扩展和延伸，是 20 世纪 50 年代开始倡导的不同社会制度国家"和平共处"思想在当今的新发展，是中国坚持走和平发展道路的又一次郑重宣示，是中国和全人类梦寐以求的安宁与繁荣社会理想在现时代的进一步伸张。"和谐"是指在人与人、人与社会以及人与自然之间建立和平协调的关系。和谐世界的基本内涵和要旨是实现世界的"持久和平"与各国的"共同繁荣"。为实现这两大目标，需要调解作为当今国际关系中最重要行为主体的主权国家之间的关系。世界上国家众多，差异很大，矛盾和问题纷繁复杂。和谐世界的建设涉及政治、安全、经济、文化、环境等人类社会生活的各个方面。因此，建设和谐世界是一项长期的艰巨的历史任务。这需要世界各国和各国人民同心戮力，密切合作，坚持不懈，长期奋斗。

【关键词】和谐世界 国际延伸 社会理想 外交理念 协力共建

中国 5 年前提出一个"建立和谐世界"的新理念，在国际上引起热烈评点。中国何以提出这样一个理念，这一理念的内涵是什么，又怎样将这一理念付诸实践，成为人们议论的焦点。我想借太湖文化论坛谈谈自己的看法，以期同大家进行交流，使讨论进一步深化。

"和谐" 理念从国内向国际的延伸

建设和谐世界这一问题，中国国家主席胡锦涛 2005 年 4 月在雅加达举行的亚非峰会上首次提到。在同年 9 月 15 日庆祝联合国成立 60 周年的首脑会议上，他将"建立和谐世界"作为中国的建议正式提出，并对其内涵作了深入的阐释，引起国际社会的高度关注。

在此之前，人们注意到，2002 年 11 月举行的中国共产党第 16 次全国代表大会提出"构建社会主义和谐社会"问题，并随即作出实施的具体部署。2006 年 10 月，中国共产党中央委员会正式作出构建和谐社会的决定，表示到 2020 年"实现全面建设惠及十几亿人口的更高水平的小康社会的目标，努力形成全体人民各尽其能、各得其所而又和谐相处的局面"。

构建和谐社会这一决定，是中国根据国内出现的新情况、新问题作出的。从 20 世纪 70 年代末开始，中国实行改革开放政策，经济持续高速发展，人民生活大为改善，社会局面总体安定。但是，空前的社会变革在为发展带来巨大活力的同时，也带来诸多新的矛盾和问题。较为突出的是，城乡、区域、经济社会发展很不平衡，收入分配不尽合理，社会保障体系急需建立，民主法制还不健全，一些社会成员诚信缺失，一些领导干部的素质有待提高，一些领域的腐败现象比较严重。提出构建和谐社会，就是要解决这些问题，以促使经济的进一步发展、社会公平与公正的建立，确保国家的长治久安。

在全球化的现时代，任何重大国内问题都同国际社会相关联。中国面临的问题，在当今不少国家也不同程度地存在着。中国国内问题的解决，离不开良好国际环境的支撑。中国对外政策的出发点和着眼点，始终是把维护中国的国家利益同促进世界各国的共同利益联结在一起。因此，构建和谐社会的内涵，自然就从国内向国际延伸，促生了建设和谐世界这一理念。

"和谐社会"与"和谐世界"均以"和谐"为旨要，实为一个理念的两重层次，涵盖的范围和关注的侧重点有所不同。作为这个理念核心的"和谐"，既指人与人之间的和谐、人与社会之间的和谐，也应包括人与自然之间的和谐。构建和谐社会，针对的是中国国内，旨在调解人与人或人群与人群之间的关系。要完成这一任务，当然会受到国际环境的制约，但主导权在很大程度上掌握在中国自己手上。建立和谐世界则是面向国际社会，旨在调解作为国际关系中最主要行为体的主权国家之间的关系。世界上国家众多，各国之间差异很大，矛盾和问题纷繁复杂。建立和谐世界同构建和谐社会相比，是"和谐"理念在一个更高层次上的提升，是一个更为宏大而艰巨的事业。

"和谐世界"是人类社会理想的伸张

和谐世界的基本内涵是什么？胡锦涛同志在提出这一理念的时候是这样表述的："努力建设持久和平、共同繁荣的和谐世界"。置于"和谐世界"前面的"持久和平"与"共同繁荣"这两个修饰语，实际上就是建设和谐世界的两项基本内涵，或者说两个基本目标。

这两个基本目标，正是现今世界需要解决的和平与发展这两个根本问题。建设和谐世界，从政治上说，就是要做到国家不分大小一律平等，不以大欺小，不以强凌弱，保障不同社会制度的国家和平相处；从经济上说，就是要做到各国友好合作，照顾彼此的关切，反对欺诈盘剥，实现互利双赢、共同繁荣；从安全上说，就是要做到各国彼此信任、相互合作，通过对话消除分歧，不使用武力或以武力相威胁，反对各种形式的恐怖主义，共同维护社会稳定与安全；从文化上说，就是要做到各国相互尊重、彼此借鉴，不将自己的意识形态和价值观念强加于人，保障文化的多样性发展，实现人类多种文明的共同繁荣；从环境上说，就是要做到各国相互协调、彼此照应，协力应对各种自然的与人为的灾害，实现人类与环境的和谐发展，确保地球作为人类家园的优美与平安。这几项内容，相互联系，彼此促进，从而确保整个世界实现持久和平与全面繁荣。

这样一个美好和谐的世界，是人类一直苦苦追寻的美好愿景。中国以儒家为代表的古代先贤曾倡导"和为贵"，建立"大同世界"。类似的主张和追求，在佛教文明、伊斯兰文明和基督教文明中也都有不同形式的表述。从东方到西方，从古代到现代，世界诸多民族的哲人墨客都用他们自己的语言对此作过生动的描绘。而今，建设和谐世界的理念，正是人们梦寐以求的安宁与繁盛社会理想的进一步伸张。

"和谐世界"是和平外交思想的新阐释

中国一直奉行独立自主的和平外交政策。建立和谐世界是中国这一外交思想在新形势下的新阐释和新发展。

早在20世纪50年代，中国就同一些邻国共同倡导不同社会制度国家互相尊重主权和领土完整、互不侵犯、互不干涉内政、平等互利、和平共处的五项原则。20世纪70年代，中国提出建立公正合理的国际政治和经济新秩序问题。20世纪80年代，中国领导人邓小平提出"和平与发展是当今时代的两大主题"。现在，中国提出建立和谐世界，基本思想与以往一脉相承，但显然又增添了新的内容。这主要体现在"和谐世界"的内涵，不只是各国单纯地和平共处，而是要通过共同努力，实现"持久和平"与"共同繁荣"。

"和谐世界"作为一种新的外交理念，是随着世界进入新世纪应时孕育而生的。20世纪90年代，苏联解体，世界的两极格局终结，"冷战"结束，世界大战的危险不复存在，各国竞相把经济与社会发展列为自己的主要任务，共同利益的交汇点日渐增多，相互依存、彼此合作的趋势深入发展。可是，强权政治仍不时作怪，"冷战"思维仍纠缠着一些人的头脑，以民主、自由、人权、民族、宗教等问题为由不断挑起事端，不同规模的武装冲突乃至局部战争仍在一些地区肆虐。这说明，世界并不太平，争取与维护世界和平仍任重道远。而随着经济全球化的扩展，南北差距越来越大，贫困、疾病、灾祸得不到应有的遏制，社会不公平现象加剧，不同文明之间的碰撞与冲突频频发生。这一切表明，进入新世纪，世界上原有的一些矛盾和问题没有彻底解决，一些新的矛盾和问题又不断滋生。这些旧的和新的矛盾和问题，急需寻求新的解决办法。这在一定程度上促使了建设和谐世界新理念的萌生。

建立"和谐世界"需要廓清的问题

如何建立和谐世界，不同人可能有不同的观点，这是完全可以理解的。但有几个基本问题，我觉得在解读建设和谐世界问题上需要厘清。

第一，建设和谐世界是中国坚持走和平发展道路的郑重宣示。近30年来，中国经济迅猛发展，综合实力和影响力增长。中国得益于坚持改革开放的政策，也得益于坚持走和平发展的道路。对中国取得的成就，世界上多数人表示赞赏，认为中国必将对世界的和平与发展作出更大贡献；少数人则表示疑虑，担心中国强大可能会"对世界和平造成威胁"。可是，无论从几千年的文化传统看，还是从现在的社会主义国家性质看，中国只能走和平发展的道路，并以自身发展来促进人类的共同发展。中国的发展，不会损害任何人，也不会威胁任何人。中国通过建设和谐世界的倡议，再一次向世界明确宣示，其追求的是世界持久和平与各国的共同繁荣。

第二，建设和谐世界是中国致力于建立新型国际关系的新尝试。现今的世界正处于大变动、大整合的过程中，国际关系错综复杂。人们普遍吁求国际关系民主化，但霸权主义却从中作梗。人们期盼世界和平与安宁，但恐怖主义威胁依然存在。人们要求缩小南北差距，但全球发展仍严重失衡。所有这些问题都需要解决，但诸多传统方式，包括热战和"冷战"，均难以使之解决。国际民主化潮流的发展，发展中国家力量的增强，一批新兴国家的出现，为寻求新的国际问题的解决办法在打开新思路。中国提出建设和谐世界，绝非像有些人所说"想借此建立中国式国际秩序"，而是"在经济全球化背景下为探求人类共存共生新出路而作出的新努力"。

第三，建设和谐世界是一项繁重无比的系统工程，需要一个漫长的历史过程。现在世界存在诸多不和谐因素，在建设和谐世界的过程中需要一个个去消除，而在原有的不和谐因素消除之后，还会出现新的不和谐因素。在世界演化的过程中，和谐总是暂时的、相对的，而不和谐则是永恒的、绝对的。实现与维护一定时期的相对和谐，不是不可能的，但确实需要作出长期不懈的努力。这期间，肯定充满诸多难以想象的困难、曲折和斗争。对此，我们需要保持冷静的头脑，决不把良好的愿望当成很容易兑现的现实，要做好不屈不挠长期奋斗的准备。

第四，建设和谐世界需要世界各国人民共同努力，密切合作。中国作为这一构想的倡导者和世界上最大的发展中国家，理所当然地要为建立和谐世界作出自己应有的努力。但这毕竟是一项涉及全人类的事业，需要世界各国和各国人民同心戮力，共同参与。特别是发达国家，需要承担更多的责任，崇义让利，帮助其他国家实现和平与发展。另外，建设和谐世界的理念刚刚提出，其基本内涵和终极目标有待进一步阐释。这就需要世界各国、各民族的政治家、思想家等诸路贤达携手努力。在从哲学或战略高度阐释的同时，应尽力使其落实到政策与战术的层面，将理念及时转化为现实举措，尽早造福于整个人类。

作者简介

高秋福，1939 年生，新华社前副社长、世界问题研究中心研究员。代表作有《多彩的非洲》《别样风情是中东》等。

开放的文化观念之历史与现实

耿云志

中国社会科学院学部委员、近代史研究所研究员

【内容提要】近代中国的开放起初是被迫的。经过洋务运动、戊戌维新运动、立宪运动和辛亥革命，直至新文化运动，中国人始确立起比较自觉的开放的文化观念。

开放的文化观念，即是以开放的心态对待民族文化与世界文化之间的关系。人类因其生存方式具有相当程度的同一性，所以，其所创造的文化，在本质上亦具有同一性。否则，今天世界上各国家、各民族之间越来越频密的交往就是不可设想的了。

历史证明，各国家、各民族都曾从彼此的文化交流中得到益处。因为在交流的过程中，对外来的东西有所吸收，固有的东西则有些向外流传。外来的东西与固有的东西经过多次碰撞之后，有些可以互相化合，有些因碰撞而互相砥砺、磨洗，从而各自更加显出其固有的光彩。最后，化合了的或固有光彩更加显现的东西，就会构成新的世界文化的有机组成部分。

最近30多年来，我国实行开放的政策，大大推动了我们各项事业的突飞猛进。这就更加证明了开放的文化观念的重大意义。

一

人类的文化具有同一性，这是绝大多数学者都承认的。但不同地域、不同民族所创造的文化又是明显的互相区别的。比较起来，总是互有短长，各有优缺，需要互补。

但在中国，由于较早地形成大一统的中央集权的专制国家，政治和思想文化都极力维护一尊的地位，严防内部的异端和外来文化的侵袭。所以长期奉行封闭或半封闭的文化政策。这中间也有不同的情况，汉代、唐代及宋代，文化比较开放，所以呈现了相当繁荣的文化气象。明、清两代除了短时间略为开放，大体上是实行相当严格的封闭的政策。

同时期的欧洲，由于各国相互邻接，长期相互来往，其经济、政治、文化都时时相互影响着，没有特别封闭的现象。他们经常地互相比较，互相竞争，互相交流，使他们获得较快的进步，也使他们养成了比较开放的文化心态。在他们那里，向其他国家学习，向外部世界去探索，甚至去冒险，一般不会被看成不可容忍的异端。所以在欧洲大多数国家那里，开放的文化观念是历史上自然形成的，不需要特别地提倡，特别地去培养。也正因此，近代世界化的进程也就从欧洲开始。

世界化的进程是伴随着近代世界市场的形成和逐步拓展而发生的。被卷入世界市场的各个国家之间，由物资交流而人员往来，进而发生文化的交流。对于一个具体的国家而言，世界化首先是对外开放，只有开放了，才会有逐渐发展的相互交流（经济的、政治的、文化的）。其次，在交流的过程中，对外来的东西有所吸收，固有的东西则有些向外流传。第三，外来的东西与固有的东西不可避免地会发生一些碰撞，多次碰撞之后，有些可以互相化合，有些因碰撞而互相砥砺、磨洗，从而各自更加显出其固有的光彩。第四，化合了的或固有光彩更加显现的东西，就会构成新的世界文化的有机组成部分。

中国的开放起初是被迫的。当鸦片战争爆发时，中国人对较大范围的外部世界，基本上毫无所知。由于战争失败，除了割地赔款，还被迫开放口岸，中外交通渐渐打开，物质的与精神的文化交流从而也渐次发展起来。虽然是充满了不平等，虽然中国人并不情愿，但中外文化的交流毕竟是开始了。普通的官员与民众，起初对外来的东西是十分抵触的。因此，中国人对世界化趋向的自觉意识颇经历一番曲折，发育迟缓。从鸦片战争后被迫开口通商，数十年下来，人们仍然没有意识到这种世界化的趋势和自觉地去适应它。绝大多数人仍为朝贡体制的天下观所束缚，仍不肯以普通国家间的关系来处理对外事务。为了外国使臣晋见中国皇帝的礼节问题长期争持不下。对于外派使臣，他们更以为是将朝廷重臣放逐蛮邦，有类于人质。李善兰在其与艾约瑟合译的《重学》一书出版序言中竟然说："异日人人习算，制器日精，以威海外各国，令震慑，奉朝贡，则是书之刻，其功岂浅鲜哉？"可见一般士大夫的观念，仍未摆脱古代朝贡体制下的思想框架。

在官吏阶层，除了后来出使外洋的郭嵩焘、薛福成等较具世界眼光之外，在国内重臣之中，大约李鸿章算是较早产生世界意识的人。他对于创办同文馆，建江南制造局，派幼童留学，或为倡首，或为赞助，皆有积极表现。他意识到当时所处时势"实为数千年未有之变局"。此话后来人们经常引用。他认识到，泰西各国富强，"皆从各国交好而来。一国的见识无多，聪明有限，须集各国的才力聪明，而后精日益精，强日益强。国与人同，譬如一人的学问，必要出外游历，与人交际，择其善者，改其不善者，然后学问益进，智识愈开。国家亦然。或者格物的新理，制造的新式，其始本一国独得之秘，自彼此往来，于是他国皆能通晓效法。此皆各国交际的益处。"这表明，李鸿章已意识到世界化的趋势。

二

中国人对世界化发生自觉意识，产生开放的文化观念，戊戌前后至辛亥前后的十几年是很重要的一个时期。

康有为奔走呼吁变法就是为适应这个世界化的大趋势。他明白，今之列强，非古之夷狄可比。他在《进呈日本明治变政考序》中说："今者四海棣通，列强互竞，欧美之新政、新法、新学、新器，日出曹奏。欧人乃挟其汽船、铁路以贯通大地，囊括宙合，触之者靡，逆之者碎。采而用之，则与化同，乃能保全。"他的学生梁启超则指出："今日地球缩小，我中国与天下万邦为比邻，数千年之统一，俄变为并立矣。"由维新派主办的《湘报》，连发两篇文章鼓吹，必须急起直追世界进步潮流。易鼐著文称："若毅然自立于五洲之间，使敦槃之会，以平等待我，则必改正朔，易服色，一切制度悉从泰西。"樊锥著文称，中国应该"一切繁礼细故……一革从前，搜索无剩，唯泰西者是效"。这听起来颇像是后来被人们称为"全盘西化论"的意思。

戊戌维新运动的志士们主要致力于改变君主专制制度，为实行君主立宪制度做一些开路的工作。他们看到，旧的君主专制制度及维系这一制度的一切旧章、旧法、旧观念，都无法原封不动地继续存在下去。中国要生存，要立于平等竞争的新世界，就必须改革。尽管西太后发动政变，扼杀了这次变革，曾引起一次大反动。但变革的闸门一开，就再也无法完全堵住变革的潮流。此后十几年间，革命运动，立宪运动，都是这一潮流的集中表现。孙中山认识到"人群自治为政治之极则"，这是他流亡国外，体察外国政治制度的运作，并读许多西书后得出的结论。梁启超流亡日本后著文数百万言，其最集中的一点就是论述处列强竞争之世，如何新我国民，开我民智，新我民德，强我民力，以适应世界化的大潮流。辛亥革命推翻帝制，建立民国，梁启超发表《中国立国大方针》一文，第一节就是论述如何成为"世界的国家"。"世界的国家"一词，很可能是梁启超最早提出的。文章说："今代时势之迁进，月异而岁不同，稍一凝滞，动则陵夷。故有国有家者，恒竞竞焉内策而外应若恐不及。然则今日世界作何趋势，我国在世界现居何等位置，将来所以顺应之以谋决胜于外竞者，其道何由？此我国民所当常目在之而无敢荒豫者也。"有趣的是，当时荷兰阿姆斯特丹一家报纸登出一幅时事画，画有一室，室中有代表美国及世界共和国家的人物五个，另有一个从门口刚进来的着中式服装的小男孩，代表新中国，表示世界共和国家欢迎这个新生的共和国。此画很有一点象征意义。显示中国刚刚开始被世界所接纳，成为梁氏所说的"世界的国家"。

三

五四新文化运动前后，中国的世界化进程和中国人的世界化意识都达到了新的高度。

讲到这一时期，不能不提到第一次世界大战对中国的影响。

本来，战场在欧洲，表面看来，与中国无大关系。但战争牵及当时大多数主要西方国家，这些国家又都在中国有势力范围和种种特别权利，战争的结果将会导致他们在华势力范围和特别权利的某种变化。当时美国特别鼓动中国参战。中国一部分政治家觉得这是中国主动参与世界事务，争得适当国际地位的一个机会。以梁启超为代表的一些人为此积极鼓吹，热心奔走，终于推动当时的北京政府于1917年决定加入协约国，对德宣战。

这场战争对中国的影响主要有四个方面：

第一，由于协约国战胜，中国得以作为战胜国的一员参加巴黎和会。虽在会上备受歧视，但毕竟是第一次在国际场合主动发出一个主权国家的声音。中国代表团拒签损害中国主权的和约，从此开始了争取废除一切不平等条约的斗争。从前，中国一直是被强制地接受列强种种损害我主权的安排。此次以巴黎和会拒签和约为契机，中国开始逐渐有一些主动争取权利的自觉。有了这种自觉，才谈得上以平等的独立的主权国家的身份参与世界化进程。

第二，由于战争耗去了许多西方大国的主要精力，中国民族工业获得较好发展的机会，各方面都获得很大进步，经济世界化取得新的起点。

第三，日本利用西方列强无暇东顾的机会，窃夺原德国在中国的势力范围和权益，更进一步提出21条要求。从此，日本成了中国的最大威胁。觉悟了的中国人，一改清末以来学习日本的热心，继而直接向西方国家学习和借鉴。留学欧美的学生逐渐取代了从前留日学生在各个方面引领现代化潮流的地位。从而中国在政治、经济、教育、文化等各方面的世界化进程更具有了新的面貌。

第四，巴黎和会上列强屈从日本的要求，剥夺我山东的主权，从而引发五四学生爱国运动。这次运动唤起了农、工、商各阶层的觉醒，使原已发生的新文化运动，以前所未有的规模把中国思想文化进一步推上世界化的轨道。

引领新文化运动的先驱陈独秀，1915年创刊《青年》杂志，他在其具有发刊词意义的《敬告青年》一文中，通篇都洋溢着世界化的精神。他说，当今世界"海陆交通，朝夕千里。古之所谓绝国，今视之若在户庭。举凡一国之经济政治状态有所变更，其影响率被于世界，不啻牵一发而动全身也"。故"居今日而言锁国闭关之策，匪独力所不能，亦且势所不利。万邦并立，动辄相关……各国之制度文物，形式虽不必尽同，但不思驱其国于危亡者，其遵循共同原则之精神，渐趋一致。潮流所及，莫之能违。于此而执特别历史国情之说，以冀抗此潮流，是犹锁国之精神，而无世界之知识。国民而无世界知识，其国将何以图存于世界之中？"

另一位新文化运动的领袖胡适，他在其博士论文《先秦名学史》的《导论》中就以世界化的眼光提出："我们应怎样才能以最有效的方式吸收现代文化，使它能同我们的固有文化相一致、协调和继续发展？"其实，胡适在美留学期间，因广泛结交各国学生，积极参与"世界学生会"的活动，并担任干

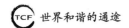

事及会长职务。因此早已为他培植起深厚的"世界主义"的观念。所以，中国应当走世界化的道路，在胡适看来，简直是不成问题的问题。

梁启超在第一次世界大战结束后游历欧洲一年多，在其《欧游心影录》中，他再次强调，"要建设'世界主义的国家'"。他指出，爱国是应当的，但不要局限于褊狭的旧思想之中。"不能知有国家，不知有世界。我们是要托庇在这个国家底下，将国内各个人的天赋能力尽量发挥，向世界人类全体文明大大的有所贡献。将来各国的趋势都是如此。"

的确，第一次世界大战后，世界化的趋势是更加明显了。新文化运动的一个重要趋向就是世界化。所以尽管五四运动以后，发生过许多曲折、反复，以及相应的展开多次论争，但这个世界化的文化大趋势是不曾改变的。

四

1949 年以后，大约 30 年的时间里，由于世界形成两个敌对的阵营，中国无奈地经历了一个较长的半封闭时期。但还在"文革"结束前，以中国重返联合国，和中美关系解冻为契机，中国就开始回向世界化的发展轨道，即渐渐地敞开大门，与世界各国发展正常的国家关系，发展经济贸易和文化交往。到 1978 年，更自觉地明确地提出改革开放的方针。30 多年来，我们都一起见证了中国开放的历程，见证了开放所带来的巨大变化。

在开放之前，中国的国际贸易量在世界总贸易额的比重微乎其微，与我们这个地广人众的世界大国极不相称。但如今我们已稳居世界第二位，很快即将跃升到第一位。从前自清末至民国之末 80 余年里，中国到外国留学的学生，总共不超过 10 万人。但据统计，2002 年一年内往国外留学的中国学生就有 12 万人，与此同时，外国学生来中国留学的人数，也增加甚巨。2002 年这一年就有 8.6 人。2008 年公布的数字显示，中国在海外的留学生从 1978 年到 2007 年累计已达 121 万人，这是一个相当可观的数字。此外因经济贸易和教育、学术、文化交流而出国和入境的人数每年都在增加。至于出国旅游和入境旅游的人数，那就更多了。这些，都是有力的证明，它证明了中国对外开放的程度。

我们所说的开放的文化观念，就是在这种开放的环境中形成和成长起来的。在开放之前，普通中国人对外部世界，不是毫无所知，也是知之甚少。有时在街上出现高鼻蓝眼的外国人，常会发现许多人驻足围观的现象。现在，再也不会有这种情形了。能以平常的心态看待外国人，这是开放的文化观念最重要的基础。

由于频密的交往，包括经济的、政治的、文化的，对异类文化（主要是西方文化）由排斥到接近，由神奇变平常，由遥远到近边，由陌生到相熟，这是一个较为正常状态下的不同文化相互接触，相互了解，相互融合的过程。当然，我们不会接受所有的外来文化；同样的，外国人也不会全部接受我们的文化。但这个被选择、被接受、被融合的过程，只有在两种不同文化相互接触的情况下才有可能发生。

所谓开放，就是让不同的文化相互接触，让人民有机会去更多地、更充分地了解外部世界的文化，通过生活实践去决定选择弃取。历史证明，在开放的条件下，人民之绝大多数，会选择吸收有益于改善他们的物质生活与精神生活的东西。以为在开放的条件下，人们会被外来的腐朽没落的东西所腐蚀，人民会堕落，是毫无道理的。事实上，最容易被腐蚀的往往是那些拥有权力和财富的人，而下层群众之被腐蚀，通常只是上述两种人腐化堕落的附带产物。我们没有任何理由怀疑人民群众的保持自我和向善的本性。鲁迅说，中国民族道德的脊梁是普通的民众。胡适说，中国文化的本位就是那无数无数的人民，这个文化本位是不会有被毁灭的危险的。那些真正理解文化本质的思想家和学者，他们对民族文化有充分的信心，因为他们深信人民具有持守核心传统的能力和向善的本性。

到此，我们可以略为总结一下，开放的文化观念形成的条件及其意义。

前面说过，鸦片战争后刚刚结束时的开放是被迫的。我们所要讨论的"开放的文化观念"，是从主动开放的方面着想。其实，鸦片战争以后，洋务运动、戊戌变法、立宪运动以及民国肇建，都具有主动开放的意味，只是程度不同罢了。比较完全意义上的主动开放，1978 年的中国是一个较好的实例。

主动的开放，首先必定要对外部世界有所了解。完全不了解外部世界，也就不会产生开放意向。但只是有所了解而已。尚未开放的情况下，不可能对外部世界有很多的了解。我在前面曾指出，1971 年中国恢复在联合国的合法席位，接着，基辛格、尼克松访华，成了中国走向对外开放的重要契机。记得 1972 年夏，我们从干校回京，经常被安排看一些外国资料片，其中有很多科学技术类的，也有不少文艺片。使我们对外部世界有所了解。可以想象，上层有关人士必定会有更多的了解。其次，这种了解足以产生危机的意识。如不开放，必将更加落后，我们将难以生存于世界之林。再次，对自己的人民需有充分的信任和信心。清朝末年，以西太后为首的统治核心，之所以不肯开放改革，或即使宣示开放改革，却只是虚与委蛇，原因就在于他们太脱离人民，对人民不信任，无信心。终归自取灭亡。中国的领导人们，结束"文革"之后，回归到常识的思考，回归到以人民为依归的路线，要满足人民的需要，必须在经济上要急起直追，要加快发展。为此，必须引进先进技术，利用外国资本，必须实行开放的政策。果然，改革开放的政策深得人心，顺利地渐次推展起来，并取得巨大的成功。

历史证明，生存于近代世界，只有实行开放，只有养成开放的文化观念，社会才能发展、进步，国家才能日益强盛，人民的物质生活与精神生活才能得到提高。也只有这样，才能促进世界各族人民的和谐与平等。

作者简介

耿云志，1938 年生，中国社会科学院学部委员、近代史研究所研究员，中国现代文化学会会长。代表作有《胡适研究论稿》《近代中国文化转型研究导论》等。

中国和西方社会的价值观：
跨文化对话的方法论反思

Karl – Heinz Pohl（卜松山）
德国特里尔大学教授

下面将集中讨论跨文化对话，其作为消除国际舞台上潜在冲突的一种方式，我要从几点基本假设谈起。

首先，文化的概念。我所理解的克利福德·格尔茨（Clifford Geertz）提出的文化概念是表达身份和生活价值取向的继承制度。它的核心要点是价值体系（根据文化的"冰山模型"，文化就好比冰山，其博大精深藏于水下，藏于水下的部分才起着决定作用）。引用查尔斯·泰勒的术语，我们也可以称之为"视域意义"；泰勒的观念与文化身份的构想息息相关，在他看来，定义我们的身份预示着一种外部的或超越自我重大意义的判别；换句话说，我们需要一个"可理解的背景"来认清自己的身份。

我们应当要记住，文化并不是静止的字符实体，而是动态变化的，无论是同一文化内，还是跨文化间，都随着历史的变化而变化。同一文化内部，也存在着相当大的差异。然而文化是动态的这种认知不应该把我们引向极端，比如我们常会看到后现代话语简直就是各种文化的杂糅体。与这种时尚观点相比较，我想强调文化变化过程的缓慢性或者文化的惯性。因为，历史过程本身就是悠久的，并且对于突然改变的价值体系还存在一定的阻力。因此，我们通常能够辨别出文化的主流和重心。

其次，尽管我清楚地意识到在多元文化主义和反精粹主义思潮的时代简单二分法是多么的不合时宜，我仍然认为模型的简单化是有用的，如果不是必不可少的，比如为了进行基本比较这一目的。因此，我将提及历史上在世界各地发展起来的文化模型，如以中国文化为中心的东亚华夏模型，或西方的欧美模型。

第三，引用乔治·伽达默尔的使不同视角交叉或融合的术语来讲，跨文化对话是了解对方的一个诠释性的尝试。当然，这种跨文化理解的尝试也有其局限性。跨文化观点假设不同文化之间存在一个虚拟的极限。但是，严格地说，即使是在社会科学领域里，我们仍不能彻底地走出那个除了我们的个人经历、历史、知识以及与时代精神相关的个人喜好等以外的价值体系所形成的期望范围。毕竟，理解可能被视为误解的一种形式。因此，我下面的思考最后可能仅是提供给大家对文化及其动态性的一个非常主观的错误的理解。我对跨文化的诠释或许可以引用中国古代哲学家庄子的话叫做"井底之蛙"。

文明之间的对话：方法论的考虑

我们应如何实现东西方跨文化对话？影响的参数有哪些？什么样的条件对之有利？应该解决哪些问题？首先，我们必须清楚地了解跨文化对话大体上的一些基本条件，这些条件多数是我们不知道的。所以，我想在随后的几点方法论的考虑中提出来。

首先，是对话搭档之间的关系问题。我们对于对话的理解暗含着对话双方是平等的，但是实际上由于不同的政治、经济、文化和军事力量以及不同的发展水平，对话双方的关系通常是不对等的。

对话中使用何种语言——现今大部分选择美式英语——这同样是不平等的体现。

不同的历史经历也是评价争议话题的决定性因素。例如欧洲的政治言论充斥着灾难性的宗教战争、激烈的国家竞争、征服新世界的斗争、屠杀和启蒙哲学，而在东亚很难找到任何与之相同的历史。在西方，我们很自然地认为东亚对话伙伴具有批判理性主义，而不考虑这种判断方法在欧洲启蒙运动中的具体根据和认识。这些是评价某一争论性的问题的决定性因素，并且与简阿曼斯所说的"集体记忆"（或者文化的记忆）有关。

语言之外的符号定位是文化身份的基础，也是非常重要的。它包含了各种关于神话、图像、典故以及引用文学参考文献、艺术、宗教和哲学文化结构。

跨文化理解的一个很大的阻碍是民族优越感的态度，然而，这一点在所

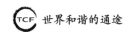

有文化领域中是非常普遍的；人们只关心自己知道的事情。

然而民族优越感还表现在另一方面，从文化诠释学角度来讲，我们在接触其他观点前，都要先找到一个"中心"，一个我们原始的认识框架。善于"反省的"民族很清楚其必要性。然而一个毫无批判性的民族仅把文化特征当做表面现象，而无视其历史依据（比如：中国特有的礼节被当今的西方视为无义之举，是因为他们不知道中国道德起源，不知道其固有的积极意义）。

另一隐患是根据自己的想法评判他人，而不考虑历史发展过程，也不容许他人评判自己的事实。

把其他文化中的不一致性看做逻辑错误，而不是自然矛盾（或者只对自己文化的矛盾现象很清醒），这类现象也很常见。

人们很容易陷入类似误区，臆断表面现象类似就认为是在处理的同一件事（在学习语言时初涉此谬论；在文化现象上参见上述礼仪一例）。

西方最狂热的跨文化对话支持者根据他们意识上的普救观念来区分文化差异，且越早越好。如想继续和他人对话这种方法无用。

我们不得不警惕西方和"其他"国家发展的不同阶段（例如基本权利的履行）。这种评估的结果不是文化相对论而是历史相对论。

跨文化对话不代表一方（学生）接受另一方（老师）的观点，而是应该基于平等、共赢以及增进相互理解。

考虑到这些综合情况和困难，跨文化对话需解决以下四点问题：

（1）历史反思和对自我水准的认识；

（2）了解其他文化，尤其是价值体系的逻辑性；

（3）寻找共同观念；

（4）开放思想，乐于向他人学习。

（一）历史反思和对自我水准的认识

我们很自然地依照我们自己的（政治）准则和价值观来进行跨文化对话，如果以美国模式作为"现代社会"的实际标准，就是后工业化、个人主义、多元化、自由主义、文化多元化以及移民种族多元化这样的社会。但是如果这样，我们就不仅遗忘了世界上大多数人既不生活在那样的社会里也不认为他们有必要找到像我们描述的这样的理想的标准，也遗忘了历史过程和促成标准形成的因素。

价值体系作为文化的核心内涵可追溯到其宗教传统。我们所谓的西方文化，尽管还大都以世俗化方式呈现因而不易辨识，但无论我们赞同与否，基督教思想和观念一直影响着西方社会，因此我们最好称其为后基督教价值观。

因此，基于基督教价值取向，一系列世俗观念和思想发展起来：个人主义、理性主义、科学主义以及要求进步的意识形态。这些观念成了把西方模式现代化变成全球化或普遍化的巨大驱动力。这一过程不仅使半个世界成为了欧洲的殖民地，也形成了世界的单极化发展格局。正如联合国教科文组织"全球伦理观"的前负责人韩国学者金丽寿（Kim Yersu）所说："这种综合体对人们的思想和行为有着深远影响，以致各个国家和社会都一致把西化作为长久生存的方式。他们打着现代化的幌子，放弃了传统习俗、价值观和生活方式，把接受西化的程度作为衡量进步或倒退的标准。"

因此，西方（欧洲和北美）已经成功地将基督教义的价值体系普及世界。他们通过殖民主义和帝国主义时期科学和军事科技的发展和对新事物的探索达成目的。西方新提出的后基督教即文明宗教（文明社会及自由主义等的理想）继承了其宗教本身固有的普遍理想、传教热情和绝对主义。

如果把儒教在东亚的影响和基督教在西方的影响作对比，即可发现：虽然从历史上严格来讲儒教不是像基督教一样混杂的宗教，但却和基督教一样影响深远，儒家思想影响了中国（和东亚）长达 2000 年之久。儒教也提出了普适性的教义。但是儒教缺乏基督教的传教精神。相反，儒教向东亚其他各地宣扬和谐社会和道德秩序这样的示范教育。尽管儒教（在中国封建社会末期已经消失）没有像基督教堂那样的机构，但是后儒家思想还一直影响着中国社会的基本道德观念。

（二）了解其他文化，尤其是价值体系的逻辑性

跨文化对话的主题也许首先应是各自的哲学和宗教传统。尽管宗教影响已被欧洲世俗社会大大削弱，但要想正确理解后基督教价值体系，仍需考虑宗教观念由世俗化转向社会政治、或由道德转向法律的变化过程。具有逃避意识的生活惯例形成了"心灵的习性"。

中国（和东亚）的传统也如西方那样多样化，但是总体说来还是可以找到两者的相似之处：

（1）比相信启示或公认正统的教义更重要的是人们正确的实践活动。

（2）超越不等于神圣，即凡而圣（赫伯特·芬格莱特），平凡或世俗、履行个人职责（儒家思想）或自然之道（道教或禅宗佛教思想）才是神圣。

（3）不同派别互不竞争，也不取缔彼此，而是共存并形成和谐的一体。

这表明中国宗教或哲学不同于西方主流，不追求半超验或认识论问题（即感官世界与形而上学的世界之间的关系）。中国宗教或哲学更具包容性，是很世俗和务实的。

中国不同宗教的传统也导致了其特定的慈善与共存优先的政治文化。中国和大多数东亚国家都把社会和谐和稳定放在优先位置，这是基于被广泛传播的儒家思想的影响。众所周知，儒家思想已从中国传播到韩国、日本、越南，其视社会和国家如家庭，视和谐一致为核心。这样的文化建立于家庭关系的社会凝聚力之基础上，而西方社会，尤其是自由民主的现代，是建立在冲突和个人主义的基础上。按照西方文化，历史、政治和社会在对立冲突中发展起来（如：竞选、劳动纠纷、阶级矛盾以及性别歧视等），并朝着独立个人主义的自由世界发展。

法国大革命仅次于个人自由的主要的战争口号是平等，其背景是在旧政权的阶级社会里，多数资产阶级受制于少数贵族和神职人员。在现代西方社会，基督教的世俗后代积极捍卫平等权利，现今叫做社会正义。在中国社会，在儒家思想的家庭核心模式影响下，父母和子女间是自然的长幼关系，平等从来不是话题（文化大革命时期除外）。相反，男女之间依然被视做一种社会关系网络，因为资历或学历的不同也存在着地位高低之分。因此我们可以总结出，不同于西方平等文化，中国文化以身份为主导。

最后一点，中国社会注重关系，尤其是义务与责任互惠原则（这对其他东亚国家同样适用）。而西方传统则主张一切权力都要遵循自然法则和普世法则。因此我们可以用冯斯·琼潘纳斯（Fons Trompenaar）的普世主义和特殊主义来区分西方和中国文化。

前面提到，这种二分法模式过于简单。但仔细想想也无可非议，因为这种方法确实明确了某些特征和趋势。但是有些例子让人们质疑社会和谐的观念，如中国从古至今不是一直重视和谐和一致。然而我们不应忽视理想（与本质不同）确实对文明的历史过程起着决定作用，即使理想注定永远不能完全实现。提到西方文明，我们可能会沉思片刻，诸如慈善、和平、平等和每个人在上帝面前的独特性这类的理想观念已被世俗化或政治化，诸如社会福利、和平使命、法律面前人人平等、人类尊严和权力等观念已经不可否认地束缚着我们的思想和实践，尽管2000年的基督教历史与人类慈善和和平使命还相距甚远。也就是说，我们在通过指出一些不相一致的单个事件而试图解除历史上某些观念的塑造力时需要相当谨慎。

（三）寻找共同观念（跨文化的普适性）

作对比时我们会指出相似性或差异性。刚刚谈过了差异性，下面我们来看相似性。事实上，在不同的文化中寻找共同概念一直是跨文化致力研究的主流。这些概念有时被叫做跨文化普适性。例如儒教和基督教传统中有黄金法则（积极的或消极的形式），在《孟子》中有"人之初，性本善"的思想，这和亚里士多德的自然观以及现代人类尊严观不谋而合。孟子还提出"仁政"思想，指出"民为贵，君为轻"。最后，我们也发现用道德自律的设想，这些都与西方观念相符。

然而我们必须考虑这些观点产生了不同的影响，并导致了不同哲学史和社会政治历史。例如：道德自律观念没有使人们从西方哲学思想下得到解脱，而所谓的个人道德才应该对公益事业负起责任，这从传统的清官身上得以体现。宋朝伟大的改革家范仲淹的诗句中也有所体现："先天下之忧而忧，后天下之乐而乐。"简单地说，不要坚持己见，而要克服私心；不是当今社会倡导的成就自我，而是超越自我，换句话说，将自己从小我自我的桎梏中解放出来，升华至大我且能容纳万物的自我（佛教中也有相似观念，空即是悟）。

因此我们要警惕类似陷阱，牢记相似的哲学和政治思想发展环境不同，主要区别在于西方思想起源于文艺复兴和法国革命，政府和人民之间的对抗。这种对抗引出了公民或学者与政府完全对立的观念。但是在儒家文化里，学者应关心人民疾苦、为国家服务、同时批判一切违反道德的行为。如今这种观念依然活跃于东亚社会。

多数西方普救说者不考虑历史背景，而试图寻找文艺复兴思想在东亚国家留下的印记，如自律、人权、尊严、多神论或民主等，便批判这些东亚国家，比如说中国，没有延续他们西方的传统标准将会导致与西方的传统相冲突。按照这种逻辑，中国的普救说者认为，欧洲人或美国人在其传统中找到的慈善、平等、正义和友爱等理想标准并没有实现，从他们与第三世界人民或国家的关系中可以看出。此外，东亚普救说者更愿意在其他文化中寻找责任心、无私、利他主义等观念。这就意味着我们在寻找普适性的价值观念时需谨慎前行，而不应该去针对其他文化中传统（或理想）与现实的逻辑错误和矛盾。

（四）开放思想，乐于向他人学习

不同于欧洲和美国，东亚国家已有100年的向西方跨文化学习的历史。一位非洲人的一句话足以证实东亚学者：

哪个欧洲国家能够表扬（或抱怨）自己已经花了太多精力来研究其他社会的传统，就像第三世界国家的学者们研究欧洲流派一样？

这是共同开放，互相学习的重大进步。作为欧洲或美国人，我们可由此得知在跨文化学习方面还有哪些不足。

在这种情况下，华夏模式很好地体现出了西方对"美好社会"的构想。

这种批判性反思将使盘点和推断西方文明对未来世界的影响变得有必要。换句话说，我们要问 21 世纪的文明蓝图是什么样的。迄今为止显而易见，西方模式被全球效仿，取得前所未有的成功，但其仍存在严重缺陷，很多方面都不符合现代文明的标准，至少就"文明"这一词今天所蕴含的深意来说。（这一见解让人想起甘地著名的讽刺。记者问："甘地先生，您怎样看待西方文明？"他回答说："我觉得这个想法倒是不错。"）我们知道如今进步和发展的意识是构成全球资本体系的基础，由于自然资源有限和世界人口的增长，发展迟早会达到经济和生态极限。资本在世界各地无限制地迅速运转，其内在风险也日趋明显，不仅导致了 1997 年的亚洲金融危机，还有最近更严重的"美国"金融危机。科学的发展带来了物质上的巨大进步，但是正如美国著名社会学家伊曼努尔·沃勒斯坦指出，科学至上主义除了导致欧洲中心主义，也导致了社会科学中真与善的分离。我们认为社会多元化促进社会解放性的飞跃进步，同时我们也开始意识到社会发展的负面后果，社会动荡、家庭破裂，曾经带给我们这个社会稳定与团结的传统习俗也正逐步消失，总之，社会结构在慢慢瓦解。终有一天我们会为浪费自然资源以及社会和道德资源而对下一代感到愧疚，为怀有"我们死后，任他洪水滔天"这一思想而感到愧疚。在我们这个人与人之间只是契约关系的社会，社会的凝聚力何在？我想这将是 21 世纪亟待解决的问题。

结 论

由于民族中心主义的基本态度，我们发现普救说推动了全球对各个文化和文明价值观的思考。西方由于成功地普及了基督教思想观念体系，表现了其强大的普遍性特征。西方的基督教和后基督教确有重要的普遍观念，但东方儒教传统也有其重要元素更不用说其他文化的贡献。西方世俗的价值观占全球统治地位，至少在局部地方起到了补偿作用。无论是西方国家的社会问题，还是欧洲中心发展模式引起的生态危机，都应让我们清醒地意识到，如果换个思维模式，我们的世界或许会大大受益，所以我们应该接受不同文化背景下的人们以他们的视角帮我们解决困难。人类在地球上共同繁衍生息，这些非西方的价值观很可能跟我们的同样重要。此外，例如人权等普世价值观，虽然履行情况和历史发展不同，仍不该享有特权。因此我们应该更多地接纳可协商的普世观念，而非既定观念。

通过跨文化对话向其他文化传统开放思想，意味着要充分意识到集体记忆、经历、时代精神（即文化）的调节作用，并能够把自己的标准看做相对的，甚或暂时的或不完整的。换句话说，跨文化开放性和跨文化对话将帮助我们意识到自己文化、政治和意识形态上的盲点，当然这对其他文化背景下的人们同样适用。

跨文化理解需要的不是理论也不是意识形态，而是实际应用和诠释。在此引用查尔斯·泰勒（Charles Taylor）和汉斯－格奥尔格·加达默尔（Hans－Georg Gadamer）的隐喻：充分认识自己，再去认识其他文化。如果我们尽力开放思想，即使不能实现观念融合，也至少能达到观念切合。这将使我们能够在特定的文化背景下思考人类终级目的其他概念，共同思考人类事业更富深意的概念。

作者简介

卜松山，1945 年生，特里尔大学教授。著有《与中国作跨文化对话》《郑板桥：诗人、画家、书法家》等。

不同文明在发展进程中的相互学习借鉴

——中西方企业文化与企业社会责任的启示和现实价值

刘光明

中国社会科学院工业经济研究所研究员

关于我国企业社会责任状况，《中国企业家》杂志于 2010 年进行了调查，其调查数据显示：94.2% 的企业家认为社会责任对公司意义重大。2007 年 2 月，西子联合控股有限公司向社会发布了中国民营企业首份企业社会责任报告，引起了中国企业联合会的关注，认为这是中国企业践行社会责任理念的重要表现，因此特地邀请笔者作为中国唯一的学者代表参加第 96 届世界劳工大会，并带去了西子联合《企业社会责任报告 1981—2006》（英文版），引起与会代表的广泛关注和好评。当国际劳工组织总干事索马维亚先生、国际雇主组织秘书长佩拉罗萨先生和国际劳工组织活动局局长罗特纳先生拿到这份报告时，都表示十分惊喜，从来没有想到中国的企业会这么重视企业社会责任建设，而且这份报告是英文版的，可以看出中国企业的国际视野和水准。

关于企业社会责任的理论、法律、政策和实践等问题，不论对我国理论界，还是对政府和企业界都是一个崭新的问题，需要各方共同努力研究讨论、设计与实践，推动我国企业社会责任运动的健康发展，增强企业竞争力，提升企业经济效益，促进和谐社会的建立。"健康的企业必须是承担社会责任的企业，有道德、有良心的企业"，西子就是这样一个企业。公司的使命是"学习—创新—创造—责任—奉献"。西子 26 年的成长历史始终在实践和兑现着她的使命。2010 年发表的西子联合《企业社会责任报告 1981—2010》（中文版），是对西子过去 30 年历程中社会责任承担情况的梳理、归纳和总结。这也是中国企业的典型代表。

国内外学术界，近年来也开始讨论企业社会责任问题。学者们认为，有相当一部分企业正在朝着规范化公司的目标迈进，企业社会责任理应提到议事日程上来。但也有不少学者担心，强调企业社会责任，弄不好又会掉进过去计划经济条件下企业办社会的"泥潭"之中，所以不主张大力倡导企业履行社会责任之举。还有的学者认为，当前企业的问题，主要是落实守法之责，奢谈企业社会责任为时尚早。另有学者还指出，其实并不存在超越于企业经济责任和法律责任之外的所谓"社会责任"，企业社会责任不过是经济责任与法律责任的"混合品"或"衍生物"。更多的学者采取一种模棱两可态度，在强调企业对"股东"权益的责任之余，也鼓励企业善行社会责任。

一、西方企业社会责任研究状况及对我国的启示

"企业社会责任"（Corporate Social Responsibility，以下简称 CSR）这一概念最早由美国学者谢尔顿（Oliver Sheldon）于 1924 年提出，这源于资本主义进入垄断阶段以后，企业规模的不断扩大引发了日益严重的社会问题，使人们开始思考企业与社会的关系，即企业除了为股东牟求利润外还应该为其所产生的社会问题承担责任。开创 CSR 理论研究先河的，则是 20 世纪 30 年代 CSR 发展史上著名的"贝利—多德（Berle - Dodd）论战"，这场论战的本质在于企业是否应该承担社会责任，这场论战最终以多德获胜（即企业负有社会责任）而告一段落，但 CSR 并未因此而获得学术界的一致认同；20 世纪 50 年代，贝利彻底转变为 CSR 的倡导者；此后，"贝利—多德论战"吸引了更多的学者，从而使 CSR 之争向纵深方向推进。在 CSR 反对者中，先后有 20 世纪 50 年代末哈佛大学的莱维特（Levitt）、哈耶克（Hayek）和波斯纳（Posner）；继而有 20 世纪 60 年代初"贝利—曼恩（Manne）之争"；其中最为激烈的要数诺贝尔经济学奖获得者弗里德曼（Milton Friedman），他从多个角度论证了企业不应该承担社会责任。但是，在反对声中，倡导和支持 CSR 的学者逐渐增多，他们当中有美国管理学家安德鲁斯、现代管理宗师彼德·德鲁克（Peter Drucker）、英国的希克（Sheikh）。其中最有影响的是 1963 年由斯坦福研究所提出，发展于 20 世纪 70 年代并于 20 世纪 80 年代达到高潮的

利益相关者理论。1984年，弗里曼运用利益相关者理论回答了企业的经营活动应该对谁承担社会责任的问题，即 CSR 管理的对象及相关责任，从而为 CSR 奠定了理论根基。不但如此，连曼恩和弗里德曼最后也转而公开表现出对 CSR 一定程度的接受，特别是弗里德曼于 20 世纪 80 年代末修正了其以前的观点，提出："……企业利润最大化可以与企业社会责任和谐共存。"到 20 世纪 90 年代，众多学者和企业对 CSR 趋于认同和支持，20 世纪 90 年代末期，CSR 逐步走上制度化的发展轨道。

伴随着 CSR 必要性之争的是对其内涵之辨。其中，CSR 倡导者们一方面要应对反对者们针对 CSR 含义不明及缺乏可操作性的指责，另一方面又要更好地指导企业实践。多德等 CSR 的早期开创者认为，CSR 乃企业在利润最大化目标之外所负义务的概括。这一提法因其含义模糊而无法获致认同。1953年，博文（Bowen）给出的定义是："商人有义务按照社会所期望的目标和价值，来制定政策、进行决策或采取行动"。1960年，弗雷德里克（Frederick）强调，企业有责任为社会进步作出贡献；麦克奎尔（McGuire）1963年明确地将 CSR 延伸出经济和法律范围之外，认为"社会责任的观点假定企业不仅有经济和法律责任，同时有超越这些义务的社会责任"。到了 20 世纪 70 年代，CSR 概念得到了扩展。1971年，美国经济开发委员会用外延式的方法对 CSR 进行界定，列举了包括经济职能、关注社会和环境变化、促进社会进步等三个层次，涉及 10 个方面的领域共 58 种行为。到了 1979 年，卡罗尔（Carroll）提出了一个至今仍被广为引用的概念，即"企业社会责任包含了在特定时期内，社会对经济组织经济上的、法律上的、伦理上的和自行裁量的期望。"卡罗尔认为这是金字塔形结构，经济责任是基础也占最大比例，法律的、伦理的以及自行裁量（如慈善等）的责任依次向上递减。20 世纪 70 年代中期以后，CSR 概念又不断衍生出社会回应、公共责任、企业社会绩效、经济伦理、企业公民、社会责任投资等概念，这些概念的衍生也意味着 CSR 的研究重点从"什么是企业社会责任以及是否需要企业社会责任"开始转向"如何实施企业社会责任"，以增强对 CSR 的理解，并赋予其更多的实践意义。

早在 CSR 概念提出以前，人们已经意识到追求企业利润最大化的企业活动给社会造成的负面影响，并产生不满情绪。于是为了保护自身利益以及人们赖以生存的环境乃至人类长远利益，人们纷纷开展了劳工运动、消费者运动、环保运动、女权运动等企业社会责任运动。在 CSR 理论的产生地美国，CSR 运动在 20 世纪初就得到政府的响应，如罗斯福总统极力主张通过国家干预保护自然资源和生态环境；肯尼迪总统和尼克松总统相继提出消费者的五大权益（安全权、了解权、选择权、意见受尊重权、索赔权）。这些运动加上政府的响应促使了保护企业利益相关者的相关法律的出台。这些法律，一方面，强制企业履行相应社会责任；另一方面，为企业管理者考虑非股东利益相关者的利益提供法律依据，而且通过公司捐赠的所得税优惠立法鼓励企业承担社会责任，这些都有利于 CSR 的落实。如美国，至 20 世纪 90 年代末，已有 29 个州相继在公司法中加入了公司的社会责任内容；日本和德国也对公司法做了部分修改，以突出对相关利益者的保护。

伴随着 CSR 运动的则是企业承担社会责任的响应。早在 20 世纪 20 年代以前，少数企业如石油大亨洛克菲勒和钢铁大王卡耐基，已经意识到自己与社会的关系，并乐善好施，自发地承担着部分社会责任；在其后漫长的时间里，在劳工运动等社会责任运动的压力以及随之出台的相关法律强制下，企业对内通过改善工作条件、提高工资待遇并提供养老金等福利保障，对外则继续通过捐赠或承担社会公益事业来回报社会和公众。到了 20 世纪 90 年代，一方面，国际上出现了声势浩大的 CSR 运动浪潮，形成国际联合推动 CSR 的格局，如 1999 年 1 月，联合国提出"全球契约"，要求跨国公司和私营企业在各自的影响范围内遵守、支持以及实施一套在人权、劳工标准及环境方面的十项基本原则；另一方面，许多知名跨国公司的社会责任自觉意识增强，纷纷制定自己内部的社会责任守则，加之很多行业性、地区性、全国性以及国际性的行业组织和非政府组织也制定了各不相同的"外部"社会责任守则（多达 400 种）。为了消除名目繁多且交叉重复的社会责任守则给公司、消费者和工厂造成的困惑，SAI 制定并发布了全球第一个"社会责任国际标准"——SA8000。

企业社会责任运动于 20 世纪 80 年代兴起于西方发达国家，并迅速波及全球。

企业社会责任运动的兴起直接源于消费者运动的压力，但这一运动的迅速发展则是多重力量共同推动的结果。

企业社会责任运动肇始于消费者运动的压力。1991 年，美国大型牛仔裤制造商 LEVI—STRAUSS 的海外工厂在监狱般的工作环境中使用年轻女工的事件被曝光后，顿时成为舆论和消费者运动关注的焦点，成为"血汗工厂"的典型。为挽回企业被污损的形象，该公司草拟了世界上第一份企业内部生产守则。随后，在人权组织、劳工组织、环保组织、道德投资机构等的支持下，消费者运动的视线转向一系列的大型跨国公司，从而促使更多的跨国公司（NIKE、ADIDAS、DISINEY 等）制定了企业内部生产守则，并设置专门机构、配备专职人员，负责内部生产守则贯彻实施于包括跨国公司本部及供货商、分包商在内的"生产链"全过程。企业社会责任运动由此进入快速发展阶段，越来越多的国家开始受到影响。

伴随着企业社会责任运动的发展，企业社会责任运动的形成也在不断升级。

企业社会责任运动最初表现为跨国公司制定并实施内部生产守则，内容大体集中于消除童工、禁止歧视、废除强迫劳动、结社自由和集体谈判等四项基本劳工权利以及工资、工时、职业安全、社会保险、员工福利等生产条件两方面。伴随着企业社会责任运动的发展，企业社会责任运动的形成也在不断升级，开始由跨国公司自我约束的内部生产守则向社会监督的外部生产守则转变。截止到 2000 年，全球共有 246 个生产守则，其中118 个由跨国公司制定，92 个由行业协会和贸易协会制定，32 个由非政府组织制定，4 个由国际组织制定。到目前为止，全球范围内的生产守则已发展到 400 多个。国际上比较有影响的外部生产守则的制定和审核、认证机构有：美国的"公平劳工协会（FLA）"、"社会责任国际（SAI）"，荷兰的"洁净衣服组织（CCC）"，英国的"道德贸易行为（ETI）"以及"地毯标志基金会（Rugmark Foundation）"、"国际玩具协会（International Council of Toy Industries）"等。

以跨国公司为主要对象，针对企业社会责任问题的国际企业行为准则的建设，一直没有停止过。1997 年，美国的社会责任国际（SAI）发起并联合欧美跨国公司和其他国际组织，起草了社会责任国际标准（Social Accountability 8000 International Standard，缩写为 SA8000），建立了 SA8000 社会责任标准认证制度，旨在通过有道德的采购活动改善全球工人的工作条件，最终达到公平而体面的工作条件。经过 18 个月公开咨询和深入研究，SAI 发表了 SA8000 标准第一个修订版，即 SA8000 标准，2001 年，受到欧美国家工商界和消费者的普遍欢迎和支持。从 SA8000 标准诞生之日起，SA8000 标准的目标就在于为所有国家、所有行业的所有公司订立一种通用标准，从而确保制造商的生产模式符合统一标准并最终保障工人得到合理待遇和理想的工作环境。SA8000 社会责任国际标准，只是众多企业社会责任标准之一，但它却是一个很重要的企业社会责任标准，因为它不仅是一个社会责任国际标准，而且它是全球第一个可用于第三方认证的社会责任管理体系标准[1]。

但学者游钧对 SA8000 在目前的影响力的评价持谨慎态度。他认为：SA8000 只不过是众多外部生产守则的一种，在整个企业社会责任运动中的地位和作用非常有限。SA8000 标准在世界范围内并没有得到普遍认可。大部分

① 李立清，李燕凌. 企业社会责任研究 [M]. 北京：人民出版社，2005：149.

知名的跨国公司都拒绝承认其效力。国际标准化组织（ISO）、国际认可联盟（IAF），甚至连美国的官方机构也不认可其地位。到 2004 年 4 月底，全球通过 SA8000 认证的企业只有 400 家，涉及 40 个国家和 40 个行业。但是，由于 SA8000 认证和咨询蕴藏着相当客观的商业利益，SAI 以及一批咨询、中介机构和媒体一直致力于炒作，使得 SA8000 的影响力在部分国家特别是中国被过度放大，其与生俱来的商业色彩和政治色彩被有意无意地回避①。

二、全面认识企业与社会的紧密关系是认识企业社会责任的前提和基础

企业是社会活动肌体的重要细胞。企业几乎是全部社会经济活动过程的直接承担者或实践者。企业是社会财富的创造者，它提供就业、生产产品、增加收入、增强财力、丰富和活跃生活等；在实现了社会生活所依赖的物质基础的基础上，又推动着社会的政治、文化生活；企业在承担、参与社会经济活动过程中，为社会创造的正效益是显而易见的，但同时给社会带来的负效益，如生态破坏、环境污染等也是有目共睹的。

社会资源的稀缺且不均衡、信息获取或占有的不均等甚至不公平、社会竞争激烈、劳动者素质差异显著、自然灾害发生的不可抗拒等因素造成贫富悬殊以及由贫困、落后带来一系列的社会问题。而企业作为"社会公民"，面对此情此景如何选择？

综上所述，企业作为社会中重要的特殊的成员，与社会生活发生着相互依赖的日益紧密的关系，因此，有关社会问题或影响社会问题的问题等，企业不能坐视不管，由此必然提出企业社会责任问题，提出企业社会责任的概念。

也正如西子联合控股有限公司在发表的《企业社会责任报告 1981—2006》（中文版）中所说："西子是幸运的，它坐落在中国经济最富活力、风景最优美的城市之一——杭州，这座城市刚刚向全世界推出了自己的城市品牌——生活品质之城。一座城市的生活品质，与这座城市里企业的社会责任感息息相关。如果老百姓从超市买来的食品吃了会感到不适，从商场选购的衣服穿了会过敏，儿童在游乐场所游玩会因为设施质量不过关而受伤……生活品质又将从何谈起？所以，生活品质之城的构建，是一个系统工程，需要全社会的合力共建。企业自然也负有义不容辞的责任。"

---

① 中国企业家调查系统. 企业家看社会责任［M］. 北京：机械工业出版社，2007：275 –276.

长期以来，我国理论界对 CSR 少有研究，这缘于计划经济时期，企业作为单纯执行国家计划的工具，其存在只是服从于社会主义生产目的——满足人们日益增长的物质和文化生活需要。形成了典型的"企业办社会"。结果，在我国极少产生西方社会那样因企业在追求利润最大化过程中所引发的种种社会问题以及随之引发的形式多样的 CSR 运动，从而未能给 CSR 研究提出相应课题并提供研究素材。

改革开放以后，随着我国社会主义市场经济体制的逐步确立，企业的市场主体地位得到确认，20 世纪 90 年代以来，CSR 才真正进入我国学术界的研究视野。这缘于两个方面的原因：一是国外有关 CSR 研究成果的引进带动了国内研究；二是我国改革开放以来随着经济持续高速发展，由企业引发的社会问题不断增多，引发学者们对 CSR 的关注。

进入 21 世纪以后，SA8000 随着跨国公司的采购活动进入我国，对我国数以万计的出口企业造成了冲击和压力，并给更多企业敲响警钟，这恰恰在一定程度上反映了我国企业 CSR 的缺失；与此同时，我国企业所引发的社会问题大量集中爆发，党中央适时提出"以人为本"的科学发展观和建设"社会主义和谐社会"两大主题。这就激发了我国广大学者深入研究 CSR 的责任感和使命感，这些研究或关于如何应对 SA8000，或关于 CSR 的必要性，或探究 CSR 的内涵，或从公司治理及企业管理的角度探索如何落实 CSR，或从立法角度探讨用法律形式对 CSR 或其中的某些层面进行规范等。但到目前为止，我国对 CSR 的研究还仅停留在对国外相应研究进行梳理、归纳或修补的阶段，未能形成自己的理论体系。

在我国，学术界绝大多数研究者对 CSR 持肯定态度。本文根据西方 CSR 理论产生过程及实践背景并结合我国现实，认为我国要增强企业社会责任的研究，理由如下。

（1）现阶段企业引发的社会问题的集中性和严重性。我国企业改革开放后逐步成为市场主体，由于资本的逐利本性及市场竞争的激烈性，我国企业的生产经营活动引发了一系列社会问题。如产品假冒伪劣、资源的过度开发和利用、环境污染、严重的社会诚信危机等等，使企业和社会都付出了不同程度的代价。显然，我国 CSR 的意识觉醒及建设速度跟不上经济本身的发展速度，如果不加快 CSR 的研究并重视 CSR 的建设，则极易激化企业与其各利益相关者之间的矛盾，进而破坏和谐稳定的社会环境，不利于企业的长期发展。

（2）CSR 运动国际化的压力。西方推出的 SA8000 对我国劳动密集型出口企业造成了很大冲击，同时也给更多企业的经营造成压力，甚至会对我国引进外资产生不利的影响。通过调查发现，我国企业，尤其是许多民营企业及部分外资企业确实存在着大量与 SA8000 标准不符同时也违反我国劳动法律法规的问题。SA8000 只不过是 CSR 运动国际化产物之一，针对的只是对企业员工的权益保护，其他的如国际消费者权益保护、环境保护等运动也都影响着我国企业经营的国际环境，从而迫使其重视 CSR，以改善企业的形象和声誉，提升企业的国际竞争力。况且，国际 CSR 运动有着更深刻的复杂性，这些都迫使我们抓紧研究 CSR。

（3）落实科学发展观的内在要求。改革开放以来的高速发展，使我国社会在人均 GDP 跨过 1000 美元大关后进入了矛盾凸显期。显然，其中的许多矛盾就是企业经营的"负外部性"造成的。如一次分配中企业员工工资过低造成贫富差距拉大、重大安全事故频繁、企业活动对生态环境的破坏、粗放经营造成的资源和能源短缺。要化解这些矛盾就需要研究企业如何树立"以人为本"的经营理念，落实科学发展观，从而履行社会责任，推进和谐社会的建设。

目前，大部分学者对 CSR 的内涵取卡罗尔模型的中间两层之义，即 CSR 包含法律责任和伦理责任；也有不少学者仍然坚持卡罗尔 CSR 的四个层次：经济责任、法律责任、伦理责任、慈善责任，甚至在企业责任这一"种"概念与 CSR "属"概念之间，试图进行外延与内涵的重新界定而给出新的定义。

本文支持卡罗尔四层模型的表述，并结合利益相关者理论将之改造成基于利益相关者的企业社会责任层次模型（见下图），这样有利于科学、合理地确定企业与各利益相关者之间利益关系的相关性大小，从而确定利益相关者的重要性次序，不仅便于指导企业的社会责任实践，也可为建立符合中国国情的企业社会责任标准，进而构建企业社会责任评价指标体系提供理论支撑。

CSR 运动国际化伴随着经济全球化而产生。跨国公司作为推动经济全球化的核心力量，自然成为推行 CSR 的主体。以 SA8000 的主要推动方式——认证为例，跨国公司在国际采购中通过在其订单中附加劳工权益保护条款，对供应链上的供货企业提出相应要求，使得通过认证的企业才能得到订单。这就意味着，跨国公司为了维护企业形象，通过采购活动对供应商进行认证或审核，将 CSR 成本转嫁给供应链上的供应商，使得供应链变成了"企业社会责任链"。结果，跨国公司在供应链上带走超额利润，在"责任链"上则给我国企业留下了沉重的责任成本。

中国作为贸易大国，2004 年外贸依存度达到 70%。可是，中国在国际贸易分工格局中具有比较优势的是劳动密集型制造业，全球范围内 CSR 的推行将会抬高国际市场准入门槛，削弱我国企业的低成本竞争优势；同时，CSR 极易被发达国家所利用而成为贸易壁垒，使我国企业面临更复杂的国际环境。如 SA8000 的推行，就有贸易保护主义者借口维护人权和保护劳工的身心健康，而试图设置新的非关税性贸易壁垒。

国有企业、民营企业、外资企业作为我国 CSR 主体，由于企业性质及其成长历史、政策环境等的不同，在履行 CSR 方面表现出明显的差异。

（1）国有企业。从总体上看，国有企业较好地履行了社会责任，这缘于转型期的国有企业仍然具有政企不分的"半政府、半企业"的性质，使其承担了政府赋予的"特殊职能"，并在市场准入、融资途径等方面具有非国有企业无法替代的优势。也正是缘于企业性质的不同，使得国有企业在履行社会责任方面无法起到示范效应。

（2）民营企业。民营企业以追逐利润为目标，虽然客观上自发地"承担"了基础性社会责任——经济责任，如解决就业、增加税收等，但是，我国目前仅有少数民营企业完成了原始积累，这些企业重视长远发展，广泛参与社会公益事业，愿意并较好地履行了 CSR，从而展示了良好的企业形象。而我国 300 多万家民营企业中的绝大多数仍处于原始积累阶段，资本的逐利本性加之缺乏公平的竞争环境以及因法律法规不健全而缺少外部的强制性约束，使得这些企业过于追求眼前短期的经济利益，从而导致社会责任的种种缺失。其中，中小民营企业表现尤为欠缺。如损害员工利益（包括延长劳动时间、增大劳动强度、压低甚至克扣工人工资、忽视生产安全和劳动保护、回避员工社会保险等）、制售假冒伪劣商品、牺牲生态环境等等。

（3）外资企业。①外商投资企业，尤其是以欧美等发达国家为投资母国的企业总体表现较好。欧美国家大部分企业尤其是跨国公司，由于受到国际 CSR 运动的洗礼，已经充分认识到公司利益与公司环境，特别是公司的可持续发展能力与环境、社会的关系不再是分离而是相互协调的关系，从而接受了 CSR 思想并自觉付诸实践，这些公司在中国投资的企业自然也能表现得较好。可也有一些跨国公司试图规避东道国法律法规，进入中国后，在社会责任方面表现出两面性，从而与其社会责任形象不符，如行贿、非法避税、涉嫌垄断、产品安全不达标等。②港、澳、台投资企业则整体表现欠佳。港、澳、台投资企业由于大部分集中在劳动密集型行业，出于降低人工成本的考虑，存在着严重侵害员工权益，甚至侵犯人格等问题。造成港、澳、台投资企业 CSR 表现欠佳的原因主要在于地方政府的片面政绩观——资本短缺和劳动力的就业压力使地方政府对资方形成宽松的社会环境，甚至放松对企业的

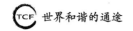

社会责任要求。

推行企业社会责任可能是解决员工问题的更有效的选择。

实现员工权益保障、维护劳动关系的稳定和谐，促进社会安定、经济繁荣和社会进步，必须通过多种手段才能解决和达到，可以有政府的行政手段、法律法规手段、公司经济手段等。相比较，公司经济手段更加人文化一些。推行企业社会责任，实施 SA8000 标准就是提供了一个有效地保障劳动权益、维护劳动关系的经济手段。

欧美企业年度报告和公司宣传册中关于社会责任的陈述逐年增多，这一现象表明，企业管理与社会责任相结合的需求日益增大。今天，企业行为是否符合社会公德可以根据 SA8000 标准予以确认，而 SA8000 标准则是全球性的社会责任运动的产物。全球性的社会责任运动有多个主角，如消费者、零售商、制造商、工人等，他们相互依存，有着共同利益；同时，他们又相互矛盾，存在一定的利益冲突，正是利益矛盾的存在引发了愈演愈烈的社会责任运动。能否实现各方的利益期望并协调发展，这就要采取一种负责任的方法，认清各方的利益和期望，制定有效的实施方案。根本的改善利益关系要求具有新的思维和灵活性，消费者可能要多付出一些钱；零售商可能要支持供应商，如供货周期稍长一些，多提供一些管理支持；制造商可能要长远考虑，采取新设备和新工艺，为工人提供多一些的培训；工人应有更多的参与机会提出建议和意见，因此得到公平的工资和体面的工作条件。大部分消费者愿意多花一点钱购买通过 SA8000 认证的企业生产的产品，这意味着通过适当的经济奖励的方法可以解决血汗工厂的问题。欧盟委员会雇佣及社会事务总部支持的"公司社会责任商业网（CSR）"进行的消费者态度调查表明，12162 名接受访问的消费者中，44% 的人回答他们愿意为社会责任和环保产品多付一些钱。

当前，ISO9000 质量体系、ISO14000 环境体系的认证推广在全球范围正方兴未艾，成为企业管理的一个热点。但两项认证却不涉及工人的基本权利，也没有解决工人劳动条件的问题。对企业来说，通过了 ISO9000 或 ISO14000 并不意味着已经达到了 SA8000 的社会责任标准。随着世界经济和社会的发展，公众越来越多地重视人的价值、社会和道德问题、环境问题、健康与安全问题。对很多员工来说，工作不再仅仅是一种生存手段，更是生活价值、人生价值的体现。所以，企业善待员工，建立和谐的劳资关系，保持舒适的劳动或工作环境，也是企业提高工作效率，激发创新精神，从而带来更大的经济效益的一个关键。而这些社会性问题都不是 ISO9000 和 ISO14000 所关注或能解决的，这正是 SA8000 社会责任标准所关注和解决的问题。正是从这个意义上说，推行企业社会责任可能是解决员工问题的更有效的选择。

随着全球经济一体化不断地向前发展，企业的社会责任也日益突出，作为一个企业，它不但要具有提供就业、制造出高品质的产品等传统功能，现在，它还要尽很多的社会责任。近十几年来，管理体系方面的最重要的发展可能是 SA8000 社会责任国际标准。在目前的商业环境下，问题已经不是"是否应该"实施社会责任政策，而是如何有效实施。许多公司开始意识到，消费者在选购商品和服务时，愈来愈多地考虑公司的道德表现，因此，商业行为符合标准已经变成一件头等大事。

社会责任管理日益被更多的公司所重视，一些企业开始把它纳入战略管理的层次来认识、设计。可以说，在竞争激烈的市场经济中，企业社会责任管理必然成为公司成败的一个重要因素。例如，惠普公司在 2003 年，首次发布了《社会和环境责任年度报告》。报告中明确地把企业社会责任上升到惠普公司发展战略的高度，成为公司竞争优势的一部分。报告系统地发布了惠普公司在履行社会责任方面的成就和计划，标志着惠普公司企业公民体系的建立，也折射出世界一流企业管理创新的发展趋势。

随着时间的推移，企业管理的重点已经显示明确的变化趋势（见图 1），很多企业开始积极尝试和顺应这些新的变化趋势。

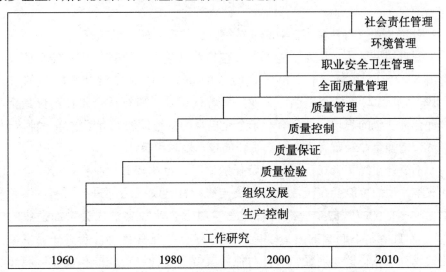

图 1　企业管理重点变化趋势图

三、我国企业社会责任运动的发展——中西方企业文化与企业社会责任的启示和现实价值

本文主要通过选用"中国企业家调查系统"撰写的《2007年中国企业经营者成长与发展专题调查报告》（题目为"企业家对社会责任的认识与评价"）当中的有关资料，从我国企业经营者对社会责任的认识与评价这一视角，来观察我国企业社会责任的发展现状。

对"优秀企业家一定具有强烈的社会责任感"的选择。

绝大多数企业经营者表示认同这一说法，同意（包括：有些同意、较同意、非常同意）的占95%，不同意（包括：有些不同意、较不同意、非常不同意）的仅仅占3.7%（见表1）。这反映了经营者们对优秀企业家一般都应当是具有强烈社会责任感的这样一个基本判断理由的认同，说明经营者对企业社会责任重要性认识的高标准。

对"企业社会责任主要是大企业的事情"、"企业社会责任是企业基本责任之外的责任"的选择。

调查结果显示，同意的分别占8.3%和23.3%，不同意的分别占90.7%和74.9%（见表1）。这表明，总的来说，企业经营者并不赞成认为企业社会责任与己无关的看法，反映了大多数经营者把社会责任看做本企业应有之责的心理。

对"企业履行社会责任对企业持续发展的重要性"的选择。

调查结果显示：认为"重要"（包括非常重要、比较重要）的企业经营者占83.2%，认为"不太重要"的占11.5%，认为"没有影响"的仅占3.8%（见表2）。调查表明，企业经营者认识到，履行社会责任不仅是企业家社会责任感的表现，而且有利于企业自身的持续发展。有了这样一种认识，必然会增强企业经营者实践社会责任的自觉性和积极性。

不少企业经营者在认同社会责任的同时，也比较关注企业履行社会责任的成本，他们可能会在企业自身发展与履行社会责任之间进行权衡。调查结果显示：有69.7%的企业经营者同意"履行企业社会责任会增加企业的成本"，对此表示不同意的占28.8%。那些持有"履行企业社会责任会增加企业的成本"认识的企业经营者，对他们履行企业社会责任的积极性可能会产生"谨慎"态度的影响。

调查结果显示：企业经营者对四类责任的必要性的评价存在一定程度的差异。其中，对经济责任的认同程度最高（6.36－6.62，平均为6.49），对伦理责任的认同程度次之（6.21－6.62，平均为6.36），对法律责任的认同程度

居第三（5.98 – 6.52，平均为6.23），对公益责任的认同程度相对较低（5.45 – 5.95，平均为5.64）（见表3）。

从一般规律来讲，企业经营者对经济责任的认同程度高于对公益责任的认同程度是合理的。在各类社会责任中，经济责任是基础，企业只有首先履行好了经济责任，实现和具备了一定的经济基础，才有可能去履行好其他的特别是公益责任。尽管社会公益责任是较高层次的社会责任，但它一旦失去经济责任实现结果的支持，公益责任最终也是无法实现的。

从企业现实利益感受来讲，企业经营者对经济责任的认同程度高于对公益责任的认同程度也是客观的。企业在履行社会责任过程中也是要进行（短期）成本计算的，企业在履行经济责任过程中是能够给其产生经济收益的，而企业在履行公益责任时，则是无偿的，表现为经济支出，因此，从企业的短期经济利益关系来看，企业经营者对经济责任的认同程度高于对公益责任的认同程度是很自然的。

但是对一些社会公益责任感特别强的企业来说，如果出现对社会公益责任的认同程度高于对经济责任的认同程度的情况也是可能的。

随着企业社会责任运动在全球的兴起，很多优秀的跨国企业已经将企业社会责任纳入发展战略，并积累了丰富的经验，同时，多个国际组织提出了多种有关企业社会责任的国际标准。企业对社会责任的国际标准和国际经验的熟悉程度也是观察和评价企业社会责任发展水平的一个不可忽视的因素。

调查结果显示：对于"国内外公司履行企业社会责任的典型做法"，熟悉（包括很熟悉、较熟悉、有些熟悉，下同）的企业经营者占54.7%，不熟悉（包括很不熟悉、较不熟悉、有些不熟悉，下同）的占17.4%，不清楚的占27.9%。

对于"有关企业社会责任的理论观点"，熟悉的企业经营者占51.3%，不熟悉的占19.9%，不清楚的占28.8%。

对于"同业中领头企业履行社会责任的经验"，熟悉的企业经营者占51.3%，不熟悉的占16%，不清楚的占32.7%。

对于"有关企业社会责任的主要国际标准"，熟悉的企业经营者占26.3%，不熟悉的占21.9%，不清楚的占51.8%（见表4）。

调查表明，国内相当多数的企业经营者还没有系统了解有关企业社会责任的理论观点和国际标准，对"同业中领头企业履行社会责任的经验"和"国内外公司履行企业社会责任的典型做法"的熟悉程度还相当不够，这些因素必将成为制约国内企业社会责任发展的重要因素。因此，对企业社会责任的国际标准和国际经验的熟悉程度还有待提高。

表1 企业经营者对企业社会责任的认识 （单位：%）

	很不同意	较不同意	有些不同意	不清楚	有些同意	较同意	非常同意	同意合计	平均值
优秀企业家一定具有强烈的社会责任感	1.3	0.7	1.7	0.5	5.8	22.4	67.6	95.8	6.46
企业的根本责任是为社会创造财富	1.4	3.3	7.3	0.6	18.8	29.6	39.0	87.4	5.77
企业的根本责任是促进国家的发展	1.8	5.5	11.7	2.6	24.8	28.1	25.5	78.4	5.30
履行企业社会责任会增加企业的成本	4.9	9.1	14.8	1.5	33.3	26.1	10.3	69.7	4.69
企业的根本责任是为股东创造利润	6.3	7.9	17.3	0.6	20.7	29.9	17.3	67.9	4.81
企业社会责任是企业发展到一定阶段后才能顾及的	16.6	20.3	21.4	0.9	18.0	15.3	7.5	40.8	3.59
企业社会责任是企业基本责任之外的责任	28.1	24.6	22.2	1.8	11.7	8.0	3.6	23.3	2.83
企业社会责任主要是大企业的事情	44.3	25.8	20.6	1.0	4.7	2.3	1.3	8.3	2.09

注：表中第2至第8列数据为选择相应答案的比重，第10列为以7分制计算（非常同意=7，较同意=6，有些同意=5，不清楚=4，有些不同意=3，较不同意=2，很不同意=1）所得到的平均值，分值越大表示对该说法的同意程度越高。

表2 企业履行社会责任对企业持续发展的重要性 （单位：%）

	非常重要	比较重要	不太重要	没有影响	不清楚	平均值	P值
总体	17.9	65.3	11.5	3.8	1.5	2.92	
高中及以下	17.7	61.7	14.0	4.3	2.3	2.86	
大专	17.8	64.0	12.4	4.3	1.5	2.89	
大学本科	16.9	66.7	10.6	4.3	1.5	2.90	
研究生及以上	20.0	69.3	8.2	1.6	0.9	3.05	

续表

	非常重要	比较重要	不太重要	没有影响	不清楚	平均值	P 值
大型企业	22.5	65.8	8.5	2.7	0.5	3.05	
中型企业	19.2	66.8	9.7	3.4	0.9	2.79	
小型企业	15.4	63.5	14.1	4.5	2.5	2.83	
国有企业	15.9	65.9	13.3	4.0	0.9	2.89	
民营企业	18.2	64.9	11.2	3.8	1.9	2.92	
上市公司	12.5	78.2	5.2	3.1	1.0	2.96	
赢利企业	18.4	66.0	10.8	3.5	1.3	2.94	
持平企业	17.9	64.9	10.8	4.1	2.3	2.90	
亏损企业	15.8	62.7	14.9	5.0	1.6	2.83	
开创阶段企业	18.0	62.7	13.0	4.0	2.3	2.83	
成长阶段企业	19.7	65.5	9.8	3.4	1.6	2.96	
成熟阶段企业	16.1	66.1	12.5	4.2	1.1	2.89	
衰退阶段企业	11.5	64.2	17.3	5.4	1.6	2.75	

注：1. 表中第 2 至第 6 列数据为选择相应答案的比重，第 7 列为以 4 分制计算（非常重要＝4，比较重要＝3，不大重要＝2，不清楚＝1，没有影响＝0）所得到的平均值，分值越大表示企业履行社会责任对其持续发展的重要性越强，反之亦然。

表 3　企业经营者对企业承担各项责任的必要性的看法

企业责任	平均值	标准差
企业经济责任	6.49	0.44
保持良好的经营业绩	6.51	0.66
保持企业持续的竞争力	6.62	0.58
依法纳税	6.48	0.58
保障股东权益	6.36	0.62
企业法律责任	6.23	0.49
守法经营	6.52	0.57
不从事贿赂、腐败等行为	5.98	1.16
建立健全企业治理结构	6.33	0.69
为员工提供安全、健康的工作环境	6.43	0.60
不干扰企业所在社区居民的正常生活	6.16	0.74
在用工、招聘提供平等机会	6.07	0.78
对企业可能造成的污染进行治理和补偿	6.19	0.67
在同业竞争中遵守公平竞争的原则	6.11	0.77

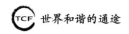

续表

企业责任	平均值	标准差
企业伦理责任	6.36	0.49
维护员工权益	6.21	0.63
为消费者提供优质产品（服务）	6.62	0.55
营造健康和谐的企业文化	6.36	0.65
为员工的进一步成长和发展提供机会	6.26	0.65
企业公益责任	5.64	0.70
参与社会、社区公益活动	5.51	0.90
为社会提供就业机会	5.95	0.81
救助社会弱势群体	5.62	0.95
捐助慈善事业	5.45	0.94

注：1. 表中数据为以7分制计算（非常必要=7，必要=6，有些必要=5，无所谓=4，有些不必要=3，不必要=2，完全不必要=1）所得到的平均值，分值越大代表越有必要承担该项责任，反之亦然，以下同。

2. 表中标准差表示平均偏差，用来度量偏离平均值的大小。对于同性质的数据来说，标准差越小，表明数据的分布范围越集中于平均值，反之，越偏离于平均值。以下同。

表4 对企业社会责任相关知识的熟悉程度 （单位:%）

	很不熟悉	较不熟悉	有些不熟悉	不清楚	有些熟悉	较熟悉	很熟悉	熟悉合计
国内外公司履行企业社会责任的典型做法	2.0	4.6	10.8	27.9	37.9	14.6	2.2	54.7
同业中领头企业履行企业社会责任的经验	1.9	4.6	9.5	32.7	29.6	18.6	3.1	51.3
有关企业社会责任的理论观点	2.8	5.4	11.7	28.8	37.4	11.9	2.0	51.3
有关企业社会责任的主要国际标准	6.6	5.3	10.0	51.8	18.6	6.7	1.0	26.3

调查结果显示：有65.2%的企业经营者认为过去三年来企业社会责任感有提高（包括：明显提高、有所提高），有10.1%的人认为下降（包括：有所下降、明显下降），还有24.7%的人认为没有什么变化（见表5）。

调查结果显示的大多数企业经营者的社会责任感不断提高的情况表明，企业经营者们的社会责任意识在不断进步，而社会责任感、社会责任意识是社会责任实践的反映，使我们看到了我国大多数企业履行社会责任的发展与进步。

企业经营者对本企业在履行社会责任方面的评价比较高。

调查结果显示，企业经营者对本企业在履行社会责任方面的评价比较高。其中，对履行法律责任的表现最高（5.34－6.51，平均为5.95），其次是伦理责任（5.27－6.23，平均为5.75），经济责任居第三（5.29－5.76，平均为5.59），公益责任居后（5.05－5.23，平均为5.14）（见表6）。

调查结果显示的企业经营者对本企业具有比较高的在履行社会责任方面的评价表明，企业经营者们对本企业在履行社会责任方面的工作比较肯定，表现出一定的满足感，尽管对各类社会责任的评价存在一定差别。

值得注意的是，对于本企业在"在同业竞争，有时被迫采取不规范的做法"和"采取过恰当避税措施"，选择符合（包括很符合、较符合、有些符合）的企业经营者分别是31%和58.3%，选择不符合（包括有些不符合、较不符合、很不符合）的分别是64%和31.9%。这在一定程度上表明企业对于同业和国家权益的尊重还有待加强。

调查结果显示，有83.7%的企业经营者认为本企业"积极参与社会、社区公益活动"，有77.7%的企业经营者所在的企业捐助了慈善事业（见表7）。

调查结果还显示了企业在社会捐赠方面的支出情况。结果显示，绝大多数（90%）的企业都不同程度地参与了社会捐赠。有22.5%的企业在过去一年中的社会捐助超过10万元，仅有10%的企业没有捐赠（见表7）。

特别值得称道的是，亏损企业中也有一定比例（12.1%）的企业在过去一年中向社会捐赠超过10万元（见表7）。

调查结果显示，企业不履行社会责任最突出的表现是污染环境和不讲诚信。调查涉及了17项企业不履行社会责任的主要表现，结果显示，选择"污染环境"的比重最高，为54.1%。其他超过30%的选择是："制造和销售假冒伪劣产品"的是45.6%，"偷税漏税"是42.5%，"不正当竞争"是39.6%，"发布虚假广告欺骗消费者"是35.5%，"拖欠货款"是31.7%。其他在30%以下的选择分别是："违法违规经营"的26.8%，"拖欠或压低员工工资"的26.8%，"不顾员工安全和健康"的26.1%，"商业贿赂"的24.5%，

"拒绝参与社会公益活动" 的 16.6% ，"侵犯知识产权" 的 15% ，"不履约" 的 14% ，"损害股东权益" 的 13.8% ，"披露虚假信息" 的 8.2% ，"用工、招聘中存在歧视" 的 3.9% ，等（见表8）。

当前企业不履行社会责任的现象比较广泛，也具一定的普遍性，这就需要政府、社会和企业的关注，通过完善法律法规建设，营造积极推动企业履行社会责任的社会环境等措施，逐步克服、减少和削弱企业不履行社会责任现象的发生。

表5　过去三年来，企业社会责任感的变化情况　　（单位:%）

	明显提高	有所提高	没什么变化	有所下降	明显下降	平均值
总体	2.8	62.4	24.7	8.6	1.5	3.56
高中及以下	5.0	66.6	20.4	7.0	1.0	3.68
大专	2.3	61.5	25.1	9.5	1.6	3.53
大学本科	2.1	59.2	28.5	8.4	1.8	3.52
研究生以上	2.4	63.7	23.0	9.3	1.6	3.56
大型企业	2.5	61.4	27.5	7.7	0.9	3.57
中型企业	2.9	64.1	23.5	8.1	1.4	3.50
小型企业	2.7	60.5	25.5	9.5	1.8	3.53
国有企业	2.5	56.3	28.6	10.7	1.9	2.69
民营企业	3.5	64.3	23.1	7.9	1.2	3.61
上市公司	2.1	53.1	31.3	10.4	3.1	3.41
盈利企业	2.6	65.6	24.0	6.9	0.9	3.64
持平企业	4.0	57.8	24.8	11.0	2.4	3.50
亏损企业	2.2	52.9	28.1	13.5	3.3	3.31
开创阶段企业	2.3	57.6	24.2	13.1	2.8	3.44
成长阶段企业	3.1	66.0	23.5	6.3	1.1	3.64
成熟阶段企业	2.5	59.3	28.0	9.0	1.2	3.53
衰退阶段企业	1.3	52.1	25.4	16.7	4.5	3.29

注：表中第2至第6列数据为选择相应答案的比重，第7列为以5分制计算（明显提高=5，有所提高=4，没什么变化=3，有所下降=2，明显下降=1）所得到的平均值，分值越大代表企业社会责任感的提高越明显，反之亦然。

表6 对本企业履行各项责任的评价

	很不符合	较不符合	有些不符合	不清楚	有些符合	较符合	很符合	平均值	标准差
企业经济责任								5.59	0.94
保持了良好的经营业绩	0.5	1.2	4.6	0.6	24.0	47.3	21.8	5.76	1.07
已确立了能够持续赢利的业务模式	0.9	2.6	8.1	3.5	35.4	38.7	10.8	5.29	1.21
实现了股东资产的保值和增值	0.7	1.2	4.6	2.7	25.8	40.9	24.1	5.71	1.14
企业法律责任								5.95	0.64
能够及时、足额发放各类员工的工资	0.2	0.4	1.7	0.0	7.0	24.6	66.1	6.51	0.85
为员工办理了国家规定的社会保险和公积金	1.0	1.2	3.6	0.7	17.3	31.5	44.7	6.06	1.19
有保障员工安全和健康的具体措施	0.2	0.3	1.1	0.3	16.3	48.4	33.4	6.11	0.83
在用工、招聘中能够提供平等机会	0.4	0.7	2.3	1.4	21.7	50.8	22.7	5.87	0.94
对企业可能造成的污染进行了治理和补偿	3.1	1.9	2.6	6.0	17.9	45.2	23.3	5.62	1.35

续表

	很不符合	较不符合	有些不符合	不清楚	有些符合	较符合	很符合	平均值	标准差
企业治理结构比较健全	0.7	2.1	8.6	2.1	34.7	41.5	10.3	5.34	1.17
生产经营中遵守各项法规	0.1	0.0	0.9	0.3	16.5	48.0	34.2	6.14	0.78
企业伦理责任								5.75	0.79
为消费者提供了优质产品（服务）	0.1	0.2	0.8	0.4	12.4	45.8	40.3	6.23	0.79
员工有比较多的培训和发展机会	0.5	2.0	9.3	2.0	41.8	33.7	10.7	5.27	1.16
营造了健康和谐的企业文化	0.3	0.8	3.0	1.7	28.8	44.2	21.2	5.75	0.10
企业公益责任								5.14	1.22
捐助了慈善事业	3.5	5.6	8.2	5.0	35.0	28.3	14.4	5.05	1.52
积极参与社会、社区公益活动	0.9	2.7	8.8	4.0	38.7	33.6	11.3	5.23	1.23
负面评价项目								3.18	1.16
出现过因为生产扰民而被投诉情况	48.8	18.9	10.5	5.8	11.0	3.6	1.4	2.27	1.63
在同业竞争中，有时被迫采取不规范的做法	25.3	20.8	17.9	5.0	20.7	8.0	2.3	3.08	1.78
采取过恰当的避税措施	9.6	9.3	13.0	9.8	39.3	16.5	2.5	4.20	1.61

表7　过去一年企业在社会捐赠方面的情况　　　（单位:%）

	没有	1万元以下	1-10万元	1-100万元	100-500万元	500万元以上	10万元以上合计
总体	10.0	23.2	44.3	18.8	3.0	0.7	22.5
高中及以下	9.8	31.1	44.4	13.3	1.2	0.2	14.7
大专	10.4	26.1	45.4	15.5	2.2	0.4	18.1
大学本科	11.2	19.9	44.0	21.0	2.6	1.3	24.9
研究生以上	7.9	13.9	42.6	27.8	6.9	0.9	35.6
大型企业	5.4	4.5	29.5	42.2	14.4	4.0	60.6
中型企业	6.7	15.3	51.2	24.2	2.3	0.3	26.8
小型企业	14.8	37.0	41.5	6.3	0.3	0.1	6.7
国有企业	11.9	15.8	44.4	21.4	5.3	1.2	27.9
民营企业	9.5	25.5	45.1	17.4、	2.1	0.4	19.9
上市公司	7.4	4.2	37.9	33.7	12.6	4.2	50.5
盈利企业	8.3	19.8	45.5	22.0	3.6	0.8	26.4
持平企业	10.9	29.9	44.1	13.4	1.6	0.1	15.1
亏损企业	16.1	31.2	40.6	9.9	1.6	0.6	12.1
开创阶段企业	16.4	31.2	39.6	12.0	0.6	0.2	12.8
成长阶段企业	8.7	22.1	44.8	20.9	3.2	0.7	24.4
成熟阶段企业	7.3	19.0	47.4	21.4	3.8	1.1	26.3
衰退阶段企业	17.0	33.1	39.0	8.7	1.6	0.6	10.9

企业承担社会责任存在的主要问题。

本题摘用的是《经济日报》刊登的仲大军和赵琼两位学者就企业社会责任问题的对话中的相关内容。对话中，赵琼——广东省社会科学院现代化发展研究所副研究员、广东企业社会责任与公益事业研究中心副主任认为：目前广东劳动力密集型加工企业中的企业社会责任问题主要集中表现在生产条件、生产安全、职业中毒、加班、劳动关系紧张、员工基本权益保障这六个方面：

（1）劳动合同问题。根据广东省有关部门的统计，反映签订、履行劳动合同问题的来访、来电147件，占12%。根据深圳市有关部门统计，2003年上半年劳动仲裁案件共798宗，其中，劳动合同类案件380宗，占立案总数的47.62%，与2002年同期相比，上升31.77个百分比。根据调查，目前，外资企业、私营企业中有很多企业没有与员工签订劳动用工合同，员工在遇到如职业病、欠薪、辞退等问题需要投诉时，找不到任何凭据。根据调查，有些企业老板为了逃避员工职业病造成的法律责任，他们采取三个月换一批员工，这样一来，当员工的职业病或职业中毒发作的时候，他们已经离开了原来的企业，又没有任何凭据，给职业病和中毒事件的认定造成了很大的难度。

（2）劳资纠纷问题。根据广东省有关部门的统计，2003 年，劳动争议处理问题 80 件，占总数的 6%，工资、工时问题 173 件，占 14%。据了解，不仅是外资企业、私营企业，而且一些大型国有企业也有劳资纠纷的问题，因为下岗补偿的问题上访事件时有发生。根据深圳市有关部门的反映，2003 年深圳最突出的问题是辞退经济补偿，占申请仲裁的 50%，其次是劳动工资问题，占 20%，社会保险占 15%。

（3）生产安全、职业健康问题。根据来自中国国家安全生产监督管理局的统计，2003 年一季度事故死亡人数超过 1000 人的有 8 个省，包括广东、浙江、山东、四川、江苏、河南、安徽和湖南。2003 年一季度发生 3 起 10 人以上特大事故的有 7 个省，包括：浙江、山西、黑龙江、福建、湖南、广东、贵州。

根据《广州日报》报道，2003 年 1—11 月，广东全省安全生产共发生各类伤亡事故 79185 起，死亡 11545 人，受伤 68883 人，直接经济损失 4.42 亿元。根据《南方日报》报道，2002 年广东省非公小企业发生安全事故数和死亡人数分别占全省工矿企业事故总数和死亡人数的 75% 和 68%。根据广东省总工会的统计，仅 2003 年投诉的，全省工伤、职业病 148 件，占所有来信来电投诉的 12%，这说明生产安全和职业健康的问题在广东全省都很突出。如一些制鞋厂仍然使用含有二甲苯的溶剂，中毒事件时有发生。

（4）工时和加班问题。这是加工生产企业最普遍的问题，也是最难以解决的问题。中国加工生产企业的工时问题从国际劳工组织的网站上都可以看到很详细的资料，在赶制订单的季节，有些企业的工作时间超过 12 小时，更有甚者，一些企业工人的加班工资只有 0.5 元一小时，严重违反劳动法。有些企业工人实行计件制工资，他们采取把计件的单元价格压得很低的做法，使工人不加班就完不成当天的任务，而且，从账面上看就没有加班工资，从而逃避了加班工资的问题。

（5）社会保险问题。以养老保险为例，根据广东省社保基金管理局的统计，2003 年，全省外资和港澳台资企业购买社会保险的人数为 277.82 万人，远远低于实际劳动者人数。根据广东省统计局对全省 600 家非公有制企业的

2002年企业养老保险的情况调查，226家私营企业中参保的企业有192家，占85%，其中职工参保的比例为39.1%，209家港澳台资企业中，参保的企业有191家，占91.3%，职工参保占48.6%，165家外资企业中，参保的企业155家，占93.9%，职工参保的比例为57.3%。如某港资企业实有职工1124人，但是，实际参保的人数只有512人，占45.6%。另有一家港资企业，实际职工人数为400多人，但是，参保者只有100多人。可见，私营企业、港澳台资企业和外资企业职工参保的比例普遍较低。有些地方政府甚至对一些企业的职工的实际人数都没有掌握，企业也不愿意向政府透露，就是回避购买保险的问题。

（6）妇女权益保障问题。根据广东省有关部门统计，涉及女工、计生问题的来访、来信、来电52件，占总数的4%。根据调查，有一些外资、港澳台资企业和私营企业在保护妇女权益方面做得很差，一些企业，只要妇女一旦怀孕，就逼迫她离开，这样，企业就逃避了妇女三期保护的问题。但是，很多企业说他们没有这方面的问题。有些工种明明有毒，却让年轻的女孩子去做，结果使她们出现中毒，染上职业病，导致婚后生育畸形。

这些问题涉及地方政府的各个管理部门，包括生产安全、劳动、社会保障、消防、工会、妇联等部门。企业社会责任问题涉及地方政府管理的方方面面，不仅直接影响到外贸出口的订单和外商投资环境，直接影响到外向型经济的发展，影响企业形象，而且有碍于和谐社会的建设。上述问题只是全国现实问题的一个缩影，因此，各级政府部门必须高度重视，认真加以解决。

作者简介

刘光明，1950年生，中国社会科学院工业经济研究所研究员、中国企业形象策划委员会企业文化中心主任。代表作有《企业文化》《经济运行与伦理》等。

走向国家与社会关系新格局的中国民间力量
——社会互构论视野下的民间力量与社会和谐

杨 敏

中央财经大学社会发展学院社会学系教授

国家与社会以及社会与个人、政府与企业、官方与民间、公共领域与私人领域的关系，集中了大量的理论争论，也反映了现实中的许多困题。这些关系中的两侧，是相互排斥、彼此对立的，还是可以相互开放、彼此包容，并在一定的认同和共识基础上形成合作伙伴？中国社会学进行的相关理论探索，如社会互构论主张，"我们身处于社会互构的时代"（the Age of Socail Mutal – construction），"社会互构"体现了现时代社会现象及过程中蕴含的根本性和实质性的关系机制。这就使得传统上的"国家与社会"的解释取向和关注焦点都需要作出重要的修正。在中国，有关民间力量如何才能更好地、更有效地发挥自身作用这一问题，我们通过实际的城市建设和社区建设过程，也可以看到一些令人振奋的新的实践形式。

一、国家与社会的关系：古典迷局与当代探索

改革开放以来，在众多的舶来话语中，"国家与社会的关系"向中国知识界提供了一种研究范式和分析工具，在中国研究方面已形成了大量相关成果。不过，截至目前，对于这一范式和工具本身，仍然缺乏必要的检视和反思。如果对"国家与社会"略加思考，就不难发现这一研究工具本身可以说是迷思层叠，特别是在历史过程和文化比较的视野中，更能觉察到"国家与社会"所表现的西方文化语境中的特有困境。

事实上，古希腊城邦生活便培育出了国家与社会的紧张关系。当时的城邦政治制度以法治方式调解群体生活中的分歧，以达成最为基本的一致利益，维系社会共同体的底线性认同。这一努力形成了古希腊城邦制度的代表性人文遗产。然而，正如美国学者沃特金斯（Frederich Watkins）所言，即便在城邦的范围以内，法律问题也从来未曾得到彻底的解决。围绕着立法权和法律标准的纷争，不同的利益各方（自由民与非自由民、原住民与异邦人、上层精英与普通民众以及希腊人与非希腊人）难以找到彼此和谐共存的现实途径。同时，作为一种在政治上各自为政、彼此分离的地方性政权，古希腊的自治城邦式政体不得不疲于应对内部与外部的各种压力。尤其是在这些袖珍型城邦国家的内部，每一个群体都意欲将自我利益凌驾于其他各方之上。这种支离破碎的政治格局难以具备使权力和权威成为合法性资源的生产能力。由此，"冲突纷争永无宁日，直到希腊彻底崩溃"。在这种历史的镜像中，今天的我们应当可以感悟到某种值得记取的警示。

（一）早期现代——"集体化时期"的国家与社会

通过"国家与社会"的现代轨迹，可以呈现学术与现实、研究与事实之间的相互反馈和彼此建构的线索。同时，由于社会生活现代性变迁的阶段性，

早期现代与当今现代表现出相互区别的明显特征。相应与此,"国家与社会"的现代轨迹也表达了不同的意涵。

约17世纪,西方社会进入了我们所说的"现代"过程,并在19世纪达到了一个高峰。随着前现代社会秩序的瓦解,以往松散分立而破碎的社会状态渐行消解,人们的生计方式、群体的组织模式发生了转变,社会的阶级阶层结构变得日益清晰,行政治辖权力也不断趋向密集化等。这一过程的持续推进,使得社会对自然事物的控制和转化能力不断提升,而当时的各种大型集体和组织作为一种普遍的实体形式,使得社会资源的集中配置、控制和转化在技术和行动上成为可能,从而为现代性的迅速推进提供了支撑性的社会基础。我们用"集体化社会"来概括早期现代社会的这种基本特征。无论是这一时期的组织方式、劳动关系、生产方式、动员方式以及社会的体制和制度,大多都贯穿着并生产出这一"集体化"机制。这种集体化趋势造就的产业和行业、群体和组织、阶级阶层、福利国家及其政府,其巨型的规模性景观现象至今令人记忆犹新。

据称,也是在19世纪,民族—国家这一共同体形式在欧洲崛起,并于20世纪初步入了极盛期,这一历史现象应当不是一种巧合。这一过程加剧了"国家与社会"的问题性。早期现代的去封建化过程所形成的"社会与国家的分离"趋势,由于民族—国家的崛起以及国家对整个社会控制能力的空前增强,使得这种趋势出现了逆转。作为社会自治的体现,市场化经济和自由贸易却越来越依赖于民族—国家的行政管理、外交政策甚至军事暴力的支持。伴随着国家的全民型、领土型的大集体化治理,国家对社会的整合也形成了全方位的覆盖。个人被纳入了高度组织化的集体之中,以新的组合方式实现生存和获得保障,并在这种集体生活中定义其人生意义、实现自我价值、追求更高理想。这一过程使个人的生活历程基本被纳入集体性的安排,成为一种集体和整体的构造。在19世纪至20世纪大部分时间里,这种"集体化社会"是个人的基本生存状态。

"国家与社会"实际上的"逆分离"趋向引发了社会学理论的各种反应。在有关"国家与社会"的关键性话题中,国家一般被视为非道义的一方,对社会生活、公共领域和个人事务的侵入、蚕食和殖民化,使之被压抑、销蚀、颓败。人们似乎有理由认为,国家行为是现代社会的难题与危机的总根源。换言之,社会独立于国家并制衡国家,是解决现代社会一切问题的不二法门。

(二)当今现代——"个体化时期"的国家与社会

20世纪80年代末,冷战的结束是对世界格局产生全方位影响的标志性事件。其间，作为对国家行为进行审视，诉诸"国家与社会的关系"成为了一个流行的话语，从中生发了多种多样的学术现象。譬如，对猖獗的"国家主义"或者"总体社会"、"威权主义"的回应，对某种想象的共同体生活的表达，对现行社会事实进行积极的建构等。对此，我更愿意通过现代性的当今趋势，来理解"国家与社会"话语的再度兴起，以透视这一话语的真意和实效。

二战以后特别是 20 世纪中后期，当代社会出现了一些明显的新趋势，使得早期现代所确立的社会化大生产体系不断受到动摇，大型集体和社会组织对社会结构和社会过程的影响力逐渐降低，从而推动了"集体化社会"向"个体化社会"的转变。伴随着当代中国社会的快速变迁，社会流动性、异质性和多元性的发展，以及社会的"去集体化"、"去组织化"和"弱组织化"趋势，个人、群体或组织的目标期待、追求以及对责任和义务的理解也普遍短期化了。这类趋势意味着，与早期现代社会的"集体化"不同，当今社会表现出一种"个体化"的面相。与此同时，社会自身的张力也达到了前所未有的水平。

这些现象都在提示我们：国家与社会之间的关系处在一个非常独特的实践背景之下。由于当代社会所表现出的独特的症候和趋势，制约、限制、弱化以至解构国家权力的话语也变得更为激烈。在新的时代条件下，"国家与社会"的传统迷局重新释放出浓郁的气息，国家与社会之间的紧张度也被提升到了一个新的水平。即使在理论研究上，"国家与社会"可以有不同的关系模式（譬如，社会制衡国家、社会对抗国家，或社会与国家共生共强、社会与国家合作互补等），然而在现实的逻辑中，"国家与社会"在相当程度上仍被视为两种不同的符号象征——社会的诉求是自主、多元和包容，而国家则代表了强制、专权、限制等。关键的问题是，预含了上述理论预设和想象的"国家与社会"，往往衍生出相应的行动策略和实践方式，继续在现实中复制出各种排斥、对立甚至冲突的实践。

二、中国社会学的思考：国家与社会的互构

对"国家与社会"进行检视和反思，可能再一次触及传统的理论困局。不同社会主体——譬如，国家与社会、社会与个人、政府与企业、官方与民间、公共领域与私人领域的关系，是相互排斥、彼此对立的，还是可以相互开放、彼此包容，在一定的认同和共识基础上形成合作伙伴？21 世纪以来，中国社会学进行的相关理论探索，使得我们对于"国家与社会"的解释取向和关注焦点都有重要的修正。

（一）政府、市场与社会：合作的三维

我们以"个人与社会的关系"为研究主题展开了广泛而深入的探索，形成了"社会互构论"这一理论体系。根据关于当代社会生活的重大现象和过程的研究，"社会互构论"审视了各种二元对立以及相互排斥、压制、支配、制衡的思考方式，立足于不同社会现象及过程的相互依赖、相互制约，着力理解和阐释多元行动主体间的相互型塑、同构共生关系。社会互构论主张，"我们身处于社会互构的时代（the Age of Socail Mutal - construction）"，社会互构体现了现时代社会现象及过程中蕴含的根本性和实质性的关系机制。

根据社会互构论的基本观点，"国家与社会"是相依互成的，政府、市场与社会三者应当是"合作的三维"。政府与市场、政府与社会实际上是彼此联系、互为条件的，也是相互规定、相互制约的，这本身就是现代性过程的一个事实。事实上，如何使分散的和自利的个人行动形成一致性的集体行动、产生社会合作与秩序稳定，反之，如何通过集体一致性和社会秩序来保障每一个社会成员的基本共同利益，是一切政治的必要性根源。

因此，这是一个基本的道理——对于现代社会，政府与市场、政府与社会是互为前提、互相规定的，它们之间的共存、矛盾和制约，使得现代人的共同生活成为可能，也构成了社会生活的重大面相。同时，这也是一个实际中的问题——如何在实践中建立政府与市场、政府与社会之间良好的合作关系，使三方形成互补关系，彼此弥补缺陷。企业、政府、社会组织的这种合作可以增强社会的整体优势，从而共同应对社会生活中各种可能出现的风险，并且避免重蹈"失灵"——市场失灵、政府失灵以及社会失灵。

（二）合作三维视角下的社会自治

在我们所说的政府、市场与社会构成的合作三维中，社会是很独特的一方。由于社会自身的松散、非中心化等特点，其组织化、制度化程度十分有限，对资源的获取、配置和控制等能力相当不足。所以，社会通常被视为合作三维的弱势方。也因如此，作为具有自主性和能动性的行动主体，社会如何实现自治也备受关注。而且，这种关注常常伴随着对经济领域和政治领域的权力和权威的质疑。这些都导致了对于社会自治的一些误识。譬如，将社会的自治与政府对立起来，认为自治就是让政府走开，政府的管理和介入是社会组织实行自治的障碍。或者，对社会的自治采取不信任态度，以政府的行政职能来取代社会的自治，从而否定或取消了自治。显然，这两种极端思路都缺乏对社会自治的认识和把握。

社会互构论强调多元行动主体间的相互型塑、同构共生，政府、市场与

社会应当是合作的三维。在此前提下，自治应当是一种关系并体现为一种分工，同时也是整个社会合作的推进过程。

三、中国民间作用形式的实践探索

近年来，我国社会组织数量呈快速增加，范围也在不断扩大。社会组织这种形式使原本分散的民间力量聚集起来，在一定的组织化和实体化基础上，形成了相对独立的地位，其功能也获得了实际展示的平台。与此同时，民间力量的作用也不再是一种孤立的行动过程，而是在政府、市场与社会的合作中体现出来的。

（一）社会复合主体中的民间力量

在中国，民间力量如何才能更好地、更有效地发挥自己的作用，我们在实际的城市建设和社区建设过程中看到了一些新的实践形式。其中，杭州市的"社会复合主体"给人的印象尤为深刻。

所谓社会复合主体是指，在促进经济发展和社会进步的创业与创新行动过程中，多个社会主体的主体性发生组合，使得这些原本不同的多个社会主体构成了一个社会主体，成为复合性的创新与创业主体。多个社会主体之间的这种复合性，是基于它们在实际生活过程中具有的行动关联性。由于这些社会主体在行动过程的相互关联和彼此建塑，增进了结构的凝聚和功能的融合，促成了社会主体彼此依赖、共存互生的整体性，使得原本多个不同的主体转变为具有一体化组织效应的一个复合主体。

社会复合主体成为民间力量发挥作用的新平台。其一，这一形式体现了政府、企业与社会的合作关系，目的在于三者的合理分工、功能相依、优势互补，这就使民间力量有了新的发展空间。其二，这一形式推进了政府介入和干预的规范化和合理化，避免责任缺位与行动越位的两极，这也有利于民间力量作用的正常发挥。其三，社会复合主体有助于明确政府行为的界限和底线，当政府介入的效果与行业企业、社会组织的作用相当甚至更低，即表明政府介入行为应当终止。其四，社会复合主体使民间力量发挥作用的实际措施更为具体化，譬如积极培育、规范监督、明确职能、配套支持等。

（二）"杭州经验"中的社会复合主体

2008 年 9 月，我们对杭州市城市发展的新经验作了较为深入的实地研究。21 世纪以来，"杭州经验"经过了一系列的推进，进入了"社会复合主体"的新阶段。通过社会复合主体这一勾连和整合"四界"（党政界、知识界、行业企业界、媒体界）的方式，各种不同的社会行动主体构成了一种大复合主体。我们观察到，社会复合主体这一形式使政府、市场与社会之间的合作关系得到了扩展和深化，从而也提升了民间力量的作用和影响。

杭州市城市建设中的社会复合性主体。以社会复合性主体为依托，社会组织在杭州城市建设中发挥了巨大的作用。其中，"西泠印社现象"是具有代表性的一个案例。

西泠印社是一个著名的学术社团，创建于1904年，历经百年，研究金石篆刻的名家迭出，社员遍及全国20多个省区市和港、澳、台地区及日本、韩国、新加坡等国家，曾有"天下第一名社"的盛誉。20世纪90年代以后，随着我国经济运行和社会体制的转变，西泠印社的原有体制越来越显示出弊端。至2002年，西泠印社发展陷于困顿，所有的社团活动几乎停止，经济效益严重亏损。

从2002年起，在杭州市委及政府的引导下，西泠印社以百年品牌为核心和纽带，通过注册国家级社团，构建了社团法人、国有事业法人和企业法人"三位一体"的复合主体架构。这一改革使不同的组织结构、运行机制和社会资源形成了"柔性整合"。在组织结构上，西泠印社是由社会组织、行政管理、股份公司三者构成的一个复合型主体；在运行机制上，西泠印社是行政、市场、社会三种机制的复合行动整体，兼容了公共性、营利性和公益性的综合行动目标。从国家与社会的关系上说，西泠印社直接体现了政府、市场、社会的合作方式。改革之后，西泠印社的学术影响力得到显著提升，成为普及艺术、传播优秀传统文化、扩大交流和人才培养的国际性平台。同时，西泠印社实行的现代产权制度和企业制度也催生了新型的文化产业，除了印泥、裱画、篆刻等传统经营，新建了包括创意、出版、研发、广告、鉴赏、展览、拍卖等在内的"产业链"，在经济效益方面创造了令人瞩目的"西泠现象"。

2008年，西泠印社集团有限公司正式挂牌成立。集团公司下设多个二级法人主体，这些二级法人主体实行多元化的产权结构，有国有全资、国有参股、企业化管理的事业单位等形式。西泠印社集团的组建，使西泠印社"三位一体"复合主体架构更趋成熟，继续推动了市场化与社会化运作机制的提升、协同与互促。

杭州市社区建设中的社会复合主体。社会复合主体也是杭州市社区组织的新型主体架构。2009年6月，我们对杭州市上城区社区进行实地调查时，在紫阳街道办事处看到了羊市街社区的一份文件——《创新思路 健全制度 积极打造社区民主自治复合主体》。这一文件反映出羊市街社区根据市委、市政府关于积极培育社会复合主体的要求，大力开展社区民主自治复合主体创建工作，创新思路，整合资源，通过社区自治和社区建设，强化社区居委会民主自治的性质。在具体工作中，羊市街社区健全了"四会三制度"，即民主协商申请、民主协商实施程序、民主协商监督制度，与民主恳谈会、民主听证会、民主议事会、民主评议会。羊市街社区还明确规定了民主议政日，以真正落实"协商式民主"。

为了实现邻里自治互助、关注残疾人群，羊市街社区特别建立了一个残疾人创业自治复合主体——"残疾人民间艺术中心"，使社区助残组织与解百集团、华日集团、杭州松下、数源西湖、张小泉集团、杭州新新扇业有限公司和杭州王星记扇厂等企业形成联系，对有就业需求和就业能力的残疾人开展订单培训和定向培训。羊市街社区通过社区复合主体这一组织形式，促成了多方社会资源在社区的整合，实现了社会资源配置的社区化。

紫阳街道办事处羊市街社区仅仅是"社区复合主体"的一个案例。通过社区复合主体这一形式，杭州市在社区建设中促成了政府组织、经济组织、社会组织以及个人的合力，为社会资源的三种配置机制——公共性机制、市场性机制、社会性机制——的协调整合，社区中的各种社会组织、群体、个人的广泛参与，形成了上下互动、彼此互制的格局，协调了利益关系、优化了资源配置、增进了相互认同，大大提高了社区的善治水平。

结　语

从社会学的眼光来看，使社会资源和社会机会具有更为合理的整合机制和配置机制，并在实际中反映出更高公平度的配置结果，这是"国家与社会"以及政府与企业、官方与民间、公共领域与私人领域之间关系的一个根本点。在实际中，社会复合主体的多元差异、自主能动、动态开放的特点，促成了不同社会主体的共同行动，使经济运行、行政管理和社会效益能够在一个目标下相互统一。这一形式也推动并改进了党政的主导作用、政府的公共管理、企业的营利行为、社会组织的公益服务、社会成员的广泛参与。社会复合主体实际上是由不同的行动系统所构成的一个有机的社会网络，这个网络的关系实质即在于社会不同组织、群体和个人之间的良性互动和共同合作。通过社会复合主体这一方式，民间力量与不同的其他社会部门和组织形成了一种组合关系，在结构上相互补充，在功能上相互促进，在行动上相互监督，从而使各种社会资源和社会机会得到整合并实现合理的配置。因此，社会复合主体从一个方面表现了"国家与社会"的更高水平和更深层次的合作关系。

作者简介

杨敏，女，1955年生，中央财经大学社会学系教授。代表作有《社会互构论——当代中国个人与社会关系研究》《中国经验的亮丽篇章——社会视野下"杭州经验"的理论与实践》等。

政府外交、民间力量与世界和谐

杨洁勉

上海国际问题研究院院长

【内容提要】中国把推动建设持久和平与共同发展的和谐世界列为中国全球战略的长远目标，此举既是传承中国优秀文化传统，又符合当前国际潮流，因而也具有世界普遍意义。各国政府和民间力量以及其他国际体系的行为体正在世界事务进行更加紧密和频繁的互动，而努力实现理想和现实的务实平衡、大国间关系的综合平衡、政府和民间的互动平衡则是建设和谐世界的重要方面。世界的综合平衡是走向世界和谐的启端，它需要文化基础、理论支撑、利益取舍、道义引领和不断探索。国际社会在此已经获得了阶段性的成果，在理论、机制、实践方面取得了新的进展。但是，全球治理的"无序"、国际力量的"失衡"、热点问题的"难测"等问题仍未得到根本改变，全球平衡与世界和谐仍将是国际社会长期奋斗的目标。

【关键词】政府外交　民间力量　综合平衡　和谐世界

当前世界处于大发展、大动荡和大调整的历史阶段，各国政府正在对外关系方面作出新的努力。中国把推动建设持久和平与共同发展的和谐世界列为中国全球战略的长远目标，也是中国和世界各国共同努力的重要目标。作为阶段性的任务，本次论坛提出了"共建世界和谐"这一命题，并着重讨论有关的政府和民间力量的作用。为此，本文将从理想和现实的务实平衡、大国间关系的综合平衡、政府和民间的互动平衡等方面切入，分析和研究国际社会共建世界和谐的进展及挑战。

一、理想和现实的务实平衡

（一）人类社会在历史发展的漫长进程中不断追求世界的和解、和平与和谐

自古至今，人类社会虽然面对不断的战争和冲突，但始终没有放弃过对和谐世界的向往与追求。在东方，春秋战国时期的中国先贤们奠定了"天下

大同"的理想;在西方,也有许多党派主张建立以理性为基础的世界国家。及至近现代,"理想国"、"乌托邦"、"共产主义"理想层出不穷。第二次世界大战结束以后,席卷世界的反殖反帝运动、和平运动、绿色运动等突显了人类社会对人的自身、人与人、人与自然和谐的追求。

进入新世纪以来,世界各国更加重视世界和谐问题。基于对全球化趋势的正确和客观的判断,胡锦涛同志于 2005 年首次提出了"和谐世界理念",强调"和平、发展、合作"的时代主题。和谐世界理念继承和发扬了中国文化中和合、包容、兼收并蓄等传统价值观,强调国际关系民主化、世界繁荣共同化、世界文明多样化,提倡世界各国合作应对全球性问题,努力实现全球治理的愿景。

(二) 对于基于实力的现实世界来说,新兴大国的群体性崛起正在改变着西方在近现代世界的绝对主导地位

世界是现实的,现实的世界并不和谐:战争和冲突层出不穷,经济危机四伏,战略资源紧缺,环境问题严峻,社会矛盾加深,国际协调日益困难。

然而,新世纪以来,国际力量对比正在朝着有利于发展中大国(即"新兴大国群体")的方向发展。

第一,国际经济力量对比。相对于传统大国而言,新兴大国群体经济力量的上升首先表现在经济总量上:2000 年至 2009 年,G7 经济总量占全球份额由 65% 下降到 53%,平均每年降幅超过 1%,而"金砖四国"加上墨西哥、南非新兴六国的比重由不到 11% 上升至近 18%,金融危机的爆发更是使得这一趋势加快。不过,新兴大国影响力的上升更突出地体现在某些核心要素领域,尤其是资本和市场的传统相互依赖结构逐步改变。

第二,国际政治力量对比。二战结束以后,随着一大批殖民地国家的独立,从 1955 年亚非会议的召开到 1961 年不结盟运动的兴起,从 1974 年第 6 届特别联大会议到 1981 年坎昆的南北首脑会议,从 1992 年邓小平提出国际经济政治新秩序到本世纪新兴大国群体性崛起,广大发展中国家日益成为重要的政治力量,越来越多地开始通过对话的方式同发达国家共享国际规则的规制权和话语权。需要特别指出的是,新兴大国群体内部合作也进入了机制性建设的新阶段。由巴西、俄罗斯、印度和中国组成的"金砖四国"2009 年叶卡捷琳堡峰会开启了年度峰会进程,由中国、印度、南非、巴西组成的"基础四国"在哥本哈根会议上发挥了建设性作用。新兴大国群体和主要发达国家在此次金融危机中共同启动了二十国集团取代八国集团成为国际经济合作的首要平台的历史进程,逐步以相对平等的方式进行权益的再分配。

第三,国际文化力量对比的变化。自 20 世纪 90 年代以来,文化因素逐渐从国际关系的后台走向前台，从边缘趋向中心。美国"文化冲突论"和西方"新自由主义"指导下外交战略和政策连连受挫，而发展中国家、特别是新兴大国在经济和政治力量提升的同时，其文化力量也变得更加蓬勃向上。广大发展中国家把中国发展道路作为有别于西方的另一有效选择，奥运会、世博会、足球世界杯这三大世界公认的超级国际活动逐步转向新兴大国。

（三）推动和谐世界建设正在逐步取得阶段性的成果

如果说，和谐世界是人类社会长远、甚至是永久的奋斗总目标，那么将其分解为逐步可实现的阶段性目标也就显得十分重要了。

国际社会自20世纪50年代至今基本实现了和平共处与和平发展的目标。第二次世界大战结束以来，世界避免了全球性战争和大国之间的直接战争，近半个世纪的冷战没有剧变为热战，后冷战时期的国际体系转型也是以和平方式进行的。20世纪50—60年代欧洲和日本实现了经济起飞，70—80年代"亚洲四小龙"等创造了发展中地区的经济奇迹，90年代以来新兴大国也大体上实现了群体性崛起。正是在基本和平的环境下，世界和地区经济社会才能取得持续的发展和进步。

进入新世纪以来，全球性问题接连成为国际社会的共同话题和议题，如国际恐怖主义、大规模传染病、粮食和水资源短缺、能源安全、金融安全、海盗等。当前人类社会面临的全球性挑战事关世界各国的共同利益，有的甚至直接关系到人类社会整体的生存环境。全球性问题对于人类社会挑战的共同性在客观上要求世界各国政府和人民以超越意识形态的新理念和新姿态予以应对。有鉴于此，国际社会对全球性问题的认识正在发生"四个转变"，即在理念上强调从世界各国在全球化时代"相互依存"和"风雨同舟"的意识，在应对方式上强调集全球力量应对全球性问题挑战，在治理机制上逐步呈现出多元化和多样性，在合作途径上强调规范、规则、组织、法律等机制性作用。在多元多层的体系重组进程中，"外交谈判"、"事先协商"和"互不挑战"的游戏规则逐步为国际社会普遍接受，"核心利益"、"重大关切"、"舒适度"等新概念也日益成为国际通用语言。

国际社会在全球性和地区性体系建设方面也取得了令人瞩目的进步。在2008年金融危机的推动下，国际金融体系发生重大变革，二十国集团正在取代八国集团成为主要平台，以新兴大国为代表的发展中国家在国际体系的规制权方面取得实质性的进展。作为对全球性机制建设的探索和补充，世界各国加大了地区和次地区性合作的力度。在欧洲，始于2007年的《里斯本条约》在两年后终于生效，欧盟实现了重大机制性进步。在亚洲太平洋地区，中日韩合作为"东盟＋N"的亚太合作注入了新的动力，各种版本的地区合作倡议纷纷呈现于世。非盟在推进地区经济合作、政治稳定和安全方面的作用进一步加强。在西半球，33 个拉丁美洲和加勒比国家于 2010 年 2 月在墨西哥坎昆举行会议，同意建立没有美国和加拿大参加的拉丁美洲和加勒比国家共同体，并于 2011 年举行首次首脑会议。

二、大国间关系的综合平衡

进入新世纪以来，"大国"的内涵有了新的发展，除了诸如美国、欧洲大国和日本等传统大国外，一批发展中大国也被列为大国或潜在大国。本文的大国主要指"二十国集团"的成员，即传统大国与新兴大国之和。鉴于大国关系的平衡是大国之间和平相处与协调和谐的前提，它们之间的综合平衡日益成为重要的国际议程。

（一）当前大国关系全面发展和相互影响的特点增加了综合平衡的必要性

相对于历史上集中于主权和领土等高政治领域的大国关系，当前大国关系的内涵和外延已经大为拓展，涉及政治、安全、外交、经济、文化、民族、宗教、社会等各个领域，并呈现出犬牙交错和相互影响的复杂状态。大国之间在经济上的相互依存并不自动转化为政治上的共识，在政治上的共识并不意味着在战略和政策上的趋同，在意识形态上的相似并不等于在国家利益上的认同。在相对成熟的发达大国之间，它们因关系已经较为长久而能将各种矛盾置于相对可控的范围。在相对起步较晚的发达大国和发展中大国（新兴大国）之间，相互关系正处于全面铺开和深入发展时期，因而具有更多的两重性，如俄美关系、俄欧关系、中美关系、中欧关系、中日关系等时常出现波澜起伏。因此，大国关系需要从宏观上进行综合平衡，加强机制性合作，有意识地把各国政府的权宜性应对提升为综合性运筹。

（二）当前大国关系议题驱动和目标导向的特点增加了综合平衡的可能性

相对于冷战时期的东西方壁垒分明，当前大国之间权益交叉，利害关系错综复杂，往往因问题或议题而不断排列组合。如在全球经济宏观调整上，中国和美国倾向于继续刺激政策，而欧洲国家和加拿大则主张紧缩政策；又如在气候变化问题上，发达大国和发展中大国对"共同但有区别的责任"有着明显不同的解读；再如在朝鲜半岛核问题上，美国舍亚太盟国体系而就六方会谈机制。由于大国基本上超越了以意识形态画线的旧例而在议题上进行组合，从而也增加了大国间综合平衡的可能性。例如，大国面对金融危机而在国际金融体系改革方面达成基本共识，大国面对核扩散日益严峻的挑战而增加了核峰会的共识。

（三）当前大国关系双边互动和多边联动的特点增加了综合平衡的空间和余地

相对于全球化程度较低时期基于双边的大国关系，当前大国的双边关系不仅包含日益增多的多边因素，而且相互间多边联动也有了大幅度的增加。这是因为在全球化的背景下，各大国更加重视多边主义和综合平衡。在全球层面上，多边联动往往聚焦于国际社会的重大关注，如新世纪以来的合作反恐、防疫减灾、能源安全、粮食和水资源问题、气候变化、打击海盗等问题。在地区层面上，多边联动大多集中在经济和社会发展问题，如欧盟和地中海合作、亚太经济合作、海湾地区合作等。超越双边关系和涵盖多边内涵的大国关系无疑增加了综合平衡的空间和余地。例如，中美在双边关系中的涉台、涉藏、涉疆等问题上的立场一时难以作出重大让步，但由于在反恐、防扩散和应对金融危机等方面拥有共同利益而维护了中美关系的整体稳定。

（四）当前大国关系中行为体和议题倍增的特点又增加了综合平衡的难度

当前国际体系的行为体迅速增加，除传统的国家行为体之外，非国家行为体不断涌现，从国际组织到公民社会不胜枚举。国际议题更加泛化，原先在传统外交中处于次要地位的气候、发展、文化等方面的地位日益上升，逐步成为与安全、政治、经济并驾齐驱的重要方面。有鉴于此，大国间双边和多边机制也在迅速增加，大国领袖穿梭于世界各地而忙于应付。在此复杂的背景下，从联合国安理会到二十国集团峰会都出现了议而不决和决而不行的"低效率"问题，与此还伴随着"协商疲劳症"。

三、政府和民间的互动平衡

在国际事务和国内事务日益相互交织的新形势下，世界各国政府更加重视民间力量在国家对外关系中的作用，当前政府和民间互动平衡主要涉及认识、机制和实践三大问题。

（一）政府和民间互动平衡的认识问题

在公民社会日益发达和全球化时代，政府和民间在国际事务上的互动需要正确认识政府主导和民间参与、政府管理和民间诉求、政府权力和民间监督等三对关系。

政府主导和民间参与。国家对外关系属于特殊领域，主要由政府代表国家进行处理，政府的主导权不容怀疑。即使在三权分立的西方国家，外交权主要由行政部门行使。但是，在全球化、信息化、民主化和公民社会等诸多因素的合力作用下，民间参与国家对外关系正在向纵深方向发展。各国政府已经逐渐认识到必须在其主导下与民间分享对外关系的决策权和实施权，鼓励民间更多地参与对外经济关系，推动民间更多地参与对外文化关系，并尊重民间在对外安全和政治关系方面的知情权和建议权。

政府管理和民间诉求。在国家对外关系方面，政府拥有管理的权力和责任，但其平衡政府和民间关系的理念正在从"统治"转向"治理"。政府不仅要面向数目众多的民间组织和人士，而且还要协调民间在参与国家对外关系时各自的诉求。例如，以盈利为目标的跨国公司和以就业保障为目标的工会在国家对外经济关系的立场不尽相同。又如，诸如环境保护等单一目标的非政府组织和推进国家整体利益的智库的观点有时会形成对立。

政府权力和民间监督。对外关系属于国家核心权力，由中央政府集中统筹和行使。然而，政府在行使对外关系权力时又必须接受民间的监督，但民间力量也必须认识到民间只有监督权而不能越俎代庖。

由此可见，政府和民间在国家对外关系上的认识和理念都在经历转型期的重新定位，也为新世纪外交思想提供了新的思路。

（二）政府和民间互动平衡的机制问题

在认识到政府和民间互动平衡的重要性和必要性后，机制保障就成为重中之重了。首先，世界上总的趋势是官民互动的机制性保障正在逐步加强。在政府和民间共同创造性和建设性的努力下，从法制和法律上保证政府治理和社会参与的良性互动已经蔚成风气。其次，各国的官民互动机制异同并存，但大多在原则理念、组织机构、法律法规、规范规则、运作程序等进行探索。再次，相对而言，涉及国际事务的机制无论在数量上还是影响上都远逊于涉及国内事务的机制。一些发展中国家由于历史和现实原因而存在国际事务官民互动机制缺失问题，而在对外关系上难以取得政府和民间的良性平衡，并受制于发达国家的机制性影响。最后，国际社会缺乏全球性的官民互动有效机制，而国家层面上的机制又难以完成全球性的协调，这一结构性矛盾在很长时间内将影响政府和民间互动平衡。

（三）政府和民间互动平衡的实践问题

大致可以分为三类。其一，共同型互动，即政府和民间认识高度一致，达到互动平衡。共同型互动可分为全球性互动和局部性互动两种。前者是指全球范围内的政府和民间对某些全球性问题达成高度认识并采取大致相似的行动，如国际社会对 2004 年 12 月 26 日印度洋地震海啸和 2008 年爆发的金融危机的反应即属此类。后者是一国或某一地区范围内的政府和民间的共同认识和行动，如美国和亚洲分别对 2001 年"9·11"事件和 2005 年的"禽流感"的反应等。

其二，协调型互动，即政府和民间在某些问题上的反应并不完全一致，需要相互协调和作出安排后才能达到基本平衡。在当前国际事务中，协调型互动平衡为基本状态。不言而喻，政府和民间的立场、观点、行为等存在许多差异，政府各部门之间、政府和利益集团之间、政府和各非国家行为体之间、各民间力量之间需要进行协调和磨合，同时根据问题的性质而达成不同程度的平衡。一般说来，在涉及国家全面利益或重大利益问题上比较容易达成较高程度的平衡，如韩国官民在 1997 年金融危机时举国共对危机，又如美国官民在 2010 年墨西哥湾泄油事件上的反应。

其三，对立型互动，即政府和民间在某些问题上因存在严重分歧而无法达成平衡，最终只能通过政府或民间作出根本性退让而谋求妥协。这类互动虽然在比例上并不大，但往往会产生重大或深远的影响。20 世纪 70 年代美国国内反对越南战争的运动、近年来泰国频发的"黄衫军"和"红衫军"运动等即是典型的例子。

四、结 语

平衡是世界和谐的前奏曲。在努力实现理想和现实的务实平衡、大国间关系的综合平衡、政府和民间的互动平衡的历史进程中，理论的创新和和实践的探索同样重要。平衡也是和谐世界的基础。国际社会在追求世界和谐与建设和谐世界的历史进程中，正在应对挑战和谋求答案，营造维护世界的和平、发展、合作的国际环境。国际社会在此已经获得了阶段性的成果，在本世纪头 10 年里避免了"冷战式"的全面政治和军事对抗，也避免了类似于 1929—1932 年大萧条的再现。

但是，全球治理的"无序"、国际力量的"失衡"、热点问题的"难测"等问题仍未得到根本改变，人类和自然、物质和精神、国家和社会、政府和民间等方面远未和谐，统一思想和共建机制的任务远未完成，所有这些都需要我们以超越时空和放眼未来的视野重新审视，以共建和谐世界的远大目标加以规划和实践，以宽容和务实的精神予以逐步落实。唯有如此并且持之以恒，人类社会终究会实现和谐世界这一伟大目标。

作者简介

杨洁勉，1951 年生，上海国际问题研究院院长。代表作有《国际体系转型期中美关系的新特点》《中国对软实力的探索：作为公共产品的国际体系观》等。

古代中国学人的治乱观
及其民间组织与文化使命

周柏乔

香港公开大学人文社会科学院哲学教授

【内容提要】本文分三点铺陈论旨：

1. 春秋战国时期，士人崛起于民间，在大小不同的诸侯国之间穿梭来往，提出各种不同的治国之道，开拓了史上罕见的争鸣局面，酝酿了各种相互矛盾的思想。在纷乱的时代里，究竟这些思想催化了纷乱？还是起着缓和的作用？值得研究！此举有助于我们更好地处理当今的文化冲突！

2. 士人崛起于民间，名著传于后世，却未必见用于诸侯。有识之士鉴于形势，组成团体（NGO），穿插于摩拳擦掌的诸侯，利用他们之间的矛盾向掠夺者施压，以消弭战争，这种精神与行动，极富现代意义，值得重温。

3. 通过古代中国的和平思想与和平事业来解读当今的和平使命，不能忽视西方强势文化所孕育的和平观。英美与欧洲大陆两方的重要思想家正要整合力量，为主导全球和平事业营造思想平台，却离不开本位主义。比较中外差异，也许可为全球和平事业找到较为健康的发展途径。

【关键字】先义后利　政治责任　民贵君轻　礼法　契约论　公义论

引言

春秋战国时期，士人崛起，在大小不同的诸侯国之间穿梭来往，提出各种不同的治国之道，开拓了史上罕见的争鸣局面，酝酿了各种相互矛盾的思想。在动荡的时代里，曾经催化过纷乱，也起过缓和的作用，所造成的影响，并没有随着秦灭六国而消失。尤其是那一批没有见用于诸侯的士人，凭借自己与门人的精神气魄、政治修养与坚毅的行动，为和平而奋斗，所成就之事功，合起来看，值得后人承传与借鉴之处甚多。孔子、墨子、孟子和荀子，尽管一生见弃于当权派，但其教化，历久常新，其中不乏现代意义的，有如下五个课题：（1）治乱与义利；（2）政治权利、政治操守与政治责任；（3）

民众与社稷；（4）礼法与契约；（5）问责与有效的监察。让我们依次说明之，以彰显中国文化对和平与民主发展的贡献。

一、治乱与义利

周武王克商后，"立七十一国，姬姓独居五十三"，让本姓宗族与重臣的力量稳定四方诸侯，为和平带来希望之余，也使周公担忧。据《史记·鲁周公世家》记载，周公的儿子伯禽受封鲁地后，忙于整顿教化，过了三年才朝觐。至于重臣羌尚，则封于齐，为政从简，顺乎民情，不出五个月，即可抽身述职。周公比较了两人的政事之后，不禁喟然而叹，相信日后鲁国必然积弱，沦为齐国的附庸。周公的感慨预示了周室开国两大元勋，纵有患难与共之情，其后代也难免互相攻伐。这是由于原先分得的土地，稍加经营，便可以变成攻伐其他诸侯国的基地，把别国的财富据为己有，这种见利忘义之事一发不可收拾，及至周室东迁，郑庄公称霸，分封制已名存实亡。先王之道已成强弩之末，却有孔子为之请命，有何原因？值得深思。

孔子认为诸侯失国、大夫失家，究其原因，就在于为政者失礼。天子在位，要管的是礼乐征伐之事，却由诸侯来管，大权旁落之余，维护封建制度的礼治也被践踏，天下大乱可期。孔子心怀先王之道，总希望维持旧制，恢复和平，他相信为政者只要克己复礼，周初的好日子会再来；克己的意思就在于天子、诸侯、大夫，以至陪臣，务必各守本分，坚持"不在其位，不谋其政"。这就是孔子所说的正名，是恢复礼治的必由之路，所以说"必也正名乎"一语是孔子为和平而发出的呐喊，堪称时代的强音。

孔子倡言克己复礼，不只是为了诸侯复国、大夫复家，他还提醒大家，克己复礼为的是要君臣父子各行其是，所以没有人会因为伸张礼治而受到不合理的待遇，老百姓看到这个情况，尽管要越过许多障碍，也会跑来归顺。孔子曾经说过："一日克己复礼，天下归仁焉"，他说的就这是个情况。由此可知，分疆列土，为周室构筑屏障，维系和平，仅是一个方面的情况。另外还有别的情况，那就是招贤纳士，使"四方之政行焉"，以安顿来归的四方父老。两个方面，前者关乎周室之利，后者关乎周室之义。恢复先王之道，就是要向见利忘义说不，向祸乱说不；讲求克己复礼，就是要拥抱和平，拥抱先义而后利的道德，这是礼治之核心价值，为孔子所推崇。

二、政治权利、政治操守与政治责任

上面谈过孔子的礼治首重为政者之间的君臣父子的关系，老百姓在礼治的体制内几乎没有角色可言。在可能的情况下，老百姓或者会因为苛政而迁徙，间接地反映了相关政权的好坏，也反映了为政者是否看重自己的政治操守。孔子非常珍惜政治操守，至于老百姓的政治权利，还没有进入思想家的视野。就以墨子为例，他为民请命，向王公大人们反复申论，所涉及的包括了老百姓的政治责任，就是没有提过问政的权利。

墨子也是鲁国人，在孔子逝世十年之后出生，据说他早年学儒者之业，后来改学史角所传之术，终于自立门户，是为墨家。关乎此派的学说与组织，值得注意的有如下数点：

（1）墨子反对儒家，"以其礼烦扰而不悦，厚葬靡财而贫民，久服伤生而害事。"由此可知，墨子的言论，比当时的有识之士，更能说出老百姓的心声。他目睹"当今之主……暴夺民衣食之财，以为锦绣文采靡曼之衣"，又看到其他奢侈浪费之事，于是提出节用、节葬，非乐等主张，他有感于王公大人之为政，"其使民劳，其籍敛厚。民财不足，冻饿死者不可胜数也。且大人惟毋兴师，以攻伐邻国……攻城野战死者，不可胜数。"于是提出兼爱与非攻的主张。一连串的主张，都是冲着王公大人而来，为老百姓讨公道。

（2）墨子为民请命，不在于争取老百姓的政治权利；也不像孔子一样，从为政者的政治操守着手，劝之以民心背向的道理。墨子讲的是天志，并且清楚地指出了"人无幼长贵贱，皆天之臣也"。也就是说，在上天面前，老百姓与王公大人之间没有分别，都是加爱的对象；他指出上天"以磨为日月星辰，以昭道之。制为四时春秋冬夏，以纪纲之。雷降雪霜雨露，以长遂五谷麻丝，使民得而财利之。"这都是天志爱人的证据。关乎上天加爱于老百姓之事，墨子还有进一步的论述，他指出上天向王公大人表明了顺天之意就要爱人利人，这样做会得到上天的赏赐；他又表明了那些"憎人贼人"的行为都违背了天意，会受到惩罚！墨子宣称赏罚的事例都在历史上出现过，他说："昔三代圣王禹、汤、文、武，此顺天意而得赏也。昔三代之暴王桀、纣、幽、厉，此反天意而得罚者也。"由此可知，贵为王公大人，之所以行其义政，做到"处大国不攻小国……强者不劫弱，贵者不傲贱"，不仅是因为再三考虑了为政者的操守，更重要的是考虑了天志。关乎尊天事鬼，可以说是上下无别，墨子所提倡的义政，不把老百姓排除在外，这一点有尚同和尚贤的思想予以印证。

（3）墨子提倡尚同，要各个政治阶层服从上级的意志；天子在众人之上，却在天志之下；天志在于爱人利人，天子就要跟着去爱人利人，切切实实地把老百姓视为天臣，不让他们置身于政治压迫的底层，把他们从义政中排斥出去。墨子又提倡尚贤，他一再声言："虽在农与工肆之人，有能则举之。"为的是要求老百姓之中的有能之士能够被选进领导班子，充当义政的新力军。

在墨子而言，义政在乎兼爱非攻，不能不靠民众，更不能排斥他们。不过，王公大人们虽有尚贤之意，却无义政之心；他们也许会"尊尚贤而任使能，不党父兄，不偏富贵，不嬖颜色"。其目的却在于罗致能战能耕的群众，为侵略作准备。然而，墨子是个出色的止战能手，他以和平使者自任，联同门人与群众，止楚攻宋，让农与工肆之能手，以行动来履行天臣的天职，在统治架构之外行其义政，为和平大业展示了民间的力量，也为老百姓干预政治立下典范。在墨子的筹划之中，平民得以参政，既不是老百姓行使政治权利的结果，更不是统治者考虑了操守问题而主动让权的结果。墨子所看到的是天志以民众参政为天臣之天职。

（4）王公大人尽管竭力去尊天事鬼，却未必相信天志以民众为天臣，让其参政。虽然如此，他们还是不敢忽视墨子。墨子及其门人，"以裘褐为衣，以跂蹻为服，日夜不休，以自苦为极，"借此向世人展示了一个纪律严明的团体，墨经里记载墨子推荐门人耕柱子和高石子分别到楚国和卫国去做官，前者没有忘记以自己的收入接济墨家集团，后者则没有忘记墨学的教诲，知道卫君敷衍他，便马上放弃厚禄，离卫而去，受到墨子嘉许。上述情况告诉我们，墨门弟子实际上不以个人名义问政。我们可以说，向各个诸侯国输送人才，是墨学团体的主要工作。有的时候，更发动数以百计之门人赴火蹈刃，以尽君臣之义。例如在公元381年，楚悼王死，旧贵族把吴起乱箭射死于悼王尸体上，楚国新君追究其事，祸及阳成君，孟胜子受其所托，守卫封邑，结果"弟子死之者百八十三人"，这是一个何等悲壮的场面！让我们看到民间组织参政那种浩荡的声势。王公大人要漠视天臣的天职，不会太难；不过，冲着他们而来的若是一个死不旋踵的民间组织，要漠视其问政的要求，就不那么容易了！

关于问政，中外历史都出现过君权神授的说法，近代更有人倡议民权天赋，主张平民也有与生俱来的参政权，却很少注意到墨子在2000多年以前却另有看法，他指出了天所授予的是参政的责任；王公大人以至农与工肆之能人无分贵贱，问政之首要责任在于跟随天志去爱人利人，其次才是保障个人的权益。政事如果不在于兼爱非攻，我们便有责任去抵制它，这是群众问政所常见的消极方式。不过，墨子一生积极，他四处奔波，阻止战争，不遗余力。他所努力的不在于行使参政的权利，以维护个人的私利；他所努力的正好是履行个人的参政责任，以保障公益。我们从他那里知道，参政的责任，既落在王公大人的肩上，也由老百姓来负担。墨子的参政理论，提出了前人所未有的主张。

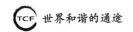

三、民众与社稷

墨子没有做过官，却肩负起平民的政治责任，为和平而奔走一生，那种忘我辛苦的精神，虽然感召了许多人，却没有人马上认识到他在行使其问政权。墨子去世 10 多年后，孟子生于邹国，自幼受业于孔子再传弟子子思之门人，晚年提出民贵君轻的思想，确认民众的政治权利，推进了墨子所经营的政治观，为千古所传诵。

据《孟子》一书所载，梁惠王立志拓张，以恢复国势，向孟子讨教，孟子针对其拓张的意图，讲述仁政与不仁之政，让梁惠王明白何者有利、何者有弊。关于仁政，他是这样说的："王如施仁政于民，省刑罚，薄税敛，深耕易耨，壮者以暇日修其孝悌忠信，入以事其父兄，出以事其长上，可使制梃以挞秦楚之坚甲利兵矣！"最后一句话提到"挞秦楚"，迎合拓张的意图，梁惠王是听得进去的；因此，他不会马上向仁政说不；孟子便有机可乘，在谈过仁政之后，反过来谈论不仁之政的弊端，以加强游说的功效。他说："彼夺其民时，使不得耕耨以事其父母。父母冻饿，兄弟妻子离散。彼陷溺其民，王往而征之，夫谁与王敌？"在这段说话里，孟子拿梁惠王的对手作为例子，设想他们为政不仁，弄得民心散了，面对梁惠王来犯，不攻自破，可想而知。原来，不仁之政危及社稷，其祸至大！

上述的两番申论为梁惠王推出三个结论。其一，仁政得民心、不仁之政失民心。其二，得民心者能打胜仗，失民心者难敌外侮。其三，为政者固然要行仁政；存心争霸天下，更需要仁政。三个结论梁惠王只取其一，那就是按照第二个结论的讲法去备战，其总路线在于争取民心，作为战争的本钱。他说："寡人之于国也，尽心焉耳矣！河内凶，则移其民于河东，移其粟于河内；河东凶亦然。"他自问已经竭尽全力惠民，却没有更多的人归附魏国，何来充足的战争本钱？使他甚感困惑。于是请教孟子。

在孟子看来，上面所讲的第一和第三个结论，梁惠王都置若罔闻，这说明了他只顾调拨民意，无心仁政；一旦为群众做点好事，便希望大得民心，没有取得广泛的支持是意料中事。当时的国君，只知政权天授，以为桀纣之亡，是失宠于天，他们从来没有像孟子那样，视民意为天意，把两者合起来，解释政权的兴替，从中吸取教训。因此，孟子让我们重温舜得天下这段历史，以纠正"失宠于天"的错误想法。按照当时的政权天授的思想，"尧荐舜于天"是传位的正确方法，继位者是否合适先要看天是否接纳他，然后再看民众是否接纳他。怎么个看法孟子有提示，他说："使之主祭，而百神享之，是天受之；使之主事，而事治，百姓安之，是民受之。"大家都知道，百神享之如何证实，难有定案；唯有让百姓来决定继位者是否合适了！在这种情况下，以民意代表天意，一点也不糊涂！孟子有《尚书·太誓》的一段说话为他撑腰，那就是"天视自我民视，天听自我民听"。民意不可忽视，已成定案。至少在确认舜是否合适继位为天子这个重大的政治问题上，民意不可忽视。那么，民意是怎样采集得来的？按照孟子的说法，我们要看看天下诸侯跑到哪里去朝觐，看看人们打官司都跑到哪里去寻求裁决，便知道民意支持哪个人继位了。

据孟子观察，民间有定时拜祭社稷之神的习俗，祭奠时献上肥壮的牺牲和洁净的祭品；礼成之后，社稷之神就要为民众捎来风调雨顺的日子。如果出了岔子，招来旱干水溢，民众就会变置社稷，绝不客气。在孟子看来，群众对待神灵尚且如此，更何况是神灵之下的天子？孟子从祭祀的习俗中领悟到民众在水深火热之时有变换政治领袖的权利，并写下了千古名句，那就是"民为贵，君为轻，社稷次之"。这句话勾画了宗法制度的理想形态，让民众的变置权得到确认，也让我们看到现代民主社会所珍惜的政治权利，有其古代的形态。

四、礼法与契约

过去，我们思考如何确认民主权利之时，想的是外国有哪些经验，可以配合现在的国情，为我们的发展作出贡献，孔、墨、孟等传统思想没有在这个思考过程中发挥过重要的作用。今天，也许要改变一下，让我们来思考这些传统思想能为西方民主思想的发展作出哪些贡献。这个问题有两个主要部分。第一，引用孔、墨、孟等传统思想，有个综合和取舍的问题。第二，考虑西方的民主理念时要看得出有哪些地方我们的传统思想能够予以补充，让民主发展不会演变成国际和平的包袱。

研究如何斟酌中国古代的思想，不妨参考荀子的治学之道。荀子在孟子逝世不久之后出生于赵国，才10多岁便游学齐国稷下，后来更三度被推举为稷下学派之祭酒，是战国时代晚期之大学问家。他继承了前辈的抱负，以扬儒抑墨、重孔轻孟的治学方针，为长治久安而反复申辩，所得理论之要点如下：

（1）治理天下在乎掌握三者各行其是的道理。三者就是天、地、人。"天有其时"，不会因为我们怕冷而推迟冬天的来临，"地有其财"，不会因为我们有贪念而让我们取之不尽，至于人，则"生而好利焉，顺是，故争夺生而辞让亡焉"，辞让亡而纷乱生，人为万物之灵，当应之以治。由于天不从人意，也不违人愿，也就是说："天道不为尧存桀亡"，我们要管好自己，上天是不会从中作梗的，这就是三者各行其是的一个具体表现。至于地上的资源，也不是为了为难我们而变得有限，只要我们做到强本节用，是不会因为资源匮乏而犯穷的，这是各行其是的另一个具体表现。另外，还有第三个表现，那要看先王的治理之道了。

（2）先王治理天下，要诀在于制礼。"人生而有欲……则不能无求；求而无量度分界，则不能不争，争则乱"，于是"制礼义以分之"，让大家有一个公认的方式去调度物资，以便在最大限度上满足众人的欲望，同时避免把物资耗尽，让太平盛世延续下去，这就落实了"人有其治"的要求，是各行其是的第三个表现。

（3）与孟子分道扬镳。先王的年代，民众的生活条件差，不知道什么时候会处于饥饿边缘，在这种情况下，人性之善端，纵有自然流露之时，却不易发扬，使之沛然而莫之难御，此事唯先圣能之，所以荀子倾向于相信人性本恶，认为人要经过教化之后，辞让之心才呈现出来。梁惠王如果缺乏礼教的修养，纵使有人性之善端，也不会毅然施行仁政，体现民贵君轻的理念。在荀子而言，治理天下，再不能听信孟子，旨望不忍人之心，要找个倚靠就要找来君师的群道。群道就是组织社群所依循的道理，正确的道理由礼法来落实，民众在礼法的熏陶与制约之下，便会逐渐明白，组织社群，最可贵之处就在于"万物皆得其宜，六畜皆得其养，群生皆得其命"。这样的社群所重视的关系，既存在于民众之间，也存在于事物与民众之间，无一不限于一个时代、一个地域，而涉及的民众有共同的祖宗，他们会以此为中心，牵动一时一地的事物，创造自己的文明，由它来说明哪些价值与理念驱动着社群的发展。这些价值与理念带有时代、地域、宗族与师君的烙印，不足为怪，随便予以否定，会引发认同的危机，为社群带来不安。记得荀子曾经说过："礼有三本：天地者，生之本也；先祖者，类之本也；君师者，治之本也……三者偏亡，焉无安人。"其意思也在于提醒我们，不把握天时地利，不认同传统，无视师君，便难有教化，难成社群。

（4）与契约论互补。荀子所旨望的先王，即使人数不多，只要他们有止乱的意愿，荀子便有信心，肯定他们会修成礼法，催生文明的社群。至于契约论，则有两个重要的主张：①立约者以平等的身份自愿参加，组成群体。②参加者放弃本人部分权益予群体，以换取更大的安全感。综上所说，我们知道契约论认定每个人都想制止祸乱，于是主动参加约章。两种说法，一个着眼先王，另一个则着眼于立约者，却未必互相冲突。不难想象，在管治还未上轨道之前，先行者不会太多，这些远古的先行者一旦修成礼法，会被尊为先王，他们号召群众，依据礼法，为各方之行事订立约章，人们联群结社从此便有了依据；主动立约的人会大为增加，是意料中事；能够发展到这个境地，先王功不可没。学者探讨民主，若只看契约论的传统，忽视荀子，便会忽视契约诞生之前远古的先行者所付出的心血，有认知不全面的缺陷。

（5）补公义论之不足。契约论让参加者放弃本人部分权益予群体，以换取安全。那么，每个人要放弃哪些权益、放弃多少权益，才算合理，需要一个准则来衡量。立约者很可能会借助一些有利的形势，唆使其他立约者，就着一些于己有益的准则，投下赞成票，造成不公，损害团结。为了群体的公信力，罗尔斯（Rawls）想出一个办法，那就是把立约者的讯息渠道全都堵起来，使他们无从估计形势，不知道那种方式会有效地唆使别人，务求立约者在知得最少的情况下想出一个对人对己两无差异的准则，罗尔斯相信这样想出来的准则，即使带来不公义，也只是近乎无害的东西。过去，契约论曾经受过批评，指它把群体视为利益的集合，立论过于简化，无助于认识真相，罗尔斯的公义论为其解套，注入道德的内容，此举让他在美国以至其他西方国家享有盛名。不过他所设想的立约者，未免过于孤独，受到其他学者的批评，桑德尔（Sandel）是其中一位，使他感到困惑的是立约者即使撤除了对人对己的一切认识，却依然能够找到大家甘愿遵守的准则，他质疑有这样的立约者。看来，荀子的想法更为实际，他指出群体的成员当以有方之士为主。不难想象，方士们都擅用师君的治道，乘着天时地利之便，弘扬祖先开创的文化。他们经此历练，与别的文化交流，自会明白各有天地、祖先与师君，懂得互相尊重，不义之事自是难生。然而，推动民主之热心人士却别有想法，他们以契约论重视公平为由，把它介绍到陌生的地方去，要那里的有方之士听信罗尔斯之言，撤除既有的认知，忘却自己的历练，与其他立约者重塑社会公义。其直接的后果是把原来的社群先赔了出去，公义未得而先见其害。人们想到这个情况，自会明白：桑德尔的批评，发人心省。推动民主，若置荀子之言于不顾，有损公义。

综上所说，我们知道荀子整理过前人的思想，为孔子的礼治贯注了新的内容，以礼有三本的理论立足于当今世界。让我们知道，民众合群，不能单靠本人的意愿与公平的契约，便能成事，还有驱动社群发展的信念和价值。为了民主发展，而加以抹杀，否定别人的历史，除了民主要遭殃之外，还会赔上和平。

五、问责与有效的监察

除了荀子之外，墨子的学说也有现代意义。他认定王公大人与老百姓都是天臣，有责任跟随天志推行兼爱非攻。至于荀子则认为先王制定礼法，为的是解决治乱问题，其政在人，无关天志。那么，先王要向谁问责？的确是个问题。

孟子以民意为天意，指出国君向老百姓负责，就是向天问责。不过，这么一说不等于承认老百姓有问责权，孟子的见解与现代的民权思想有别。回顾当时的情况，便知道国君们所顾忌的是民众的颠覆力，孟子趁机提出民贵君轻的主张，要他们买账，不过，这样做未必奏效，因为他们心里明白，给点小恩小惠，安抚民众，便足以扑灭颠覆的念头，即使要应酬孟子，也不必承认老百姓的监察地位。所以说，民权思想尚待开发，人们大可以沿着契约论的思路接着探索，其中的一个做法就是让立约者以持分者自居，利用这个身份讨得监察权，检察为政者是否权力过大，间接纵容他们借助执行约章之便，敲诈立约者，倒过来威胁其安全；近代流行的自由主义，认为政府权力过大，须要防范，以免问责权旁落，于是提倡小政府体制，把部分公众事务的执行权让予非政府组织，促成权力分散，方便民众抵制政治敲诈。一些先进国家很希望发展中的地区，紧随其后，推广小政府体制，让当地的社区变得更为开放，这样做有利于先进国发展其影响力，却对发展中的地区造成压力，也暴露了契约论的不足。

情况是这样的：由民众来负责一些公共事务，除了分散中央的权力之外，也分散了极为有限的资源，却未必在一时之间得到抵制滥权的效果。那么，社会突然变得紧张起来，是可想而知的事，到了那个时候，立约者很可能为了照顾自己的权益，而无心于抵制滥权，社会也就更为不稳。如果立约者因此而受到责备，那就很不公道，因为他们已经按照契约牺牲了部分权益，却换取不到应得的安全，哪有心思去参加公共事务，以防止政府滥权。由此可知，依据契约论行事，难以有效地抵制滥权，以确保立约者的权益。看来，契约论的确有不足之处，我建议向墨子取经，把抵制滥权视为民众的责任，再仿效墨子及其门人，拿出坚忍不拔的精神，凭集体力量与滥权者周旋，才有可能执行民众的监察权。所以说，与其把天赋的民权视为个人权利，不如把它视为集体的权利，因为这个权利要靠集体的力量来发挥作用，政府才受到监督。从集体观点出发，理解一地的社群怎样发展民权，一要看各人的利益是否得到保障，二要看个人是否能够通过集体的力量履行其政治责任，前者涉及利益，后者涉及义务。先进国要求后进国发展民主，一方面是积极地唤醒个人之维权意识，以提高利益的诉求，另一方面则让民众的政治责任继续沉睡下去，使得公共事务乏人问津，结果是诉求之声此起彼落，卸责之事层出不穷，给发展中的地区牵起难以应付的自由化热潮，当地政府如果稍有不慎，没有处理好有限资源的调配，便会引发管治危机，在民主到来之前，随时会把一地的社群毁掉。因此，我们有理由再三强调权益与责任并肩，个人与集体并行，合力制止自由化之大潮淹没了发展中的社会，伤害民主发展。重温《墨子》，让我们清楚地认识到民主的起步点不在于个人权益的诉求，而在于联结志士仁人，合力承担监察的政治责任。

结论

发展民主有两个门径，过去，我们习惯于向西方取经，认为中国文化在处理自身的治乱问题时已经缔结了民主思想的胚胎，要引进民主政治，照理不会在内部引发严重的抵抗情绪。可是，这个想法没有考虑到国内外有不少人相信民主与中国国情不符，有的人要求民主配合国情，另外的一些人则倒过来，要求国情配合民主，更有人相信两者永不相配，要求我们为民主而改天换地。上述三种立场都认定现代的民主思想是舶来品，没有把它视为人类的共同财富，这是个武断，势必误导我们。所以，我建议采用另外一个途径发展民主，那就是取法古人，以补西方之不足：（1）要清楚地指出，把我们塑造成为立约者，绝对不是推行民主政治的目的。我们的民主政治容纳各式生活，以契约来保护个人权益仅是一种生活方式。这意味着我们没有把自己简化为一个利益单位，我们更愿意受到礼教的熏陶，成为荀子所说的有方之士，立己立人。（2）把我们塑造成为杨朱的同道，质疑一切公共政策，生怕它们损害个人利益，这也不是推行民主政治的目的。我们的民主政治鼓励大家仿效墨子，肩负平民的政治责任，组成有力的民间团体，确保公共政策贯彻以民为本的方针，落实个人的权益。上述两种努力，都体现了先义后利的精神，为中国文化所秉承。根据上述两个指引发展民主，促进和平，可以说是我们的文化使命。

作者简介

周柏乔，香港公开大学人文社会科学院哲学教授、澳门中国哲学会副会长。代表作有《依孔孟之观点说明道德的秩序》《介绍当前分析哲学的主要课题和方法》《谈行动与道德的关系——兼论孔子的见地》等。

太湖文化论坛
WORLD CULTURAL FORUM
TAIHU · CHINA

专题一
关于全球金融危机的文化思考

金融危机下的文化思考：主权债务危机影响与前景考量的差异

谷源洋

中国社会科学院荣誉学部委员、世界经济与政治研究所原所长

【内容提要】 国际形势最为突出的变化是美国发生了金融危机。由于利益不同与文化思考的差异，人们对爆发危机根源有不同的理解。在危机猖獗时期，各国文化思考趋同，提出"同舟共济"的理念，步调一致地实施了宽松的货币、财政政策及刺激经济计划，推动各国经济和世界经济触底反弹。在后金融危机时期，世界经济呈现"两极复苏"态势；全球失业率居高不下；发达国家通缩，发展中国家通胀；主权债务困惑与危机抑制消费与增长，各主要经济体对治理经济的理念及国际金融监管改革的思路出现分歧，突出了"求同存异"的文化思考，其"同"表现为各经济体追求强劲、持续、均衡增长；其"异"表现为各经济体以各自的经济状况，实施刺激经济策略的退出。文化影响人的思维和行为，影响人类生活的社会与世界。在世界经济逆势抑或顺势下，今后各国仍需要促进全球合作与对话。

【关键词】 金融危机　主权债务危机　同舟共济　求同存异　欧盟　欧元区　自救　他救　教训　警示

近几年来，国际形势最为突出的变化是美国发生了金融危机，暴露出美国金融体制利益私人化、损失社会化、危机全球化的弊端。美国前财长保尔森声称中国等新兴经济体崛起以及高储蓄、低消费发展模式与美国等低储蓄、高消费发展模式，造成了世界经济失衡，而世界经济失衡是金融危机的根源，因此，中国等新兴经济体对金融危机的爆发亦应负有部分责任。所谓负有责任，简单地说就是让中国等新兴经济体为向美国提供资金支持寻找借口，而不是像发展中国家所要求的那样改革不合理、不公正的现行国际金融秩序。实际上，世界经济从来就没有"平衡"过，美国等之所以抛出"世界经济失衡论"，其背后真实目的是转嫁危机，把自身出现的问题推向中国等发展中国家，而不是从资本主义制度内部寻找根原。这场国际金融危机爆发的直接责任方是西方资本主义国家，而不是发展中国家犯了什么错。美国经济学家布雷特·斯旺森撰文指出，美国经济的问题缘于美国的货币政策失当，而不是

什么"全球失衡"。

尽管对危机根源认识难以调和，但面对全球金融危机和世界经济衰退的挑战，经济体步调一致地采取了扩张性的财政货币政策以及推行经济刺激计划，体现了"同舟共济"的精神。反危机措施起到了应有的作用，阻止了经济"自由落体式"的下滑，世界经济"触底反弹"，步入后金融危机时期。然而，在危机时期，政府债务替代民间债务促使发达经济体和一些新兴经济体公共债务大为膨胀。最为突出的表现是欧元区主权债务增长与危机，多个经济体过度举债导致财政赤字与日俱增。2009 年，葡萄牙、爱尔兰和西班牙政府的财政赤字占 GDP 的比重分别为 9.3%、11.8% 和 11.4%，远超过欧盟《稳定与增长公约》规定的 3% 的上限，三国的主权债务占 GDP 的比重分别为 75.2%、63.7% 和 59.5%，都接近或超过欧盟规定的 60% 的上限。希腊的状况则更加严重，其财政赤字占 GDP 的 13.6%，债务占 GDP 的 115.1%，自身难以偿还到期债务，陷入了债务危机的漩涡，削弱了欧元区的凝聚力及欧元的吸引力，搅动了欧洲乃至全球汇市与股市。

一、主权债务危机震撼全球

希腊主权债务危机原因：一是政府财政政策的失误。2001 年希腊成为第 12 个加入欧元区的国家。加入欧元区后，希腊寅吃卯粮，预算赤字逐年增大，经济发展高度依赖于从国外借债。二是欧元区货币联盟没有统一的财政预算机构，货币政策和财政政策不相匹配，助长和掩盖了一些成员国的财政松弛状况。三是高社会福利制度，导致财政支出膨胀，创新不足，劳动生产率低下，经济增长缓慢。在经济失去活力时，财政赤字就会"超标"，债务就会随之增加。四是国际炒家对希腊国债、欧元的投机行为及国际评级机构对希腊信用等级节节下调，造成了市场的不良反应，导致希腊国债利率狂升，抬高了融资成本。

债务危机不仅是指债务规模的急骤膨胀，更主要表现为政府已不具有单独偿还债务的能力，主权信用等级不断被下调，引发市场恐惧和混乱，最终只好违约，进行债务重组，成为"破产国家"或"破产政府"，使经济陷入衰退和萧条。因此，希腊总理帕潘特里欧将遭遇到的债务危机视为一场"战争"，声称如果不能成功削减高达 3000 亿欧元的债务，那么对希腊乃至欧元区、欧盟都将带来"灾难性的后果"。走出债务危机的措施无非是自救和他救两个途径。希腊政府制定了一套自救方案，包括削减支出、提高税率（增值税率从 21% 上调至 23%，尤其是提高了对奢侈品的税收）以及减少工薪、冻结养老金等，实施这些举措的目的：一是向欧盟、欧元区和金融市场表明，希腊政府通过财政紧缩可以解决债务危机；二是为希腊发行国债融资铺路；三是为满足欧盟和欧元区给予支持和援助开出的条件要求。

然而，不管是自救抑或他救都并非是一件轻而易举的事情。这首先是因为希腊财政府采取的"瘦身计划"造成了经济的持续萎缩，失业增加，贫困群体受到伤害，降低了国民福利水平，引发了社会公众不满，发生了全国性的大罢工和农民封锁高速公路事件，导致飞机停飞、学校停课、政府部门瘫痪，债务危机演化为社会危机。希腊总理帕潘德里欧有针对性地说："这些牺牲能让我们喘口气，为我们进行重大改革赢得时间。如果希腊人不愿意作出牺牲，那么这个国家将破产。"然而，紧缩政策也是有"底线"的，希腊财长帕帕康斯坦丁努指出，业已出台的紧缩举措已经够用了，"无须采取进一步的紧缩措施，更不会进行债务重组"，以此安抚民众。其次是债务危机导致希腊国债价格急剧下跌，收益率大幅攀升，融资成本增加，难以发行新的国债去偿还旧债。再次是《马斯特里赫特》条约规定禁止欧洲央行救助某一个成员国。欧盟27个不同主权国家，没有一个国家真正愿意用自己纳税人的钱去拯救另外一个国家。欧洲央行行长特里谢曾多次重申，不会给予希腊"特殊待遇"，尽管欧盟或欧元区成员国可以提供担保，但这种担保是有条件的，亦即希腊必须提交和实行缩减债务计划，采取措施控制财政赤字。德国总理默克尔在选民不愿为挥霍无度伙伴"买单"的压力下，亦多次强调德国无意出资援助希腊，欧元区应设置"驱逐机制"，把威胁欧元区统一稳定性的国家剔除出去，甚至使用了"希腊不走，德国走"的激烈措辞。希腊总理帕潘德里欧则反击说，希腊不会退出欧元区，如果欧盟和欧元区不能提供担保和援助的话，那么希腊只好向国际货币基金组织求助。

二、主权债务危机解决途径：自救和他救

自救和他救是相互联系的，两者缺一不可。自救无非是希腊紧缩银根，发债融资，他救无非是外部"输血"，亦即来自欧洲央行、欧盟和欧元区内部的救援，以及来自国际货币基金组织的金融支持。由于希腊债务危机已影响到欧元稳定，导致欧元对美元比价下挫，使欧元陷入自诞生以来的首次危机之中，危机持续下去必将阻碍欧盟和欧元区经济复苏的进程。因此，欧盟和欧元区对希腊发生的主权债务危机不能坐视不救，但却抱有十分复杂的心态，既不希望希腊成为"破产国家"或"破产政府"，也不愿意看到希腊与国际货币基金组织走得太近，影响了欧元区的整体形象。

由于希腊主权债务状况迅速恶化，2010年4月11日，欧元区和国际货币基金组织公布了联合救助希腊的方案：欧元区成员国将在双边基础上为希腊

提供 3 年期利率为 5% 的贷款，第一年贷款额度为 300 亿欧元，国际货币基金组织则在第一年出资 150 亿欧元，其利率比欧元区优惠，为 3.25%，开创了历史上规模最大的一次多边救助机制。联合救助方案虽有助于缓解希腊 2010 年短期融资风险，但却难以从根本上解决中长期债务压力。巴克莱银行指出欧盟—IMF 联合救助计划所提供的 450 亿欧元资金仅能维持希腊在第一年的流动性需要，希腊需要获得总共 900 亿欧元才能渡过债务危机，而国际货币基金组织总裁卡恩认为希腊走出危机可能需要 1000—1200 亿欧元的援助；索罗斯则警告说由于向希腊提供援助的借款成本过高，有可能将希腊推入"债务黑洞"，使其难以翻身；德国作为向希腊提供救援资金的"大户"则坚持两个前提条件：希腊政府必须提交削减财政预算赤字的详细计划；希腊债务危机确实已影响到欧元稳定，否则德国将拒绝向希腊提供贷款。德国等欧元区成员强化对希腊的财政纪律及扩大对其经济监督，意味着希腊必须面对更加严厉的财政紧缩，导致社会矛盾进一步激化与动荡。为此希腊财长帕帕康斯坦丁努曾表示，希腊第一选择仍然是利用债券市场融资，而非欧盟—IMF 联合救助方案，这一点触及到解决债务危机的核心——债券问题，然而，仅靠希腊发行杯水车薪的债券摆脱不了危机的阴霾。

由于标准普尔评级服务公司 2010 年 4 月 27 日将希腊主权债务评级从"投资级"降为"垃圾级"，这是自 2009 年 12 月 8 日惠誉将希腊信贷评级由 A－下调至 BBB＋以来的第六次评级下调。评级由"投资级"降为"垃圾级"令投资者心灰意冷，持有 2362 亿美元希腊债券的外资银行担心希腊债务违约，进行债务重组，造成持有债券的亏损，因而不敢再涉足希腊国债，即便是少数投资者表示愿意购买希腊债券，也要求希腊政府提供更高的债券收益率，沉重的利息负担意味着更大的债务压力。在标准普尔下调欧元区数个成员国信用评级后，刻不容缓的事情是尽快启动欧盟—IMF 联合救助计划，德国总理默克尔的态度开始发生变化，明确表示"援助希腊行动关系到欧元区的总体稳定性，德国不会逃避责任"。

事实表明，希腊主权债务危机的解决途径只能是走自救与他救"双管齐下"的道路。欧元区财长最终于 2010 年 5 月 2 日敲定在未来 3 年内向希腊政府提供 800 亿欧元贷款，而希腊政府在今后 3 年内则要削减 300 亿欧元的财政赤字。欧洲央行亦放宽向希腊提供借贷的标准，暂停了对希腊债务评级的要求，接受希腊政府发行或担保的债券作为抵押品。美国、英国、法国、加拿大和韩国等五国财长发表联合声明，对希腊落实削减财政赤字计划表示欢迎，并相信联合救助方案的实施将有益于安抚市场对主权债务危机的紧张情绪。紧缩的财政措施，一方面可以使希腊财政赤字逐年减少，预计到 2014 年将降至3%，但另一方面严苛的紧缩政策和限制性借贷利率又将抑制经济增长，未来几年内希腊经济难以恢复到2008年的水平。希腊财长帕帕康斯坦丁努指出2010年和2011年希腊经济增长率将分别萎缩4%和2.6%。希腊经济不实现增长，财政调整就更加困难，政府就很难按期还债，就很难做到不违约、不进行债务重组的承诺。一旦希腊开始重组债务，政府信誉就一败涂地，市场将丧失对葡萄牙、爱尔兰和西班牙等同样债台高筑国家的信心，全球金融市场有可能遭遇到像雷曼兄弟公司倒闭那样的风险。这是当今市场最为担忧的事情。

三、主权债务膨胀与风险的普遍性

主权信用风险和危机不仅在欧元区几个小国发生，欧盟中的英国，其负债规模现已相当于希腊、爱尔兰、葡萄牙、西班牙四国之总和，2010年财政赤字和公共债务分别占GDP的10.4%与70%，尽管英国的"家底厚实"，金融市场完善，监管措施严格，但朝野各方都拿不出"如何减赤"的良方，被有人列为下一波爆发主权信用危机的"潜在国家"。标准普尔公司于2010年3月上旬发表的报告指出，欧元区可能面临主权债务集中爆发的风险，欧洲国家需筹措1.45万亿欧元，否则欧洲将沦为投资"禁地"。据欧盟统计局2010年4月22日公布的数据显示，欧元区16国2009年的财政赤字已占GDP的6.3%，公共债务已占GDP的78.8%。欧盟27国的财政赤字和公共债务占GDP的比重分别为6.8%和73.6%。如果以欧盟规定的公共债务占GDP的比重不得超过60%为标准去衡量的话，那么高于这一标准的国家现已远超过30个。

美国和日本的财政赤字和债务规模都远高于欧元区和欧盟总体水平。按照奥巴马的财政预算，美国联邦政府的财政赤字已从2009年的1.41万亿美元增至2010年的1.47万亿美元，占2010年GDP的10%，再次创下历史最高纪录。持续居高不下的财政赤字导致美国联邦政府债务规模急速扩大。据美国财政部公布的数据，美国政府的债务余额占GDP之比从2009年的83%增至2010年的94%。因此，美联储主席伯克南一再发出警告"应对高赤字需要作出困难的决策，拖延不决将会使以后的决策更加困难"。为削减财政赤字，2010年2月成立了由奥巴马签署的财政委员会，在4月27日召开的首次财政委员会上，奥巴马表示将考虑一切可能削减财政赤字、增加税收收入。由于美元是主权货币和主要储备货币，因而美国能够通过美元贬值来转嫁自身存在的债务风险。

日本作为世界第二大经济体在税收减少和福利成本增加的形势下，则继续增加财政支出，维持其"超低利率"以刺激经济复苏及增长。日本财务省公布的统计数字显示，2009 年日本政府为了刺激经济和弥补税收的不足，总共发行了 53.5 万亿日元新国债。按 2010 年 4 月人口统计数据计算，平均每个日本人的负债额高达 693 万日元，远高于希腊的 300 万日元。2010 年日本的财政赤字将占 GDP 的 10.22%，公共债务接近 GDP 的两倍，因而引起了市场的担忧。与欧美国家不同的是尽管日本政府已债台高筑，但日本企业和民间储蓄率高企，加上日本国民是日本债券的最大买家，外国人持有的日本债券不及 6%，因而 10 年期国债利率一直稳定在 1.3% 左右的低水平，形成了一座"防护墙"，而且日本的外汇储备仅次于中国，有足够的筹码对抗国际炒家的狙击，因而延缓了主权债务危机的爆发。但日本前财务大臣（现为日本首相）菅直人指出，希腊债务危机说明日本应当"非常坚决"地设法削减债务。

四、主权债务增长与危机的影响及其前景

希腊债务危机并非孤立事件，希腊只不过是国际金融危机中主权信用风险最弱的一个环节，其实希腊主权债务困惑存在于世界不少国家。统计数字显示全球主权债务仍在持续不断增长：截至 2010 年 2 月底，全球主权债务总额已高达 36 万亿美元。国际货币基金组织预测到 2014 年发达国家公共债务占 GDP 的比重平均将高达 110%。部分新兴经济体的债务占比也达到令人担忧的水平，主权信用风险与危机将持续较长一段时间，因此，国际货币基金组织在 2010 年 4 月 20 日公布的《全球金融稳定报告》指出，政府借债对世界金融体系构成越来越大的风险，对全球消费造成越来越深远的影响。世界贸易组织总干事拉米表示，在世界经济复苏过程中，各国政府必须高度重视通货膨胀和主权债务增长等问题，以免因经济政策不当而引发新的金融危机。如何防止主权债务不断膨胀及走出主权债务危机的阴霾已成为发达国家在经济复苏阶段面临的重大挑战和风险。

由于美日两国财政的"特殊性"、欧元区核心成员的财政状况相对稳定；欧盟—IMF 联合救助希腊机制的启动；欧洲央行宣布购入成员国政府债券；美联储重启临时性美元流动性互换工具，向包括欧洲银行在内的几家央行提供美元贷款；欧盟委员会及时向希腊提供首笔援款，偿还了 85 亿欧元到期国债；2010 年 5 月 10 日欧盟推出 7500 亿欧元的庞大救助计划，帮助未来所有可能陷入债务危机的欧元区成员国；2010 年 5 月 18 日德国政府对 10 个最重要的金融机构实施"裸卖空交易"禁令，禁令范围有可能进一步扩大；欧盟各国正考虑开征银行税，建立"危机基金"等。这一切举措都显示出保卫欧元的决心，有助于逐渐消除市场恐惧，重塑市场信心，打击投机者，化解债

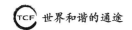

务困惑和危机。

由于国家利益追求不同及文化思考差异，人们对希腊主权债务危机造成的影响及其解决前景，给出了完全不同的四种结论：

一是说希腊主权债务危机解决的唯一途径是希腊退出欧元区。但这种可能性尚不存在。自1950年"舒曼计划"以来，欧洲人经过几代人的努力，推动着经济一体化和政治一体化不断向前发展，成为区域整合的佼佼者，德国和法国是欧洲一体化的最大受益者，因而它们不会从欧元区"出走"，希腊这样的小国更不会主动退出欧元区，否则它就失去了依靠和支撑，成为"破产国家"。欧盟和欧元区一旦解体瓦解，所付出的经济和政治代价太大，谁都承担不起这样的历史责任。从经济角度看，原本经济发展相对落后的国家连续加入欧元区，客观上降低了欧元区整体的竞争力和稳定性，希腊主权债务危机可能会提高今后欧洲小国加入欧元区的"门槛"，但对现有成员还不存在"弱国不走，强国不留"的现实。加入欧元区必须遵守早已规定的"五个趋同条件"，经历这次危机的考验，今后不排除违背"五个趋同条件"的国家被驱除出去的可能。从政治角度看，欧洲单个民族国家根本没有"足够的规模"与"超级大国"相抗衡，只有联合自强才能显现出其影响力，求得生存与发展，因而欧盟不会因为希腊债务危机而放弃扩大其规模的目标。欧盟委员会主席巴罗佐已经明确表示"目前的危机不能阻挡欧洲大家庭重聚的步伐"。

二是说希腊主权债务危机已使欧元一蹶不振，欧元面临崩盘的风险。统计数据显示2000年1欧元兑换0.83美元，2008年7月1欧元兑换1.6美元，2010年8月1欧元兑换1.32美元左右，实际上并没有"超跌"，即使是今后贬值到1对1，对欧元也不是致命的大问题，相反欧元"从超高到下贬"有益于德国、法国等扩大出口，让欧洲变得更加具有竞争力，并加速欧元区的调整，使欧元逐渐接近于均衡水平。欧元集团主席、卢森堡首相容克在欧元区16国财长会议上仍然力挺欧元，坚称欧元是"可靠货币"。欧元兑美元汇率波动实属正常，今后还会上下波动，欧元如同美元一样都不会在波动或危机中崩盘而倒下。

三是说希腊主权债务危机是国际金融危机的延续，掀起了第二波金融危机浪潮。债务危机与金融危机有着内在的关联。反金融危机措施是触发债务危机的重要原因之一，但不是全部，除此以外还有其他多种因素。金融危机的主体是银行，表现为银行流动性不足，债务危机的主体是政府，表现为政府无法如期偿还到期债务。

希腊是欧元区的小经济体，2009年经济总量为3422亿美元，仅占欧元区经济总量的2%，尽管希腊债务危机让世界感到震撼，但毕竟只是局部问题，与由美国次贷危机而引发的全球金融危机有"质"的不同。除希腊外,欧洲部分国家确实存在着爆发债务危机的可能,因而成为人们关注的"债务危机潜在国"。然而,在经济全球化大势下,即使出现比希腊更大的经济体陷入债务危机,欧洲银行、欧盟、欧元区乃至域外重要经济体也都不会"见死不救"。欧盟出台 7500 亿欧元救助计划,就是向市场发出的一个强烈信号:欧盟不会让任何一个成员国因债务危机而倒下。从欧盟内部看,在公布了 7500 亿欧元救助方案后,许多国家纷纷开始紧缩银根,加强金融监管,防患于未然。特别是德国政府已决定在 2011—2014 年的 4 年间将削减财政开支 816 亿欧元。在上述情况下,希腊债务危机蔓延扩大和发生系统性风险的概率并不大。

四是说希腊主权债务危机导致世界经济陷入"二次探底",即"双谷衰退"。自 2009 年下半年世界经济开始"触底反弹"以来,国内外不少人发出"二次探底"的警告。什么是"二次探底"?人们对此的理解不同。有人认为在一个经济周期之内出现第二次经济衰退,即为"二次探底"。何谓一个经济周期?经济周期系指复苏—繁荣—滞胀—衰退—萧条的全过程。国际金融危机演化的路径是 V 型、W 型、U 型、L 型,如果当前世界经济复苏趋势由于主权债务危机、经济刺激计划"退出"和其他重要因素导致世界经济重新陷入负增长,亦即呈现 W 型运行轨迹,那么这就是典型的"二次衰退或探底"。经济周期不会消失,如今后再发生危机和衰退,就是新一波的危机和衰退,而不是什么"二次探底"。

当前,世界经济处于从复苏阶段向繁荣阶段的过渡时期,呈现"两极复苏态势",一方面是新兴经济体的强劲增长,另一方面则是欧洲国家政府去"杠杆化",实施削减公共开支和增加税收等紧缩措施,导致"经济引擎"停转,希腊、葡萄牙、西班牙和爱尔兰等陷入衰退,拖累了欧元区经济复苏的步伐,加大了全球经济复苏的失衡程度。2010 年欧元区 16 国以及欧盟 27 国的经济增长率约为 0.9%,远低于亚洲新兴经济体的 7.9%。据世界银行统计,全球新兴经济体占世界财富的比重已经从 20 世纪 80 年代的 33.7%增至现今的 43.4%,从而缩小了同富国之间的鸿沟。

从 2010 年总体发展态势看,美、日、加、澳等发达国家的经济形势要好于欧盟和欧元区。国际货币基金组织总裁卡恩指出,欧洲债务危机为世界经济复苏带来了"一丝忧虑",但世界经济复苏形势仍超过其预期。

五、主权债务危机的教训与启迪

国际货币基金组织总裁卡恩 2010 年 3 月在罗马尼亚发表演讲时就曾发

出警告"如果欧洲人不迅速行动，那么可能在 10 年或 20 年后，竞争将在美国和亚洲之间进行，欧洲将被撤在一边"。现在看来，希腊债务危机已让欧盟和欧元区清醒起来，加强了相互监督，加速了改革，并取得了初步可见效果：欧元兑美元汇率止跌反弹；希腊等国发行债券融资成功；欧洲央行购买欧元区成员国政府债券规模缩减；欧洲银行业适应力强，90% 的银行通过"压力测试"；欧元区消费者信心指数走高；投资者避险情绪有所降温，10 期国债收益率下降；制造业采购经理指数（PMI）回升；欧元区经济趋于稳定，陷入"二次衰退"的概率不大。上述种种向好变化有利于欧盟和欧元区稳定及中长期发展，避免欧洲沦为世界经济"第二梯队"。然而，欧元区要弥补欧元机制的"先天不足"，纠正经济和社会存在的缺陷，尚有很长的路要走。

希腊主权债务危机也促使国际货币基金组织调整监督重点。长期以来，国际货币基金组织总是把新兴经济体作为监管重点，而忽视了对发达经济体存在问题的关注，然而，最近几年发生的国际金融危机和主权债务危机的"源头"恰恰都是发达国家，因而国际货币基金组织开始重视对发达国家的金融监督和管理。

对中国等新兴经济体而言，则应该多从希腊主权债务危机中汲取教训和警示：

第一，新兴经济体的债务规模占 GDP 的 40% 左右，远低于发达经济体，但不能掉以轻心。在保持经济强劲复苏的同时，必须大力整顿松弛的财政纪律，削减财政支出和增加财政收入，逐步实现财政平衡或盈余。在经济复苏、增长与实施反周期措施之间，寻找"两难选择"的平衡点，处理好支持经济发展与化解财政风险两者之间的关系。

第二，对穆迪、标准普尔和惠誉 3 大国际评级机构保持高度的警觉。在当前的信用评级体系下，证券发行商向评级机构支付酬金，影响了评级机构的公正性和客观性。欧洲主权债务评级主要由美国的评级机构说了算，3 大评级机构成为市场风险最终裁决者，因而每次下调希腊等国主权信用等级，都会引发全球金融市场的震动，成为"危机推手"或"利益相关方"，左右着投资者和市场行为方向。欧盟委员会主席巴罗佐指出只有 3 家机构从事敏感的评级工作并不正常，3 家评级机构都来自同一个国家亦属不当。欧洲监管者们正在考虑是否设立一个独立的评级机构。中国等新兴经济体更有必要发出加强对国际信用评级机构监管的强烈呼声，并应着手制订监管国际评级机构的法则。诺贝尔经济奖获得者蒙代尔说美国信用评级机构已控制了中国内地 2/3 的信用评级市场，带来了三大风险：核心机密泄露的风险；企业价值低估的风险；市场被外资占有甚至被控制的风险。因此，出台监管国际评级机构的法规，加强信用评级机构建设，对中国就显得尤为重要和紧迫。

第三，对组建区域货币联盟似应持谨慎态度。2009 年沙特、科威特、巴林和卡塔尔等 4 个海湾合作委员会国家（GCC）开始推动货币联盟，但阿联酋和阿曼却并不支持这一联盟。由于欧元区主权债务风险和危机给区域经济造成负面冲击，GCC 决定暂停正在推进中的海湾国家货币联盟进程，并对"欧债危机"的教训及建立区域货币联盟的风险进行"反思"。在建立亚洲货币联盟的进程中，中国亦应十分谨慎，现时的主要精力应放在推动清迈协议多边化、推动各国以本国货币为主的货币互换、加速人民币国际化的步伐。

第四，欧盟尽管存有"病态"，但仍然是世界最大的经济体，2009 年欧盟经济总量约为 16.48 万亿美元，超过美国的 14.33 万亿美元，进出口贸易总额为 9.18 万亿美元，远高于美国的 2.66 万亿美元。近几年来，欧盟一直是中国最大的贸易伙伴，欧洲主权债务增长和危机对中国既有利也有弊，既有挑战也有机遇。中国作为最大的新兴经济体在政治上应对欧盟和欧元区的难处给予理解，在经济方面，则应继续支持欧洲经济一体化，把欧洲市场作为中国外汇储备的主要投资市场之一。中国国家外汇管理局及时否认 2010 年 5 月 26 日英国《金融时报》所说的"中国国家外汇管理局将对持有的欧元区债券进行重估的消息"，有助于促进欧洲债券市场回稳和市场信心恢复，让欧盟和欧元区各国真正感受到危难时期"中国的真情"。

后金融危机时期，各主要经济体对治理经济的理念及国际金融监管改革的思路出现了分歧，因而产生了新的文化思考，突出了"求同存异"的理念。其"同"表现为各经济体追求强劲、持续、均衡增长，削减财政赤字及债务规模，其"异"表现为各经济体以各自的经济状况，实施刺激经济策略的退出。文化影响人的思维和行为，影响人类生活的社会与世界。今后不管世界经济是逆势抑或顺势，世界各国都需要继续促进全球合作与对话，和平、发展、合作依然是世界的主导潮流。

作者简介

谷源洋，1935 年生，中国社会科学院荣誉学部委员，世界经济与政治研究所原所长。著有《亚洲四小龙起飞始末》《世界经济自由区大观》等。

东亚"文化共同体"的形成

Hiroshi Nishikawa（西川博史）

北海商科大学教授

一、问题的提出

由美国引发的金融危机演变成国际金融危机，致使全球股票暴跌、工业生产低迷和大量的失业。可以说这次危机的根源就在于经济的全球化。经济全球化的本意是把各国单一市场作为构成要素来进行整合，而不是要形成一个世界的统一市场，但实际情况是一个世界统一的市场似乎正在形成。

目前，不仅物流、资金流、人流和服务在进行着国际间的转移，技术以及创意、甚至包括人们的风俗习惯，也随着信息社会的进展而进行着超越国家框架的交流。大量生产出来的产品要求拓展市场销路，活跃资本转移，扩大国际分工的范围。但重要的是这些贸易、资本的自由流动、技术转让、信息和创意的交流以及伴随而来的人员流动等，都是遵循市场竞争的原理而展开的。迄今为止，区域市场统一的过程，都是推崇"市场原理"、"资本原理"的发达国家和以跨国公司为代表的发达国家企业通过追求自身利益来实现的，毫无疑问这种倾向今后仍然将会继续下去。

在这种情况下，人们却忘记了只有靠一定的规则、承诺以及制度的保障，各国市场才能建立和维系统一的合作关系。在这种制度的保障下，才能确保全球化的顺利进展。从这种意义上来说，全球化自身就带有与生俱来的不稳定性。这种不稳定性是由经济全球化自身的性质所决定的。其根源在于，尽管市场相关要素是在全球范围内配置的，然而其管理和规制却依然只是在各个国家范围内有效。全球化所带来的弊端表现为与国家规制的矛盾。以金融全球化为例，金融规制只有在各个国家范围内才能发挥效力，如各种对外结算所使用的货币即是各个国家规制下的国家货币。另外，即使 FTA/EPA 制度的统一为促进自由的对外贸易、资本流动和形成全球化市场作出了贡献，但说到底还是根据各个国家战略，为获取资源和市场而展开的市场竞争，而那些没有竞争力的国家、产业和企业将被淘汰。这些正是我们需要给予解答的问题。

二、全球化所带来的弊端与共同体的价值观

我曾经对国际经济关系与经济全球化问题提出过如下主张。国际化即 Inter - nationalization，它是在保留国家（Nation）框架前提下的国家间的经济交流，而全球化（Globalization）的概念则不包括国家的含义，也就是说全球化是打破国家、民族这种既有的国家概念，而建立起的一种新型交流关系。它最大限度地淡化了国家的概念，并将最终以一种新的共同体取而代之。在这里重要的前提是人们首先要相互尊重彼此的价值观和利益，在相互理解的基础上共同拥有"共同体价值观"。而一旦失去这种根本性的前提，全球化不仅得不到发展，还会濒临崩溃的深渊。

要求市场统一的基本条件是超越国境的不断扩大的经济交流。全球化原本是以淡化国家框架为目标的，然而，个别国家为了本国经济的利益不惜挑起对立和竞争，而这种把本国利益放在优先位置的做法伴有危险性。如那些推动经济全球化的国家和企业，想方设法把对自身不利的条件，以全球化的名义强加于别人。这种做法的结果，不仅助长了人们的国家意识，而且强化了民族国家主义的主张。

为使各国的合作更加制度化，通过制度改革，可以在一定程度上抵消全球化所带来的弊端。然而，我们应该认识到，若想要真正实现淡化国家、超越国家和民族框架的局限，使所有人都能享受全球化所带来的恩惠，则需要各个国家的人们必须为相互尊重彼此的价值观和切身利益而付诸行动。如果没有这种基于相互理解的共有价值观作为前提，人们所期待的通过全球化达到区域内和平与稳定的愿望则是根本无法实现的。为使已有的国家与民族相对化，实现人类寄于全球化的愿望，有必要在相互理解、相互信赖的基础上建立一种"共同体价值观"。经济全球化虽说是在市场这一共同平台上建立超越国家框架的全球标准，但由于各国"国家战略"（确保自国资源和市场）所起的作用过于强大，使得合作的制度化难以实现。

实现全球化社会的各国共存，就要以协调的制度化以及必要的规则和组织为前提，培育和创建相互理解的共同价值观。这意味着要形成一种"文化共同体"，并把"文化共同体"作为实现"经济共同体"的坚实的基础。只有通过各个民族、国家的文化和传统以及其所包含的价值观展开交流、相互学习，丰富彼此的价值观和世界观，才能实现相互尊重历史、文化传统的区域合作。

目前，亚洲各个地区制造的所有的物品正在变成"亚洲制造"的混合物。如在跨国公司的发展过程中，正在开始通过重视亚洲式价值观的"企业文化"

来实现丰富的人力资源的相互交流。而依靠"文化共同体"的建立，来解决国家、企业以及民族之间的纠纷，是时代对我们提出的要求。从历史的角度讲，这一过程也正是对在现代化进程中丧失的亚洲文化的重新构筑。

三、东亚"文化共同体"的形成与东亚的"文化"特征

在东亚漫长的历史进程中，历经了无数次各民族之间不同文化传统的吸收、消化和发展过程，这一过程使得相互之间的交流关系绵延不断地继承下来，而这种交流关系使东西方文明得到充分地相互渗透。但是，资本主义一开始就没有看好这种"陆路交流方式"的自然型渗透，而另外开拓了一条越过直布罗陀海峡，渡过苏伊士运河，经过印度洋向东亚扩展的"海路交流方式"，开始了欧美与亚洲的直接交流。然而，在以往规模不断扩大、速度日益加快的相互交流中，那些作为东西方交流纽带的民族的历史性存在及意义几乎完全被忘记。如位于东亚最东端的日本，忘记了自己是亚洲的一员，忘记了自身曾依靠"陆路交流方式"而得以发展的这一历史事实，乘机宣布"脱离亚洲"，并在亚洲挑起悲惨的战争。日本只有战前的日英同盟和战后的日美同盟这种双边主义的经历，应该让日本认识亚洲多边主义的重要性，迫使日本重新认识历史与文化，使其真正回归亚洲。那时的日本才能尽到"反省"历史的责任和义务。

要实现和推进东亚地区的全球性"地区共同体"，就必须认真总结历史悠久的"陆路交流方式"经验，重视多边性对外关系，要充分尊重担负着环境、文化和传统的民族模式，探索一种新的全球化人类史上的包容性的"东亚文化共同体"。

我认为，亚洲的传统文化与西欧强调重视同质性的"culture（文化）"和"civilization（文明）"相比较，更加重视相互融合与兼容，相互承认彼此的异质性。而在这种亚洲式文化价值观的构建中，"文化共同体"则是东亚地区实现跨越国家的多层次合作体制的极为重要的课题。首先我们应该考虑建立"东亚文化共同体"存在什么样的问题，而解决这些问题应该进行什么样的研究。就拿"文化"一词来讲，学者间对"文化"一词的理解和定义也存在相当大的差异。即使目前已经明确东亚各地区的"文化"特性，但关于如何去形成一种共同的价值观却依然处于五里雾中。在此我想从东亚地区特有的文化形态方面提出几点个人见解。

"文化"一词最早出自《周易》的"观乎天文，以察时变，观乎人文，

以化成天下"之语。其原意是治国者须观察天文，以明了时序之变化，又须观察人文，以文教化的方法治理天下之人，使天下之人均能遵从文明礼仪。此时"文"与"化"尚未连接成词。其后在西汉时刘向之《说苑·指武》中，有"圣人之治天下也，先文德而后武力。凡武之兴，为不服也，文化不改，然后加诛"。此时第一次出现意为对被征服者进行"文教治理"含义的"文化"一词。随着历史的变迁，"文化"一词成为国家"文教治理"的手段。到了唐代，《周易》对"文化"一词又有了新的解释，即"文化"具体是指文学、礼仪、风俗习惯等。到了明末清初，"文化"范畴也包括人类的自身行为及国家的各种制度。

在形成这种"文化"观念的潮流中，中国具有社会形成、发展的特殊的历史内容（传统民族思想的形成与发展）。值得我们重视的是，中国是作为一个统一的多民族国家而形成、巩固和发展起来的，其国家的主体民族——汉族本身也是一个历史上与诸多民族在长期交流、融合、同化的过程中形成的民族。对中国来说，如何平稳解决国内及周边各民族之间的关系是至关重要的政治课题。

随着华夏族（汉族前身）的形成，作为解决与其他诸民族之间的抗争和对立关系的政策，出现了"华夏须教化夷狄，以夏变夷"，即所谓为古代圣王歌功颂德的独特的民族思想——"夏夷观"（华夷之辨）。从儒家将这些功德业绩推崇为"经典"来看，当时汉民族文化水准很高，而随着"君主具有教化天下百姓的职责"的思想在"儒教文化"中的确立，形成了传统的民族思想。

但是，以这种差别观为潮流而形成的"文化"的含义，可以说经历了漫长的历史演变：（1）通过各民族之间反复进行的对立、抗争而形成的民族性融合与同化过程；（2）在"四夷宾服"（以羁縻之谊为主轴形成的朝贡关系）基础上的以道德教化为手段，建立"协和万邦"的追求过程；（3）由儒学向新儒学体系（道家、佛教对儒家伦理精神基础的补充）发展过程，使之逐渐成熟。研究中国文化特性的梁漱溟先生认为，中国自古以来是以天下的概念代替国家的概念，因此只有"天下太平"的愿望，而并没有"国家富强"的想法。可以说，这个极其淡化国家概念的国家正是中国具有的特殊性。

但是，中国进入近代时期，面对西方各霸权主义国家，中国"民族主义"开始高涨，中国传统的民族思想发生了巨大转变。在以统一"天下"诸民族，举国抗击西方列强这种反满、反清、反帝国主义的民族运动高潮中，严复、梁启超、章太炎、孙文等象征"民族平等"和"民族共和"的民族思想与西方近代国家主义（民族主义）之间通过不断地对立和融合，逐渐开始形成了追求"多民族国家"的国家观（"国家富强"）。然而，新的问题又摆在中国的面前，即中国这个现代国家作为一个共同体如何拥有一个共同的价值观以及共同规范和制度？国家成员应以什么样的文化性共同认识处于国家这个框架内？这个民族国家究竟是一个"政治共同体"还是一个"历史文化共同体"？也就是说，共同体成员的共同认识的基础是建立在政治法律制度之上还是在文化价值观之上。具体地说，是个"政治上具有共同认识的我们"，还是"文化上具有共同认识的我们"的问题。

长期以来作为中国"文化"支柱的民族意识价值观是以儒教的"忠和孝"为主轴而形成的"纵向价值观"的伦理规范。实际上，这种"文化"克服了内部的民族差别的传统思想（例如说"五族融合"，它是以"同宗同族"、"父子兄弟之亲"、"四海一家"等这样的"纵向价值观"来达到融合和同化的）。但当与西欧近代民族主义的自由、平等、民主等"横向价值观"遭遇时，很多知识分子开始出现"思想性纠葛"与"苦恼"，经过一番激烈的思想斗争，一部分学者期望通过把"横向价值观"融入"纵向价值观"来丰富伦理文化，提高文化的历史性价值。还有一部分学者谋求从"纵向价值观"转向"横向价值观"，为实现价值标准的普遍性煞费苦心。所以说对于应该优先以法制为基础的自我同一性认识，还是应该优先以传统伦理观为基础的自我同一性认识这个问题的争议，只要有"文化"存在就会继续下去。

四、结语

Religion（宗教）的原意是"再次与神缔结契约"。这里的神是指具有绝对地位的独一无二的神。人们以个人意志面对神，严于律己，在神前发誓不犯罪。东亚文化里却无类似的神。东亚是以德、义、仁、孝、忠等道德规范来约束人的行为，这些道德规范绝对不是个人与神之间的约定。中国以儒家思想为根基的诸子百家思想体系不叫宗教。佛教传入中国时，中国的古代传统文化也只不过是将它作为外来宗教的一种思想来接受。随着佛教的传入，自然产生了"宗（信徒集团、宗派）"和"教（佛的教诲）"等词义，后来组合成"宗教"一词。可以说，东亚文化与宗教世界完全不同，东亚文化是处于一种由各种宗教融合、合并而形成的独特的思想空间里。

"文化"概念普及后，各种不同价值观以及多民族间的融合和同化在漫长的历史进程中相互浸透，逐渐形成融和于多民族间的共同价值观。如果说文化通过"他人的内化（一种融合）"能够形成一种富有创造性的普遍性价值观，那么这种价值观的创造应该追求的是，承认"自他"以及"新旧"相融合，并将"和与安定"（和谐）作为普遍性价值观。文化一词是以内容及性格相反的他人的存在为前提，起源于"差别观"的概念。所以说通过以融和同化为第一要义的思想体系来追求作为普遍性价值观的"和谐"将会成为今后的重要课题。

但是，由于文化中包含多种多样的"制度形式"，肯定会形成"制度的国境"。在相互理解"作为制度的东亚文化"（以儒家思想为主轴的融合性文化）的同时，淡化因制度带来的排他性。在谋求一种融和的同时，有必要逐渐消除"文化制度国境"，这才应该是我们所追求的"东亚文化共同体"的构成内容。

东亚地区若想创建超越民族框架的全球性"共同体价值观"，有必要充分认识到在政治、经济、文化、环境等领域各国所面临的诸多问题在一国框架内是无法解决的，只能通过区域合作的办法，除此别无他途。但这种区域合作只有做到多种民族与国家的文化和传统的价值观交流，互相学习，只有通过进一步丰富自己的价值观和世界观才有可能实现。遗憾的是，以往的人类史都是通过战争的手段来体验的，我们更应该通过其他方法来探讨如何实现对人类史更有价值的方法。

作者简介

西川博史，1943 年生，北海商科大学东北亚研究交流中心教授、副主任。日本领先的经济史专家。在研究日本工业化、比较研究日本和东亚、东南亚地区工业化发展，以及研究中国的改革、开放、工业化与现代化进程等方面，深有造诣。曾于 20 世纪 70 年代末至 80 年代初来华任教，是日本学术界最早亲身接触和了解中国的学者之一。

从中美两国联合声明中看"宏观经济政策合作"的重大现实意义和历史性意义

——兼论"国际责任感"——新时代文明准则之一

黄范章

国家发展与改革委员会宏观经济研究院前副院长

在中美两国重开交往之门 40 周年和新世纪第二个十年伊始之际，胡锦涛主席对美进行国事访问，发表中美联合声明（以下简称"声明"），为中美关系今后发展指明了方向，注入了新动力，奠定了新基础。国际舆论认为，不仅中美实现双赢，而且世界获益。该"声明"是在中美战略与经济对话在新时期达成的新成果，推进了两国全面合作伙伴关系。本文仅就"声明"在中美经贸关系中首次提出的"宏观经济政策合作"，阐明它的重大现实意义和历史意义。

"宏观经济政策合作"一词，无论在现代经济学课本上或国际协议中，从未出现过。就经济学课本讲，有"宏观经济"、"宏观经济政策"、"宏观经济管理"或"宏观经济调节"，但从未有过"宏观经济政策（国际）合作"一词。就国际合作讲，有贸易合作、投资合作、技术合作、经营合作、关税合作等，从未有过"宏观经济政策合作"。

宏观经济政策合作就具体组织形式讲，是不同国家之间财长与中央银行行长联席会议，就财政政策与货币政策进行信息沟通和政策协调。近几十年来，有多种这类财长与央行行长联席会议，有双边的（如中美），有多边的（如七国集团），有地区的（如中日韩与东盟 10 + 3），还有全球性的（如 20 国集团）。仅中美两国的财长与央行行长会议，近几年也在中美战略与经济对话框架下举行过多次，但只有这次"中美联合声明"首次将这种会议形式称之为"宏观经济政策合作"。这不是对这类财长与央行行长会议的一个简单的"命名"或"称谓"，更不是仅指中美的双边合作而言。"宏观经济政策合作"一词是对各种规模的财长与央行行长会议的概括，这一概括是一种制度化的机制，是在经济全球化条件下应对经济（金融）危机的新机制，而且还孕育着世界经济新秩序的胚胎。虽然，"宏观经济政策合作"一词在中美"声明"这一官方文件中首次出现，但我们应从世界的与历史的视野，对"宏观经济政策合作"从广袤而深邃的角度去考察，认识它的重大现实意义和历史意义。只有这样，才能对这次"中美联合声明"的重大意义有一个更深刻的认识。

一、宏观经济政策合作，是适应经济全球化需要的新机制

以财政政策和货币政策为主要手段的宏观经济调控或宏观经济管理，是在一定历史条件下的产物。经济学说史告诉我们，在古典经济学那里，没有宏观经济学和微观经济学的分野。按照古典经济学的说法，资本主义市场经济是非常完美的，依靠价格机制和竞争机制，市场的供求会自然趋于平衡，可无为而治。它虽然承认偶然会出现失业，但只要工人把工资要求降下来，愿接受更低的工资待遇，自然会受到雇佣，因此古典经济学一般不承认会存在什么"非自愿失业"，"失业"都是自愿的。

然而，资本主义市场经济绝不像古典经济学家所描绘的那么"美妙"。它的基本矛盾决定了它固有的三大缺陷：（1）周期性危机；（2）竞争必导致垄

断；（3）社会贫富两极分化。20 世纪 30 年代的危机，把三大缺陷发展到极其尖锐的地步，整个资本主义经济面临崩溃，资本主义经济已无法靠市场经济的"自我调节"，不得不求助于"国家干预"。随着罗斯福的"新政"，特别是英国经济学家凯恩斯 1936 年《就业利息和货币通论》一书出版，为"国家干预"，特别是为"宏观经济调节"提供了理论基础。第二次世界大战后，凯恩斯主义风靡一时，不仅让西方基本经济理论出现了宏观经济学及微观经济学的分野，而且依靠以财政政策和货币政策为主要手段的宏观经济调节（或称宏观经济管理），使西方主要资本主义国家远离了 20 世纪 30 年代那种毁灭性的危机。战后几十年的发展，使许多人士都为凯恩斯歌功颂德，在纪念凯恩斯著作出版 30 周年时竟喊出了"是凯恩斯拯救了资本主义"。可是，好景不长，美国经济陷入"滞胀"，美国里根总统推行以供给学派和货币主义为圭臬的新保守主义政策。尽管货币主义学派反对政府过多干预经济，但不反对宏观经济调节，它和凯恩斯主义学派的分歧主要在于凯恩斯主义学派倚重财政政策，而货币主义学派更倚重货币政策。诺贝尔奖得主美国著名经济学家托宾在一次研讨会上曾用三句话概括了当代美国经济学家对货币及货币政策的三派核心观点及分歧：（1）货币根本不重要；（2）货币很重要；（3）货币唯一重要。第一种意见是凯恩斯主义学派；第三种意见是货币主义学派；第二种意见即萨缪尔森自己标榜的"新古典综合"，后又改称"后凯恩斯主流经济学"，既强调财政政策的第一位作用，也承认货币政策的重要性。总之，当代西方主流经济学派，无论是凯恩斯学派还是货币主义学派，尽管其侧重点虽各有不同，却都主张以财政政策和货币政策为主的宏观经济调节，这是为应对资本主义市场经济所固有的周期性危机所不可或缺的。

　　然而，凯恩斯主义所讨论的有效需求问题和宏观经济调节问题，只涉及一国范围内的经济波动与稳定问题。西方国家的市场经济是在过去二三百年间为适应以机械化、电气化科技相联系的生产社会化发展的要求而成长与发展，在政治上要求建立主权独立的"民族国家"，反对封建的政治专制和地方割据；在经济上要求建立全国统一的市场经济。在这种情况下，宏观经济调节只是一个国家行使的主权范围的事，维护一国国内市场的统一性与稳定性。但在与信息化科技相联系的经济全球化条件下，情况就不同了，单靠各国致力于本国的宏观经济管理已不足以确保本国经济的稳定。

　　因为，经济全球化的本质就是通过经济、贸易、金融、信息网络把世界各地紧紧捆绑在一起，突破国界，把全球作为统一市场，通过有效的分配与再分配，把各地的资源优势得到充分的利用与发挥，这是经济全球化带来的最大好处。

但经济全球化也带来与之俱来的弊端，经济全球化，各种风险的传导机制也全球化。值得提及的是，金融全球化是经济全球化进程中一支重要的生力军。金融业的蓬勃发展，特别是衍生产品形成的虚拟经济的发展，会通过利率、汇率、股份、各种衍生产品的金融网络，把一个国家的金融风险很快传导到其他国家或地区，也可让一国虚拟经济风险扩散到本国或别国的实体经济。不仅如此，金融投资资本，特别是金融投机资本，不仅会利用某国或某个地区的制度或政策的漏洞进行冲击，甚至可以"翻手为云，覆手为雨"，人为地制造金融市场的动荡。例如在20世纪90年代亚洲金融危机中，危机首先发难于泰国，固然由于泰国自身金融体系不健全和政策失误（如吸收短期投资过多和实行泰铢自由兑换过快），然而即使像金融制度较健全的香港，也遭到被索罗斯为首的量子基金以其巨额投机资本在金融市场上人为地制造出金融风暴。虽然索罗斯最后以几十亿的亏损败下阵来，但香港却经历了一场惊心动魄的金融海啸。

可见，在经济全球化条件下，要防止经济危机或风险，需要一个跨国界的（区域的或全球化）统一的财政政策和货币政策，实行统一的宏观经济管理（或调节）。国际社会曾有人议论过所谓"世界政府"，这根本不现实；为了应对这次国际金融危机，美国著名经济学家耶鲁大学杰弗里·加滕教授于2008年11月3日在美国《新闻周刊》发表文章，呼吁"我们需要一个全球性中央银行"，这个主张也不现实。不用说，建立"全球性中央银行"不可行，即使建立区域性超国界的宏观经济调节也不现实，因为宏观经济管理和政策涉及各国主权。谁都知道，欧盟经营了几十年，虽建立了共同市场，建立了中央银行，确立统一货币（欧元），虽说可以实行地区性、超国界的统一货币政策，但迄今无法实行地区的、超国界的统一财政政策。而且，英国仍坚持保留本国央行和英镑以及自己的货币政策。所以，尽管经济全球化要求有跨国界（地区或全球的）统一的宏观经济政策调节（或管理），但目前不可能做到，而且在未来很长时期也未必可望做到。怎么办？唯一的选择，就是在地区范围内或全球范围内实行宏观经济政策的国际合作，以便在相当程度上发挥跨国界的宏观调节的职能。

这种宏观经济政策的国际合作，是以有关国家的财政部长和中央银行行长联席会议为载体。它有多种形式，有双边的和多边的，有地区的，还有全球性的，如近几年为应对世界金融危机而召开的20国集团首脑会议旗下的财长与央行行长会议。20国集团，就国家数讲不过联合国会员国总数的1/10，但它包括主要发达国家和主要发展中国家，G20国家的全部国民生产值占世界的85%，人口占全世界的1/3，它的活动及影响具有全球意义。

这种宏观经济政策的国际合作，在平时应以经济（金融）监管为重点，增强有关制度、政策、法规的透明度，建立风险预警机制，以防经济（金融）危机或风暴发生；一旦发生经济（金融）危机或风暴，则重点应是如何联手共同应对和克服风暴。当亚洲金融危机肆行时，我于 1988 年 12 月发表"经济全球化与金融监管国际化"一文（载《宏观经济研究》创刊号），呼吁经济全球化要求各国在货币政策与金融监管方面实行国际合作；后又发表《金融全球化需要宏观经济政策的国际合作》一文（载《中国经济时报》，2002 年 6 月 29 日），提出这种宏观经济政策的国际合作，可以从初级到高级稳步推进，可以从宏观经济政策对话和信息交流开始，进而举行政策磋商与政策协调，再而达成协议或采取共同行动。"宏观经济政策合作"是经济全球化条件下所必需的一种新机制。

二、"宏观经济政策合作"：对世界旧秩序的突破，世界新秩序的孕育和胚胎

宏观经济政策国际合作，是经济全球化所要求的应对经济（金融）危机或风险的新机制。令人瞩目的是，这个国际合作机制之所以称"新"，主要是新在它产生于联合国框架之外，它突破了世界经济的旧秩序或旧格局，反映了世界经济格局的新变化，孕育着世界经济的一个新秩序。

联合国及其所属的世界银行、国际货币基金组织（IMF）等机构，是第二次世界大战后初期建立的国际合作组织。还在大战结束前夕，1944 年，44 国在美国达成《布雷顿森林协议》，这个"协议"有两大成果：一是确立以美元为中心的国际货币体系，二是在联合国框架下建立了世界银行和国际货币基金组织（IMF）两大国际经济合作组织。当初建立这些机构，主要是帮助战后有经济困难的国家恢复与发展经济，后来在世界银行与国际货币基金组织二者之间有一明确分工：世界银行主要是给不发达国家提供项目建设的长期贷款，而国际货币基金组织则为出现外贸逆差而有支付困难的不发达国家提供周转性的短期贷款。二者均没有协调各有关国家的宏观经济政策的职能，不能适应 20 世纪 60—70 年代后出现的、日益增强的经济全球化历史趋势的要求。要在地区内或世界范围内实现各国宏观经济政策合作，只能突破传统的国际秩序而在联合国框架之外进行。为应对世界金融危机而召开的 G20 历次首脑会议及相关的财长与央行行长会议，都是应主办国元首之邀而召开关在主办国进行，既不是由联合国召开也不由联合国秘书长主持，而是由 G20 首脑协调确立下次 G20 会议的主办国。会议的主角是 G20 首脑及其财

长与央行行长，世界银行和国际货币基金组织的负责人虽应邀出席会议，却作为被讨论的对象，由首脑及部长们讨论决定就扩大公共投资，加强金融监管，给 IMF 增资，反对保护主义，调整投票权份额等重大问题达成共识，形成决议，以适应全球化条件下应对金融危机的需要。这些决定与共识，不是世界银行和国际货币基金组织所能做到的。这充分表明，传统的国际经济秩序和有关机构已不适应经济全球化发展的需要，宏观经济政策国际合作，需要有 G20 之类的新机制来实现。

其实，传统秩序和机制之无能为力和对新秩序与新机制的呼唤，早已显示。远的不讲，记得 20 世纪 80 年代初，由于美国利率上调导致美元之汇率在 1979—1984 年间上升了 60%，1985 年国际汇率剧烈波动，迫使美、英、法、德、日五国的财长和央行行长在纽约广场旅馆（Plaza Hotel）召开紧急会议，并达成五国联合干预外汇市场的协议，使美元对其他主要货币的汇率有序地下调。这次重要的宏观经济政策国际合作会议，竟然没有邀请国际货币基金组织和世界银行参加，而这两个国际机构确实没有调节汇率的职能。1986 年上述五国增加了意大利和加拿大，由七国财长和央行行长在东京开会，决定每年定期就汇率、经济增长率、通货膨胀率、货币增长率、利息率、失业率、财政赤字、外贸差额以及外汇储备状况九大宏观经济指标，进行监督、磋商和协调。这样一来，七国集团的财长与央行行长联席会议便机制化、制度化了。后来，国际汇率市场多次出现巨大波动，七国财长与央行行长多次联手采取集体干预行动，取得了成功，平息了金融市场的风波。

七国集团在 20 世纪 90 年代中期增加了俄罗斯而成为八国集团，但就宏观经济政策合作讲，起作用的还是七国集团的财长与央行行长会议。但七国集团的财长与央行行长会议这一机制，只是主要发达国家之间的宏观经济政策合作，或所谓"富人俱乐部"，未能反映近 20 多年来经济全球化条件下全球范围内产业转移促成发展中国家或地区的经济兴起。近几十年来，在亚非拉广大发展中地区，中国、印度、巴西等新兴经济体悄然崛起。据报道，新兴经济体占全球财富的比重从 20 世纪 80 年代的 33.7% 增加到目前的 43.4%，几乎快占有半壁江山。正是世界经济结构和格局的重大变化，迫使世界经济秩序和合作机制不得不作相应的调整。亚洲金融危机后，由七国集团发起于 1999 年成立 20 国集团，把一些重要发展中国家包括在内。当时 20 国集团财长与央行行长会议还只是一种对话机制。最近这次世界金融危机的严峻情况，迫使美英等主要发达国家为了应对金融危机不得不吸收主要发展中国家而多次召开 20 国集团首脑会议以及财长与央行行长会议，就财政政策、货币政策进行对话、磋商和协调。而且 G20 匹茨堡会议（2009 年）建议这种会议每年举行一次。这便把宏观经济政策国际合作推向机制化和制度化。20 国集团财长与央行行长会议所实现的宏观经济政策国际合作，要比七国集团更具有全球性，而且会议的性质和职能比以往 G20 有了实质性的提升，即通过对话、磋商和协调，实现跨国界的"宏观经济调节"。

从 1985 年广场会议到 2010 年 G20 会议所实现的宏观经济政策合作，都是在联合国框架之外的新机制。它表明二战后初期建立的世界经济秩序和经济机制，已不适应全球化发展的需要，要求有突破与创新。如果说 20 世纪 80—90 年代七国集团财长与央行行长会议机制，还只是意味着对旧世界秩序的一种"突破"，那么 G20 所形成的机制，则意味着新秩序的孕育或胚胎。无怪乎英国《每日电讯》2009 年 4 月 3 日头版就 G20 伦敦会议发表文章，还采用如此振聋发聩的大标题"G20：布朗宣布世界新秩序"。我于 2009 年发表文章，指出 G20 所形成的新机制，是对旧世界秩序的"突破"和新秩序的孕育。

总之，世界经济结构和格局的变化，势必突破世界的秩序，呼唤并孕育世界新秩序和新机制。事实表明，G20 的宏观经济政策合作不仅应运产生而且较成功地应对了这次来势汹涌的世界金融危机。正如世界银行行长佐立克所说："新兴经济体在危机前已经崛起，在危机中继续崛起，未来仍将崛起。"正是世界经济新结构和新格局，为"宏观经济政策合作"（双边、多边、地区、全球）这一新机制的茁壮成长和世界经济新秩序的孕育提供了坚实的基础。

三、新机制"宏观经济政策合作"要求有新的"道义准则"或"文明准则"——"国际责任感"

据前面所述，中美联合声明中所提出的宏观经济政策国际合作在现实中早已出现，至少在 1980 年的广场协议以后还见诸七国集团的财长与央行行长会议以及一些区域性的这类会议，尽管有行动但从未提出"宏观经济政策国际合作"一词。然而，正是中美联合声明第一次给这类财长与央行行长会议这个新机制冠以"宏观经济政策国际合作"的字眼或表述，这表明人们对适应新时代要求的新机制，在认识上有一个深化、提升的过程。

唯物史观告诉我们，人们的意识落后于存在，人们对事物的认识有一个从感性到理性的深化、提升的过程。以宏观经济调节或宏观经济管理为例，这是当代西方资本主义市场经济中的一个重要机制，也是现代经济学理论中的一个重要范畴。但从罗斯福"新政"到凯恩斯"通论"，都没有提到"宏观经济调节"或宏观经济管理，追至战后凯恩斯主义经济学家才在实践中确立以财政政策和货币政策为主要手段的"宏观经济调节"机制，并以 IS 和 LM 模型纳入宏观经济学理论。从罗斯福"新政"到"宏观经济调节"的过程，标志着人们对"宏观经济调节"这一机制的认识从感性认识到理性认识的深化、提升的过程。"宏观经济政策合作"也同样经历了这样认识深化、提升的过程。从 1985 年达成的财长和中央银行行长会议，经历了多次七国集团、二十国集团财长与行长会议，中美两国也举行过多次财长与行长会议，直到中美联合声明才把财长与行长的国际会议作为一种制度化的机制提出，即"宏观经济（国际）合作"。它标志着人们对这个新机制的认识，已从感性认识提升到理性认识。这种新机制，可以是双边的、多边的、地区的或全性的，这是适应经济全球化发展要求而产生的，履行着跨国界的"宏观经济调节"职能。这一新机制的提出与确立，无疑具有重大现实意义与历史意义。

"中美联合声明"的重大意义，还不仅在于它首次把财长与央行行长会议确立为一种新经济机制，还在于它从经济全球化对世界经济新秩序与新机制的要求出发，确立了宏观经济政策国际合作所要求的显性规则和隐性道义责任。这里所讲的是显性规则，是"声明"中提的宏观经济政策合作所遵循的基本原则"相互尊重、互利共赢"。所谓"相互尊重"，就是合作各方不论是大国或小国、富国或穷国都须平等相待、相互尊重主权及国家核心利益；"互利共赢"，就是反对损人利己。"相互尊重、互利共赢"这一基本准则，不仅适用于双边和多边，也适用于地区和全球的宏观经济政策合作。只有建立在这个基本原则的基础上，这种国际合作才有生命力，才能成功与持久。

可贵的是"中美联合声明"关于"宏观经济政策合作"的协议，贯彻了一种与之相适应的隐性"道义责任"，这就是"国际责任感"——新时代的文明准则之一。虽然"声明"曾提到双边承诺"国际责任"，但未明确提出哪些"责任"。然而，"国际责任感"一词虽未见诸文字，却作为一种隐形的"道义准则"或"文明准则"，渗透于协议的字里行间。

所谓"国际责任感"，就是国际合作中，各国不仅要对本国人民的福祉负责，也要尊重合作伙伴、邻国和本地区乃至区域外人民的福祉；不仅要为本国的经济稳定与发展负责，也须考虑合作伙伴、邻国以及本地区乃至区域外经济稳定与发展的需要。诚然，国家有大小，经济有强弱，各自承担的国际责任，应与各自的经济发展阶段与经济水平相适应。但重要的是所有国家，特别是强国或大国，须在观念上，精神上都要有"国际责任感"这种"道义观"。"声明"涉及中美战略关系的安全互信等许多方面，但仅就两国"宏观经济政策国际合作"而言，其间也渗有所谓"国际责任感"，它至少体现以下三个方面。

（1）中美两国加强宏观经济政策合作，既是为了本国经济的发展，也着眼于世界经济发展的要求。"声明"强调"为推进中美两国和世界经济强劲、可持续、平衡增长，双方同意加强宏观经济政策沟通与合作"。为此，美方承诺"将重点减少中期联邦赤字，确保长期财政可持续性，并对汇率过度波动保持警惕"。中方承诺"继续加大力度扩大内需"，"继续坚持推进人民币汇率形成机制改革"与"转变经济发展方式"。"声明"还申言"双方同意继续实施前瞻性货币政策并关注其对国际经济的影响"，"两国支持欧洲领导人为增强市场稳定性和促进可持续长期增长所作出的努力"。这一切充分表明，中美两国政府都是负责任的政府，不仅对本国经济和本国人民福祉负责，而且关注其对世界经济和各国人民福祉的影响，注重促进本国经济和世界经济的平衡发展，充分体现了经济全球化条件下国际合作所要求的"国际责任感"。

（2）以对国际社会负责的态度，明智地和务实地对待国际货币体系和国际经济秩序的改革问题。20 国集团提供的全球性宏观经济政策国际合作，是在联合国框架之外的新机制，是国际新秩序的胚胎。传统的国际货币体系和秩序是以美元为核心的体系与秩序，也是这次世界金融危机深层次的体制根源。如何改革这一传统体系和秩序，国际社会大体有两种意见：一是将旧体系推倒重来的激进主张，即立即彻底推倒布雷顿森林体系，包括当前"一主多元"格局，重建国际货币体系；二是主张"渐进式"改革。大多数主张"渐进式"改革，因为"推倒重来"会造成国际经济或金融市场重大波动或震荡，损失太大。

我国中国人民银行行长周小川曾提出建立一种与主权国家脱钩的并能保持币值长期稳定的国际货币体系。这一建议立即获得"金砖四国"和许多发展中国家的赞同。不过，这是作为改革的长期目标提出的。胡锦涛同志在 G20 金融高峰会上讲，改革国际货币体系，要坚持"全面性、彻底性、均衡性、渐进性、实效性的原则"。显然，只有建立一个与主权国家脱钩的"国际储备货币"，国际货币体系的改革才会是全面的、彻底的，但这一改革不能一蹴而就，必须是渐进的，才能稳步推进，取得实效，这是务实的态度。尽管目前和今后一段时期内传统的国际货币体系中美元主导地位尚无可取代，但它受到金融危机严重冲击，国际货币多元化（除了美元、欧元、英镑、日元外，中、印、俄也在推进人民币、卢比、卢布的国际化进程）的趋势将日趋强化。也有人提出以"特别权"（SDR）作为一种与主权国家脱钩的"国际货币"，尽管目前条件尚未具备，但未尝不是一个选项。总之，无论是旧的国际货币体系和旧秩序的改革，还是 20 国集团的新机制的培育，都需要以对国际社会负责的态度以渐进的方式去探索、推进。

"中美联合声明"在这个问题上就体现了这种国际责任感。"声明"强调"双方承诺致力于加强全球金融体系和改革国际金融框架"。同时，又强调"双方重申支持20国集团强劲、可持续和平衡增长框架，重申承诺20国集团首尔峰会公报中的承诺"，"双方支持20国集团在国际经济和金融事务中发挥更大作用，并承诺加强沟通协调，落实20国集团峰会承诺"，美国声明"美方支持中方逐步推动将人民币纳入特别提款权的努力"等。这一切表明：两国一方面表示要改革传统的国际货币体系和传统的金融框架；另一方面又承诺要支持20国集团所体现或承载的新机制，而且要让这新机制在国际经济和国际金融事务中发挥更大作用。这实际是寓"育新"（培育新机制）于改革之中，将"育新"与"革旧"合为一体，以渐进方式用扩大"新机制"的作用去推进传统体系和传统机制的改革。这是以积极而又务实的负责态度推进国际货币体系的改革与创新，充分体现了对国际社会务实负责的"国际责任感"。

（3）中美双方承诺反对"贸易保持主义"，表现出经济大国对国际社会负责任的态度。历史告诉我们，"贸易保护主义"往往是次发达国家或后进国家为抵御先进国家的货物倾销、保护本国幼稚工业而采取的防御性手段。这在当时是合理的和必要的。而今，却完全变了，保护主义的阵阵喧嚣声却来自发达国家，矛头却指向发展中国家，这就既不合理也非常有害。

当今发达国家鼓吹"保护主义"而指责发展中国家贸易顺差过大，特别是把矛头指向中国，这完全没有道理。因为，近几十年来，经济全球化推动了全球性的产业转移，发达国家把一些已失去竞争优势的加工业转移到发展中国家，利用当地的廉价资源（劳工、土地及其他自然资源），这是市场竞争规律所使然。但就发达国家讲，原本国内的出口企业转移到发展中国家，在发展中国家取得"国民待遇"，变成所在国（发展中国家）的出口。这种"出口"，本是发达国家出口企业在海外的"延伸"，现在却变成所在国（发展中国家）的出口和顺差，这就把事实完全"扭曲"了。例如，在华投资的美国企业有5万家，其中出口企业有2.2万家，以经营Ipod为例，一个Ipod在美国售价为299美元，而它在中国的加工费只4美元，这200多美元的销售收入全归了美国公司，而出口额和贸易顺差却记在中国户头上。美国一些议员以此指责中国"倾销"，岂非悖缪之极？此其一。而且，"保护主义"十分有害。若发达国家都用"保护主义"来围堵发展中国家，势将导致发展中国家大批制造业倒闭，工人失业，经济凋敝。要知道，迄今为止，是新兴经济体引领全球经济复苏，若把这个"引擎"损坏了，势将殃及全球。在全球化时代，对抗金融危机需要各国宏观经济政策合作；复苏经济也同样需要各国宏观经济政策合作，切忌搞"保护主义"，损人利己或与邻为壑，结果只能是害人害己。中美联合声明重申反对保护主义，正是体现了以大局为重的"国际责任感"。

中国是世界最大的发展中国家，中国政府是一个负责任的政府，一向以"国际责任感"自律。例如，在亚洲金融危机肆行时，亚洲许多国家实行货币贬值，而我国宁肯自己出口受损，坚持人民币不贬值，为的是稳定地区经济的大局，防止"贬值竞赛"或另一轮亚洲国家货币贬值。当前，世界开始出现复苏，但欧元、英镑、日元均贬值，美国也实行量化放宽的货币政策，实则也在适度贬值，我国人民币却中流砥柱，不仅不追随"贬值风"，还稳步升值，以适应从倚重外需转向倚重内需的转变发展方式的需要，也是为促进地区和世界经济复苏作出贡献。中国在国际事务中的表现以及中美联合声明所体现的这种"国际责任感"，是在经济全球化时代国际宏观经济合作所需要的一种国际"道义准则"，是新时代文明的一种体现。尽管"国际责任感"是一种较高的精神境界，它将在新世纪国际关系（不仅在经济领域，而且在其他领域）中越来越广泛地被认同和体现。

所以，无论是"中美联合声明"第一次提出"宏观经济政策合作"这一新机制，还是它虽未明确提出但实际凸显的"国际责任感"这一国际道义准则或文明准则，都有重大现实意义和历史意义。它们的重大意义将在历史的进程中日益显现出来，因为它们是全球化时代要求的新机制和新精神。

作者简介

黄范章，1931年生，国家发展与改革委员会宏观经济研究院前副院长、国际货币基金组织前执行董事。代表作有《瑞典福利国家的实践与理论》、《外国市场经济理论分析与实践》等。

金融危机的文化启示

孟凡驰

中国企业文化研究会常务副理事长

发生于2007年的金融危机，给美国及世界其他一些国家带来重大损失，使世界至今仍被笼罩在金融危机造成的恐怖之中。金融危机制造者的技术手段是表面的直接的，而这些制造者们的文化观念和价值取向是内在的，起根本作用的。技术手段毁坏的是物质财富，支配技术手段的理念毁坏的是人的经济信仰和社会信心。

面对金融危机，全世界人民需要思考和警醒的，不应该局限于金融危机监管体系的加强，经济制度的完善和法律的强化，更应该挖掘的是潜在其中的经济价值观的偏颇，是创造财富和使用财富的文化观念的倒退，是现代企业家精神的严重缺失。这些根本问题有了正确答案，才能正本清源。美国及世界各国政府和金融家、企业家们，确立正确的经济观和财富观，重建以人类福祉为终极追求的人生信仰，才能从灵魂上自觉地去建设一个善良和谐可持续发展的人类世界。

一、财富创造与增长的方式怎样更为稳健

（1）虚拟经济既不能够过度膨胀，更不能够脱离实体经济而存在。

近些年，虚拟经济飞速发展，为社会增加了许多财富。但是，常识告诉我们，虚拟经济总量超过了实体经济，必定形成一种虚假的泡沫性的假繁荣。虚拟经济赚钱快而省力，可是没有雄厚的实体经济发展为依托，那就只是看上去很美的一种短暂幻影，况且，虚拟经济只能是少数企业从事的实体经济的一种补充，如果全民投入，那必定是一场灾难。勤劳得到尊重，实业创造财富，耕耘才有收获，扎实的生活态度才有真实美好的回报，这些都是永恒的普适性的高尚的文化价值，能引导人们健康的财富创造。虚拟经济的过度发展，会引导多数人厌恶并逃离充满汗水的实体经济，蜂拥至费小力赚大钱或不费力也赚钱的股市、期货、房地产等领域，从而助长人们的投机心理，刺激人们的懒惰欲望，最终不仅影响了实体经济的发展，削弱一国的综合实力，更伤害了一个民族积极进取的心态。

（2）倡导过度消费刺激经济增长的方式，只能起到暂时缓解经济困难的作用，不能长久健康持续发展，因此不能长期依赖过度消费的方式来刺激经济增长。有些观点认为社会的发展需要加速加重刺激消费，让人们消费、赚钱、再消费，才能造成社会经济的繁荣。消费会促进社会经济发展是肯定的，关键是适度。过度的消费不是好的经济发展方式，过度消费、炫耀性消费只能助长人类的贪婪。这场经济危机的直接制造者是华尔街，而造成这种情况发生的社会原因正是过度消费催生的人性贪婪。这种方式会使财富日益畸形地转移集中到精英手中，少数精英为满足自己的贪欲，玩弄经济手段，吸吮社会大众的血，不断助长社会贫富的分化。美国近两年用大量的资金救市，而华尔街还在大量的派发红包和奖金，贪婪的本性一旦释放，是难以停止的，就像穿上红舞鞋的女孩无法停止手舞足蹈一样。人的消费欲望超过实际消费

能力的时候就会造成严重的经济问题和社会问题。

（3）唯商为大的价值观不能铸造永久的财富天堂。从本质上讲，财富和经济价值的创造是文化行为，经济活动如果只研究人们的货币交易行为，只关注人们的经济活动中的生理本能原因和物理动机，只研究与货币相关的交易逻辑，而不探究经济行为中的文化理由和人文因素，就无法解析经济发展的内在动力。丹尼尔·贝尔在《后工业社会的来临》中指出："最终为经济提供方向的并不是价格体系，而是经济生存于其中的文化价值体系"。从事经济工作、企业管理工作、经营工作、金融工作和贸易事业时，在商言商是无可厚非的。但是，我们从事商业时视利润为唯一追求，只注重商业活动中的物质利益，只注重研究高超的经济技术和手段，不注重经济活动中的人文本质的张扬，虽然在短期内能不断刺激财富增长，但在财富激增的同时也会造成文化的荒漠化，造成社会的文化冷漠状态，失去财富创造的本质意义。因此，要想造就永久的财富是不可能的，就像华尔街的"肥猫"们，不讲究财富积累过程中的人文情怀，疯狂而毫无顾忌地放逐文化，无视文化在经济发展中的本质性作用，也就造成了一种粗放的非健康的不可持续发展的经济行为。近些年来，物欲和金钱在美国金融业运行过程中高唱着主调，大量挤占了经济发展中文化应有的空间，使文化失去了对商业经济手段的主宰和引导作用，唯商为大的经济文化观将美国和世界带进了灾难的深渊。

健康的文化是经济发展的内在动力。经济发展模式、金融发展的战略、产品质量和经营手段等方面无不体现着经营者既有的文化价值观，有什么样的文化和价值观，就会体现为什么样的道德、战略和财富取向。在经济发展中，无论是国家、国际的宏观环境，或者企业的微观环境都离不开文化的支撑。一旦离开了自觉文化的引领，经济发展无论在宏观还是微观都会出现战略性的或根本性的失误，既影响企业的硬实力，也会影响国家的软实力。华尔街的文化影响着、污染着金融界整体的文化生态，不但重创了美国经济，也严重地损害了美国的信誉形象。

经济中的文化不能放任自发地发展。就广泛意义而言，发展经济、创造财富、改善人类生活本身就是一种高尚的文化，但这并不意味着放弃经济活动运行中的文化培育，也不意味着与经济活动与生俱来的文化就是优秀的文化。实际上任何领域的文化都有自发与自觉两种存在状态。一个企业，一个具体的组织，怎样经营，如何做人，如何做事，如何确立经营宗旨，如何锻炼队伍，如何培养人才，是需要自觉的文化去完成的。有种观点认为文化不能够建设，只能靠自我形成，这种观点很值得商榷。任何组织或领域不经培育，也会形成自身的文化，但那是自发的文化，很可能是缺乏内在逻辑指向的混乱文化，一种消弭组织进步精神的文化，一种涣散组织凝聚力的文化。自觉的文化是在科学的文化理论指导之下，对文化敏感的感觉、深度的体验和分析下，提炼、整合、建设的结果，是一种价值鲜明而优秀的保持组织成员健康人生目标的文化。培育组织的优秀文化，遏制落后、野蛮的文化对企业的恶劣侵蚀才能使企业平稳健康发展，把文化发展置于自发状态下是文化放任主义态度，是不可取的。人类在进化过程中，最初也是吃生肉的，后来森林着了大火把动物烧死了，他们发现熟了的动物更好吃更易消化，于是在自己学会生火后把动物烧熟后才吃。因此，人类总要有文化自觉，静待文化的自我衍生，人只是被动地去适应，和消极等待森林自然起火后才吃熟食一样可笑。人类能够发展进步，区别于其他动物类的本质特征，在于人类独特的文化基因，是它主宰人的创造能力。如果不能把自发的文化上升为自觉的文化，就不可能激发人的创造潜能，从而推动一个组织或者社会的发展，自发的文化也不可能自动生成自觉的文化。美国华尔街多年来经济发展很快，但是放弃了文化培育，不但没有像生产产品一样衍生出一种优秀的文化，反而将自身原有的一些优秀文化也销蚀净尽了。这就给我们一个启示，经济发展并不能天生涵养出先进的文化因素，必须依靠人的文化自觉，能动地去培养文化。

（4）财富的使用应有正确的导向。一个健康的社会，必须努力创造科学的制度和机制，平衡财富的分流，任何社会制度都不能放任过大的两极分化，两极分化超出了社会的限定条件和承载能力，就会造成社会的不安定，即使这种差距有着充分的经济理由和市场前提，更何况是少数精英们以投机诈骗手段聚敛财富而无耻扩大的两极分化。

国强民富要均衡发展。国强民穷只是表面和一时的强大，民富的基础上国强，才是真正意义上的强大。民富是指多数民众的物质进步。国家不能只顾当前的高税收而放任少数企业的行为，政府因关注财富集聚和少数企业精英形成的利益联盟，毁坏的是国家的基础实力。企业组织发展同样要全面考虑基层职工的利益，充分顾及职工收入的增加。如果一个国家忽视了多数民众财富的积累，放任少数人横征暴敛，一个企业不顾职工的全面发展，不让职工感到自己与企业共发展、在经济上共享受，这样既不利于一个国家、一个企业真正的强大，也不利于社会公民和企业员工对社会、企业的忠诚度的提高。

财富的使用方式取决于创造者和获得者的文化观念，企业家不但要善于追问财富取得的方法，还应经常反省财富使用的良心。中国改革开放以后，有一部分人先富起来，但他们没有做好当富人的准备，对财富的使用方向感到茫然。有些先富者挥霍无度，尽享奢华生活。现在看来，这不仅在中国是个问题，也是个世界难题。华尔街的金融富豪们对财富的掠夺，掠夺后穷奢极欲的癫狂，与中国的一些先富者并无本质区别。

通过道德方式获取财富，是令人尊敬的，是在完成上帝的使命，否则是令人鄙夷的，中国的孔子说，不义而富且贵，于我如浮云。在高尚价值取向支配下使用财富，是令人仰慕的，只追求本人物质无尽享受的价值取向，是渺小而浮浅的。财富本身并不必然导致贪婪和堕落，但只为了一己贪欲和享乐去获取财富的文化价值，必定使财富失去了社会价值，也使财富拥有者沦为财富的奴隶。人类在使用财富时应该倡导节俭利他的文化理念，应该让获取的财富去为更多的人创造幸福，应该响应德国社会学家马克思·韦伯倡导的资本主义精神。美国有一个好的传统，使用财富支持公益事业，不但表明了广博的彼岸信仰，也反映财富共享的文化理念。从钢铁大王卡耐基到比尔·盖茨，近百年来有很多企业家发扬了这个传统，受到了全世界的尊重。他们能如此，正是奉行了高尚的价值观，如卡耐基认为的那样，应该把上帝赐给我们财富，看做一种责任，这些财富是社会上穷苦兄弟委托我们管理的基金，应使这些财富回报社会。他认为：拥巨资而死是可耻的。如果财富获有者拥有了这样的精神境界和使命意识，就不会有疯狂骗钱疯狂消费的赌徒末日般的行径。可惜，华尔街的阔佬们抛弃了这个文化传统。

二、企业家精神亟待回归

一个国家的综合经济实力，主要取决于企业经营的活力，企业的活力之源在文化，文化倡导者企业家起着关键作用。有观点认为，造成此次金融危机的主要原因，是国际垄断资本的理论体系新自由主义以及新自由主义反对国家干预的实践主张。新自由主义在"撒切尔新政"实施后，进入主流社会，进而在里根政府1982年签发《加恩—圣杰曼存款机构法》后，从思潮转为政府政策，此后对欧美一些国家产生了较大影响。但是新自由主义并没有根本动摇美国金融体系框架，美国经济体制、金融体制和制度优势还是很强大的。因此，此次危机中，政府官员金融知识的贫乏，信息来源不够充分，对金融监管的不力，都使政府难辞其咎，可是，将金融危机的责任主要归咎于新自由主义等经济思想和政府干预不力，立论尚欠充分。

自20世纪30年代以来，美国发生过十次经济危机，此次与前几次比较，明显的直接导因是投资者的贪婪和金融家的骗术。华尔街的金融家们利用投资者欲壑难填的心理，制造出许多稀奇古怪的金融产品，演变成了这场次贷危机。究其本质原因是投资者的灵魂和金融家的经营理念出现了根本的错误，是金融企业从业者健康精神缺失和倒退造成的群体性文化迷失的结果。所以，企业家必须要培育并保持崇高的道德文化取向和恒久的文化定力，要尽快回归崇高的企业家精神。

企业家精神以恒定的信仰和文化品格为基础。企业家的价值心理定式引导着经济增长方式，企业家的财富观在本质上是一种文化信仰问题。信仰、价值观和文化品格模式，决定了企业家发展经济的思路和经营模式，所以企业家的恒定信仰和文化品格非常重要。这些信仰和品格表现为对企业存在的经济价值的远大追求，对经济活动中人文使命的担当，表现为企业家念念不忘的为什么经营，以何种理念指导日常经营等主义的灵魂自律，就像中国的孔子所说的那样，应该"吾日三省吾身"。这场金融危机发展过程中，有很多不光彩的行为体现着正确价值观的迷失和人生事业信仰的错位。可是社会舆论却缺少对这些现象的深层次文化分析，缺少文化批判的立场，只在经济内部规律或技术监管机制上进行分析和批评，忘记或放弃了对危机制造者的灵魂责难，很少对危机始作俑者和暴利获得者们的人性本源的探究。一个缺少文化批判立场的集体绝对建立不起一个基业长青的组织，没有文化品格、没有恒定的信仰、没有正确价值的心理定式，其运营模式也不会出现健康的形态。企业家的文化品格、信仰和价值心理定式，都要在修炼时多下工夫，否则肯定会使企业重蹈华尔街的覆辙。

企业家精神对企业的发展起着主导作用。华尔街也曾经有过健康的、促人向上的企业家精神和文化，那就是它曾主张的高尚情操、忠诚、重视公益事业。可惜的是他们的后代精英淡忘和放弃了这个文化传统。当下华尔街崇尚的是生命不息赚钱不止的文化精神，这和他们曾经拥有的优秀文化精神背道而驰。实践证明，华尔街今天出现的大问题，其根源之一，就是企业家精神的深度缺位，金融家的文化理念出现重大偏颇。

那么当代的企业家应该回归哪些精神呢？

（1）为天下创造财富的道德精神。把担当社会责任奉献公益事业作为重要财富目标的企业家，应该具备谋天下之利而不谋一己之利，谋长久之利而不谋一时之利的家国情怀。中国传统文化中认为经世致用、道济天下才是发展经济的本质要义。经世致用讲它的技术理性，道济天下讲以人伦大道为天下人服务的人文理性，这种服务大众的经济理念，才是一种大财富观，大企业家的事业观。华尔街的阔佬们如果具备了这种经济人伦理念，就不会伤害社会和他人利益以肥私而自觉为荣。

（2）诚实守信的伦理精神。近年来，诚实守信的伦理精神的缺失逐渐成为全世界普遍的现象。有些学者把华人社会列入低信任度社会。毋庸讳言，中国的诚信重建，任务很艰难，据一项调查显示，近年来中国每年因不诚信造成的损失为 5855 亿元人民币。但是现在来看，诚实守信遭到漠视不单是在中国，美国作为诚信领头羊的神话地位也已经被他们自己的行为轰垮了，其国家信用体系遭遇空前的危机。这次金融危机中，纳斯达克的麦道夫，以庞氏骗局的方法诈骗 500 亿美元，还有高盛、雷曼兄弟等一批道貌岸然的先生们，都在以相互欺骗的把戏编织自己的财富梦想，证明着美国企业家们诚信伦理精神的丧失。诚信经营是永续发展的普适性原则。中国的同仁堂创立于 1669 年，历经 340 多年，现在仍然是中国药业一面旗帜，其秘密就是他们坚定地持守着"同修仁德、济世养生"的宏大宗旨，"修合无人见，存心有天知"的道德律条，"品味虽贵必不敢减物力，炮制虽繁必不敢省人工"的质量价值观，"童叟无欺，一视同仁"的客户理念。诚信则久，不诚则亡，道理虽简单，可这个理念稍有懈怠，则现世现报，受到惩罚。安然公司用 16 年时间将资产从 100 亿美元变为 650 亿美元，可是只用 24 天，就走上破产之路，雷曼兄弟公司在华尔街风风光光 158 年，成为第四大投资银行，2007 年时还名列世界 500 强第 132 位，一夜之间这位金融巨人无可救药地坍下了身躯。金融危机制造者们用自己的双手捣毁了自己职业操守的诚信形象，给所有利益相关者的诚信信心以极深的伤害，使他们从前持有的对美国信用体系的无条件信任荡然无存，使美国的国家形象因此蒙羞。美国重塑在世界民众中的信誉形象，比起经济方面的恢复，更为艰难，更为任重道远。

可见，对世界任何企业而言，无论历史多长久，实力多强大，无论哪种政治制度和文化传统背景，诚信伦理精神都如空气，一刻不可或缺，谁要是亵渎了她，都可能给自己带来万劫不复的灭顶之灾。

有观点认为，诚信只有靠制度才能建立和保障，事实并非如此。美国是个法制程度很高的国家，其包括经济制度和金融制度在内的体系是很完备的，但是政府在与金融家们激烈博弈之中，制度失灵到无可奈何的境地。美国引以为自豪又为世界看好的严密的制度框架，并未战胜华尔街的狡诈手段。事实证明，什么制度都难以阻止人们歪曲的文化价值支使下的贪欲释放，无法理想地控制与此相关的房地产和个人过度消费的盲目扩张，当然也就无力清除为达此目的的欺诈行为的泛滥。

从理论上讲，制度与文化相互依赖，而且文化为制度之母，失去了高尚的文化精神，也就失去了先进制度诞生的土壤，也失去了人们精神世界的向善心态。制度是永远的不完全合约，不可能全覆盖地制约人的行为，把人们的欺诈和贪欲完全控制在制度框架之内的预期和努力，都是徒劳的。制度和体制并不能保证经济体系的良性运行，经济体系运行执行者诚信伦理精神的

413

回归，才是根本。

（3）不为世俗所动的文化理性精神。中国有句话形容世俗的逐利心态，叫做"人间熙熙，皆为利来，世间攘攘，皆为利往"，似乎人只是经济动物，无所例外地为私利而钻营，而寻求发财的路径。随着国际化的发展，企业家们对科技理性、经济理性认识和体验越来越深刻。在这方面，即使理论上不成熟的社会和企业，实践上体现也是非常充分的，但是，文化理性精神普遍缺失，其表现是，为经营而经营，为产品而产品，企业家如一只工蜂，日复一日地重复在一种不明主义的劳动之中。一个真正的企业家，不应当仅仅局限于对经济内部规律的实用价值把握，也不能局限于物质利益的无限获取，他更重视的应该是经济活动中的精神价值，他不应该把人生快乐建立在生物本能和物理本能的满足上，不应该沦为赚钱的机器，不应该把生命的终极意义限定在物质丰富上，更应思考自己如何使自己的活动在为人类带来更多福祉中升华出更多的价值。基于财富而不宥于功利的理性思考精神应该成为企业家的一种高境界。科技理性重技术、重市场、重制度，而文化理性重视的是经济的要义与本质，只有科技理性达不成经济的崇高使命。企业家应注重弘扬文化理性精神，要充分体验和张扬经济活动的内在要义和本质。

作者简介

孟凡驰，1954 年生，中国企业文化研究会常务副理事长、秘书长。代表作有《企业文化论》《市场经济与企业文化》等。

国际金融体系改革与文化重建

王元龙

天大研究院经济学家、高级研究员

【内容提要】由美国金融危机引发的全球金融危机将现行国际金融体系的内在缺陷和弊端暴露的淋漓尽致，同时也表明国际金融体系文化扭曲是危机爆发的深层次原因。由于金融霸权文化、治理机制扭曲、指导思想僵化、美国模式主导文化等因素致使国际金融体系文化扭曲，此次金融危机实质上是一场文化危机。因此，在改革国际金融体系、构建国际金融新秩序的过程中必须高度关注文化重建问题，特别是国际金融体系改革目标与文化重建、改革原则与文化重建、国际金融新秩序与文化重建以及包容文化等方面的问题。

【关键词】 金融危机　国际金融体系改革　文化重建

国际金融体系是有关国际货币金融关系、国际金融活动等的一系列制度安排，主要包括国际货币体系、国际金融机构体系和国际金融监管体系等方面的内容。由美国金融危机引发的全球金融危机充分暴露了现行国际金融体系的缺陷和弊端，这些问题的深层次原因则是文化扭曲，危机也表明文化重建在改革国际金融体系、构建国际金融新秩序过程中具有极端的重要性。

一、国际金融体系的缺陷与局限性

现行国际金融体系的主要缺陷和弊端突出表现为：国际货币体系在国际储备资产、汇率制度和国际收支调节等三方面的秩序和纪律弱化而无序，国际金融监管体系乏力导致现有的国际金融体系的扩张无序且无度，国际金融机构的决策机制偏畸或偏颇、其危机缓解救助机制更显狭隘，这都加剧了国际金融的风险因素，大大降低了其应有功能和作用，甚至对国际货币金融危机的频繁爆发产生了推波助澜的作用。

（一）国际货币体系的局限性

尽管现行的国际货币体系主要是由其所依存的全球实体经济格局所决定的，而且也在一定程度上促进了国际资本流动和国际贸易的开展，带动了全球范围内经济的增长。但不可否认的是，现行国际货币体系仍然存在着很大的局限性，主要表现在以下三个方面：

第一，美元在国际货币体系中的垄断与霸权地位。美国宏观经济政策缺乏制度性约束是导致国际金融危机频繁爆发的重要根源。近年来，美国为促进经济发展，采取了过度宽松的货币政策，美元发行泛滥引发了全球范围内的流动性过剩，全球货币供应量被无限放大，从而使得资产泡沫越积越大，虚拟经济严重脱离实体经济，最终导致房地产泡沫的破裂引爆了金融危机，并在全球范围内迅速蔓延。

第二，国际金融市场的汇率剧烈波动。现行国际货币体系下，主要的国际货币汇率经常大起大落、变化不定，汇率体系存在众多不确定因素，加剧了外汇风险，与其相伴的是全球大宗商品的价格的剧烈波动，阻碍了国际贸易与投资，发展中国家深受其害。

第三，国际收支失衡问题积重难返。由于国际收支的各种调节方式都不同程度存在不足，特别是 IMF 开展救援活动的严格条件性和国际商业性融资的短期快速流动性，在很大程度降低了主权国家调节国际收支的有效性，致

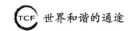

使全球性国际收支失衡问题在短期内无法获得彻底的改善。

国际货币体系内在缺陷是此次全球金融危机不断蔓延的一个十分重要的原因，也是近几十年来国际金融危机频发的制度性根源。"国际金融危机的爆发有其必然性，这是由现行国际货币体系内在缺陷决定的，同时也是美国过度利用国际货币体系缺陷获取巨大利益的必然结果。"无约束的美元本位制已成为国际金融危机频频发生的重要根源。

（二）国际金融监管体系的缺陷

此次金融危机的爆发充分暴露了现行国际金融监管体系存在着众多的缺陷：

首先，对金融市场缺乏有效的监管。西方主要发达国家对金融市场缺乏有效的监管，致使金融创新过度，远远超出了实体经济发展的需要，这也是引发金融危机的重要原因之一。

其次，国际金融监管缺乏协调机制。各国金融监管当局在国际金融监管方面缺乏必要的沟通和协调，从而无法及时控制并阻断金融风险在全球范围内的蔓延。"如果说是监管不力导致危机爆发，那么监管国际合作不到位和全球治理缺失则是危机蔓延的重要根源。"

再次，国际金融机构的监管失职。国际货币基金组织等国际金融机构没有充分履行其对国际金融市场应尽的监管职责，致使国际金融体系中风险不断积聚，并最终引发了金融危机。

（三）国际金融机构体系的缺陷

以国际货币基金组织和世界银行为代表的国际金融机构即布雷顿森林机构，成立于二战后初期，其重要职能为：国际货币基金组织提供以美元为中心、以稳定国际货币体系为目标的国际收支调节机制；世界银行则提供以稳定欧洲和发展中国家为目标的战后重建和发展援助机制。布雷顿森林机构为战后世界经济从废墟中发展起来发挥了积极的作用。布雷顿森林体系崩溃后，尽管布雷顿森林机构仍然存在，但由于其受制度设计方面存在的先天不足、指导思想僵化等因素所制约，难以反映国际经济金融格局的变迁、严重影响发展中国家的代表性和发言权，与经济金融全球化的发展趋势和世界经济发展的需要根本不能适应，因而无法充分发挥其在全球金融经济事务之中应有的作用。

二、国际金融体系的文化扭曲

所谓国际金融体系文化，通常是指在国际金融体系中所形成的共同认识，理念和思想，遵循着一定的规则，规范和秩序。从表面上来看，导致此次全球金融危机爆发并不断蔓延的一个十分重要的原因，就是国际金融体系的内在缺陷与局限性。然而，国际金融体系的缺陷与局限性与国际金融体系的文化扭曲有着密切的关系。深究其中，此次金融危机实质上是一场文化危机，是一场美国文化的危机。金融危机的背后是美国人、美国社会不合理的生活方式与充满错误和扩张的价值观念的危机，导致了国际金融体系的文化扭曲。

（一）金融霸权文化

金融霸权是指霸权国凭借其压倒优势的经济尤其是金融、政治、军事等综合实力，在国际金融体系中占主导地位，并将自己的意志、原则或规则强制性地在整个体系推行，从而获得霸权利润。通常这些霸权利润用武力冒险与政治讹诈所无法获得，但金融霸权可通过金融市场上的运作而轻易获得巨大的经济利益。20世纪90年代，美国依靠新金融霸权赢得了长达10多年的经济繁荣。二战以来，国际金融体系经历了从布雷顿森林体系到牙买加体系，再到G20的调整与变革，尽管国际金融秩序发生了多次体系性的变革，然而美国维持金融霸权地位的根本目标始终未变，国际金融体系中依然充斥着金融霸权文化。美国政治学会前会长、哈佛大学战略研究所所长塞缪尔·亨廷顿认为，西方文明控制世界可以概括为14个战略要点，其中有三条就与金融霸权有关，即控制国际银行系统、控制全球硬通货和掌握国际资本市场，而且排名分别位居前两位和第五位。显而易见，金融霸权已成为当前国际体系特别是国际金融体系中最重要的特征之一。

美国的金融霸权地位，使它处于整个国际金融体系的顶点、高居于全球经济的指挥位置。美国利用美元霸权、利用美元在国际货币体系中的特权地位，利用国际投机资本流动以及衍生金融工具来获得巨额霸权利润。长期以来，国际金融体系的主要目标之一就是极力推进国际资本自由流动，其实这恰恰是金融霸权文化的表现，霸权国以其自身利益为目的、强迫发展中国家开放金融市场，并利用国际金融机构变相推行金融自由化。国际投机资本的流动表现出极强的投机性、无序性和破坏性，金融自由化则为国际投机资本的无序流动提供了渠道，其结果导致国际金融市场剧烈动荡并引发金融危机。

（二）治理机制扭曲

布雷顿森林机构在决策与治理机制方面存在诸多不合理，实际上也是金融霸权文化的突出表现。布雷顿森林机构投票权是其成员国行使权利、参与国际治理的基础。投票权分为基本投票权和加权投票权，前者是成员国拥有的固定投票权，反映主权平等原则；后者则随成员国份额的增加而增加，体现成员国的贡献度。这种制度安排导致两种投票权比率严重失调，"一国一票"为基础的主权平等原则最终为"美元"决定投票权的原则所取代。当前，发展中国家和发达国家在国际货币基金组织和世界银行的投票权比例分别是44∶56和43∶57。少数发达国家的投票权占绝对优势，美国更是"一国独大"的拥有国际货币基金组织16.77%的投票权。从世界银行的情况来看，美国的投票权为16.36%。投票权过度集中于少数发达国家导致其拥有了实际否决权。根据国际货币基金组织和世界银行的章程，除有特别规定之外，这两大机构所作的决议，必须获得半数以上投票权才能通过，重大决议则需要获得85%以上投票权，这实际上赋予了美国在这两大机构重大决议上的决策权和否决权。

长期以来，布雷顿森林机构高管遴选也深受金融霸权文化的影响，高级管理人员的遴选机制不透明，缺乏规范的标准和程序。从表面上来看，国际货币基金组织总裁由执行董事会推选产生，但实际上，总裁人选始终由国际货币基金组织最大股东的政府秘密决定，由美欧等西方国家政府相互协商产生，国际货币基金组织总裁和世界银行行长分别由欧洲人和美国人担任已成为惯例。布雷顿森林机构高级管理层由美欧国家主导，不仅难以体现发展中国家的代表性和发言权，而且从根本上削弱了发展中国家对布雷顿森林机构管理层进行监督与问责的基础，使布雷顿森林机构成为发达国家控制国际经济秩序的重要平台。

（三）指导思想僵化

长期以来，国际货币基金组织和世界银行以"华盛顿共识"为其指导思想，政策取向片面强调市场化、自由化、私有化，贷款条件存在着严重的教条主义倾向。在运作过程中，国际货币基金组织和世界银行将目的与手段的关系本末倒置，把市场化、自由化、私有化作为目的，而不是将其作为实现稳定发展的手段。"华盛顿共识"其实质是推销美国所实行的经济制度及其价值观，试图为世界各国特别是发展中国家的经济发展提供蓝图，因此被认为具有普遍的世界意义，即所谓"共识"。"华盛顿共识"实际上只是华盛顿第15街、18街、19街的共识，并非是华盛顿所有人共同的认识，这三条街分别是美国财政部、世界银行和国际货币基金组织所在地。美国经济学家约瑟夫·E·斯蒂格利茨认为，"华盛顿共识"是指以新自由主义为价值观的私有化、自由化和对自由市场的坚定信念，旨在削弱、甚至最小化政府角色的一系列政策，以及配之以宏观稳定（主要是价格稳定）为主要内容的发展战略。"华盛顿共识"对发展中国家经济结构的认识严重失误，把目光局限在过于狭隘的目标以及实现这些目标的过于狭隘的工具上。另外，其政策太过于迷信市场——即市场可以自动导致经济效率，并且经济政策只看着眼前效率。

以国际货币基金组织为例，其居于国际金融体系的核心地位、作为国际货币体系的重要载体，成立之初的功能包括三个方面：一是维持固定汇率制度、协助成员国干预市场汇率的波动；二是监督成员国的国际收支状况，为发生严重逆差的成员国提供资金援助并协助其执行调整计划；三是协助建立成员国之间经常账户交易的多边支付体系，并消除阻碍世界贸易发展的汇兑限制。但在实际运作中并未能对成员国一视同仁，带有明显的偏见：对于在国际金融体系中具有系统重要性的主要国际储备货币发行国的监管缺位，放任其实施过度宽松的货币和财政政策，导致全球流动性泛滥、投机盛行；而对于广大发展中国家则监管过度，推崇紧缩性宏观政策、资本账户自由化、浮动汇率等经济理念，过多纠缠于汇率政策问题，在提供救助时往往对被救助国附加不切实际的苛刻条件，反而加重了成员国的危机。这种僵化的指导思想不仅造成其在政策上偏离基金组织的宗旨，而且也导致基金组织沦为少数发达国家借以实现本国经济利益最大化的重要场所。

长期以来，由于布雷顿森林机构的运行偏离了其纠正和补充市场失灵的全球公共职能的轨道，从而在相当大的程度上导致了全球经济的严重失衡和无序状态，加剧了国际金融体系的系统性风险。

（四）美国模式主导文化

美国模式是美国价值观下美国社会、政治和经济运行的综合模式，是美国主导全球化进程但并不承担相应国际义务的模式。美国模式主导文化是导致国际金融体系文化扭曲的重要原因。

美元泛滥导致国际金融危机频繁爆发，是美国模式的重要特征之一。美元在国际支付和储备资产体系中的份额高达60%左右，国际金融市场上大部分金融工具也是用美元定价和结算。由于美元发行不再需要黄金储备，美国几乎可以毫无限制地发行美元。美元的过度发行造成国际市场上美元泛滥，成为全球金融不稳定乃至国际金融危机的主要风险源。作为世界上最大的债务国，美国彻底颠覆和扭曲了商业原则，例如商业原则是借债还钱、债务人向债权人付利息，而美国文化则是借债不还、债权人向债务人付利息。

滥用国家信用是美国模式的另一重要特征。在美国除了企业略有储蓄之外，政府收支为赤字，居民净储蓄率基本为零。在美国，不仅政府在滥用国家信用，在很大程度上居民也在滥用国家信用。美元的霸权地位使得美国可以通过发行美元来支持消费，不用储蓄就能向全球购买，造成美国的高消费固 G20 作为国际经济合作主要论坛的地位，在有效应对国际金融危机的基础上，推动有关建章立制工作的顺利进行，提高论坛代表性的平衡性，推进国际金融机构和监管体系改革。

（四）国际金融体系改革应倡导包容文化

此次国际金融危机的发生使人们更加深刻地认识到，要推动世界经济可持续增长、有效应对世界经济面临的风险和挑战，各国各地区必须加强交流合作，协力解决经济发展中的深层次、结构性问题。因此，需要寻求新的增长战略或新的经济增长模式，即平衡、包容和可持续的发展，也就是要实现包容性增长。

所谓包容性增长，寻求的应是社会和经济协调发展、可持续发展，与单纯追求经济增长是相对立的。包容性增长包含的主要内容是：让更多的人享受全球化成果、让弱势群体得到保护、加强中小企业和个人能力建设、在经济增长过程中保持平衡、强调投资和贸易自由化、反对投资和贸易保护主义以及重视社会稳定等。包容性增长涉及经济、政治、文化、社会、生态等各个方面，经济增长应该是互相协调的；包容性增长要求国家之间也应该是协调、和谐的增长，互利共赢、共同繁荣。

2009 年 11 月 15 日，胡锦涛同志在亚太经合组织第十七次领导人非正式会议上的讲话中就倡导包容性增长，此次会议就包容性增长达成了共识。会议通过的《新加坡宣言》决定，将制定全面的长期增长战略，以支持各经济体内和经济体之间实现更加平衡的增长、构建更加包容的社会、创造更加可持续的环境。确保未来经济增长更具包容性，扩展增长带来的机遇。2010 年 9 月 16 日，在第五届亚太经合组织（APEC）人力资源开发部长级会议开幕式上，胡锦涛同志发表题为《深化交流合作，实现包容性增长》的致辞，进一步倡导包容性增长。他强调：实现包容性增长，切实解决经济发展中出现的社会问题，为推进贸易和投资自由化、实现经济长远发展奠定坚实社会基础；实现包容性增长，根本目的是让经济全球化和经济发展成果惠及所有国家和地区，惠及所有人群，在可持续发展中实现经济社会协调发展。从整个国际社会来看，中国不仅是包容性增长的积极倡导者，更是包容性增长的积极实践者。中国强调推动科学发展、促进社会和谐，本身就具有包容性增长的含义。

包容性增长的内涵丰富而且深刻，它体现的是一种"包容文化"，其核心是协调、合作、和谐、和平。显而易见，在国际金融体系改革、构建国际金融新秩序的过程中也应当倡导这种"包容文化"。毫无疑问，国际社会将对此达成共识，各国携手合作、深化合作、拓展合作，建立公平、公正、包容、有序的国际金融新秩序，为世界经济的平衡增长、包容性增长、可持续增长发挥积极的作用。

参考文献

［1］丁志杰．国际金融监管合作任重道远［J］．中国外汇，2009（6）．

［2］胡锦涛．通力合作 共度时艰［N］．人民日报，2008－11－16．

［3］黄平等．中国与全球化：华盛顿共识还是北京共识［M］．北京：社会科学文献出版社，2005．

［4］李金齐．全球化时代的文化安全研究［M］．北京：中国社会科学出版社，2008．

［5］塞缪尔·亨廷顿．文明的冲突与世界秩序的重建［M］．北京：新华出版社，1999．

［6］天大研究院课题组．后金融危机时代国际金融体系改革［K］．经济研究参考，2010（9）．

［7］王元龙．国际金融体系改革的战略与实施［J］．经济理论与经济管理，2009（9）．

［8］谢平．突围2009：中国金融四十人纵论金融危机［M］．北京：中国经济出版社，2009．

［9］杨成．G20机制与美国金融霸权的策略性调整［J］．国际融资，2010（8）．

［10］易宪容．我们需要什么样国际金融秩序［N］．人民日报（海外版），2008－11－06．

［11］赵忆宁．战略学者眼中的"北京共识"［N］.21世纪经济报道，2005－07－05．

［12］中共中央文献研究室．十六大以来重要文献选编（上）［M］．北京：中央文献出版社，2006．

［13］朱光耀．国际金融体系改革由共识进入实践［J］．理论视野，2009（11）．

作者简介

王元龙，1952年生，天大研究院经济学家、高级研究员。代表作有《外商直接投资宏观调控论》《中国金融安全论》等。

金融危机的文化思考

俞新天

上海国际问题研究院学术委员会主任

【内容提要】以美国为中心的金融风暴席卷全球，不仅造成了世人对于美国式资本主义的怀疑，而且引发了对于美国文化价值观和生活方式的深层思考。为了克服金融危机，不仅要采取政治的、经济的、国际关系的应对和改革措施，而且需要改变人们的思想观念和文化心理。本文就上述问题进行探讨，并提出自己的观点。

一、金融危机对美国价值观和生活方式的质疑

长期以来，美国政府和传媒一直宣扬"美国第一"的思想，美国是"世界领袖"、"希望之乡"、"上帝选民"、"山巅之城"，担负着把民主、自由、人权传播给发展中国家的天赋使命。第二次世界大战结束后，美国经济独占鳌头，主导了世界经济的发展。冷战结束后，美国成为硕果仅存的超级大国，不可一世，出现了"历史的终结"、"美国治下的和平"、"美国帝国"等说法。自 2007 年 8 月美国次贷危机以来的金融危机，已成为自 1929—1933 年大萧条以来规模最大影响最深的全球金融危机。受危机影响，美国占世界 GDP 的比重已从 2007 年的 25.4% 下降到 2008 年的 23.1%。金融危机至少有十大根源，完全是"美国制造"。人们开始认识到，历史没有"终结"，自由资本主义弊病严重。在质疑资本主义制度的同时，各国有识之士也开始重新审视美国文化价值观和生活方式。

（一）自由与责任的矛盾

美国把自己的市场经济概括为自由市场经济，强调在市场经济中的个人自由。在冷战结束后，美国政府更把市场与民主作为向海外推广的重点。个人主义和个人自由如果发展到极端，缺乏一定的约束，其产生的后果是可怕的。加拿大认为，美国资本主义源于其三项基本价值观：生命、自由和追求个人幸福的权利。美国著名的中国问题专家兰普顿曾撰文，希望美国人也向中国学习文化，重视教育，重视储蓄，重视与外国交流。为什么他把储蓄放在重要的地位？因为储蓄反映了"责任"这个重要的文化价值观。一个人储

蓄，是对自己的未来负责，对家庭承担责任。一个公司储蓄，是对员工和社会的稳定负责。一个国家储蓄，是对国民和国际社会负责。自 20 世纪 90 年代以来，美国占据了信息产业等新科技的高端地位，经济空前繁荣，更加助长了个人超前消费、尽情享受的风气。美国的不少公司疏于监管，债务累累，全靠虚拟经济为其打气。一旦资金链断裂，便陷入破产境地。更为严重的是，美国政府欠下了天文数字的外债，靠大量印刷美元来支撑局面。各国专家学者早已预言，这样无疑饮鸩止渴，好景不长，总有一天要崩盘，只是不能准确预测在哪天哪里出问题。一旦美国经济重感冒，全世界都会受传染。因此美国报刊上也出现了揶揄的文章，说过去中美战略经济对话时，美国总是教训中国，要成为负责任的大国。在前不久举行的对话上，美国财长也应当听听中国人开讲责任问题。即使同属西方文化，德国前总理施密特指出，德国强调的价值观是：自由、公正、团结和责任。加拿大一位著名企业家指出，加拿大重视的价值观为：和平、秩序和善治。

（二）保护主义与对外开放的矛盾

当前，任何人都明白，全球化加速是不可避免的客观趋势，它使得世界各国之间的相互依赖程度空前深化，也使得形形色色的问题跨越了国界。然而，人们对于全球化的态度却大相径庭。

美国一直以其开放性而自傲。它本来就是一个移民的国家，现在仍然享有世界人才流入的红利。作为世界唯一的超级大国，美国充分利用国际经济和政治体系的资源来维持它的霸权地位。但是，"9·11 事件"后，美国在反恐战争中犯了战略错误，弄得在安全问题上新保守主义当道，草木皆兵，人人自危。在经济上的保护主义也日渐上升。

现在美国保护主义找到的最大借口就是"中国经济威胁论"：美国的失业严重，就是中国人"夺走"了美国工人的劳动岗位。美国科技未找到新产业，是中国"偷盗"了美国的成果。连这次金融危机，也有人归咎于中国的贸易顺差和主权基金。种种论调因果颠倒，荒谬绝伦，不值一驳。但是，应当警惕美国某些势力和个人借机推动保护主义政策，损及中国和其他发展中国家的经济利益。

保护主义抬头的深层原因是缺乏信心。美国和西方国家在世界经济体系中占有优势，它们早已进入了知识经济阶段，掌握了新科技革命的主导权和所有产业的高端价值链，其人民享有富裕的生活和优厚的福利。但是，美国和其他西方国家面对着世界的巨变而失去方向，没有调整变革自己的勇气。相反，中国和新兴国家虽然加快了赶超的步伐，在发展阶段上还在补工业化的课，很多人的生活还不算富裕，在现代化的质和量上无以望西方国家之项背。然而，中国和新兴国家的政府和人民却更有信心，相信占世界绝大多数的人民应当把握自己的命运，逐渐变革国际体系中不公正不合理的因素，首先是促进改革开放，变革自己。因此，德国前总理施密特在他的著作《全球化与道德重建》中，呼吁西方应当向中国和东方国家学习开放的心态。

（三）国家利益与全球伙伴的矛盾

今天，每个国家都寻求自己的国家利益，同时也要兼顾别国的利益，才能达到互利双赢。但是美国是个例外。美国学者道格拉斯·道得指出，长期以来，美国认为它的国家政策，无论言论或是行为，都是符合其他国家的利益的。美国前国务卿贝克说，美国极力保持其国际主义外交政策的形象，因为它有助于促进世界和平稳定，更重要的是，它变成了美国人的直接经济利益。对美国是正确的，对其他国家也是正确的。这种"特殊使命"很容易在对外政策上转化为对于弱小国家事务的干预，不会给被干涉国家真正的民主和自由，往往只是实现了美国的霸权利益。美国的唯我独尊的心态在冷战结束后并没有根本改变，但是有了新的表现。

冷战结束后，美国政府开始强调美国的"领导权"与"伙伴权"，前者并不新鲜，后者则承认，尽管美国具有超强的实力，也不可能单凭自己搞定一切，因此需要与"伙伴"合作。在这些"伙伴"中，最重要的当属它的西方盟友，欧洲和日本，还有澳大利亚、韩国等。中国、俄罗斯、印度、巴西等新兴大国，当然也引起了美国的重视，建立了各种不同的伙伴关系，促进了多方面的合作。

事实证明，美国政府抓"领导权"十分起劲，对于伙伴却远谈不上尊重，更没有充分照顾伙伴的利益。美国从次贷危机开始，引发了全球金融海啸，在处理雷曼兄弟案、美元贬值等各个关键时刻，都没有事先与它的西方盟友商议，使得欧洲和日本都非常被动，心怀不满。20国峰会在美国召开，反映了经济力量的消长，但美国并未承担责任，帮助世界，特别是帮助经济最困难和最脆弱的国家。相反，美国要求其西方盟友、新兴国家、海湾国家都掏出钱来，帮助美国渡过难关。美国仍然将用其日益贬值的美元来偿还其巨额债务，把危机转嫁给他人，让世界来分担美国的灾难。在利益问题上，美国从来是最功利主义的国家，所以全世界不得不抛弃幻想，面对现实。

（四）"普世价值"与文化多样性的矛盾

美国一直是具有传教士般的文化和道德使命的国家，坚信美国的价值观就是"普世价值"，传播美国的价值观就是传播"文明"。历史上美国政府在处理与落后国家的关系时要求它们接受美国的价值观，这种文化渗透恰恰是为美国的政治经济扩张服务，给其他的国家带来了征服和灾难。

冷战结束以后，由于美国成了硕果仅存的超级大国，实力增强，因此野心膨胀。然而，很快美国政府便尝到了全面扩张、捉襟见肘的苦果。美国要强行推广其价值观的主要理由是，美国社会是世界的榜样，因此美国价值观就是"普世价值"。现在美国问题丛生，榜样已失去了往日的魅力。布热津斯基曾列出美国面临的20大难题，美国自身力量不足，在全球问题上越来越无能为力。美国越要在世界上强制推行美国式的"世界新秩序"，它就越力不从心，难以奏效。

输出民主是美国小布什政府强烈推行的政策。自从伊拉克战争后，美国政府希望把伊拉克树成"民主"样板，在中东推广，然后十年完成改造中东的"大中东计划"。金融海啸爆发前，美国的政策已经受到了广泛的批评，证明强制推行美国式的民主不仅不能成功，反而激起了伊斯兰世界普遍的反感。其实，中东人民需要民主。但是，如何推进民主，实行什么样的民主，应当由中东各国人民来选择，来试验，来决定。金融海啸来临后，世界各国将更加关注经济恢复和社会稳定，强行推动民主只会破坏这一目标。

这将使更多的人认识文化多样性的价值。美国的文化价值观中的消极面不应当去学习仿效，相反美国人也应当向世界各国人民学习文化价值观。各种文化都不应妄自尊大或妄自菲薄，而应当以开放的包容的心态互相学习，取长补短。民主、自由、人权等价值观，首先是西方将它现代化后进行了世界性的传播，变成人类共享的文明成果，具有一定的普适性。但是，美国的"普世价值观"要把它作为一个模式强加于人，那就是文化霸权。全球金融危机像世界上的很多变化一样，将帮助美国人和世界人民认识文化多样性的意义。

（五）美国生活方式的不可持续性和不可仿效性

美国一直认为，其生活方式具有极大意义，对全世界青年有很强的吸引力，哪怕与美国敌对的国家如俄罗斯、伊朗等，其青年仍以学习美国为时髦，以穿牛仔裤，跳迪斯科为傲。过富裕生活，享有大房子、小汽车、游艇、游泳池，个人主义的成功故事，这就是"美国梦"。不仅美国人在追求"美国梦"，美国也通过好莱坞影片、电视广播，把"美国梦"推介到世界。然而"美国梦"不可持续，不可仿效。美国人口只占世界的4.6%左右，却消耗了世界能源的23%。如果全世界的人民都仿效美国生活方式，那就会彻底毁灭地球。在强调绿色、低碳、环保的今天，人们需要更加健康的生活方式。

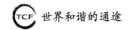

二、以新思想共同战胜金融危机

为了应对空前的金融危机，世界主要大国都采取了一系列措施，投入巨资"救市"，并且连续召开 20 国峰会协同作战。奥巴马政府在一定程度上控制了危机，金融市场趋于稳定，经济下滑得以遏制，开始了缓慢复苏。欧洲经济从 2007 年下半年开始受到冲击，2008 年年中进入衰退，2009 年处于深度衰退中，希腊、西班牙等国的债务危机使欧洲雪上加霜。金融危机极大地冲击了日本实体经济，许多经济指标均创下战后最坏纪录。本来在中国等新兴国家拉动下，日本已开始复苏，但是由于元气大伤，也可能还会恶化。这说明金融危机仍未被战胜，要求人们以新的思想和文化态度携手合作，最终克服困难。

（一）提倡和平、发展与合作的理念，世界各国应继续同舟共济，共度危难，反对保护主义，以邻为壑

和平与稳定是发展的前提条件，目前在很多国家内经济危机加重了局势的动荡，例如泰国、菲律宾等。许多发展中国家本已受危机重创，再加上天灾人祸，如入水火。和平是全世界人民的共同意愿，各种文化都从不同的角度为和平注入了更丰富的内涵。欧洲的和平以康德的永久和平论为思想指引，又有欧盟数十年的实践推动，为世界提供了地区和平的榜样。印度的和平理念源于宗教思想，并有甘地非暴力实践的经验。中国的和平理念源于人伦关系，礼之用，和为贵，并有东亚朝贡体系的历史经验。今天，中国又提出走和平发展道路，努力与各国一起建设和谐地区，和谐世界，全方位地改善了与所有邻国的关系。

过去，西方发达国家把发展视为发展中国家的任务，但是在金融危机的冲击下，发达国家也开始正视发展的挑战。美国提出了 3D 战略，即发展（Development）、防务（Defense）和外交（Diplomacy）。欧洲也重视研究发展战略。对于发展中国家，这个任务更加紧迫。

现在，当金融危机仍在肆虐时，合作的理念尤其重要。如果各国只是追求将本国利益最大化，势必导致巨大的利益冲突。因此，各国要努力寻求合作多赢的途径。奥巴马总统在首轮中美战略与经济对话中明确指出，现在最紧迫的威胁不是大国竞争，而是各类跨国威胁，大国竞争应摆脱"零和游戏"。世界各国都在反思 1929—1933 年大萧条引发第二次世界大战的教训，加强了合作，促进了更加成熟的国际关系。

（二）必须对于市场经济加强法治监管，增强道德意识

长期以来，美国凭借其超强实力地位，在世界范围内推销大市场、小政

府和少监管的新自由主义经济理念，导致美国经济金融化、金融自由化、消费借贷化的模式。美国还将鼓吹自由主义的"华盛顿共识"强加于发展中国家。金融危机的爆发使美式发展模式遭遇普遍批评。英国《金融时报》首席评论员马丁·沃尔夫撰文称，西方资本主义经济自由化时代金融危机格外频发，其中蕴含着"自我毁灭的种子"。美国《大西洋月刊》载文说，金融危机证实了马克思关于资本主义内在矛盾的预言。2009年《金融时报》刊登巴西总统卢拉的文章《资本主义并不重要》指出，金融部门应接受国家和国际机构的严格监管，多边组织的改革应更多地支持新兴经济体。中国、印度、俄罗斯采取了有别于西方自由主义的做法，探索自身发展道路，积极推动国际金融货币体系改革。

在增强法治的同时，也必须强调道德建设。如果没有道德建设，再强的法治也会被人们破坏，也会被利用其漏洞钻空子。美国在金融危机中发现了许多"肥猫"，利用政府资金支持却依然享有高额酬薪，也揭露出了金融骗子麦道夫，侵吞了广大人民的血汗钱。长期以来，人们把道德当做迂腐之论，忽视这个问题的重要性，对社会发展产生了不良影响。现代社会保护个人的自由和权力，但不能保证拥有自由和权力的人一定选择善，他也可能选择恶。因此社会必须引导人们以道德来进行自我约束，强调法律下的自由，鼓励人们追求真善美。所有的文化和宗教都具有戒恶劝善的道德训条和箴言，在现代化过程中或者现代社会中仍可发扬其积极作用，使人们不致在市场经济中被利益毁灭。

（三）提倡绿色低碳、环保节约、可持续的新生活方式

中国学者赵汀阳在研究了世界各种生活方式后指出，"美国梦"是一个为美国自己谋幸福的梦，是一个分裂世界的梦。"欧洲梦"其实是一个地区保护主义的梦，保护既得利益的策略，同样不是一个可以普遍化的世界梦。他也承认还没有形成一个"中国梦"。更好的生活方式应当不仅有物质的富强，更有精神的伟大，即什么样的社会制度能使有德之人愿意生活在社会中，什么样的生活方式能使人永远觉得生活有意义。人类应当去进一步探索这个问题。

当然，探索不只是理论上的，更应当从实践中总结。全世界有很多人正在积极倡导新生活方式，而且身体力行，过绿色低碳、环保节约、可持续的生活。最近，在中国也出现了"绿领"群体，是非常可喜的现象。政府应当保护人民的新的试验，而且从管理上和制度上保障新的健康的有意义的生活方式。

（四）倡导人类共创价值观

联合国应当从文化多样性的价值取向进一步发展，变为倡导人类共创共

享价值观。其基本原则如下：（1）世界各种文化都有存在的意义，没有高下优劣之分，应当互相尊重，互相学习，互相理解，共同合作。（2）世界各种文化都有潜力和可能为人类贡献优秀价值观，最终形成人类共享价值观，或曰人类共同价值观。（3）一种文化的优秀价值观在传播过程中必然发生变化，以适应其他文化的背景和需要，变得更加丰富和深刻，可将其视为人类共同创造的过程。（4）要把为人类贡献优秀价值观的潜力变为能力，可能性变为现实性，各种文化必须先对自己的价值观进行现代化的提炼，然后进行世界性的传播。（5）形成人类共创共享价值观需要长时期的努力，它与国际关系从争夺为主转型为合作为主密切相关，也与消除冷战思维、零和游戏有关。可以说，西方文化已经向世界贡献了优秀价值观，是人类共创共享价值观的重要组成部分。它在几百年的世界传播中，许多国家都结合自己的文化和国情，去丰富和发展了它。许多现代化成功的国家，恰恰是将西方文化与本国文化结合较好的典型，与此同时也传承发扬了本国文化。这说明西方文化价值观像其他文化价值观一样具有"普适性"，但决不拥有宗教性的"普世性"。那些生搬硬套西方经验的国家基本上都失败了。现在已到了世界各种文化向世界贡献优秀价值观的时候了。当然，各种文化都必须先对自己的价值观进行现代化的提炼，然后才能进行世界性的传播。

作者简介

俞新天，女，1947年生，上海国际问题研究院学术委员会主任、上海台湾研究所所长。代表作有《强大的无形力量：文化对当代国际关系的影响》《国际体系中的中国角色》等。

太湖文化论坛
WORLD CULTURAL FORUM
TAIHU · CHINA

专题二

生态文明建设

正义与环境的可持续发展

Alan Carter（阿兰·卡特）

格拉斯哥大学教授

　　说到不公平，我们通常所想到的是某些个体或群体以牺牲其他个体或群体的利益来获取自己的利益。剥削往往被认为是一种不公平的表现：剥削的主要特征之一是一个人通过榨取他人的劳动使自己获利。不公平的一个很显著情形表现在，在特定条件下一个人通过损害他人的利益来获取自己的利益。

　　试想一下我们和还没有出生的子孙后代的关系，我们可能会认为，为了自己的利益，我们过多消耗了他们那一代人所需的自然资源，污染了他们赖以生存的生态环境。多数人认为现代人确实正在以这种行为方式损害子孙后代的利益。但是，伤害他人到底指的是什么呢？显然，不能简单将其理解成使一个人的境况比之前的状况更加糟糕。假设医生给病人注射疫苗，可能会使病人暂时出现不适状况，这种不适应从某种程度上使病人的状况比他接受注射之前更加糟糕。但是如果医生没有给病人注射，病人的病情之后可能极度恶化。这个例子表明，伤害某人指的是作出某种行为使得某人状况比没有被做某种行为的状况有所恶化。同样，使一个人受益不能简单地认为使一个人情况比之前有所改善。如果我给你 5 美元，你的境况就能好过没有这 5 美元的时候。但是如果我给你 5 美元，你因此不能得到 100 美元，那么我就是损害而不是有利于你的利益。因此这个例子表明，使某人获益指的是作出某种行为使一个人境况要比没有被做某行为的状况有所改善。

　　但是，如果我们这样理解伤害和利益，那么我们实施的那些会增加资源的消耗以及环境污染物排放的政策并没有损害到下一代的利益。同样，通过采用那些用来降低资源的消耗以及环境污染的政策也没使我们的后代获益。这是因为采取不同的政策，我们的生活也会大大不同从而产生不同的后代，就像人的出生取决于不同的精子和卵子的结合。如果我们的生活方式存在根本性的差异，那么在不同的生活方式下同一卵子受精于同一精子的机会非常渺茫。的确，不仅性交不太可能发生在同一时刻，而且大部分人会遇到不同的伴侣，因而生育完全不同的孩子。德里克·帕菲特曾经问到："我们有多少人真正敢断言'即使人类没有发明铁路，我仍会降生在世上?'"同样，没有哪一个后代敢断言："即使没有采取环保措施，我仍会降生。"

如图1所示，我们把图中两个将产生不同后代的政策的选择看做两个可能世界的一种选择。在第一个可能的世界，安德烈、本和克拉拉决定采取反环保的政策，这将可能导致哈里特、伊恩和珍妮特在未来的世界中受苦。但是米歇尔、诺曼和奥利维亚则不存在。在第二个可能的世界，安德烈、本和克拉拉决定采取环保的政策，那么在未来可能

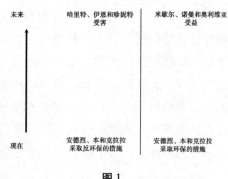

图1

的世界，米歇尔、诺曼和奥利维亚存在，而哈里特、伊恩和珍妮特不存在。米歇尔、诺曼和奥利维亚并没有因为安德烈、本和克拉拉采取环保政策而从中受益，因为他们不存在于第一个可能的世界。因此，他们的情况并没有因为环保政策的实施而得以改善。另外，哈里特、伊恩和珍妮特也没有因为安德烈、本和克拉拉采取反环保政策而受害，因为他们没有存在于第二个可能的世界。因此，他们的情况也没有因为反环保政策的实施而恶化。

但是，虽然我们没有因为让未来一代人的境况变得糟糕而获益，但是我们和他们的关系仍然是不公平的。那么，这种不公平是怎么呈现出来的呢？在大多数人看来，当某个人在某一特定条件下，通过损害他人的利益而获益，那么这种情况就被认为是不公平的。此外，我们当中许多人可能认为受益的人伤害到了损失利益的人。因此，为了解决这个问题同时又避免步医生给病人注射疫苗的后尘，我们提出了以下公式：

（1）如果A的行为方式导致B受到伤害，如果没有A的行为方式，B的情况不会恶化，那么A损害到了B的利益。

如果这的确是A损害到B的利益的例子，那么我们现在的行为就是一种损害到未来一代人的利益而有利于自己的行为。可以说我们正在损害后代的利益。为了更确切地阐明这一公式，请再看图1。在第一个可能的世界，安德烈、本和克拉拉通过选择反环保政策使自己获利，而在未来的世界中，哈里特、伊恩和珍妮特的利益受到损害。但是这三个人并不存在于第二个可能的世界，他们的境况并不比身处第一个世界时的境况要好。因此，安德烈、本和克拉拉的行为使哈里特、伊恩和珍妮特受到伤害，如果没有他们的反环保政策，哈里特、伊恩和珍妮特的境况不会恶化。

因此，（1）的结论使我们有理由认为现代人损害了后代人的利益，即使是现代人的行为方式决定了未来一代人的身份。也就是说，可以认为我们现在的行为对未来一代人是不公平的。

不幸的是，仅仅关注利益的损害是不够的，因为通过避免孕育后代可以确保没有后代受到损害。然而许多人认为以我们这代人来结束人类的历史是非常不道德的。这表明如果不能创造一个让人们安居乐业的未来是不道德的。这种情况下，我们应该采用古典功利主义来辨别我们应该创造什么样的未来。但是，古典功利主义作为一种道德理论却没有直接考虑幸福指数分布，所以仅仅依靠其来分析是不够的。我们可以想象存在两个虚拟世界：

虚拟世界 E：这个世界的幸福总量为 x，并且分布均匀。

虚拟世界 U：这个世界的幸福总量为 x，但分布极度不均匀。

古典功利主义更偏向世界 U，但是许多人坚信不疑地认为世界 U 远不及世界 E，人们有理由这么认为。

在幸福指数增加而均等性要相应减少的情况下，我们该怎样理解均等性和幸福总量是有价值的呢？对大多数人而言，与世界已经较平等时的情况相比，我们在世界极度不平等时更注重谋求平等。同理大多数人认为，与当人们已经很幸福时相比，当我们感到不幸福时，我们应该更努力地追求幸福。这有力地表明我们应该权衡

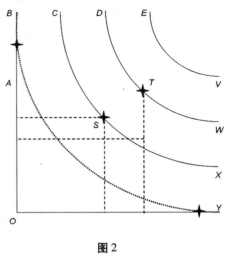

图 2

图 2 中等值轮廓线所描述的幸福指数和其分布状况。轮廓线上任意点与其他任意点的整体值是等值的。此外，轮廓线上任意点的整体值要小于东北角方向远离坐标点 O 的任意点的值。

但是图 2 并没有告诉我们能够实现哪一个世界。它仅仅显示了各种可能世界的相关整体值。如果考虑到有限的自然资源和有限的污染处理能力，那么似乎人们目前的幸福程度越高就越难让他们感到更为幸福。同样，人们越平等就越难实现更平等。因此，现实世界（即我们可创造的世界）的边界可能是如图 3 中的曲线所示。

现在，如果把图 3 和图 2 重叠起来，那么会得到图 4。在图 4 中，如果我们不

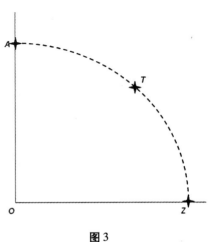

图 3

能同时最大化均等值和幸福指数，那么 T 点就代表了最佳的现实世界。这个世界包含了分布相当均衡且数值很高的幸福总量。这意味着，我们在道德上被直接或间接地要求去营造一个没有太多痛苦和不平等的世界。这使我们有理由来批评当代人的行为，因为我们为了自己的利益过多消耗了后代所需的自然资源并且污染了他们赖以生存的环境，我们的行为给未来带来了不幸。当选择以牺牲子孙后代来使自己这一代享受时，我们就导致了一个极度不平等的世界。

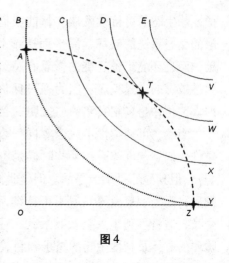

图 4

那么，我们应该怎样做才算有道德呢？只有通过养成一种真正可持续的生活方式我们才能同时避免给后代造成巨大损害及避免造成我们与后代之间的不平等。我们的交通工具或煤电站大量排放的二氧化碳污染了大气，核电站产生了大量的废物（可裂变材料也是一种很有限的资源），而不去发展风能、太阳能或沼气，大量使用无机化肥（也是一种很有限的资源）或者发展有机农业，因而我们建立的是一个更加不可持续发展的生活方式。某种程度上我们受益的代价是未来一代人不必要的损失，这是不道德的。我们的行为对他们来说是很不公正的。

作者简介

阿兰·卡特自 2005 年起任格拉斯哥大学教授，曾任教于科罗拉多大学博尔德分校、伦敦大学埃斯普罗学院、都柏林大学。现任英属哥伦比亚大学、布加勒斯特大学客座教授。

生态文明与全球正义

Robin Attfield（罗宾·阿提菲尔德）

英国卡迪夫大学教授

我尤其想谈论解决气候变暖现象中的全球正义。如果各国都能做到公平公正，世界生态文明将向前迈出一大步，也就意味着，全球能团结在一起维护地球生态的可持续发展。目前我们人类的活动导致了一系列恶果，例如地球的生态系统的破坏，海平面持续上升，天气反常恶化，亚热带疾病肆意蔓延，而且环境难民迁徙的数量在持续增加，尽管如此，我们正努力建立一个生态敏感的世界秩序。因为通过保护脆弱的人类和其他物种，这个秩序会更加人性化，是名副其实的"文明"，更确切地说应该是"生态文明"。

当然，可持续性不完全等同于公平。公平甚至不是可持续性的一个必要条件。奴隶制度体系在某些时候是可持续的（也就是说，能够无限期地保持着），但其显然是不公平的。但是我们的人类社会无论如何都需要实现可持续发展，因为一旦世界发展不可持续，那么各种生态临界将会不可逆转地相互交叉，这将不利于人类及其后代，还会有无数的物种会濒临灭绝。因为很多脆弱的群体及其他生物的需求和利益都受到威胁，这对于后人来说也是一个关乎公平的问题。因此从这个意义来说，一个不可持续的世界体系也是不公平的体系。然而也可能存在一些公平些或者没那么公平的体系来使得我们的世界成为一个可持续发展的世界，例如，某体系规定所有国家可以以其目前的（或者1990年的）排放水平继续排放二氧化碳，只要任何国家都不提高其排放量。尽管这可能会是可持续性的，但依然是不公平的体系，因为不同国家之间的人均能耗率是不均等的。

我们需要建立一个控制二氧化碳排放以及其他温室效应气体如甲烷的排放的体系。这个体系将大气层中温室气体限制到不高于前工业时代2摄氏度的水平或略高。这个体系也将保护人类的后代和其他物种，使他们生活在一个可居住的环境中，同时这个体系也对发展中国家和发达国家都平等。否认这点的人可能拒绝承认全球变暖在很大程度上是人为的（也就是说是人类引起的），抑或是他们不关心当前温室气体的持续排放速率所产生的影响（这通常被称为"一切正常"）。但是这种"一切如常"正在威胁着小岛屿国家如图瓦卢和马尔代夫，同时也威胁着三角洲居民的幸福生活，例如孟加拉国即印度和孟加拉两边的边境的居民以及生活在海岸线或河口附近的数百万的人们，其中包括上百万的中国居民、英国居民、世界各地的许多人，而他们中的大部分人与这些问题是没有关系的。

但是，把这样严重的危险强加给在这件事上没有发言权且没有机会逃离危险的人，这种疏忽大意无疑是不可原谅的。从下面这个例子中我们将更清楚地了解这一切，就是他人包括还未来到这个星球的人就已受到危险。而且更严重的忽视是，由于各种各样的气候变化（海平面上升只是气候变化导致的后果之一）而导致地球上大部分生物的生命岌岌可危。我们不得不承认这是人类巨大的疏忽。这些物种无论对其本身还是人类来说都是极其珍贵的。

但是科学家告诉我们，只有当全球平均气温上升的幅度仅限于不超过工业化前水平 2 摄氏度以上，这种趋势才能被终止。因此我们需要建立一个公平公正的能控制温室气体的排放的国际体系。这个伦理案例被编入了由 Donald A. Brown 整理并由宾夕法尼亚大学洛克伦理协会于 2006 年在费城出版的一个国际报告《关于气候变化的道德维度的白皮书》中。

人们对于这么一个公平、公正的制度有几个建议，朱仙丽从中国人的角度在《伦理学和气候变化：公平和可持续性的设想》这本书中对部分建议进行了实质性的阐述与讨论。与 1997 年通过的《京都议定书》相类似的体系的缺陷是默认了发达国家当前的温室气体的排放率。尽管这些排放率可平均下降 5.2%，但是前提是当前的排放方式是可以接受的。然而这个前提对发展中国家而言是不公平的，因为尽管他们的排放率提升了，但是人均排放量仍然低于发达国家的水平。

其他建议涉及与历史排放量相联系的减排责任主要集中在发达国家，因为他们排放二氧化碳和其他温室气体的历史要比发展中国家长。然而，即使现在这些建议能被实施，一些问题依然存在，因为他们不可能一代接一代地都执行这些措施，那么这些建议也是不可持续的。更为严重的不足在于，即使发达国家的排放减少到零，而发展中国家的排放量却不断增加，这个问题依然难以得到解决。另一方面，如果在未来依然对排放量不加以控制的话，那么在随后的几年，所有的国家包括发展中国家，将饱尝愈来愈严重的恶果。但是无论公平与否，不能解决问题的方法根本谈不上是方法。这一批评可能也适用于那些基于至本世纪末期的人类未来需求的设想的建议，因为这些都不能充分预见国际协议是否认可他们或基于这些设想而提出的体系的可行性。

所需要的解决方法是要综合考察目前以及可预见的需求，而不是基于过去的排放。既然所有人类需要或有可能需要使用大气层的吸收能力，并且拥有与所有其他人同等的使用权利，那么设计一个每个人都有同等的排放温室气体权利的体制是既公平又合情合理的。这样一个系统的模型的建立要求计算出某一年中可允许的温室气体排放总量以及此总量按照人口比例在国与国之间的分配（也就是说，从 69 亿的总量中，中国将会得到 13 亿，印度略少，英国 6000 万人口数可分配到 6000 万）。另外，未用完全部配额的国家（其资格有待讨论），可以将所剩的配额与想要超额排放的国家进行交易。由于拥有剩余配额的国家很可能是发展中国家，因此这一点很有可能对再分配有重大意义，这样可以部分减少已存在的国家财富间的不公平。同时，该方案号召所有国家（特别是发达国家）尽可能地将温室气体排放量控制在本国所得权利范围之内，从而将全球范围内的总排放量控制在约定的可排放水平以内。

将这个方案与逐年减少全球温室气体排放总量的计划相结合，我们称之为"紧缩与趋同方案"。此处的"紧缩"是指减少温室气体排放总量的设想，而"趋同"是指所有国家使用统一标准。

该方案将允许发展中国家在不久的将来生产更多的能源以满足人口需求，但也会规定他们温室气体排放量的限制，就像对发达国家那样必须符合全球平等的人均排放量这一标准。

此体制存在两种异议。其一是，一个以人口为基础的体制是否会刺激一个国家为了本国的排放权利而增加本国人口。假定人口的增长会直接导致全球排放量的增加，这将是一个适得其反的后果，同时人们又要找到对策。办法之一是要求人口总数必须与协议签订之日的人口总数相一致，这就意味着随后的人口政策丝毫不会影响这个体制的运行。另一种办法是人口的总数以一个议定的略早的日期来计算。然而，采用一个过早的日期，例如 1990 年，将会引发公平问题，因为有些国家的人口可能在某日期与协议签订的日期之间大幅增加。然而，采用一个比协议日期稍早的日期将不会存在这种问题。因此这种基于人口的异议对于紧缩与趋同而言具有不确定性（还要强调的一点是，中国的人口政策已经有效防止了一次巨大的人口增长，如果人口增长，温室气体排放量显然也会增加，中国的人口政策本身对减缓全球温室气体排放总量来说已经是一个巨大的贡献了）。

第二个异议是有关排放配额交易的条款。有人争论道，这条明显的重新分配的条款可能会产生如下的情况：为偿还债务或者支付为满足当地权贵享乐所需的商品，贫困国家可能会被诱惑交易他们的总排放配额，而不留下满足自己人民的基本需求的配额。如果不对排放量配额交易有所限制，这项异议是合理的。这个问题是可以预防的，正如亨利·舒教授所建议的那样，既然排放配额是基于满足人口的基本需求来分配的，那么这部分的排放配额是不允许交易的，而剩余的配额则可以用来交易。如果国际协议以这种方式限制交易的话，那么这个异议可以被排除了。亨利·舒教授对满足人口的基本需求的排放和超额排放的区分引起了中国学者们的注意，他们在此基础上进一步研究出阻止超额排放的方法。

紧缩与趋同方案远非国际气候变化协议的依据。正如 Paul Baer, Tom Athanasiou 和 Sivan Kartha 在名为《气候制约下的世界中的发展权》的报告中所指责的那样：它不寻求在解决气候变化问题的同时解决发展问题。这些问题理所当然地要被解决，然而，任何想解决发展问题同时又想解决气候变化问题的体制本身就难以保证国际协议在世界各国得以建立，因为大笔资金需要在各国之间流动，并且必须建立一个非常强大的世界性权威机构来接收和部署筹集的资金。

这些资金将会用来促进发展，延缓气候变化和适应气候变化的冲击以及发展低碳经济。想要用一个单一的体制解决所有的问题必须要面对该体制可能不会被通过的风险，因此所有问题仍将悬而未决，甚至变得更加严重。因此最好分别解决这些问题，并引入一种管理气候变化问题的体系（这也正是紧缩与趋同方案的目的所在）并不放弃寻求解决包括人类发展问题在内的其他问题的方案。

我认为，紧缩与趋同方案是一个公平又可持续发展的体系。它不仅有国际公平性，而且对现在及未来几代人而言也是公平的，所有人都将受益。如果全球平均温度限制在不超过工业前水平 2 摄氏度的范围内（最好是较工业前的水平稍有增长），这在物种之间也将会是公平的，其中许多物种将会脱离灭种的危险。更进一步说，一旦发达国家和发展中国家的排放率趋同，这个体系将具有可持续性，它将造福于人类和非人类的后代，同时也解决了当代人对可持续性方案的需求。

所以，就气候变化而言，我认为紧缩与趋同方案能够实现全球公平，也能使世界文明通过采用可持续发展体系来处理复杂的国际关系问题而成为一种生态敏感的文明。目前我们还面临许多其他问题，例如保存生态多样性以及促进人类发展，这仍将有待解决，因此，紧缩与趋同方案无法被当做一个世界问题的综合解决方案，也不能被认为是一条通向全球公平的道路。然而，要想成为一种生态敏感的文明，我们需要大量能解决单个问题的方案，我的结论就是紧缩与趋同体系应该被视为其中之一。

作者简介

罗宾·阿提菲尔德，英国卡迪夫大学教授，联合国教科文组织环境伦理国际工作小组成员。主要研究领域为伦理学、宗教哲学、思想史和环境哲学。著有《创造，进化与意义》《二十一世纪环境伦理学综观》等。

全球环境正义：从罗尔斯正义论的视角看

杨通进

中国社会科学院哲学研究所伦理学研究室副主任

【内容提要】罗尔斯的正义论是当代最具影响的正义理论。本文以罗尔斯的正义论为框架，对与全球环境正义有关的几个理论问题进行了初步的探讨。论文的第一部分认为，全球环境正义的性质是作为公平的正义，而不是作为互利的正义。论文的第二部分探讨了把环境善物与环境恶物纳入正义分配之对象的理由。论文第三部分尝试提出了全球环境正义的四条基本原则。论文的第四部分为全球环境正义提供了三个重要的伦理理据，即应得理据、背景制度理据与原初状态理据。

【关键词】 公平正义　全球环境正义　应得　背景正义　国际原初状态

包括全球变暖在内的环境危机是人类在 21 世纪所面临的最重要也是最严峻的挑战之一。大部分环境问题都具有全球性质：它们产生的原因及其影响具有跨国界的性质，对它们的预防与合作更需要国际合作。全球环保合作需要以全球环境正义为基础，来合理地分配各国在全球环境保护方面所具有的权利与义务。罗尔斯的正义论是当代最具影响的正义理论，他提出的分配正义的两条基本原则更是同时兼顾了人们对自由与平等的诉求，反映了现代社会大多数人的基本道德共识，因此，本文拟以罗尔斯的正义论为基础，对全球环境正义的性质、内容及其伦理基础等问题作一些初步的探讨。

一、公平：全球环境正义的实质

作为当代最有影响的思想家之一，罗尔斯虽然对自由主义的正义理论进行了较为系统的阐释和辩护，但是，由于受休谟关于"正义的环境"之学说的影响，罗尔斯的正义论却包含着两种不同的正义观，即作为互利的正义（justice as mutual advantage）与作为公平的正义（justice as fairness）。这两种正义观在本质上是完全不同的。毫无疑问，在大多数情况下，罗尔斯坚守的是公平正义观的立场。但是，当罗尔斯接受休谟关于"正义的环境"（即中等稀缺的资源，中等自私的人性，大致相等的实力）的学说时，他对正义的理解却倾向于互利的正义观；而在探讨国际正义时，他甚至背离了公平正义观，滑向了政治现实主义的保守立场。

作为互利的正义观把自利（self–interest）视为人们选择正义行为的动机。它把正义理解为缔约各方经讨价还价而达成的合作条款，否认在这些条款之外还存在着某些可以用于判断这些条款的合理性或公正性的独立标准。根据这种正义概念，人们可以合理地通过谈判获得与其较强实力相称的较大利益。与作为互利的正义不同，作为公平的正义不再把正义理解为"自利的人出于自利的动机而达成的互利条款"。相反，在这种正义观看来，正义的条款是理性的人们所订立的能够获得理性辩护的条款。正义的状态就是人们可以接受的这样一种状态，在其中，人们既不能合理地期待获得更多，也不能合理地要求更多。作为公平的正义观力图把正义与谈判实力分离开来，它不允许把力量的优势转化为额外的利益。它反对把正义行为归结为对自我利益的精致的和间接的追求。

作为公平的正义的另一个重要特征是，它否认人们选择正义的动机是出于正义的预期好处。在互利的正义观看来，正义之所以成为人们选择正义行为的理由，乃是由于选择正义符合行为者的利益。反过来说，如果一个行为不能给行为者带来好处，该行为者就没有理由选择该行为。与此不同，在公平的正义观看来，正义的力量存在于正义的条款所包含的道德合理性之中。正义的事物本身就是人们选择它的好的理由。正义地行动的动力"部分来自想充分表现我们是什么和我们能成为什么的愿望，即来自想成为具有一种选择自由的自由、平等的理性存在物的愿望"①。正义的行为是我们作为自由平等的理性存在物乐于去做的行为，它表现了在一般人类生活条件下我们作为自由、平等的理性人的本质，使我们作为理智王国的有理性的平等成员的本质得到了实现。因此，人们选择正义的动机不是出于自利，而是出于道德理性的要求，出于实现人的本质的内在需要。

在《政治自由主义》中，罗尔斯明确指出，在阐述公平正义时，我们依赖于斯坎伦所说的这样一种最基本的道德动机："我们都有这样一种欲望：即，想能够按照别人也不可能理性地否认之根据来向他们证明我们行为的正当性，这就是说，我们在理性的意义上，假定存在着寻找别人出于相同动机也不可能理性地否定之原则的欲望"②。从这种意义上讲，公平的正义观类似于斯坎伦所说的"非自利的契约论"。在这种契约论看来，正义契约的内容就是"人们无法合理地加以拒斥的那些条款"。我们之所以遵守这些契约，是出于这样一种愿望，"即能够根据他人无法合理地加以拒斥的理由向他人证明自己的行为的合理性"，而他人决定他们能否合理拒斥我们提出的契约的根据也是他们的这样一种愿望，"即找到受类似动机驱使的其他人无法合理地加以拒斥的原则"。

很明显，作为互利的正义很难说是一种真正的正义。毋宁说它只是一种精致的利己主义，或理性利己主义。能够获得理性辩护的正义只能是作为公平的正义，而不是作为互利的正义。作为正义在全球环境事务中的具体表现，全球环境正义只能是作为公平的正义。

---

① 罗尔斯. 正义论 [M]. 何怀宏等，译. 北京：中国社会科学出版社，1988：247.

② 罗尔斯. 政治自由主义 [M]. 万俊人，译. 南京：译林出版社，2000：51.

二、环境善物与环境恶物能否成为罗尔斯正义论的关注对象

环境正义关注的主要是环境恶物（environmental bads）和环境善物（environmental goods）的分配。所谓环境恶物，指的是环境中被评价为具有负价值或零价值的部分，如各种有毒有害废弃物，被污染的河流和土地，森林和物种的减少，臭氧空洞，全球变暖等。环境善物指的则是"环境中被赋予正面价值的部分"，如清洁的空气、未被污染的河流、珍稀动物、赏心悦目的自然景观、舒适的居住环境等。

在罗尔斯正义论的意义上，环境善物和环境恶物能否成为正义分配的对象呢？在《正义论》中，我们还看不到可以把正义的两条原则应用于分配环境恶物与环境善物的直接论据。在那里，罗尔斯确认的需要用正义原则来加以分配的基本的社会善有四种：权利和自由；权力和机会；收入和财富；自尊或自我价值感。这里，我们看不出社会善与环境善之间有任何直接的联系。不仅如此，与环境具有较密切关系的一个重要指标——健康——也被排除在社会善之外："别的基本善像健康和精力、理智和想象力都是自然赋予的"，属于自然的善，而非社会的善①。

尽管如此，我们仍然找到三条间接的理由，把健康纳入社会善的范围，从而为把罗尔斯的两条正义原则应用于环境恶物与环境善物的分配提供间接的理由。

第一，健康与政府的各项政策（特别是医疗保健政策）具有密切的关系。例如，医疗保健是基本的社会制度之一，直接受控于社会的基本结构。预防保健经费是医疗机构直接分配的对象。对不可治愈的残障人的护理是社会的基本职责之一。食品与药物的安全取决于政府制定的相关政策。因此，健康部分地是由社会的基本结构所决定的社会善。由于污染与环境退化（它们的出现与制度安排密不可分）极大地影响着人们的健康和一般福利，因而，对它们的分配应遵循正义的原则。

第二，"机会的公平平等"是基本的社会善之一。如果某些自然资源枯竭了，那么，人们改善或维持其生活方式的机会就将越来越少。要想使社会和个人拥有较多的选择机会，我们就必须控制对自然资源的消耗，公平地分配那些决定或影响着人们实现其生活理想之机会的环境善物。

第三，作为社会基本善的自尊包括两个方面：（1）"一个人对他自己的价

① 罗尔斯.正义论［M］.何怀宏等，译.北京：中国社会科学出版社，1988：58.

值的感觉"，他相信自己的理性生活计划值得努力去实现；（2）一个人"对自己实现自己的意图的能力的自信"①。很明显，一个人要想对其实现自己生活计划的能力抱有信心，那么，一个基本健康的身体对他来说就是必不可少的。一个长期患病或身体残疾的人往往很难实现自己的生活计划。此外，自尊离不开他人的赞扬和肯定，"我们的自尊通常依赖别人的尊重。除非我们感到我们的努力得到他们的尊重，否则我们要坚持我们的目的是有价值的信念即使不是不可能的，也是很困难的"②。如果社会对人们所遇到的那些可通过保健措施予以解决或预防的健康问题不采取积极的应对措施，那么，这反映出来的是社会对这一部分人的不尊重，这种不尊重会损害人们的自尊。

总之，由于人们的健康状况直接影响到他们对作为社会善的机会和自尊的分享，而环境善物与环境恶物的分配又直接影响着人们的健康，因而，对环境善物与环境恶物的分配应当遵循基本的正义原则。

在其后期著作中，罗尔斯则意识到了把与健康有关的医疗保健纳入正义领域的必要性，并提供了两个重要的理据，使得我们可以把正义的两个原则应用于对作为医疗和保健的基本社会善的分配。

第一，权利理据。在《作为公平的正义》一书中，罗尔斯明确指出，"医疗权利"是公民所享有的一项不可剥夺的基本权利。"作为公民，我们既是政府所提供的私人性的好处和服务（如健康保健）的受益者——这些好处和服务是我们有权利获得的；同时，我们也是政府提供的（经济学家眼中的）公共善（如确保公共健康的措施——如清洁的空气和未被污染的水等）的受益者。所有这些项目都能够（如果必要的话）包含在基本善的指标之中。"因此，直接决定人们身体健康状况的医疗保健属于需要用正义原则来加以分配的基本的社会善。

第二，基本能力理据。在罗尔斯看来，社会是一个世代相继的公平合作的体系。正义的重要作用就是确定公平合作的条款，确保每一公民具备基本的能力，能够作为正式的和完全的合作成员终身参与到公平合作的社会体系中来。当然，公民们在道德能力、技艺能力、智力能力、体力能力和天赋能力等方面都必然会存在差别。处于基本能力之上的能力差别是正常的。不过，由于健康和其他偶然事故等原因，一些公民的基本能力会暂时降到最低必要能力之下。这些公民与其他正常公民在基本能力方面所存在的这种巨大差别虽然往往是难以避免、甚至难以消除的，但是，他们在基本能力方面的这种

---

① 罗尔斯. 正义论［M］. 何怀宏等，译. 北京：中国社会科学出版社，1988：427.

② 罗尔斯. 正义论［M］. 何怀宏等，译. 北京：中国社会科学出版社，1988：171.

欠缺却不是他们"应得的",因而是不合理的。当公民由于疾病和其他意外事故等原因而使自己的基本能力降低到最低必要水准以下时,政府就应在医疗和保健方面提供必要的开支,以恢复这些公民的基本能力,或使他们的能力得到改善,"以便使他们重新成为充分参与合作的社会成员。"① 由于环境恶物与环境善物的分配对于维持公民基本的能力具有至关重要的作用,因而,对它们的分配也必须遵循正义的原则。

以上的分析表明,在罗尔斯正义论的框架内,我们可以把环境善物与环境恶物作为需要根据正义原则来加以分配的一种基本善来加以对待。

三、全球环境正义的基本原则

如果环境善物与环境恶物是环境正义的分配对象,那么,我们需要进一步明确环境善物与环境恶物的具体清单。Dobson 认为,环境正义所要分配的对象包括环境保护的利益与负担、环境善物与环境恶物、人造的环境善物(produced environmental goods)、自然的环境善物(unproduced environmental goods)、前提性的环境善物(preconditional goods,指每一个理性的人都想要的有助于实现其生活目标的物品)。Miller 把环境善物分为三类:基本能够达成共识的前提性环境善物、通过协商能够达成基本共识的环境善物、属于个人偏好且基本无法达成共识的环境善物。Bell 综合他人的研究,把环境正义分配的物品分为四类:环境恶物(有毒物质、环境危害、污染等)、环境善物(清洁的空气、其他基本的环境物品)、优美的环境(社区周围以及其他地方可参观访问的优美环境)、环境资源(各种自然资源,特别是食物和取暖原料)。

结合国内外学者的相关研究,我们可以把环境正义(包括全球环境正义)分配的对象分为两个大类六个小类:第一类,环境恶物,包括(1)一般意义上的环境恶物,(2)环境保护的成本,(3)环境风险;第二类,环境善物,包括(4)基本的环境善物(包括 Bell 所说的环境善物与环境资源),(5)优美的环境,(6)环境决策的权力。全球环境正义的基本要求,就是要在全球范围内公平地分配这些环境恶物与环境善物。

在《正义论》中,罗尔斯认为,对基本善的分配应当遵循两条基本的正义原则:(1)自由原则:每一个人对该社会所确定的基本自由都享有相同的、不可剥夺的权利;(2)差别原则:社会和经济的不平等安排应满足两个条件,即这种安排所提供的公职和职位应该基于机会的公平原则向所有人开放(机

---

① 罗尔斯. 政治自由主义 [M]. 万俊人,译. 南京:译林出版社,2000:196.

会平等原则），同时，这种安排能够有利于社会最不利成员的最大利益（惠顾最不利者原则）。

根据罗尔斯的这两条正义分配原则，我们可以推出四条全球环境正义的基本原则：

第一，关于环境恶物，国际社会应确定一个适用于全球范围的最低限度的安全标准。不遭受低于此种标准的环境恶物的伤害，是一个人所享有的基本权利。对于这种权利，必须平等地加以分配。每一个国家的政府及其公民都有义务使所有人的这一基本权利得到实现。因此，国际社会应通力合作，确保所有人的这一基本权利都得到实现。

第二，关于环境善物，国际社会也应确定一个适用于全球范围的最低限度的分享标准。对这种最低限度的环境善物的分享是人作为人所享有的基本权利。对于这种权利，必须平等地加以分配。确保这种基本权利在全球范围内得到普遍实现，也是每一个国家的政府及其公民的基本义务。

第三，对满足了最低安全标准的环境恶物的国际分配可以是不平等的，但是，这种不平等分配必须满足三个条件：（1）这种分配必须遵循知情同意的原则，即对满足了最低安全标准的环境恶物的这种不平等分配，必须是环境恶物之承受国及其人民自愿接受的；（2）这种不平等分配必须最有利于全球范围中最不发达国家、特别是环境恶物之承受国及其人民的最大利益；（3）环境恶物的制造者必须承担较大的补偿责任。

第四，对高于最低必需标准的环境善物的分配也可以是不平等的，但是，这种不平等分配也必须满足两个条件：（1）这种不平等分配不构成贫穷国家发展其经济或保护其环境的结构性和制度性障碍；（2）这种不平等分配符合最不发达国家及其人民的最大利益。

如果对环境恶物与环境善物的全球分配遵循了上述四条原则，那么，我们就可以说，全球环境正义基本上得到了实现。

四、全球环境正义的伦理基础

罗尔斯的正义论是当代最具影响的正义理论，他对正义的两条基本原则（特别是差别原则）的证明是对当代正义理论最重要的贡献之一。然而，罗尔斯本人对把他的正义理论（特别是差别原则）应用于国际领域却持保留态度。他对引起人们广泛兴趣和热烈讨论的"国际正义"或"全球正义"的概念三缄其口，而代之以所谓的"万民法"。然而，许多学者都注意到，即使是在罗尔斯正义论（特别是《正义论》一书所阐述的正义理论）的框架内，我们至少也能发现支持全球正义的三条重要理据。全球环境正义是全球正义在全球环境事务中的具体应用和体现。如果罗尔斯意义上的全球正义理念是可能的，那么，罗尔斯意义上的全球环境正义理念（特别是本文提出的全球环境正义的四条基本原则）也就获得了某种必要的伦理证明。

（一）应得理据

罗尔斯在《正义论》中曾指出，其分配正义的两条基本原则旨在"减少社会偶然因素和自然运气对分配份额的影响"[①]。正义的制度结构的一个重要功能，就是缓和社会的偶然因素和自然的偶然因素给人们所带来的不平等。"从道德的立场来看，这两方面的偶然因素都是同样任意的"[②]。一个人不能因为某种偶然的社会因素或自然因素而比别人多获得（或少获得）某种东西。那些因为偶然的社会因素或自然因素而处于不利地位的人，应当获得补偿；那些因为偶然的社会因素或自然因素而处于有利地位的人，则应当以这样一种方式来利用他们的道德运气，这种利用能够给不利者带来最大的利益。这就是从"作为公平的正义"中推出差别原则的伦理依据。

罗尔斯所说的自然因素主要指的是生物学意义上的个人天赋，如健康、智力、想象力等。在罗尔斯看来，"没有一个人能说他的较高天赋是他应得的"[③]。个人的自然才能是一种"公共资产"。从这种公共资产中获得的收益，应当作为公共财产来加以再分配。当然，拥有较高天赋的人可以分得较大的份额。但是，这种较大的份额有一个限度，即这种不平等的分配从长远的角度看能够最有效地提升最不利者的基本福利。"那些先天有利的人，不论他们是谁，只能在改善那些不利者的状况的条件下从他们的幸运中得利"[④]。

一个人所具有的天赋是由其父母的基因偶然地决定的，一个国家的自然资源状况也是偶然地由该国的自然环境决定的。如果一个人的天赋都不是他应得的，我们又有什么理由认为一个国家的自然资源是该国应得的呢？事实上，个人与其天赋之间的内在关联性要远远强于一个国家与该国的自然资源之间的内在关联性，个人对其天赋的"所有权"也远远强于国家对其资源的"所有权"。首先，从其出生的那一刻起，个人与他的天赋就是自然而然地紧密联系在一起的；但是，国家的边界会改变，国家的资源禀赋也会随之而变。其次，个人的天赋只能由自己来使用，不可能被他人所"挪用"或"占用"；但是，一个国家的自然资源可以被其他国家所使用，甚至被其他国家所"挪

① 罗尔斯. 正义论 [M]. 何怀宏等，译. 北京：中国社会科学出版社，1988：69.
② 罗尔斯. 正义论 [M]. 何怀宏等，译. 北京：中国社会科学出版社，1988：70.
③ 罗尔斯. 正义论 [M]. 何怀宏等，译. 北京：中国社会科学出版社，1988：97.
④ 罗尔斯. 正义论 [M]. 何怀宏等，译. 北京：中国社会科学出版社，1988：97.

用"或"占用"。再次，一个人对自己天赋的使用不会影响其他人对他们自己的天赋的使用，也不会使他人的天赋状况因此而变得更糟糕；但是，在一个资源稀缺的世界中，一个国家对某些自然资源的占有和使用却会使其他国家的状况变糟（例如，共享同一条河流的两个国家）。最后，个人的天赋是自我的一部分，自主地发展自己的天赋构成了个人自由的重要内容；但是，自然资源与一个国家之间的内在联系，却不像天赋与个人的自我之间那样紧密。

贝兹据此认为，如果作为个人天赋的偶然因素都应该作为公共资产来加以分配，那么，作为自然资源的偶然因素更应当作为公共资产在全球范围内加以分配。因为，与个人的天赋一样，各个国家的自然资源状况也是由偶然的自然因素决定的；天赋或自然资源都不是其偶然的拥有者应得的。贝兹认为，"资源的自然分布'从道德的角度看是完全任意的'。任何人都不能说，他脚下的资源是他应得的。"因此，全球资源应当在全球范围内依据某种公平而正义的原则来统一加以分配。全球资源再分配应遵循这样一条基本原则，"在分享全部可利用资源方面，每一个人都拥有平等的初始要求权。当然，对这一初始标准的偏离是可以得到合理证明的（类似于差别原则的运作），如果这种不平等的分配能够给那些因这种不平等分配而处于最不利地位的人带来最大的利益。无论如何，资源再分配原则在国际社会中发挥的作用类似于差别原则在国内社会中发挥的作用。"

因此，如果国内的基本制度应依据差别原则来安排，从而排除或减少偶然的天赋所导致的不平等，那么，国际制度也应依据差别原则来安排，从而排除或减少偶然的自然资源禀赋所导致的各国人民之间的巨大贫富差距。自然资源是环境善物的重要组成部分。在全球范围内依据正义的原则来对这种环境善物加以分配，是全球环境正义的重要要求。

（二）背景正义理据

罗尔斯正义论的一个前提是，社会是一个世代相继的合作体系。正义的功能就是确定这个合作体系内相互合作的公平条款。早期试图把罗尔斯的正义论扩展应用于国际范围的一些学者据此认为，作为罗尔斯正义理论基础的合作模式既可以在国家内部、也可以在国家之间找到。例如，贝兹就认为，存在于不同国家之间的经济、贸易和文化联系足以构成一种社会合作的全球体系。因此，罗尔斯的正义理论必须应用于国际层面，以指导对由这种合作所产生的利益的分配："如果全球经济和政治依赖表明，社会合作的全球框架已经存在，那么，我们就不能认为，国家界限具有根本性的道德意义。由于国界并不正好就是社会合作的边界，因而它们不可能成为社会义务的界线。

所以，处于原初状态的各方不可能被设想为知道他们是某个特定国家的成员，主要是为那个特定的国家选择正义的原则。无知之幕必须扩展至与国籍有关的所有问题，因而被选择的原则将应用于全球。"因此，在贝兹看来，正义原则（特别是差别原则）必须应用于世界上的所有人；国际秩序也必须这样安排，以满足全球范围内最不利者的期望。

贝兹对罗尔斯正义论的这种理解包含着互利正义观的痕迹。如果把全球正义理解为一种互利的合作条款，那么，那些不能从全球环保合作中获得直接好处的国家就有理由拒绝这样的合作协议。现实的经验表明，某些超级大国正是根据这样的理由来拒绝接受某些全球环保协议的。因此，如果把全球正义（包括全球环境正义）理解为互利的合作条款，那么，我们就只能放弃对全球正义的追求，或者，只能在非常有限的范围内追求全球正义。正如伯瑞（Barry）所说，如果我们坚持认为，正义必须是互利的，那么，就不存在全球正义的基础，因为，对财富和资源的重新分配"很难说是对富国和穷国都有利的。"

因此，后来扩展罗尔斯正义论的学者放弃了贝兹的思路，转而把全球秩序理解为一种背景制度，这种制度直接影响着各国及其人民的福祉。罗尔斯在《正义论》中曾明确指出，"正义的主题是社会的基本结构，或更准确地说，是社会主要制度分配基本权利和义务、并确定社会合作产生的利益之划分的方式。"① 换言之，正义所要调节的主要不是特定制度中的人们如何相互交往，而是影响着人们之相互交往的制度结构本身。这种背景制度不仅影响着人们的生活前景，还影响着人们在生活中的最初机会。

同样，国际社会也存在着一种基本的结构，这种结构对各国人民的"影响十分深刻并自始至终"（罗尔斯语）。全球正义所要调节的主要不是特定国际制度中的各国政府及其人民如何交往，而是预制并影响着这种交往的国际制度本身。与国内背景不同，人类目前尚未建立起全球政府，也不存在像国内法那样可以完全实施的国际法。但是，这都不是问题的关键。与全球正义相关的是这样一个事实：全球制度及其规则确实深刻地影响并决定着各国人民的生活机会与生活选择。只要我们的决定或行为影响到他人的福祉，我们对他人就负有某种义务。由于各国在财富方面存在着巨大的差异，而人们在各国之间的自由流动较一国内部不同阶层之间的流动更为艰难，因而，出身于不同的国家这样一个纯粹偶然的事实就决定性地影响了一个人终生的期望与机会。基本的全球制度是各国人民确认并追求其合法权利的背景框架。因

---

① 罗尔斯. 正义论［M］. 何怀宏等，译. 北京：中国社会科学出版社，1988：5.

此,"正如我们需要用正义原则来调控存在于一个国家之基本结构中的巨大的不平等一样,我们也需要用正义原则来调控全球基本结构中无处不在的不平等。"

公平正义观并不主张结果的平均主义,它承认人们要为自己的选择承担责任,也认为由人们的自主选择所导致的不平等在道德上是可以接受的。但是,这种责任和不平等只有在这样一种背景下才是合理的:人们是在一种公平的制度背景中作出这种选择的。正义原则所要调节的主要就是这样一种背景制度。只要这样一种背景制度建立起来了,那么,人们在这种制度中经自由选择而导致的不平等在道德上就是可以接受的。"属于基本结构的那些制度的作用是确保正义的背景条件,各个体和联合体的行为正是在这些正义的背景条件下发生的。除非这一结构得到恰当地规导和调整,否则最初正义的社会过程就将不再是正义的,无论特定交易在当时看来是如何自由和公平的。"①因此,背景制度的合理性是人们为其选择承担责任的前提,也是个人之间的不平等能够获得伦理辩护的基础。

与国内正义的目标相似,全球正义的目标也不是使所有国家的人们都享有完全相同的财富水平,而是给各国人民选择并实现自己的计划提供一个公平的背景制度。只有在存在着这样一种公平的背景制度的前提下,我们才能说,由各国人民的自主选择所导致的国际不平等才是可以接受的。国际正义所关注的,主要不是在现有的背景制度之下,如何消除国与国之间的不平等,而是确认并消除导致这种不平等的制度性根源。"正义的目标是引导并调节我们现存的制度,并呼吁我们在必要的时候创建新的制度。"

随着全球一体化进程的加强,一个日益明显的"全球制度体系"正在形成。作为分配全球合作产生之利益的正义条款必须具有全球视野,用制度的安排来减少并消除因出身、种族或国籍等偶然因素所带来的全球性的不平等。这样一种平等地关心和尊重所有人的全球正义理念,不仅是构建一个更加公平而合理的全球制度的伦理基础,也为全球环境正义理念提供了必要的理论根据。

(三)原初状态理据

在《正义论》中,罗尔斯认为,公平的分配正义原则是参加制定公平契约原则的各方在"原初状态"的情景中都会选择或同意的原则。在讨论国际间的行为规范时,罗尔斯认为,我们也应当使用原初状态的证明方法。他称

---

① 罗尔斯.政治自由主义 [M].万俊人,译.南京:译林出版社,2000:282.

之为"第二原初状态"。处于第二原初状态的各方是不同国家的代表，他们将共同制定或选择用来裁决各国之间的冲突要求的基本原则。为保证程序的公正，这些代表被剥夺了与自己有关的特殊信息。"他们不知道他们所处的社会的特殊环境，与其他国家相比较的权威和势力以及他们在自己社会中的地位。代表国家的契约各方在这种情况中，也只被允许有足够的知识来作出一个保护他们利益的合理选择，而不能得到能使他们中的较幸运者利用他们的特殊情况谋利的那种具体知识。这个原初状态在各国之间是公平的；它取消了历史命运造成的偶然性和偏见。"① 罗尔斯相信，在这种情况下，各方至少会选择两条基本的原则，即民族自决的原则和反对侵略的自为原则。在《万民法》中，罗尔斯进而指出，第二原初状态的各方将不知道其所代表的民族的力量、领土的大小、人口的多少、自然资源的范围、经济发展的水平等信息。罗尔斯认为，在这种条件下，各方代表都会同意或支持他提出的 8 条基本的万民法原则②。

贝兹认为，处于第二原初状态的各方如果是足够理性的，且关心其所代表的人民的利益，那么，他们绝不会仅仅满足于同意罗尔斯本人所提出的那些国际正义原则，他们必然会要求重新分配全球的自然资源。"就自然资源而言，处于国际原初状态的各方都知道：资源在不同人群中的分布是不均匀的；恰当地获得这些资源是成功地实现（国内的）合作计划的前提条件；资源是稀缺的。对于偶然存在于其脚下的资源，任何一个民族都不拥有天赋的初始要求权；在这个意义上，各方都会认为，资源的自然分配是武断的。面对其他各方的相互冲突的要求权和未来世代的需要，征用稀缺资源的各方需要为其行为的合理性提供证明。由于不知道各自社会的资源禀赋情况，各方将会同意这样一条资源再分配原则：对资源的再分配将能够给每一个社会提供一个公平的机会去建立正义的政治制度并发展出能满足其成员基本需要的经济。"根据贝兹对原初状态的这种理解，对全球资源进行再分配就是正义所要求的。那些从其偶然的丰富自然资源中获得益处的国家，需要给那些碰巧资源贫瘠的国家提供一定的补偿。

博格（Pogge）认为，罗尔斯的第二原初状态可以有两种表现形式。参加全球正义的缔约方可以是民族主义者，也可以是世界主义者。前者代表的是不同的国家，试图签订一种以国家为基础的全球正义契约，其目的是维护所属国家的利益。后者代表的是任何一个社会中的个人，试图签订一种以世界

---

① 罗尔斯. 正义论［M］. 何怀宏等，译. 北京：中国社会科学出版社，1988：366－367.
② 罗尔斯. 万民法［M］. 张晓辉等，译. 长春：吉林人民出版社，2003：40.

公民为基础的全球正义契约，其目的是维护每一个个人的基本权利和利益。博格指出，处于全球原初状态的民族主义者和世界主义者所选择的全球正义原则都会远远多于罗尔斯所说的"传统的国际法"，而世界主义的全球正义签约者还会把最大限度地保护全球最不利者的利益作为其关注焦点。

在博格看来，世界主义的全球正义观更符合罗尔斯的正义理念。作为公平的正义试图限制或消除由偶然的自然因素或社会因素所带来的不平等。"国籍只不过是某种更为深层的偶然性（就像基因天赋、种族、性别和社会阶级一样），是个人难以逃避且伴随终生的制度性不平等的更为深层的基础。在罗尔斯的正义论框架内，我们没有任何理由以不同的方式处理源于国籍差异的制度性不平等。因此，只有在当我们能够表明，我们的全球制度安排所导致的制度性不平等倾向于（针对其他可能的全球制度背景）最大限度地改善全球最不利者的处境，我们才能证明这种安排的合理性。"

"平等地尊重所有的人以及所有的人都拥有平等的价值这一根本观念，是现代西方政治和伦理文化的所有思想流派都接受的最基本的观念。"根据这一根本观念，只有个人才是道德关怀的终极单位；所有的人都拥有获得平等关怀和平等尊重的道德权利。"道德人格能力是获得平等正义权利的一个充分条件……没有哪一个民族或已公认的人类群体缺少［道德人格］这种特性。"①因此，对每一个人（不管他属于哪个民族或国家）的平等关怀和尊重才是评判国内和国际的制度安排合理与否的最终标准。强调个人的价值和平等的这一现代观念要求修改"全球原初状态"的设计：就程序而言，全球原初状态的缔约者所代表的必须是个人而非任何团体；就结果而言，全球原初状态的缔约者所要采纳的是关注全球公民、且确保全球最不利者之基本需求的正义原则。对全球原初状态的这种修改要求我们在选择全球正义原则时，要超越狭隘的民族主义立场，把对个人基本权利的平等保护作为国内正义与全球正义的共同基础。这样一种全球正义理念无疑为全球环境正义原则提供了更为坚实的伦理基础。

作者简介

杨通进，1964年生，中国社会科学院哲学研究所研究员、哲学研究所伦理学研究室副主任。著有《环境伦理：全球话语，中国视野》《走向深层的环保》《人与自然的和谐：对环境的伦理忧思》等。

---

① 罗尔斯. 正义论［M］. 何怀宏等，译. 北京：中国社会科学出版社，1988：492，493.

试论和谐论生态观

曾繁仁

山东大学文艺美学研究中心主任

【内容提要】 我国在 2007 年 10 月明确地将生态文明作为中国特色社会主义建设的新目标与新要求，并要求在全社会牢牢树立起"人与自然和谐发展"的生态文明观念。这就是一种新的和谐论生态观，反映了当代经济社会与文化发展的方向，包含着中国优秀传统文化的因素，是中国特色社会主义理论的有机组成部分。它克服生态中心论与人类中心论的局限，包含着新的生态人文主义精神，是对马克思主义生态理论的继承与发展。

一

和谐论生态观包含着十分丰富的内涵，具有鲜明的时代性，是 20 世纪 70 年代后新的生态文明时代出现的反映人与自然关系的一种崭新的生态观念。一定的思想观念是一定经济社会的产物，一定的生态观念也必然产生于一定的经济社会基础之上。古代的狩猎与农耕时代，落后的经济社会，产生了自然膜拜论生态观，表现为"万物有灵论"的盛行，巫术与图腾成为当时人们的生存方式；17 世纪开始的工业革命时代，科技的发展，先进机械与石化工业以及核电能源的大量利用，使得人类具有了愈来愈大的改造自然甚至是改变地球环境的能力，这就是所谓"人类世"的出现，产生"人类中心论生态观"；而以 1972 年召开的联合国环境会议及其发表的宣言为标志，人类社会开始进入生态文明新时代。总结以往，开辟未来，从观念与经济社会发展等多个层面矫正工业革命与"人类中心主义"的弊端，产生"生态中心论"与"和谐论生态观"等多种生态观念。我国力主"和谐论生态观"，"坚持生产发展、生活富裕、生态良好的文明发展道路，建设资源节约型、环境友好型社会，实现速度和结构质量效益相统一、经济发展和人口资源环境相协调，使人民在良好生态环境中生产生活，实现经济社会永续发展。"事实告诉我们，"和谐论生态观"只能是后工业的生态文明新时代的产物，是人类反思总结工业革命的成果。

现在的问题是有相当一些人对于"人类中心论生态观"必然退出历史舞台不能理解，因而对于新的"和谐论生态观"不能真正心悦诚服地接受，导致实践中仍然按照人类中心论"一切从人出发而不顾及自然"的原则行事，后果当然是严重的。究其原因首先是对于人类中心论生态观的危害认识不够。人类中心论生态观的最大危害是以人类，特别是人类的当下利益作为价值伦理判断与一切活动的唯一标准与目的，实行只顾开发不顾环境的政策，完全忽略了人与自然环境是一种须臾难离的关系，从而导致自然环境的严重破坏与人类的严重生存危机。而最重要的是这种理论不能从历史的角度看待"人类中心论生态观"的必然退场。历史告诉我们，任何一种思想观念都是历史的，在历史中形成发展并在历史中退场，不可能存在永恒不变的思想观念。"人类中心论生态观"是工业革命的产物，此前在落后的经济社会发展的情况下无论中西方都是一种与当时生产力相适应的自然膜拜论生态观。中国古代典籍《左传》告诉我们"国之大事，唯祀与戎"，说明在前现代祭天祈神，成为当时最重要的活动与生存方式。西方古希腊神话也渗透着自然膜拜论，众所周知的盖娅传说就是有关人类对地母神的崇拜。盖娅/盖亚（英文：Gaia/希腊文：Γαία），希腊神话中的大地之神，是众神之母，所有神灵中德高望重的显赫之神。盖娅亦是希腊神话中最早出现的神，在开天辟地时，由卡厄斯（Chaos）所生。她是宙斯的祖母，盖娅生了天空，天神乌拉诺斯（Ouranos or Uranus），并与他结合生了六男六女，十二个提坦巨神及三个独眼巨人和三个百臂巨神，是世界的开始，而所有天神都是她的子孙后代。至今，西方人仍然常以"盖娅"代称地球。盖娅在西方的地位有点近似于东方的女娲，不同的是女娲创造了人类，而盖娅则创造了众神，可谓是西方人类的始祖。只是从文艺复兴，特别是工业革命开始，"人类中心论生态观"才逐步代替"自然膜拜论生态观"占据统治地位。文艺复兴时期是人性复苏时期，是以人道主义为旗帜反对宗教禁欲主义的重要时期，在人类历史上创造了辉煌的文化成就。但文艺复兴时期也是人类中心论哲学观与生态观进一步发展完善时期。请看莎士比亚在《哈姆雷特》中所写的对人的歌颂的著名独白："人是一件多么了不得的杰作！多么高贵的理性！多么伟大的力量！多么优秀的外表！多么文雅的举动！在行为上多么像一个天使！在智慧上多么像一个天神！宇宙的精华！万物的灵长！"工业革命时代由于科技与生产力的发展人类中心论得到极大发展。西方近代哲学的代表培根写出《新工具》一书，将作为实验科学的工具理性的作用推到极致，不仅可以认识自然，而且能够支配自然。这就是培根的"知识就是力量"的重要内涵。德国古典哲学的开创者康德则提出了著名的"人为自然界立法"的著名观点。康德认为，"范畴是这样的概念，它们先天地把法则加诸现象和作为现象的自然界之上。"历史证明，以"人类中心论"为标志之一的工业革命给人类文明带来了巨变，促进了人类社会的进步，但也因其片面性而造成恶劣的自然环境污染的后果，经济社会的发展已经难以为继，这就是 20 世纪 50 年代开始的"人类中心论生态观"的逐步退出与"和谐论生态观"的逐步出场。20 世纪 60 年代以来，由于"二战"对人类所造成的巨大破坏、环境灾难的加剧以及各种生态哲学的逐步产生发展等原因，进一步表现出工具理性世界观以及与之相应的"人类中心论生态观"的极大局限，从而促使法国著名哲学家福柯于 1966 年在《词与物》一书中宣告工具理性主导的"人类中心主义"的哲学时代的结束，并将迎来一个新的哲学新时代。福柯指出，"在我们今天，并且尼采仍然从远处表明了转折点，已被断言的，并不是上帝的不在场或死亡，而是人的终结。"这里所谓"人的终结"就是"人类中心主义"的终结。他进一步阐述说："我们易于认为：自从人发现自己并不处于创造的中心，并不处于空间的中间，甚至也许并非生命的顶端和最后阶段以来，人已从自身之中解放出来了；当然，人不再是世界王国的主人，人不再在存在的中心处进行统治……"但我们可以明确地说，这是一个新的生态文明的时代以及与之相应的"和谐论生态观"兴盛发展的新时代。它的产生其实是一场社会与哲学的革命。正如著名的"绿色和平哲学"所阐述的那样："这个简单的字眼'生态学'，却代表了一个革命性观念，与哥白尼天体革命一样，具有重大的突破意义。哥白尼告诉我们，地球并非宇宙中心；生态学同样告诉我们，人类也并非这一星球的中心。生态学告诉我们，整个地球也是我们人体的一部分，我们必须像尊重自己一样，加以尊重。"因此，"和谐论生态观"是对传统哲学观与价值观基本范式的一种革命性的颠覆，因而引起巨大的震动。

我国提出建设生态文明目标与"和谐论生态观"也是一种历史的选择。我国从 1978 年新时期以来，历经 30 多年的现代化历程，取得举世瞩目、前所未有的巨大进步，但也付出包括自然环境在内的巨大代价。我国在短短的 30 年时间中走过了西方发达国家 200 年的工业化历程，但也在短时间内使得环境污染问题集中发生，传统的发展模式已经难以为继。正是在这样的情况下我国明智而及时地改变发展模式与理念，实时提出生态文明建设目标与"和谐论生态观"，这是符合我国国情的历史的必然，是符合国家与人民利益的重大举措。我们清醒地认识到，我国与发达国家的差距不仅表现在单纯的经济发展指标之上，而且表现在生态文明建设的水平之上。无论在产业结构、能源消耗、自然资源储量以及生态环境质量等方面都处于后发展水平。因此，生态文明建设目标的确立与"和谐论生态观"的提出都是历史的需要与必然。可能会有人提出我们为什么不早就提出生态文明建设与"和谐论生态观"？我们认为也应从历史发展的角度来认识这一问题。生态文明建设与"和谐论生态观"是"后工业"的生态文明时代的产物，它的提出是需要必要的经济社会基础的，在工业化还没有任何基础的情况下是不可能也没有条件提出生态文明建设目标与"和谐论生态观"的。只有在我国经过30年的艰苦现代化历程的今天，我国才有条件与能力提出上述课题。因为，生态文明建设与"和谐论生态观"的实行是需要相当的经济与科技实力的。如果说在工业化前期，我们主要是向地球母亲索取的话，那么只有在我们有了一定经济与科技力量的今天才有能力反哺于地球母亲，建设更加美好的地球家园。

总之，从时代的历史的角度认识生态文明目标与"和谐论生态观"的提出与实行，是一种马克思主义历史唯物论的立场与视角，上述课题的提出是一种历史的进步，是对工业革命与"人类中心论生态观"的一种扬弃而不是抛弃，是对既往的继承发展，而不是另走新路。它不是退回到过去，而是在过去基础上的更好的前进，走向一个更加美好的新时代。

二

"和谐论生态观"具有巨大的综合性与包容性，是当下具有极大可行性的生态观念。人类进入21世纪，科技发展到前所未有的水平，"自然膜拜论生态观"难有市场，但"人类中心论"与"生态中心论"生态观仍有市场，两者一直处于激辩的胶着状态。但事实证明这两种生态观都是难以实行的。目前，西方生态理论领域面临着极为尖锐激烈的论争，论争的双方坚持着"生态中心论"与"人类中心论"截然不同的文化哲学立场。但从现实可行来说，"和谐论生态观"最具生命力，因为这种生态观不仅适应时代的要求，而且包含着中国古代"中和论"传统哲学的生命活力，具有空前的包容性，成为解决当代经济社会领域在生态问题上尖锐冲突的良方。"中和论"是中国古代一种极为宏观的以"天人合一"为其基本内涵的生态自然观，力主天人相和，道法自然；和而不同，和实生物；中和中庸，过犹不及等，上述古典形态的哲学理念经过当代改造在目前"生态中心论"与"人类中心论"的冲突中有着特殊的协调作用。首先是"和谐论生态观"之"中和论"因其立足"天地位焉，万物育焉"的宏观视野之上及其"中和中庸"的特殊东方式思维方法，所以能够包容"生态中心论"的重视万物之价值的优长，又能包容"人类中心论"关注人类福祉、重视科技的特点。同时又能克服两者的缺陷，首先是克服"生态中心论"只见物不见人的缺陷，强调重视人类的应有利益与福祉；同时克服"人类中心论"只见人不见物以及唯科技主义缺陷，强调在"天人之际"的宏阔背景下人与万物的关联性以及兼顾天人的"双赢"等。

特别在"生态中心论"与"人类中心论"相持不下的哲学观与价值观方

面，"和谐论生态观"中的"中和论"思想具有极为有效的调和功能。从哲学观来说，"人类中心论生态观"生成于工业革命之时，以主客二分的科技世界观为其哲学基础，必然导致将自然生态看做人类的对立面，两者无法调和；"生态中心论生态观"产生于对人类中心论的反思，但走向另外一个极端，过分看重自然生态，同样是将人与自然对立起来，两者无法调和。"和谐论生态观"之"中和论"思想强调"天人之和"，在"天地人"三才相生相克的系统中构建天地万物之关系，是一种混沌的"太极式"哲学思维，足以调和主体与客体，人与自然。

再从价值观来看，"生态中心论"强调自然生态的"内在价值"，强调应该将"天赋人权"扩张到自然万物，力主自然万物与人具有平等的价值与权利。而"人类中心论生态观"则强调价值是对人而言的，只有人作为唯一有理性的存在物，才生而有价值并能自主实现其价值，自然万物没有理性不可能有其价值。这就导致了对于自然的无限制的开发与掠夺，造成极为严重的生态环境危机。总之，两者争论的难解难分。例如，对于"生态中心论"力主人与万物价值的平等，有的理论家就认为这种理论必然导致反人类。著名的生态理论家、美国前副总统、诺贝尔和平奖获得者阿尔·戈尔就有这样的观点。他在《濒临失衡的地球》中说："有个名叫深层生态学的团体现在名声日隆。它用一种灾病来比喻人与自然关系。按照这一说法，人类的作用有如病原体，是一种使地球出诊发烧的细菌，威胁着地球基本的生命机能——他们犯了一个相反的错误，即几乎从物质主义来定义与地球的关系——仿佛我们只是些人形皮囊，命里注定要干本能的坏事，不具有智慧或自由意志来处理和改变自己的生存方式。"戈尔的批评可能比较激烈，但如果"生态中心论"力主人与万物的绝对平等那就可能导致人无法正常生存，实际上在现实生活中是行不通的。但"和谐论生态观"、特别是其"中和论"思想则以调和折中的立场将两者协调起来。"中和论"力主"和而不同"，"万物并育而不相害"，特别是其"中和中庸"的"过犹不及"思想使得在价值论观上"生态中心论"与"人类中心论"两种理论都能采取节制的态度，走向价值与权利的相对平等，并使人作为唯一有理性的存在者承当更多的价值责任。这正是当代有眼光的生态理论家所选择的价值立场。所谓相对平等即为"生物环链之中的平等"，人类将会同宇宙万物一样享有自己在生物环链之中应有的生存发展的权利，只是不应破坏生物环链所应有的平衡。正如阿伦·奈斯所说，生态整体主义之生态平等则是"原则上的生物圈平等主义，亦即生物圈中的所有事物都拥有的生存和繁荣的平等权利"。

当代，尽管"人类中心主义"与"生态中心主义"的论争非常尖锐，但历史发展的趋势却是走向两者的综合——走向"生态和谐观"。这种"生态和谐观"首先蕴含在一些持"生态中心主义"观念的理论家的理论体系之中。例如，大家非常熟悉的奥尔多·利奥波德就在其著名的生态哲学论著《沙乡年鉴》中提出"生态共同体"的重要观念。他认为，整个生态系统就是一个"生物金字塔"或"土地金字塔"，是一个不同部分之间协作和竞争的"共同体"，组成部分包括"土壤、水、植物和动物，或者把他们概括起来：土地"。他说："……大地伦理是要把人类以征服者的面目出现的角色，变成这个共同体中的平等的一员和公民。它暗含着对每个成员的尊重，也包括对这个共同体本身的尊重。"他的"生态共同体"的思想就是建立在"生物环链"基础之上的。莱切尔·卡逊在《寂静的春天》中具体论述了这个生物环链。她说："这个环链从浮游生物的像尘土一样微小的绿色细胞开始，通过很小的水蚤进入噬食浮游生物的鱼体，而鱼又被其他的鱼、鸟、貂、浣熊所吃掉，这是一个从生命到生命的无穷的物质循环过程。"正是因为有生物环链，所以才有生态共同体的存在。而且只有通过生物环链，自然才能保持平衡。所以，当代生态理论家大卫·雷·格里芬指出，人类"必须轻轻地走过这个世界，仅仅使用我们必须使用的东西，为我们的邻居和后代保持生态平衡"。从这种"生物环链"之中的相对"生态平等"出发，"生态中心"原则主张"普遍共生"与"生态自我"的原则，主张人类与自然休戚与共，将人类的"自我"扩大到自然万物，成为人与自然是主体间平等对话的关系，即"主体间性"关系。这种生态世界观不仅不是反人类的，反而是以人的更加美好的"生存"为其出发点的，实际上是一种更加宽泛的人道主义——普适性的仁爱精神。因此，这种"生态中心主义"原则中有关生物环链中"相对平等"的观点是有其理论与实践的合理性的。

由此可见，有机统一、生态整体、生物环链、大我、共生、生态和谐已经成为现代国际生态理论的重要关键词，是其理论发展的重要趋势。走向"生态中心"与"人类中心"的统一，走向"和谐论生态观"是当代世界生态理论的历史发展趋势。

三

"和谐论生态观"作为中国科学发展观的组成部分反映了当代形态的生态人文主义的发展方向。"和谐论生态观"的重要特点是作为中国特色社会主义理论科学发展观的有机组成部分，因而包含着当代形态的生态人文主义的发展方向。它包含着科学发展观中"以人为本"的核心价值。

本来"和谐论生态观"是对人类中心主义的一种反驳，表面看来与人文主义好像没有什么关系，但因其是科学发展观的有机组成部分，所以实际上包含着更加深刻、更加现代的人文主义精神——"生态人文主义"精神。众所周知，"人文主义"是传统"人类中心主义"的主要内容，其主要表现就是对于"主体性"的倡导，而主体性恰恰成为导致只顾人的需要不顾自然环境的纯经济发展论的重要理论根源，是需要被消解的理论形态之一。但这并不意味着人文主义从此退场，事实证明，人文主义精神始终是任何时代的主旋律。但历史唯物论与辩证法告诉我们没有永恒不变的"人文主义"，只有不断随着时代前进的人文主义。"主体性"作为工业革命时代的人文主义精神，由于忽视了人与自然生态联系的本性以及自然生态在人的生存中的极为重要的作用，所以这种人文主义精神是不完善的，必将在历史的发展中充实新的内容。"和谐论生态观"所包含的中国古典"中和论"哲学思想本身就具有中国古典形态的生态人文主义精神。所谓"天人合一"即为人文与天文、地文的相生相克，就是对于天人相和、风调雨顺、万物丰茂、人畜兴旺的期盼。《周易》中的"生生为易"、"元亨利贞"四德即是这样的意思。同时，"中和论"还包含着中国古典形态的"仁爱精神"、"仁者爱人"、"己所不欲，勿施于人"、"民胞物与"等，这些思想恰恰与当代生态理论"由己及物"的"金规律"相吻合。当代以来，在对传统的"人类中心主义"的"主体性"人文主义进行必要的批评之后，国际生态理论界的有关学者提出了"生态人文主义"的重要思想。本来，早在20世纪70年代，美国拉特格斯大学生物学教授戴维·埃伦菲尔德就曾认为，环境问题的根源可归结为"人道主义的佞妄"。他认为传统的人道主义是人类中心主义，只关注人的利益，而不关注与人的利益密切相关的自然的利益。因此，旧人文主义随着"人类中心主义"走向瓦解而必然地走向解体，而呼唤一种新的人文主义的产生。

众所周知，启蒙主义以来，通常的人文主义是"人类中心主义"的，在此前提下，人与自然生态处于宿命的对立状态，不可能将生态观、人文观与审美观三者统一起来。而新的建立在人的生态本性基础之上的生态人文主义则能够将以上三者加以统一。诚如美国明尼苏达大学生态学家、进化与行为教授菲利普·雷加尔（Philip Regal）所说："如果说关于人类状况的知识是人文主义要义的话，那么，理解人类所存在的更大的系统对于人文主义者来说就是非常重要的……'生态人文主义'隐含着对于个体之间、个体与社会机构之间以及个体与非人类环境之间关联模式的洞察。"这是雷加尔在2002年出版的《生态人文主义论集》中所写的话。

所谓"生态人文主义"实际上是对人类中心主义与生态中心主义的一种综合与调和，是人文主义在当代的新发展与新延伸。众所周知，当代在生态危机日益严重的情况下出现了激进的生态主义者对于自然绝对价值的过分强调，并与传统的人类中心主义展开激烈的争论。在这种情况下，"生态人文主义"则能克服这两种理论倾向的偏颇并将两者加以统一。而"生态人文主义"得以成立的根据就是人的生态本性。也就是我们人类天生具有一种对自然生态亲和热爱并由此获得美好生存的愿望。这种"生态人文主义"正是新的生态观建设的哲学与理论依据。它实际上是生态文明时代的一种新的人文精神，是一种包含了"生态维度"的更彻底、更全面、更具有时代精神的新的人文主义精神，也可将其叫做生态人文主义精神。

在此前提下，新的"和谐论生态观"包括这样两个层面的内涵。从文化方面来说主要是人的相对价值与自然的相对价值的统一。这也是我们通过"生态人文主义"对"生态中心论"与"人类中心论"的一种调和。因为，"生态中心论"主张自然生态的绝对价值，必然导致对于人的需求与价值的彻底否定，从而走向对于人的否定。这是一条走不通的路。而"人类中心论"则将人的需求与价值加以无限制的扩大，从而造成对于自然生态的严重破坏。历史已经证明，这必将危害到人类自身的利益，也是一条走不通的道路。正确的道路只有一条，那就是在生态人文主义的原则下只承认两方价值的相对性并将其加以统一，这才是一条"共生"的可行之路。这种"共生"之路的重要内涵就是将良好的自然生态环境作为人的生产建设与美好生存的重要前提与基础。正是在这种"共生"原则指导下，在社会发展上贯彻社会经济发展与环境保护"双赢"的方针，走建设环境友好型社会之路。而在代际关系上贯彻代际平等原则，兼顾当代与后代利益，真正做到可持续发展。

四

"和谐论生态观"作为科学发展观的组成部分是马克思主义社会主义理论在新时代的继承与发展。首先是继承了马克思主义的共产主义理论。马克思曾经在《1844年经济学哲学手稿》中论述共产主义时说道，"这种共产主义，作为完成了的自然主义，等于人道主义，而作为完成了的人道主义，等于自然主义，它是人和自然之间、人和人之间矛盾的真正解决……"恩格斯则在《自然辩证法》中预言一个有计划生产和分配的自觉的社会组织才能够把人从动物中提升出来，自如地处理人与自然的关系。中国的"和谐论生态观"则在马克思主义经典理论家论述的基础上，以自己优越的社会制度使得马克思与恩格斯的理论成为现实，正式列入中国特色社会主义理论的体系之中，并付诸实践。

其次是在马克思主义生产观上有着重要的继承。马克思在《1844年经济学哲学手稿》中论述对于"异化"劳动的克服时提出"按照美的规律建造"的马克思主义生产观。他说："动物只是按照它所属的那个种的尺度和需要来建造，而人却懂得按照任何一个种的尺度来进行生产，并且懂得怎样把内在的尺度运用到对象上去；因此，人也按照美的规律来建造。"在这里马克思提出了种的尺度与人的内在尺度统一的按照美的规律建造的未来社会生产论。"和谐论生态观"就是力图将自然生态规律与人的需要相统一，是真正按照美的规律来生产，不仅是生产出美的产品，更重要的是这是一种创造人的美好生存的生产。

它也是对马克思对资本主义生产弊端有力批判地继承与克服。马克思在《1844年经济学哲学手稿》与《资本论》中对于资本主义制度及其生产进行了有力的批判，那就是马克思尖锐地指出资本主义生产是对人与自然的双重掠夺，也是人与自然的双重"异化"。"和谐论生态观"就是对于马克思这种批判地继承，并以其实践克服解决这种极为严重的双重掠夺与双重"异化"，具有极为重要的价值与意义。

"和谐论生态观"也是对马克思主义自然观的继承。马克思主义创始人在资本主义兴盛、"人类中心主义"发展之时就清醒地看到其明显弊端并力倡人与自然联系性的重要观点。马克思曾经明确地指出，"人直接地是自然存在物"，阐明了人来自自然并与自然一体的根本特点。同时马克思还对正在不断发展的资本主义生产对自然环境的污染进行了极为严厉的批判。他曾经针对正在蓬勃兴起的重化工业对于大地与河水的污染明确指出，"但是每当有了一项新的发明，每当工业前进一步，就有一块新的地盘从这个领域划出去……"恩格斯曾经对于人与自然的关系深刻地指出，"我们连同我们的肉、血和头脑都是属于自然界，存在于自然界的……"他还对于人类无休止地掠夺自然提出自己的警告："但是我们不要过分陶醉于我们对于自然界的胜利。对于每一次这样的胜利，自然界都报复了我们。""和谐论生态观"继承了马克思主义创始人的精辟生态理论，立足于人与自然的联系，立足于对于严重生态环境污染的克服，在新的时代从理论与实践两个方面给予新的发展。

"和谐论生态观"也是对于马克思主义共产主义理论的丰富与发展。马克思与恩格斯在《共产党宣言》中提出著名的两个决裂："共产主义革命就是同传统的所有制关系实行最彻底的决裂；毫不奇怪，它在自己的发展进程中要同传统的观念实行最彻底的决裂。""和谐论生态观"对马克思主义创始人这一有关两个决裂的论述进行了丰富与发展，标志着在新的时代共产主义事业必须与传统的自然观实行彻底的决裂，改变传统的掠夺自然的行为，走向人与自然的和谐共生。

在价值论上，马克思曾经非常英明的以社会必要劳动时间来衡量产品的价值，对空气与水等无需人力的自然资源做出"使用价值"的结论，这在当时是有其理由的。但在生态文明时代的今天，在自然资源已经极为稀缺的情况下，"和谐论生态观"将包括空气与水在内的自然资源放在了非常重要的位置，将其作为人类生产与生存的必要基础与前提加以提出，应该是对于马克思主义生产价值观的发展。

"和谐论生态观"还有一个新的特点，那就是它是中国化的马克思主义生态理论。不仅吸收了中国古代悠久丰富的包括"中和论"在内的各种生态理论，而且针对中国当代现代化规模空前的伟大实践，因而具有极为重要的中国特色与意义。

十分重要的是，马克思主义创始人当年由于时代与历史的原因没有将其生态理论加以实施的条件，而今天我们已经有条件将马克思主义的有关生态观落实于各项政策法规与建设目标之中，使得成为实践行为，并有在实践中加以总结与发展的可能。我们相信，"和谐论生态观"这一新时代的马克思主义生态理论一定会在 13 亿中国人民的伟大实践中得到加强与发展，对中国与人类作出更大贡献。

作者简介

曾繁仁，1941 年生，山东大学原校长、文艺美学研究中心主任。代表作有《中国新时期文艺学史论》《美学之思》等。